Lexikon der Göttinnen

Patricia Monaghan

Lexikon der Göttinnen

Ein Standardwerk der Mythologie

Aus dem Englischen
von Gisela Merz-Busch

O. W. Barth

Dem Kreis gewidmet

Erste Auflage 1997
Copyright © 1991 by Patricia Monaghan.
Titel des Originals «The Book of Goddesses and Heroines»
Alle deutschsprachigen Rechte beim Scherz Verlag,
Bern, München, Wien, für den Otto Wilhelm Barth Verlag.
Alle Rechte der Verbreitung, auch durch Funk, Fernsehen,
fotomechanische Wiedergabe, Tonträger jeder Art und
auszugsweisen Nachdruck, sind vorbehalten.

Inhalt

Einleitung 7

Die Göttinnen in alphabetischer Reihenfolge 9

Kalender der Festtage der Göttinnen 294

Mythologische Zuordnung der Göttinnen 295

Kulturelle Zuordnung der Göttinnen 303

Dank 312

Literaturverzeichnis 313

«Alles, was ohne Namen bleibt, nicht in Bildern beschrieben wird, alles, was in Biographien ausgelassen und aus Briefsammlungen verbannt wird, alles, was mit falschem Namen bezeichnet und was schwer erreichbar gemacht wird, alles, was aus dem Gedächtnis verschwand, weil seine Bedeutung unter dem Einfluß unangemessener oder falscher Sprache abhanden gekommen ist – all dies wird nicht nur unausgesprochen bleiben, sondern unaussprechbar werden.»

Adrienne Rich

«Indem wir die Gottheiten beim Namen nennen, praktizieren wir einen uralten Ritus. Die Aufstellung solcher Verzeichnisse ist auch eine Form der Verehrung. Die Vielfalt der göttlichen Manifestationen ist ein Charakteristikum des Archetypus, und die Überfülle der Namen, mit denen die göttlichen Mächte von allen Völkern angerufen werden, ist ein Ausdruck ihrer Unbeschreiblichkeit.»

Erich Neumann

«Wir brauchen die Göttin, denn sie bricht mit den Stereotypen des Femininen und befreit so die Frauen von den Begrenzungen dieses Stereotyps. Frauen können stark *und* schön sein, weiblich *und* weise Lehrer, Mütter *und* an der Kultur Mitwirkende. Wenn die Göttin nur dies bereitgestellt hätte, wäre es schon ausreichend gewesen. Aber es scheint, als bringe sie viel mehr... Die Göttin vervollständigt das Bild des Gottes und erschafft die Ganzheit.»

Rita M. Gross

Einleitung

Als ich im Frühjahr 1980 jenen Flügel eines großen Museums betrat, in dem die Schätze der Antike untergebracht waren, erspähte ich eine kretische Göttin, deren Bild ich schon in mindestens einem Dutzend Bücher gesehen hatte. Ich eilte zu ihr hin, zu einer der berühmtesten Darstellungen weiblicher Gottheiten, und fand die Statuette ohne Namensbezeichnung. Auf dem Schild zu ihren Füßen stand lediglich «Religiöse Figur».

Später, in einem anderen großen Museum, durchstreifte ich die China-Abteilung auf der Suche nach Skulpturen der herzensguten Guan Yin. Und da war sie auch wirklich: ein wunderhübsches Mädchen, beinahe in Lebensgröße, ihr liebliches Gesicht umrahmt von langen Locken, ihre Gewänder kostbar und geschmackvoll gestaltet. «Gottheit der Barmherzigkeit» lautete die dürftige Information.

Warum wurde in beiden Fällen nicht das Wort «Göttin» verwendet? Und warum nannte man ihre Namen nicht?

Diese Unart ist nicht nur auf die Beschrifter von Museumsexponaten beschränkt. Nein, diese «Verschwörung» gegen die korrekte Benennung von Göttinnen, um ihr Geschlecht zu verbergen oder um sie als unwichtige Nebengottheiten abzutun, ist in der gesamten Fachliteratur zu spüren.

Mythenforscher, die Bearbeiter mythischer Überlieferungen und die Herausgeber von Mythensammlungen wenden drei verschiedene Taktiken an, um Wissen über Göttinnen zurückzuhalten. Als erstes ignorieren sie sie einfach. Das ist am einfachsten. Wenn man in den angeblich «umfassenden» Lexiken der Mythologie liest, gewinnt man den Eindruck, daß die Gottheiten aller Kulturen zum größten Teil männlich waren. Einige Werke ignorieren sogar so bedeutende Göttinnen wie Anat und Cerridwen, während sie selbst unbedeutende Götter desselben Volkes so ausführlich wie möglich behandeln.

Als zweites versäumen es die Experten der Mythologie, die Göttinnen beim Namen zu nennen. Beispielsweise wird in jedem Buch über die Eskimo zwar kurz die Geschichte ihrer Sonnengöttin erzählt, aber es wird nicht erwähnt, wie sie heißt. Ich entdeckte ihre beiden Namen – Akycha und Seqinek – erst nach längeren Recherchen in den Tagebüchern des deutsch-amerikanischen Ethnologen Franz Boas, und dort in einer Fußnote. Hingegen gelang es mir nicht, die Eigennamen der zahlreichen schwarzafrikanischen Göttinnen herauszufinden, die stets nur «Erdmutter» genannt werden.

Eine raffinierte Form dieser Namensvermeidung besteht darin, die Göttin, Halbgöttin oder matriarchalische Heldin als «Tochter des Mondgottes» oder «Potiphars Weib» zu deklarieren. Als ob die Verwandtschaft mit einem Gott oder die Ehe mit einem Hofbeamten des Pharao das betreffende weibliche Wesen ausreichend beschreiben würde. Es wird auf diese Weise nicht nur der Name verschwiegen, sondern bisweilen auch der Leser über die tatsächliche Rolle der Frau in der fraglichen Beziehung getäuscht: Omphale muß sich damit begnügen, schlichtweg als «Gattin des Herakles» zu fungieren, während sie doch eine Amazonenkönigin war, die sich den übermenschlich starken Helden als Liebesklaven kaufte. Daphne muß es sich gefallen lassen, «Geliebte des Apollon» zu sein, statt das Opfer der versuchten Vergewaltigung durch den

Gott. Und Parvati wird als «Gemahlin Shivas» gesehen und nicht als die Macht, die ihn beseelt.

Drittens bauen viele Autoren ihre Werke so auf, daß deutlich die Götter im Mittelpunkt stehen. Zunächst werden auf breitem Raum die Mythen um die einzelnen Götter erzählt, dann die ihnen «zugeordneten» Göttinnen in einem einzigen Absatz nachgereicht. Die Heldentaten der männlichen Heroen werden in allen Einzelheiten geschildert, die Leistungen der Heldinnen muß man in den Fußnoten oder im Anmerkungsteil suchen. Auch wenn der Aufbau manchmal etwas anders ist und weniger patriarchalisch bestimmt: Das Mengenverhältnis der Informationen bleibt unverändert. Zu vielen Göttinnen, die im *Lexikon der Göttinnen* behandelt werden, konnte keine einzige Quelle mit der vollständigen Beschreibung ihres Wesen und Wirkens gefunden werden. Ihre Legende mußte aus vielen Quellen zusammengestückelt werden.

Und selbst wenn die Göttinnen nicht vergessen oder wegrationalisiert wurden: Die Wahl ihres Vokabulars läßt an der Befangenheit der Mythenspezialisten keinen Zweifel. Alle Göttinnen, so erfährt man, sind Symbole der Erde – selbst Tanith, die Himmelsgöttin der Karthager, und Tara, die tibetische Sternengöttin. Entweder sind sie Jungfrauen oder Mütter oder Huren, trotz der Beweise dafür, daß sich jungfräuliche Göttinnen Liebhaber genommen haben (Anat), Mutter-Göttinnen nicht immer Kinder haben (Kunti) und «Huren-Göttinnen» vielmehr Zauberinnen sind (Arianrhod). Göttinnen, die eine Art Spiritualität vermitteln, die dem modernen westlichen Denken fremd ist, werden nicht ernst genommen (z.B. die zu Märchenfeen oder Geistern degradierten europäischen Naturgöttinnen) oder als absolut häßlich und schrecklich bezeichnet (wie Durga, die kämpferische indische Todesgöttin, die durchaus positive Züge hatte). Außerdem werden die Mythen in der Regel aus der Perspektive des Gottes bzw. des Mannes wiedergegeben, sogar dann, wenn die Hauptperson in einer Zweierbeziehung eine Göttin bzw. eine Frau ist. (So steht in der Geschichte der sumerischen Göttin Inanna fast überall ihr Liebhaber Dumuzi im Mittelpunkt.)

Als ich begann, unser Wissen über die Göttinnen neu zu formulieren, stellte ich sehr bald fest, daß meine Beschäftigung mit den konventionellen Darstellungen meine Fähigkeit, unvoreingenommen zu erzählen, unwillkürlich beeinträchtigte. Ich bemerkte, daß ich automatisch in die übliche Diktion verfiel, doch auf diese Weise der spirituellen Bedeutung der Überlieferungen nicht gerecht zu werden vermochte.

Ich löste das Problem, indem ich jede Göttin so beschrieb, als ob sie eine Gottheit wäre, die ich aufrichtig verehre. Ich machte sie zum Mittelpunkt ihrer ganz persönlichen Geschichte und akzeptierte z.B. Kali, die tanzende Fürstin des Todes, aus ihrer Sicht. Dadurch bekam sie eine andere Qualität, als einfach nur grotesk oder furchterregend zu wirken. Sie wurde zu einer Vermittlerin spirituellen Verständnisses, als die sie für Millionen von Hindus bis heute gilt.

Insofern unterscheidet sich meine Version mancher Göttinnen-Sage auffallend von der Art, in der sie bisher bekannt war. Hier ist oft von Vergewaltigung und Mord die Rede, wo männliche Interpreten nur von Liebe und Tod sprechen. Die Göttinnen entfalten sich und wachsen, statt ein für allemal festgelegte Wesen zu sein, und sie sind ebensowenig als bloße «Variationen» voneinander zusammengefaßt wie der Heilige Geist eine «Variante» des Gottessohnes ist.

Obwohl mehr als eintausend Göttinnen, Halbgöttinnen und Heldinnen in diesem Buch aufgeführt sind, ist eine komplette Auflistung oder definitive Darstellung aller dieser Wesen weder hier noch irgendwo anders möglich. Vielleicht ist das sogar ganz gut, denn ich ermutige damit andere, nach weiteren Göttinnen und ihren Mythen zu forschen. Ich betrachte dieses Buch also nur als erstes, das sich der seit langem notwendigen Arbeit widmet, den Göttinnen ihre Namen wiederzugeben und damit eine scheinbar verlorengegangene Welt auferstehen zu lassen.

A

A → *Aja*

Aa Eine chaldäische Mondgöttin, auch Sirdu oder Sirrida genannt, deren Emblem eine Scheibe mit acht Strahlen ist, eine Anzahl, die – wie das Oktogon – in vielen Kulturen mit der Göttin des Lichts assoziiert wird.

Abeona Römische Göttin, die über ein Kind wachte, das zum ersten Mal sein Elternhaus verließ.

Abhramu Die «Wolkenstrickerin» war der weibliche Ur-Elefant, ein übernatürliches geflügeltes Wesen, das seine Form so beliebig verändern konnte wie die Wolken. Aber nach der indischen Legende verloren Abhramus Nachkommen viele Generationen später ihre Flügel und die Zauberkraft durch ein Mißgeschick.
Eines Tages war eine große Herde von Elefanten langsam durch den Himmel geflogen, wobei sie sich in die unterschiedlichsten Gestalten verwandelten. Als sie müde wurden, erspähten sie einen riesigen Baum, auf dem sie landen wollten. Doch das Gewicht dieser Menge tonnenschwerer Tiere ließ die Äste des Baumes abbrechen.
Unglücklicherweise saß gerade ein Asket in Yogahaltung unter dem Baum und unterrichtete seine Schüler. Ihm selbst geschah nichts, aber alle seine Schüler wurden von den herabfallenden Elefantenkörpern erschlagen. Der Weise war darüber so entsetzt, daß er die Elefanten verfluchte, wodurch ihre Flügel abfielen. Abhramus Nachkommen sind seit dieser Zeit an die Erde gebunden, aber sie haben noch immer die Form jener mächtigen grauen Wolken wie zur Zeit der unglückseligen Begegnung mit dem Weisen.

Abigail Diese als besonders lebensklug beschriebene Frau der hebräischen Legende ist den alten Göttinnen des östlichen Mittelmeeres sehr ähnlich, vor allem darin, daß sie offenbar sowohl die Schwester als auch die Gattin eines Königs war, des Königs David von Israel. Erst war sie mit dem «ungehobelten und bösen» nicht-hebräischen Nabal verheiratet, einem Viehzüchter, der seine Herden entlang der Grenze Judäas weiden ließ. Nachdem er dem israelischen König den Tribut verweigert und dieser daraufhin ein Strafkommando gegen ihn ausgeschickt hatte, bat Abigail David mit überzeugenden Worten um Gnade für ihren törichten Mann und stimmte den König dadurch milde. Als Nabal erfuhr, daß seine Frau ihn gerettet hatte, starb er auf der Stelle vor Scham. So war Abigail frei für die Heirat mit David, der in anderen Texten als ihr Bruder bezeichnet wird.

Abnoba Im Schwarzwaldgebiet wurde dieser keltischen Göttin als Beschützerin der Quellen und des Wildes gehuldigt. Zur Römerzeit wurde sie der → *Diana* gleichgesetzt.

Absusu Ein Beiname von → *Ishtar* als der Freizügigen. Möglicherweise war es aber auch der Name einer ursprünglich eigenständigen sumerischen Gottheit.

Abtagigi «Die Botschaften des Verlangens Sendende» war ein Beiname der → *Ishtar* als Schutzherrin der sakralen Promiskuität.

Abuk Für das Volk der Dinka im Sudan war

Abunciada

sie die erste Frau. Sie wurde ganz winzig erschaffen, aber voll ausgeformt und dann wie eine Bohne in einen großen Topf gepflanzt, wo sie über Nacht aufschwoll. Der Schöpfergott, geizig, wie er war, gab der heranwachsenden Abuk und ihrem Gefährten Garang nur ein Getreidekorn pro Tag als Speise. Das Menschengeschlecht wäre verhungert, hätte Abuk nicht einfach gestohlen, was die Leute brauchten, und es zu Mehl gemahlen. – Als Schutzgöttin der Frauen und Gärten war eine kleine Schlange ihr Symbol.

Abunciada → *Habondia*

Acantha Nach der griechischen Mythologie war der in der Bärenklau-Pflanze (Acanthus) wohnende Geist einst eine → *Nymphe* gewesen, die vom Sonnengott Helios geliebt wurde. Nach ihrem Tod wurde sie in eine die Sonne liebende Pflanze mit besonders dekorativen Blättern verwandelt.

Acca Larentia Die «Edle Mutter», die für die Etrusker eine echte Göttin war, ging in die römische Mythologie ein als halbgöttliche Prostituierte, die eine Wohltäterin des Volkes war. Sie erlangte ihren großen Reichtum, so heißt es, indem sie eine ganze Nacht im Tempel des Hercules betete. Beim Verlassen des Tempels traf sie einen wohlhabenden Mann, mit dem sie eine Zeitlang lebte. Nach seinem Tode hinterließ er ihr ein Vermögen. Bevor sie selbst starb, vermachte sie ihren ganzen Besitz dem römischen Volk, das dieses Erbe jedes Jahr am 23. Dezember in den nach der – vergötterten und sogar vergöttlichten – Stifterin benannten Larentalia feierte.
In anderen Legenden wird Acca Larentia als Frau eines Hirten und Nährmutter der Gründer Roms, Romulus und Remus, genannt, sogar als die Wölfin, die sie säugte.

Achall Eine irische Legende erzählt, Achall sei eine so liebevolle Schwester gewesen, daß sie vor Kummer starb, nachdem ihr Bruder in einer Schlacht getötet worden war. An ihre Liebe erinnert der Hügel von Achall in der Nähe von Tara, dem mystischen Zentrum der Insel.

Achtan Sie war die Tochter eines bösen irischen Druiden-Schmiedes und schlief mit dem Hochkönig des Landes in der Nacht vor seiner letzten Schlacht. Sie empfing ein Kind und nannte es nach seinem Vater Cormac MacArt. Das Baby wurde versehentlich von Achtan getrennt, von einer Wölfin gesäugt und wuchs in der Wildnis heran, bis das Kind schließlich von dem Jäger Luinge Fer Tri gefunden und seiner Mutter gesund zurückgebracht wurde. Wieder vereinigt, machten sich Mutter und Kind daran, die wilden irischen Berge zu erklimmen, und Tiere beschützten sie auf ihrer Reise. Endlich erreichten sie den Sitz der irischen Staatsgewalt, den Hügel von Tara. Dort nahm Cormac den Platz seines Vaters als König ein, während sich seine Mutter mit dem Jäger Luinge verband.

Achtland Nach der keltischen Überlieferung konnte diese sterbliche Königin von keinem menschlichen Mann zufriedengestellt werden, und so nahm sie sich einen Riesen zum Gatten. Sie hatte das größte Vergnügen daran, sein meterlanges Haar zu kämmen.

Ada Ihr Name bedeutet «Ornament», und in der hebräischen Überlieferung wird sie als eine der großen Matriarchinnen der benachbarten, nicht-hebräischen Edomiter bezeichnet. In der Bibel erscheint sie als Frau des Esau und daher als Stammutter der mit den Israeliten in Fehde liegenden Edomiter.

Adamantheia Lange bevor Zeus der vorherrschende griechische Gott wurde, war sein Leben bedroht. Sein Vater Kronos wollte das Kind ebenso verschlingen, wie er es mit den vorher geborenen Göttern und Göttinnen getan hatte. Um ihren Sprößling zu schützen, versteckte die Muttergöttin → *Rheia* das Kind auf Kreta, unter der Obhut der → *Nymphe* (oder Prinzessin) Adamantheia. Der mächtige Titan Kronos hatte die Herrschaft über die ganze Erde, über den Himmel und das Meer. Er konnte alles sehen, was in seinem Reich vor sich ging. Doch die Amme des Kindes war gewitzt. Sie hängte die Wiege in einen Baum, und dort, zwischen Erde, Meer und Himmel schwebend, war Zeus für seinen zerstörerischen Vater unsichtbar. – Es gibt Varianten dieser Geschichte, in denen → *Adrasteia,* →

Ida oder → *Kynosura* die Behüterin des jungen Zeus ist. Eine besondere Rolle spielt in dieser Geschichte jeweils → *Amaltheia*.

Adamu In Chaldäa war dies der Name des weiblichen Prinzips der Materie, und der bedeutete «Rot». Sie repräsentierte das Blut der Gebärmutter und der Menstruation.

Adat Dieses kanaanitische Wort, das Gegenstück zu Adonis («Herr»), bedeutet «Herrin». Damit wurden sowohl Göttinnen wie verdiente Sterbliche bezeichnet.

Adeona Eine römische Göttin, die über die Heimkehr des Kindes aus der Schule wachte.

Aditi Manchmal wird Aditi als «Mutter Erde» bezeichnet, doch genauer wäre «Mutter Raum» oder «Die Grenzenlose», denn diese indische Göttin ist die Verkörperung all dessen, was jenseits des Meßbaren existiert: die Unendlichkeit, der Kosmos, die fortdauernde Schöpfung, das Göttliche selbst. Obwohl unzweifelhaft weiblich, war sie zugleich «Vater und Sohn», heißt es in den Veden, den maßgeblichen religiösen Schriften des alten Indien.
Diese uranfängliche Göttin soll weder eine Mutter gehabt haben noch geboren worden sein, sondern schon immer existiert haben und die Stammutter anderer Gottheiten gewesen sein, der Adityas. Diese Sonnengötter galten aufgrund ihrer Abkunft von der das Unendliche repräsentierenden Aditi auch als «Söhne des unendlichen Bewußtseins».
In einigen Mythen heißt es, sie habe zwölf Adityas geboren, einen für jeden Monat, und damit der bislang unendlichen Zeit Grenzen gegeben. Ferner erfahren wir, daß sie zunächst sieben gewöhnliche Söhne geboren und dann ein riesiges Ei zur Welt gebracht habe, welches in den Himmel aufstieg und zur Sonne wurde. Nach einer anderen Quelle hat sie nur einen Sohn gehabt, der aber so prächtig war, daß seine bloße Gegenwart Aditis Augen weh tat; sie teilte diesen Sohn deshalb in zwölf Söhne auf, die die Ordnung der Natur beherrschen sollten.
Siehe auch → *Diti*.

Adrasteia «Die Unentfliehbare», ursprünglich eine trojanisch-phrygische Berggottheit, wurde später auch in Griechenland verehrt. Verbunden mit → *Nemesis* sorgte sie für die Bestrafung von Unrecht. Es heißt, sie habe vor ihrer Höhle gesessen und unaufhörlich die Trommel im Rhythmus der Gerechtigkeit geschlagen.
Nach einer anderen Überlieferung hütete Adrasteia in dieser Höhle den von seiner Mutter → *Rheia* versteckt gehaltenen jungen Zeus. Aber das gleiche wird auch von mehreren anderen mythischen Frauen Griechenlands erzählt, z. B. von → *Adamantheia*.

Aedon Diese Königin des alten Theben plante den Mord am ältesten Sohn ihrer Rivalin → *Niobe*, tötete aber versehentlich ihr eigenes Kind. Überwältigt von Reue und Kummer, versuchte sie, sich das Leben zu nehmen, und wurde in eine Nachtigall verwandelt, die auch heute noch die Nacht durchstreift mit ihrem traurigen Ruf. – Eine ähnliche Kindtötungs- und Verwandlungsgeschichte wird von → *Philomele* erzählt.

Aega Sie war eine Tochter des Sonnengottes Helios und der → *Perse* und wie ihre Schwestern → *Circe* und → *Pasiphae* eine schöne Frau, so wunderschön, daß die Erdmutter → *Gaia*, als die Titanen die Götter des Olymps angriffen, Aega in einer Höhle versteckte. Wahrscheinlich liegt dieser Geschichte eine vorhellenische Mythe zugrunde, in der drei Schwestern eine dreifaltige Göttin bildeten. Möglicherweise galt sie als Herrscherin über die Gestirne, denn Pasiphae bedeutet «Die für alle Leuchtende».

Aella Die Griechen machten sich mit ihren Schiffen zu den Ufern des Schwarzen Meeres auf, um Krieg gegen die → *Amazonen* zu führen und deren Königin ihren goldenen Gürtel zu rauben. Doch die kampfgewohnten Frauen leisteten erbitterten Widerstand. Aella, die kühne Meisterin der Doppelaxt, fiel über die Eindringlinge her wie ein «Wirbelwind» (so die Bedeutung ihres Namens). Aber die heldenhafte Verteidigerin ihrer Königin → *Hippolyte* wurde von dem griechischen Helden Herakles niedergestreckt.

Aello → *Harpyien*

Aetna Nach dieser römischen Berggöttin ist der Vulkan Ätna auf Sizilien benannt. In vielen Kulturen ist das Feuer weiblich, in den meisten auch die Berge. Deshalb betrachten Völker, die in der Nähe von Vulkanen leben, diese feuerspeienden Berge oft als besonders mächtige Göttinnen.
Siehe auch → *Chuginadak,* → *Fuji,* → *Pele.*

Aeval Diese Feenkönigin von Munster, dem südwestlichen Teil Irlands, hatte darüber zu befinden, ob die Männer in ihrem Gebiet die sexuellen Bedürfnisse der Frauen befriedigten. Es dauerte die ganze Nacht, bis alle Beweise vor Aevals «Mitternachtsgericht» geprüft worden waren, aber nachdem die Königin beide Seiten angehört und alles Für und Wider erwogen hatte, verurteilte Aeval die Männer dazu, ihre Prüderie zu überwinden und auf die Wünsche der Frauen künftig mehr einzugehen.

Agasaja «Die Kreischende» war eine semitische Kriegsgöttin, die mit → *Ishtar* in ihrer Eigenschaft als furchtlose Himmelskriegerin gleichgesetzt wurde.

Agave Die Tochter der → *Harmonia* hatte einen Sohn, König Pentheus von Theben. Auch ihre Schwester → *Semele* hatte einen Sohn, den Gott Dionysos, den Begründer des Weinbaus und Anführer geheimer Riten. Agave und eine andere Schwester, Autonoe, erkannten bald die Göttlichkeit ihres Neffen Dionysos und schlossen sich der neuen Religion als → *Mänaden* an.
An den Festlichkeiten der neuen Religion, die die ganze Nacht andauerten, durften nur Frauen teilnehmen. Deshalb zogen sich die Mänaden zu ihren ekstatischen Ritualen in die Einsamkeit waldbedeckter Berge zurück, die in ihnen das Gefühl weckten, an der Göttlichkeit des Lebens teilzuhaben. Der prüde König Pentheus jedoch hielt nichts von solcher religiösen Trunkenheit und mißbilligte die Teilnahme seiner Tante und, schlimmer noch, seiner Mutter.
Obwohl man ihn davor gewarnt hatte, beschloß Pentheus, den Frauen heimlich zuzuschauen. Er kletterte auf eine hohe Kiefer in der Nähe der rituellen Stätte, aber die Mänaden entdeckten ihn, und nicht einmal die Mutter konnte bei einem so schwerwiegenden Sakrileg um Gnade für ihn bitten. Sie zerrten Pentheus vom Baum und rissen ihn in Stücke, als ob er ein wildes Tier sei. Dann trugen sie seine blutigen Reste nach Theben – seine Mutter ging mit seinem Kopf in ihren Händen voraus –, als Warnung an alle Männer, nicht eine ähnliche Zeremonialverletzung zu begehen.

Aghyu Gugu → *Unelanuhi*

Aglaia → *Grazien*

Aglaope → *Sirenen*

Aglauriden Lange bevor → *Athene* die Herrschaft über die Stadt, die ihren Namen trägt, übernahm, gab es andere eingeborene Göttinnen in Attika. Vorhellenistische Bewohner verehrten eine Dreifaltigkeit von Göttinnen, die Aglauriden: Aglauros, die Älteste, und ihre «taubenetzten Schwestern» Herse und Pandrosos. Offensichtlich waren es Göttinnen der Erde und ihrer Gaben. Als die Jahrhunderte diesem Agrargebiet gesellschaftlichen und politischen Wandel brachten, veränderte sich auch die Religion, bis die alten Göttinnen durch einen vielschichtigen Mythos mit der neuen Herrscherin über die Stadt verbunden wurden.
Den Aglauriden vertraute Athene eine Schachtel an, die sie bewachen, aber nicht öffnen sollten. Die Schwestern erfüllten ihre Aufgabe zunächst wie gefordert, doch schließlich gewann ihre Neugier die Oberhand. Sie warfen einen Blick in die Schachtel und entdeckten darin Erichthonios, den schlangengestaltigen Ziehsohn der großen Göttin. «Der Erdgeborene» war entstanden, als der Feuer- und Schmiedegott Hephaistos beim vergeblichen Versuch, Athene zu vergewaltigen, seinen Samen auf die Erde ergoß.
Über die Reaktion der mit dem schrecklich anzuschauenden Schlangenkind konfrontierten Aglauriden sind verschiedene Versionen überliefert. Einmal heißt es, sie hätten sich vor Entsetzen von der Akropolis gestürzt. An anderer Stelle ist zu lesen, sie seien zu Stein

erstarrt. Auf jeden Fall scheint die über den Vertrauensbruch der Schwestern erboste Athene den jähen Tod der drei Neugierigen herbeigeführt zu haben. Vielleicht hat die Göttin ihre Rache später als zu hart empfunden; denn es scheint so, als habe sie zumindest Aglauros wieder ins Leben zurückgerufen. Oder war es nur eine Frau gleichen Namens, die von Athene zur Anführerin ihrer Priesterinnen ernannt wurde?
Siehe auch → *Alkippe*.

Agrat Bat Mahalat In der jüdischen Überlieferung ist sie die Herrscherin über 180 000 Dämoninnen und durchstreift an den Mittwoch- und Freitagabenden in einem Wagen die ganze Welt, wobei sie alles erlegt, was sich bewegt. An anderen Tagen, so steht es im *Talmud,* wird der «Geist der Unreinheit» durch die Macht der Rabbis in Schach gehalten. Da jedoch von jüdischen Paaren traditionell erwartet wird, daß sie am Freitagabend Geschlechtsverkehr haben, ist anzunehmen, daß Agrat Bat Mahalat (auch Igirit oder einfach Mahalat genannt) die ungezähmte Sexualität repräsentiert, die die Rabbis einzudämmen versuchen, wobei sie sich aber im klaren sind, daß sie bis zum Ende aller Tage nie ganz verbannt werden kann.
Es heißt, am Tag des Jüngsten Gerichts werde Mahalat ihre Geisterscharen in die Wüste führen, um dort ihrer Rivalin → *Lilith* in einer Entscheidungsschlacht den Garaus zu machen.

Ahemait, Ammit Die Aufgabe der ägyptischen Unterweltgöttin als «Die Verschlingerin» bestand darin, die von der Göttin → *Maat* mit ihrer Gerechtigkeitswaage für schuldig befundenen toten Seelen zu fressen. Ahemait wird als eine Schreckensgestalt aus Flußpferd, Löwe und Krokodil dargestellt.

Ahsonnutli → *Estsanatlehi*

Aibheaog Vorzeitliche Feuergöttin der irischen Grafschaft Donegal, die man an einem Brunnen (*tobar*) verehrte und deshalb auch Tobar Bride («Brunnenbraut») nannte. Das Wasser dieses Brunnens hielt man für ein wirksames Mittel gegen Zahnschmerzen, vorausgesetzt, der Bittsteller ließ einen kleinen weißen Stein neben dem Brunnen als Ersatz für den kranken Zahn.

Aida-Wedo Der Regenbogenschlangengeist ist die Gefährtin des volkstümlichsten haitianischen Gottes Damballah-Wedo, der ebenfalls Schlangengestalt hat. Aida-Wedo erscheint bei Woodoo-Ritualen, schlängelt sich über den Boden und trägt einen juwelenbesetzten Kopfschmuck, der – wie der angeblich am Ende eines Regenbogens zu findende Schatz – trügerisch ist, aber jeden reich macht, der ihn zu ergreifen vermag.

Aife, Aoife Eine legendäre keltische Königin, deren Name «ii-fee» ausgesprochen wird und die in Schottland in der Nähe ihrer Rivalin → *Scathach* lebte. Sie waren einander würdige Feinde; Scathach hatte magische Kräfte, während Aife nicht nur gegen diesen Zauber immun war, sondern auch gegen alles andere außer schnellen Pferden und hübschen Reiterinnen. Schließlich wurde Aife von dem irischen Helden Cuchulainn besiegt und akzeptierte als Teil der Waffenstillstandsbedingungen seine Forderung, ihm einen Sohn zu gebären. Das tat sie auch. Er kehrte nach Irland zurück, und Jahre später tötete er seinen Sohn, ohne ihn zu erkennen (→ *Ess Euchen*).
Eine andere – oder möglicherweise doch dieselbe – Aife war die Gemahlin des Meeresgottes Mananaan. Sie stahl den Göttern das geheime Alphabet des Wissens, um es der Menschheit zu geben, und wurde zur Strafe in einen Kranich verwandelt. Dennoch gab Aife in einer großen Tasche, die aus ihrer Haut gefertigt war, die magischen Buchstaben heimlich an die Menschen weiter.

Aige In der irischen Überlieferung wurde das Mädchen Aige durch elfische Bosheit in ein Rehkitz verwandelt. In dieser Gestalt durchstreifte sie die Insel, bis sie zu Tode kam, als sie in eine Bucht fiel, die heute ihren Namen trägt.

Aigiarm Marco Polo sagte über diese mongolische Prinzessin: «Sie traf keinen Mann, der sie besiegen konnte.» Wann immer einer um sie warb, setzte Aigiarm ihre Jungfräulichkeit gegen die Pferde des Freiers und forderte ihn heraus, sie zu Boden zu ringen. Es wird nicht berichtet, daß Aigiarm je geheiratet hätte, aber es heißt, sie habe 10 000 Pferde gewonnen.

Ailinn Die Halbgöttin einer der großen romantischen Sagen Irlands wurde als Prinzessin von Leinster geboren, dem südöstlichen Teil der Insel. Sie war Baile, einem Prinz des nördlichen Irland, leidenschaftlich zugetan, und sie verabredeten sich für eine Liebesnacht in der Mitte zwischen ihren Reichen. Doch es wartete ein böser Kobold am Treffpunkt auf Baile und erzählte ihm, daß Ailinn tot sei. Diese Nachricht brach dem Prinzen auf der Stelle das Herz. Dann machte sich der niederträchtige Kobold auf den Weg zu Ailinn, und ihr vermeldete er keine Lüge, sondern die Wahrheit. Als sie hörte, daß ihr Geliebter tot sei, starb die Prinzessin ebenfalls vor Kummer.
Ihr Volk, das die Tiefe dieser Liebe begriff, bestattete das Paar in nebeneinander liegenden Gräbern, aus denen zwei magische Bäume wuchsen: ein Apfelbaum auf dem Grab von Ailinn, eine Eibe aus dem von Baile. Als sie größer wurden, umschlangen sich ihre Zweige. Jahrhunderte später wurden die berühmten Bäume von Dichtern gefällt und zu Stäben verarbeitet, in die man all die tragischen Liebesballaden der Iren in Runen schnitt. Dann brachte man die kostbaren Reliquien zum Berg Tara, dem magischen Zentrum der Insel.

Ailsie Diese Halbgöttin der Cherokee-Indianer war eine hochgewachsene Frau, geliebt von Kranich und Kolibri. Ihr Vater wollte, daß sie den mächtigen Kranich heirate, aber sie zog den Kolibri vor. Deshalb forderte sie ihre beiden Verehrer zu einem Wettstreit heraus: Derjenige, der am schnellsten fliegen könne, der würde sie gewinnen.
Sie vertraute dabei auf die pfeilschnelle Geschwindigkeit des Kolibris, aber nach fünf Runden der Wettkampfstrecke ermüdete der Kolibri, und der Kranich gewann. Wütend über diese Niederlage schwor Ailsie, lieber nie zu heiraten, als sich mit einem so häßlichen Vogel wie dem Kranich zu vermählen. Aber ihr Vater, der über den Ausgang des Wettkampfes glücklich war, gelobte, sie zu töten, wenn sie den Sieger nicht heiratete. Ailsie bat um einen Aufschub von sieben Tagen, in denen sie allein sein wollte. Während dieser Zeit weinte sie so viel, daß sie zu einem tiefen See im Verlauf des Flusses Etowah wurde.

Ain Ain gilt als die mythische Rechtfertigung für den hohen Status der Frauen im alten Irland. Als die beiden Schwestern Ain und Iaine ihre beiden Brüder heirateten, ersannen die Männer den Krieg, weil jeder ein möglichst großes Stück der Insel für sich haben wollte. Als eine Folge des Konflikts wurden die Rechte der Frauen, ob alleinstehend oder verheiratet, sorgfältig in Gesetzen, den *Laws of Brehon*, niedergelegt, die unter anderem garantierten, daß kein Kind als illegitim angesehen werden durfte außer jenen, die gezeugt wurden von Spöttern, die bei jedem Streit die Fronten zu wechseln pflegen. Die Gesetze des alten Irland waren einzigartig in der umfassenden Sicherung der Besitzrechte der Frauen und ihrer Freiheit, aber die Besetzung der Insel durch die Normannen ab 1171 bedeutete das Ende der Gültigkeit des Kodex von Brehon.

Aine Sie war eine der großen Göttinnen des alten Irland, deren Verehrung als Königin der Feen von South Munster sich bis in die Neuzeit hinein gehalten hat. Dort, in der südwestlichen Ecke der Insel, soll sie auf dem Knockainy Hill spuken. Offensichtlich war Aine ursprünglich eine Sonnengöttin, die die Gestalt von Lair Derg («Rote Stute») annahm, jenem Pferd, das schneller war als alle anderen. Ihr zu Ehren wurde ein besonderes Fest zur Sommersonnenwende abgehalten, bei dem die Bauern mit Strohfackeln rund um den Knockainy zogen und das Feuer über Vieh und Feldern schwangen, um Schutz und Fruchtbarkeit zu erbitten.
Man erzählt sich zwei Geschichten von Aine: In der einen war sie die Tochter eines frühen irischen Gottes, die Zwillingsschwester von → *Grian,* und betört von dem halbgöttlichen Helden Fionn. Sie hatte ein Gelübde abgelegt, daß sie niemals mit einem Mann mit grauen Haaren schlafen würde, aber Fionn war jung und noch ohne eine silberne Strähne in seinem vollen Haar. Auch eine von Aines Schwestern, Miluchrach, war an ihm interessiert: Sie ver-

zauberte einen See und überredete Fionn, in ihn einzutauchen. Als der Heros aus dem magischen Wasser auftauchte, war sein Körper immer noch jung und stark, aber sein Haar graumeliert. Daraufhin verschmähte Aine den Helden getreu ihrem Gelübde.

In einer anderen Geschichte nahm Gerald, Earl of Desmond, Aine gefangen, während sie ihr Haar am Ufer ihres heiligen Sees kämmte. Aine gebar dem Mann den ersten Earl Fitzgerald, ließ aber ihren Mann versprechen, daß er niemals seiner Überraschung Ausdruck geben würde über die Kräfte, die sein Sohn entwickeln werde. Alles ging viele Jahre lang gut, bis Gerald eines Tages seinen Sohn beobachtete, wie er in eine Flasche sprang und wieder heraus. Er konnte einen Ausruf der Verwunderung nicht unterdrücken, und der Junge entschwand. Er flog davon in Gestalt einer Wildgans. Enttäuscht von ihrem Partner verschwand Aine zum Knockainy, wo sie immer noch in einem prächtigen Schloß leben soll. Siehe auch → *Anu.*

Airmed Als eine der Göttinnen der Tuatha De Danann, der ältesten Gottheiten Irlands, besaß auch Airmed große magische Kräfte. Sie war die spezielle Göttin der Zauberei und des Wissens über den Nutzen aller Pflanzen und die Heilkraft aller Kräuter. Diese Kenntnisse hatte sie durch den Tod ihres geliebten Bruders Miach erworben. Sie begrub ihn voller Trauer, und aus seinem Grab sprossen zahllose Gewächse. Während sie Miachs Grab pflegte, sprachen sie mit ihr und belehrten sie über ihren richtigen Gebrauch.

Aisha Kandisha → *Kandisha*

Aithuia «Tauchvogel» hieß die griechische Göttin → *Athene,* wenn sie in Gestalt eines Meeresvogels erschien. Vielleicht war es aber auch der Name einer vorhellenischen eigenständigen Göttin, die später in der mächtigeren Athene aufging.

Aja «Die Braut», eine babylonische Göttin der Morgendämmerung, hatte den Sonnengott zum Gemahl. Wie andere Morgengöttinnen – z.B. → *Eos* – wurde sie assoziiert mit den Bergen im Osten, von denen die Sonne, wie es hieß, an den hohen Himmel geschleudert wurde. Ursprünglich eine unabhängige Göttin, hat man Aja (oder einfach A) später mit → *Ishtar* verbunden.

Ajysyt, Aisyt Bei den Jakuten Rußlands hatte diese Geburtsgöttin zwei Funktionen: Frauen während der Wehen zu helfen, ihre Kinder gesund zur Welt zu bringen, und dem Neugeborenen eine Seele einzuhauchen. Sie war auch die Gottheit der Haustiere, besonders der Rinder; denn das erfolgreiche Kalben war in wirtschaftlich unentwickelten Gesellschaften von größter Bedeutung.

Die Zeremonien, mit denen Ajysyt nach einer Geburt gepriesen wurde, wurden von den Frauen der Jakuten geheim abgehalten. Die Gegenwart eines Mannes hätte eine Entweihung bedeutet. Teile eines geopferten Tieres, gewöhnlich die Eingeweide, wurden der Göttin auf einem besonderen Speisetisch in der Geburtskammer dargebracht. War das Baby da, bot die Hebamme der Göttin Butter an, die sie auf das Herz des Kindes strich und dabei betete: «Wir danken dir, Ajysyt, für das, was du uns gegeben hast, und bitten dich, es uns auch in Zukunft zu gewähren.»

Drei Tage lang mußte die Gebärende abgesondert bleiben. Nur ihre Freundinnen durften sie besuchen, und sie aßen «Butter für Ajysyt» mit ihr. Nach drei Tagen nahm die Hebamme das Stroh, auf dem die junge Mutter gelegen hatte, und band es in die Krone eines hohen Baumes. Danach verließ die Göttin das Haus bis zur nächsten Geburt.

Aka Für die Bewohner der kleinasiatischen Türkei war Aka (oder Ekki) die Muttergöttin. In einigen türkischen Dialekten hat sich ihr Name als Bezeichnung für «Mutter» erhalten.

Akewa Die Sonnengöttin der Toba in Argentinien soll die Führerin und Schwester aller irdischen Frauen gewesen sein. Einst waren diese, wie sie, strahlende Bewohner der Himmel, während haarige männliche Wilde die Erde bewohnten. Aus Neugier über ihre Nachbarn im Untergeschoß kletterten die Frauen eines Tages an einer Weinrebe herunter, um die Erde zu erkunden. Aber einer der

Akko

Ala

primitiven Männer biß die Himmelsleiter entzwei, und die engelsgleichen Frauen waren für immer auf diesem Planeten gestrandet, und nur die Erinnerung an Akewa blieb ihnen als Erinnerung an das, was sie einmal gewesen waren.

Akko → *Rauni*

Akycha, Seqinek, Malina In Grönland und Alaska heißt es, daß Sonne und Mond einmal Bewohner der Erde waren, bevor sie über uns lebten. Die Sonne war die junge Frau Akycha, der Mond war ihr Bruder, und sie lebten in einem kleinen Dorf, in dem sich die Menschen jede Nacht versammelten, um in der Tanzhütte zu tanzen.

Akycha lebte allein. Eines Nachts, als alle anderen tanzten, wurde sie von einem Mann überrascht, der bei ihr eindrang. Er vergewaltigte sie, doch im Dunkeln konnte sie ihren Angreifer nicht erkennen. Danach suchte er sie noch öfter heim, und nie gelang es ihr herauszubekommen, wer er war.

Eines Nachts faßte Akycha einen Plan: Sie rieb ihre Hände über die Öllampe, so daß sie mit Ruß beschmiert waren. Nachdem der Angreifer seine Lust befriedigt hatte, berührte sie mit ihren rußigen Fingern sein Gesicht. Als er ging, verfolgte sie ihn bis zur Tanzhütte. Dort entdeckte sie zu ihrem Schrecken, daß ihr eigener Bruder ein rußbeschmiertes Gesicht hatte. Sie packte ein Messer, schnitt sich die linke Brust ab und warf sie ihm hin mit den Worten: «Da du mich so sehr begehrst, iß das.»

Dann ergriff Akycha ein brennendes Holzscheit und rannte aus dem Dorf. Vom Anblick ihres Blutes erneut entflammt, folgte ihr der Bruder. Auch er ergriff eine Fackel, aber er stolperte, und seine Flamme verlöschte im Schnee. Weiter und weiter rannten sie, bis sie in das Jenseits gelangten, wo sie ihre Verfolgungsjagd bis in alle Ewigkeit fortsetzen.

Ala Die beliebteste Gottheit des Ibo-Volkes in Nigeria ist die Erd- und Muttergöttin Ala, Schöpferin der Lebenden und Königin der Toten, Gesetzgeberin, Hüterin der Moral und höchste Instanz für den Zusammenhalt der Gemeinschaft. Auch heute noch wird sie verehrt. Auf sie werden die Eide geschworen und in ihrem Namen wird Gericht gehalten. Der Dorfschrein von Ala ist das Zentrum eines jeden Ibo-Dorfes. An ihrem heiligen Schrein in einem hohen Baum bringen die Menschen ihr Opfer dar: während der Aussaat, zur Zeit der ersten Früchte und nach Beendigung der Ernte.

Alaghom Naom Tzentel «Mutter des Geistes» war bei den Mayas die Göttin des Denkens und des Intellekts.

Alakhani Dieser weibliche Kobold, bekannt bei den Bewohnern des indischen

Assam, lebte in den Bambushainen unter einer pilzförmigen Pflanze, die *alakhani-bah* («Zelle von Alakhani») hieß. Jeder, der vorbeiging, wurde von ihr augenblicklich mit Beschlag belegt, aber niemals geschädigt. Als eine Art Vegetationsgeist war sie grundsätzlich gutartig, allerdings sehr schalkhaft. Man mußte tun, was sie verlangte, aber es waren harmlose Verrichtungen. Wer sich weigerte, dem spielte sie irgendeinen Streich.

Alben → *Elfen*

Alekto Eine der drei → *Erinnyen,* manchmal aber auch als eine griechische Göttin des Krieges und des Todes bezeichnet.

Alektrona Diese regionale griechische Göttin der frühen Antike galt als Tochter der Sonne. Aus Gründen, die nicht überliefert sind, durfte kein Lasttier ihr Heiligtum auf Rhodos betreten. Jeder, den ein Esel, ein Pferd oder ein Maultier zu ihrem Schrein brachte, mußte sich einer rituellen Reinigung unterziehen.

Alexandra → *Kassandra*

Alfhildr Um nicht von König Alf zur Ehe gezwungen zu werden, verkleidete sich diese jungfräuliche nordische Göttin als Krieger. Erst als sie mit ihm einen Kampf auf Leben und Tod führte und sich zeigte, daß er ebenso stark war wie sie, willigte Alfhildr in die Hochzeit ein.

Alkippe Wie es heißt, führte die Vergewaltigung dieser Tochter der Aglauros (→ *Aglauriden*) zum ersten Mordprozeß in der mythischen Geschichte der Antike. Die junge Göttin war von einem Sohn des Poseidon in verbrecherischer Weise angegriffen worden, woraufhin der Kriegsgott Ares den Übeltäter tötete. Vor das Gericht der Götter gerufen, um über seine Tat Rechenschaft abzulegen, stellte Ares die grausamen Umstände der Schändung Alkippes dar und wurde freigesprochen.

Alkyone → *Halkyone,* → *Plejaden*

Allat, Lat Das arabische Wort *Allah* bedeutet «Der Gott»; Allat steht für «Die Göttin» und bezeichnet die höchste Wirklichkeit in weiblicher Form. Personifiziert bildet Allat zusammen mit → *Aluzza* und → *Manat* das Dreigestirn der großen Wüstengöttinnen des Vorderen Orients. Wie die griechische → *Demeter* repräsentiert Allat die Erde und ihre Früchte. Daraus ergibt sich, daß sie auch für die menschliche Fortpflanzung zuständig war. Allat wurde besonders in At-Ta'if in der Nähe von Mekka verehrt, und zwar in Form eines großen, unbehauenen Granitblocks, den ihre Anhänger als «Verehrte Herrin» oder Rusa («Gütiges Schicksal») ansprachen. Die Frauen mußten nackt vor ihr erscheinen und den heiligen Stein umrunden. Wer diesen Bedingungen entsprach, dem gewährte die Göttin die Erfüllung aller Bitten. Da sie so fest war wie die Erde, die sie repräsentierte, wurde sie als unerschütterlich und unbeirrbar angesehen. Deshalb schwor ihr Volk seine feierlichsten Eide auf sie mit den Worten: «Beim Salz, beim Feuer und bei Allat, die die Größte von allen ist.»
Siehe auch → *Ashera.*

Altan-Telgey Die mongolische Erdgöttin trug diesen Namen, der «Goldene Oberfläche» bedeutet.

Althaia Die Gemahlin des Königs Oineus und Mutter der → *Deianeira* hatte auch einen Sohn, den Helden Meleagros. Bei seiner Geburt hatten die Moiren (→ *Moira*) geweissagt, das Kind werde nur so lange leben, bis das Holzscheit, das gerade im Herd liege, verbrannt sei. Daraufhin holte Althaia das Holzstück aus dem Feuer und verwahrte es. Nachdem Meleagros im Streit um die Gunst der → *Atalante* die beiden Brüder seiner Mutter erschlagen hatte, siegte in Althaia die Pflicht der Blutrache über die Mutterliebe. Sie warf das Holzscheit ins Feuer, wo es verbrannte und dadurch den Tod des Meleagros herbeiführte. Althaia aber setzte ihrem Leben selbst ein Ende.

Aluzza, Uzza Bevor er sich selbst zum Propheten erklärte, huldigte Mohammed dieser Wüstengöttin des Morgensterns, deren Name «Die Mächtige» oder «Die Stärkste» bedeutet. Dann wandte er sich jedoch gegen sie und zerstörte ihr Heiligtum, einen Akazienhain südlich von Mekka, wo sich die Anhänger Aluzzas seit Generationen versammelt hatten, um den heiligen Stein zu verehren, der sie symbolisierte. Der Glaube an ihre Macht überlebte lange die Zerstörung ihrer heiligen Stätte und geriet erst nach beinahe tausend Jahren in Vergessenheit.

Mit → *Allat* und → *Manat* bildete diese Göttin die große religiöse Dreifaltigkeit des alten Arabien.

Ama, Am, Umm In den semitischen und einigen indogermanischen Sprachen die Bezeichnung für «Muse» und «Mutter». In Ägypten gab es eine Göttin dieses Namens, deren Gemahl der Sonnengott war. Im drawidischen Indien ist → *Amba* die «Mutter Erde». Die am höchsten entwickelte Form dieser Gestalt im östlichen Mittelmeerraum war → *Mami*.

Amaltheia Wie auch immer der Name der kretischen Amme von Zeus gewesen sein mag (→ *Adamantheia*), auf jeden Fall ernährte sie das Kind mit der Milch dieser magischen Geiß, die ursprünglich eine → *Nymphe* gewesen war. Als er größer war, brach Zeus eines von Amaltheias Hörnern ab und gab es seiner Amme. Dadurch wurde es zum magischen *cornucopia,* dem Füllhorn. So wie die magische Ziege Milch hervorbringen konnte, die fett und nahrhaft genug für einen Gott war, so hatte ihr Füllhorn genügend Nahrung für alle Kinder der Erde bereit. Nachdem sie auf diese Weise für die Menschheit vorgesorgt hatte, entschwand die einhornige Amme in den Himmel, wo sie in das Sternbild des Steinbocks verwandelt wurde.

Amara → *Mamapacha*

Amatae → *Vesta*

Amaterasu Unter allen Religionen gibt es gegenwärtig nur noch eine, deren Hauptgottheit weiblich ist, und zwar den japanischen Shintoismus, der die Sonnengöttin Amaterasu («Großer glänzender Himmel») anbetet. In ihren einfachen Tempeln – bemerkenswert wegen ihrer architektonischen Reinheit und Schlichtheit und dem heiligen Spiegel, der die Gottheit repräsentiert – wird Amaterasu mit dem Ehrennamen Omikami («Große erhabene Gottheit») angebetet als Herrscherin aller Gottheiten, als Ahnherrin der Kaiserfamilie, Hüterin des japanischen Volkes und als Symbol seiner kulturellen Einheit. Ihr Emblem, die aufgehende Sonne, ist bis heute das Nationalsymbol Japans. Selbst das Eindringen des patriarchalischen Buddhismus hat den Kult der edelsteingeschmückten Ahnherrin der Menschen nicht zerstören können.

Es gibt eine zentrale Mythe über Amaterasu. Sie stritt mit dem Sturmgott Susanoo und brachte den Winter in die Welt. Es werden zwei Gründe genannt, wieso sie über ihn verärgert war: Zum einen hatte er Amaterasus Schwester ermordet, die nahrungsspendende Göttin → *Uke-Mochi;* zum anderen wegen seiner provozierenden Handlungen Amaterasu selbst gegenüber. Amaterasu traute ihrem Bruder nicht wegen seiner Ausschweifungen und seines unbeherrschten Brüllens. Eines Tages kam er in den Himmel, um sie zu besuchen, und gab vor, daß er nichts Böses wolle. Sie war argwöhnisch, aber er war einverstanden, sich einer rituellen Probe zu unterziehen. Er sagte, er würde gebären, und wenn seine Absichten gut wären, würden alle Kinder Knaben werden.

Amaterasu packte Susanoos Schwert, zerbrach es mit ihren Zähnen und spuckte drei Teile aus, die, als sie den Boden berührten, zu Göttinnen wurden. Susanoo bat seine Schwester um einige ihrer Edelsteine: Sie gab ihm fünf. Er knackte sie auf und machte daraus Götter. Nun wären sie eigentlich quitt gewesen, doch vor Begeisterung über seine schöpferische Heldentat geriet der Sturmgott außer sich und raste durch die Welt, wobei er alles zerstörte, was ihm in den Weg kam: Er hinterließ sogar Fäkalien unter Amaterasus Thron. Als ob das nicht genug wäre, stahl er sich in ihre Gemächer und warf den Kadaver eines abgehäuteten Pferdes durch das Dach in ihr Webzimmer und erschreckte damit eine der Gefährtinnen Amaterasus so heftig, daß sie sich stach und daran verblutete.

Das war mehr, als die Sonnengöttin ertragen konnte. Sie verließ diese verrückte Welt und zog sich in eine bequeme Höhle zurück. Ohne

Sonne war die gesamte Welt in endlose Dunkelheit gehüllt. Die acht Millionen Götter und Göttinnen, die sich nach dem Licht sehnten, versammelten sich und richteten flehende Bitten an sie, wieder zurückzukehren. Aber die Göttin blieb in ihrer Höhle.
Schließlich nahm → *Uzume,* eine Schamanin und Göttin der Lustbarkeit, die Sache in die Hand. Sie drehte einen Waschzuber um, stieg darauf und begann zu tanzen, zu singen und anzügliche Sprüche von sich zu geben. Sie legte nach und nach alle ihre Kleider ab und tanzte dabei so wild und obszön, daß die Götter und Göttinnen vor Vergnügen zu kreischen anfingen.
Amaterasu in ihrer Höhle hörte diesen Lärm, und als ein richtiger Tumult daraus wurde, rief sie hinaus, um zu erfahren, was dort vorgehe. Einer der Götter antwortete ihr, daß sie gerade eine bessere Göttin als die Sonne gefunden hätten. Empört, aber auch neugierig, öffnete Amaterasu die Tür zu ihrer Höhle einen kleinen Spalt.
Die Götter und Göttinnen hatten in weiser Voraussicht direkt vor der Höhle einen Spiegel aufgestellt. Amaterasu, die noch nie zuvor ihre eigene Schönheit gesehen hatte, war wie geblendet. Und während sie so dastand, überwältigt von Entzücken, rissen die Gottheiten die Tür ganz auf und komplimentierten Amaterasu, mit starken Armen nachhelfend, zu sich hinaus. So kehrte die Sonne zurück, um die wintermüde Erde zu wärmen.
Als Amaterasu wieder auf ihren himmlischen Thron gestiegen war, bestrafte sie den rabiaten Susanoo, indem sie ihm die Finger- und Zehennägel herausreißen ließ und ihn aus ihrem Himmel warf.

Amazonen Die Griechen glaubten, daß im Norden ihres kleinasiatischen Territoriums, am anderen Ufer des Flusses Thermodon, ein ausschließlich von Frauen bewohntes Land liege. Ein- oder zweimal im Jahr hatten die Amazonen im Grenzbereich ihrer Länder Geschlechtsverkehr mit Männern der umliegenden skythischen Stämme. Die daraus hervorgehenden Töchter behielten sie, die Söhne ließen sie bei den Vätern. (Manche behaupten, daß sie die Knaben töteten.)
Zwei Königinnen teilten sich die Herrschaft,

Amazone (römisch)

eine war für die Verteidigung zuständig und die andere für die inneren Angelegenheiten. Unter ihrer Kriegskönigin waren die Amazonen ein mächtiges Heer berittener Kämpferinnen, die wie Efeublätter geformte Schilde trugen und doppeltgeschliffene Streitäxte. Daheim lebten die Amazonen friedlich, versorgten sich selbst mit allem, was sie brauchten, und stellten künstlerisch gearbeitete Gegenstände her, die weit über die Grenzen ihres Königinnenreiches hochbegehrt waren. Gut 400 Jahre lang (1000–600 v.Chr.) beherrschten die Amazonen angeblich ein Gebiet, das sich an den Ufern des Schwarzen Meeres erstreckte. Wenigstens glaubten das die Griechen noch Jahrhunderte, nachdem die sagenhaften Kriegerinnen sie das letzte Mal angegriffen hatten. Spätere Generationen waren bemüht, diese alten Überlieferungen als Märchen abzutun. Um die geschichtliche Existenz der Amazonen streiten sich die Gelehrten bis heute.
Einige Versuche, die Existenz dieses Volkes zu leugnen, sind geradezu absurd, wie etwa diese Erklärung: Die Griechen, deren Männer Bärte

Amazonen

Verwundete Amazone (griechisch)

man argumentieren, daß die Griechen ja auch überzeugt waren, Monster wie die → *Sphinx* und die → *Gorgonen* hätten mit historischen Königen gefochten. Die Frage, ob es die Amazonen wirklich gegeben hat, ist also ungeklärt. Vielleicht inspirieren sie die Nachwelt gerade deswegen noch immer.

Hartnäckig hält sich das Gerücht, daß das Wort *amazon* «ohne Brust» bedeute, obwohl bisher kein überzeugender etymologischer Nachweis vorliegt. Angeblich schnitten die Amazonen ihre rechte Brust ab, um besser Bogenschießen und Speerwerfen zu können. Das ist eine Verleumdung, denn es gibt in der griechischen Kunst nicht den geringsten Anhaltspunkt dafür, daß man die Amazonen für Frauen hielt, die sich selbst verstümmelten. Im Gegenteil, die Amazonen wurden ausnahmslos mit intaktem entblößtem Busen dargestellt.

Anstifter des berühmtesten und verlustreichsten Amazonen-Krieges war niemand anderes als Herakles. Nachdem er in einem Wahnsinnsanfall seine drei Kinder umgebracht hatte, wurde er von den Göttern dazu verurteilt, zwölf praktisch unerfüllbare Aufgaben auszuführen. Eine davon lautete, sich ins Amazonen-Reich zu begeben und mit dem kostbarsten Schatz der Frauen, ihrem goldenen Königinnengürtel, zurückzukehren. An der Spitze einer großen Streitmacht ging Herakles dort an Land. Schwer bewaffnete Amazonen eskortierten und bewachten ihn und seine Mannen, als sie sich dem Palast der Herrscherin näherten.

Doch der Kriegskönigin → *Hippolyte* gefiel der stattliche Herakles. Sie überließ ihm nicht nur den Gürtel, sondern bot ihm auch ihr Bett an. Unglücklicherweise verbreitete sich unter der Volksmenge das Gerücht, Herakles habe die Königin in seine Gewalt gebracht. Die Amazonen griffen zu ihren Waffen und versuchten, die Griechen zu ihren Booten zurückzutreiben. Auf beiden Seiten gab es viele Tote, auch Hippolyte verlor ihr Leben, und die Schlacht endete für die Frauen kläglich. Der übermenschlichen Stärke des Herakles waren sie denn doch nicht gewachsen. Sie mußten ihre Anführerinnen → *Melanippe* und → *Antiope* ausliefern. Letztere wurde als Kriegsbeute nach Athen gebracht und König Theseus geschenkt. Diese Schmach war mehr, als die

trugen, hätten jeden, der keinen Bart hatte, als Frau angesehen. Sie hätten also eine Armee von Bartlosen für ein Frauenheer gehalten. Andere Mythenforscher vermuten, aus der Tatsache, daß bei einigen «Barbarenvölkern» die Frauen neben den Männern kämpften, habe man auf ein ganzes Reich mit einem Frauenheer geschlossen. Und dann gibt es noch jene, die behaupten, die Amazonen seien nichts als lüsterne Phantasievorstellungen griechischer Männer gewesen.

Aber wenn es sie nie gegeben hat, hätten sie auch nicht am Trojanischen Krieg teilnehmen (→ *Penthesilea*) und in Athen einfallen können, wovon einige antike Geschichtsschreiber (z. B. Plutarch) berichten. Andererseits könnte

Amazonen ertragen konnten, und sie beschlossen einen Vergeltungsschlag.
Die herrscherlosen Kriegerinnen fochten sich durch das ganze griechische Hoheitsgebiet, bis sie schließlich Athen erreichten und die Akropolis stürmten. Dort kam es zur entscheidenden Konfrontation, bei der abermals zahlreiche Amazonen ihr Leben lassen mußten. Der Rest der Armee zog sich gen Norden zurück. Ihren Weg säumten Grabhügel in Form der Schilde jener Kriegerinnen, die ihren Verwundungen erlegen waren.
Weitere Geschichten über Amazonen sind zu finden unter → *Antianara*, → *Lysippe*, → *Marpesia*, → *Myrine*, → *Omphale*, → *Otrere*, → *Thalestris* und → *Tomyris*.

Amba Ursprünglich wahrscheinlich präindogermanisch, wurde diese indische Göttin in andere Gottheiten integriert, z. B. in → *Durga*, → *Parvati* und → *Uma*. Eigentlich bedeutet ihr Name einfach «Mutter», und in der Gegend von Jaipur wurde Amba als Muttergöttin bis in die heutige Zeit mit Morgenopfern von schwarzen Ziegen gehuldigt.

Amberella In den baltischen Volkssagen ist Amberella ein goldhaariges Mädchen mit Augen von der Farbe des Meeres, in dem sie zu schwimmen liebte. Eines Tages, als sie versuchte, ein Stück treibenden Bernsteins zu ergreifen, wurde sie vom Prinzen der Meere, der sich in sie verliebt hatte, auf den Grund des Wassers gezogen.
Besorgt gingen ihre Eltern täglich an das Meeresufer, schauten aus nach ihrer Tochter und riefen ihren Namen. Eines Tages tauchte ein Goldfisch auf und bot ihnen Bernstein in Hülle und Fülle, wenn sie auf ihre Tochter verzichten würden, aber die Mutter lehnte das ab. Da bekam der Fisch Mitleid mit der Frau und versprach ihr, daß sie Amberella wiedersehen werde.
Der Goldfisch stieg in die Tiefen des Ozeans hinab, bis er das juwelengeschmückte Schloß des Prinzen erreichte. Grüner Bernstein säumte die Gänge und flüssiger Bernstein wand sich um die Säulen aus goldenem Bernstein. In einem Saal des Palastes saß auf einem sonnenglänzenden Thron Amberella. Der Goldfisch berichtete ihr von der Trauer ihrer Eltern und rührte damit das Herz des Mädchens. Der Prinz hingegen wurde wütend, und so wie er tobte auch das Meer. Schließlich bestieg er sein rasendes Pferd und brachte Amberella an die Küste zurück.
Verwundert sahen die Eltern ihre Tochter strahlend wie eine Göttin aus dem Meer aufsteigen. Sie warf ihnen große Bernsteinstücke als Geschenke zu. Doch dann, so plötzlich, wie sie erschienen war, verschwand sie wieder mit ihrem Geliebten.
Die Menschen an der Ostsee sagen, wenn das Meer tobt, kommt Amberella zu Besuch, und als Beweis zeigen sie die Strände voller Bernstein, der zurückbleibt, wenn der Sturm sich gelegt hat.

Ambika «Mütterchen» – ein beschönigender Name für die gefürchtete indische Göttin → *Kali* als Gemahlin des Gottes Shiva.

Amentet Die «Bewohnerin des Westens» war eine ägyptische Göttin, die in einem Baum am Rande der Wüste lebte. Sie bewachte die Tore ins Jenseits und begrüßte die gerade Verstorbenen mit Brot und Wasser. Jene, die ihre Gaben annahmen, wurden «Freunde der Toten» und konnten niemals ins Land der Lebenden zurückkehren.
Amentets Ursprung liegt wohl in Libyen. Als Hieroglyphe trägt sie eine Straußenfeder auf ihrem Kopf. Das war bei den Libyern nicht nur ein verbreiteter Kopfschmuck, sondern auch ein Ideogramm für «Westen». Mit der Zeit wurde dieses Wort, mit dem die Ägypter ursprünglich Libyen bezeichneten, ein Synonym für das Reich der Toten.

Amerach → *Fiongalla*

Ameretat → *Armaiti*

Amma → *Edda*

Ammavaru Für die Urbevölkerung Indiens war Ammavaru die Ur-Muttergöttin, die schon vor dem Anfang aller Zeit existierte. Sie legte in den milchigen kosmischen Ozean drei Eier: Das erste Ei verdarb, das zweite füllte sich mit Luft, aber aus dem dritten entsprang die Götterdreiheit von Brahma, Shiva und Vishnu. Die

Ammit

Anahita mit Lebenswasser und Taube

untere Hälfte des Eies wurde zur Erde, die obere Hälfte zum Himmel.

Ammit → *Ahemait*

Amphitrite Diese griechische Meeresgöttin, von der Homer sagt, sie sei die weibliche Manifestation des Ozeans selbst, war möglicherweise die vorhellenische Göttin der Ägäis. Die nach Osten vordringenden Griechen «vermählten» sie mit Poseidon und degradierten Amphitrite dabei zu einer → *Nereide*. Immerhin behielt sie wenigstens ihre Herrschaft über die Unterwasserhöhlen, wo sie ihre kostbaren Juwelen aufbewahrte und aus denen sie auftauchte, um für ihr Vieh, die Fische und Säugetiere des Meeres, zu sorgen.

Ana → *Anu*

Anadyomene → *Aphrodite*

Anahita, Anaitis «Die Unbefleckte», auch Ardvi Sura Anahita («Die Feuchte, Starke, Makellose») genannt, war eine der bedeutendsten Gottheiten des Perserreiches. Sie verkörperte die physischen und metaphorischen Eigenschaften des Wassers, die befruchtende Kraft, die aus ihrem übernatürlichen Brunnen in den Sternen auf die Erde floß. Da auch der Samen fließt und befruchtet, war sie auch für die menschliche Zeugung und ebenso für alle anderen Formen der Fortpflanzung zuständig.

Ihr Ursprung scheint in Babylonien zu liegen, von wo sie als bewaffnete Göttin zu Pferde nach Ägypten zog. Ihr Kult breitete sich aber auch nach Osten aus. Sie wurde die beliebteste persische Gottheit und sogar von dem großen Gott Ahura Mazda verehrt. Dennoch tat der Religionsstifter Zarathustra sein Möglichstes, um Anahita zu ignorieren. Dabei war der Weise, wie spätere Schriften enthüllen, von dem männlichen Hauptgott eigens angewiesen worden, Anahita zu dienen.

In dieser hochgewachsenen und mächtigen Jungfrau sah ihr Volk beides verkörpert: die Mutter und die Kriegerin. Sie war ihrem Wesen nach eine beschützende Mutter, die sie ernährte und entschlossen gegen alle Feinde verteidigte. Bildlich wurde Anahita als «Goldene Mutter» dargestellt, ausstaffiert mit einem goldenen Tuch, rechteckigen goldenen Ohrringen und einem juwelenbesetzten Diadem, gehüllt in einen goldbestickten, mit dreißig Otterfellen verzierten Mantel. Es hieß auch, sie fahre durch unsere Welt in einem Wagen, der von vier weißen Pferden gezogen werde, die den Wind, den Regen, die Wolken und den Hagel repräsentieren.

«Große Herrin Anahit, Ruhm- und Lebensspenderin unserer Nation, Mutter der Bescheidenheit und Wohltäterin der Menschheit», riefen die Armenier die Göttin an und huldigten ihr mit Gaben von grünen Zweigen und dem Opfer weißer Färsen, die an ihren heiligen Stätten geschlachtet wurden. Möglicherweise boten sie sich auch selbst dar. Der griechische Reisende Strabon berichtet, daß sakrale Promiskuität deswegen zum Anahita-Ritus gehörte, weil die Göttin «den Samen der Männer, den Schoß und die Milch der Frauen reinigt».

Als Heilerin, Mutter und Beschützerin ihres Volkes wurde sie im persischen Großreich viele Jahrhunderte lang verehrt. Im westlichen Teil des Vorderen Orients soll man sie mit → *Anat* gleichgesetzt haben, in Griechenland, wohin ihr Ruhm später ebenfalls drang, mit → *Aphrodite,* → *Athene* oder → *Hekate.*

Ananke Platon bezeichnete sie als Mutter der Moiren (→ *Moira*), aber sie scheint weniger eine wirkliche Göttin gewesen zu sein als die griechische Personifizierung des Begriffs «Notwendigkeit» bzw. jener Macht des Schicksals, die in den meisten Kulturen als weiblich gesehen wird. Später verschmolz sie mit der Gerechtigkeitsgöttin → *Adrasteia.*

Anat «Vorsehung» oder sogar «Vorsicht» bedeutete der Name dieser wichtigen Göttin des ugaritischen und des phönizisch-kanaanitischen Pantheons. Sie hatte vier unterschiedliche Aspekte: Kriegerin, Mutter, Jungfrau und Dirne. Als «Mutter der Völker» blieb sie dennoch «Jungfrau», obwohl sie die «Geliebte aller Götter» war; denn sie verlor trotz ihres vielseitigen Liebeslebens nie ihre Jungfernhaut.
Als Göttin der Begierde war Anat die bevorzugte Geschlechtspartnerin ihres Bruders Baal, für dessen Umarmungen sie sich vorbereitete, indem sie ein Bad im Tau nahm und eine Dusche von Ambra. Ihr sexuelles Verlangen war unersättlich: Beispielsweise suchte Anat, von Wollust überfallen, Baal während der Jagd auf, und sie vereinigten sich siebenundsiebzigmal hintereinander in der Wildnis. Für diesen Kraftakt nahm sie die Gestalt einer Kuh an, und danach gebar sie Ochsen und Büffel.
Ihr Blutdurst war ebenso bemerkenswert. Als ihr Bruder einmal eine siegreiche Schlacht geführt hatte, befahl Anat, auf dem himmlischen Berg ein riesiges Festmahl vorzubereiten, zu dem sie die Anführer der Besiegten einlud. Den Körper mit Henna gefärbt, betrat sie den Saal und schloß die Türen. Dann brachte sie jeden einzelnen der Männer um den Verstand und um sein Leben. Bald watete sie knietief in Blut; Teile der zerstückelten Leichen hatte sie an ihren Gürtel gebunden. In dieser grauenhaften Szene mit symbolischer Bedeutung verkörpert Anat die entsetzliche Gleichgültigkeit der Geschlechtlichkeit, die ohne Ende Sterblichkeit hervorbringt: Sex erzeugt Leben, das im Tod endet.
Diese beängstigend mächtige Anat wurde später mit → *Ashera* vereinigt, einer weniger streitsüchtigen, aber auch weniger bemerkenswerten Göttin. Andererseits war Anats Kult schon bis nach Ägypten gewandert, und dort wurde sie – vor allem als Kriegerin – sogar von den Juden verehrt.
Siehe auch → *Anahita,* → *Astarte.*

Anatu Die Große Göttin Mesopotamiens, Herrscherin über die Erde und Königin des Himmels, wurde später mit → *Ishtar* vermischt. Ursprünglich scheint sie nicht nur eine eigenständige Gestalt gewesen zu sein, sondern vielleicht sogar Ishtars Mutter.

Anaxarete Iphis, ein Bürgerlicher, liebte diese herzlose griechische Prinzessin, die sich über ihn und seine Liebe lustig machte, bis er sich in einem Anfall von Verzweiflung an ihrer Tür aufhängte. Selbst dann noch lachte sie, und dafür verwandelte → *Aphrodite*, die Göttin der Liebe, Anaxarete in Stein.

Andraste «Die Unbesiegbare» wurde von den keltischen Briten angerufen, bevor sie in die Schlacht zogen. Die Kriegsgöttin war der besondere Liebling der berühmten Stammeskönigin Boadicea der Iceni (1. Jahrhundert v. Chr.), die Andraste in einem heiligen Wäldchen opferte, bevor sie einen Feldzug gegen die Römer begann. Boadicea hätte beinahe Erfolg gehabt, wurde aber schließlich doch von den römischen Legionen überwältigt und wählte den Freitod, um nicht versklavt und sicherlich auch vergewaltigt zu werden.

Andromeda Es heißt, daß → *Kassiopeia*, die Königin von Joppa (Äthiopien), sich einmal zu oft mit ihrer Schönheit gebrüstet habe. Zur Strafe schickte Poseidon – der sehr stolz war auf die Schönheit seiner eigenen Töchter, der → *Nereiden* – ein Monster, das ihr Land verwüsten sollte. In höchster Bedrängnis wurde Kassiopeias Tochter Andromeda nackt und in Fesseln auf einem Felsen am Meer als Opfergabe für das Ungeheuer ausgesetzt. Der griechische Held Perseus sah das Mädchen und rettete es. Sie heirateten und lebten glücklich miteinander. Als Andromeda starb, gab → *Athene* ihr einen Platz als Sternbild am Firmament.

Andromedas ursprüngliche Geschichte ist vielleicht noch älter, und auf jeden Fall unterscheidet sie sich von dieser allgemein bekannten Fassung. Ihr Name kann interpretiert werden als «Herrscherin über die Menschen» oder als «Menschenopfer». Einige sehen in ihr eine Verkörperung des Mondes, der fortwährend vom Dämon der Dunkelheit belagert wird. Deshalb könnte Andromeda eine vorhellenische Mondgöttin gewesen sein, deren Legende später als Episode in die zahlreichen Sagen um einen griechischen Helden eingewoben wurde.

Anesidora Die Göttin, die «Gaben heraufsendet» in Form eßbarer Pflanzen, ist eine Bezeichnung für → *Demeter* und → *Pandora* als Fruchtbarkeit und Nahrung Bringende.

Angerona Die römische Göttin der Wintersonnenwende wurde mit verbundenem Mund und dem Finger auf den Lippen dargestellt, um allgemeines Schweigen zu befehlen. An ihrem Fest am 21. Dezember – Divalia oder Angeronalia genannt – durchläuft die Sonne den Punkt ihrer größten Ferne im ganzen Jahr: Danach wird ihr Licht wieder stärker. In diesem Moment der Sonnenwende erinnerte das Bild der Göttin ihre Anbeter daran, sich die Störanfälligkeit des Gleichgewichts der Natur bewußtzumachen. Aus diesem Grund wurde sie manchmal auch als eine Todesgöttin betrachtet.

Angeyja → *Ran*

Angitia Diese frühe italische Göttin des Stammes der Osker beherrschte die Kräfte des Heilens und der Magie. Auf sie sollen viele Hexenkünste und Zaubersprüche zurückgehen.
Siehe auch → *Medea*.

Angrboda «Die Kummer Bereitende» spielt eine wichtige Nebenrolle in den Sagen der *Edda*, wo sie als Riesin und Gefährtin des zwielichtigen Gottes Loki bezeichnet wird.

Über ihre Eigenschaften wird dort nichts gesagt, aber man schreibt ihr das Verdienst – oder die Schuld – zu, drei merkwürdige Nachkommen in die Welt gesetzt zu haben: 1. die Midgardschlange, die so groß wurde, daß sie die ganze Erde umwinden konnte; 2. den Fenriswolf, ein Tier von eindrucksvoller Bösartigkeit, das am Tage Ragnarök das Ende der Welt herbeiführen wird; 3. → *Hel,* die Herrin des Todes.

Angrboda scheint eine Ausprägung der Göttin der Sterblichkeit gewesen zu sein, denn ihre Kinder umschließen die Welt der Menschen (Midgard), so daß sie weder ihrem Schicksal (Hel) noch dem unvermeidlichen Ende (Fenris) der ganzen Schöpfung entkommen können.

Anieros Zur Zeit der Römer wurde in den nordöstlichen Provinzen Phrygiens und auf der Insel Samothrake mit diesem Namen eine → *Demeter* ähnliche Erdgöttin bezeichnet, die wiederum eine → *Persephone* ähnliche Tochter namens Axiocersa hatte. Sie waren Pendants: die junge Erde des Frühlings und die reife Erde des Herbstes, die junge, vielversprechende Frau und die reife Matrone. Ihre Religion war jene uralte Kleinasiens, der die Göttlichkeit des weiblichen Körpers zugrundelag, der als Mikrokosmos der Kräfte des Lebens, des Wachstums, des Todes und der Wiedergeburt betrachtet wurde.

Anima Mundi Für die Gnostiker des Römischen Reiches war «die Seele der Welt» weiblich, was unserem Konzept von «Mutter Natur» entspricht.

Anna → *Hanna*

Anna Perenna Über den Ursprung dieser römischen Göttin kann man nur Vermutungen anstellen, denn sie scheint so alt zu sein, daß ihre Anfänge selbst in antiker Zeit unklar waren. Eine Legende erzählt uns, sie sei die Schwester der → *Dido* von Karthago gewesen. Nach Didos Tod sei sie nach Rom geflohen und dort von Aeneas empfangen worden, also von Didos untreuem Geliebten, der inzwischen geheiratet hatte. Die neue Frau wurde auf die Schwester der früheren Geliebten eifersüchtig, und Anna Perenna lief in panischer Angst vor ihr weg, wobei sie sich in einen Fluß verwandelte.

Es gibt eine andere Geschichte, in der Anna eine alte Frau aus der Stadt Bovillae war. Als die plebejischen Aufständischen auf dem Heiligen Berg belagert wurden, fand sie einen geheimen Weg, wie man sie mit Essen versorgen konnte, und half ihnen dadurch, der Belagerung standzuhalten. Für diese Heldentat wurde Anna Perenna nach ihrem Tod zur Göttin erhoben.

Heute vermutet die Forschung, daß sie ursprünglich eine etruskische Göttin war, die über die menschliche und vegetative Fortpflanzung herrschte. Jedes Jahr erwartete man an ihrem Fest am 15. März von allen frommen Römern Ausgelassenheit und sexuelle Freizügigkeit. Der Zeitpunkt des Festes im Frühjahr und sein Charakter weisen darauf hin, daß Anna Perenna als Göttin der fruchtbaren Erde galt, die sich an allen Leben zeugenden Aktivitäten der Menschen erfreute und sie dafür mit einer Fülle von Eßbarem versorgte.
Siehe auch → *Annapurna*.

Annapurna «Nahrungsspenderin» war der Name dieser indischen Göttin, die einige Forscher mit Roms → *Anna Perenna* gleichsetzen. Diese populäre mütterliche Hausgottheit wurde oft auf einem Thron dargestellt, mit einem vollen Schöpflöffel ein Kind fütternd. Annapurna hatte besonders große Bedeutung in der Stadt Benares (heute Varanasi), wo sie mit Erntefesten geehrt wurde. Die Hindus, die es für notwendig hielten, ihren komplexen Pantheon zu systematisieren, sahen in ihr eine Ausprägung von → *Durga*, aber sie behielt ihre Herrschaft über die Nahrungsproduktion und -verteilung.

Antevorta Die Römer sahen – wie viele andere Völker – eine logische Verbindung zwischen der Weissagung und dem Geburtsvorgang. Der natürlichen Neugier, etwas über das künftige Schicksal des Neugeborenen zu erfahren, kam dabei entgegen, daß die professionellen Geburtshelferinnen nicht nur für geschickt in ihrem Beruf, sondern auch für weise oder gar für seherisch begabt galten und im Dienst von zwei Göttinnen standen, die der Mutter bei der Niederkunft beistanden: Antevorta war für die letzten Stunden vor der Geburt zuständig, ihre Gefährtin Postvorta für die ersten Stunden nach der Geburt. Der Amme verrieten sie währenddessen angeblich einiges über den zukünftigen Werdegang des Kindes, das zur Welt kam.

Antheia → *Hera*

Antianara Diese Königin der → *Amazonen* antwortete auf die Frage, warum alle ihre männlichen Sklaven verkrüppelt seien: «Die Lahmen vollführen den Liebesakt am besten.» Diese Bemerkung, die von dem byzantinischen Gelehrten Eustathios überliefert wurde, widerspricht der verbreiteten Vorstellung, daß die Amazonen an heterosexuellen Beziehungen nicht interessiert waren, sie sogar verabscheuten.

Antigone Die getreue Tochter der → *Iokaste* und des Königs Oedipus von Theben folgte ihrem geblendeten Vater in das Exil nach Kolonos. Einige sagen, sie habe selber sein Grab gegraben. Dann kehrte sie nach Theben zurück, wo inzwischen zwei ihrer Brüder bei einer Revolte gegen ihren Onkel Kreon, den Herrscher der Stadt, getötet worden waren. Kreon verbot allen, die Rebellen zu begraben, aber Antigone wußte, daß ihr Bruder Polyneikes nicht wiedergeboren werden konnte, wenn sein Körper nicht in den Schoß der Erde zurückkehrte. Sie riskierte den Tod, um Erde über die Leiche zu streuen, damit die Erdmutter → *Demeter* Polyneikes Sehnsucht nach Reinkarnation erkennen konnte. Man nahm Antigone gefangen und begrub sie bei lebendigem Leibe. In einigen Geschichten heißt es jedoch, daß ihr Geliebter, ihr Vetter Haimon, sie heimlich wegtrug.
Siehe auch → *Ismene*.

Antiope Diese Königin der → *Amazonen* war eine der schönsten Frauen ihrer Zeit und wurde von Herakles aus ihrem Heimatland am Schwarzen Meer entführt und nach Athen zu König Theseus gebracht. Nach anderen Quellen raubte Theseus sie sogar selbst. In einigen Quellen heißt es, er machte sie zu seiner rechtmäßigen Frau, andere behaupten, er habe sie als Konkubine gefangengehalten. Antiope gebar ihm einen Sohn und nannte ihn Hippolytos, nach ihrer Schwester → *Hippolyte*. (In einigen Versionen des Theseus-Mythos ist es sogar Hippolyte selbst, die mit Theseus gelebt hat.)

Mit der Zeit langweilte die Amazone Theseus, so wie er schon vorher das Interesse an der hilfreichen → *Ariadne* verloren hatte, und er begann seine nächste berühmte Affäre, die mit → *Phaedra*. Antiope starb bei dem Angriff der Amazonen auf Athen, entweder als Verräterin, die an der Seite von Theseus gegen ihr eigenes Volk kämpfte, oder als Gefangene der Griechen und Opfer des Krieges.

Anu, Ana Sie gehört als Göttin der Erde und der Fruchtbarkeit zu den bekanntesten Gottheiten Irlands, doch manche sagen, sie sei dieselbe Göttin wie → *Aine* gewesen. Andere behaupten, sie sei identisch mit → *Danu* (oder Dana). Auf jeden Fall galt Anu (oder Ana) dem Volk als Garantin des Wohlstands und des Überflusses. Zwei wie Brüste geformte Berge bei Killarney im westlichen Irland werden ihr zu Ehren «Hügel der Anu» genannt (→ *Cred*).

Anuanaitu In den ersten Tagen nach der Schöpfung, so heißt es in den Mythen der Indianer im Norden Südamerikas, waren die Männer meist häßlich, die Frauen aber wunderschön. Es gab allerdings einen gut aussehenden Mann, Maconaura, der mit seiner Mutter im friedlichen Dschungel der Urzeit lebte, als es weder Böses noch Furcht noch Fremde dort gab.

Eines Tages bemerkte Maconaura, daß jemand sein Fischnetz geplündert hatte. Das erste Verbrechen der Welt! Und was die Sache noch schlimmer machte: Der Dieb hatte das Netz zerrissen. Maconaura ließ am Abend einen Specht zurück, der die Netze bewachen sollte, und bald schon hörte er den Ruf des Vogels. Der junge Mann rannte zum Teich zurück, sah ein Monster und tötete es mit seinem Wurfgeschoß. Dann entdeckte er ein junges Mädchen am Ufer, das noch nicht geschlechtsreif war, und nahm es mit nach Hause, wo seine Mutter es aufzog.

Als sie herangewachsen war, wollte Maconaura das Findelkind Anuanaitu zur Frau haben. Zuerst zierte sie sich, mit der Begründung, sie dürfe nicht ohne die Erlaubnis ihrer Eltern heiraten. Schließlich aber gab sie Maconauras Drängen nach und wurde seine Frau. Das Paar beschloß, in Anuanaitus Heimatdorf zu reisen, um den Segen der Eltern zu erhalten.

Ihre Mutter stimmte der Verbindung schon bald zu, doch ihr Vater unterwarf Maconaura fast unerfüllbaren Proben seiner Fertigkeiten und seines Mutes. Der junge Mann führte diese Aufgaben vorzüglich aus und gewann dadurch die Anerkennung seines Schwiegervaters.

Eines Tages machte sich Maconaura auf den Weg, um seine eigenen Eltern wiederzusehen. Als er danach in Anuanaitus Dorf zurückkehrte, erschoß ihn ihr Vater mit einem Pfeil. Zwischen den beiden Familien brach Krieg aus, in dessen magischen Schlachten Anuanaitus Sippe vernichtet wurde. Sie selbst blieb am Leben, und die Geister der Toten schlüpften in sie hinein. Als Klapperschlange reiste sie zum Dorf ihres Mannes, um sich zu rächen. Die Frau, die sie aufgezogen hatte, appellierte an ihre sanfteren Seiten, und für einen Augenblick zögerte Anuanaitu. Dann öffnete sie den Mund zu einem giftigen Biß, und es wurde offensichtlich, daß das Wassermonster, das Maconaura getötet hatte, ihr Bruder gewesen war, denn sie war aus dem Geschlecht solcher Kreaturen.

Ihres wahren Wesens erst jetzt bewußt, raste Anuanaitu durch die Welt, die dunkel und furchterregend wurde, wo sie hinkam, bis sie den Ozean erreichte. Dort stürzte sie sich ins Wasser und ertrank an einer Stelle, an der heute ein gefährlicher Strudel alles nach unten zieht. Im gleichen Augenblick wurde sie mit ihrem Geliebten vereinigt, und seitdem regiert sie die Seele des Ozeans.

Anuket Diese ägyptische Wassergöttin wurde in Nubien, in Assuan und ganz besonders auf der heiligen Insel Elephantine verehrt. Ihr Name bedeutet «Die Umarmende» und bezieht sich vielleicht auf die schützende Umarmung, die die Ufer des Nils dem Fluß wie dem Hinterland gewähren. Ihr heiliges Tier war die Gazelle, und auf Hieroglyphen trägt Anuket einen Kopfschmuck aus Federn.

In der Spätzeit des Pharaonenreiches wurde die Göttin mit → *Nephthys* gleichgesetzt.

Anunit Ursprünglich war sie die Göttin der Stadt Akkad im Norden Babyloniens, später nannte man sie die → *Ishtar* von Akkad, bis sie schließlich ganz in der mächtigen Gestalt dieser großen Göttin aufging. Solange Anunit eine eigenständige Gottheit war, herrschte sie entweder über den Mond oder den Abendstern und wurde, wie andere Lichtgottheiten, durch eine Scheibe mit acht Strahlen symbolisiert. Man nannte sie zwar auch «Herrin der Schlacht, Trägerin von Pfeil und Bogen», erwies sich aber als der Menschheit freundlich gesinnt und verwandte sich für sie beim Mondgott Sin, ihrem Vater oder Bruder.

Aoide → *Musen*

Apasinasee Einst, so erzählen die Inuit der Hudson Bay, lebte eine hochmütige junge Frau, die alle Männer in ihrem Dorf abwies. Sie wollte nicht heiraten, sondern bei ihren Eltern wohnen bleiben. Eines Tages schlug der Vater im Ärger vor, ihrem Benehmen nach sei der Familienhund der passende Gefährte für sie.
Am nächsten Tag verschwand der Hund, und ein wunderschöner junger Mann, gekleidet in Hundefelle, erschien vor der Hütte, setzte sich beim Essen neben Apasinasee, und sie verwehrte es ihm nicht, daß er mit ihr schlief, bevor er wieder verschwand, das heißt, sich in den ihr vertrauten Hund zurückverwandelte. Nach neun Monaten gebar die junge Frau einen Wurf Welpen. Ihre Kinder machten jedoch einen solchen Lärm, daß Apasinasees Vater alle zusammen mit der Mutter und dem Haushund in ein Boot packte und sie über den Fluß brachte, wo sie fortan leben sollten.
Allerdings sorgte Apasinasees Vater weiterhin für die Familie seiner Tochter. Er sandte ihr täglich Fleisch, indem er es dem Hund um den Hals band. Mit der Zeit empfand er diese Fürsorge immer mehr als eine Last, und eines Tages band er dem Hund statt der Fleischportion einen schweren Stein um den Hals, so daß er beim Durchschwimmen des Flusses ertrank. Aus Mangel an anderer Kost gab Apasinasee ihren Kindern den tot angespülten Vater zu essen.

Von nun an war Apasinasee ohne jegliche Unterstützung. Traurig sandte sie ihre Kinder fort, damit sie sich ihre Nahrung selbst suchten. Eine Gruppe drang bis weit ins Landesinnere vor, wo sie zu Riesenhunden wurden. Eine andere, die an der Küste blieb, wurde zu Walroßfleisch verzehrenden Zwergen. Ein paar Hunde setzte Apasinasee in ein Zauberboot, und sie verschwanden für immer. Nur zwei oder drei blieben bei ihrer Mutter – und das wurden die Inuit oder Eskimo.

Apet → *Toeris*

Aphrodite Diese bekannteste aller griechischen Göttinnen war nicht griechischen Ursprungs. Sie war die uralte Muttergöttin des östlichen Mittelmeerraums, die sich erst auf den Inseln der Ägäis etablierte, bevor sie in das Land selbst kam. Vor sehr langer Zeit, so heißt es, wurde der alte Himmelsgott Uranos von seinen Kindern, den Titanen, entmannt. Sein Penis fiel in den Ozean und gab einen letzten göttlichen Strahl von sich. Das Meer färbte sich rot, wo er hineingefallen war, und aus dem Schaum bildete sich eine Gestalt: die langhaarige Aphrodite, auf einer Muschelschale reitend. (Daher ihr Beiname Anadyomene, «Die sich aus den Wellen Erhebende».) Sie schüttelte das Seewasser von ihren Locken und sah, daß die fallenden Tropfen sich zu ihren Füßen in Perlen verwandelten. Sie ließ sich zu den nächsten Inseln treiben und landete auf Zypern, wo die lieblichen → *Horen* sie begrüßten, die ihre ständigen Gefährtinnen wurden.
Die Geschichte ihrer Geburt und die Reise dieser ursprünglich nahöstlichen Göttin in ihre neue Heimat ist auch allegorisch zu verstehen: Der Himmel schwängert den großen Schoß des Meeres mit dynamischem Leben – eine Geschichte, die die Griechen auch noch in einer anderen Fassung erzählen, in der die Meeresnymphe → *Dione* und der Himmelsgott Zeus die Eltern der Aphrodite sind.
Als die Schaumgeborene in Griechenland angekommen war, gaben ihr die Griechen alsbald einen Gatten: Hephaistos, den verkrüppelten Gott der Schmiedekunst. Aphrodite gab sich mit dieser einen Beziehung jedoch nicht zufrieden und verteilte ihre Gunst freigiebig

Aphrodite

Geburt der Aphrodite (römisch)

unter göttlichen und sterblichen Männern. Sie gebar Kinder von einem halben Dutzend Gefährten, von denen keiner ihr Gatte war. An vielen dieser Vereinigungen fällt wieder das Allegorische auf, z.B. wenn Aphrodite (Sexualität) sich mit Dionysos (Wein) paart, um Priapos (dauerhafte Erektion) hervorzubringen. Die bekanntesten oder berüchtigsten von Aphrodites Affären waren jene mit dem Kriegsgott Ares und mit dem wunderschönen Adonis. Das Verhältnis mit dem Kriegsgott ist ein faszinierendes Symbol der Beziehung zwischen weiblicher Sinneslust und männlichem Wettbewerbsdenken. Der ganze Himmel wußte von ihrem Treiben, erzählen die Griechen, bis schließlich jemand Hephaistos über das Verhältnis seiner Gemahlin informierte. Wütend über ihre Untreue knüpfte der Betrogene ein Netz aus Gold, mit dem er die Ehebrecher fing. Nackt und verschwitzt, ihre Glieder ineinander verschlungen in diesem goldenen Gespinst, das sie gefangenhielt, sahen sich Aphrodite und Ares dem Gespött des Olymps ausgesetzt.

Was Adonis betrifft, heißt es, Aphrodite habe sich in seine jugendliche Schönheit verliebt und ihn in einer Truhe versteckt, die sie → *Persephone* zur Verwahrung gab. Jedoch spähte die Königin der Unterwelt hinein, um zu sehen, welchen Schatz sie da bewahrte, und hingerissen von dem, was sie sah, weigerte sie sich, Adonis zurückzugeben. Zeus wurde als Vermittler angerufen, und er bestimmte, daß Adonis ein Drittel des Jahres allein leben sollte, ein Drittel mit Persephone und das verbleibende Drittel mit Aphrodite. Von da an wurde Adonis Jahr für Jahr bei der Jagd auf einen wilden Eber getötet, in die Unterwelt geschickt und sogleich wiedergeboren.

Die Kraft, die Aphrodite repräsentierte, so menschlich sie auch sein mochte, war mit der griechischen Kultur fast unvereinbar. Die Göttin der wahllosen Sinneslust war kaum in Einklang zu bringen mit dem aufstrebenden griechischen Intellektualismus. Und so schwand die Geschichte von der Liebe der Göttin zu dem immer aufs neue sterbenden und wiedererschaffenen Götterjüngling aus dem Zentrum ihrer Legende und wurde zu einer Geschichte über eine zufällige und beiläufige Eskapade

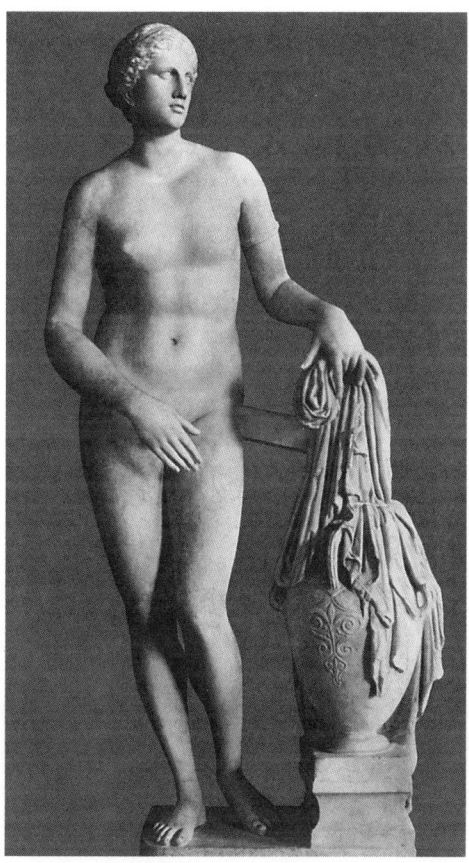

Aphrodite von Knidos

Musik und Tanz der Apsaras

mit einem attraktiven jungen Mann. Zu Unrecht wirkt sie weitaus banaler als die religionswissenschaftlich anspruchsvollen Erzählungen über → *Innana*, → *Ishtar* und → *Kybele* als Repräsentanten der symbolkräftigen Liebe der Erde, die ständig neues Leben hervorbringt und unvermeidbar wieder verschlingt.

Bei ihrem Versuch, die fremde Göttin zu assimilieren, machten die Griechen aus Aphrodite die bloße Personifizierung körperlicher Schönheit. Aber sie blieb so problematisch, daß Platon sie in zwei Aspekte aufteilte: Urania, die die vergeistigte (sozusagen platonische) Liebe darstellt, und Aphrodite Pandemos, die Aphrodite für das gemeine Volk, die ihren ursprünglichen Charakter zwar beibehielt, aber in ziemlich herabgewürdigter Form. In dieser Ausprägung wurde sie unter Männern bezeichnenderweise Porne («Die Kitzlerin») genannt. Es war diese Aphrodite, die in Korinth angebetet wurde, nachdem die nahöstliche Praxis der sakralen Promiskuität sich längst zu einer kostspieligen Prostitution gewandelt hatte, vor der honorige Griechen alle nach Korinth Reisenden warnten. Dennoch wurden die von dem Dichter Pindar gelobten «gastfreundlichen Frauen» von den Vertretern der neuen patriarchalischen Weltanschauung hoch geschätzt und zu Festlichkeiten, ja sogar zu Staatsfeierlichkeiten eingeladen. Hetären («Freundinnen») nannte man jetzt die Priesterinnen der Aphrodite.

Siehe auch → *Anahita*, → *Galateia*, → *Venus*.

Aponibolinayen Auf der Inselgruppe, die man heute Philippinen nennt, heißt es, diese göttliche Himmelsfrau stütze den Himmel durch eine Weinranke, die sie sich um die Hüfte gebunden hat. Wahrscheinlich handelt es sich bei ihr um eine Mondgöttin, denn sie soll während des Tages im Haus der Sonne wohnen. Aponibolinayen brachte Kinder der Sonne, die Sterne, hervor, die sie aus dem kleinen Finger gebar.

Apsaras «Die sich im Wasser Bewegenden» sind gewissermaßen die → *Nymphen* der altindischen Religion, anmutige «Freudentöchter», die zusammen mit den Gandharvas genannten Musikern und Tänzern wesentlich zur Unterhaltung der Götter in ihrem Himmel beitrugen. Die schönste von ihnen soll → *Urvashi* gewesen sein. Es heißt, daß sie nach der Sintflut geboren wurden, als die Götter durch das «Umrühren des Ozeans» das neue Leben wieder in Gang setzten.

Arachne Diese stolze junge Frau war die Tochter eines Färbers und selbst eine exquisite Weberin, die die Göttin → *Athene* zu einem Wettweben herausforderte – eine vermessene Tat, denn Athene selbst war der personifizierte Inbegriff dieser Kunst. Um die Göttin so zu verwirren, daß sie einen Fehler machte, wob Arachne einen wundervollen Wandteppich, der das ganze griechische Pantheon in heiklen Posen zeigte. Empört zerriß Athene das Tuch der Frau, worauf Arachne sich vor Scham erhängte. Ihr Geist erhob sich von ihrem Webstuhl in Gestalt der ersten Spinne, und die mehr als 37 000 Arten umfassende Klasse der Spinnentiere erhielten den Namen *Arachniden*.

Ararat Die anatolische Schöpfungsgöttin Ararat stellte man sich in dem berühmten Berg gleichen Namens verkörpert vor, der als Landungsort der Arche Noah nach dem Ende der Sintflut auch in der Bibel eine Rolle spielt.

Ardat Lilitu → *Lilitu*

Ardvi Sura Anahita → *Anahita*

Ardwinna, Arduinna Für jedes Tier, das in ihrem Hoheitsgebiet von Menschen getötet wurde, verlangte diese keltische Göttin des Waldes eine «Strafgebühr». Darüber hinaus erwartete sie von ihrem Volk, daß es ihr an ihren Feiertagen Opfertiere brachte. Am liebsten hielt sie sich in den Wäldern der – erst später nach ihr benannten – Ardennen auf, die sie, auf einem wilden Eber reitend, überwacht haben soll.

Arete Die griechische Göttin der Gerechtigkeit, angeblich die Lehrerin des Helden Herakles, war eine personifizierte Abstraktion, denn auf ihre «mythische Realität» hinweisende Legenden sind nicht bekannt.

Arethusa Als diese schöne → *Nymphe* vor dem Flußgott Alpheios floh, der sie vergewaltigen wollte, kam ihr → *Artemis* zu Hilfe, indem sie Arethusa in einen Quellbach verwandelte. Der suchte sich seinen Weg vom Peloponnes unter dem Mittelmeer bis nach Sizilien und kam bei Syrakus wieder an die Erdoberfläche. Die Sizilianer verehrten Arethusa als Quellgöttin und prägten deren Kopf auf Münzen, von Ähren bekränzt, wodurch sie der griechischen Göttin → *Persephone* in ihrer Gestalt als → *Kore* glich. Die von Nordafrika nach Sizilien vordringenden Punier setzten die ursprünglich wenig bedeutende Nymphe sogar mit der großen → *Astarte* gleich.

Ariadne Der Mythos und das Wesen dieser kretischen Göttin sind sehr widersprüchlich überliefert worden. Politische Veränderungen im alten Griechenland spiegelten sich auch in religiösem Wandel, und die Anbeter Ariadnes – die Verlierer bei einem dieser Umbrüche – sahen sich der Unterdrückung ihrer altehrwürdigen Religion ausgesetzt. In ihrer ursprünglichen minoischen Form war Ariadne («Die sehr Heilige») offensichtlich eine Göttin, die ausschließlich von Frauen verehrt wurde, eine

Ariadne in Dionysos' Armen

Göttin der Unterwelt und der Fruchtbarkeit, zugleich eine Vegetationsgöttin ähnlich der griechischen → *Persephone*. Als die Griechen kamen, «bekehrten» sie Ariadnes Anhänger und degradierten die frühere Göttin zur sterblichen Heldin der folgenden Erzählung:
Ariadne, die kluge Tochter der Königin → *Pasiphae* und des Königs Minos von Kreta, gab dem athenischen Heros Theseus das Garnknäuel, mit dessen Hilfe er, nachdem er Ariadnes Halbbruder, den monströsen Minotauros getötet hatte, wieder aus dem Labyrinth herausfand. Sie flohen zusammen, aber Theseus ließ Ariadne auf der Insel Naxos zurück. Dort wurde sie von Dionysos, dem jungen Gott des Weins, entdeckt, und sie taten sich zusammen. Sie wurde die Anführerin der dionysischen Frauen, der → *Mänaden*, und gebar dem Gott viele Kinder, bevor sie im Kindbett starb. (Nach einer anderen Version wurde sie von → *Artemis* getötet, die sich an Dionysos rächen wollte. Da diese Göttin über die Geburten gebietet, bleibt die Geschichte im Grunde dieselbe.) Anschließend wurde Ariadne zum Himmel emporgehoben und bekam den neuen Namen Aridella.

Arianrhod, Arianrod Die walisische Mond- und Zaubergöttin «Silbernes Rad» lebte, umgeben von ihren Dienerinnen, auf der abgeschieden vor der Küste liegenden Insel Caer Arianrhod. Wunderschön und von blassem Teint war sie das eigenwilligste unter den Kindern der Muttergöttin → *Don*.
Arianrhod soll ein ausschweifendes Leben geführt und sich in der Nähe ihres Schlosses ständig mit Wassergeistern gepaart haben. Sie leugnete das, behauptete, eine Jungfrau zu sein, doch eine Prüfung durch den Magier Math enthüllte, daß sie zwei Kinder empfangen, aber nicht wirklich ausgetragen hatte. Da mußte sie zugeben, daß sie während der Schwangerschaft über einen Zauberstab gesprungen war und dadurch Zwillinge zur Welt gebracht hatte: Dylan-Son-of-Wave und den Fötus von Llew Llaw Gyffes. Dylan glitt davon und verschwand, aber Arianrhods Bruder, der Dichter Gwydion, erkannte in dem Fötus sein eigenes Kind, das aus seiner unerklärten Liebe zur Schwester hervorgegangen war (→ *Blodewedd*).

Gwydion nahm den Fötus und verbarg ihn in einer Zaubertruhe, bis er zu atmen begann. Arianrhod, die über diese Einmischung in ihre Privatsphäre wütend war, verweigerte dem Kind einen Namen und das Recht, Waffen zu tragen – zwei Vorrechte walisischer Mütter –, doch Gwydion überlistete Arianrhod, so daß sie dem künftigen Helden ahnungslos sogar selbst die Waffen anlegte. Schließlich übernahm sich die Göttin und beschwor mehr Zauberkräfte, als sie beherrschen konnte. Ihre Insel zerfiel, und sie und ihre Dienerinnen ertranken.
Einige Gelehrte sehen in dieser Geschichte den Bericht über den Wandel vom Mutterrecht zur Vaterherrschaft, denn sie behaupten, Arianrhod sei ursprünglich eine matriarchalische Mondgöttin gewesen, deren besonderer Platz im Himmel die Konstellation war, die Corona Borealis genannt wurde. Es spricht einiges dafür, besonders die archetypische Beziehung von Arianrhod zu ihren Schwester-Mondgöttinnen auf dem Kontinent, die wie → *Artemis* in orgiastischer Jungfernschaft lebten, umgeben ausschließlich von Frauen. Andere Forscher, die nicht glauben, daß die Kelten jemals matriarchalisch waren, sehen in Arianrhod nur eine erdichtete Hexenmeisterin.

Aricia Der Name des berühmtesten Heiligtums der → *Diana* war auch der Name einer untergeordneten römischen Göttin, die zuständig war für jene prophetischen Visionen, die manchmal an einsamen Plätzen in der Wildnis, weit entfernt von jeder menschlichen Siedlung, erfahren wurden.

Aridella → *Ariadne*

Arinna → *Wurusemu*

Armaiti Als Aspekt der androgynen Gottheiten des Zoroastrismus, also der Religion des Zarathustra, ist Armaiti («Hingebung»), jene gerechte Göttin, die auch die Fortpflanzung und die Befruchtung regiert. Von den sieben Aspekten des großen Gottes Ahura Mazda waren drei weiblicher Natur: Armaiti und die Schwestergottheiten Haurvatat («Integrität») und Ameretat («Unsterblichkeit»), die sowohl die körperlichen wie auch die geistigen

Arria

Artemis (griechisch)

Ausprägungen dieser Eigenschaften beherrschten.

Arria Diese heldenhafte römische Matrone war die Frau des Güterspekulanten Caecina Paetus, dem Kaiser Claudius im Jahre 42 n.Chr. befahl, sich selbst den Tod zu geben. Weil er davor zurückschrak, dieser Aufforderung Folge zu leisten, erstach sich seine Frau zuerst. Dann übergab sie dem Gatten den Dolch mit den Worten: «Es tut nicht weh.»

Artemis In der westlichen Kunst wird Artemis als die jungfräuliche Mond- und Jagdgöttin dargestellt, die die Wälder durchstreift mit ihrer Nymphenschar, bewaffnet mit Pfeil und Bogen. Sie meidet die Männer und tötet jedes männliche Wesen, das Interesse an ihr bekundet. Aber diese Gestalt war nur eine der Erscheinungsformen, die diese vielschichtige griechische Göttin annahm; denn sie war auch die «Übermutter» Artemis von Ephesos, ein Symbol der Fruchtbarkeit, und die kriegerische Artemis, besonders verehrt von den → *Amazonen*. Es ist schwer zu sagen, ob sie ursprünglich eine für alle Bereiche des Lebens zuständige Göttin war, die später in verschiedene Individualitäten aufgespalten wurde, oder ob ihre Vielfalt darauf zurückzuführen ist, daß sie Eigenschaften anderer Göttinnen übernahm, als ihre Anhänger zur Herrschaft über ganz Griechenland gelangten. Sicher ist, daß Artemis – wie in Ägypten → *Isis* und im Vorderen Orient → *Ishtar* – die vielschichtigen und teilweise konträr wirkenden Kräfte des Weiblichen repräsentierte. Insofern war auch ihr Wirken widerspruchsvoll: Sie war die Jungfrau, die die Promiskuität förderte. Sie war die Jägerin, die die Tiere beschützte. Sie war ein Baum, ein Bär, der Mond. Sie war die Verkörperung einer Frau, die ebenso souverän wie flexibel durch ihr Leben schreitet und dabei verschiedene Rollen zu verschiedenen Zeiten annimmt. Alles in allem: Artemis war die personifizierte Enzyklopädie aller Möglichkeiten des Weiblichen.

Als Herrscherin über alle zu Lande lebenden → *Nymphen* regiert sie auch deren Reich, die Wälder und die Tierwelt darin. Sie lenkte die zum Dasein in freier Wildbahn notwendigen Instinkte, bestimmte als oberste Jagdherrin der Menschen den individuellen Tod der einzelnen Tiere und sicherte zugleich das Überleben der Art. Als unsichtbare, aber überall in der Natur präsente Wildhüterin tötete sie mit scharfen Pfeilen jeden, der ein trächtiges Tier oder Jungtiere jagte.

Artemis beaufsichtigte jedoch nicht nur die Fortpflanzung der Tiere, sondern auch die der Menschen, vom Geschlechtsakt bis zur Geburt. Selbst in den späten Legenden, als ihre Herrschaft immer mehr von männlichen Göttern untergraben wurde, hieß es noch, Artemis, die Tochter des Zeus und der → *Leto*, sei als ältere Zwillingsschwester des Sonnengottes Apollon die Hebamme bei seiner Geburt gewesen. Deshalb riefen die griechischen Mütter sie zu Hilfe, wenn die Wehen begannen, und sie fanden Trost in dem Glauben, daß Artemis ihnen gewiß die gleiche Fürsorge zukommen lassen würde wie allen ihren geringeren Untertanen, den Tieren.

Der berühmteste Tempel mit der turmhohen Statue der vielbrüstigen «Mutter Artemis» stand in der Amazonen-Hauptstadt Ephesos und gilt als eines der sieben Weltwunder. Diese Artemis-Ephesia wirkte dermaßen gewaltig, daß man die Beschützende auch als eine Bedrohende ansehen konnte, und gerade auf diesem Gleichgewicht gründete sich ihre große Macht.

Die am meisten geliebte und am meisten respektierte Göttin Griechenlands wurde in Ritualen geehrt, die ebenso volkstümlich wie ungezügelt waren, andererseits aber auch ebenso unterschiedlich wie die zahlreichen Ausprägungen der Göttin. In Ephesos dienten ihr jungfräuliche Priesterinnen, die → *Melissae* («Bienen») genannt wurden, und als Priester Eunuchen. In Sparta nannte man sie Karythalia, der mit orgiastischen Tänzen gehuldigt wurde. Die Amazonen ehrten sie als Kriegsgöttin Astateia in einem Kreistanz, begleitet vom Zusammenschlagen der Schilde und Schwerter und dem Stampfen der für die Schlacht mit Leder und Eisen umhüllten Beine. Doch offensichtlich waren die beliebtesten Feiern für Artemis jene, die in Vollmondnächten zelebriert wurden, wenn sich die Anbeter in den Wäldern der Göttin versammelten und sich ihrem Wohlwollen anvertrauten in ausgelassenen Feiern und wahllosen Vereinigungen. Die große Göttin der Griechen stellte zweifellos die Verkörperung des Naturgesetzes dar, das sich zu allen Zeiten ganz und gar unterschieden hat von den Gesetzen der Gesellschaft, sehr viel älter ist und viel dauerhafter.

Siehe auch → *Britomartis*, → *Despoina*, → *Diana*, → *Eileithyia*, → *Hegemone*.

Artemisia Die ältere der beiden im Altertum berühmten Trägerinnen dieses Namens herrschte über die wichtige Hafenstadt Halikarnassos (heute Bodrum) an der kleinasiatischen Ägäisküste und nahm mit einem von ihr befehligten Flottengeschwader auf seiten des Perserkönigs Xerxes an der Seeschlacht bei Salamis (480 v. Chr.) teil.

Die jüngere Artemisia war die Schwester und zugleich Gemahlin des Königs Mausolos und trat nach dessen Tod 353 v. Chr. die Herrschaft über Karien und Rhodos an. Um den letzten Willen ihres Gatten zu erfüllen, ließ sie für ihn ein gigantisches Grabmal errichten und engagierte zu diesem Zweck Baumeister und Künstler aus ganz Griechenland. Das Ergebnis

Die vielbrüstige Artemis von Ephesos

war das *Mausoleum*, eines der sieben Weltwunder der Antike.

Artio Im keltischen Gallien und in Britannien wurde Artio als große Göttin der Natur verehrt. Sie erschien ihrem Volk in Gestalt eines Bären, ähnlich wie → *Artemis*, die griechische Göttin ähnlichen Namens.

Aruru In einigen antiken Quellen taucht Aruru als Zweitname für → *Mami*, → *Ninhursag* oder → *Zarpandit* auf.

Aryong-Jong Koreas «Fürstin des Drachenpalastes» war die erste Königin des Landes und befahl auch dem Regen. In Zeiten der Dürre gossen die Schamanen Wasser durch ein Sieb auf den ausgedörrten Boden, und, davon animiert, öffnete Aryong-Jong die Wolken.

Asase Yaa, Aberewa, Asase Efua «Alte Frau Erde» ist die freie Übersetzung des Namens dieser großen Gottheit der Ashanti in Westafrika. Sie brachte die Menschheit hervor

Asase Yaa, Aberewa, Asase Efua

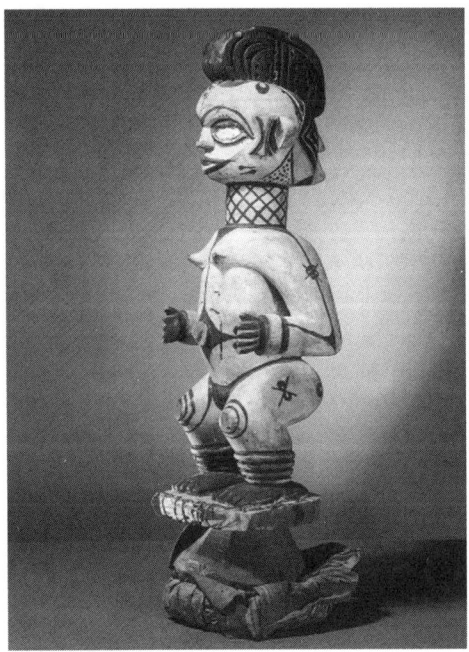

Asase Yaa

und fordert heute noch ihre Kinder beim Tod zurück. Jeder Mensch, der auf dem Feld gearbeitet hat und der beim Sterben zu Asase Yaa zurückkehrt, wird zu einer weiteren Macht der Fruchtbarkeit. Deshalb betet der Ashanti-Bauer beim Pflanzen und Säen zu seinen Ahnen und zu der Göttin, die gemeinsam den Lebenden das Recht der Landbebauung verleihen.

Der heilige Tag der Erdgottheit ist der Donnerstag. An diesem Tag lassen die Bauern Asase Yaa ausruhen, indem sie ihre Pflüge und anderen scharfen Werkzeuge nicht einsetzen.

Als das Christentum von den Ashanti verlangte, künftig den Sonntag zum Feiertag zu machen, stellte die Frage, welcher Tag für die Eingeborenen der wichtigere heilige Tag war, für die Missionare ein großes Problem dar. Eine andere Schwierigkeit war, daß diese höchste weibliche Gottheit nicht in Häusern oder Tempeln wohnt, sondern in jedem gepflügten Feld. Die Ashanti müssen sich also nicht an besondere Orte begeben, um der Macht und Gegenwart Asase Yaas Tribut zu zollen. Obwohl das Christentum offiziell gesiegt hat, sind Überreste der Verehrung der «Alten Frau Erde» lebendig geblieben, und manche Ashanti beten noch immer: «Erde, wenn ich sterbe, werde ich mich an dich lehnen. Erde, solange ich lebe, verlasse ich mich auf dich.»

Ashera, Athirat Der Name dieser kanaanitischen Göttin hat eine Wortwurzel, die «aufrecht» bedeutet und nicht nur auf die Rechtschaffenheit weist, die sie von ihren Anhängern forderte, sondern auch die aufrechten Pfähle und Bäume, in denen die Menschen ihr Wesen zu erkennen glaubten. In ihren Tempeln wurde Ashera nämlich nicht als Mensch verkörpert, sondern nur durch ein ungeformtes Stück Holz, das *ashera* genannt wurde. Daheim stellte man sich die Göttin durchaus bildlich vor. Man fertigte eine schlichte kleine Frauenfigur aus Lehm an, die statt der Beine eine Spitze hatte, mit der man sie in den weichen Erdboden der Häuser stecken konnte. Man hat ferner Bildnisse der gelockten Göttin gefunden, die nackt auf einem Löwen reitet und Lilien und Schlangen in ihren erhobenen Händen hält.

Als «Amme der Götter», die siebzig von ihnen gebar, war Ashera ursprünglich eine ugaritische Muttergöttin. Nicht nur säugte sie die Götter körperlich – und menschliche Herrscher ebenfalls –, sie bot auch geistigen Beistand durch Orakel verkündende Magier, die in ihrem Dienst standen. Sie symbolisierte die Lebenskraft, die angerufen wurde vor der Geburt von Menschen und Haustieren sowie zur Saat- und Pflanzzeit.

Obwohl sie eher eine Göttin der Erde als des Wassers war, lautete ihr vollständiger Name «Ashera, Herrin des Meeres». Nach ihrem Gemahl El, dem höchsten kanaanitischen Gott, wurde sie auch → *Allat* («Göttin») genannt. Ihr Charakter ist schwer zu definieren, da unsere Kenntnisse von ihr hauptsächlich auf den Schriften ihrer eingeschworenen Feinde, der patriarchalischen Hebräer, beruhen, und diese nannten Ashera mit Absicht oder aus Unwissenheit fast immer im Zusammenhang mit → *Astarte* (Astoreth), deren Kult den Chronisten als verabscheuenswert galt. Doch diese offizielle Meinung stimmte nicht mit der des Volkes überein. Im Alten Testament sind die sich über Jahrhunderte hinziehenden Kampagnen gegen die fröhlichen, orgiastischen Riten der gütigen Ashera listenmäßig erfaßt. Mit allen Mitteln versuchte man, die Göttin aus dem Herzen der einfachen Leute zu reißen, was offenbar immer wieder mißlang, worauf eine neue Ausrottungswelle gestartet wurde.

Ashera hatte zu dieser Zeit noch sehr prominente Anhängerinnen. Die Königin Maaka verehrte sie insgeheim und ihre Tochter → *Isebel* später gar öffentlich. Hebräische Glaubenseiferer klagten sie daraufhin der Hurerei an, begangen während einer Feier zu Ehren der Göttin, und verurteilten sie dafür zum Tod. Dennoch blieb die Anbetung Asheras so beliebt, daß ihr mit allen begleitenden Lustbarkeiten bisweilen selbst innerhalb des Tempels von Jerusalem gehuldigt wurde.

Ashnan Eine sumerische Korngöttin, die zusammen mit ihrer Freundin Lahar die Aufgabe hatte, die Götter mit Essen und Trinken zu versorgen. Leider betranken sich die beiden allzu oft und vernachlässigten ihre Pflicht, woraufhin die Menschheit erschaffen wurde, um ihre Rolle zu übernehmen.

Asinnen Zu den Asen, der größten Götterfamilie der nordischen Mythologie, gehören die vier herausragenden Göttinnen → *Frigg*, → *Idunn*, → *Nanna* und → *Sif*; ferner → *Fulla*, → *Gefjon*, → *Gerdr*, → *Gna*, → *Hlin*, → *Lofn*, → *Sjöfn*, → *Snotra*, → *Syn*, → *Var*, → *Vör* u. a. Die Hauptgöttin → *Freyja* war dagegen ein Mitglied des mit den Asen rivalisierenden Geschlechts der Wanen. In vielen Texten der *Edda* werden sämtliche Götter als Asen bezeichnet, weil sich nach dem Ende des Wanenkrieges beide Familien mehr oder weniger freiwillig miteinander verbanden. Der Wohnort der Asen war Asgard und der schönste Tempel dort, Vingolf («Freundliches Haus») das Domizil der Asinnen. Durch Idunns Äpfel wurden sie jung erhalten – aber nicht für ewig. Es heißt, an Ragnarök, dem Jüngsten Tag, werde mit der Menschenwelt auch die der Götter untergehen.

Aspelenie Diese litauische Göttin regiert im Hause aus der Ecke hinter dem Ofen heraus. Manchmal konnte sie in ihrer Tiergestalt gesehen werden als Ringelnatter, die nicht nur für Menschen harmlos war, sondern auch sehr nützlich als Fängerin von Nagetieren. Manchmal war Aspelenie der Familie so freundschaftlich gesonnen, daß ihre Schlange ein richtiges Haustier war.

Assa → *Nessa*

Astar → *Ishtar*

Astarte, Ashtarat, Astoreth Es ist oft schwierig, die ähnlich benannten Göttinnen des Vorderen Orients zu unterscheiden, teils, weil die Hebräer bei deren Verfolgung die Unterschiede zwischen ihnen verwischten, teils, weil über die Jahrhunderte Stämme ihre eingeborenen Gottheiten mit jenen eingedrungener oder benachbarter Völker gleichsetzten. So geschah es mit Astarte, die oft verwechselt oder vermischt wurde mit → *Anat*, → *Ashera* und sogar mit → *Atargatis*. Ob sie ursprünglich wirklich eine eigenständige Gottheit war oder ob ihr Name von Anfang an nur ein Beiname von Ashera oder einer anderen Göttin darstellte, ist wohl nicht mehr zu klären. Es spricht auch einiges dafür, daß Astarte identisch war mit jener Göttin, die in anderen Sprachen → *Ishtar* hieß.

Astarte («Schoß» oder «Herrin des Schoßes») war die Göttin, die im Alten Testament als Astoreth erscheint, wobei dies kein wirklicher Name ist, sondern eine Bezeichnung, die sich aus dem Lesen des Namens der Göttin mit falschen Vokalen ergab, so daß ein Wort mit der Bedeutung «Schändliches Ding» entstand. Was den patriarchalischen Hebräern schändlich erschien, war die freizügige Sexualität der Göttin als eine von denen, die «empfingen, aber keine Nachkommen austrugen». In dieser Definition wird ihre Identität als kanaanitische Version von Ishtar deutlich, denn im östlichen Mittelmeerraum war die Seele der Sexualität nun einmal jene Göttin, die den Planeten Venus, also die Liebe, regierte. Durch ihr Symbol, den Morgenstern, war Astarte wie Anat auch eine Kriegsgöttin, die sich, in Flammen gekleidet und bewaffnet mit einem Schwert und zwei Köchern voller Pfeile, wie eine Schwalbe in den Kampf stürzte. Aber als Abendstern, die Göttin des Verlangens, stieg

Astateia

Phönizische Astarte *Palästinensische Astarte* *Kanaanitische Astarte*

Astarte in die Unterwelt, um einen verlorenen Geliebten zurückzuholen, und brachte dadurch alle menschlichen und tierischen Vereinigungen zum Stillstand, bis sie wieder an der Erdoberfläche war und sich um das Zustandekommen der Liebe kümmern konnte.
Ihre Farben waren Rot und Weiß. Ihr zu Ehren brachte der Akazienbaum Blüten in diesen Farben hervor, weshalb sie ihn zu ihrem vegetativen Symbol ernannte. Sie liebte auch die Zypressen ihres Landes und die Hengste, die sie ritt, die ersten Früchte der Ernte, die Erstgeborenen und alle unblutigen Opfer. Auf einigen Bildern steht Astarte schmalbrüstig und nackt auf dem Rücken einer Löwin, mit einer Lotosblume und einem Spiegel in der einen Hand und zwei Schlangen in der anderen. Manchmal wurde sie gar mit dem Kopf einer Löwin dargestellt, um ihre ebenso tapfere wie begehrliche Natur zu zeigen.

Astateia → *Artemis*

Asteria Die Mutter der Göttin → *Hekate* und Schwester der → *Leto* gehörte zum vorhellenischen Göttergeschlecht der Titanen. Als der griechische Gott Zeus auf Asteria losging, verwandelte sie sich, um nicht vergewaltigt zu werden, in eine Wachtel. Geschichten wie diese zeigen allegorisch das Eindringen der patriarchalischen Griechen und ihre religiöse Verfolgung der vorhellenischen Anhänger der alten Göttinnen.

Asterope → *Plejaden*

Astronoe Phönizische Muttergöttin, von der dieselbe Geschichte erzählt wird wie von → *Kybele*.

Atabei Die höchste weibliche Gottheit der prähispanischen Bevölkerung auf den Antillen trug außer Atabei noch fünf andere Namen: Attabeira, Momona, Guacarapita, Iella und Guimazoa. Ihr diente die Hurrikangöttin Coatrischie. Von Atabeis Riten als Erdgöttin ist nur wenig bekannt, doch sollen sie dazu geführt haben, daß die eindringenden Spanier die eingeborenen Frauen, die sie beim Atabei-Kult beobachteten, als «Amazonen» bezeichneten und berichteten, diese lebten allein und führten Krieg. In manchen Gebieten sprachen die Verehrerinnen Atabeis angeblich sogar eine andere Sprache als die Männer desselben Stammes.

Ataensic Einst gab es auf der Erde keinen festen und trockenen Boden, heißt es in den Sagen der Irokesen und ihrer Nachbarstämme, nur einen ausgedehnten blauen See mit Wasservögeln, Fischen, Ottern, Schildkröten und anderem Wassergetier. Und hoch oben im «Land des Himmels» war die göttliche Gesellschaft versammelt, in die Ataensic geboren wurde.
Ihr Vater starb vor ihrer Geburt. Er war der erste Tote des Universums. Man legte ihn auf

einen Katafalk, zu dem das Mädchen oft ging, um mit seinem Geist zu sprechen. Als sie herangewachsen war, wies er sie an, durch die Weite des Himmels zu reisen bis zu dem großen Häuptling, der die Erde hält und der als Gefährte für sie bestimmt war.

Sie reiste durch Unwetter und Gefahren. Endlich fand sie den gesuchten Häuptling. Doch der quälte sie zunächst, um sie zu prüfen, aber sie ertrug alles und kehrte in ihr Dorf zurück, sein Kind im Leibe. Ihre Tochter «Windstoß» wurde geboren, aber ihr Volk warf Ataensic in den Erdensee hinunter. (Oder war es ein Unfall? Die Überlieferungen sind sich in diesem Punkt nicht einig.) Sie fiel und fiel wie durch die blaue Luft – und dabei kehrte ihre Tochter in den Schoß der Mutter zurück.

Ein Eistaucher spähte ins Wasser und sah eine seltsame Gestalt, die aus den Tiefen aufstieg. Er machte andere Vögel darauf aufmerksam, die sich sehr wunderten, bis sie schließlich merkten, daß Ataensic vom Himmel fiel und nicht aus den Tiefen des Wassers aufstieg. Sie hatten bisher nie beachtet, daß die Oberfläche ihres Sees einen Spiegel bildete. Die Erkenntnis kam gerade rechtzeitig, denn um die fallende Frau zu retten, mußten die Vögel und die anderen Tiere aus dem Schlamm des Sees Land schaffen. Otter, Schildkröte und Bisam bemühten sich, und Ketq Skwayne («Großmutter Kröte») tauchte tief hinab, kam völlig außer Atem zurück und spuckte schnell die magische Erde aus, die sie vom Boden des Sees heraufgebracht hatte. Gleich danach starb sie vor Erschöpfung.

Die Erde landete auf dem Rücken der Schildkröte und begann sofort, sich auszudehnen. Als Ataensic schließlich das Wasser erreichte – ihren Fall hatten die Flügel der Wasservögel gebremst –, gab es genug Land für sie, daß sie sich dort niederlassen und ausruhen konnte, bis «Windstoß» wiedergeboren wurde. (In einigen Versionen dieser Geschichte heißt es, daß sie auf eine Stelle fiel, die heute ein Berg in der Nähe von Oswego River Falls im US-Bundesstaat New York ist.)

«Windstoß» wurde schwanger, brachte Zwillinge zur Welt und starb dabei. Aus ihrem toten Körper bildete Ataensic die Sonne und den Mond. So geschah es, daß die Erde und ihre Himmelskörper geschaffen wurden.

Atalante «Die Unüberwindbare», eine vorhellenische Gottheit Arkadiens, war ursprünglich wohl eine Todesgöttin, die kein Mensch im Laufen überholen konnte. Die Griechen erzählten Atalantes Geschichte später folgendermaßen: Ihr Vater Iasos, enttäuscht von der Geburt einer Tochter, brachte das Kind zum Berg Parthenion («Jungfrauenhügel») und überließ sie dort dem Tod. Aber sie überlebte, weil sie von einer Bärin gesäugt und aufgezogen wurde. Sie wuchs in der Wildnis zu einer starken Heroine heran, die zwei zudringliche Zentauren tötete, an der Jagd auf den von → *Artemis* losgelassenen Kalydonischen Eber teilnahm, jedem Helden in Griechenland ebenbürtig war – und obendrein auch noch eine Frau von aparter Schönheit, die sich ihre Geliebten unter den Männern wählte, neben denen sie kämpfte.

Schließlich beschloß Iasos, die bisher geleugnete Vaterschaft an der inzwischen berühmten jungen Frau geltend zu machen und damit auch das väterliche Recht in Anspruch zu nehmen, Atalantes Gatten auszuwählen. Die Tochter weigerte sich jedoch, einen Mann zu heiraten, den sie im Wettlauf besiegen konnte, und verlangte das Recht, jeden zu töten, der gegen sie verlor. Ihre Schönheit war so unwiderstehlich, daß viele todesmutig ihr Leben riskierten – und es dann tatsächlich nach ihrer Niederlage beim Wettlauf um Atalantes Hand verloren. Ein Bewerber namens Melanion (oder Hippomenes), dem → *Aphrodite* goldene Äpfel verschafft hatte, warf diese im Laufen direkt vor der schnellfüßigen Heroine zu Boden. Atalante blieb stehen, um die kostbaren Äpfel aufzuheben, und büßte dadurch ihren Vorsprung ein.

Wenngleich durch List und Tücke besiegt, machte sie gute Miene zum bösen Spiel, heiratete den gewitzten Herausforderer und war mit ihm sogar eine Weile glücklich. Doch gerade das wurde den beiden zum Verhängnis: Sie hatten vor lauter Leidenschaft vergessen, Aphrodite zu danken und ihr angemessene Heiratsopfer darzubringen. Zur Strafe wurde das Paar von der Göttin in jene Löwen verwandelt, die den Wagen der → *Kybele* ziehen mußten.

Atanea Diese Göttin der Morgendämmerung auf den Marquesas-Inseln in der Südsee

Atargatis

war die Tochter der hohen Gottheit Atea. (Einige Wissenschaftler sind der Meinung, daß Atea, die in den meisten Quellen als männliche Gottheit dargestellt wird, eigentlich weiblich war, eine alles überwölbende Himmelsmutter.) Atanea schuf durch Zufall das Meer, als sie eine Fehlgeburt hatte und die Höhlungen der Erde mit Fruchtwasser füllte.

Atargatis Niemand kennt den ursprünglichen Namen dieser syrischen oder aramäischen Göttin. Unsere Bezeichnungen für sie sind griechische Transkriptionen (z. B. → *Derketo*), regionale Namen (hethitisch Tarkhu) oder Verlegenheitslösungen (z. B. Dea Syria). Die Philologen vermuten, daß die uns überlieferte geläufigste Namensform Atargatis («Göttliche Ata») eine Verbindung zu → *Anat* → *Astarte* und → *Ishtar* anzeigt.

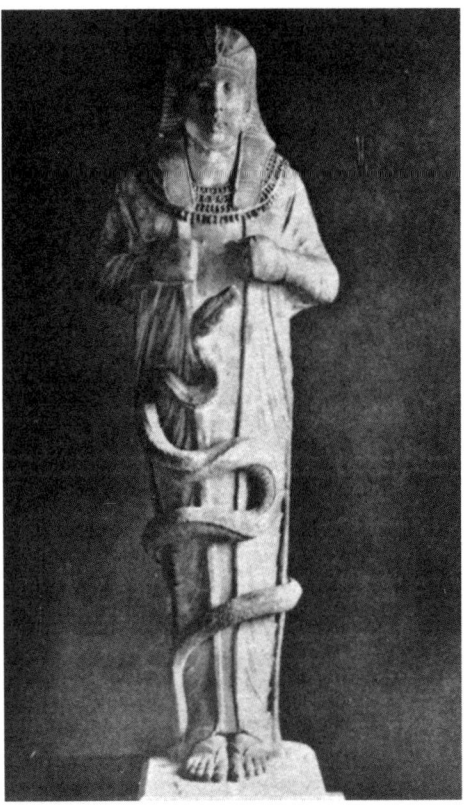

Atargatis (Dea Syria)

Als ätherischer Geist der fruchtbringenden Feuchtigkeit kam Atargatis vom Himmel in Gestalt eines Eies, dem die Göttin entstieg. Wunderschön und weise, wie sie war, erregte sie die Eifersucht einer zauberkräftigen Rivalin, die ihr verzehrende Liebe zu einem wunderschönen Jungen an den Hals wünschte. Von diesem Jüngling wurde sie schwanger und gebar die Göttin → *Semiramis*. Dann sicherte sie sich die ewige Treue des Knaben, indem sie ihn veranlaßte zu verschwinden und seiner nur noch in Liebe gedachte. Nachdem sie ihre Tochter in die Wildnis gebracht hatte, wo Tauben ihr dienen und sie füttern sollten, warf sich Atargatis in einen See und wurde zu einem Fisch – aber zu einem göttlichen, zur allmächtigen Fischmutter. Aus Ehrerbietung gegenüber Atargatis und ihrer Tochter weigerten sich die Syrer, Fische oder Tauben zu essen.

Atargatis hatte aber auch noch ganz andere Aspekte: Als Vegetationsgöttin versorgte sie die Städte mit ihren Erzeugnissen; als Himmelsgottheit erschien sie in einen wolkengleichen Schleier gehüllt, das Haupt umgeben von Adlern; als Meeresgottheit wurde sie in Gestalt eines gekrönten Delphins verehrt. Ihre Heiligtümer, z. B. auf der Insel Delos, lagen inmitten stiller, fischreicher Teiche, und Tauben nisteten in den umliegenden heiligen Bäumen.

Während der Römerzeit wurde Atargatis von Priester-Eunuchen verehrt, die ihr Leben derwischartigen Tänzen und ekstatischen Selbstgeißelungen geweiht hatten. Dieser Kult war keine Ausschweifung der dekadenten Spätzeit, sondern sehr alt. Seine Anhänger sahen sich schon in vorchristlicher Zeit der Verfolgung durch orthodoxe Hebräer ausgesetzt. Unter Judas Makkabäus sollen die Atargatis-Jünger mit Sicherheitsversprechungen in den Tempel gelockt und dann gnadenlos niedergemetzelt worden sein.

Ate Wie für die Römer die Göttin Discordia («Zwietracht») war Ate für die Griechen die Verkörperung der Narrheit, der moralischen Blindheit, der Schwärmerei, des Unfugs und ähnlicher Eigenschaften, die leicht zu Ärger und Zerwürfnis führen können. Ihr berühmtes Spielzeug, der Zankapfel, soll der magische Auslöser einer Reihe verhängnisvoller Kon-

Athene

Aiginetische Athene

Athena Lemnia

Athene (römisch)

flikte gewesen sein, z. B. den Trojanischen Krieg heraufbeschworen haben.

Atea → *Atanea*

Athalja Diese Tochter der Königin → *Isebel* von Israel bildete mit ihrer Mutter eines der Frauenpaare, denen die einzigartige Auszeichnung widerfuhr, die frühen Hebräer zu regieren. Athalja, Gemahlin von Joram, König von Juda, und um 842 v. Chr. seine Nachfolgerin auf dem Thron, war eine eifrige Anhängerin von → *Ashera*, der alten Göttin von Leben und Tod. Deshalb wurde sie, wie auch ihre Mutter, als Ketzerin zu Tode gemartert.

Athana Lindia Die Göttin der Stadt Lindos auf der Insel Rhodos war eines der frühen mediterranen Symbole der vereinten Macht von fruchtbaren Feldern und friedlicher Gemeinschaft. Wie die römische Göttin → *Ceres* verkörperte sie sowohl die regenerativen Kräfte der Ernte als auch den Wohlstand, den ein gesicherter Nahrungsmittelvorrat bewirken konnte. Bei Statuen von Athana Lindia wurden der Körper und die Glieder nur durch unbearbeitetes Holz angedeutet, aus dem sich ein geschnitzter Kopf erhob, gekrönt von den Mauern ihrer Stadt, während über ihrer ungeformten Brust girlandenartig Halsketten geschlungen waren.

Athene Nicht von Anfang an war Athene als Schirmherrin der antiken Metropole, die ihren Namen trägt, akzeptiert worden. Die griechische Legende erzählt, daß der Meeresgott Poseidon mit der Göttin lange um die Herrschaft der Stadt stritt. Schließlich kam es zur Abstimmung durch die Einwohner der betroffenen Stadt.
Die Bürger, Männer und Frauen, versammelten sich, um ihre Stimme abzugeben. Natürlich entschieden sich die Männer für den Gott und die Frauen für die Göttin. Zufällig gab es auf seiten der Frauen jedoch einen Wähler mehr, und so gewann Athene. (Eine andere Version berichtet, daß die olympischen Götter den Streit entschieden. Sie kamen zu dem Schluß, daß Athene ein besserer Herrscher für die Stadt sein würde, weil sie den ersten Olivenbaum gepflanzt hatte, während Poseidon nichts bieten konnte als das wechselvolle Meer.)
Nur widerwillig erkannten die Männer ein weibliches Wesen als göttliches Stadtoberhaupt an. Aber schlechte Verlierer, die sie

Athene

Kopf der Athene (aiginetisch)

Heute gilt es als bewiesen, daß Athene ursprünglich eine minoische oder mykenische Hausgöttin namens → *Pallas* («Große Jungfrau») war, der auf der Athener Akropolis ein Tempel geweiht war. Sie war der Inbegriff der Familienverbundenheit, zuständig für Heim und Herd, und sie herrschte über die Arbeitsgeräte der häuslichen Fertigkeiten: die Spindel, den Topf und den Webstuhl. Ideell betrachtet, war sie das Symbol der Gemeinschaft aller Bürger.

Die Göttin, die → *Pallas Athene* genannt wurde, war eine spätere, maskuline Erfindung. Die Griechen glaubten, als Stadtgöttin eine Art → *Walküre*, eine kampfbereite Beschützerin des Volkes zu brauchen. Doch die von Athene überlieferten Riten dokumentieren den Fortbestand ihrer ursprünglichen Bedeutung: Jedes Jahr zur Sonnenwende wurde ihre Statue vom Tempel auf der Akropolis mit großem Zeremoniell zum Meer hinuntergetragen. Dort wurde sie sorgfältig gereinigt, danach mit einer neuen Robe geschmückt, angefertigt von den besten Weberinnen der Stadt. Es war das gleiche Ritual, mit dem → *Hera* verehrt wurde, und es beweist, daß Athene eine Göttin der Frauen war, die von ihnen gewählte Herrin der Stadt.
Siehe auch → *Anahita*, → *Minerva*.

waren, stellten sie den Frauen drei harte Bedingungen: Sie sollten von nun an auf ihr Stimmrecht verzichten, und ihre Kinder sollten künftig den Vatersnamen tragen statt wie bisher den Namen der Mutter. Außerdem begannen sie, die Stadtgöttin mit völlig neuen Eigenschaften auszustatten. Sie behaupteten, sie sei eine jungfräuliche Göttin ohne Geschlechtsleben, die ausgewachsen dem Haupt des Zeus entsprungen sei (→ *Metis*), eine Göttin der Weisheit und daher «ganz für den Vater», wie es in einem Werk des Tragödiendichters Aischylos heißt. Dieser Athene wurde angedichtet, daß sie zugunsten der neuen patriarchalischen Ordnung stimme und das bisherige System des matriarchalischen Rechts ablehne. Weil aber die verantwortlichen Stadtältesten dieser fadenscheinigen Begründung eines angeblichen religiösen und gesellschaftlichen Wandels selbst nicht trauten, wurden die Vorstellungen der Männer per Gesetz verwirklicht.

Athirat → *Ashera*

Athtar Dieser männliche arabische Name für → *Ishtar* entlarvt den Versuch, die Göttin in einen Gott zu verwandeln.

Atira → *H'Uraru*

Atla → *Ran*

Atropos → *Moira*

Atse Estsan Die erste Frau in der Religion der Navajo-Indianer wurde in der Finsternis der Ersten Welt geboren und stieg allmählich an die Oberfläche unserer Fünften Welt. Doch zuvor mußte sie zusammen mit dem ersten Mann und dem Gauner-Gott Kojote die Zweite Welt passieren, wo sie ein Mann belästigte. Kojote rief die anderen Bewohner der Zweiten Welt zusammen, und alle beschlossen, weiter nach oben zu klettern, in die Dritte Welt.

Dort, in einem Berggebiet voller Seen, trafen Atse Estsan und die anderen auf ein Wasserungeheuer namens Tieholtsodi, dessen Kinder Kojote stahl. Das Monster, das seine Nachkommenschaft nicht finden konnte, aber vermutete, daß sie in den Bergen waren, begann den Wasserspiegel seines Sees anzuheben. Die Menschen türmten, um der Flut zu entgehen, alle vier Berge der Welt aufeinander, so daß sie beinahe den Himmel erreichten. Doch immer noch stieg das Wasser, bis es die Füße der Tiere und Menschen erreicht hatte. Daraufhin kletterten diese an einer Wasserpflanze hoch, die den Himmel durchstieß, und erreichten so die Vierte Welt.

Hier entwickelte sich eine heftige Debatte zwischen Männern und Frauen. Die Frauen forderten den gesellschaftlichen Vorrang, denn sie waren die Hüter des Feuers, sie trugen die Kinder aus und sie leisteten alle Arbeit auf den Feldern. Die Männer hielten dagegen, daß sie das wichtigere Geschlecht seien, weil sie jagten und die rituellen Tänze ausführten. Die zerstrittenen Geschlechter gingen schließlich getrennte Wege. Aber innerhalb von vier Jahren waren sie der Trennung müde und kamen überein, sich wieder zu vereinigen.

Während dieser Zeit waren die Wasser vom See des Ungeheuers auch in die Vierte Welt eingedrungen und hatten den Boden in Schlamm verwandelt. Wieder erhob sich hohes Schilf, um den Himmel zu durchstoßen, und die flüchtenden Menschen kletterten durch das Loch in die Fünfte Welt. Doch da war plötzlich nichts als der Grund eines Sees! Die Heuschrecke bot sich an, einen Ausweg zu finden, und sie arbeitete sich durch alle Prüfungen, die ihr von den vielfarbigen Schwänen auf dem See gestellt worden waren, und brachte die Menschen auch wirklich heraus. Hinter ihnen aber keuchte das erboste Monster Tieholtsodi, immer noch auf der Suche nach seinen Kindern.

Bis zu diesem Augenblick wußten die Menschen nicht, daß sich die Kinder des Wasserungeheuers in Kojotes Bündel befanden. Als sie jetzt seinen Diebstahl entdeckten, zwangen sie Kojote dazu, die Monsterkinder herabzuwerfen, und sofort gingen die Wasser der Unterwelt zurück. Dann schufen Atse Estsan und ihr Volk die Erde, so wie wir sie kennen, mit ihrem Wandel der Jahreszeiten, den wandernden Himmelskörpern und der Sterblichkeit der Irdischen.

Aber die Menschen wurden in der vollkommen eingerichteten Fünften Welt überheblich und selbstsüchtig. Atse Estsan begann Ungeheuer zu erschaffen, die die Arroganten plagen sollten: den Riesen Yeitso, die menschenfressende Antilope Delgeth und andere. Nach einiger Zeit dachte die Göttin, die Menschen seien jetzt genug gestraft, und sie machte ihnen ein Geschenk in Gestalt der Göttin → *Estsanatlehi*, der Frau des Sonnengottes. Atse Estsan ließ Estsanatlehi in der Fünften Welt als Helferin gegen drohende Gefahren und zog sich in den östlichen Himmel zurück, wo sie heute noch lebt.

Auchimalgen Diese Mondgöttin war die einzige gütige Göttin der Araukaner-Indianer in Chile. Sie glaubten, sie beschütze sie vor den ihr untergebenen Quälgeistern. Auchimalgen war auch eine Seherin, die große Ereignisse voraussagte, indem sie ihre Gesichtsfarbe veränderte.

Audhumla Vor unserer Schöpfung soll es im Norden der Erdkugel ein Land des Frostes gegeben haben, im Süden dagegen ein Land des ewigen Feuers und dazwischen einen Strom elementarer Kräfte. Die Wechselwirkung von Hitze und Kälte, von Ausdehnung und Zusammenziehung brachte schließlich zwei Kreaturen hervor: Audhumla, die an Milch reiche Kuh, und den Riesen Ymir, der an den Eutern der göttlichen Kuh saugte und dann aus seinen Achselhöhlen und Füßen Nachkommen schwitzte. Audhumla selbst brauchte nichts als das salzige Eis des Chaos, das sie in vier große Flüsse von Milch verwandelte, von denen sich Ymir ernährte.

Zeitalter vergingen, in denen die Kuh die eisigen Felder auf der Suche nach Nahrung durchstreifte. Eines Tages tauchte unter ihrer durstigen Zunge im Eis eine harte Stelle auf. Es war das Haupt eines Mannes, der aus dem Eis geboren wurde, so wie einst Audhumla. Sie leckte das Eis weg und befreite so einen Körperteil des Mannes nach dem anderen, bis der Mann nach drei Tagen frei war. Es war Buri, der Großvater des großen Gottes Odin, und mit seiner Geburt aus dem Eis nahm die Welt, die wir kennen, ihren Anfang.

Aughty → *Echtghe*

Aura Im Rausch der dionysischen Rituale verschlang diese → *Mänade* ihre neugeborenen Kinder. Von den leidenschaftlichen Anhängern des griechischen «Frauengottes» Dionysos werden mehrere ähnliche Geschichten erzählt und unterschiedliche Auslegungen angeboten. Einige sehen im Kindermord eine Auswirkung der verneinenden weiblichen Kräfte, die normalerweise gut kontrollierbar sind, aber in dem ekstatischen Kult unheilvoll entfesselt wurden. Andere erblicken darin einen Hinweis auf die ungeheure Unterdrükkung der Frauen, die gelegentlich zu femininen Gewaltausbrüchen führte. Wieder andere sahen darin einen Ausbruch religiösen Wahnsinns mit der fixen Idee, die große Göttin des Todes und der Wiedergeburt zu verkörpern.

Aurora Von dieser römischen Morgengöttin werden dieselben Geschichten erzählt wie von ihrem griechischen Pendant → *Eos*.

Au-Set → *Isis*

Austrine → *Breksta*, → *Saule*, → *Saules Meita*

Autonoe → *Agave*

Auxesia → *Damia*

Auxo → *Grazien*, → *Hegemone*

Aventina Die vielbrüstige → *Diana*, die man auf dem Aventinus-Hügel zu Rom anbetete.

Avfruvva Diese Nixengöttin der finnischen Samen (oder Lappen) erfüllte für ihr Volk eine sehr wichtige Aufgabe: Zum richtigen Zeitpunkt sammelte sie Schwärme von Jungfischen, um sie in die Flußmündungen zu geleiten und dann weiter flußaufwärts bis zu ihren Laichgründen.

Awitelin Tsita «Vierfaches Gefäß» schien für die Zuni-Indianer in Nordmexiko die Mutter der Erde wie auch aller Menschen zu sein. Man stellte sich vor, daß sie in ständiger Paarung mit ihrem Geliebten, dem Himmel, lag, bis ihre vier Schöße von seinem Samen erfüllt waren. Dann zog sie sich zurück, um ihre Kinder auszutragen und zu gebären – die menschliche Rasse.
Aber die Wesen, die von der Welt, die sie umgab, verwirrt waren, brauchten mehr von ihrer Mutter als nur das Leben. Also gab sie ihnen Wegweiser, wie sie sich auf ihrer Oberfläche zurechtfinden konnten: Berge, damit die Einteilung des Landes deutlich wurde, Wolken voller Regen, damit die Erde blühen konnte. Von der Großzügigkeit der Awitelin Tsita herausgefordert, schwenkte der Himmelsvater wohltätige Lichtquellen über den Erdenbewohnern. Von nun an lebten die Zuni in einer glücklichen Welt, in der ihre unsterblichen Eltern gut für sie sorgten.

Axiocersa → *Anieros*

Azer-Ava Die Mordwinen, ein finno-ugrisches Volk im Osten Rußlands, besaßen ein Pantheon von Naturgottheiten, von denen Azer-Ava, die regenbringende Himmelsgottheit, eine der wichtigsten war. Ihr Name, der «Herrin» bedeutet, tauchte in den Namen vieler anderer Göttinnen auf, was darauf schließen läßt, daß ihr Volk sie als eine Göttin in einer Vielzahl von Gestalten ansah.
Für jeden Ort, an dem sie sich niederließen, riefen die Mordwinen eine andere Göttin an und hatten auch für jede Naturerscheinung einen eigenen Namen. Im Bereich der besiedelten Gebiete herrschten Jurt-Azer-Ava, die Göttin des Heims und seiner Nebengebäude, und Ban-Ava, die spezielle Herrscherin über die Latrine. Die Äcker waren das Revier von Norov-Ava, der Herrin des Getreides, Nar-Azer-Ava hieß der weibliche Weiden- und Wiesengeist, *Cuvto-Ava* die «Baummutter».
Die «Baummutter» der im Wolgagebiet lebenden Mordwinen wurde in vielen Zauberformeln angesprochen – vielleicht weil sie eine hochmütige Gottheit war, die immerzug Ausschau hielt nach Kränkungen, die ihr oder ihren drei Töchtern zugefügt wurden. Hatte etwa jemand sinnlos Zweige abgebrochen oder eine ähnliche Unbedachtsamkeit began-

gen, bestrafte ihn Cuvto-Ava mit einer auszehrenden Krankheit.

Noch umfassender waren die Bereiche der Meeresmutter Mor-Ava, der Windfrau Varma-Ava und des Feuergeistes Tol-Ava.

Einige der wichtigsten Ausprägungen der Obergöttin Azer-Ava aber waren Mastor-Ava, die Erdmutter, Niski-Ava, die Göttin der Frauen, und die sehr alte Otsuved-Azer-Ava (oder einfach Ved-Ava). Mastor-Ava war die Göttin in ihrer verehrungswürdigsten Gestalt als Herrscherin der Erde und all ihrer Bewohner. An bäuerlichen Feiertagen wurden ihr von der gesamten Bevölkerung Opfer dargeboten. Die später mit der Jungfrau → *Maria* gleichgesetzte Niski-Ava war die Hüterin des Hauses und die Beschützerin der Hausfrau. Otsuved-Azer-Ava war der Geist der Feuchtigkeit, der es der Erde ermöglichte, Früchte hervorzubringen. Sie wohnte als außerordentlich variable Erscheinung in jeder Wasseransammlung, so wie Niski-Ava im Körper jeder einzelnen Frau, den sie in Besitz nahm, eine andere Gestalt hatte.

Eine der wunderbarsten Formen, die Azer-Ava annehmen konnte, war Vir-Ava oder Vir-Azer-Ava, die Waldmutter. Sie konnte wie jeder beliebige Baum oder Strauch aussehen und war eine freundliche Göttin, die Beerenpflücker und Pilzsammler zu den besten Fundstellen führte, wenn man ihr Opfergaben mitbrachte. Auch die Jäger beteten zu ihr um Jagdglück und Schutz vor Unfällen und Tod. Die Kraft der Waldherrin erstreckte sich auch auf die Felder in der Nachbarschaft. Wenn man ihr die rechte Art der Aufmerksamkeit zukommen ließ, sorgte sie für reiche Ernte. Man erzählte sich, daß gemeinschaftliche Feiern an bestimmten Bäumen, an denen man Geld- und Nahrungsgeschenke niederlegte, besonders gute Wirkungen zeigten.

B

Ba, Pa Diese Göttin der Dürre riefen die alten Chinesen nach einer langen Trockenperiode um Mitleid mit den Feldern, den Früchten und nicht zuletzt mit den Menschen an, denen eine Hungersnot bevorstand. In den ältesten Chroniken des Landes wird sie manchmal als eine Tochter des mythischen Urkaisers Huangdi bezeichnet, doch hat es sicherlich schon viel früher eine Vorstellung von Ba gegeben.

Baalat, Belili, Beltis Ihr Name bedeutet «Herrin» und entspricht der maskulinen Namensform ihres Partners, des westsemitischen Gottes Baal («Herr»). Baalat, die weibliche Hauptgottheit der Syrer, Phönizier und anderer Völker des Vorderen Orients, wurde dargestellt als stämmig gebaute Frau, die mit den Händen ihre vollen Brüste stützt, ein Zeichen der Freigebigkeit gegenüber den Kindern der Erde. Bekleidet erschien sie als elegante Matrone in einem engen, ausgeschnittenen Kleid mit schmalen Trägern und einer aufwendigen Frisur in ägyptischem Stil. Für die Babylonier war sie nur die «weise alte Dame der Bäume», im semitischen Bereich setzte man sie schließlich mit → *Ashera* oder → *Astarte* gleich, in anderen Gebieten mit → *Ishtar* oder → *Kybele*. In ihrem Stammland Syrien machte erst das Christentum dem Baalat-Kult ein Ende.

Baba → *Bau*

Baba Jaga «Die alte Frau des Herbstes» wurde Baba von der Landbevölkerung Osteuropas genannt. Man glaubte, daß sie in der letzten Garbe des geernteten Getreides hause und daß die Frau, die diese Garbe band, noch im selben Jahr ein Kind empfangen oder gebären würde. Eine weniger erfreuliche Ausprägung dieser Baba ging in den russischen Volkssagenschatz ein als furchteinflößende Hexe, die in einem Mörser durch den Himmel ruderte, wobei sie den Stößel als Ruder einsetzte und die Spuren ihres Fluges mit einem Besen aus der Luft wischte. Dieses Urbild der heutigen Hexe aus dem Märchenbuch soll tief im Walde gelebt und Wanderer zu Tode erschreckt haben. Sie verschlang ihre Opfer und pflanzte die Totenschädel auf die Spitzen ihres Gartenzauns. Hinter dieser grimmigen Legende ist die Gestalt der antiken Geburts- und Todesgöttin zu ahnen, deren symbolischer herbstlicher Tod im Kornfeld zu einer neuen Geburt im nächsten Frühling führte.

Bacchantinnen → *Mänaden*

Bachue, Turachoque Die große Ahnengöttin der Chibcha-Indianer in Kolumbien lebte in den Tiefen eines großen Sees, den sie eines Tages Hand in Hand mit ihrem kleinen Sohn verließ. Sie zog ihn auf, bis er mannbar war, und schlief dann mit ihm, um die menschliche Rasse hervorzubringen. Bachue lehrte ihre Nachkommen kultivierten Umgang miteinander und religiöse Riten. Als sie die Überzeugung gewonnen hatte, daß ihre menschlichen Ziehkinder ohne sie leben konnten, verwandelte sie sich und ihren Sohn und Gatten in Drachen und kehrte mit ihm in ihr ursprüngliches Heim zurück.

Badb, Badh Eine der Formen von → *Morrigan*, der großen irischen Kriegsgöttin. Badb (ausgesprochen «biew») bevorzugte die Erscheinungsform einer Nebelkrähe, suchte die Schlachtfelder manchmal aber auch in Wolfsgestalt, als Bär oder Färse heim. Wenn sie Menschengestalt annahm, war sie eine riesige Frau, die breitbeinig über einem Fluß hockte, ein Bein an jedem Ufer, und die Kleider und Waffen der Männer wusch, die sie zum Tod in der Schlacht verurteilt hatte (→ *Bean Nighe*). Tauchte sie ihre Hände ins Wasser, wurde es so rot wie Blut. Hob sie sie hoch, verschwand das Wasser und ließ eine passierbare Furt zurück.

Baduhenna «Die vom Kampf Verwirrte» war eine germanische Kriegsgöttin.
Tacitus berichtet, daß in Friesland ein Hain für sie angelegt wurde, wo sie die 900 Römer betrauern sollte, die im Jahre 28 n. Chr. in dieser Gegend durch Germanenhand umgekommen waren.

Bahu → *Bau*

Bakchen → *Bacchantinnen*

Banba Der Name dieser irischen Erdgöttin bedeutet «Das ein Jahr ungepflügte Land». Mit → *Eriu* und Folta bildete sie die Dreiheit der alten Herrscherinnen der Insel. Die begabte Zauberin begegnete den eindringenden Truppen der Milesier in den Slieve Mish Mountains in Kerry, der äußersten südwestlichen Grafschaft Irlands und versuchte ohne Erfolg, die Besetzung des Landes zu verhindern. Eine ähnliche, aber kontinental-keltische Göttin hieß Cathubodia.

Ban-Chuideachaidh Moire Die «Geburtshelferin» oder Hebamme der Jungfrau Maria, eine Bezeichnung, die man → *Brigit* gegeben hat, als die Göttin christianisiert und zu einer Heiligen gemacht wurde.

Bandia Altirischer Gattungsname für «Göttinnen».

Banka-Mundi Bei dem Bergvolk Kond (oder Khond) in Vorderindien war sie eine Jagdgöttin. Es genügte, ihren Namen auszusprechen, und man brauchte vor den Tieren des Dschungels keine Angst mehr zu haben.

Banna → *Sequana*

Ban Naomha, Banna Naomha Kul-na-Greine in der irischen Grafschaft Cork war der «uralte Brunnen der Sonne», ein Ort der Weisheit und der Weissagung. Darin schwamm Ban Naomha, eine Zauberforelle, die nur für jene sichtbar war, die das zweite Gesicht hatten. Wer diese Gabe besaß, konnte die Fischgöttin sogar dazu zwingen, sich zu zeigen. «Dann darfst du ihr jede Frage stellen», hieß es weiter, «und du bekommst die Antwort, indem du dreimal drei Schlucke aus der Quelle nimmst, zwischen den Schlucken dreimal um den Brunnen kriechst und bei jeder Umkreisung einen Stein von der Größe eines Taubeneis auf den Altar legst.»

Banshee Das grüne Kleid, von einem grauen Umhang bedeckt, mit triefenden Haaren und tränenden Augen soll Banshee oder die Geisterfrau immer noch den Iren auf dem Land erscheinen, um den Tod eines Familienmitglieds anzukündigen. Manchmal zieht sie es vor, unsichtbar zu bleiben, und überbringt ihre Botschaft von dem bevorstehenden schmerzlichen Verlust durch ein Wehklagen vor dem Fenster der Hütte. Läßt sich mehr als eine Banshee sehen, wird eine wichtige Persönlichkeit sterben.

Bara → *Walo*

Barbelina → *Saule*, → *Saules Meita*

Barbmo-Akka, Loddis-Edne Diese Göttinnen der westlichen Samen (oder Lappen) geleiteten die Zugvögel auf ihrem langen Weg nach Süden und zurück, und sie beschützten auch ihren Nestbau und die Aufzucht der Jungen.

Bardaichila Eine assamesische Sturmgöttin, die bei der Reise von ihrer luftigen Heimat auf die Erde zum indischen Fest des Bohag Bihu heftige Unwetter hervorrief. So war es üblich, von den zwei Stürmen zu sprechen: einer fand direkt vor dem Ereignis statt und einer unmittelbar danach.

Basile Dieser alte griechische Beiname

bedeutet «Königin» und wurde sowohl für Göttinnen als auch für Sterbliche verwendet.

Basilinna Der Titel der obersten Frau von Athen. Als Verkörperung der weiblichen Fruchtbarkeit oblag es der Basilinna, sich bei öffentlichen Feiern rituell mit den Göttern zu paaren.

Bastet Die anfangs mit einem Löwenhaupt dargestellte Göttin stammte zwar aus dem Nildelta, aber bis 930 v. Chr. wurde sie von allen Ägyptern anerkannt – schon deswegen, weil ihre Erscheinung und ihr Wirken mit der Zeit immer freundlicher wurden. Ihren negativen Aspekt hatte man offensichtlich auf die andere löwenköpfige Göttin, → *Sachmet*, übertragen. Anfangs war Bastet die Göttin des Sonnenuntergangs, die die befruchtende Kraft der Sonnenstrahlen symbolisierte. Später wurde sie als Katze symbolisiert, die die Sonne trug, oder als katzenköpfige Frau gezeigt, die auf ihrem Brustpanzer jenen Löwen trug, der sie selber vorher gewesen war.

Bastet regierte das Vergnügen und den Tanz, die Musik und die Freude. In Bubastis («Stätte der Bastet»), dem Zentrum ihres Kultes, wurden ihr zu Ehren alljährlich große Feiern abgehalten. Ganze Schiffsladungen von Anbetern wurden – wie Herodot berichtet – mit süßen Flötenmelodien begrüßt, und sie kamen nicht nur wegen der farbenprächtigen Zeremonien, sondern auch deshalb, weil unter dem Patronat der Göttin eine große Handelsmesse stattfand. Bastets Anhänger glaubten, daß sie als Dank für die aufwendigen Veranstaltungen geistige und körperliche Gesundheit schenkte.

Im Neuen Reich setzten die Ägypter Bastet vielerorts mit → *Tefnut* gleich, und die Griechen hielten sie für eine → *Artemis* vom Nil.

Bau, Baba, Bahu, Bohu Die verschiedenen Namen der babylonischen Himmelsgöttin bedeuten «Älteste des Himmels» oder einfach nur «Himmelsraum». In sehr frühen Zeiten war Bau die Göttin der sumerischen Stadt Lagash. Irgendwann stieg sie auf zur Muttergöttin von Babylonien und Phönizien, zu einer lebenspendenden Hoheit, die im Licht jedes Morgens erschien.

Als Heilgöttin erhielt sie den Ehrennamen «Ärztin» und als Kindersegen und Reichtum Bescherende den Beinamen «Herrin des Überflusses». Die Kunde von ihr vermischte sich im Laufe der Jahrtausende jedoch mit der von → *Gatamdug* und von → *Gula*.

Baubo Ihr Name bedeutet «Bauch», und sie war die griechische Göttin des aus dem Bauch aufsteigenden dröhnenden Gelächters, das zweideutige Gesten und anzügliche Witze hervorrufen. Baubo wurde dargestellt als kopf- und gliederloser Körper, dessen Genitalien einen bärtigen Mund bilden und dessen Brüste wie Augen starren. Sie war die Schwester oder das Pendant von → *Iambe*, der Göttin der zweideutigen Rede, und von beiden wird eine ähnlich lautende Geschichte erzählt: Die wei-

Bastet

nende → *Demeter*, die die Erde nach ihrer verlorenen Tochter → *Persephone* absuchte, erreichte die Küstenstadt Eleusis, wo sie sich, von Sorgen gepeinigt, an einen tiefen Brunnen setzte. Baubo kam, um Wasser zu schöpfen, und, vom Kummer der Göttin gerührt, versuchte sie, ihr Trost zu spenden. Aber Demeter wies dieses Mitgefühl zurück. Da hob Baubo ihre Röcke und zeigte ihre Vulva. Da hellte ein Lächeln Demeters traurige Miene auf, die unfruchtbare Erde unter ihr bewegte sich, und bald kehrte Persephone zurück. (Fast die gleiche Geschichte wird in Japan von → *Uzume* erzählt.) Daß ein so unbedeutendes Wesen wie Baubo eine solche Macht über die große Göttin haben sollte, schien manchen Leuten unwahrscheinlich, und sie behaupten, daß Baubo in Wirklichkeit eine Form der → *Hekate* war, der die Nacht durchreitenden Göttin des geheimen Wissens, die in den Mythen um Demeter ja ohnehin eine bedeutende Rolle spielt.

Baukis Ovid hat in seinen *Metamorphosen* eine der schönsten Liebesgeschichten der griechischen Mythologie überliefert: Ein einfacher Landmann namens Philemon und seine Frau Baukis lebten schon so lange und, obwohl das Alter ihre Rücken gekrümmt hatte, noch immer so zärtlich zusammen, daß sie unzertrennlich geworden waren und man sie kaum noch auseinanderhalten konnte.
Als Zeus und Hermes, ständig auf der Suche nach Abenteuern, wieder einmal die Erde durchstreiften, machten sie an der armseligen Hütte des alten Paares halt und baten um eine Mahlzeit. Gastfreundlich tischte Baukis alles auf, was die bescheidene Küche zu bieten hatte, wozu auch ein Krug mit Wein gehörte. Mit Verwunderung bemerkten die beiden Alten, daß der Wein nicht weniger wurde, soviel ihre Gäste davon auch tranken. Daraus schlossen Baukis und Philemon, daß sie überirdische Gäste bewirteten und wollten für sie sogleich ihre einzige Gans schlachten. Da gaben sich die Götter ihnen gerührt zu erkennen und gewährten dem Paar für seine Freundlichkeit einen Wunsch. Sie brauchten nicht lange zu überlegen, sondern wünschten sich, für immer zusammenbleiben zu dürfen.
Im nächsten Augenblick verwandelte sich ihre Hütte in einen goldenen Tempel – und als sie nach vielen Jahren zur gleichen Stunde starben, schlugen ihre Füße Wurzeln, ihre Arme streckten sich zum Himmel, und sie lebten fort als ein Paar miteinander verschlungener Linden. Auf Geheiß der Götter wurden diese Bäume von den Menschen fortan heilig gehalten.

Bavaria → *Germania*

Bean Nighe Eine Frau, die im Kindbett stirbt, so sagen die Iren und die Schotten des Hochlands, sollte lieber keine schmutzige Wäsche zurücklassen, sonst wird sie gezwungen sein, als Geist auf der Erde zu bleiben und Wäsche zu waschen. Diese Wäscher an der Furt sind eine Form der → *Banshee,* die einen bevorstehenden Tod ankündigen, wenn sie menschlichen Wesen erscheinen.
Die Bean Nighe werden als kleine Frauen beschrieben, grün gekleidet, mit Schwimmhäuten an den roten Füßen, nur einem Nasenloch und einem Zahn. Ihre Brüste sind sehr lang, und wenn du eine davon ergreifen und daran saugen kannst, so heißt es, wird dir jeder Wunsch erfüllt. Wie andere Wassergeister sind auch die Bean Nighe Hellseher. Begegnest du einer, kannst du ihr drei Fragen stellen, und sie wird dir antworten. Jedoch wird sie auch dir drei Fragen stellen, und wenn du bei den Antworten lügst, wird das für dich schlimme Folgen haben.

Bebhionn Diese Magierin, die ebenso riesig wie wunderschön war, kam aus dem Jungfrauenland, der Insel der Frauen weit vor der irischen Westküste. Mehrere Legenden berichten, sie sei ursprünglich eine Unterweltgöttin gewesen und die Patronin des Vergnügens, die, von Zaubervögeln umgeben, unterwegs war und alle Heilkräfte kannte. Eine andere Sage erzählt, daß sie ihre magische Insel verließ, um mit dem König der Insel der Männer zu leben. Aber als sich herausstellte, daß er sehr roh war, ließ sie sich das nicht gefallen und kehrte nach Hause zurück. Der König verfolgte und tötete sie.
Siehe auch → *Rhiannon*.

Bechuille → *Carman*

Becuma Die Göttin des magischen Nachens, eine der frühesten Gottheiten Irlands, gehörte den Tuatha De Danann an, dem Volk der Göttin → *Danu*, und sie lebte im Herzen der Insel auf dem Berg Tara. Und jeder König, der dort mit ihr schlief, konnte die Herrschaft über das ganze Land gewinnen. Die Tuatha De Danann ächteten die wunderschöne Göttin wegen dieses Verhaltens, aber sie konnten den Strom der Geschichte nicht umlenken, denn die Könige blieben, während die Tuatha aus ihrem grünen Heimatland verbannt wurden.

Befana Die als «Herrin der zwölften Nacht» bezeichnete Dämonin ist eine Gestalt aus oberitalienischen Volkssagen. Ihr Name wird von dem griechischen Wort *epiphania* («Erscheinung») abgeleitet. Mancherorts kennt man heute noch den Brauch, am Vortag der «Erscheinung des Herrn» (6. Januar), die aus Lumpen gefertigte Puppe einer alten Frau vor das Haus zu hängen. Damit sollte wahrscheinlich das Ende der winterlichen Dunkelheit bezeugt werden.

Begoe → *Vegoia*

Beiwe, Paive Beim Volk der Samen (oder Lappen) steht diese Sonnengöttin in der Rangfolge der Himmlischen an dritter Stelle. Dieses wundervolle Wesen, das mit seiner Tochter Beiwe-Neida in einem Wagen aus Rentiergeweihen über den Himmel reiste, brachte dem arktischen Frühling das Grün zurück. Sie ließ neue Pflanzen sprießen, so daß die Rentiere gedeihen und sich vermehren konnten. Ihre Anhänger opferten ihr zu jeder Sonnenwende weibliche weiße Tiere, deren Fleisch auf Zweige gespießt wurde, die man dann mit bunten Bändern umwickelte. Wenn man Beiwe anrief, damit sie «ihre gnädigen Strahlen über die Rentiere und alles andere gießen» möge, wurde stets ein besonderes Gebet für die Geisteskranken hinzugefügt. Der Lappland-Forscher Rafael Karsten meint, daß man die Abwesenheit Beiwes, – also das Fehlen der Sonne – während des Winters ganz zu Recht für die Ursache von psychischen Krankheiten hielt.

An dem Tag, an dem es in der Arktis zum ersten Mal wieder richtig hell wurde, beschmierten die Samen ihre Türen mit Butter, damit Beiwe mit ihren Strahlen das reichhaltige Mahl, das man für sie bereitet hatte, zu sich nehmen konnte, um sich nach dem langen Winter wieder zu stärken. Zur Sommersonnwendfeier wurden «Sonnenringe», gebunden aus belaubten Zweigen, aufgehängt und ein spezieller Butter-«Sonnenbrei» gegessen.

Belili → *Baalat*

Belisama → *Sequana*

Belit-Ilani, Belit-Ile «Geliebte der Götter» war der babylonische Name für den dem Liebesverlangen geweihten Abendstern. Einige Forscher halten Belit-Ilani für einen Beinamen der → *Astarte* oder der → *Ninlil*. Jedenfalls wird Belit-Ilani auf Bildnissen als Frau dargestellt, die auf dem linken Arm einen Säugling trägt, den sie mit der rechten Hand segnet.

Belit-Matate → *Ninlil*

Belit-Seri, Beli-Sheri, Nin-Edin Nach der babylonischen Mythologie war sie die Schreiberin des Jenseits, die über alle menschlichen Handlungen Buch führte und sich vor die Königin der Toten hockte, um laut das Urteil über das Leben der gerade Verstorbenen zu verkünden.

Belkis → *Bilkis*

Bellona Oft beschrieben als weiblicher Schatten des Gottes Mars, war Bellona in Wirklichkeit viel mehr, denn ihr Verfügungsrecht schloß das weite Feld der rein politischen Konflikte mit ein. Selbst ihr Name zeugt von ihrer Bedeutung, denn das lateinische Wort für «Krieg» (*bellum*) ist davon abgeleitet.

Im Tempel dieser schlangenhaarigen Göttin mit der blutigen Peitsche begannen und endeten alle militärischen Unternehmungen. Vor Bellonas Tempel gab ihr Priester auch das Startzeichen für den nächsten Krieg, indem er einen zeremoniellen Speer hob und in einen Bereich des Bodens schleuderte, der das feindliche Territorium darstellte. War der Krieg beendet, beschloß der Senat die angemessene Belohnung für die siegreichen Generäle wiederum im Tempel der Bellona. Und sowohl in

Kriegs- wie in Friedenszeiten war es Bellonas Tempel, in dem der Senat die Botschafter der Länder empfing, die mit Rom im Streit lagen. Als die römischen Gottheiten mit den Göttern der von Rom eroberten Länder vermischt wurden, gingen die mächtige kleinasiatische Göttin → *Mami* und Bellona eine Personalunion ein und wurden zu Ma-Bellona: Beide symbolisierten territoriale Souveränität und beide repräsentierten den bewaffneten Konflikt, der notwendig war, um Herrschaftsansprüche durchzusetzen.
Siehe auch → *Vacuna*.

Beltis → *Baalat*

Bendis Jungfräuliche Erdgöttin der Thraker, von den Griechen der Zeit nach Perikles (5. Jahrhundert v. Chr.) mit → *Artemis*, → *Gaia* oder → *Hekate* gleichgesetzt.

Bentakumari Dieser assamesischen Wassergöttin wurde der erste Fisch gewidmet, der in ihrer Region Indiens zu Beginn der Saison gefangen wurde.

Benten, Benzaiten Unter den sieben japanischen Gottheiten des Glücks war nur eine Göttin: Benten. Sie belohnte alle, die sie verehrten, mit allen möglichen Talenten, Reichtum, Kriegs- und Liebesglück. In ihrer ebenso wichtigen Funktion als Königin des Meeres, schwamm sie mit einem Gefolge weißer Schlangen durch ihr Reich, und zwar in Drachengestalt. In dieser Erscheinungsform konnte sie ihre Anhänger vor Erdbeben schützen, indem sie sich mit den Schlangenungeheuern paarte, die sich sonst unter den japanischen Inseln oft wild hin und her warfen. Aber sie konnte auch die Form einer liebreizenden Menschenfrau annehmen, und in dieser Gestalt wurde sie am häufigsten dargestellt: auf einem Drachen reitend, der sowohl ihr Reittier wie ihr Buhle war. Wurde sie als Schutzgottheit der Musik gezeigt, hielt sie das alte japanische Nationalinstrument, die Biwa, in der Hand. In der indischen Mythologie entsprach ihr → *Sarasvati*.
Eine andere japanische Göttin gleichen Namens galt vor allem als Beschützerin der Armen; ihr entsprach in Indien → *Lakshmi*.

Benzaiten → *Benten*

Berchta → *Perchta*

Berurya Diese jüdische Heldin aus dem 2. Jahrhundert n. Chr. war eine Richterin, die für ihre gerechten Urteile, ihre Weisheit und Güte bekannt war.

Berut, Berit Ihr Name lebt immer noch fort in ihrer Stadt – Beirut – und erinnert an jene Zeiten, in denen sie die oberste Göttin der Phönizier war, eine Verkörperung der Erde, die die menschliche Rasse hervorgebracht hatte. Es ist nicht sicher, ob ihr Name «Erde» bedeutet oder «Mutter» oder «Verheißung» – doch das ist immerhin eine sehr aufschlußreiche Zusammenstellung von Möglichkeiten.

Bestla Diesem ersten weiblichen Wesen der nordischen Mythologie in Gestalt einer Frau wird in der *Edda* seltsamerweise nur wenig Beachtung geschenkt. Dabei soll diese Tochter des Riesen Bölthorn die ersten männlichen Götter geboren haben: Odin und Vili (oder Ve). Die alten Norweger hielten Bestla, deren Name möglicherweise Rinde oder Bast bedeutet, für ihre Mutter → *Eva*.

Bevana → *Sequana*

Bhavani Ein gebräuchlicher Name der indischen Muttergöttin, der «Lebensspenderin» bedeutet. Man nimmt an, daß sie eine Gottheit der nicht-arischen und der drawidischen Sprachen sprechenden Völker des Subkontinents war. Aber anders als → *Durga*, → *Parvati* und → *Kali* entwickelte sich um Bhavani keine bezeichnende Legende. Man weiß nur, daß sie von gebärenden Frauen angerufen wurde, die ihr zu Ehren Duftstoffe verbrannten.

Bia Diese kämpferische Jungfrau, deren Name «Macht» bedeutet, war die Tochter der griechischen Unterweltgöttin → *Styx* und eine ständige Begleiterin des Zeus. Es heißt, sie sei es gewesen, die den Titanen Prometheus an einen Felsen kettete, nachdem er zu ewiger Folter verurteilt worden war, weil er für die Menschen das himmlische Feuer gestohlen hatte.

Biddy Eine Abkürzung des Namens → *Brigit*, die in Irland am 1. Februar benützt wird, wenn ein Mädchen, das die zur Heiligen gewordene Göttin verkörpert (oder eine Gruppe, die ihr Bildnis trägt), bettelnd von Haus zu Haus geht. In Kerry, an der irischen Südwestküste, sang sie dabei: «Etwas für die arme Biddy! Ihre Kleider sind zerrissen. Ihre Schuhe sind zerschlissen. Etwas für die arme Biddy!» Bestand die Gruppe nur aus jungen Männern, die sich dann oft als Frauen verkleideten, nannte man sie «Biddy boys». Es hieß, es brächte eine reiche Ernte, wenn man den Biddy-Sängern Essen und Geld gab.

Biddy Early → *Echtghe*

Biddy Mannion Diese Geburtshelferin von Inishshark, einer winzigen Insel vor der irischen Küste, wurde vom König und der Königin der → *Feen* aus dem Erdenleben entführt. Anscheinend hatten sie ein kränkliches Kind, und Biddys Ruf als Heilerin war bis ins Feenland gedrungen. Biddy Mannion schaffte es tatsächlich, das Kind gesund zu machen. Als Biddy nach Hause zurückkehrte, fand sie eine aus dem Feenreich gesandte Doppelgängerin an ihrer Stelle. Nicht einmal ihre Familie hatte den Austausch bemerkt.

Bil Einst war sie ein nordisches Menschenmädchen, aber Bil («Augenblick») blieb nicht lange auf der Erde. Eines Morgens wurde sie mit ihrem Bruder Hjuki zum Wasserholen geschickt. Der Mondmann, der noch am Himmel war, sah sie, stieg zur Erde und stahl sie, damit sie ihm dienten. Vielleicht nur aus Mitgefühl hat Snorri Sturluson in seiner *Edda* Bil zu den → *Asinnen* gezählt, also in die Götterwelt aufgenommen.

Bila Bei den australischen Aborigines des Berglandes im Südosten Australiens sorgte diese kannibalische Sonnengöttin für das Licht der Welt, indem sie ihre Opfer, die von ihren Hunden in das Lager gezerrt wurden, über einem riesigen Feuer kochte. Als der Eidechsenmann Kudnu sie mit seinem Bumerang verletzte, verwandelte sie sich in einen Feuerball und verschwand, die Erde in Finsternis tauchend. Als ihm klar wurde, was er getan hatte, bekam Kudnu Angst und warf seinen Bumerang nach Norden, um vielleicht die Sonne wiederzubeleben – doch vergebens. Dann schleuderte er ihn nach Westen und dann nach Süden – aber immer noch erschien kein Licht. Dann warf der Eidechsenmann seinen Bumerang nach Osten, und dieser trug die Sonnengöttin hoch über den Horizont, dann wieder hinunter im Westen, so wie heute noch ihr Gang ist. Weil Kudnu auf diese Weise die Welt vor dem Untergang bewahrte, töteten die Ureinwohner der Gegend niemals eine Echse oder einen Gecko.

Bildjiwuraroju → *Djanggawul-Schwestern*

Bilha Als eine der großen Stammütter der jüdischen Überlieferung war sie die Mutter der Stämme von Dan und Naphtali. Sie war die «Magd» von → *Rahel* und zugleich ihr Pendant, teilte sich mit ihr das Haus und den Gatten. In der hebräischen Legende wird wenig über sie gesagt. Vermutlich wurde ihre Figur mit der der Rahel vermischt.

Biliku Die Hauptgöttin der zu Indien gehörenden Andamanen-Inseln war eine vielschichtige Gottheit, sowohl gütig als auch furchterregend. Die Schöpferin der Erde, manchmal verkörpert als Spinne, war das erste Wesen, das Feuer besaß. Aber der Eisvogel stahl ihr diese magische Substanz, und vor Wut über diesen Frevel wandte sich Biliku für immer von der Erde ab.

Bilkis, Bilqis In der Bibel ist die Königin von Saba namenlos, in arabischen Legendensammlungen und Chroniken wird sie Bilkis (oder Belkis) genannt, nach anderen Quellen hieß sie Candace. Sie lebte im 10. Jahrhundert v. Chr., und ihr Reich, das Land der Sabäer, ist geographisch im Gebiet des heutigen Nordjemen zu suchen. Es muß ein blühendes, reiches Land gewesen sein, sonst hätte die Königin anläßlich ihres Staatsbesuches bei Salomo in Jerusalem nicht als Gastgeschenk «120 Talente Gold, Spezereien in großer Menge und Edelsteine», wie es im *Buch der Könige* heißt, mitbringen können. Legendär wie die Weisheit Salomos, die zu erproben Bilkis angereist war, soll auch ihre Schönheit gewesen sein. Andererseits ging das Gerücht, sie habe Ziegenfüße. Doch der nicht nur weise, sondern auch gewitzte König von Israel ließ sie über einen spiegelblanken Boden gehen und konnte sich bei dieser Gelegenheit überzeugen, daß die Dame, die er begehrte, ganz normale Füße hatte.

Nach der Rückkehr in ihr Land entschwand die Königin aus der alttestamentlichen Geschichte, um Jahrhunderte später im Stammbaum der Kaiser von Äthiopien als Ahnherrin wieder aufzutauchen. Mindestens 800 Jahre lang war Candace der Name oder Beiname aller angeblich von der Königin von Saba abstammenden Herrscherinnen über Nubien und Äthiopien – und immerhin hatten die Sabäer mit diesen Ländern regen Handel betrieben.

Um 25 v. Chr. berichtete der griechische Geograph Strabon über eine zu dieser Zeit in Arabien regierende Candace, sie sei «eine sehr männliche Frau und auf einem Auge blind». Mit einer Streitmacht von 10 000 Mann soll sie Aelius Gallus, dem römischen Statthalter in Ägypten, und seinem Expeditionsheer entgegengetreten sein, und ihn an der Besetzung ihrer Hauptstadt Maribia (heute Marib) gehindert haben.

Bisal-Mariamna Diese → *Shakti* des Sonnenlichts im indischen Mysore wird von einem Bronzetopf voll Wasser symbolisiert, genannt Kunna-Kannadi oder «Augenspiegel». In diesen Topf werden Pfefferblätter und Kokosblüten gelegt und ein kleiner Metallspiegel dagegen gelehnt. Als eine von sieben Schwestergöttinnen, wird Bisal-Mariamna in einem nicht überdachten Heiligtum verehrt, in das den ganzen Tag Sonnenlicht fällt.

Bixia Yüanchün, Pi-hsia yüan-chün Für die chinesischen Taoisten war die «Prinzessin der azurblauen Wolken» eine der Hauptgottheiten und die am meisten geliebte. Mit ihrem Gefolge von sechs göttlichen Helferinnen – eine für jedes Stadium der Niederkunft und des Kleinkindalters – nahm sie an jeder Geburt teil, brachte nicht nur dem Neugeborenen Gesundheit und Glück, sondern beschützte auch die Mutter. Manche verglichen sie oder hielten sie gar für identisch mit der buddhistischen Hauptgöttin → *Guan Yin* und nannten sie auch Shen Mu («Heilige Mutter»), Yu Nu («Jadejungfrau») oder Tian Xian («Himmlische Unsterbliche»). Der Bixia geweihte Tempel auf dem Gipfel des Taishan-Berges im Osten Chinas ist bis heute Ziel von Pilgerinnen, die sich von der göttlichen Prinzessin Kindersegen erbitten.

Black Annis Die «Schwarze Agnes», eine britische Ausprägung der → *Cailleach*, eine blaugesichtige Kannibalin mit langen weißen Zähnen, die die Menschen von ihren Feuerstellen entführte, um sie zu essen, soll in einer Höhle in Argyll (Schottland) gelebt haben. Dort kauerte sie sich unter die Zweige einer verkümmerten Eiche, dem letzten Überbleibsel ihres riesigen Waldes, die aus einer Felsspalte bei dem Eingang ihrer Höhle wuchs – einer Öffnung, die sie mit ihren Fingernägeln gegraben hatte.

Nach Meinung des englischen Mythenforschers Lewis Spence lebte Black Annis in einer runden Höhle in den Dane Hills (Grafschaft Leicester). Kinder, die es wagten, dort zu spielen, «wurden gewarnt, daß Black Annis dort auf der Lauer liege, um sie zu fangen, in ihre Höhle zu bringen und dann zu Tode zu kratzen». Alljährlich war es Frühlingsbrauch, eine tote Katze vor einer Hundemeute her bis in die Nähe von Black Annis' Behausung zu ziehen – ursprünglich eine zeremonielle Katzenjagd, die in der feierlichen Tötung der alten Frau Winter mündete.

Es ist die Regel, daß bezwungene Gottheiten als Teufel und Ungeheuer weiterleben. Black Annis ist dafür ein gutes Beispiel. Obwohl ihre Ursprünge wahrscheinlich vorkeltisch sind, hat sie sich möglicherweise mit → *Danu* vermischt.

Siehe auch → *Gentle Annie*.

Blathnad «Blümchen» war die Tochter Midirs, des Königs der irischen → *Feen*. Sie fuhr über die Insel mit drei Kühen, die vor ihren magischen Wagen gespannt waren, und forderte, daß starke Männer, z. B. ihr Geliebter, der berühmte Held Cuchulainn, übermenschliche Taten für sie verrichteten. Offensichtlich war sie ein spätes Überbleibsel einer frühen Göttin der Geschlechtlichkeit und des

Blodewedd

Todes. Eine andere Ausprägung lebt in Wales weiter als die hinterlistige → *Blodewedd*.

Blodewedd → *Arianrhod*, die zornige Mutter des walisischen Helden Llew Llaw Gyffes, belegte ihn mit dem Fluch, niemals eine Menschenfrau zu bekommen. Deshalb fertigten zwei Magier Blodewedd, eine Kreatur aus neun Arten von Wildblumen, darunter Spierstrauch, Eiche, Besenginster, Himmelschlüssel und Kornrade. Die Zauberer schichteten Blüte auf Blüte, um die Göttin «Blumenantlitz» zu erschaffen.

Blodewedd war nicht nur die schönste aller Göttinnen, sondern auch die treuloseste und hinterhältigste. Eine Zeitlang lebte sie mit Llew Llaw zusammen. Doch eines Tages sah sie eine Horde Jäger vor ihrem Fenster vorüberziehen, verliebte sich in einen von ihnen und begann den Tod ihres Gatten zu planen. Llew Llaw aber hatte einen Zauberschutz. Er konnte nur unter sehr sonderbaren Bedingungen getötet werden: bei einem Bad am Flußufer; unter einem strohgedeckten Dach, unter dem ein Zauberkessel stand; oder wenn er mit einem Fuß auf einem Hirsch stand. Blodewedd schuf diese Bedingungen und forderte Llew Llaw heraus, alle drei für ihn gefährlichen Positionen auf einmal einzunehmen. Er nahm die Herausforderung an, und ihr Liebhaber, der sich verborgen hatte, tötete Llew Llaw. Die skrupellose Blodewedd entging indes nicht ihrer Strafe: Die Magier, die sie geschaffen hatten, verwandelten sie in eine Eule.

Möglicherweise geht die Legende auf eine uralte Göttin zurück, von der sonst nichts weiter bekannt ist. Jedenfalls fällt die Ähnlichkeit der Geschichte mit Sagen aus ganz anderen Kulturen auf. Einige Forscher, z. B. Robert Graves, haben auf die wohl kaum zufälligen Übereinstimmungen in den Sagen um Blodewedd und um → *Guinevere* hingewiesen und eine Personalunion vermutet. Aber es ist auch möglich, daß die «Blumenfrau des Verrats» die Göttin von Leben und Tod war, eine Form der großen Erdgöttin, die, wie → *Ishtar* und → *Kybele* die Lebenden sowohl liebte als auch vernichtete.

Boann Bei den Kelten waren Flüsse die Wohnstätten – genaugenommen sogar die materielle Form – der Göttinnen der Inspiration und der Fruchtbarkeit. So z. B. in Irland, wo Boann («Herrin der weißen Kühe») an dem Fluß Boyne wohnte.

Eines Tages hörte sie, daß es in der Nähe der Quelle des Boyne einen Zauberbrunnen gebe. Dort wuchsen angeblich neun magische Haselnußbäume, die Nüsse der Erkenntnis trugen. Die Nüsse fielen in den Brunnen, wo sie von einem kleinen Lachs gefressen wurden – der sich daraufhin zur weisesten Kreatur der Welt entwickelte.

Sogar Göttinnen war es verboten, sich diesem Ort zu nähern, aber Boann ließ sich davon nicht abschrecken und machte sich zum Brunnen von Segais auf. Um seinen Schatz zu schützen, erhob sich der Brunnen wütend aus seiner Tiefe und ergoß sich in einer gewaltigen Flut, in der die sich nähernde Boann ertrank. Aber der Brunnen konnte nie wieder an seinen angestammten Platz tief in der Erde zurückkehren und mußte von nun an seine Wasser, die den Menschen geistige und intellektuelle Nahrung brachten, über die irischen Hügel fließen lassen.

Siehe auch → *Bo Find*, → *Coventina*, → *Sequana*.

Bo Find Bevor Irland als grüne Insel berühmt wurde, als es noch öde und unbevölkert war, erschien die magische weiße Kuh Bo Find aus dem westlichen Meer zusammen mit der roten Kuh Bo Ruadh und der schwarzen Kuh Bo Dhu. Jede ging in eine andere Richtung: die schwarze Kuh nach Süden, die rote Kuh nach Norden und Bo Find in die Mitte des Landes. (Vielleicht war sie nur eine Doppelgängerin der → *Boann,* Zentralirlands weißer Kuhgöttin der Fruchtbarkeit, die im frühen Irland Bouvinda genannt wurde.)

Bo Find hielt auf ihrer Reise zweimal inne, um zu trinken: am Lough-na-Bo, dem Kuhsee, und am Tober-Bo-Finn, dem Brunnen der weißen Kuh. Als sie das Herz der Insel erreichte, gebar sie magische Zwillingskälber, ein männliches und ein weibliches. Von ihnen stammt in den nächsten Jahrhunderten alles Vieh Irlands ab. Nachdem sie die Menschen auf der Insel versorgt hatte, verschwand Bo Find wieder im Westen und sank, in Zauberschlaf versetzt, hinab in eine dunkle Höhle, wo sie immer noch ruht.

Einige Legenden berichten, daß Bo Find ursprünglich die Gestalt einer Frau gehabt habe, sie diese aber erst wiederbekommen würde, wenn sie einige Jahrhunderte auf den Gipfeln von Irlands drei höchsten Bergen geschlafen hat. Und selbst wenn diese Pflicht erfüllt wäre, könnte nur ein König sie aufwecken. Auf diese Weise überlebt die alte Gottheit der Fruchtbarkeit im irischen Volkstum, im Schlaf unter der Erde auf das Zeichen zur Wiederkehr wartend.

Bohu → *Bau*

Bokoj → *Tu-Njami*

Bomong und Bong In Indien gibt es über die hinduistischen und buddhistischen Pantheons hinaus zahlreiche kleinere Gruppen von Göttinnen der alten Stämme. Einer dieser Stämme sind die Minjong, deren kosmische Göttinnen zwei Schwestern waren, Bomong und Bong. Als Töchter des Himmels und der Erde leuchteten sie vom Augenblick ihrer Geburt an. Unter der Obhut ihrer Amme wurden sie heller und heller, bis sie wie zwei Sonnen strahlten. Doch als die geliebte alte Amme starb, starben auch Bomong und Bong.

In der lang anhaltenden Finsternis, die darauf folgte, bekamen die Geschöpfe der Erde Angst. Da sie dachten, die Amme habe das Licht gestohlen, gruben sie ihren Leichnam wieder aus. Aber er war schon verwest – bis auf die Augen, in denen noch die Spiegelbilder von Bong und Bomong zu erkennen waren. Die Menschen, die dachten, sie hätten die Göttinnen jetzt wieder, brachten die Augen an einen Fluß und wuschen sie fünf Tage und fünf Nächte. Dann schnitt ein Tischler sorgfältig die Bilder aus den Augen und erweckte die beiden Mädchen so zu neuem Leben.

Die Menschen taten, was sie konnten, um die auferstandenen jungen Göttinnen bei sich zu behalten. Aber Bomong legte ihre schönsten Juwelen an und rannte übermütig davon und zum Himmel hinauf. Ihre intensive Leuchtkraft ließ die Erde bersten und brodeln. Bong folgte ihr und schien wunderschön hell, aber nicht so unerträglich grell.

Die Hitze, die von Bomong ausging, setzte den Menschen derart zu, daß sie scharenweise in Ohnmacht fielen. Deshalb schickten sie einen Froschjäger los, der sie töten sollte. Er schoß zwei Pfeile auf sie ab, Bomong fiel tot vom Himmel und blieb irgendwo in der Wildnis so lange liegen, bis eine Ratte den Leichnam zu Bong zog, die sich beim Anblick ihrer toten Schwester vor Kummer mit einem großen Fels bedeckte.

In der Dunkelheit, die darauf folgte, bekamen alle Lebewesen Angst. Eine Ratte, ein Vogel und ein Hahn machten sich auf die Suche nach Bong, die ihnen erklärte, sie würde niemals zurückkehren, solange ihre Schwester nicht wieder zum Leben erweckt werde. Bei seinem Versuch, sie wiederzubeleben, machte ein Zimmermann sie kleiner als zuvor, so daß sie ein Mond werden konnte. Bong freute sich sehr über die Wiedergeburt ihrer Schwester und erhob sich am Himmel in all ihrer Herrlichkeit, und alle Tiere und Vögel begrüßten sie mit ihrem Gesang.

Bona Dea «Gute Göttin» war bei den Römern ursprünglich wohl der Beiname der die Tiere beschützenden Göttin Fauna oder eine falsche Übersetzung von → *Damia*. In der Blütezeit Roms verselbständigte Bona Dea sich jedoch zu einer Göttin der weiblichen Fruchtbarkeit und der Gynäkologie. Dementsprechend wurde sie nur von Frauen verehrt. Kein Mann durfte an den geheimen nächtlichen Riten, die Anfang Dezember abgehalten wurden, teilnehmen. Diese Feiern wurden von den Vestalinnen (→ *Vesta*) geleitet, aber nicht im Tempel der Göttin auf dem Aventin-Hügel abgehalten, sondern in dem mit Weinlaub dekorierten Haus einer hochstehenden römischen Matrone. Dabei soll es hoch hergegangen und der Wein in Strömen geflossen sein.

Als 62 v.Chr. dieses Frauenfest gerade im Hause Caesars stattfand, mischte sich der Patrizier (und spätere Volkstribun) Publius Clodius, als Frau verkleidet, unter die feministische Versammlung. Er wurde entdeckt und ganz offiziell wegen Religionsfrevels angeklagt. Der Prozeß erregte beträchtliches politisches Aufsehen. Zum Leidwesen neugieriger Zeitgenossen hielt der Eindringling die geheimen Riten, deren Zeuge er verbotenerweise geworden war, allerdings ebenso geheim wie die rechtmäßigen Anbeter von Bona Dea dies taten. Weil demnach der Schaden nicht besonders groß war, wurde Publius Clodius von den – natürlich durchweg männlichen – Richtern freigesprochen. Seine Frau aber ließ sich von ihm scheiden.

Branwen, Bronwen «Die Weißbrüstige» war die walisische Liebesgöttin, manchmal auch «Venus der Nordsee» genannt. Im *Mabinogion,* dem walisischen Sagenzyklus aus dem 13./14. Jahrhundert, wird erzählt, daß Branwen von ihren Brüdern mit einem irischen Stammeshäuptling verheiratet wurde, der, sobald er Branwen in sein Land gebracht hatte, sie schrecklich mißhandelte. Aus der elenden Küche, in der sie wie eine Sklavin gehalten wurde, schickte die Göttin eine dressierte Krähe – möglicherweise ihr Geist oder Schutzgeist, denn ihr Name wird manchmal mit «Weiße Krähe» übersetzt – über das Wasser, um ihre Brüder von ihrer mißlichen Lage zu unterrichten. Diese starteten denn auch einen großen Heereszug und bezahlten Branwens Befreiung mit zahlreichen Menschenleben.

Breksta Im alten Litauen regierten drei Göttinnen die vergehende Zeit: Austrine, die Morgendämmerung; Zleja, die Mitte des Tages; und Breksta, die Dunkelheit. Möglicherweise sind sie alle Ausprägungen der baltischen Sonnenmutter → *Saule*.

Briant → *Sequana*

Bridget → *Brigit*

Brigantia Im keltischen Irland war → *Brigit* eine der größten Göttinnen, und die keltischen Briten verehrten dieselbe Göttin unter dem Namen Brigantia. Als Ahnengöttin des Stammes, der ihren Namen trug, der Briganten, wurde sie besonders in Yorkshire verehrt. An sie erinnern die Namen der Flüsse Briant in Anglesey und Brent in Middlesex. Möglicherweise stellte man sie sich niemals in menschlicher Form vor, sondern verehrte sie als die Macht der rauschenden Flüsse und rollenden Hügel ihres Landes.

Brigit, Bridget Das wohl deutlichste Beispiel für den Fortbestand einer frühen Göttin bis in christliche Zeiten ist Brigit, die große dreifaltige Göttin der keltischen Iren, die in England als → *Brigantia* auftauchte, als Bride in Schottland und Brigandu im keltischen Frankreich. Die Verehrung dieser Göttin, einer Tochter des irischen Hauptgottes Dagda, war bei den Iren so tief verwurzelt, daß die Christen sie zusammen mit dem Volk «bekehrten». Sie nannten sie nun Bridget, erhoben sie zur Schutzpatronin der grünen Insel, verkörpert in der braven Tochter eines Druiden, von der es hieß, sie sei vom Patriarchen St. Patrick höchstpersönlich getauft worden. Diese Bridget legte das Ordensgelübde ab, gründete selbst mehrere Klöster und wurde nach ihrem Tod (523, im Alter von 70 Jahren) unter die Heiligen eingereiht, und zwar aufgrund bemerkenswerter Eigenschaften, die kaum rein zufällig mit jenen der frühen Göttin übereinstimmten.

Die christliche Bridget soll zum Beispiel die Befugnis besessen haben, die Bischöfe Irlands einzusetzen, eine ungewöhnliche Rolle für eine Äbtissin, noch seltsamer durch die von ihr erhobene Forderung, daß die Bischöfe alle ausübende Goldschmiede sein mußten; denn die alte Brigit war in einer ihrer drei Formen die Göttin der Schmiedekunst gewesen. Ebenso oblag ihr die Förderung der Inspiration und der für das irische Brauchtum so wichtigen Dichtkunst, und zu diesem Zweck trug sie stets einen Zauberkessel bei sich. Ihre dritte Funktion war die einer Göttin der Heilkunst. So war es kein Wunder, daß die christliche Bridget auch als Muse und als Heilerin angerufen wurde.

Das Symbol der dreifaltigen Brigit war das Feuer; denn ihr Name bedeutete «Leuchtender Pfeil» oder «Die Strahlende». Fast bis in die Neuzeit blieb der uralte Brigit-Kult an ihrem Heiligtum in Kildare erhalten, wo 19 Jungfrauen das nie verlöschende Feuer bewachten und wo am 20. Tag eines jeden Mondzyklus das Feuer wunderbarerweise von der Göttin selbst versorgt wurde. Noch im 18. Jahrhundert erklang dazu das Lied: «Brigit, du ausgezeichnete Frau, jähe Flamme, möge uns die helle, feurige Sonne zum ewigen Königreich bringen.» Dabei war Brigit bereits seit mehr als tausend Jahren keine Göttin mehr, sondern eine Heilige (ihr Festtag ist der 1. Februar), und ihre Gefolgschaft bildeten fromme Nonnen und nicht mehr heidnische Priesterinnen. Die Iren erzählen, daß Brigit den Menschen eine Reihe sehr nützlicher Fertigkeiten beibrachte, so etwa das Pfeifen, das sie «erfand», als sie eines Nachts ihre Freunde rufen wollte. Und als ihr geliebter Sohn getötet wurde, entwickelte Brigit das Keening, den Klagegesang der Frauen, die einen geliebten Menschen verloren haben. Diese Geschichte rückt sie in die Nähe der großen Muttergöttinnen des östlichen Mittelmeerraums, und so wie diese wurde Brigit mit der Erde selbst identifiziert und mit der Fruchtbarkeit des Bodens.

Es sind vorzeiten zweifellos viele Geschichten von dieser größten irisch-keltischen Göttin erzählt worden, doch nur wenige sind überliefert. Immerhin heißt es, daß ihr Bronzeschuh der heiligste Gegenstand war, den man sich vorstellen konnte, und ihre matriarchalische Position war dermaßen stark, daß es keinem Mann erlaubt war, die Hecke zu passieren, die ihr Heiligtum umgab.

Brimo «Die Starke», ein Name, der bei den Eleusinischen Mysterien für → *Demeter* benutzt, aber auch auf → *Hekate*, → *Persephone* und → *Rheia* angewandt wurde.

Britomartis Das frühe Kreta hatte eine hochentwickelte und reiche Kultur, die auf der Verehrung des weiblichen Prinzips der Natur beruhte, verkörpert in Göttinnen wie → *Ariadne* und → *Rheia*. Doch als die patriarchalischen Griechen die Insel einnahmen, wurden die kretischen Göttinnen zu Heroinen abgewertet und ihre Legenden jenen der griechischen Helden aufgepfropft. Die Vielschichtigkeit der Symbolik und der geistigen Bilder, die minoische und mykenische religiöse Einsichten ausdrückten, wurden teils neu interpretiert, teils falsch verstanden.

In manchen Fällen sind die bildliche Darstellung und der Name einer Göttin auch heute noch bekannt, aber nur wenige Legenden haben überlebt und können zur Erklärung ihrer ursprünglichen symbolischen und psychologischen Bedeutung herangezogen werden. So die Geschichte von Britomartis («Liebliches Mädchen»), von der einige Forscher glauben, daß sie die höchste Göttin des minoischen Kreta war. Wir wissen eigentlich nur, wie sie traditionell dargestellt wurde: eine junge, geschmeidige und starke Jägerin, oft mit Pfeilen bewaffnet.

Dieses Bild wurde von den Griechen auf die mit ihnen eindringende Göttin → *Artemis* übertragen, und es blieb 2000 Jahre lang deren traditionelle Darstellungsform. Britomartis hatte aber als Gefährten ein saugendes Baby und eine Schlange, zwei mächtige Symbole der Zeugungskraft, die niemals mit der griechischen Mond- und Jagdgöttin identifiziert wurden.

Das wenige, was wir von Britomartis' Mythos wissen, ist vage, aber vielsagend: König Minos von Kreta soll geplant haben, die jungfräuliche Göttin zu vergewaltigen. Er jagte sie neun Monate über die bewaldete Insel, doch sie entkam schließlich seinem Zugriff, indem sie sich von einer hohen Klippe ins Meer stürzte. Auf wunderbare Weise wurde sie gerettet, nämlich aus dem Wasser gezogen mit einem der Fischnetze, deren Erfindung sie selbst den Menschen zum Geschenk gemacht hatte.

Von nun an wurde die Göttin Dictynna («Die vom Netz Umgebene») genannt, vermelden einige Quellen. Andere behaupten, Britomartis sei die große kretische Göttin auf der Ostseite der Insel gewesen und Dictynna jene auf der Westseite. Aber die Geschichte, die sie vereinigt – Verfolgung durch den Mann von der Dauer einer Schwangerschaft, Sturz in den Tod und die Wiedergeburt aus dem Meer –, läßt vermuten, daß Britomartis-Dictynna in Kretas labyrinthischer Theologie die Integrität der weiblichen Seele symbolisierte und die Hoffnung der Frau auf Errettung und Wiedergeburt.

Bronach, Cailleach Cinn Boirne Diese Göttin ist eine Form der → *Cailleach*, die man im Westen Irlands kennt, vor allem im felsigen Burren-Gebiet, in der Nähe der berühmten Klippen von Moher. Bronachs Beiname Cailleach Cinn Boirne bedeutet «Hexe des schwarzen Kopfs» – und so heißt auch eine der Moher-Klippen.

Siehe auch → *Mal*.

Broxa Im jüdischen Volkstum ein Name für die «Nachtjägerin» → *Lilith* als Ziegenmelker, ein Vogel, von dem man glaubte, daß er nachts den Ziegen die Milch aussaugt.

Brünhild, Brunhilde Schon lange vor der Brünnhilde und dem Siegfried der mittelalterlichen Nibelungensage gab es in der nordgermanischen Mythologie Brünhild, die «Schildträgerin», und den Helden Sigurd Fafnirsbane. Gleich bei ihrer ersten Begegnung entbrannte er in heftiger Liebe zu ihr, doch die Krieger-Jungfrau war sich darüber im klaren, daß die → *Nornen* ihre Liebe mißbilligten, und weigerte sich, mit Sigurd zu schlafen. Aber sein inständiges Werben zermürbte schließlich ihre Entschlossenheit, und das Ergebnis ihrer Vereinigung war eine Tochter namens Aslaung.

Sigurd blieb jedoch nicht bei Brünhild. Er zog in das Gebiet südlich des Rheins, wo er die mächtige Zauberin Grimhild (Kriemhild) traf. Da sie wußte, welch ein großer Held noch aus ihm werden würde, wollte sie ihn als Gatten für ihre Tochter Gudrun. Sigurd lehnte ab, weil er Brünhild Treue gelobt hatte, aber die Magierin verabreichte ihm einen Zaubertrank, so daß er sein Versprechen vergaß und Gudrun heiratete.

Als nächstes kam es Grimhild in den Sinn, daß die von Sigurd verlassene Brünhild die geeignete Frau für ihren Sohn Gunnar (Gunther) sei, und sie sandte diesen sogleich aus, um die ihm Zugedachte kennenzulernen. Das war unmöglich: Sie lag in tranceähnlichem Schlaf, umgeben von einem Feuerring. (In manchen Versionen schlief sie auf einem Glasberg; andere erzählen die gleiche Geschichte von der Walküre → *Sigurdrifa*.) Gunnar vermochte sein Pferd nicht dazu zu bewegen, das Hindernis zu passieren. Er versuchte es mit Sigurds Zauberpferd, doch auch mit ihm gelang es ihm nicht, die Flammen zu durchreiten. Daraufhin tauschte Sigurd mit seinem Schwager Gunnar die Gestalt und durchbrach unverletzt das Feuer. Brünhild erwachte, und er schlief drei Nächte neben ihr, ohne jedoch Geschlechtsverkehr mit ihr zu haben. Dann heiratete er sie, während er immer noch in Gunnars Körper weilte.

Nach der Hochzeit nahm Sigurd wieder seine gewöhnliche Gestalt an, aber das Zusammensein mit der einst geliebten Brünhild hatte sein Gedächtnis wiederhergestellt, und von nun an war er an Gudruns Seite unglücklich. Als Gudrun die Ursache entdeckte, war sie über den vorübergehenden Rollentausch zwischen Gunnar und Sigurd sehr erbost. Voller Spott verriet sie Brünhild, daß sie eigentlich Sigurd in Gunnars Körper geheiratet habe. Brünhild empfand wegen dieser List tiefe Bitterkeit gegenüber ihrem früheren Geliebten und brach, nachdem Gunnar auf Gudruns Verlangen Sigurd getötet hatte, in hysterisches Gelächter aus. Doch dann erinnerte sie sich an das schicksalhafte Band der Liebe zwischen ihr und Sigurd, und sie gab sich selbst den Tod. Die sterblichen Hüllen der Liebenden wurden auf demselben Scheiterhaufen verbrannt.

Buan Diese irische Heldin verfügte über die Gabe, ihren Mann, Mes Gegra, noch nach seinem Tode zu verstehen. Als ihr sein abgeschlagenes Haupt gebracht wurde, befragte sie es darüber, wie er getötet worden sei, und ersah aus dem Erröten und Erbleichen des Fleisches die Antwort. Als sie begriff, daß er durch Verrat ermordet worden war, weinte sie sich zu Tode. Auf ihrem Grab wuchs als Beweis für die Größe ihrer Liebe der magische Haselstrauch Coll Buana.

Bubona → *Epona*

Budhi Pallien In Gestalt einer Tigerin streifte diese assamesische Waldgöttin durch den indischen Dschungel.

Buffalo Calf Maiden → *White Buffalo Woman*

Bugady Musun Bei den Ewenken, einem Volk Sibiriens, stellte man sich die Mutter aller Tiere als sehr alte, aber starke Frau vor. In ihrer Tiergestalt war sie eine riesige Elchkuh oder ein Rentier. Sie regierte alles Leben, von den Pflanzen der Taiga bis zu den Nahrungsvorräten der Dorfbewohner. Wegen ihrer Verbindung zum Essen war es angebracht, ihr Stücke von Fleisch und Fett zu opfern, die man ins Feuer warf und dabei betete: «Iß, bis du satt bist! Sei uns nicht böse, sondern schütze uns!»

Manchmal wurde ihr an heiligen Felsen, die versteinerten Elchen oder Rentieren glichen, gehuldigt.

Bugan Auf den Philippinen verehrte man sie einst – in entlegenen Gebieten noch heute – als die Mutter der Menschheit nach der Sintflut.

Buschfrauen Die Buschfrauen Mitteleuropas waren etwas größer als Zwerge, hatten goldene Haare, runzlige Haut und hängende Brüste. Sie lebten in Gruppen in alten, hohlen Bäumen und beschützten den Wald und jene Menschen, die ihre drei Gebote befolgten: Benütze niemals Kümmel beim Brotbacken (denn dann können die Geister diese Speise nicht mehr essen), schäle nie die Rinde von einem Baum (denn es verletzt ihn), und erzähle niemals deine Träume. Es war ihnen seltsamerweise auch lieber, wenn man Klöße nicht zählte, während sie noch siedeten.

Die Buschfrauen hatten eine Königin mit Namen Buschgroßmutter, eine uralte, weißhaarige → *Elfe* mit moosbewachsenen Füßen. Sie wurde ständig von einem bösen Geist verfolgt, einem wilden Jäger, der sie nur in Ruhe ließ, wenn sie auf einem umgestürzten Baum saß, der mit drei Kreuzen markiert war. Menschen, die durch den Wald gingen und ihre Hilfe suchten, brannten dieses Sicherheitszeichen in geeignete Bäume. Wenn die Buschfrauen zufriedengestellt waren, enthüllten sie die Geheimnisse der Pflanzen und des Heilens, tanzten auf den Feldern, damit die Pflanzen besser wuchsen, und gaben den Strickerinnen niemals endende Garnknäuel.

Butterfly Maiden Das «Schmetterlingsmädchen», ein regenbringender Ahnengeist (*kachina*), sorgt bei den Hopi-Indianern für

Butterfly Maiden

den Frühjahrsregen und die Blütenpracht, die er hervorruft.

Byblis Diese Enkelin des Apollon und Tochter von Miletos, dem Gründer der griechischen Stadt Milet an der kleinasiatischen Küste, verliebte sich in ihren Zwillingsbruder Kaunos. Doch der wies ihre Liebe zurück und floh vor ihrem ständigen Begehren. Darüber war sie so verzweifelt und beschämt, daß sie in einen unaufhörlich weinenden Brunnen verwandelt wurde.

Byul-Soon → *Hae-Soon*

C

Cacce-Jienne Bei den in Nordwestrußland lebenden Samen (oder Lappen) die «Mutter des Wassers».

Caer «Eibenbeere» war ein irisches Schwanenmädchen, das auf dem See von Dragon's Mouth lebte, wo es herumschwamm, geschmückt mit einem goldenen Halsband, an dem 130 Kettchen mit Goldkugeln hingen. Dort liebte sie der Gott der Dichtung, Aengus. Caer lockte ihn in den See, wo auch Aengus zu einem Schwan wurde. In dieser Gestalt flog das Paar davon nach Brugh na Boinne – der megalithischen Ritualstätte nördlich von Tara – und sang dort so lieblich, daß jeder, der sie hörte, drei Tage und drei Nächte lang süß träumend schlief.

Cailleach Wenn dieses Wort, das soviel wie «Scheues Glück» bedeutet, korrekt ausgesprochen wird, klingt es wie ein Räuspern. Diese Großgöttin der Britischen Inseln ist unter verschiedenen Namen bekannt. In Schottland heißt sie → *Carlin*, in Nordirland → *Cally Berry*, auf der Insel Man Cailleach ny Groamch. In England nennt man sie → *Black Annis* («Schwarze Agnes») und in der Republik Irland ist sie Cailleach oder einfach die Hexe von Beare, und man hält sie für unermeßlich alt. «Es gibt drei große Zeitalter», sagt man dort. «Das Zeitalter der Eibe, das Zeitalter des Adlers und das Zeitalter der Hexe von Beare.» Sie konnte ihre Jugend ewig erneuern. Alle Männer, die sie liebte – und sie liebte unzählige –, starben an Altersschwäche, während sie nach jedem Abenteuer die Blüte ihrer Jugendzeit zurückgewann und sich einen neuen hübschen jungen Mann suchte.

Sie hatte ein Auge inmitten eines blauschwarzen Gesichts, ein Auge von übermenschlicher Leidenschaftlichkeit. Sie hatte rote Zähne und verfilzte Haare, «weiß wie eine von Rauhreif bedeckte Schürze». Sie trug ein Kopftuch und über ihrem grauen Kleid ein verblichenes Plaid. Sie besaß eine Farm und nahm Landarbeiter für sechs Monate in Dienst mit der Auflage, daß keiner bezahlt werden würde, der nicht besser arbeite als sie. Wenn sie sich dieses verhutzelte alte Wesen anschauten, fielen viele Männer auf die beabsichtigte Täuschung herein und starben an Entkräftung, weil sie versuchten, mit dem Arbeitstempo der Hexe Schritt zu halten. Sie war so stark, daß sie Felsbrocken in ihrer Schürze trug, und ließ sie welche fallen, wurden daraus Gebirgszüge.
Sie dirigierte die Jahreszeiten und das Wetter, sie war die kosmische Göttin von Erde und Himmel, Mond und Sonne. Da sie nicht in den geschriebenen Mythen Irlands und Schottlands auftaucht, sondern nur in uralten Erzählungen und Ortsnamen, wird vermutet, daß sie die Göttin der vorkeltischen Siedler auf den Inseln war. Doch sie war so mächtig und so populär, daß man sich selbst dann noch an Cailleach erinnerte, als die Neuankömmlinge vom Kontinent Gottheiten wie → *Brigit* mitbrachten.

Cally Berry Dies war der Name für einen uralten weiblichen Wassergeist, der im schottischen Hochland Cailleach Bheur, in Irland Cailleach Bhera genannt wurde und Seen und Teiche unter ihrer Obhut hatte. Sie dirigierte aber auch das Wetter: Um in Schottland Stürme vorherzusagen, erschien sie als Kranich, der ein Stöckchen in seinem Schnabel hatte. In

Irland war sie die Erbauerin der Berge, die eine Schürze voller Steine trug, bis die Bänder rissen und die Felsen in gigantischen Haufen herunterfielen.

Einige Forscher glauben, daß die Cailleach Bheur des Hochlands in ihrer Funktion als Wetter- und Winterhexe dieselbe Göttin war, die in anderen Gebieten → *Black Annis* («Schwarze Agnes») hieß. Die britische Volkskundlerin Katherine Briggs sieht in ihr eine Gestalt vom Typ der → *Artemis*, die die kleineren Tiere vor Raubtieren und Jägern schützte. Sie hatte darüber hinaus vielleicht noch eine andere Form, die eher einer Göttin des Frühlings entsprach, denn nach einigen Überlieferungen konnte sich die alte Cally Berry in ein junges Mädchen verwandeln.

Siehe auch → *Cailleach*.

Camenen, Camenae Im antiken Italien wohnten diese Göttinnen in Quellen und Flüssen. Ihr berühmtester Aufenthaltsort war die heilige Quelle an der Porta Capena, vor den Toren Roms. Ihr Name bedeutet «Hellseher», denn wie viele andere weibliche Wassergeister verfügten sie über die Gabe der Prophetie. Als die römischen Gottheiten denen der Griechen gleichgesetzt wurden, gliederte man die Camenen den → *Musen* an. Ihr Fest, die Fontinalia, wurde am 13. Oktober gefeiert, wobei man Blumenkränze in Brunnen warf. Das sollte Glück in allen Lebenslagen bringen.

Camilla Die legendäre Heldin des antiken Italien mußte schon als Baby ein gefährliches Abenteuer bestehen: Als ihr Vater, der Volskerkönig Metabus, auf der Flucht vor seinen Feinden an einen Fluß kam, wußte er nicht, wie er samt Rüstung, Waffen und seiner kleinen Tochter auf die andere Seite gelangen konnte. Da kam ihm eine rettende Idee: Er band das Wickelkind an seinen Speer und schleuderte ihn mit aller Kraft über das Wasser an das gegenüberliegende Ufer. Dann schwamm er hinterher und schloß drüben das Kind, das er zuvor dem Schutz der → *Diana* anvertraut hatte, wohlbehalten in seine Arme.

Selbst Königin ihres Volkes geworden, führte Camilla ihre Armee gegen den Trojaner Aeneas und sein Heer. Zu Fuß und mit bloßer Brust kämpfte sie an der Spitze ihrer Truppen, wurde jedoch von einem Speer des trojanischen Führers getötet.

Einige Forscher sehen in Camilla die Nachfolgerin einer sehr frühen territorialen Göttin, deren Name «Die Feurige» bedeutete.

Candace → *Bilkis*

Candelifera Römische Göttin, die bei der Geburt half.

Canola Die Erfinderin der irischen Harfe gilt als eine der ältesten Gottheiten Irlands. Die Legende erzählt, daß sie eines Tages einen Streit mit einem Geliebten hatte und sein Bett verließ, um durch die Nacht zu streifen. Als sie wunderschöne Musik vernahm, setzte sie sich nieder, und bald schlief sie ein. Als sie bei Tagesanbruch verwundert im Freien erwachte, entdeckte Canola, daß die wundersame nächtliche Musik der Wind gespielt hatte: auf den zu harten Strängen gewordenen Sehnen eines Walskeletts. Von diesem Anblick angeregt und in Erinnerung an die magischen Klänge, denen sie gelauscht hatte, baute sie die erste Harfe.

Caolainn Als eine jugendliche Form der → *Cailleach* war sie die Herrscherin über einen Heilbrunnen in der irischen Grafschaft Roscommon. Es heißt, ein Mann habe die wundervollen Augen dieses Mädchens bewundert, woraufhin sie sich die Augen ausstach und ihm zuwarf. Dann ertastete sie sich den Weg zu einem heiligen Ort, wo sie Binsen aus dem Boden zog. An den Stellen, an denen die Pflanzen herausgerissen waren, sprudelte Wasser hervor. Als Caolainn sich die blutigen Augenhöhlen mit den Binsen abwischte, wuchsen ihr neue Augen.

Die gleiche Geschichte wird von drei in der Nähe gelegenen Brunnen erzählt, die aber → *Brigit* gewidmet sind.

Siehe auch → *Cally Berry*, → *Carlin*.

Cardea In der römischen Religion gab es viele heute kaum noch dem Namen nach bekannte Göttinnen, die den geistigen Wert bestimmter Handlungen, gewisser Lebensphasen oder spezieller Haushaltsgegenstände personifizierten. Zu ihnen gehörte Cardea, die ihren Platz in den Türangeln hatte und von dort aus das Kommen und Gehen im Haus überwachte.

Carlin «Alte Frau» bedeutet der Name dieses schottischen Geistes des Hallomas-Abends, den man heute Halloween nennt. In der Nacht vor dem christlichen Allerheiligenfest (1. November) durchstreiften angeblich die Geister der Toten die Welt der Lebenden, um den Beginn des Winters anzukündigen. Bis in die Neuzeit wurde Carlins Bildnis – eine aus der letzten geernteten Korngarbe gefertigte Puppe – aufgestellt, um die Bauern und ihre Familien vor übernatürlichen Besuchern zu schützen.

Carman Diese Hexe, ausgestattet mit ungeheuren zerstörerischen Kräften, war die irische Göttin der schwarzen Magie und konnte durch ihre Zauberflüche wirklich alles vernichten. Sie hatte drei rabiate Söhne mit entsprechend bedrohlich klingenden Namen: Dub («Finsternis»), Dother («Bosheit») und Dian («Gewalttätigkeit»). Da sie keine Zauberkraft besaßen wie ihre Mutter, wüteten sie zerstörerisch mit ihren bloßen Händen.
Die bösartige Carman kam nach Irland, so heißt es in den Sagen, um die Felder zu verwüsten und das Korn zu verderben. Aber die Tuatha De Danann, jene Gottheiten, die von der Göttin → *Danu* regiert wurden, kämpften gegen Carman mit ihren mächtigsten Waffen. Erst sandten sie einen Dichter, der Carman Einhalt gebieten sollte; er versagte. Als zweites schickten sie einen Satiriker; auch er hatte keinen Erfolg. Erst die Zauberin Bechuille schaffte es, Carmans Zauberflüche aufzuheben. Die Söhne der Göttin wurden getötet und Carman in Ketten gelegt, wo sie vor Kummer ebenfalls starb. Von nun an hielt man an ihrem Sterbeort alljährlich ein Gedenkfest ab, um das fortdauernde Wachstum der Feldfrüchte sicherzustellen. Das läßt vermuten, daß Carman als eine Göttin der Unfruchtbarkeit angesehen wurde, die mit Zauberkräften besänftigt werden mußte.

Carmenta Ursprünglich scheint es nur eine Carmenta (oder Carmentis) gegeben zu haben, eine römische Göttin der Weissagung und Geburtshilfe. Ihr wurde an jedem 11. und 15. Januar mit magischen Zeremonien gehuldigt, die von ihren Priesterinnen, den Flamines, durchgeführt wurden. Später soll es viele Carmentes gegeben haben. Sie scheinen den Frauen bei der Geburt beigestanden und die Zukunft des Neugeborenen vorausgesagt zu haben.

Carna An jedem 1. Juni erbaten die Römer Carnas Beistand, indem sie ihr eine Suppe aus Bohnen und Speck anboten, damit sie ihnen half, gesund zu bleiben. Zwar wird sie manchmal nur als Göttin der Nahrungsaufnahme bezeichnet, doch Carna war mehr – sie war in Wirklichkeit eine Symbolgestalt der fleischlichen Existenz des Menschen, eine Verkörperung des physischen Prozesses des Lebens und Überlebens.

Carravogue In Ostirland, in der Grafschaft Meath, wurde bis zum Anfang dieses Jahrhunderts die Mythe einer Frau dieses Namens erzählt, die, weil sie auf dem Weg zur Kirche Beeren aß, zu einem Schlangenungeheuer wurde. Man rief St. Patrick, der die Unglückliche mit Weihwasser besprengte, worauf sie in mehrere Seen zerfloß, aus denen sie sich eines Tages wieder erheben wird. Diese Geschichte kann auf verschiedene Weise interpretiert werden: Vielleicht stellt sie metaphorisch die Verachtung des Christentums gegenüber dem ursprünglichen Glauben auf der Insel dar und einen Versuch, diesen zu zerstören. Doch möglicherweise trat St. Patrick hier nur an die Stelle eines früheren keltischen Helden, der die Hexe des Winters vertrieb, damit der Frühling auf der Erde Einzug halten konnte.

Cartimandua Eine legendäre britische Kriegerkönigin, die Krieg gegen das Römische Reich führte. Sie war die Anführerin der Briganten, der Abkömmlinge der Göttin → *Brigantia*.

Cathubodia → *Banba*

Cavillaca Die Einwohner von Huarochiri in Peru erzählen, daß der Mondgott sein Sperma zu einer Frucht rollte, die diese wunderschöne jungfräuliche Göttin aß. Sie wurde schwanger und gebar einen Sohn. Am ersten Geburtstag ihres Sohnes versammelte Cavillaca alle Götter und wollte wissen, wer der Vater des Knaben sei. Keiner wollte es zugeben, und so setzte sie das Kind auf den Boden, und es kroch zum Mondgott Coniraya. Voller Scham – denn der Mondgott war ein armer und ungepflegter Gott – rannte Cavillaca mit ihrem Kind aus der Versammlung weg. Sie floh zur Küste von Peru, wo sie sich selbst und ihr Kind in Felsen verwandelte. Coniraya, der ihr gefolgt war, suchte sie überall, fand sie jedoch zu spät, um die Verwandlung der Göttin noch zu verhindern.

Ceasg Eine See- und Meerjungfrau des schottischen Hochlands, die je zur Hälfte die Gestalt eines Mädchens und die eines Lachses gehabt haben soll. Sie ging gern Liebesbeziehungen mit menschlichen Männern ein, aus denen oft Schiffskapitäne hervorgingen.

Ceibhfhionn Ihr Name, der ziemlich unaussprechlich aussieht, klang ähnlich wie «Yvonne». In der irischen Überlieferung war sie die Göttin der Inspiration, die beim Brunnen des Wissens stand und ständig ein Gefäß mit seinem Wasser füllte und es wieder ausgoß, ohne die wissensdurstigen Menschen davon trinken zu lassen.

Ceiuci Entlang dem Amazonas wird die Sage erzählt, daß Ceiuci («Verhungerte alte Frau»), eine der → *Plejaden*, die auf die Erde herabgekommen waren, eines Tages beim Fischen nicht viel Glück hatte. Ein Schatten fiel über ihren Teich, der eines jungen Mannes. Ceiuci befahl ihm, in den Weiher zu tauchen. Der Jüngling weigerte sich lachend, und die Göttin hetzte einen Schwarm beißender roter Ameisen auf ihn. Da gehorchte er ihr schnell.
Sobald er im Wasser war, schnappte sie ihn mit ihrer Angelschnur und tat ihn in ihren Fischkorb. Zu Hause, während die Göttin Holz sammelte, um ihren Fang zu kochen, versteckte ihn Ceiucis Tochter. Als die Mutter ihre Beute zurückforderte, rannten das Mädchen und der junge Mann davon und ließen dabei Palmzweige hinter sich fallen. Diese wurden in Tiere verwandelt, die ersten auf der Welt, aber Ceiuci ließ sich nicht aufhalten, um diese zu kosten. Selbst als alle Tierarten erschaffen waren, verfolgte Ceiuci die Fliehenden noch. Schließlich unterbrach das Mädchen seine Flucht, aber der junge Mann rannte immer weiter und erlebte viele Abenteuer, bis er sich, alt und weißhaarig, zu Hause bei seiner eigenen Mutter wiederfand, die ihm endgültigen Schutz vor Ceiuci bot.

Ceres «Stimmt euch günstig die Mütter des Ackerbaus, → *Tellus Mater* und Ceres», forderte der römische Dichter seine Landsleute auf, «denn die eine stellt das Ackerland zur Verfügung, die andere sorgt für seine Fruchtbarkeit.» Auf diese Weise wurden die beiden großen Erdgöttinnen also unterschieden: Tellus Mater war die Erde selbst, der Mutterboden; Ceres spendete ihm die Kraft, Nahrung hervorzubringen.
Bevor Ceres als römische Version der großen griechischen Göttin → *Demeter* angesehen wurde, hatte sie zweifellos eine eigene Identität. Ihre ursprüngliche Bedeutung erschließt sich einmal aus ihrem Namen, der aus derselben Wurzel stammt wie unser Wort «kreieren», und aus der Untersuchung ihres Rituals. An jedem 19. April wurde sie mit den Cerealia gefeiert, bei denen im Circus von Rom Füchse freigelassen wurden, an deren Schwänze man brennende Stöcke gebunden hatte. In Panik rannten sie hin und her, während das Publikum sie anfeuerte. Dieser grausame Brauch hat zu vielen Spekulationen geführt. Am wahrscheinlichsten ist wohl, daß das Ritual die wachsenden Feldfrüchte vor Krankheit und Tierschäden schützen sollte.
Aber die Göttin des Ackerbaus trug ebenso die Verantwortung für das unvermeidliche Ende des Wachsens und Gedeihens. Und so war Ceres als Göttin des Erntemonats August, in dem die Frauen geheime Rituale ihr zu Ehren abhielten, auch eine Todesgottheit, wenngleich eine schöpferische: Denn erst durch den Tod der Pflanzen machte sie diese eßbar und verdaulich; und nach dem Tod eines Menschen brachte ihn Ceres als Begräbnisgöttin zu Tellus Mater, der Mutter Erde, zurück.

Cerridwen In Wales heißt es, sie lebe auf einer Insel inmitten des Sees Tegid mit ihren beiden Kindern – der wunderschönen Creidwy und dem häßlichsten Knaben der Welt, Afagdu. Als Ausgleich dafür, daß sie ihm einen solchen Körper gegeben hatte, braute die Göttin einen magischen Trank, der ihren Sohn zum hervorragendsten und begabtesten Mann machen sollte. Ein Jahr und einen Tag lang ließ sie die Kräuter in ihrem Kessel sieden; ein kleiner Junge namens Gwion sollte ihn bewachen.

Eines Tages, als die Göttin auf der Suche nach weiteren Kräutern für ihren Trank war, spritzten einige Tropfen der brodelnden Flüssigkeit auf Gwions Finger. Mit schmerzverzerrtem Gesicht steckte er seine Hand sofort in den Mund. Wunderbarerweise war er jetzt fähig, alles auf der Welt zu hören und sämtliche Geheimnisse der Vergangenheit wie auch der Zukunft zu verstehen.

Sein Blick in die Zukunft zeigte ihm, wie wütend Cerridwen sein würde, wenn sie herausfand, daß ein einfacher Sterblicher die Erleuchtung erlangt hatte, die ihrem Sohn zugedacht war. Also rannte er fort. Die alleswissende Cerridwen merkte, was geschehen war, und verfolgte ihn. Gwion verwandelte sich in einen Hasen, Cerridwen setzte ihm als Windhund nach. War sie ihm dicht auf den Fersen, verwandelte er sich flugs von neuem. Und so liefen sie weiter: er als Fisch, sie als Otter; er als Vogel, sie als Falke; er als Weizenkorn im Wind, sie als Henne. Doch da hatte er einen Fehler gemacht. Denn die Henne holte das Korn bei Windstille ein, verschlang es und trug es, wieder in ihrer ursprünglichen Gestalt, neun Monate lang aus. Nachdem das Kind geboren war, warf sie es ins Wasser, wo es von einem Prinzen aufgefangen wurde und sich mit der Zeit zu dem Dichter Taliesin entwickelte, dem größten walisischen Barden, der um das Jahr 500 gelebt haben soll.

Auf diese Weise drückten die Bewohner von Wales ihre Vorstellung aus, daß Tod und Wiedergeburt notwendig waren, um wahre Inspiration in diese Welt zu bringen – und zeigten zugleich die Göttin der Inspiration in einer etwas schrecklicheren Form, als sie in anderen Kulturen erscheint.

Cessair, Kesara Nachdem die Christen in Irland aufgetaucht waren, wurden die uralten Legenden der Insel geändert, um Elemente der neuen Lehre und ihrer Tradition aufzunehmen. Auf diese Weise entstanden einige recht seltsame Mischungen aus heimischen und importierten Mythen wie beispielsweise jene, in der Cessair erscheint.

Sie war offensichtlich eine frühe irische Erdgöttin, wurde nun jedoch als «Enkelin Noahs» bezeichnet und mit einem Mann verheiratet, der «aus dem Blute des Seth stammte». Mit dieser semitisch-ägyptischen Herkunft war es keine leichte Aufgabe, sie für ihr weiteres Leben nach Irland gelangen zu lassen. Aber die Chronisten unter den Mönchen, deren Aufgabe es war, die grüne Insel zu missionieren, wußten Rat: Sie ließen Cessair nach überstandener Sintflut zusammen mit drei Männern und fünfzig Frauen in drei Schiffen mutig die Wasser der zurückweichenden Fluten von Palästina bis Irland durchpflügen.

Irland war die Flut erspart geblieben – eines der vielen Wunder in seiner mythenreichen Frühgeschichte. Cessairs Schiff erreichte nach vierzig Tagen als einziges von den dreien die irische Küste. Gerade, als sie bei Corca Guiny an Land gehen wollte, kam ein Sturm auf, der auch das letzte Schiff in die Tiefe riß. Cessair ertrank und mit ihr nicht nur ihre Töchter Birrin und Blama, sondern beinahe alle, die auf dem Schiff waren. Im Untergehen soll Cessair heftige Flüche gegen Gott ausgestoßen haben – aber nicht gegen den Christengott, sondern gegen Jahwe, den einen Gott der Hebräer.

Cethlion, Kethlenda «Schiefe Zähne» war eine Göttin des alten Irland, die als Königin des Meeresvolkes, das Fomoren genannt wurde, ihnen den Untergang prophezeite durch die eindringenden Tuatha De Danann, die Kinder der Göttin → *Danu*.

Chalchiuhtlicue Für die Azteken war die Welt, in der sie lebten, bereits die fünfte. Die vierte wurde durch eine große Flut zerstört, die von der Göttin Chalchiuhtlicue gesandt wurde, um die Menschheit für ihre Schlechtigkeit zu bestrafen. Aber bevor sie das tat, errichtete die Göttin eine vielfarbige Brücke in die fünfte Welt, die Welt für die Rechtschaffenen – eine Brücke, die immer wieder mal zu sehen ist als Regenbogen.

«Die von Jade Umhüllte» regierte alle Wasser: die fließenden Ströme der Erde, den Regen und das Wasser, das man zum Trinken und zum Reinigen brauchte. Als gemaltes Bild oder als Skulptur war die Göttin geschmückt mit einem Jadehalsband, Ohrringen aus Türkisen, einer Krone aus schillernden blauen Federn und einem Rock, der mit Wasserlilien gesäumt war.

Chandi Im alten Indien war der Mond eine männliche Gottheit namens Chandra. Die grimmige Göttin → *Durga* hatte jedoch einen ähnlichen Zweitnamen: Chandi («Die Wütende»). Im Laufe der Jahrhunderte ließ die Namensähnlichkeit die Idee auftauchen, daß der Mond eine Göttin sei. Da dies in deutlichem Widerspruch zu früheren Mythen stand, entwickelte sich eine andere Vorstellung: daß der Mond in dem einen Monat ein Gott und im nächsten eine Göttin sei.

Changing Woman Die Apachen nannten die Erdgöttin bei diesem Namen, weil sie nicht älter wurde. Begann sich ihr Alter zu zeigen, ging sie einfach nach Osten, bis sie ihre Gestalt sich selbst entgegengehen sah. Sie schritt immer weiter, bis sich ihr junges Selbst mit ihrem alternden Selbst vereinte. Erneuert kehrte «Die sich wandelnde Frau» dann nach Hause zurück. Bei den Chiricahua-Apachen war der Name dieser ewigen Göttin Painted Woman («Bemalte Frau»).

Chang-O → *Heng-O*

Charila Einst litt die Stadt Delphi unter einer furchtbaren Dürre. Viele Menschen verhungerten, da die Ernte auf dem Feld verbrannte, und der König machte sich große Sorgen um sein Reich. Auf dem Höhepunkt der Katastrophe kam ein kleines Mädchen zum König und bat ihn um etwas zu essen. Verärgert schlug der König Charila ins Gesicht, worauf sie sich vor Scham erhängte. Später tadelte ein Orakel den König, daß er nicht freundlicher zu der Bittstellerin gewesen sei. Deshalb müsse Delphi von nun an dem Geist Charilas alle neun Jahre Sühneopfer darbringen.

Charis, Chariten → *Grazien*

Chalchiuhtlicue

Charybdis Dieses Ungeheuer, Tochter des Meeres und der Erde, lebte ursprünglich an Land. Eines Tages warf Zeus sie ins Meer, das sie wieder ausspie, aber von nun an alle acht Stunden wieder verschlucken und ausspucken mußte. Charybdis war die Verkörperung der schrecklichen, unberechenbaren Strudel des Meeres, später lokalisiert als der gefährliche Malstrom in der Straße von Messina, also der Meerenge zwischen Italien und Sizilien, genau gegenüber dem Schiffe verschlingenden Felsen → *Scylla*.

Cheira, Chera → *Hera*

Chelone Die Griechen sagen, daß diese → *Nymphe* sich über die Ehe von Zeus und → *Hera* lustig machte und zur Strafe in eine stumme Schildkröte (*Chelonia*) verwandelt wurde. Aber diese Ehe, so argumentieren die Mythenforscher, sei in der Tat eine dubiose, weil erzwungene Verbindung gewesen, mit dem Ziel, die einheimische vorhellenische Göttinnen-Religion in den patriarchalisch geprägten Pantheon der indogermanischen

Cherubim

Stämme zu integrieren. Diese Geschichte mag daher vielleicht eine nur spärlich verhüllte Drohung an all jene gewesen sein, die gegen den religiösen und damit auch gesellschaftlichen Wandel waren. Möglicherweise soll sie auch an die Priesterinnen erinnern, die während dieser Zeit der gesellschaftlichen Umwälzung im wörtlichsten Sinne «zum Schweigen» gebracht wurden.

Cherubim Diese kosmischen Wesen «voller Augen vorn und hinten», die im Alten Testament den Thron Gottes und den Eingang ins Paradies bewachen, werden mal als halb menschen- und halb tiergestaltige Erscheinungen, mal als Engel mit Flügeln beschrieben.
Aus seiner Untersuchung der Legenden über den Cherub bzw. die Cherubim schloß der jüdische Gelehrte Raphael Patai, daß es zwei solcher Wesen gegeben habe: ein männliches und ein weibliches. Ein Bildnis dieses Paares, in ewigem Liebesakt umschlungen, war das Geheimnis, das das Allerheiligste im jüdischen Tempel bewahrte. Patai argumentiert, daß die sich paarenden Cherubime ursprünglich eine vereinigende und umgestaltende Kraft symbolisierten, daß aber die späteren Hebräer die Bedeutung des Symbols nicht mehr verstanden. Da es ihnen nicht gelang, die Cherubime in ihre sich weiterentwickelnde Theologie zu integrieren, unterdrückten sie Beschreibungen des heiligsten Bezirks des Tempels.

Chia → *Huitaca*

Chicomecoatl Diese Maisgöttin der Azteken hatte so viele Formen wie das wachsende Korn: Sie war ein Mädchen, geschmückt mit Wasserblüten; eine junge Frau, deren Umarmung den Tod brachte; eine Mutter, die die Sonne als Schild trug. Als eine der verbreitetsten Gottheiten des alten Mexiko trägt sie in den Darstellungen einen viereckigen Kopfputz und einen magischen Maiskolben mit der Aufschrift «Versöhnende Stärke».
Es ist möglich, daß Chicomecoatl bereits von den Bewohnern Zentralmexikos verehrt wurde, die den Azteken vorausgingen, und daß ihre Riten in dieser Zeit weniger blutig waren als die Aztekenopfer junger Mädchen im Namen Chicomecoatls.

Chimaira → *Schimäre*

Chih-nu → *Zhi Nu*

Chione Die griechische Mythologie kennt zwei Trägerinnen dieses Namens, und beide hatten ein ähnliches Schicksal:
Die eine Chione war die Tochter von Boreas, dem König der Winde, und der → *Oreithyia*. Vom Meeresgott Poseidon vergewaltigt, bekam sie einen Sohn, warf ihn aber, um die Schande zu verbergen, in den Ozean. Poseidon aber rettete den kleinen Eumolpos, der später ein Anführer der Eleusinier wurde.
Der anderen Chione, einer Prinzessin von Trachis, geschah noch Schlimmeres: Sie wurde in ein und derselben Nacht von zwei Göttern heimgesucht und vergewaltigt: Von Hermes stammte ihr Sohn Autolykos, aus dem ein berüchtigter Betrüger wurde, aber auch der Großvater von Odysseus; dem Apollon gebar sie den Sänger Philammon. Chiones Reaktion auf den doppelten unerwünschten Besuch war verständlich, jedoch verhängnisvoll: Von zwei Göttern auf einmal «beehrt», hielt sie sich für schöner als → *Artemis* und wurde für diese Anmaßung von der Göttin mit einem Pfeil getötet.

Chloe → *Demeter*

Chloris → *Niobe*

Chokma → *Hokkma*

Chuang-mu → *Zhuang Mu*

Chuginadak Eine der wichtigsten Vulkangöttinnen der Welt, die auftaucht in den Mythen der am äußersten Nordrand des pazifischen Vulkangrabens gelegenen Aleuten-Inseln. Es heißt, daß der Berg, der heute Mount Cleveland genannt wird, einst eine stolze, zauberkundige Frau war, die sich weigerte, einen der Männer ihres Dorfes zu heiraten. Sie hatte einen anderen Lebensgefährten im Sinn: einen Meisterschützen auf der Finkenjagd. Und sie machte sich auf, um den Lebensgefährten ihrer Wahl zu suchen.
Wie sie so ging, zauberte Chuginadak und schritt so über unüberwindliche Wasser von Insel zu Insel der windigen Kette der Aleuten.

Schließlich erreichte sie ein Dorf, in dem gerade ein Tanzfest abgehalten wurde, und dort sah sie den Mann, den sie haben wollte. Sie sprach ihn an, er war schnell für die schöne Fremde entflammt; sie umarmten einander und fielen im Liebesrausch zu Boden.

Als Chuginadak sich wieder erhob, lag der Mann tot unter ihr. Entsetzt zog sie sich in eine Höhle zurück, um ihren Verlust zu betrauern. Kurz darauf fand der Vater des Mannes – der Häuptling dieses Dorfes – seinen toten Sohn. Er war wütend, fand mit Hilfe einiger alter Frauen heraus, wer seinen Sohn getötet hatte, und schickte eine Schar von Kriegern und Zaubergeistern aus, um Chuginadak aufzuspüren. Doch sie wurde nicht gefunden.

Nach einigen Tagen überzeugte ein Fuchsgeist die Trauernde, in das Dorf zurückzukehren und das Geschehene zu erklären. Als sie das tat, erkannte der Häuptling, daß sie seinen Sohn wirklich geliebt hatte. Er schickte alle aus dem Haus, bis auf Chuginadak. Dann tanzte und sang er so lange, bis sich der Körper seines Sohnes erhob und erneut seine Geliebte umarmte. Bald darauf übertrug der alte Häuptling seine Führerschaft auf den wieder lebendig gewordenen Sohn und vermählte ihn mit Chuginadak.

Chunwang → *Sungmo*

Chup-Kamui Das Volk der Ainu im Norden Japans verehrte als höchste Gottheit die Chup-Kamui genannte Sonne und begrüßten sie jeden Morgen, als sei sie eine lebendige Frau. Sie vermieden es sorgsam, auf Sonnenstrahlen zu treten, die von den Fenstern zum Herd flossen, denn dies war der Gruß der Sonne an die Herdgöttin → *Kamui-Fuji*.

Ursprünglich war Chup-Kamui der Mond gewesen, aber nachdem sie eine Nacht lang von dort oben unerlaubte Rendezvous beobachtet hatte, bat das sittsame Mädchen den männlichen Mond, ob er nicht mit ihr den Platz tauschen könne. Von nun an erhob sie sich morgens unversehrt aus dem Mund eines finsteren Dämons, der die ganze Nacht versucht hatte, sie zu fressen. Ein zauberkundiger Helfer stieß Kühe und Füchse in das Maul des Teufels, damit Chup-Kamui entfliehen konnte. Daher waren diese Tiere den Ainu heilig.

Während einer Sonnenfinsternis riefen die Ainu *chup rai* («Die Sonne stirbt») oder *chup chikai anu* («Die Sonne wird ohnmächtig»). Dann tauchten sie Weidenzweige in Wasser und schleuderten die Tropfen in die Höhe, während sie *kamui-atem-ka* («O Göttin, wir beleben dich aufs neue!») riefen. Sobald die Sonnenfinsternis vorbei war, tranken sie sich mit Sake in einen rührseligen Gemütszustand und erzählten dabei Geschichten davon, wie sie einst einer Welt ohne die leuchtende Sonnengöttin entkommen waren.

Churalin Die Hindus sagen, daß eine Frau, die im Kindbett stirbt, ihre Seele verliert, die nun in das mächtige Gefäß enttäuschter Mutterschaft eingeht, das Churalin genannt wird, und genauso heißt bei ihnen ein Monster, das das Land durchstreift und nach hübschen Kindern Ausschau hält, die es töten kann.
Siehe auch → *Kishimogin*, → *Lilith*.

Cihuacoatl Diese mexikanische Erd- und Muttergöttin, deren Name «Weibliche Schlange» bedeutet, war speziell für die Beschwernisse und Prüfungen des Lebens zuständig. Es hieß, sie habe die Arbeit erfunden und sie könne den Weltuntergang voraussehen. Geschmückt mit Juwelen, das Gesicht bemalt, wanderte sie durch die Welt und klagte verzweifelt über bevorstehende Katastrophen.

Cihuateteo, Cihuapipiltin Die Mexikaner der Frühzeit bezeichneten so die Geister von Frauen, die im Kindbett gestorben waren.

Siehe auch → *Churalin*, → *Kishimogin*.

Cinxia → *Juno*

Cipactli Bevor die Erde erschaffen wurde, gab es – wie es in den mündlichen Überlieferungen der Nahua-Indianer Mexikos heißt – drei männliche Götter und die Göttin Cipactli in Gestalt eines ungeheuren Alligators, der durch die Wasser des uranfänglichen Chaos schwamm. Alles mögliche Leben war in ihr enthalten, konnte aber nicht befreit werden, bis – wie → *Tiamat* jenseits der Meere im östlichen Mittelmeerraum – Cipactli ihren eigenen Körper opferte.

Zwei Schlangengötter zerrissen die Göttin. Ihr Unterleib fiel durch das Chaos und formte die Erde, während ihr Oberkörper sich erhob, um die Himmel zu bilden. Ihre schuppige Hülle wurde zu den Bergen. Ihre Augen und ihr Maul verwandelten sich in Höhlen. Manchmal, so sagen die Nahua, konnte man sie nachts schluchzen hören, daß sie sich wünsche, das Leben würde wieder sterben und in sie zurückkehren – eine symbolische Darstellung der Erkenntnis des Todes, aus der die Azteken später schlossen, sie müßten lebende Körper zerreißen, um mit ihnen die hungrige Göttin zu speisen.

Eine andere Legende, in der sie Tlaltecuhtli genannt wird, erzählt, daß diese uranfängliche Göttin die herrlichste Kreatur im Universum war, eine wunderschöne Frau mit Augen und Zähnen an jedem Gelenk, so daß sie überall hinschauen und sich in alle Richtungen verteidigen konnte. Dennoch vermochte sie offenbar nicht zu verhindern, daß zwei Götter sie entzweirissen, woraufhin ihr Haar zu Bäumen, Blumen und Gras wuchs, ihre Augen zu Flüssen wurden und ihre Schultern zu Bergen.

Circe, Kirke Die Tochter des Sonnengottes Helios und der → *Perse* war eine berühmte Zauberin, die die Herrschaft über Kolchis am Schwarzen Meer erlangt haben soll, indem sie dessen Fürsten heiratete. Dann tötete sie ihn, um allein regieren zu können. Als Circes Untertanen dieses Verbrechen entdeckten, erhoben sie sich gegen sie. Die Entmachtete floh und entkam auf ihres Vaters Helios Strahlen zur Insel Aia.

Dort lebte Circe in einem kleinen Steinhaus auf einer Lichtung, umgeben von Löwen und Wölfen. Sie vertrieb sich die Zeit damit, Zaubertränke aus Kräutern zu brauen, die sie an Menschen ausprobierte, die an der Küste der Insel Schiffbruch erlitten hatten. Am bekanntesten wurde die Magierin dadurch, daß sie die Gefolgsleute des Odysseus in Schweine verwandelte. Dem umherirrenden griechischen König selbst gelang es zwar, ihren Zauberkünsten zu entgehen, nicht aber ihrem Zauber als Frau, und er zeugte mit ihr drei Söhne, die, so behauptet Hesiod, etruskische Fürsten wurden. Einer von ihnen, Telegonos, machte sich auf die Suche nach seinem Vater und tötete ihn, ohne ihn zu erkennen, mit einem Rochenstachel. Es heißt, daß bald darauf Circe, offenbar unbekümmert um die ohnehin komplizierten Familienverhältnisse im Königshaus von Ithaka, Telemachos, den Sohn des Odysseus und der → *Penelope* geheiratet hat.

Cisa → *Zisa*

Claudia Quinta Die Stammutter der claudinischen Kaiserfamilie wurde 204 v. Chr. des Ehebruchs angeklagt. Damals war die Göttin → *Kybele* gerade auf dem Weg nach Rom, und ihr Boot war im Fluß Tiber auf Grund gelaufen. Claudia erklärte sich zu einer Prüfung ihrer Ehrbarkeit bereit und ergriff die Seile, die an Kybeles Schiff gebunden waren. Unter Anrufung der Göttin straffte sie das Seil, zog die Göttin mit eigener Kraft nach Rom hinein und galt durch dieses Göttinnen-Urteil als zu Unrecht verdächtigt und freigesprochen.

Cleta → *Grazien*

Clidna, Cliodna Diese wunderschöne irische Vogelgöttin des Jenseits hat bis heute überlebt als Feenkonigin des südwestlichen Irland und Herrscherin des heiligen Berges in Cork, des Carrig Cliodna. Außerdem war Clidna eine der Tuatha De Danann, also der magischen Gottheiten, die der Göttin → *Danu* unterstanden. Sie soll das Land der Verheißung regiert haben, wo es weder Tod noch Gewalt, noch Verfall gibt.

Einer Sage nach dirigiert Clidna die neunte Welle des Meereswogenzyklus, von der man annahm, daß sie mächtiger war als die vorausgehenden acht Wellen. Hohe Dünung wurde deshalb «Clidnas Wellen» genannt. Diese Wellen waren aber nur eine der Gestalten der Göttin. Sie erschien auch als Seevogel im Sturzflug. Wenn sie menschliche Gestalt annahm, war sie eine der schönsten Frauen, die man je gesehen hat, daher auch ihr Beiname «Die Wohlgestaltete».

Wie viele der alten Göttinnen nahm sich auch Clidna sterbliche Geliebte. John Fitzjames beispielsweise stahl sie vom irischen Festland. Aber er hatte bereits eine menschliche Geliebte, eine geistreiche und streitlustige Irin namens Caitileen Og. Diese Caitileen war die einzige Frau, die es wagte, Clidna wegen ihrer sorglosen Art, in der sie mit menschlicher Liebe umging, zu schelten. Sie verfolgte die Göttin den ganzen Weg bis ins Jenseits und forderte ihren Geliebten zurück. In der Tat setzte sie sich beinahe gegen Clidnas Begierde durch. Von der klugen Rede der Frau fast überzeugt, entschloß sich Clidna schließlich doch, Fitzjames für sich zu behalten.

Clutoida → *Sequana*

Coatlicue Die vorkolumbischen Mexikaner, deren Kompasse vier Himmelsrichtungen und einen Mittelpunkt anzeigten, stellten sich die Erde als fünffache «Schlangenhäutige Göttin» vor. Die fünffache Erdengöttin erschien ihnen deshalb manchmal als Frau mit vier Schwestern. Sie sollen sich, so heißt es, auf dem Coatepec («Schlangenberg») versammelt haben, um zu meditieren. Dort sammelte Coatlicue weiße Federn, um ihre Brust zu schmücken. Sie wurde schwanger, obwohl sie Jungfrau blieb, und gebar den Erlösergott Quetzalcoatl. In anderen Sagen wird sie von Smaragden oder Jadesteinen geschwängert.
Manchmal wurde die fünffache Göttin als Mondgottheit und Frau des Sonnengottes bezeichnet oder auch «Die Schöpferin» genannt: Über allem stehend und vor allem anderen existierend, schwebte sie zunächst in einer nebelverhangenen oder verschleierten Welt. Selbst der Sonnengott und seine Magier erkannten nicht ihre Herrlichkeit, und als sie endlich in Erscheinung trat, brachten sie ihr Liebeszaubermittel, und sie blühte plötzlich auf als Mutter allen Lebens.
Doch Coatlicue war ebenso die Mutter des Todes. Ihre berühmtesten Darstellungen zeigen sie als Herrscherin des Lebens und seines Endes, umkränzt von Herzen und Händen, in einem Rock aus hin und her pendelnden Schlangen, behängt mit Totenschädeln und gekleidet in eine abgezogene Menschenhaut. Manchmal kann man aber auch Bilder dieser Göttin, die mit den ersten Blüten des Frühlings geehrt wurde, mit Alligatorpanzer und -klauen sehen, denn für die alten Mexikaner war die Göttin sowohl → *Cipactli* als auch → *Tonantzin*.

Siehe auch → *Coyolxauhqui*.

Coatrischie → *Atabei*

Cocomama Für die Völker der Anden war die Beschützerin der Kakaoplantagen eine Göttin, die ihren Anbetern Gesundheit und Glück gewährte. Ursprünglich soll sie eine Frau mit häufig wechselnden Liebhabern gewesen sein, die von eifersüchtigen Geliebten entzweigeschnitten worden war. Ihr Körper entwickelte sich zum ersten Kakaobaum, dessen Blätter Männer nur kauen dürfen, nachdem sie die sexuellen Bedürfnisse einer Frau befriedigt haben.

Colleda Diese alte serbische Göttin der Wintersonnenwende war die Empfängerin des zeremoniellen Yug-Scheites, das man verbrannte, wenn das Licht des Jahres allmählich versickerte. Wurde das Tageslicht im Frühling wiedergeboren, schenkten Colledas Anhänger den Kindern, die von Haus zu Haus gingen und um kleine Gaben für die «süße jungfräuliche Göttin» baten, süße Kuchen und dankten damit für die Wiederbelebung von Wachstum und Licht.

Concordia In der römischen Kunst wurde die durch zahlreiche Tempel geehrte Göttin der Eintracht als stämmige Matrone dargestellt, die in einer Hand ein Füllhorn und in der anderen einen Olivenzweig trägt.
Ihre Gegenspielerin Discordia, die Göttin der Zwietracht, war wesentlich älter als Concordia und ihr Vorbild, die griechische → *Eris*.

Copia Die römische Göttin des Überflusses hatte als Attribut bezeichnenderweise das Füllhorn (*cornucopia*). Tempel scheint man ihr nicht errichtet zu haben.

Cora → *Kore*

Cordelia → *Creiddylad*

Corra In Gestalt dieser Kranichfrau erschien in Schottland die Göttin der Weissagung.

Coventina Bei den Kelten, sowohl der Britischen Inseln wie des Kontinents, wurden

Göttinnen oft in der Gestalt fließenden Wassers wahrgenommen (→ *Sequana*). Die Erdgöttin eines Gebiets wurde nicht in der Landschaft gesehen, sondern in dem Fluß, der ihr Wasser sammelte. Am treffendsten beschrieben als «Göttinnen der Wasserscheide» gehörten dazu vor allem → *Boann* vom Fluß Boyne, → *Sinann* vom Fluß Shannon und Coventina vom Fluß Carrawburgh in England.

An Coventinas heiligen Brunnen in Northumberland wurden bei Ausgrabungen Bildnisse der vornehm wirkenden Göttin entdeckt. Eine Skulptur zeigt die Göttin, wie sie, auf Wasserpflanzen hingestreckt, den Fluß aus einer Urne gießt. Andere Steinplastiken zeigen sie aufrecht stehend, in der einen Hand Stengel von Wasserpflanzen, mit dem anderen leert sie gedankenverloren ihren Eimer.

Viele dieser Flußgöttinnen – wie z. B. → *Sulis* in Bath – wurden als Heilkundige betrachtet, und an den ihnen geweihten Stätten betete und opferte man, um gesund zu werden oder zu bleiben, ähnlich wie in unserer Zeit bei der Anbetung der Maria und der heiligen Bernadette in Lourdes. Darüber hinaus waren die keltischen Wassergöttinnen auch Geister der Inspiration und der Weissagung, ähnlich den griechischen → *Musen* und den römischen → *Carmenta*.

Coyolxauhqui «Goldene Glocken» bedeutet der Name dieser aztekischen Mondgöttin, der Tochter von → *Coatlicue*. Einige Legenden erzählen, es sei, als die furchtsamen Sterne versuchten, ihre Mutter zu töten, damit sie ihnen keine Rivalen mehr gebären konnte, auch Coyolxauhqui dabei gewesen. Doch später wandten sich die verräterischen Geschwister gegen sie, enthaupteten sie und warfen ihren Kopf in den Himmel. (Nach anderer Überlieferung soll Coyolxauhqui versucht haben, Coatlicue vor der Verschwörung zu warnen, weshalb der Sonnengott das Mädchen tötete, um es am Sprechen zu hindern.) Ihre trauernde Mutter plazierte den glänzenden Kopf der Tochter als weiteren schönen Stern am Nachthimmel.

Eines der großartigsten Monumente Coyolxauhquis wurde 1978 bei Bauarbeiten in Mexico City freigelegt: ein zehn Tonnen schwerer Stein, der ihre Zerstückelung zeigt. Spätere Ausgrabungen legten um den Stein herum eines der größten religiösen Zentren des aztekischen Mexiko frei.

Cred, Creide Diese irische Feenkönigin der Götterberge («Hügel der → *Anu*») versprach, erst dann mit einem Mann zu schlafen, wenn sie einen gefunden hatte, dem es gelang, für sie ein vollkommenes Gedicht zu schreiben. Es mußte nicht nur perfekt gebaut sein, sondern auch in allen Einzelheiten ihr Haus und ihre prächtigen Möbel beschreiben. Doch da ihr Palast schwer bewacht wurde und kein Mann ihn je betreten hatte, war es denkbar, daß sie als Jungfrau sterben würde. Eines Tages aber erschien Coll, der Dichter und Seher aus Fionn, und trug Cred ein Gedicht vor, so wunderschön, daß sie ihn auf der Stelle heiratete. «Selbst verwundete Männer, deren Blut in Strömen herausschießt, würden friedlich schlafen zur Musik der Feenvögel, die über den leuchtenden Blättern deiner Laube singen», waren die Worte, die sie überzeugten, seine → *Leanan Sidhe* zu werden.

Creiddylad Wir kennen diese uralte walisische Göttin als Cordelia, die Tochter König Lears in Shakespeares Tragödie, die mit ihrem Vater stirbt. Ursprünglich war die Geschichte anders. Der Benediktinermönch und Begründer der Artus-Epik Geoffrey von Monmouth schrieb um 1135, daß Cordelia die menschliche Gestalt der Creiddylad gewesen sei, einer Tochter des Meeresgottes Llyr, den die Überlieferung zu einem König Lear machte, dessen Nachfolgerin auf dem Thron Cordelia gewesen sei.

Cuba Römische Göttin, die die Kinder beschützte, die gerade der Wiege entwachsen waren.

Culsa → *Vanths*

Cunina Diese römische Göttin behütete Kinder, die noch in der Wiege lagen.

Cuvto-Ava → *Azer-Ava*

D

Da Dies scheint der ursprüngliche Name der alten griechischen Erdmutter gewesen zu sein, die später zu → *Gaia* wurde. Die Bezeichnung «Da» überlebt im Namen des Gottes Poseidon, der «Ehemann von Da» bedeutet, denn die frauenzentrierte Kultur, die den Hellenen vorausging, sah das Meer als den befruchtenden Ehemann des Landes an.
Siehe auch → *Demeter*.

Dabaiba «Mutter der Schöpfung»; die Große Göttin des alten Panama.

Dae-Soon → *Hae-Soon*

Dahut Diese heidnische Prinzessin lebte in Britannien zu der Zeit, als die christlichen Mönche die Überreste der keltischen Religion mit ihrer Anbetung der mütterlichen Natur zu zerstören versuchten. Die Vergnügungen und fleischliche Lust verachtenden Mönche verdarben der Prinzessin die Daseinsfreude, bis Dahut ihren Vater, König Gradlon, schließlich bat, ihr einen Zufluchtsort vor den Grausamkeiten der neuen Lebensart zu schaffen.
Gradlon schien den Wünschen seiner Tochter keine Beachtung zu schenken, baute aber heimlich eine prächtige Stadt für sie, die Ys genannt wurde. Als er sie Dahut zeigte, war die sinnenfrohe Prinzessin ganz außer sich vor Freude über die wunderbaren Häuser, die so angeordnet waren, daß sie die goldenen Strahlen der untergehenden Sonne einfingen.
Dahut zog begeistert in diese freundliche Stadt ein, doch es stellte sich bald heraus, daß Ys zu nahe ans Meer gebaut war. Stürme gefährdeten die Fischerboote, mit denen die Bewohner von Ys ihren Wohlstand erarbeiteten. Dahut bat Gradlon, ihnen einen sicheren Hafen zu bauen, aber der König, von den Mönchen mit ewiger Verdammnis bedroht, baute statt dessen mitten im Zentrum von Ys eine schöne Kirche für den Christengott.
In der folgenden Nacht ruderte Dahut voller Wut durch gefährliche Küstengewässer zu einer geheimen Insel, wo Frauen – möglicherweise Unsterbliche – weiterhin die alten Riten zelebrierten. Diese bat sie, den Beistand der Göttin → *Korrigan* und ihrer Meergeister zu beschwören. Als Gegenleistung bot sie unverbrüchliche Treue gegenüber der alten Lebensweise an.
Nachdem ihr die Hilfe, die sie für Ys brauchte, zugesichert worden war, ließ Dahut sich von ihrem Ehrgeiz hinreißen und verlangte noch ein weiteres Wunder: daß Zauberkräfte ihren Palast hoch über die christliche Kirche erheben sollten. Auch das wurde ihr gewährt, aber ihr selbstsüchtiges Verlangen forderte später seinen Tribut.
Viele Jahre lebten Dahut und ihr Volk in Glanz und Vergnügen. Aber das Begehren der Prinzessin wurde immer ausschweifender. Schließlich begann sie sich Geliebte nur für eine Nacht zu nehmen, und ließ sie danach umbringen. Dahuts Übermut und Willkürherrschaft wurden derart unerträglich, daß eines Tages der König des Meeres selbst erschien, um die Prinzessin einzufordern – und mit ihr ertränkte er die ganze Stadt Ys.

Dakinis Im indischen Buddhismus sind diese furienhaften Dämoninnen furchterregende Erscheinungen, manchmal mit Tierleibern, manchmal so riesig wie Ungeheuer, dann wieder nackte junge Mädchen mit verzerrten

Daktylen

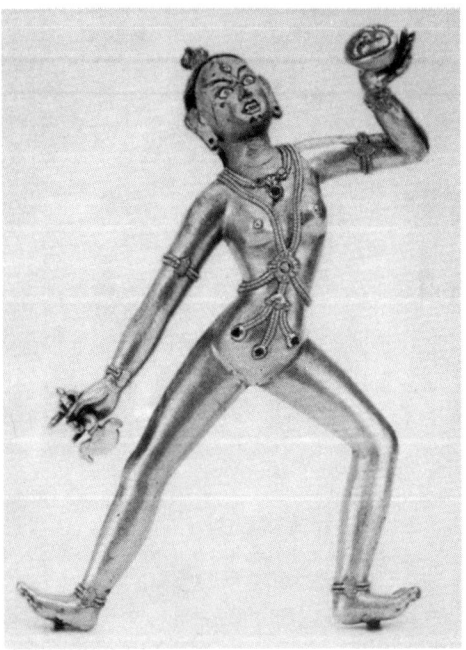
Dakini

Gesichtszügen. Häufig essen sie rohes Fleisch und trinken Blut, weshalb sie *asrapa* («Blutschlucker») genannt werden.

In der esoterischen Tradition, vor allem im tibetischen Buddhismus, haben die Dakinis jedoch auch noch eine wesentlich positivere Seite: Sie symbolisieren die Macht «der Mütter», wie die Yogis sie nennen, und gewähren übernatürliche Kräfte und Einsichten dem, der aufrichtig Yoga übt, besonders den Kundalini-Yoga. In ihrer Rolle als mächtige, sogar rasende Gegnerin der Unwissenheit wird eine Dakini zum persönlichen *yidam* («Fester Geist») des Meditierenden, den dieser mit dem inneren Auge schaut und als Helfer auf dem Weg zur Erleuchtung betrachtet. Die stärkste unter den weiblichen Yidams ist die Grüne → *Tara*.

Daktylen Zehn zwergenhafte Dämoninnen, die ohne Vater von der Griechin Anchiale geboren wurden. Sie waren sagenhaft geschickt und erfinderisch und brachten den Menschen alles, was sie über Metallarbeiten und Schmiedekunst wissen mußten. Der Name dieser guten Geister (von *daktylos,* «Finger») steht eindeutig für die Fingerfertigkeit, die der Mensch zur Bewältigung des täglichen Lebens braucht, und die Legende von den Daktylen legt nahe, daß Frauen die Entdecker des Metalls und seiner Bearbeitung waren.

Dalila, Delila Diese Frau aus dem Volk der Philister ist eine der wenigen kämpferisch-emanzipierten Heldinnen des Alten Testaments (neben → *Debora* und → *Judith*). Sie heiratete den israelitischen Kraftmenschen Samson (oder Simson), der bereits mehr als tausend ihrer Landsleute umgebracht hatte, und erhielt deswegen vom Ältestenrat der Philister den Auftrag, ihrem Gatten das Geheimnis seiner übernatürlichen Körperstärke zu entlocken. In einer Liebesnacht verriet er ihr, woher er seine Kraft beziehe: aus seinen langen, nie gekürzten Locken. Während er schlief, schnitt Dalila ihm die Haarpracht ab, so daß er beim Erwachen wehrlos war. Womit sie möglicherweise nicht gerechnet hatte: Die Philister stachen Samson die Augen aus, bevor sie ihn in die Gefangenschaft führten.
Daß sein Haar wieder zu wachsen begann und der Blinde dadurch auch wieder zu Kräften kam, schien außer ihm selbst niemand zu bemerken. Als grausamer Rächer kehrte er in die jüdische Geschichte zurück (Richter 16, 22–31), in der von Dalila allerdings nicht mehr die Rede ist.

Damatres «Die Mütter», so wurden → *Demeter* und → *Persephone* auf Sizilien genannt.

Dames Vertes Vor den «Grünen Damen» des keltisch-französischen Volksglaubens mußten sich vor allem Wanderer in acht nehmen; denn diese übermütigen Waldgeister machten sich einen Spaß daraus, Spaziergängern und Reisenden aufzulauern und sie kopfunter über Wasserfälle oder Abgründe zu halten. Als Windgeister flogen sie geschwind über Felder und Wiesen, wobei sie alle Pflanzen stärkten, die sie berührten. Zeigten sich die Dames Vertes in menschlicher Gestalt, dann sollen sie auffallend hochgewachsen und verführerisch schön erschienen sein, in lange grüne Gewänder gekleidet, die so leicht über das

Gras gingen, daß es nur vom Wind berührt schien. Doch man tat gut daran, sich durch ihre Reize und Verlockungen nicht vom Wege abbringen zu lassen.

Damia Diese andere Form der → *Demeter* als Korngöttin wurde im alten Griechenland zugleich mit einer der → *Persephone* ähnlichen Demeter-Tochter namens Auxesia in Verbindung gebracht. Es wird erzählt, daß einst eine Hungersnot über die Epidaurer hereingebrochen war, die, so war prophezeit, nicht enden würde, bevor nicht Statuen der Korngöttin aus Athener Olivenholz geschnitzt worden seien. Die Athener gaben ihren Nachbarn das Holz, verlangten danach aber hohe Tribute. Die Epidaurer protestierten und stellten die Zahlungen nach kurzer Zeit ein. Die Athener drangen in Epidauros ein, um die Standbilder der Göttinnen zu konfiszieren. Die Epidaurer leisteten Widerstand, und es kam zu einer blutigen Schlacht. Ein Bote, der nach Athen die Nachricht brachte, daß die Damia und Auxesia geweihten Heiligtümer im Verlauf des Kampfes zerstört worden seien, wurde von empörten Frauen ermordet. Die Männer Athens nahmen diesen Übergriff zum Vorwand, die Frauen ihrer wenigen noch verbliebenen Rechte zu berauben.

Damkina, Daukina Auf akkadisch bedeutet dieser Name «Herrin der Erde», und sie war für die Sumerer die Erdenmutter, die uns in Griechenland als → *Demeter* und in Rom als → *Tellus Mater* geläufig ist.

Dana → *Danu*

Danae, Danaiden Weil König Akrisios von Argos aufgrund eines Orakels befürchten mußte, vom Sohn seiner Tochter Danae getötet zu werden, hatte er sie in ein unzugängliches, ehernes Gemach gesperrt. Dennoch wurde sie dort vom Gott Zeus heimgesucht, der in Form eines Goldregens durch den Lichtschacht in den Raum einfiel und Danae schwängerte. Sobald sie einen Sohn – den späteren Helden Perseus – geboren hatte, ließ der König Mutter und Kind in einem hölzernen Kasten auf dem Meer aussetzen. Doch durch die Gunst der Götter wurden beide gerettet.

Es gibt ferner die Sage von den Danaiden, den fünfzig Töchtern des Königs Danaos von Argos. Der wurde von seinem mächtigeren Zwillingsbruder Aigyptos, König von Ägypten, gezwungen, seine Töchter alle auf einmal mit dessen fünfzig Söhnen zu verheiraten. Danaos konnte diese Hochzeit offenbar nicht verhindern, aber er steckte jeder Tochter insgeheim einen Dolch zu, mit dem sie ihren Mann in der Hochzeitsnacht töten sollte. Die Danaiden taten, wie ihnen geheißen – bis auf eine: → *Hypermnestra* verschonte ihren Gatten und empfing von ihm den Stammhalter des späteren Königsgeschlechts von Argos.

Der Name der von Zeus vergewaltigten Danae aus Argos und der gattenmordenden Schwestern scheinen identisch, sind aber in der Mythologie nie miteinander in Verbindung gebracht worden. In der Antike wurde zur Begründung angeführt, daß der Name der Danaiden allein vom Vatersnamen abgeleitet sei: ein Beispiel für den von patriarchalischer Weltanschauung bestimmten Versuch, die Abkunft von einer viel älteren und berühmteren Frau – hier Danae – und damit die Matri-

Die Danaide Amymone

linearität der vorhellenischen Siedler des Peloponnes zu vertuschen.

Es gibt Hinweise, daß die Danaiden ursprünglich Wassergöttinnen des Gebiets um Argos waren. Hypermnestra gab einem Brunnen ihren Namen, eine äußerst ungewöhnliche Ehre für eine Sterbliche jener Zeit. Wenn die Danaiden wirklich Göttinnen waren und Nachkommen der Danae, dann wäre sie, deren Name passenderweise «Dämmerung» bedeutet, die Ahnengöttin der Argiven gewesen, also der Leute, die das Gebiet von Argos bewohnten.

Danu, Dana Die größte Göttin des alten Irland war Herrscherin über einen Clan von Gottheiten, die zunächst Tuatha De Danann («Volk der Danu») genannt wurden, aber in späterer Zeit eine Abwertung zu → *Feen*, den Daoine Sidhe, erfahren mußten. Der Name der Göttin stammt von dem keltischen Wort *dan*, das «Wissen» bedeutet, und sie war wahrscheinlich dieselbe Göttin wie die walisische → *Don*. Einige Forscher halten sie für identisch mit → *Anu*, während andere behaupten, sie sei ein Aspekt von → *Brigit*. Zwar gibt es keine Sagen mehr, die konkrete Aufschlüsse über ihre Bedeutung geben könnten, aber daß sie eine herausragende Stellung unter den alten irischen Gottheiten eingenommen hat, bleibt unzweifelhaft.

Dao → *Tao*

Daoine Sidhe → *Danu*

Daphne Diese Baumnymphe (→ *Dryaden*), eine Tochter des Flußgottes Peneios, war eine Priesterin von → *Gaia* und führte streng geheime Frauenrituale an, in denen die Weiblichkeit der Erde gefeiert wurde. Als der Sterbliche Leukippos eines Tages versuchte, dieser Zusammenkunft in weiblicher Verkleidung beizuwohnen, beging er einen großen Fehler. Der allessehende Lichtgott Apollon hatte nämlich – nicht ohne Hintergedanken – vorgeschlagen, die Frauen sollten ihr Ritual nackt ausführen, damit sie sicher sein könnten, daß keine Männer unter ihnen seien.

Auf diese Weise fand man den Eindringling natürlich schnell heraus, und er mußte für seine Unverschämtheit mit dem Leben bezahlen. Dann zeigten sich die wahren Motive des Lichtgottes. Er forderte die schöne nackte Priesterin auf, mit ihm zu schlafen, und als sie sich weigerte, wurde er gewalttätig. Er hetzte Daphne beinahe zu Tode, doch bevor er sie vergewaltigen konnte, rief sie die Göttin, der sie diente, die Mutter Erde, um Hilfe an und wurde von ihr auf der Stelle in einen Lorbeerbaum verwandelt. Der reumütige Apollo trug von da an Lorbeerkränze in seinem Haar und erhob den Baum zum Symbol der Inspiration und der Geistesgröße.

Darago Diese Vulkangöttin der Philippinen soll eine Kriegerin gewesen sein, die in den feuerspeienden Bergen lebte und jedes Jahr Menschenopfer forderte, um sie von ihren wütenden Ausbrüchen abzuhalten.

Darine → *Fithir*

Dea Caelestis Diesen Namen benutzten die Römer für → *Tanit*, die karthagische Himmelsgöttin.

Dea Dia, Dia Diese ursprünglich italische, später römische Erdgöttin wurde besonders von den Fratres Arvales, den «Ackerbrüdern», verehrt, einer Priestergemeinschaft, der auch die Pflege des heiligen Hains der Dea Dia am Tiber oblag. So heilig war dieser Lorbeer- und Eichenhain, daß jedesmal, wenn ein abgestorbener Ast im Sturm zu Boden fiel oder ein Baum entwurzelt wurde, die Fratres der Göttin als Wiedergutmachung Lämmer und Schweine opfern mußten. – In der Spätzeit des Römischen Reiches wurde Dea Dia mit → *Ceres* gleichgesetzt.

Deae Matres, Matres, Matronae Ihre Namen – von Gelehrten verliehen – mögen lateinisch sein, aber die Deae Matres waren keltischer Herkunft und entstammten der uranfänglichen göttlichen Vorstellung der kontinentalen Keltenstämme wie auch der Briten. Von dieser Göttinnen-Dreiheit ist keine Legende überliefert, obwohl Hunderte von Inschriften und Skulpturen von der Popularität des von Gallien und vom Niederrhein bis nach Oberitalien verbreiteten Matronen-Kultes zeugen.

Steinfiguren der als gutmütig geltenden Deae Matres («Muttergöttinnen») halten Körbe mit Früchten, ein Füllhorn oder ein Wickelkind im Arm; sie sitzen unter einem Torbogen und tragen einen heiligenscheinähnlichen Kopfputz. Wahrscheinlich galten sie als Ahnengöttinnen und Herrscherinnen über die Fruchtbarkeit der Menschheit wie auch der Erde. Im nordgermanischen Raum glichen ihnen die → *Disen*.

Dea Nutrix «Nährende Göttin» war der latinisierte Name einer keltischen Göttin der Mutterschaft, möglicherweise eine Form der → *Deae Matres*, deren Bildnisse in Mittelfrankreich und Süddeutschland gefunden wurden. Die Statuen wurden an heiligen Quellen und in Gräbern gefunden.

Dea Syria Wenn die Römer von der «Syrischen Göttin» sprachen, meinten sie die große syrische Gottheit → *Atargatis*. Manchmal wählten sie den etwas unbestimmten Begriff auch für andere Göttinnen des östlichen Mittelmeerraumes, z. B. für → *Anahita*, → *Ishtar* oder → *Kybele*.

Debora Diese hebräische Prophetin war mit einem Mann namens Barak verheiratet, genannt «Ignoramus», und führte sich als anmaßende Frau auf, die keine Anordnungen vom ihrem Ehemann entgegennahm, sondern ihn statt dessen fortwährend herumkommandierte. Gleichzeitig aber war sie eine begabte Poetin und Richterin, die lieber im Freien saß und dichtete oder Recht sprach, als ihre Talente im Haus zu verstecken.
Im *Buch der Richter* des Alten Testaments ist zu lesen, daß Debora («Die Biene») sich auch zur Kriegerin berufen fühlte und an der Seite ihres Mannes einen Feldzug gegen die Kanaaniter führte, um die Israeliten aus der Unterdrückung zu befreien, was auch gelang. Zur Feier des Sieges stimmten Barak und Debora ein von ihr selbst verfaßtes Triumphlied an (Richter 5, 2-31), das u. a. die Ermordung des kanaanitischen Heerführers Sisera durch die Heldin Jael besingt.

Dechtere Die Mutter des übermenschlichen irischen Helden Cuchulainn war selbst ein Zaubergeschöpf, das sich und ihre fünfzig jungfräulichen Dienerinnen in Vögel verwandelte, um schneller über die grünen Hügel der Insel reisen zu können. Immer wenn sie anhielten, aßen sie gierig, besonders die gewaltige Königin, die sie anführte, denn Dechtere war von überdurchschnittlicher Größe.
Als sie eines Tages Wein trank, verschluckte sie versehentlich eine Eintagsfliege und empfing auf solche Weise Cuchulainn. Dies ist jedoch nur eine von drei Versionen dieser Empfängnis. Eine andere berichtet, sie sei als Vogel mit dem Gott Lug davongeflogen und auf wundersame Weise von ihm mit seiner eigenen Seele geschwängert worden. Sie gebar den wiedergeborenen Gott, indem sie ihn ins Tageslicht erbrach, wodurch sie ihre Jungfräulichkeit bewahrte.

Decima → *Nona*

Deianeira, Dejanira Der griechische Held Herakles hatte einen schlechten Leumund, was seine Liebesbeziehungen anging. Schuld daran waren seine zahllosen Affären vor, während und nach seiner ersten Heirat, die damit endete, daß er seine Frau Megaira (→ *Megäre*) tötete. Trotz dieses üblen Rufs verliebte sich die Kriegerin Deianeira in ihn. Sie

Der Zentaur Nessos versucht Deianeira, Gemahlin des Herakles, zu entführen

heirateten, und die kalydonische Königstochter gebar ihm mehrere Kinder (→ *Macaria*). Doch Herakles kehrte bald zu seinem gewohnten Treiben zurück und brachte seine Liebhaberinnen sogar nach Hause mit.

In ihrem verzweifelten Bemühen, die Liebe von Herakles zurückzugewinnen, webte Deianeira für ihn ein prächtiges Kleidungsstück und tränkte es mit dem Blut und dem Samen des sterbenden Zentauren Nessos, der sie belästigt und den Herakles getötet hatte. Sie hoffte, daß dies ein unfehlbares Zaubermittel sei. Aber der Zentaur hatte Rache im Herzen, als er Deianeira den geheimen Trank verriet. Sein Blut brannte so schrecklich auf Herakles' Fleisch, daß der Held – als er merkte, daß er das Nessos-Gewand nicht wieder herunterreißen konnte – die Götter um den Tod bat. Nach anderen Quellen war es das giftige Blut der → *Hydra*, das Herakles umbrachte. Seine reumütige Frau folgte ihm ins Jenseits, indem sie sich mit eigener Hand den Tod gab.

Deino → *Graien*

Deirdre Die tragischste Heldin der irischen Mythologie soll zwar die allerschönste Frau der Welt gewesen sein, doch sie war mit dem Fluch beladen, daß aus ihrer Schönheit nur Kummer entstehen würde. Als die Krieger des irischen Nordens von dieser Prophezeiung hörten, forderten sie ihren Tod. Aber Conchobar, der König von Ulster, hatte Mitleid mit ihr und schickte sie in den abgelegensten Landstrich Irlands.

Während sie zu der liebreizenden Frau heranwuchs, die die Weissagung angekündigt hatte, war Deirdre recht glücklich in ihrem stillen Exil. Eines Tages jedoch fand sie Blut auf dem schneebedeckten Boden und in der Nähe einen Raben. Sofort erinnerte sie sich an ihren Traum von einem jungen Mann, der dieselben Farben gehabt hatte: schwarzes Haar, weiße Haut und rote Lippen. Sie versank in Schwermut, bis ihre Amme → *Lavercam* ihr von Naoise erzählte, der mit seinen Brüdern Ardan und Ainle in der Nähe wohnte. Lavercam arrangierte ein heimliches Treffen, und Deirdre, die tatsächlich den Mann aus ihren Träumen vor sich sah, forderte ihn auf, sie aus ihrer Waldeinsamkeit zu befreien.

Sie flohen nach Schottland, wo sie bei vornehmen Leuten Zuflucht fanden. Aber Deirdre zog die Aufmerksamkeit des Königs auf sich, der Pläne schmiedete, sie ihrem Geliebten zu stehlen. Um dem zu entgehen, flohen Deirdre und Naoise, zusammen mit seinen Brüdern, an die stürmische Küste. Dort führten sie ein hartes, aber zufriedenes Leben, bis sie das Gerücht erreichte, daß sie König Conchobar in Irland wieder willkommen seien. Dieses Gerücht war jedoch absichtlich in Umlauf gesetzt worden. Der König, der wütend war, daß seine Gefangene ihm entkommen war, wollte sie einfach wieder in seine Gewalt bringen.

Deirdre wußte intuitiv, daß es zur Katastrophe kommen würde, wenn sie nach Irland zurückkehrte. Aber Naoise, der sich seinem König gegenüber loyal verhalten wollte, setzte sich gegen seine Geliebte durch. Sie segelten nach Irland hinüber, und die ganze Zeit erblickte Deirdre unheilkündende Vorzeichen, unter anderem eine blutrote Wolke. Naoise jedoch beachtete ihre Warnungen nicht.

Deirdres Vorahnungen erwiesen sich als zutreffend. Durch Verrat wurden Naoise und seine Brüder von den Kriegern Conchobars getötet, Deirdre selbst gefangengenommen. Als sie in einem von schnellen Pferden gezogenen Wagen zum König gebracht wurde, stand sie plötzlich auf und ließ ihren Kopf gegen einen Baum prallen, so daß ihr Blut und ihr Gehirn über den irischen Boden spritzten.

Dekla Diese mitfühlende lettische Schicksalsgöttin wachte über die Kinder. Wenn sie die Geburt eines Kindes miterlebte, dem ein tragisches Leben bestimmt war, weinte sie bitterlich. Wahrscheinlich war sie eine örtliche Abwandlung der baltischen Göttin → *Laima*.

Delila → *Dalila*

Delphynes → *Pythia*

Demeter Das Wesen dieser großen griechischen Göttin, Tochter der → *Rheia*, kommt in dem psychologisch interessanten Verhältnis zu ihrer eigenen Tochter → *Persephone* zum Ausdruck: Als diese plötzlich verschwunden war – geraubt von Hades, dem Gott der Unterwelt –,

Demeter

Demeter (ionisch)

durchsuchte Demeter wehklagend immer wieder die Felder und rief nach ihrer Tochter, die ihr so nahestand wie ihr eigenes Selbst; denn sie empfand Persephone als Abbild ihrer eigenen Kindheit und Jugend. Nervös packte Demeter ihren blaugrünen Umhang und zerpflückte ihn in Gedanken in kleine Stücke, die sie als Kornblumen im Gras verteilte. Aber die Blumen und das Gras verblaßten bald. Demeter war die Quelle allen Wachstums, doch in ihrer Trauer entzog die Göttin den Pflanzen alle Energie, und diese begannen zu welken. Auf diese Weise, heißt es, habe sich Demeter in Gestalt der Chloe («Die Grüne»), der glücklichen grünen Erde, zum ersten Mal in die goldgelbe, herbstliche Demeter verwandelt.

Die Göttin wanderte über die sterbende Erde, bis sie zu einer Stadt in der Nähe von Athen kam. Dort nahm sie eine Arbeit als Kindermädchen bei → *Metaneira*, der Königin von Eleusis, an, deren Sohn Triptolemos sie unsterblich machen wollte, indem sie ihn wie ein Scheit im Kamin räucherte (siehe dazu auch → *Isis*). Als die vor Wut rasende Königin sie fand, gab sich die verkleidete Göttin zu erkennen. Demeter blieb aber dennoch in Eleusis, wo sie oft traurig an einem Brunnen saß und um den Verlust ihrer geliebten Tochter weinte.

Eines Tages sah → *Baubo* (oder → *Iambe*), die Tochter der Königin, die traurige Göttin am Brunnen und versuchte sie zu trösten. Demeter war nicht zugänglich für ihre tröstenden Worte, und so, um die Göttin zum Lächeln zu bringen, entblößte Baubo obszön ihre Scheide. Überrascht kicherte Demeter. Es war das erste Lachen seit langem, das die hungernde Erde von der Göttin hörte. Kurz danach wurde Persephone der Mutter zurückgegeben, und sogleich kehrten Frühling und Wachstum wieder zurück. Als Dank für die Gastfreundschaft der Eleusinier lehrte Demeter den Prinzen Triptolemos die Kunst der Landwirtschaft und begründete danach ihre geheimnisvollen Riten in Eleusis.

Diese Mythe über die traurige Demeter ist offensichtlich eine Erklärung für die Entstehung und den Wandel der Jahreszeiten. Sie enthält außerdem ein wunderbar zartes Urbild des Bandes zwischen Müttern und Töchtern und stellt eine Variante dar zu jener im östlichen Mittelmeerraum verbreiteten Sage, die erklärt, wie die Erde ihr eigenes grünes Wachstum liebt und verschlingt (siehe → *Ishtar* und → *Kybele*).

Andererseits war Persephone, die Symbolgestalt der Erde zur Frühlingszeit, in Wirklichkeit nur eine andere Erscheinung der Demeter selbst. In Sizilien war die Identität von Demeter und Persephone offizielle Lehre, man nannte sie zusammen Damatres («Mütter»), und sie wurden auf Bildnissen wie Zwillinge dargestellt. Doch die verbreitetste Form der großen Demeter war eher eine Dreiheit statt eines Göttinnenpaares, und viele Gelehrte haben die berühmten Demeter-Mythen durchforscht in der Hoffnung, den dritten Teil dieser weiblichen Triade zu finden, nämlich die Wintererde, das alte Weib oder die überwinternde Saat. Vermutungen haben sich auf → *Hekate* konzentriert, die von den in Frage kommenden

Demeter

Göttinnen diejenige ist, deren Erscheinung einem alten Weib am nächsten kommt. Darüber hinaus erscheint sie in wichtigen Augenblicken der Demeter-Geschichte: Beispielsweise war sie die einzige Zeugin bei Persephones Verschwinden. Da der allwissenden Erde Demeter kaum Geschehnisse auf ihrem Antlitz entgehen konnten, sieht es so aus, als wäre Hekate der Aspekt von Demeter, der «Erdmutter», in ihren düsteren Tagen.

Aber «Erdmutter» ist nur eine der möglichen Bedeutungen von Demeters Namen. Der zweite Teil des Wortes bedeutet unstreitig *mater* («Mutter»), doch der erste Teil kann ebenso mit «Getreide» übersetzt werden wie mit «Erde», was sie statt zur Göttin der Erdoberfläche nur zur Göttin der kultivierten, nahrungspendenden Pflanzen machen würde, vergleichbar mit der römischen → *Ceres*. Falls mit Demeter wirklich die Mutter der Erde gemeint war, wäre sie eine andere Ausprägung der → *Gaia*, das heißt, dem mythologischen Stammbaum nach, ihrer eigenen Großmutter. Ob Demeter nun die ganze Erde symbolisierte oder nur die der Ernährung von Menschen und Tieren dienenden Pflanzen – auf jeden Fall wurde Demeter mit feuerlosen Opfern verehrt, denn sie forderte alle Gaben in ihrem natürlichen Zustand. Honigwaben, ungesponnene Wolle, ungepreßte Trauben und ungekochtes Getreide wurden auf ihre Altäre gelegt. Gaben wie Wein, Met, Kuchen und Tuch waren nichts für sie, denn Demeter vertrat allein das Prinzip der natürlichen Gaben und nicht das der weiterverarbeitenden Produktion.

Die größte Feier ihr – und gleichzeitig Persephone – zu Ehren fand in Eleusis statt, wo die Griechen jährlich geheime Zeremonien abhielten, Eleusinische Mysterien genannt. Bei den drei Tage währenden Feiern ahmten die *mystai*, besonders erfahrene Anhänger des Demeter-Kults, und deren Eleven die suchende Demeter nach und brachen in Jubel aus, wenn die Göttin endlich wieder mit ihrer Tochter vereint war. In diesem Mysterienspiel verkörperten die Mitwirkenden zuerst Demeter Erynes («Die Wütende»), aufgebracht und traurig über den Verlust von Persephone. Dann spielten sie die Rolle der glücklichen Demeter Louisa («Die Liebenswürdige»), die durch die Wiedervereinigung verwandelte Mutter. An

Demeter, der Heros Triptolemos, Kore (eleusinisch)

anderen Orten und zu anderen Zeiten trug Demeter andere Beinamen: → *Anesidora* («Die Gaben Heraufsendende»), Chamaine («Boden»), → *Hippia* («Pferdeköpfige»), Horephoros («Bringerin günstigen Wetters»), Kidaria («Maske») und schließlich Thesmophoros («Gesetzgeberin»), die mächtige Befehlshaberin der Jahreszeiten wie auch des menschlichen Lebens (→ *Megäre*).

Dendritis → *Helena*

Derketo «Die Fischmutter», eine griechische Übersetzung von → *Atargatis*, wobei diese Bezeichnung vielleicht von *dagitu* kommt, der weiblichen Form des Wortes für «Fisch», einem Symbol von Atargatis.
Siehe auch → *Keto*.

Despoina «Geliebte» oder «Herrin» war eine Bezeichnung für → *Kore*, die zusammen mit → *Demeter* in der arkadischen Stadt Thelphusa verehrt wurde. Dort, so heißt es, habe einst → *Hippia* den Meeresgott Poseidon zum Liebhaber genommen und danach Despoina bzw. Kore geboren, deren Name dann für Demeter, aber auch für → *Artemis*, für → *Athene* oder → *Persephone* gebraucht wurde.

Devaki Die Mutter des besonders weisen hinduistischen Gottes Krishna empfing ihren Sohn dadurch, daß sich der Gott Vishnu zwei Haare ausriß, ein weißes und ein schwarzes. Das eine ließ er in den Schoß von → *Rohini* geraten, das andere in den der Devaki. Aus diesem schwarzen Haar entsproß, wie es im altindischen Nationalepos *Mahabharata* heißt, Krishna.
In manchen vedischen Schriften wird Devaki auch als Inkarnation der → *Aditi* bezeichnet.

Devayani Indische Göttin, die das Geheimnis kannte, die Toten wiederzuerwecken.

Devi (philippinisch)

Devera Römische Göttin, die über die Besen wachte, die man zur Reinigung ritueller Stätten einsetzte.

Devi Der Hinduismus ist insofern polytheistisch, als er der göttlichen Kraft viele Namen und Gestalten verleiht, wobei er letztlich ebensogut monotheistisch ist, weil alle Formen der Gottheit auf eine zurückgeführt werden können: auf Devi («Die Göttin») oder Mahadevi («Große Göttin»). Es stimmt zwar, daß es herausragende Götter gibt, von denen manche mehr Macht als diese Göttin hatten oder haben. Doch ohne sie hätten sie überhaupt keine Macht, nicht einmal eine Gestalt. Denn Devi ist es, sagen die Hindus, die alle Kraft und Gestalt zur Welt bringt, die die Trennung aus der Einheit bewirkt und die Energie ist, ohne die alles immer noch Chaos wäre.
Alle Göttinnen sind Devi, die eine Göttin. Alle Mythen, die von der schwarzen → *Kali*, der goldenen → *Parvati*, der weißen → *Gauri* und der kämpferischen → *Durga* erzählt werden, sind Mythen von Devi. Viele dieser Legenden sind in den *Puranas* enthalten, Schriften der altindischen religiösen Literatur, die entstanden, nachdem die eingeborene Göttinnen-Kultur von der vedischen Religion der indogermanischen Eindringlinge assimiliert worden war.
Von der frühen Kultur des Indus-Tales im 2. Jahrtausend v. Chr. weiß man, daß sie auf einer Verehrung der Devi basierte. Aber eine endlose Folge von Invasionen und Kriegen zerstörte diesen Kult fast vollständig. Dennoch behielten Anhänger der Göttin ihre Glaubensvorstellungen und Rituale, die anfangs zwar als ketzerisch angesehen, später aber in den offiziellen Hinduismus integriert wurden. Fast 3000 Jahre vergingen zwischen der ersten Blütezeit des Devi-Kultes und dem indischen Mittelalter, aber als die Göttin wieder auftauchte, wurde ihr Name nicht nur zum Oberbegriff aller Göttinnen, sondern zum Inbegriff des ganzen religiös-philosophischen Systems.

Devorgilla Es gibt in der irischen Geschichte eine Frau dieses Namens, die mit ihrem Geliebten Diarmaid durchbrannte und damit der Insel Verderben brachte, da dies den normannischen Kriegern das Eindringen ins Land ermöglichte. Diese Frau war die Namensschwester einer früheren Devorgilla, einer alten irischen Zauberin. Ihr Vater, der König von Irland gab sie dem Helden Cuchulainn zur Frau, doch dieser verschmähte sie und gab sie an einen anderen Mann weiter. Durch diese Kränkung tief verletzt, verwandelte sie sich selbst und ihre Dienerinnen in Vögel, und zusammen flogen sie davon. Aber als Cuchulainn eines Tages auf der Jagd war, brachte er Devorgilla mit einem Stein zur Strecke. Da nahm sie, zum Entsetzen des Helden, ihre menschliche Gestalt wieder an, und er konnte sehen, daß der Stein tief in ihr Fleisch eingedrungen war. Cuchulainn ging auf die Knie, saugte ihn mit dem Mund heraus und entbrannte dabei in Liebe zu der einst Verschmähten. Da er bei seinem Rettungsversuch aber auch etwas von ihrem Blut geschluckt hatte, war er von diesem Augenblick an mit Devorgilla blutsverwandt – und nun gab es für die beiden nach dem Gesetz keine Möglichkeit mehr, miteinander das Bett zu teilen.

Dhat-Badan, Dhat-Hami Die Namen dieser wichtigsten Göttin der Jemeniten bedeuten «Herrin der wilden Ziegen» und «Herrin des Heiligtums». Dies läßt vermuten, daß sie eine Göttin der Naturwesen und der natürlichen Kräfte der Erde war, die besonders in den Oasen verehrt wurde.

Dia → *Dea Dia*

Dia Griene Diese Tochter der Sonne wurde im alten Schottland «Träne der Sonne» genannt, die Gründe dafür bleiben im Dunkeln. Sie taucht in einer langen Ballade auf, in der sie im «Land der großen Frauen» gefangengehalten und dann befreit wird von → *Cailleach* in Fuchsgestalt und von einem hilfsbereiten jungen Stotterer namens Brian.

Diana Heute setzen wir Diana mit der griechischen → *Artemis* gleich, und sie unterscheiden sich auch nicht in den üblichen Darstellungen als Göttin im leichten Jagdgewand mit Pfeil und Bogen, die auf dem Mond reitet oder mit ihren → *Nymphen* durch den Wald streift.

In der letzten Phase des Römischen Reiches wurde Diana tatsächlich nur noch so profan gesehen, doch ursprünglich war sie als italische Göttin die Herrin des freien Himmels. Deshalb wurde ihr nur im Freien gehuldigt, also dort, wo sich ihr unendlich weites Reich direkt über den Köpfen ihrer Anbeter erstreckte. Möglicherweise war sie obendrein auch die Göttin der Sonne und des Mondes, denn ihr Name wurde von *divinia* («Die Leuchtende») abgeleitet, und interessanterweise hatten die frühen Bewohner Italiens keinen eigenen männlichen Sonnengott. Der griechische Apollon mußte diese Lücke am Götterhimmel füllen.

Diana galt ferner als Verleiherin der Staatsgewalt, Beschützerin der Jungfräulichkeit und Gewährerin der Empfängnis, weshalb sie manchmal Diana Trivia, die dreifaltige Diana, genannt wurde. Mit zwei anderen Gottheiten bildete sie noch eine andere Dreiheit: mit → *Egeria*, der Wassernymphe, ihrer Dienerin und Amme, und Virbius, dem geheimnisvollen Gott des Waldes. Die drei lebten in dem berühmten Wald von Nemi in der Nähe von Aricia, wo entlaufene Sklaven um den Mistelzweig wetteiferten – jenen goldenen Ast, der ihnen eine reelle Chance eröffnete, sich eine Stellung als Priester Dianas zu erkämpfen. Es war nicht gerade ein Job, den ein heutiger Mann als begehrenswert betrachten würde, denn diese Priesterschaft bedeutete ständige Wachsamkeit gegenüber dem nächsten Anwärter auf diesen Posten und letztlich immer den Tod durch die Hand eines erfolgreichen Rivalen.

Abgesehen davon, daß Diana den Männern die todbringende Rolle gewährte, vorübergehend einer ihrer Wächter und Würdenträger zu sein, war die Himmelskönigin eine Göttin der Frauen. An ihrem Feiertag, dem 15. August – heutzutage das Datum, an dem die Katholiken → *Mariä* Himmelfahrt feiern –, pflegten Prozessionen von Frauen nach Aricia zu ziehen, um in Dianas Hain für ihre Hilfe im vergangenen Jahr Dank zu sagen und auch für die Zukunft ihren Beistand zu erbitten. Die geschmückten Jagdhunde, die sie begleiteten, wurden an der Leine gehalten, damit sie nicht die Wildtiere störten, die unter Dianas Schutz standen. Mit der Zeit wurde Dianas Kult immer näher bei den großen Siedlungszentren abgehalten, sogar auf dem Aventin-Hügel in Rom und nicht mehr unter freiem Himmel, sondern in massiven Diana-Tempeln, wie es sie später sogar in Nordeuropa gab, wo die einst für so vieles zuständige Göttin allerdings meistens nur noch um reiche Beute auf der Jagd gebeten wurde.

Dictynna → *Britomartis*

Dido, Elissa Für die meisten Menschen, die in der europäischen Kultur zu Hause sind, ruft dieser Name jene karthagische Königin in Erinnerung, die von dem herumziehenden trojanischen Helden Aeneas verführt und verlassen wurde und sich dann lieber selbst tötete als die öffentliche Schande zu ertragen, eine Herrscherin zu sein, über deren Wünsche und Befehle man sich hinwegsetzen konnte.
Aber hinter dieser legendären Gestalt steht noch eine andere, denn Dido war auch der Name der Gründerin von Karthago. Man könnte meinen, Dido habe viele Jahrhunderte gelebt und zweimal Selbstmord begangen, denn nur so wäre es möglich, alle mit Dido verbundenen Überlieferungen in einer einzigen Geschichte zusammenzufassen. Es ist wahrscheinlicher, daß der Name einer zur Göttin erhobenen Ahnherrin und Stadtgründerin von jeder späteren karthagischen Königin angenommen wurde und daß Dido ein mit der Krone verbundener Titel war.
Die erste Dido hatte ihren Namen möglicherweise von dem Wort *dida* («herumziehen») und war identisch mit der Königstochter Elissa («Göttin») von Tyros im heutigen Libanon. Als sie entdeckte, daß ihr Bruder heimtückisch ihren Ehemann ermordet hatte, verließ sie ihr Heimatland mit einem Gefolge von achtzig Frauen, fuhr nach Nordafrika und erwarb dort Land «so groß wie eine Rinderhaut». Dann schnitt sie listig die Haut in schmale Streifen und erhob Anspruch auf alles Land, das sie damit umspannen konnte. Ihre Stadt Cartha-Elissa («Stadt der Göttin») blühte auf unter dem bekannteren Namen Karthago, aber ihre erste Königin tötete sich selbst, als ein benachbarter König mit Krieg drohte, falls sie nicht mit ihm schlafe. Der heilige Hain der Dido oder Elissa, der göttlichen Königin, blieb in der Mitte Karthagos erhalten, bis die Stadt im 3. Punischen Krieg (149–146 v. Chr.) von den Römern zerstört wurde.

Dike → *Themis*

Dilba → *Ishtar* als kriegstreibender Morgenstern, im Gegensatz zu ihrer Identität als Zib, dem Abendstern, der das Verlangen anstachelt.

Dina Diese Mutter des letzten matriarchalischen hebräischen Stammes war die Tochter von → *Lea* und wurde im Schoß ihrer Mutter von einem männlichen Fötus in einen weiblichen verwandelt – eine Umkehrung der üblichen biologischen Entwicklung –, da Lea, die ihre noch kinderlose Schwester → *Rahel* bedauerte, darum betete, ihr Kind möge eher ein wertloses Mädchen als ein siebter Sohn werden.
Die hebräische Sage berichtet, daß Dina von ihrem Vater Jakob in einer Truhe versteckt wurde, sobald mögliche Bewerber in Sicht waren, so sehr sorgte er sich, daß sie einen unbeschnittenen Mann heiraten könnte. Dennoch ging Dina eines Nachts spazieren und stolperte in eine fröhliche Gruppe von Tänzern. Einer von ihnen, ein Prinz namens Sichem, bat sie, mit ihm nach Hause zu gehen, und schlief mit ihr.
Sichem wollte Dina zu seiner rechtmäßigen Gattin machen, aber die Hebräer protestierten gegen die Heirat mit einem Mann von einem Stamme Unbeschnittener. Also erklärte Sichem sich bereit, sich zusammen mit seinen Gefolgsleuten die Vorhaut beschneiden zu lassen. Am dritten Tag nach dem Ritual, als die Männer wegen der dem Eingriff folgenden Entzündung geschwächt zu Bett lagen, fielen die Hebräer über sie her, massakrierten sie und nahmen Dina mit, die mit einer Tochter schwanger war.
Vermutlich enthält diese Geschichte eine politische und moralische Belehrung, in der gezeigt wird, daß der bloße Gedanke, sich mit einem nicht-hebräischen Stamm zu arrangieren oder gar zu verbinden, blutig geahndet wird. Für Dina wurde ein akzeptabler hebräischer Gatte gefunden, woraus hervorgeht, daß die Stämme Israels von den liberalen matriar-

Dione

chalischen Einflüssen wieder «gereinigt» wurden.

Dione Sie war eine sehr alte Göttin jenes Gebietes, das dann zu Griechenland wurde, und was wir von ihr wissen, ist verwirrend und manchmal auch widersprüchlich. In der späteren griechischen Sage ist Dione eine → *Ozeanide*, also eine Tochter des Meeresgottes Okeanos und der → *Tethys*, und bei Homer die Mutter von → *Aphrodite*. Aber das ist geographisch unmöglich, da die große Göttin aus dem östlichen Mittelmeerraum (Zypern) nach Griechenland kam, und zwar lange, nachdem Diones Kult verblaßt war.

In dem später erdichteten Stammbaum der Aphrodite heißt es, daß Dione von Zeus geschwängert wurde. Und Zeus erscheint noch in einer weiteren Beziehung zu Dione: Er war der zweite Herrscher über das von Dione begründete Orakel von Dodona. An dieser heiligen Stätte in Epirus antwortete das Rauschen eines Baumes auf Fragen zu persönlichen Angelegenheiten, niemals aber zu staatlichen oder religiösen Dingen. Nur ältere Frauen durften die Worte des Baumes interpretieren. Selbst nachdem Zeus Diones Orakel übernommen hatte, waren Männer vom Vorsitz bei den Ritualen ausgeschlossen.

Wahrscheinlich, so lassen diese Hinweise vermuten, galt Dione bei den vorhellenischen Griechen als Göttin der Inspiration und der Sexualität. Daß in dem Wort «Dione» die Namen der römischen Hauptgöttinnen der Weiblichkeit, → *Juno* und → *Diana*, enthalten sind, läßt ebenfalls auf eine herausragende Stellung der Dione in der Frühzeit schließen. Aber die Wahrheit über sie ist heute nur noch so leise vernehmbar und so vage deutbar wie das Rauschen der Buchen von Dodona.

Dirae → *Erinnyen*

Discordia → *Ate,* → *Concordia*

Disen Ursprünglich wurde mit «Dis» die vergöttlichte Stammutter einer Familie bezeichnet, doch mit der Zeit wurde daraus ein Oberbegriff für alle nordischen Göttinnen. Insbesondere aber verstand man unter «Disen» eine schwer bestimmbare Gruppe von Schicksalsgöttinnen, den → *Nornen* vergleichbar. Sie bestimmten speziell die geistigen Gaben und Schwächen jedes Menschen – ein guter Grund, ihnen beim Fest der Winternächte mit ausgiebigem Trinken auf ihr Wohl und Geschichtenerzählen zu huldigen.

Diti War die indische Göttin → *Aditi* «Die Grenzenlose», so ist ihr Gegenstück Diti «Die Begrenzte». Vielfach wird Aditi als der endlose Himmel interpretiert, Diti als die Erde. Beide stammen offensichtlich aus einer nichtarischen Quelle der hinduistischen Mythologie, denn ihre Kinder waren, obwohl sie als übernatürlich anerkannt waren, niemals ein Teil des offiziellen Pantheons.

Ditis erste Kinder waren die Daityas, riesenhafte Dämonen, die gegen die Götter Krieg führten, aber von ihnen besiegt und von Indra, dem Unwettergott, in die Tiefen des Ozeans verbannt wurden. Als Diti erneut schwanger war, bediente sie sich eines Zaubermittels, damit sie einen Sohn gebäre, der Indra, den Mörder ihrer Erstgeborenen, zu töten vermochte. Indra fühlte sich von Diti so bedroht, daß er sie ständig beobachtete. Als sie einmal schlief, drang Indra durch ihre Vagina bis in die Gebärmutter hinein und zerstückelte den Fötus. Aber selbst zerstückelt war der Fötus so kräftig, daß sich daraus 49 Krieger bildeten.

Djanggawul-Schwestern «Töchter der Sonne» waren diese australischen Göttinnen, und ihre fortwährend schwangeren Körper brachten auf ihrem Weg durch die Welt ständig neue Lebewesen, heilige Gegenstände und Ideen hervor, wobei ihre langen Vulvas Stück für Stück abbrachen.

Die Schöpfungskräfte wurden den Frauen jedoch eines Tages von ihrem Bruder gestohlen, vermeldet eine australische Legende. Als die Djanggawul-Schwestern Bildjiwuraroju und Miralaidji gerade beim Fischen waren, schlich sich der Bruder mit einem Gefährten in das Lager und stahl die Machtwerkzeuge der Frauen, ihre Inspiration und Kreativität. Die Frauen spürten, daß Fürchterliches geschehen war, und kehrten sofort zurück. Aber es war schon zu spät. Obwohl ihrer Zauberkraft beraubt, machten sich die Frauen dennoch auf, um wieder dem Pfad der Sonne zu folgen, und sie brachten, allein aus dem Reichtum ihrer Erfahrungen, weiterhin neue Kreaturen hervor.

Djigonasee Diese Indianerin vom Stamm der Huronen in Ontario war die Mutter des Propheten Deganiwada, des Initiators der Liga der sechs Nationen: Seneca, Cayuga, Onondaga, Oneida, Mohawk und Tuscarora. Wie viele Heldenmütter gebar Djigonasee ihren Sohn angeblich als Jungfrau. Ein Bote aus der Welt der Überirdischen kündigte die Geburt an.
Als ihr Sohn erwachsen war, diente Djigonasee der Sache des Friedens, indem sie Verhandlungen und Verträge zwischen den Stämmen vorbereitete. In dieser Funktion hielt sie die Tradition ihres Waldvolkes aufrecht, denn dessen Häuptlinge wurden von weisen Frauen gewählt und wieder entmachtet, wenn sie selbstsüchtig oder unklug handelten.

Dji Sisnaxitl → *Quamaits*

Dolja und Nedolja In Rußland soll diese Schicksalsgöttin hinter dem Herd gewohnt haben. Wenn sie guter Stimmung war, wurde sie Dolja genannt, die kleine alte Dame, die das Glück brachte. Hatte sie schlechte Laune oder Anlaß, ärgerlich zu sein, war sie Nedolja, die in Fetzen gekleidete alte Hexe des Pechs.

Dölma → *Tara*

Don Diese alte Stammgöttin der Bewohner von Wales wird in der Überlieferung als Mutter aller Gottheiten bezeichnet. Die meisten Mythenforscher sind der Auffassung, daß sie dieselbe Göttin war wie die irische → *Danu*; denn die Urkelten beider Britischen Inseln waren ja noch eng miteinander verwandt. Aber ob beide auch mit der → *Danae* der Griechen in Beziehung standen, darüber gibt es erhebliche Meinungsverschiedenheiten.
Die irische Überlieferung behauptet, das Volk der Dana, das von den Syrern aus ihrer peloponnesischen Heimat vertrieben wurde, sei nach Norden bis Dänemark gezogen und um 1472 v. Chr. auf den nordatlantischen Inseln eingetroffen. Wenn man von dieser irischen Überlieferung ausgeht, dann muß Don als vor- hellenische Göttin angesehen werden, die in Griechenland unterdrückt wurde und Jahrhunderte später in Wales wieder auftauchte.
Siehe auch → *Arianrhod*.

Doris Die Tochter der → *Tethys* und des Meeresgottes Okeanos gehörte zu den → *Ozeaniden* genannten Meeresnymphen und galt wegen ihrer Freundlichkeit als Göttin der Seefahrer. Als Gemahlin des ebenso freundlichen und weisen Nereus – ein Sohn der → *Gaia* – wurde sie die Mutter der fünfzig → *Nereiden* und möglicherweise auch der → *Thetis*. Doris wird auch oft als Ahnherrin des Volkes der Dorer genannt.

Dou Mu, Tou-mu «Mutter des Großen Wagens» bedeutet der Name dieser chinesischen Göttin der Gerechtigkeit und des Mitleids. In den daoistischen Tempeln sind ihr oft ganze Hallen geweiht. Sie wird auf einem Lotosthron sitzend dargestellt, mit vier Köpfen, die je drei Augen haben, und mit vier Armen rechts und links. Sie kommt von den Sternen, führt Aufzeichnungen über das Treiben aller Menschen und bestimmt danach die Lebensdauer jedes Einzelnen. Sie galt aber auch als Schriftführerin des Himmels in dessen eigenen Angelegenheiten, führte eine Liste aller Gottheiten, ihrer Pflichten und ihrer Besitztümer.

Draupadi Diese indische Königstochter war die Gattin von allen fünf Pandava-Brüdern, den Siegeshelden des im indischen Nationalepos *Mahabharata* beschriebenen Krieges. Sie hatte unter ihnen jedoch einen Lieblingsgemahl. Das war Arjuna, ein Freund und Schüler Krishnas, des am meisten verehrten hinduistischen Gottes. Die von ihm empfangenen spirituellen Unterweisungen sind in der *Bhagavad-Gita* («Gesang des Erhabenen») niedergelegt und bilden gewissermaßen das Evangelium des Hinduismus.

Druden, Truden In der deutschsprachigen Alpenregion ein Name für hexenähnliche Nachtdämoninnen, die die Menschen im Schlaf stören, indem sie ihnen z. B. Alpträume oder Kopfschmerzen verursachen. Als Schutz gegen diese Plagegeister sollte nach dem

Volksglauben der Drudenfuß dienen: ein mit einem einzigen Strich gezeichneter fünfeckiger Stern (Pentagramm).

Einige Sprachforscher haben den Begriff vom Altnordischen *trotha* («stoßen, treten») abgeleitet, andere von *thrudr* («Kraft» oder «Frau»). Thrudr ist auch der Name zweier Gestalten der nordischen Mythologie: So heißt eine Tochter des Donnergottes Thor sowie eine der → *Walküren*.

Drug → *Nasu*

Dryaden Die Griechen glaubten, daß jeder Baum eine eigene Seele habe, eine elementare Kraft, die in einer rindenbedeckten Gestalt verkörpert war. Diese Dryaden (von *drys*, «Eiche») oder Baumnymphen (→ *Nymphen*) waren – wie die Baumgeister in den meisten Kulturen – weiblich und nicht unsterblich, sondern sie starben mit dem Baum. Man glaubte, daß eine Dryade Menschen, die gedankenlos Zweige von einem Baum abbrechen, bestraft.

Dryope Es gab in der griechischen Antike eine ganze Reihe mythischer Wesen dieses Namens, zumeist waren es → *Nymphen*. Eine von ihnen war in einen Sterblichen vernarrt, verlockte ihn zu einer Umarmung, um ihn danach zu ertränken. Eine andere war eine Nymphe aus dem wilden Arkadien, die jene späte Ergänzung des griechischen Pantheons zur Welt brachte: den lüsternen Unhold Pan. Dann gab es noch eine glücklose Nymphe dieses Namens, die vom Sonnengott vergewaltigt wurde und sich in eine Pappel verwandelte. Da eine solche Geschichte oft auf eine einheimische Göttin weist, die von eindringenden Indogermanen unterdrückt wurde, war Dryope möglicherweise ursprünglich eine Baumgöttin.

Um einen Baum geht es auch in der Geschichte einer vierten Dryope. Der Zweig, den diese Königstochter und Geliebte des Apollon von einem Lotoskirschenbaum abgebrochen hatte, hinterließ zu ihrer Verwunderung eine blutende Wunde. Genau in diesen Baum hatte sich nämlich die Nymphe → *Lotis* auf ihrer Flucht vor dem lüsternen Fruchtbarkeitsgott Priapos verwandelt. Alles Flehen der armen Dryope war vergebens. Lotis verwandelte sie ebenfalls in einen Baum.

Dugnai Diese litauische Göttin wachte über das ordnungsgemäße Brotteigkneten. Ihr Beiname «Die auf dem Grund ist» läßt vermuten, daß sie auch den Bodensatz und den Schaum der Hefen bei der Gärung von Alkohol kontrollierte.

Durga Im Hinduismus sind alle Göttinnen letztlich ein und dieselbe; sie werden oft einfach → *Devi* («Göttin») genannt, doch Devi erscheint in sehr unterschiedlichen Gestalten mit individuellen Charaktereigenschaften. Die grimmigste Form von Devi ist Durga, und sie ist auch die älteste: Während des uranfänglichen Krieges zwischen Göttern und Gegengöttern war Durga die erste Manifestation der Göttinnen-Energie.

Der Krieg kam zu keinem Ende. Keiner Seite gelang es, die Übermacht zu gewinnen. Die Götter, die kaum noch Hoffnung hatten, daß die Schlachten einmal ein Ende haben würden, versammelten sich und konzentrierten ihre Energien. Flammen sprangen aus ihren Mündern und formten Durga («Die Unergründliche»), die erste weibliche Gottheit des Universums. Obwohl von starken Göttern hervorgebracht, war diese Göttin stärker als sie alle und fest entschlossen für das zu kämpfen, was sie für gut hielt.

Als die Götter Durgas Macht erkannten, lieferten sie ihr sämtliche Waffen ab. Sie selbst stieg auf einen Löwen und ritt auf den Anführer der Antigötter zu, den Dämon Mahisha. Dieses magische Wesen, dem die ihm unbekannte Erscheinung Angst einjagte, setzte alle seine Kräfte ein, um eine furchterregende Gestalt nach der anderen anzunehmen. Dennoch kam die Göttin immer näher, bis sie schließlich, als der Dämon sich gerade in einen Büffel verwandelt hatte, diesen niedermetzelte. Der Dämon versuchte noch, durch das Maul des sterbenden Tieres zu entkommen, doch Durga packte ihn bei den Haaren, tötete ihn und befreite so die Erde vom Bösen, damit die Götter sie bewohnen konnten.

Die Göttin symbolisiert in dieser Form nicht nur die konzentrierte Macht des Kampfes gegen das Unrecht, sondern auch die Oberherrschaft der geistigen Ebene über den Abgrund der Nicht-Erkenntnis und das Elend der Armut, denn Durga steht für das Wesentliche und das Ende aller Dinge. Sie zu verstehen versuchen, bedeutet, nach dem höchsten Wissen zu streben, das möglich ist: der Gotteserkenntnis.

Das jährliche Anbetungsfest für die Göttin (Durga-Puja) findet September/Oktober statt und dauert meist fünf Tage. Am letzten Tag wird ein Bildnis der zehnarmigen, zugleich Strafenden und Gnade Übenden in einem Fluß oder im Meer versenkt.
Siehe auch → *Kali*.

Dzalarhons Die «Vulkanfrau» der Haida-Indianer an der Nordwestküste des Pazifiks war ein mächtiger Geist, der die Tiere beschützte und Menschen, die sie mißhandelten, streng bestrafte. Einst war Dzalarhons eine Sterbliche, so heißt es, die in das Land der Haida einwanderte mit ihrem Onkel Gitrhawn, dem Lachsesser. Dort verliebte sie sich in einen Einheimischen und – wie es die matriarchalischen Sitten des Volkes verlangten – veranlaßte ihren Onkel, die Heirat zu arrangieren.

Geschmückt mit Otterfellen, wurde Dzalarhons über die Buchten der Königin-Charlotte-Inseln in das Dorf des von ihr auserwählten Gefährten gebracht. Unter prächtigen Zeremonien fand die Hochzeit statt, aber als sich das Paar ins Schlafzimmer zurückzog, mußte Dzalarhons erfahren, daß sie den Charakter ihres frisch angetrauten Gatten falsch eingeschätzt hatte. Er verlangte von ihr, daß sie die Nacht nicht neben ihm verbringe, sondern eine brennende Fackel über seinen Kopf halte. Als die Fackel im Laufe der Nacht herabbrannte, schützte die Frau ihre Arme mit ihren Kleidern, die erst angesengt wurden und dann verbrannten.

Am nächsten Morgen waren die Haida geschockt von dem Verhalten des jungen Mannes und warnten ihn davor, Gitrhawns Rache über das Volk zu bringen. Den Bräutigam kümmerte das jedoch nicht, und er verlangte weiterhin, daß Dzalarhons seine Fackel hielt, bis all ihre Kleider verbrannt waren und sie gezwungen war, nackt zu gehen.

Als das Volk der Lachsesser von Dzalarhons Mißhandlung hörte, eilten sie ihr zu Hilfe. Sie brannten das Dorf der Haida nieder, fanden aber keine Jungfrau, sondern nur eine steinerne Statue, zwischen deren Beinen ein Fluß strömte. Dieser Fluß bildete einen See, und am Kopf des Sees stand die steinerne Frau, in der Hand einen brennenden Stab, auf dem ein Kupferfrosch saß. Von da an war die verwandelte Jungfrau eine mächtige und gefürchtete Gottheit.

Es heißt, daß Dzalarhons fast ein Dorf am Fluß Nass zerstörte, weil seine Bewohner ohne Achtung dem Leben gegenüber waren. Erst lebten die Menschen dort im Wohlstand, denn die Natur versorgte sie mit Lachs, mit Beeren und anderen wild wachsenden Dingen, die sie ernten konnten. Aber als sie sich an diesen Reichtum gewöhnt hatten, begannen sie die Gesetze der Natur zu vergessen. Sie töteten sinnlos Tiere und überließen die Kadaver den Aasfressern. Sie erfanden sogar ein schreckliches Spiel: Sie fingen laichende Lachse, schlitzten ihnen den Rücken auf und steckten dort pechgetränkte Zweige hinein, zündeten diese «Kerzenfische» an und setzten sie wieder ins Wasser. Blutend und leidend erleuchteten die Lachsschwärme die Flüsse.

Dieser grausige Anblick entfachte die Wut der Vulkanfrau. Bald hörten die Leute ein schreckliches Rumpeln wie von Geistertrommeln. Entsetzen zog durch das schuldbewußte Dorf, aber für Reue war es zu spät. Dzalarhons, die Göttin der Erde und Besitzerin aller Bodenschätze, ergoß feurigen Zorn über die frevelhaften Menschen. Wenige nur entkamen dieser Hölle, denn selbst die Flüsse erhitzten sich durch den Zorn der Göttin.

Dziwozony Die wilden Waldfrauen Polens lebten in schwer zugänglichen Höhlen und versuchten die Geheimnisse der Natur zu erforschen, besonders jene der heilenden Kräuter. Diese harmlosen Geister, die unter anderem Namen auch in den Ländern südlich von Polen bis nach Bulgarien hin bekannt sind, sollen große, eckige Köpfe haben, lange Finger und auffallend rötliche Körper.

E

Ebhlinne, Ebhlenn Dieser irischen Göttin wurde in der Grafschaft Tipperary gehuldigt, ihre Heimat waren die Twelve Mountains von Ebhlenn, deren höchster Mutterberg genannt wird. In *Dindshenchas Eirenn*, einer Art Ortskunde Irlands in Gedichtform, soll Ebhlinne erst mit einem König von Cashel verheiratet, aber dann mit dessen gutaussehendem Sohn durchgebrannt sein. Bis Anfang des 20. Jahrhunderts wurde die alte Muttergöttin bei den Sonnwendfeiern in ihren Bergen geehrt.

Echenais Diese griechische → *Nymphe* verliebte sich in Daphnis, einen sizilischen Hirten, der sie und viele andere Frauen durch seine Anmut und sein Flötenspiel bezauberte. Um ihn fest an sich zu binden, ließ Echenais den Geliebten ewige Treue schwören. Er betrank sich jedoch zusammen mit einer Priesterin und schlief mit ihr. Echenais entdeckte die Untreue, und um sicherzugehen, daß Daphnis nie wieder von sterblicher Schönheit in Versuchung geführt werden könnte, blendete sie ihren Liebhaber.

Echidna Die monströse Riesenschlangenfrau, Tochter der → *Gaia* oder der → *Keto*, paarte sich mit ihrem Bruder, dem hundertköpfigen Drachen Typhon, um einige der seltsamsten Kreaturen hervorzubringen, die den griechischen Mythos bevölkern: den rasenden Nemeischen Löwen und den Riesenhund Kerberos (Zerberus), die vielköpfige → *Hydra*, die grausige Chimaira *(→ Schimäre)* und vielleicht sogar die → *Sphinx*.

Echo Diese Bergnymphe (→ *Oreaden*) wurde eine der Dienerinnen der Himmelsgöttin → *Hera*. Zeus, der Herrscher des Olymps und Heras Gatte, näherte sich auch diesem hübschen Wesen und erzählte Echo von seinen nicht sehr befriedigenden Liebesabenteuern. Als Hera davon erfuhr, schlug sie die Nymphe mit Stummheit, um zu verhindern, daß ihre Ehe zum Gespött des Himmels wurde. Zeus milderte diesen Fluch ein wenig, indem er Echo die Gabe verlieh, wenigstens die letzten Silben, von allem, was sie gehört hatte, zu wiederholen.
Auch Pan, der bärtige Gott der Wildnis und der Geilheit, war vorübergehend der Geliebte Echos, doch sie verließ den Gehörnten und Bocksbeinigen, weil sie sich in den hübschen Sterblichen Narkissos (Narziß) verliebt hatte. Der eingebildete junge Mann wollte indes genausowenig mit ihr schlafen, wie er an irgendeiner anderen Frau Interesse zeigte. Als Strafe für seine Eitelkeit verurteilte ihn → *Aphrodite* dazu, sich in sein eigenes Spiegelbild in einem Waldteich zu verlieben. Dabei verging er vor Gram und wurde schließlich zu einer Blume. Und Echo, die weiterhin versuchte, seine Aufmerksamkeit zu erregen, wurde zu einem Felsen am Ufer des Teiches. Sie konnte auch in dieser Gestalt reden, aber immer nur den Schluß von dem, was sie gerade gehört hatte. Diese hübsche Geschichte klingt eher nach einer späteren poetischen Deutung des Echo-Effekts als nach einer echten Mythe.

Echtghe, Aughty Wahrscheinlich handelt es sich um eine alte Form oder einen alten Beinamen der frühkeltischen Göttin → *Anu*, der Mutter der Götter. Bis vor kurzem wurde ihr Name für einen Gebirgszug im Westen

Irlands benutzt, Slieve Aughty (Sliabh na Echtghe). Echtghe, die Tochter des Gottes Nuada mit der Silberhand, waren diese Berge von ihrem Geliebten geschenkt worden. Das Gebiet ringsherum galt bis zu Beginn des 20. Jahrhunderts als Schlupfwinkel von Biddy Early, der Weißen Hexe von Clare, deren magische blaue Flasche irgendwo in den Bergen auf dem Grund eines Sees ruht und deren Zauberkraft darauf wartet, daß jemand Anspruch auf sie erhebt.

Edain → *Etain*

Edda Ihr Name bedeutet «Urgroßmutter», ein Begriff, der auch im Sinne von «Urgroßmutter-Geschichten» als Bezeichnung für die beiden großen Sammlungen der altnordischen Mythen bekannt ist. In der bei den Skandinaviern kursierenden Schöpfungsgeschichte war die zwergenhafte Edda die erste Frau, die Nachkommen hervorbrachte. Mit ihrem Gatten Ai oder vielleicht auch mit dem Feuergott und Himmelswächter Heimdall zeugte sie das Geschlecht der Thralls, jene, deren Aufgabe es sein sollte, als Nahrungsmittelerzeuger zu dienen. Die nächste große Mutter war Amma («Großmutter»), die das Geschlecht der Churls hervorbrachte, die dazu bestimmt waren, Handwerksberufe auszuüben und Handel zu treiben. Die letzte Muttergestalt dieser Geschichte war Mothir, die wiederum die Jarls oder Führer erzeugte, jene, die jagten, kämpften, aber auch zur Schule gingen, um mehr zu wissen als die anderen.

Edji → *Eva*

Edjo → *Uto*

Edusa Römische Göttin, die weinende Kinder tröstete.

Egeria Sie war eine frühe italische Göttin der Weisheit und der Weissagung, deren Name immer noch benutzt wird für kluge Ratgeberinnen. Vielleicht handelte es sich bei ihr um eine Ursprungsform der → *Diana*, mit der sie das Heiligtum in Nemi teilte, von dem die Vestalinnen (→ *Vesta*) das Wasser für ihre Rituale holten. In der römischen Überlieferung tauchte sie als halb göttliches Geschöpf auf, als Quellnymphe (→ *Najaden*), der es der legendäre römische König Numa Pompilius (8./7. Jahrhundert v. Chr.) angetan hatte. Sie nahm ihn zum Gatten und diente ihm als sein übernatürlicher Ratgeber. Egeria war es, die die angemessenen Rituale für die Verehrung der Erde lehrte und die ersten Gesetze der Stadt Rom verkündete. Später wurde Egeria zu einer vollwertigen Gottheit, die von schwangeren Frauen angerufen wurde, um eine leichte Geburt zu erbitten. Auch war sie, wie viele Hebammen-Göttinnen, dafür zuständig, die Zukunft der Neugeborenen vorherzusagen.

Eidotheia, Idothea Diese griechische Meeresgöttin, eine Tochter des vielgestaltigen Gottes Proteus, erfreute sich großer Beliebtheit bei allen Seeleuten, weil sie ihnen die Wettermacher-Tricks ihres Vaters verriet, was die meteorologische Prognose entschieden erleichterte.

Eileithyia, Ilithyia Im vorhellenischen Griechenland wurde Eileithyia («Die zu Hilfe Kommende») als ägäische Geburtsgöttin verehrt, eine Spinnerin, die den Faden des Lebens erzeugte. Später wurde sie mit der Göttin → *Artemis* gleichgesetzt, doch wurde ihr Name auch in römischer Zeit noch lange benutzt. Sie galt als so unermeßlich alt, daß es hieß, sie habe bei der Geburt der ersten Götter und Göttinnen Griechenlands mitgewirkt. In einigen Sagen wird sie sogar als Mutter von Eros genannt – nicht des frivolen, unbedeutenden Gottes späterer Zeit, sondern der uranfänglichen Schöpfungskraft, die aus dem Weltei schlüpfte.

Eileithyia konnte eine Gebärende strafen, indem sie deren Knie kreuzte und deren Hände umklammert hielt. Bevor sie den Körper der Schwangeren nicht wieder freigab, konnte das Kind nicht das Licht der Welt erblicken. Hunde und Pferde waren ihre Symbole. Die Opferung eines Hundes stellte sicher, daß Eileithyia während der Geburt nicht die Knie kreuzen würde. Später benützten die Menschen den Namen der Göttin als Beinamen ihrer eigenen Geburtsgöttinnen, und so wurde Eileithyia verwendet für → *Juno*, → *Lucina* und sogar für → *Hekate*.

Eingana Die Angehörigen der ältesten noch fortdauernden Kultur auf der Erde, die australischen Aborigines, nennen Eingana die Hervorbringerin und Mutter allen Wassers, allen Landes, aller Tiere – und speziell der Känguruhs. Diese riesige Schlangengöttin, so sagen sie, lebt immer noch im Ozean und erhebt sich gelegentlich, um noch mehr Leben hervorzubringen.

Anfangs erbrach Eingana Lebewesen aus ihrem Mund. Dann, unzufrieden mit dieser Geburtsmethode, verschlang sie sie wieder. Doch die uranfängliche Schlange besaß keine Vagina. Als ihre Nachkommen in ihr wuchsen, schwoll die Göttin auf. Schließlich begann sich Eingana von dieser Schwangerschaft gequält hin und her zu rollen. Der Gott Baraaiya sah ihr Leiden und durchbohrte sie in der Nähe des Afters, so daß die Geburt vor sich gehen konnte, so wie alle Geschöpfe heute gebären. Aus Eingana ergossen sich ihre wiedergeborenen Geschöpfe, die sogleich von einem Dingo gejagt wurden, was sie veranlaßte, sich ihrer irdischen Formen und Möglichkeiten zu bedienen und davonzufliegen, -zurennen oder -zuhoppeln.

Für die Aborigines ist diese Mutter der Geburt gleichzeitig die Mutter des Todes. Es heißt, Eingana halte die Lebenssehne, die an jedem ihrer Geschöpfe befestigt ist. Wenn sie diese losläßt, endet das Leben. Wenn sie selbst einmal sterben sollte, würde alles aufhören zu existieren.

Eir Die nordische Göttin des Erbarmens war die «beste Ärztin» oder die «Sich Sorgende». Die ewig jugendliche Eir saß auf ihrem Berg Lyfjaberg («Heilung») und gewährte jeder Frau Gesundheit, die zu ihr hinaufkletterte. Siehe auch → *Frigg*.

Eireisone Weibliche Verkörperung eines griechischen Ritualgegenstandes: ein Zweig Olivenholz, mit Wolle umwickelt und mit Früchten behangen, der bei Feierlichkeiten von den Kindern getragen wurde, die noch beide Eltern hatten.

Eirene → *Irene*

Eithinoha → *Nokomis*

Ekajata Die Göttin, «die nur einen Haarschopf hat», ist zuständig für alles Schreckenerregende im buddhistischen Pantheon. Schon ihre Erscheinung ist grausig: Ihr wutverzerrtes Gesicht hat drei Augen. In ihren vier Armen hält sie Sägemesser und Schädel, Pfeil und Schwert. Da es ihre Aufgabe war, Unrecht zu bestrafen, wurde sie von denen, die für das Recht eintraten, verehrt und diese dafür wiederum von der Göttin mit Glück gesegnet.

Ekajata wurde oft auch mit der Grünen → *Tara* gleichgesetzt, und eine Extremform von ihr war die zwölfköpfige Vidyujjvalakarali («Die schrecklich ist wie das Feuer des Blitzes»), aus deren Horrorporträt Flammen aufsteigen und deren 24 Arme lauter Folterwerkzeuge halten.

Eka Obasi → *Isong*

Ekki → *Aka*

Elat → *Allat*

Elektra Es gab viele griechische Heroinen dieses Namens, von denen das Bemerkenswerteste an den meisten war, daß sie die Mutter von dem oder die Schwester von jenem waren. Am berühmtesten wurde die Tochter der Königin → *Klytämnestra*. Diese Elektra plante die Tötung ihrer Mutter, um sie für deren Gattenmord büßen zu lassen. Als Elektra-Typen werden junge Frauen bezeichnet, die ein übersteigertes Abhängigkeitsverhältnis zum Vater haben. Diese Gestalt war, darin sind sich die meisten Forscher einig, eine rein literarische Erfindung, die jeder Grundlage im echten Mythos um das Atriden-Geschlecht entbehrt. Siehe auch → *Harpyien*, → *Plejaden*.

Elfen Erst im Mittelalter kamen diese überwiegend nymphenhaft gutartigen, seltener bösartig dämonischen weiblichen Geisterwesen ins germanische Volksgut und wurden – abgeleitet vom altenglischen Wort *aelf* – zunächst Alben genannt. Sie erschienen den Menschen gern in Traumgesichten, und wenn diese nichts Gutes verhießen, sprach man von Alb- oder Alpträumen. Ähnlich wie bei den → *Feen* und → *Nymphen* wird zwischen Elfen der Berge, des Meeres und des Waldes unter-

Emboq Shri

«Leer an Macht und leer an Schicksal» lag Embla auf der neuen Erde. In die aus Holz gebildete weibliche Form hauchte der Gott Odin eine Seele, wie er es auch bei ihrem Gefährten Askr tat.

Emboq Shri Die «Reisbraut» war auf Java schon deswegen eine wichtige Göttin, weil sie über die Nahrungsmittel herrschte und diese dem Volk freigebig zuteilen oder vorenthalten konnte.

Emer Diese begehrenswerteste aller irischen Heldinnen schien mit allen Vorzügen ausgestattet zu sein, die eine Frau nur besitzen konnte: Klugheit, Geschicklichkeit und Schönheit – und sie war sich ihrer Außergewöhnlichkeit durchaus bewußt. «Ich bin», so erklärte sie einem Bewerber, «das Musterbild einer vollkommenen Frau, die weißeste der Jungfrauen, eine, der man nachschaut, die sich aber nicht selbst umdreht. Ich bin der unberührte Weg.» Dieser Freier war der Held Cuchulainn, von dem sie heldenhafte Großtaten verlangte, bevor sie mit ihm schlafen würde (→ *Scathach*). Zu dieser Forderung sei sie aufgrund ihrer exzellenten Begabungen berechtigt.

Empusa → *Hekate*

Enyo → *Graien*

Eos Die griechische Göttin der Morgenröte war die Tochter von zwei frühen Lichtgottheiten, des Titanen Hyperion und der → *Theia*, und die Schwester der → *Selene* und des Sonnengottes Helios. Dieses liebliche geflügelte Geschöpf lenkte einen Wagen, vor den vier schnelle Rosse gespannt waren und der das Licht über den Himmel zog. Mittags verwandelte sie sich in Hemera («Licht des Tages») und später in den Sonnenuntergang, wobei sie manchmal Hesperide genannt wurde.
Eos hatte viele Liebhaber und entführte zur Befriedigung ihrer Bedürfnisse oft gut aussehende Männer. Einer von ihnen war der riesenhafte Orion, ein ziemlich grausamer Mensch, der seine Gattin → *Merope* ständig mißhandelt hatte und deshalb von deren Vater, dem Weingott Dionysos, geblendet worden war. Um sein

schieden. Die meisten Geschichten um Elfen und Elfenköniginnen sind von antiken oder keltischen Mythen inspirierte Schöpfungen von Märchendichtern der Neuzeit.

Elissa → *Dido*

Elpis → *Spes*

Embla Die erste Frau war, der altnordischen Überlieferung nach, eine Esche. (Manchmal heißt es auch, sie war ein Holunder, und die Esche habe den ersten Mann hervorgebracht.)

Eostra

Eos entführt Kephalos, den Sohn des Hermes (etruskisch)

Eos mit der Leiche ihres von Achill getöteten Sohnes Memnon (griechisch)

Augenlicht wiederherzustellen, so sagte man ihm, müsse er sein Gesicht in Eos' Strahlen baden. Sie sah ihn auf einer Bergspitze stehen und gab ihm nicht nur sein Augenlicht wieder, sondern nahm ihn auch mit als ihren Geliebten. Orion ließ jedoch nicht von seinem gewalttätigen Verhalten ab und wurde schließlich, weil er → *Artemis* beleidigt hatte, zu den Sternen verbannt.

Ein sterblicher Liebhaber der Eos war Tithonos, für den sie eine so andauernde Zuneigung entwickelte, daß sie für ihn die Unsterblichkeit erbat. Pech für ihn, daß die Göttin vergaß, die Bitte um ewige Jugend hinzuzufügen. So vergreiste Tithonos allmählich. Eos entfloh seinem Bett, hatte aber genug Mitleid mit ihrem ehemaligen Geliebten, um ihn in eine Grille zu verwandeln, die sie in einem kleinen Käfig neben ihrer Tür aufhängte, von wo aus er ihr einen Abschiedsgruß nachzirpen konnte, wenn sie sich auf ihre Tagesreise machte.

Siehe auch → *Heket*.

Eostra → *Ostara*

Ephesia → *Artemis*

Epona, Bubona Epona war der Name einer Pferdegöttin im keltischen Gallien. Ihr Kult, der in den von den Römern besetzten Gebieten besonders beliebt war, wurde schließlich auch von den römischen Heeren angenommen. Da sie Nachkomme einer Stute und eines Mannes gewesen sein soll, konnte Epona die Gestalt beider Elternteile annehmen.

Manchmal erschien sie dann auch als rauschender Fluß, was annehmen läßt, daß Epona als Fruchtbarkeitsgöttin wirkte. Diese wurden in den keltischen Kulturen oft als Wassergeister gesehen. Die heilige Stute Epona erschien als Verleiherin der Staatsgewalt in den alten keltischen Krönungsritualen, die möglicherweise auch den Ritus einer Hochzeit mit der Stutengöttin enthielten. Einige Forscher sehen in der Sage von Lady Godiva ein Überbleibsel der Mythen um die alles mögliche Gute stiftende Göttin Epona. Im 11. Jahrhundert soll die emanzipierte schöne Gräfin nackt durch Coventry geritten sein und durch diese Mutprobe der Stadt eine hohe Geldbuße erspart haben, die Lady Godivas Gemahl verlangt hatte.

Erato → *Musen*

Erinnyen, Erinyen

Epona

Erce Nach slawischer Überlieferung wurde die Erdmutter Erce jedes Frühjahr damit geehrt, daß man Milch, Mehl und Wasser in die Furchen des frisch umgepflügten Bodens goß.

Erda → *Jörd*

Ereshkigal, Erishkegal Nach der Mythologie der Sumerer schlief in der Unterwelt, in einem Palast aus Lapislazuli, eine riesige schwarzhaarige nackte Frau, die die ebenfalls nackten Toten in sich aufnahm. Diese Göttin, Ereshkigal, war eine andere Form der Erdmutter, die im östlichen Mittelmeerraum bekannt war unter zahllosen Namen wie z. B. → *Inanna*, → *Ishtar*, → *Mami*.

Ursprünglich regierte Ereshkigal die Wildnis am Ende der Welt, die von Regenbogen-Gärten umgeben war, ganz allein. Aber dann drang der gewalttätige Gott Nergal in ihr Reich ein. Ereshkigal wollte Frieden. Also schlief sie mit Nergal, und dabei vermittelte sie ihm einen Teil ihrer Weisheit, wodurch er eine gewisse Ebenbürtigkeit mit ihr erlangte. Dies wiederum führte dazu, daß sie von nun an ihren Thron mit ihm teilte. Sie herrschten zusammen über Kigalla («Totes Land» oder – vermutlich richtiger – «Land der Toten»), wobei sie im «Haus des Staubes» wohnten.

In der Kunst des Alten Orients wurde Ereshkigal als löwenköpfige Frau dargestellt, die Löwenjunge säugt, oder sie kniet auf dem Pferd des Todes, das in einem Boot steht, und überquert den Grenzfluß zwischen ihrer und unserer Welt, um nach den Opfergaben zu spähen, die die Lebenden an seinen Ufern niedergelegt haben.

Erigone In einigen Versionen der Erzählung über Königin → *Klytämnestra* von Mykene war Erigone die treue Tochter der Königin und ihres Geliebten Aegisthos: Sie soll es gewesen sein, die ihren Halbbruder Orest vor Gericht brachte wegen des Rachemordes an ihrer Mutter. Nachdem er freigesprochen worden war, erhängte sich Erigone, weil sie nicht mehr in einer Welt leben wollte, die den Muttermord verzieh.

Eine andere Erigone nahm ebenfalls den Strick, jedoch aus anderem Grund: Ihr Vater Ikarios war vom Weingott Dionysos persönlich in der Kunst der Weinzubereitung ausgebildet worden. Einige berauschte Hirten glaubten, der Mann habe sie mit seinem selbst zubereiteten Getränk vergiftet, und erschlugen ihn. Über dem Grab des Vaters erhängte sich die untröstliche Erigone an einem Baum. Die Götter versetzten sie als Stern ans Firmament, die Mörder des Ikarios aber straften sie mit Pest und Raserei. Noch lange Zeit beging man zu Ehren und zugleich zur Entsühnung der Selbstmörderin im Frühling in Attika das sogenannte Schaukelfest.

Erinnyen, Erinyen Lange bevor die Götter des Olymp das Gebiet regierten, das wir heute Griechenland nennen, kannten die Menschen dort drei unsterbliche schwarze Jungfrauen mit Schlangenhaar und giftigem Blut, das aus ihren Augen tropfte. Grau gekleidet, in der Hand messingbeschlagene Peitschen, bellend und kläffend wie Hündinnen, durchstreiften sie die vorhellenische Welt und verfolgten jene, die die urzeitlichen Gesetze des Blutes verletzten. Sie waren «Die Starken» bzw. «Die

Erinnyen, Erinyen

Wütenden», die Macht, die eine matriarchalische Welt zusammenhielt, denn diese halb menschlichen Frauen straften jeden, der es wagte, verwandtes Blut zu vergießen. Die gefürchteten Erinnyen hetzten wie ein gequältes Gewissen jeden zu Tode, der Blut vergossen hatte, das im Schmerz geboren worden war von einer Blutsverwandten.

Es gab drei Erinnyen, oder es war eine Erinnye in dreierlei Gestalt: → *Alekto* («Die niemals Ruhende»), Megaira («Neidische Wut», → *Megäre*) und Tisiphone («Die Rächerin»). Diese unversöhnlichen Göttinnen – erschaffen aus dem Blut des kastrierten Himmelsgottes Uranus, dort wo es die Erdmutter → *Gaia* berührt hatte – ließen sich weder von Opfergaben noch von Tränen aufhalten und milde stimmen, wenn ihr Zorn einmal geweckt war. Nichtsdestoweniger legten jene, die hofften, ihren Blick von kleineren Untaten wie der Verletzung eines entfernten Verwandten abzulenken, in ihren Heiligtümern schwarze Schafe und Honigwasser, weiße Tauben und Narzissen nieder.

Die Dreiheit der Göttinnen trug viele Namen. Unter der Bezeichnung Semnai wurden sie als die «Gütigen» verehrt, obwohl auch diese von unerschütterlicher Gerechtigkeit waren. Wenn schuldige Verschwörer Vergebung suchten, indem sie sich demütig an die Statue der Göttinnen fesselten, machten sich die Erinnyen auf wundersame Weise frei und zeigten den Athenern, daß Verbrecher rücksichtslose Bestrafung verdienten. Als Dirae waren sie verkörperte «Flüche», und unter dem Namen → *Maniae* – oder Furiae, wie sie bei den Römern hießen – waren sie die vollkommen Entfesselten, die Verrückten, die Furien. Meistens wurden sie jedoch einfach Erinnyen genannt und galten als eine so instinktive und urzeitliche Kraft, daß die Griechen einander versicherten: «Selbst die Hunde haben ihre Erinnyen.»

Der Dramatiker Aischylos setzte sie mit den an sich hilfsbereiten → *Eumeniden* gleich, ein theologisch radikaler Standpunkt, denn diese Dreifaltigkeiten unterschieden sich ursprünglich voneinander. Der berühmte Höhepunkt der *Orestie*-Tragödie läßt erkennen, wie die mutterrechtlichen Gesetze – deren grimmigstes Symbol die Erinnyen waren – den neueren Formen der gesellschaftlichen Organisation weichen müssen, die von den patriarchalischen Indogermanen nach Griechenland gebracht worden waren. Orest, der Sohn der → *Klytämnestra*, tötete seine Mutter in rachelüsternem Zorn. Die Erinnyen hetzten ihn, bis sie die Tempel Apollons erreichten, wo er Zuflucht suchte. Dann wurde das erste Schwurgerichtsverfahren abgehalten, bei dem eine Frau, nämlich → *Athene*, den Vorsitz führte – und dafür sorgte, daß die Abstimmung über das Urteil unentschieden ausging.

Die Stimme der Göttin war immer noch die gewichtigste, aber Athene votierte seltsamerweise gegen eine Bestrafung dieses Muttermordes. Die Erinnyen verfluchten natürlich die völlig unbegreifliche Entscheidung, mit der ihnen sozusagen der Bissen vom Teller gestohlen wurde. «Ihr Götter der jüngeren Generation», kreischten sie, «ihr habt die Gesetze der alten Zeit niedergemacht, ihr habt sie uns aus der Hand gerissen.» Sie drohten damit, als Vergeltung das Land zu verwüsten, doch Athene beschwichtigte sie, indem sie Opfergaben und Ehrungen versprach. Mit der Zeit fanden sich die Erinnyen mit der neuen Ordnung ab, und sie wurden umbenannt in Eumeniden, nahmen also den Namen und die Identität jener Dreiheit von gutmütigen Göttinnen an, die im Grunde kaum mehr als ihre Zahl mit den Erinnyen gemein hatten. Man erlaubte den Ex-Erinnyen zwar, ihre ursprüngliche strafende Funktion beizubehalten, aber sie durften von nun an allein auf Geheiß der olympischen Götter tätig werden.

Eriphyle → *Harmonia*

Eris Im Unterschied zu ihrem Bruder, dem Kriegsgott Ares, war die griechische Göttin der Zwietracht aus naheliegenden Gründen allenthalben verhaßt. Deshalb wurde sie beispielsweise auch nicht zur Hochzeit des Zeus-Enkels Peleus mit → *Thetis* geladen. Natürlich erschien sie dennoch und warf einen goldenen Apfel unter die Gesellschaft. Das wäre nicht weiter schlimm gewesen, hätten die Gäste auf der Frucht nicht die Eingravierung gelesen: «Der Schönsten». Alsbald begannen → *Aphrodite*, → *Athene* und → *Hera* darum zu streiten, wer von ihnen denn wohl den größten oder sogar alleinigen Anspruch auf dieses dubiose Geschenk habe. Zeus läßt den trojanischen Königssohn Paris darüber entscheiden, welcher der schönen Göttinnen der «Zankapfel» gebühre, und der überreicht ihn Aphrodite, nachdem sie ihm die herrlichste aller sterblichen Frauen versprochen hatte. Und weil es nicht so einfach ist, dieser Einzigartigen habhaft zu werden, unterstützt die Göttin Paris bei der Entführung von → *Helena*, verheiratet mit König Menelaos von Sparta.

Die Folgen sind bekannt: Der Trojanische Krieg um die Befreiung der Verschleppten, der von Homer unvergleichlich eindrucksvoll geschilderte Tod Tausender von Menschen und der Untergang von Troja, speziell das tragische Schicksal der Seherin → *Kassandra*, der Königin → *Hekabe*, der Frauen des Atriden-Geschlechts (→ *Iphigenie*, → *Klytämnestra*) sowie die mehr oder weniger traurig endenden Frauengeschichten des Kriegsheimkehrers Odysseus auf seiner jahrelangen Irrfahrt über die Meere (→ *Kalypso*, → *Nausikaa*, → *Penelope* u. a.).

Eriu Gälisch wird Irland Erin genannt, ein Wort, das «Land der Eriu» bedeutet, der Erdgöttin der grünen Insel. Im alten Irland gab es noch zwei andere Göttinnen, → *Banba* und Folta, und die folgende Geschichte wird von dieser Dreiheit erzählt: Stämme von jenseits des Meeres hatten die Insel erobert und das eingeborene Volk assimiliert. Als letzte in der Frühgeschichte Irlands kamen die Söhne des Mil nach Irland und trafen an der Küste auf Banba («Das ein Jahr ungepflügte Land»). Sie versprachen ihr: «Wenn du uns durchläßt, werden wir das Land nach dir benennen.» Daraufhin trat Banba beiseite.

Doch sogleich stellte sich Folta den Eindringlingen in den Weg. Auch ihr sicherten sie zu, das Land nach ihr zu benennen, und diese Göttin ließ sie ebenfalls passieren. Aber sie kamen nicht sehr weit; denn Eriu stellte sich den Söhnen Mils entgegen. Wenn man sie anschaute, erschien die Göttin manchmal als riesige, wunderschöne Frau, manchmal als langschnäbelige graue Krähe. Sie war eine meisterhafte Zauberin und lebte auf einem Berg in der Mitte Irlands. Je älter die Göttin wurde, um so höher wurde der Berg. Eriu war es möglich, Brocken ihres Berges aufzuheben und sie auf die eindringenden Heere zu schleudern. Dann verwandelte sich die Erde in Krieger, und mit Erius Unterstützung gewannen sie jeden Kampf.

Die Milesier waren zwar von der Größe der Göttin und ihrer offensichtlichen Macht beeindruckt, aber auch sie besaßen Zauberkraft. Sie handelten mit Eriu einen Waffenstillstand aus – wobei sie ihr natürlich anboten, die Insel nach ihr zu benennen. Angesichts dieser besonders starken Kontrahentin wagten sie es diesmal jedoch nicht, ihr Versprechen zu brechen, und sie benannten die Insel tatsächlich nach Eriu so, wie sie noch heute heißt: Erin.

Eri vom goldenen Haar Diese Göttin der Tuatha De Danann, der magischen Gottheiten des frühen Irlands, fand auf ungewöhnliche Weise einen Geliebten. Sie war Jungfrau bis zu jenem Tag, an dem ein silbernes Boot, das auf dem Pfad der Sonne reiste, ankam. Darin saß ein Mann, glänzend wie sein Boot, mit dem Eri sich sogleich der Liebe hingab. Doch der Fremde blieb gerade nur lange genug am Ufer, um Eri mit dem wunderschönen Gott Bres zu schwängern. Dann fuhr er wieder ab, um zu seinem Volk zurückzukehren, und ließ der Göttin als Beweis für seinen Besuch einen goldenen Ring da.

Ermutu → *Meschenet*

Eshara Diese chaldäische Göttin der fruchtbaren Felder war auch eine Kriegsgöttin und symbolisierte die bewaffnete Verteidigung des Eigentums, eine Folge der Ausdehnung des privaten Landbesitzes.

Ess Euchen Als der legendäre irische Krieger Cuchulainn die drei Söhne von Ess Euchen getötet hatte, verwandelte sich die erboste Mutter in ein altes Weib und lauerte dem Mörder auf einem schmalen Bergpfad auf. Sie bat ihn, ihr Platz zu machen, und Cuchulainn nahm Rücksicht auf ihr Alter und «das schwache Geschlecht» und trat neben den Pfad, wobei er nun über dem Abgrund hing und sich nur noch mit seinen Füßen an Baumwurzeln festhielt. Ess Euchen stieg ihm augenblicklich kräftig auf die Zehen in der Hoffnung, daß er nun in den Abgrund stürzen würde. Cuchulainn war jedoch von der Kriegergöttin → *Scathach* ausgebildet worden, er wandte einen der magischen Sprünge an, die er von ihr gelernt hatte, schnellte empor und tötete Ess Euchen.

Esther Heute ist es gesicherte Erkenntnis, daß diese Heldin des Alten Testaments eigentlich die Göttin → *Ishtar* war, allenfalls notdürftig getarnt. Das beginnt bei den Hinweisen, die in ihrem Namen liegen: Auf aramäisch ist Esther das Wort für Ishtar, auf persisch bedeutet es «Stern», und Ishtar war ja auch die Göttin des Morgen- und des Abendsterns. Esthers hebräischer Name, Hadassa, bedeutet «Myrte», und das ist ein Baum mit sternförmigen Blättern.

Darüber hinaus ist das *Buch Esther* – niedergeschrieben offensichtlich im 3. oder 2. Jahrhundert v. Chr. – das einzige, in dem Gott Jahwe nicht erwähnt wird. Statt dessen erzählt das Buch die unwahrscheinliche Geschichte, daß eine persische Königin, → *Vashti* («zufällig» der Name einer elamitischen Göttin), und ein Premierminister, Haman (ebenso «zufällig» ein elamitischer Gott), von zwei hebräischen Verwandten abgelöst wurden, Esther und Mardochai. Nun dürfte es keine Überraschung mehr sein, daß Mardochai auch einen babylonischen Namensvetter hatte, und zwar keinen anderen als den Reichsgott Marduk (hebräisch Mardochai), den Vetter von Ishtar. Marduk kämpfte gegen Drachen, Mardochai träumte von ihnen.

Im wesentlichen berichtet das *Buch Esther* über den Sturz des elamitischen Pantheons, das durch das der Babylonier ersetzt wurde. Grund genug, daß dieses Buch über Jahrhunderte bezüglich seiner Rechtgläubigkeit als fragwürdig angesehen wurde. Doch irgendwie wurden die Zweifel zum Verstummen gebracht, und heute gehört dieses Buch zu den kanonisierten Schriften des jüdisch-christlichen Glaubens.

Estsanatlehi, Ahsonnutli Die Himmelsgöttin der Navajo-Indianer, die Frau der Sonne, lebte in einem Palast aus Türkisen am westlichen Horizont im Reich der untergehenden Sonne, wo sie jede Nacht ihren leuchtenden Ehemann empfing. Als Pendant von → *Yolkai Estsan*, der Frau des Mondes, war Estsanatlehi in der Lage, sich jedesmal wieder zu verjüngen, wenn sie zu altern begann. Daher kommt auch ihr Name, der «Die sich selbst Verjüngende» bedeutet.

Hier ihre Geschichte: Die Ahnengöttin → *Atse Estsan*, die Estsanatlehi am Fuß eines Berges fand, zog sie auf, damit sie die Retterin des Erdenvolkes werde. Als sie herangewachsen war, traf Estsanatlehi einen jungen Mann. Jeden Tag ging sie in den Wald, um sich mit ihm der Liebe hinzugeben. Als die Eltern auf dem Boden nur ein Paar Fußabdrücke sahen, wußten sie, daß sich ihre Tochter die Sonne zum Geliebten genommen hatte.

Entzückt über diese Ehre, die der Familie zuteil geworden war, freuten sie sich wiederum, als Estsanatlehi Zwillinge gebar, die so wundersam wuchsen, daß sie acht Tage nach der Geburt schon Männer waren, die sich aufmachten, ihren verschwundenen Vater, die Sonne, zu suchen. Aber als sie sein Haus fanden, war dort eine andere Frau. Wütend über ihr Eindringen drohte sie ihnen mit dem Zorn ihres Vaters. Die Zwillinge ließen sich aber nicht abschrecken und warteten auf den Vater. Der zeigte sich ihnen wohlgesonnen und versorgte sie mit den Zauberwaffen, die sie brauchten, um die Erde von Ungeheuern zu säubern. Und das taten sie dann. Um das zu feiern, tanzten sie mit ihrer Mutter, und dann bauten die Zwillinge für Estsanatlehi am Ende des Himmels ein prächtiges Haus, so daß die Sonne sie wieder besuchen konnte.

Die Kämpfe der Zwillinge mit den Ungeheuern hatten die Erde nahezu entvölkert. Doch Estsanatlehi wußte Rat: Sie wischte den Staub von ihren Brüsten und bereitete aus dem weißen Mehl, das von ihrer rechten Brust fiel, und dem gelben Mehl, das von der linken fiel, einen Teig, aus dem sie einen Mann und eine Frau formte. Sie legte beide unter eine Zauberdecke und ließ sie allein. Am nächsten Morgen lebten sie und atmeten, und Estsanatlehi segnete ihre Schöpfung. Die nächsten vier Tage vermehrte sich das Paar unaufhörlich und bildete so die vier großen Navajo-Clans. Aber der Schöpferdrang Estsanatlehis war noch nicht befriedigt. Sie fertigte vier weitere Paare, diesmal vom Staub ihrer Brustwarzen, und die

Frauen dieses Clans waren fortan für ihre großen Brustwarzen berühmt.

Als sie das Gefühl hatte, daß ihre Schöpfung jetzt vollendet sei, kehrte Estsanatlehi in ihren Türkispalast im Westen zurück, von dem aus sie ihr Volk mit weiteren Segnungen versorgte: Jahreszeiten, Pflanzen und Nahrungsmittel und die zarten Sprossen des Frühlings. Nur vier Ungeheuer hatten den Kampf ihrer Söhne gegen das Böse überlebt: das Alter, der Winter, die Armut und der Hunger. Denen erlaubte die Göttin weiterzuleben, auf daß die Menschen ihre hilfreichen Gaben besser zu würdigen verstanden.

Siehe auch → *Glispa*.

Etain «Die Schnelle» war eine der Sonnengöttinnen des alten Irlands und – wie andere keltische Sonnengottheiten – auch eine Pferdegöttin, die kein sterbliches Roß einzuholen vermochte. Ihre Anhänger meinten, Etain lebe auf dem heiligen Berg von Echoaid Airem oder am Eingang zur Unterwelt, Bri Leith, in einem Haus, das zur Sonne hin offen sei.

In der bekanntesten Geschichte über Etain (oder Edain) heißt es, daß sie zwar eine mächtige Göttin des Stammes der Danann war, die Feenkönigin Fuamnach aber dennoch Macht über sie gewann und sie in eine schillernde Fliege verwandelte. Sieben Jahre lang brummte die verzauberte Etain durch die Welt. Dann fiel sie in eine Tasse, wurde von einer Frau verschluckt und wiedergeboren in Menschengestalt. Die neu erstandene Etain heiratete den König von Irland, nahm sich jedoch bald dessen Bruder zum Geliebten. Der Feenkönig Midir, der Etain wieder in die Welt der Überirdischen zurückbringen wollte, verkleidete sich als ihr Ehemann, überraschte sie mit ihrem Liebhaber und forderte, daß sie mit ihm nach Hause zurückkehre. Dann nahm König Midir seine gewohnte Gestalt wieder an und flog mit ihr nach Bri Leith zu dem Punkt, an dem die Sonne aufgeht und wo sie heute noch glücklich zusammenleben sollen.

Eine andere Etain, «Die Hellhaarige» genannt, war eine Feenfrau vom Berg Ben Edar. Sie war mit einem Sterblichen verheiratet und starb, als er getötet worden war, vor Kummer ebenfalls. Wieder eine andere Etain – obwohl es möglich ist, daß sie alle Ausprägungen der ursprünglichen Göttin sind – war Herrscherin über die Insel Beare, eine rituelle Stätte in der Bantry-Bucht vor der Südwestküste Irlands.

Ethne, Ethlenn Von ihrem Ursprung her war Ethne («Süßer Nußkern») eine irische Göttin, die nichts zu sich nahm außer der Milch einer heiligen Kuh aus Indien. Ethne wurde von einem Dämon bewacht, der jeden Mann wegjagte, der sich näherte. In späteren Legenden ist sie dann eine Prinzessin der Fomoren, der frühen irischen Meeresgottheiten, die den Tuatha De Danann genannten Göttern angeboten wurde, um die verschiedenen Stämme Irlands zu einen. Ethne heiratete den Tuatha Diancecht und gebar den Gott Lug.

In einer anderen Geschichte ist davon die Rede, daß Ethne in einen hohen Turm gesperrt wurde, wo kein Mann sie erreichen konnte, denn es war prophezeit worden, daß ihre Söhne Ethnes Vater töten würden. Doch der Held MacKineely verkleidete sich als Frau, um eingelassen zu werden. Er schlief mit Ethne und blieb eine Zeitlang bei ihr, wurde dann aber von ihrem Vater für seine Unverschämtheit getötet. Die Prophezeiung ging nicht in Erfüllung. Offenbar sorgte Ethnes skrupelloser Vater dafür, daß die Kinder seiner Tochter jung starben.

Eumeniden «Die Gütigen» waren frühe griechische Göttinnen der Unterwelt, die für die Ernährung der ersten Menschen eßbare Pflanzen wachsen ließen und dann für die Fortpflanzung und die Bildung von Familien sorgten. Ursprünglich nicht mit den → *Erinnyen* identisch, wurden sie später in diese Göttinnen-Triade assimiliert, und die Namen wurden austauschbar. Ihre heilige Höhle auf dem Athener Berg Akropolis wurde auch zum Aufenthaltsort der Erinnyen. Dort, im Heiligtum der Güte, trafen sich bei Dunkelheit die Führer des Volkes, um Staatsangelegenheiten zu debattieren. Ebenfalls bei Dunkelheit wurden an niedrigen Altären die geheimen Rituale dieser Göttinnen abgehalten: von in purpurne Gewänder gekleideten Anhängerinnen, die Fackeln trugen.

Eunomia → *Horen*

Euphrosyne

Europa auf dem Stier (griechisch)

Euphrosyne → *Grazien*

Europa «Die Großäugige», jene Mondgöttin, nach der der Erdteil Europa benannt wurde, war ursprünglich die Muttergöttin der Kreter. Sie besaß einen Zauberspeer, der niemals sein Ziel verfehlte, und einen riesigen Krieger aus Messing, der ihre Insel schützte, während sie des Nachts auf ihrem Diener, dem Mondstier, ausritt. Doch Europas Wächter versagte gegen die eindringenden Griechen, die ihre eigenen Götter nach Kreta mitbrachten und Europas Persönlichkeit wesentlich umänderten. Bei ihnen war Europa nur noch eine phönizische Prinzessin, die der höchste Griechengott Zeus, nachdem er die wunderschöne Frau beim Baden beobachtet hatte, in Stiergestalt nach Kreta entführte, um sie dort zu vergewaltigen. Als sie danach auf der Insel sich selbst überlassen war, gebar sie drei Söhne, die berühmt wurden: Minos als König und erster Gesetzgeber der Kreter, Rhadamanthys, der, von den Göttern geliebt, auf den Inseln der Seligen herrschte, und Sarpedon, der sich mit seinem Bruder Minos überwarf und vor ihm zu den Lykiern floh, deren Führer er wurde.

Daß die griechische Sage Europa in Phönizien geboren sein läßt, ist für viele Forscher ein Hinweis darauf, daß die kretische Kultur und Religion ihren Ursprung im Nahen Osten hatte.

Euryale → *Gorgonen*

Eurydike Es gab viele griechische Heldin-

Der Raub der Europa durch Zeus in Stiergestalt (sizilisch)

nen dieses Namens, der «Die großzügig Urteilende» bedeutet, aber die berühmteste war die Frau des göttlichen Sängers Orpheus. Als sie durch einen Schlangenbiß starb, war er vor Kummer so erschüttert, daß er ihr in das Unterweltreich der → *Persephone* folgte und die Herrin der Toten mit einem Lied bezauberte, in dem er um die Freilassung seiner Eurydike bat. Dies wurde ihm gewährt, aber man wies ihn an, sich nicht umzublicken, während er seine Frau hinter sich her in die Welt des Lichts zurückführt. Doch er konnte seine Neugier nicht bezwingen, und als er sich umblickte, sah er nur noch Eurydikes Schatten, der für immer im Totenreich verschwand.

Einige Mythenforscher, vor allem Robert Graves, erinnern daran, daß Eurydike auch der Name einer Schlangengöttin der Unterwelt war, der Männer geopfert wurden. Ob dieses Ungeheuer und die geliebte Frau des Orpheus einst ein und dieselbe waren, ist unklar. Überliefert ist dagegen das weitere Schicksal des unglücklichen Orpheus: Da er nach dem endgültigen Verlust seiner Eurydike von Frauen nichts mehr wissen wollte, soll er von Frauen aus Thrakien, die sich durch seine Verachtung beleidigt fühlten, in furienhafter Raserei getötet worden sein.

Eurynome Diese allerälteste der griechischen Göttinnen erhob sich nackt aus dem uranfänglichen Chaos und begann sofort zu tanzen: einen Tanz, der das Licht von der Dunkelheit schied und das Meer vom Himmel. Dem Rausch der wirbelnden Bewegung hingegeben, schuf sie hinter sich einen Wind, dessen Lust sie weckte. Sie drehte sich zu ihm um, packte ihn mit ihren Händen und rollte ihn wie Lehm zu einer Schlange, die sie Ophion nannte.

Dann schlief Eurynome mit der Windschlange, verwandelte sich in eine Taube und legte das universale Ei, aus dem die Schöpfung schlüpfte. «Die großzügig Regierende» richtete sich hoch über der neuen Erde auf dem Berg Olympos ein und schaute befriedigt auf sie hinab. Aber Ophion, ihre eigene Kreatur, brüstete sich damit, daß alles Materielle auf ihn zurückgehe. Für diese Anmaßung schlug Eurynome ihm unverzüglich die Zähne aus und warf ihn in einen Kerker in der Unterwelt.

Es gab möglicherweise noch eine andere Göttin dieses Namens – vielleicht war aber auch die spätere Eurynome nur eine Weiterentwicklung der ersten Schöpfungsgöttin. Da sie den Griechen zufolge das Meer regiert haben soll, bildete sie offenbar eine Dreiheit mit den uns bekannteren Meeresherrscherinnen → *Tethys* und → *Thetis*. Diese Eurynome hatte einen Tempel im wilden Arkadien, der nur schwer zu erreichen war und nur einmal im Jahr betreten werden durfte. Pilger, die in das Heiligtum gelangten, fanden das Bildnis der Göttin als Frau mit Schlangenschwanz, mit goldenen Ketten gefesselt. In dieser Gestalt soll Eurynome des Meeres die Mutter allen sexuellen Vergnügens gewesen sein, verkörpert in ihren drei Töchtern, den wunderschönen Chariten oder → *Grazien*.

Euterpe → *Musen*

Eva Die «Mutter alles Lebendigen» wird in den Sprachen des Vorderen Orients auch Heva oder Isha genannt und in der hebräischen Mythologie Hawwa. In der biblischen Schöpfungsgeschichte wird sie als *ezer* des ersten Mannes bezeichnet, meist übersetzt als «Helferin» oder «Gefährtin». Im Zusammenhang mit Männern wird *ezer* dagegen im Sinne von «Lehrer» gebraucht. Dabei liegt es auf der Hand, daß Eva größere Bedeutung zukommt als nur die, eine Verderben anrichtende Helferin des Mannes zu sein. Und in der Tat finden wir in Volkssagen und Legenden eine vielschichtigere Eva, die eindeutig verwandt ist mit den Ahnengöttinnen des östlichen Mittelmeerraumes.

Viele Autoren haben darauf hingewiesen, daß der im Ersten Buch Mose wiedergegebene Schöpfungsmythos eigentlich zwei einander widersprechende Geschichten enthält. In der einen schuf Jahwe Adam und Eva (oder möglicherweise → *Lilith*) gleichzeitig. Aber es folgt noch eine zweite Version, derzufolge Eva von Gott aus Adams Rippe geformt wurde. Das ist gegenwärtig wohl die populärere Variante.

Das slawische Volkstum – das Eva offenbar mit einer ähnlichen Göttin der vorchristlichen Mythologie verwechselt – liefert eine interessante Abweichung der herkömmlichen Darstellungen: In Bulgarien wird erzählt, daß Adam und Eva, nackt und blind, im selben Augenblick erschaffen worden seien. Dann riet ein Ziegenbock Eva, auf einen Baum zu klettern und von dessen Frucht zu essen. Dadurch würde ihre Blindheit vergehen. Nach einer anderen Geschichte vom Balkan ist Eva vom Teufel erschaffen worden. Der lieh sich den Federkiel aus, mit dem Jahwe Adam Leben eingehaucht hatte, und belebte so seine eigene weibliche Schöpfung. Satans Atem vermochte allerdings nicht, Eva mit Leben zu erfüllen. Dies vollbrachten erst die Reste von Jahwes Atem, der noch in dem Federkiel enthalten war. Als sie jedoch die Frucht berührte, fiel all ihr affenähnliches Haar von ihr ab.

Wenn wir uns wieder der hebräischen Mythologie zuwenden, fällt auf, daß die Volkserzählungen Aufschlußreiches über Evas Charakter zu sagen wissen. Da heißt es, Adam wäre überzeugt gewesen, daß Eva ihm geistig unterlegen sei. Deshalb habe er ihr nicht die Wahrheit über Jahwe anvertraut. Statt dessen erzählte er ihr, vermutlich aus übertriebener Vorsicht, Gott habe ihnen bei Todesstrafe verboten, den Baum des Lebens auch nur zu berühren. Kurz darauf schubste die Schlange – von der es heißt, sie sei aufrecht gestanden und habe wie ein Mann ausgesehen – Eva gegen den Baum, und eine der herabfallenden Früchte streifte sie, ohne ihr Schaden zuzufügen. Daraufhin argumentierte die Schlange alias Satan recht überzeugend, daß Jahwe gelogen habe und der Baum völlig ungefährlich sei. Von dieser Logik verführt, kostete Eva die berühmte Frucht. Dann gab sie sie nicht nur an Adam weiter, sondern an alle Tiere im Paradies, womit sie allen den Tod brachte – außer Phönix, dem magischen Vogel, der nicht davon kosten wollte (→ *Gula*).

Diese Eva hat viel gemeinsam mit den großen Göttinnen von Leben und Tod beinahe jeder Kultur (z.B. → *Ishtar*, → *Kali*, → *Tlazolteotl*) und scheint wie diese das Wissen zu symbolisieren, daß die Frau, indem sie Leben zur Welt bringt, auch gleichzeitig den Tod in die Welt hineinträgt. Der letzte Teil der jüdischen Überlieferung, der in modernen Legendensammlungen selten enthalten ist, zeigt Eva, wie sie, als Adam dem Tode nahe ist, von der Erde zu Jahwes Thron reist und um sein Leben bittet, wofür sie auch die Hälfte seiner Schmerzen ertragen würde. Nach einigem Flehen erweckt sie Gottes Mitleid. Obwohl das erste menschliche Paar und seine Abkömmlinge wegen ihrer Sünde weiterhin zur Sterblichkeit verurteilt bleiben, verspricht Jahwe Eva, daß sie wiedergeboren werden würden.

Nachdem Adam gestorben war, weinte Eva (wie → *Demeter* oder Ishtar) unaufhörlich Tage und Nächte. Dann besiegte sie ihren Kummer und lehrte ihre Kinder die ersten Begräbnisriten. Mit der Gabe der Prophetie ausgestattet, konnte sie das Leben nach dem Tode deutlich erkennen und war so in der Lage, die für den Übergang ins Jenseits angemessenen Rituale festzulegen. Und Eva sah anscheinend auch voraus, daß Kain seinen Bruder Abel töten würde; denn sie nannte ihren jüngeren Sohn «nur geboren, um zu sterben».

Jüdische Legenden erzählen andererseits auch, daß Eva diese Söhne empfing durch den Beischlaf mit der Schlange, die sie – hierin ohne den ihr in anderen Sagen zugestandenen Durchblick – für einen Engel gehalten hatte: Eine deutliche Parallele zu den Mythen von Muttergöttinnen und Halbgöttinnen, die geschwängert wurden von Göttern in Tiergestalt, was in der griechischen Mythologie so oft berichtet wird.

Und so finden wir hinter der verkümmerten und schuldbeladenen Gestalt, die uns aus der jüdisch-christlichen Mythologie vertraut ist, die mächtigen Großen Göttinnen der Erde, die Vorläufer der Stammesgottheiten des Alten Orients. Wie Eva waren sie Vertraute der Schlangen; wie sie waren sie die Mütter der Menschheit. Ebenfalls wie sie trugen sie die Verantwortung für den Sündenfall ihrer Geliebten. Und wie Eva waren sie Todesprophetinnen und zugleich Retterinnen der Menschheit, die nach dem Preis der Auferstehung und Wiedergeburt strebten und ihn auch gewannen.

Evaki Entlang des Amazonas erzählen die Menschen, daß diese Göttin der Dunkelheit einen Topf, so groß wie das All, mit einem Deckel hat. Wenn sie den Himmelsdeckel schließt, wird die Sonne ausgesperrt. Nimmt sie den Deckel wieder vom Topf, füllen sich Himmel und Erde aufs neue mit dem Licht des Tages.

Ezili-Freda-Dahomey Sie ist der *loa* («Geist») der Sinnlichkeit im haitianischen Voodoo-Kult und ihren Anbetern gegenüber unglaublich großzügig, erwartet aber von ihnen dasselbe.

F

Fama, Pheme Sowohl die Römer als auch die Griechen kannten eine Göttin des Gerüchts. Sie hat allerdings keinen religiösen Ursprung, sondern war eine Erfindung der Dichter, die den Hang hatten, allen Eigenschaften und Verhaltensweisen des Menschen allegorische Gestalten zuzuordnen. Vergil schilderte die Fama als schreckliches Wesen mit mehreren Zungen und plappernden Mäulern. Schon sechshundert Jahre zuvor hatte sein Kollege Hesiod sie als einflußreiche Göttin Pheme beschrieben.

Fand Sie war die bedeutendste der irischen Feenköniginnen, Tochter des Meeres und Herrscherin des wunderschönen Land-over-Wave, von dem sie als Seevogel durch die Welt flog – meist um Männer in hoffnungslose Liebe zu ihr zu verstricken.

Fängge Die unberechenbare Waldfrau der Tiroler Alpen soll in Bäumen gelebt haben, ähnlich wie die → *Dryaden* der Griechen. Um sie zu töten, mußte man die Zweige des Baumes abdrehen oder die Rinde vom Stamm schälen. Allerdings konnte Fängge sehr blutdürstig werden, wenn sie einen Mordversuch überlebte. Nach einer solchen Panne war der Angreifer nie mehr sicher in den Wäldern. Fängge liebte frischgebackenes Brot und stahl es, wenn sie die Möglichkeit hatte. Als Gegenmittel konnte man die Brotlaibe mit Kümmel würzen, den die Waldfrau verabscheute.

Fata Morgana → *Morgan*

Fauna → *Bona Dea*

Feen Den Menschen mehr oder weniger freundlich gesinnte weibliche Naturgottheiten, nymphen- oder elfenähnliche Wesen. Das Wort «Fee» wird vom Lateinischen *fatua* («Weissagerin») und *fatum* («Schicksal») abgeleitet, und die Funktionen dieser Seherinnen entsprechen in vieler Hinsicht denen der schicksalverkündenden Moiren (→ *Moira*). Besonders auf den Britischen Inseln sind Feen und Feenköniginnen von alters her ein fester Bestandteil des Volksguts (z. B. → *Banshee*, → *Etian*). In Kontinentaleuropa sind die meisten Geschichten um Feen und das Feenreich Schöpfungen von Märchendichtern der Neuzeit, die sich freilich oft von antiken oder keltischen Mythen inspirieren ließen.

Feithline Diese Seherin, die auf einem Berg im westlichen Irland wohnte, den man Cruachen, das Tor zur Hölle, nannte, erschien der Königin → *Maeve* geschmückt mit einer goldenen Krone und sieben geflochtenen Bändern aus gebranntem Gold, die bis zu ihren Schultern hingen, und kündigte ihr den Tod an.

Felicitas Das lateinische Wort für «Glück» wurde im 2. Jahrhundert v. Chr. als römische Göttin personifiziert; nicht identisch mit → *Fortuna*.

Fengi und Mengi, Fenja und Menja Wenn ein Kind im alten Skandinavien fragte: «Warum ist das Meer so salzig?», hatten seine Eltern eine Antwort parat: Einst, in den Tagen des heldenhaften Königs Frodi, gab es zwei Riesinnen mit Zauberkräften, die eine Mühle namens Grotti betrieben. Fengi und Mengi waren die einzigen Wesen, die stark genug

waren, um die riesigen Mühlsteine zu drehen, die auf wundersame Weise Frieden und Überfluß für Frodis Reich hervorbrachten.
Der König, der nach grenzenlosem Wohlstand strebte, ließ sie ständig arbeiten, ausruhen durften sie sich nur so lange, wie sie brauchten, um ein Lied zu singen. Eines Nachts, hungrig und erschöpft, sangen sie ein Zauberlied, das Frodis Tod von der Hand des Meereskönigs Mysinger bewirkte. Aber dieser ließ die Riesinnen ebenfalls sofort wieder arbeiten. Für ihn mußten sie Salz mahlen – und sie mahlten so viel, daß das ganze Königreich des Meeres davon erfüllt wurde.

Feng Po-Po Diese chinesische «Hirtin der Winde» hatte als Reittier einen Tiger, die Wolken waren ihre Straße. An windstillen Tagen glaubte man, die alte Frau habe die Winde zusammengetrieben und in den Beutel gesteckt, den sie über ihrer Schulter trug.

Fenja und Menja → *Fengi und Mengi*

Feronia Diese einsam lebende römische Göttin hatte ihr Heim abseits der wachsenden Städte Italiens in den Wäldern der Campania oder am Fuß von Bergen wie dem Soracte. Obstgärten und Felder, Vulkane und heiße Quellen waren ihr Aufenthaltsort, denn sie war eine Feuergöttin, die die Hitze des sich fortpflanzenden Lebens ebenso regierte wie die Feuer unter der Erdkruste. Sie galt als die Beschützerin der Freiheitsdurstigen und der Freigelassenen.
Bei den Feiern zu ihren Ehren an den Iden des November wurden große Jahrmärkte abgehalten und die schönsten Früchte angeboten, den Sklaven wurde die Freiheit geschenkt, und die Männer gingen vor den Augen der jubelnden Massen barfuß über glühende Kohlen.
Die Energien Feronias konnten in den Städten nicht gebändigt werden. Aus diesem Grund befanden sich ihre Heiligtümer in offenem Gelände. Wie ungesellig sie war, zeigte sich, als ihr Schrein im Wald der Campania einmal abbrannte. Ihre Anhänger wollten den Tempel in die Sicherheit einer Stadt verlegen, aber sie zog es vor, den verbrannten Bäumen auf der Stelle ihr grünes Blattwerk zu erneuern.

Fideal Die Wasserdämonin des schottischen Hochlands war eine jener verführerischen Mädchen, die ihre Liebhaber erst ins Wasser lockten, um sich scheinbar mit ihnen zu vergnügen, und sie dann hinabzogen, so daß sie ertranken.

Fides Von Autoren der Antike gern als personifizierte Abstraktion von «Treu und Glauben» abgetan, war diese Göttin in Wirklichkeit eine der ältesten Gottheiten Roms und verkörperte wie die griechische → *Themis* die wichtigste Grundlage der menschlichen Gesellschaft: Ohne ihre Gunst konnten sich zwei Menschen nicht genug vertrauen, um sich für das ganze Leben miteinander zu verbinden. Fides war die Wächterin der Integrität und der Aufrichtigkeit bei allen Beziehungen zwischen Individuen und zwischen Gruppen. Jedes Jahr am 1. Oktober versammelten sich die drei Hauptpriester Roms an ihrem Heiligtum, um Opfer darzubringen, wobei ihre rechte Hand in weißes Tuch gewickelt war. Das feierliche Ritual wurde sorgfältig gegenüber bösen Einflüssen abgeschirmt, denn es gab für die Anhänger von Fides kein heiligeres Fest als das, welches die Bande des Vertrauens festigte und heiligte.

Finchoem Die irischen Göttinnen wurden häufig auf sehr ungewöhnliche Weise schwanger, und Finchoem machte dabei keine Ausnahme: Sie verschluckte einen Wurm aus einem magischen Brunnen und hoffte, er werde sie mit einem Helden schwängern. Und so war es. Sein Name war Conall, und er wird in den irischen Heldensagen besungen.

Findabar Ihr Name stammt vom selben Wort ab wie → *Guinevere* im Englischen. Diese irische Halbgöttin war die Tochter der feurigen Königin → *Maeve* und ihres Gemahls, des Königs Aillil. Dieser mißbilligte Findabars Gattenwahl, aber Findabar setzte sich durch und heiratete einen wunderschönen Sterblichen mit Namen Froach.

Fiongalla «Die mit den hübschen Wangen» lebte in der äußersten südwestlichen Ecke Irlands, wo sie von der mächtigen Druidin Amerach von Ulster im Zauberbann gehalten wurde, die nicht mit der Zeit alterte. Sie ließ Fiongalla schwören, mit keinem Mann zu schlafen, bevor ihr nicht einer zauberkräftige Eibenbeeren, Stechpalmenzweige und Ringelblumen von der «irdischen Stätte der Macht» gebracht habe. Amerach verlor ihre Macht über Fiongalla, als ein Held namens Feargal es tatsächlich schaffte, die scheinbar unlösbare Aufgabe zu erfüllen.

Fionnuala, Fionula Die Geschichte von Fionnuala – eine der berühmtesten irischen Mythen – beginnt damit, daß Aeb, die Gemahlin des irischen Königs Lir, im Kindbett starb, nachdem sie Fionnuala und drei Brüder zur Welt gebracht hatte. Lir heiratete erneut, und zwar die Hexe → *Aife*. Diese war eifersüchtig auf den Anspruch ihrer Stiefkinder auf die Zuneigung Lirs und beschloß, sie zu töten. Aife täuschte Krankheit vor, um Zeit zu haben, ihren Plan auszubrüten. Dann schickte sie die Kinder auf die lange Reise nach Connaught, in die Heimat ihrer Mutter in der Wildnis. Während sie dorthin unterwegs waren, verzauberte sie Aife. Die Kinder warfen ihre menschliche Gestalt ab und erhoben sich in die Lüfte als Schwäne.

Der Zauber war so mächtig, daß es in ganz Irland 900 Jahre lang niemanden gab, der die Kinder Lirs befreien konnte. Aber König Bobh, Aebhs Vater und Fionnualas Großvater, erkannte, was geschehen war, und schwor, Aife zu bestrafen. Er stellte ihr eine Falle und fragte sie, wen sie am meisten hasse. «Den Dämon der Luft», erwiderte Aife. Augenblicklich wurde sie in einen solchen verwandelt, und in dieser Gestalt – oder auch als Kranich, wie es heißt – spukt sie immer noch durch die Landgebiete Irlands.

Doch wurde durch diese Bestrafung der Bann der Hexe über Fionnuala und ihre Brüder nicht gebrochen. Sie sangen während ihres Fluges so lieblich, daß die Menschen, die es vernahmen, verzaubert zu Boden fielen. Einmal, als Fionnuala durch einen schweren Sturm über der Küste von Moyle von ihren Brüdern getrennt wurde, fürchtete sie, sie hätte die verzauberten Knaben für immer verloren. Ihre Klage – um 1900 auf englisch niedergeschrieben in Thomas Moores «Schweige, o Moyle» – war eines der anrührendsten Klagelieder Irlands. Doch ihre Trauer erwies sich zum Glück als unnötig, denn die Geschwister trafen sich an der Nordküste Irlands wieder.

Fionnuala («Die mit den schönen Schultern») ernährte ihre Brüder während der fast tausend Jahre während der Verbannung aus der menschlichen Gestalt. Schließlich wurden sie in der Regierungszeit der Königin Decca von ihrem Zauberbann befreit, schrumpelten sofort zu unglaublich alten Menschen zusammen und starben kurz darauf. Wie es die alte irische Tradition verlangt – obwohl das Land während ihrer Verzauberung christianisiert worden war -, wurden Fionnuala und ihre Brüder aufrecht stehend nebeneinander begraben, so wie sie über den Himmel geflogen waren.

Fithir Diese Tochter eines irischen Königs erregte die Aufmerksamkeit des Königs von Leinster in Südostirland. Aber ihre ältere Schwester Darine war noch unverheiratet, und ihr Vater weigerte sich, die jüngere Schwester als erste heiraten zu lassen. Daraufhin entführte der König von Leinster Darine und sperrte sie, zusammen mit neun Dienerinnen, in einen Turm in den Wäldern. Er kehrte zum Palast in Tara zurück und behauptete, Darine sei tot. Fithir konnte nun heiraten, war jedoch über den Verlust ihrer Schwester zutiefst betrübt. Jahre später, als sie einmal durch den Wald spazierte, traf Fithir auf die schmerzlich vermißte Darine und sank vor Aufregung leblos zu Boden. Als Darine sah, daß ihre Schwester tot war, weinte sie sich zu Tode.

Fjörgyn → *Jörd*

Flidais Fast jede alte europäische Kultur hatte eine Göttin, die durch die Wälder streifte, der alle Tiere gehörten und die die Fruchtbarkeit und Freiheit der Wildnis verkörperte. Von den Iren wurde sie Flidais genannt, die Herrin des Rotwilds. Sie durchstreifte die Erde in einem Wagen, der von übernatürlichen Hirschen gezogen wurde, und besaß eine Kuh, deren Milch dreißig Leute auf einmal zu sättigen vermochte.

Flidais hatte eine Tochter, Fland, eine Seejungfrau, die in ihren Wassern auf der Lauer lag und Sterbliche zu sich lockte – und damit in den Tod.

Flora

Flora Offensichtlich übersehen die meisten Mythenforscher, daß Blüten die Geschlechtsorgane der Pflanzen symbolisieren, und sind deshalb schockiert, daß die altrömische Göttin der Blumen und des Blühens zugleich die Schutzherrin der Prostituierten war, die vom 28. April bis 3. Mai in öffentlichen Orgien verehrt wurde. Man hielt es für eine angemessene Form, Flora zu ehren, wenn man sich gegenseitig Medaillons mit erotischen Darstellungen schenkte und sich mit zufällig Vorbeigehenden liebte.

Die Verehrung des weiblichen Körpers stand im Mittelpunkt bei den Floralia, dem Fest der nackten Frauen, das bis ins 3. Jahrhundert v. Chr. gefeiert wurde, das heißt, bis die römischen Behörden sich prüde gaben und verlangten, daß die Feiernden sich bekleideten. Diese Floralia waren nicht einfach frivole Vergnügungen; denn Flora war die Königin aller Pflanzen, eingeschlossen die eßbaren, und Blüten führen zu Früchten, so wie Geschlechtsverkehr zur Empfängnis – eine grundlegende Wahrheit, die die Römer anerkannten, indem sie Flora die heimliche Schutzherrin Roms nannten, ohne deren Hilfe die Stadt sterben müsse.

Folta → *Banba,* → *Eriu*

Fornax Im alten Rom gab es für jede Betätigung eine eigene Göttin. Dieser Göttin oblag der Schutz einer lebenswichtigen Tätigkeit: des Brotbackens.

Fortuna Im frühen Italien war dies der Name jener Göttin, die das Schicksal jedes menschlichen Wesens in der Hand hielt. Sie war nicht einfach eine «Glücksfee», sondern die Herrscherin über jene Triebe, die Männer und Frauen dazu veranlaßten, sich zu lieben und zu vermehren, also eine wahrhaft unwiderstehliche Kraft (lateinisch *fors*), daher ihr späterer Name Fors Fortuna. Als die «gebende» Göttin, die die Befruchtung von Menschen, Tieren und Pflanzen erlaubte und die Frucht beschützte, wurde sie ebenso von Frauen um Beistand gebeten, die eine Schwangerschaft ersehnten, wie von Gärtnern, die Rekordernten erzielen wollten. Selbst als sie im 1. Jahrhundert v. Chr. offiziell der griechischen Göttin des Menschheitsschicksals → *Tyche* gleichgestellt wurde, behielt sie ihre ursprüngliche Aufgabe als Fortuna Virilis bei, die Frauen für Männer unwiderstehlich machte und alljährlich durch eine regelrechte Invasion glücksuchender römischer Frauen in die öffentlichen Bäder der Männer geehrt wurde.

Frau Holle In vielen Volksmärchen des deutschsprachigen Raums finden wir diese Frau, die möglicherweise einst eine germanische Göttin war, herabgewürdigt zu einer Zauberin und Hüterin der Häuslichkeit. Das gleiche Schicksal ereilte vermutlich auch ihre beiden Schwestern im Geiste, → *Hulda* und → *Perchta*. Frau Holle war die ansprechendste von ihnen: Sonnenschein floß von ihrem Haar, wenn sie es kämmte; Regen fiel, wenn sie das Waschwasser ausschüttete, und Schnee, wenn sie ihr Federbett ausschüttelte. Sie war eine prächtige weiße Dame, die jeden Mittag erschien, um in ihrer Quelle zu baden, von der es heißt, daß aus ihr die Kinder geboren wurden. Sie lebte in einer Berghöhle oder in einem Brunnen, wo die Menschen sie besuchen konnten, wenn sie darin untertauchten.

Frau Holle fuhr in einem Wagen durch die Lüfte. Einmal mußte sie eine gebrochene Achse reparieren lassen, und der Mann, der ihr geholfen hatte, fand später, daß die dabei angefallenen Holzspäne sich in Gold verwandelt hatten. Häufiger noch belohnte sie gute Menschen mit der Gabe nützlicher Fertigkeiten wie der Herstellung von Flachs und des Spinnens von Wolle.

Ihr Festtag wurde zur Wintersonnenwende gefeiert, wenn sie die Güte der Arbeit jeder Spinnerin prüfte. Eine gute Spinnerin würde beim Aufwachen einen goldenen Faden finden, den ihr Frau Holle hingelegt hat, während die schlampigen ihre Arbeit ganz verheddert, die Spinnräder zerbrochen oder verbrannt vorfanden.

Die Zeit zwischen dem 25. Dezember und dem 6. Januar – die «Zwölf Nächte» – waren Frau Holle heilig. Während dieser Zeit reiste sie durch die Welt. In dieser Zeit durften sich keine Räder drehen, an Stelle von Wagen wurden Schlitten benutzt, und das Mahlen von Mehl mußte unterbleiben.

Wie die nordische Erd- und Fruchtbarkeitsgöttin Hlödyn (→ *Jörd*) soll Frau Holle auch dafür gesorgt haben, daß die Neugeborenen aus dem dunklen unterirdischen Reich heil ans Tageslicht der Erdoberfläche kamen und die Verstorbenen den Eingang zum Totenreich fanden.

Freyja, Freia, Frija Weit entfernt vom Nahen Osten des Altertums, dem Heim der sinnlichen Kriegerin → *Anat*, finden wir eine Liebesgöttin, die faktisch ihr Pendant ist: Freyja («Frau», «Herrin») aus dem nordischen Geschlecht der Wanen, die bekannteste Göttin der germanischen Völker, die auch die Herrin des Todes war und die Anführerin der → *Walküren*. Nach ihr wurde in den germanischen Sprachen der sechste Tag der Woche benannt, und so stellte sich die schönste aller Göttinnen, die Verkörperung des «großen Schoßes der Erde», ihren Anhängern dar: Sie trug einen federbesetzten Umhang über ihrer zauberkräftigen Halskette aus Bernstein und fuhr durch den Himmel in einem von Katzen gezogenen Wagen. Manchmal ritt sie auch auf einem riesigen Eber mit goldenen Borsten, der vielleicht in verwandelter Gestalt ihr Bruder war, der Fruchtbarkeitsgott Freyr.

Freyja auf ihrem Katzengespann

In Asgard, dem heimatlichen Gefilde aller Gottheiten der nordischen Mythologie, gehörte Freyja Folkwang («Feld des Volkes»). Auf diesem Terrain stand ihr weitläufiger Palast Sessrumnir («Raum mit vielen Sitzen»). Sie brauchte solch einen großen Palast, damit sie Platz hatte für die Geisterhorden, die sie auf den Schlachtfeldern für sich reklamierte, denn sie durfte zuerst unter den Toten wählen, während an den Hauptgott Odin nur die Überreste fielen. Wie → *Persephone*, die griechische Todesgöttin, war Freyja aber auch der Geist der Fruchtbarkeit der Erde. Ebenso wie Persephone weilte sie während Herbst und Winter nicht auf der Erde, was dazu führte, daß die Blätter von den Bäumen fielen und die Erde einen Trauerumhang aus Schnee trug. Und wie → *Hekate* war Freyja die Göttin der Magie, die den Menschen im Norden die Macht der Zauberei bescherte.

Trotz ihrer Verbindung zum Tod war Freyja niemals eine furchterregende Göttin, denn die Germanen wußten, daß Tod und Leben Wesenskern des Geschlechtlichen und des Daseins überhaupt waren. Als Frau wie als Herrin in der Wahl ihrer männlichen Partner nicht wählerisch, nahm sie sich alle Götter zu Geliebten, selbst den bösen Loki, der sich mit ihr in Gestalt einer Fliege paarte. Doch ihr besonderer Günstling war ihr Bruder Freyr, was an → *Anats* Wahl ihres Bruders Baal zum Gespielen erinnert.

Übrigens hatte Freyja auch einen Ehemann, einen anderen Aspekt von Odin namens Odr. Er war der Vater ihrer Tochter → *Hnoss* («Juwel»). Als Odr seine Wohnstatt verließ, um die Erde zu durchstreifen, vergoß Freyja Tränen aus Bernstein. Aber schon bald folgte sie Odr und nahm auf der Suche nach ihm unterschiedliche Namen an: Hier war sie Mardöll, die Schönheit des Lichtes, das aufs Wasser fällt, dort Hörn, die Leinenfrau. Manchmal war sie Syr, das Schwein, zu anderen Zeiten Gefn, die Großzügige, und in manchen Teilen Nordeuropas hielt man sie für identisch mit → *Frigg*.

Frigg Die Mythenforscher debattieren immer noch darüber, ob Frigg mit der Göttin → *Freyja* identisch oder nur mit ihr verwandt war. Doch unabhängig davon, wie man die

Frigg

Beziehung von Frigg und Freyja bewertet: Frigg verkörperte fraglos einen anderen Aspekt der Weiblichkeit als Freyja. Sie waren einander so ähnlich und so verschieden wie Mutter und Tochter. Und wer könnte allen Ernstes die Weiße Dame der Sonnenwende, die flachshaarige Matrone Frigg («Die Tragende»), mit der freizügigen Liebhaberin Freyja verwechseln? Die Göttinnen unterschieden sich in ihren Symbolen und in den Vorstellungen von Weiblichkeit, die sie repräsentierten: Freyja war vielleicht die bevorzugte Göttin der Liebenden, aber die oberste Aufsicht über Asgard, den Göttersitz, übte die mütterliche Frigg aus, die in der berühmtesten Sammlung der skandinavischen Mythologie, der *Snorra Edda*, sogar die wichtigste Göttin genannt wird. «Frigg», behauptet Snorri Sturluson, der Verfasser des um 1220 entstandenen Werks, «überragt alle.» Er beschreibt sie als eine ruhige, wissende Göttin, in das Gefieder von Habichten und Falken gekleidet, die ihre Tage in ihrem Heim Fensalir («Sumpfschloß am Meer») verbrachte, umgeben von jenen Göttinnen, die Ausprägungen oder Doppelgängerinnen von ihr waren: die Heilerin → *Eir*, die verschwiegene → *Fulla*, die jungfräuliche → *Gefjon*, die milde → *Hlin*, die weise → *Saga* und andere.

Die bemerkenswerteste Geschichte, die von Frigg erzählt wird, ähnelt verblüffend der von → *Ishtar* und von → *Kybele*, deren Sohn, der Vegetationsgott, ebenfalls auf Wunsch der Mutter sterben muß. In der altnordischen Sage war Balder allerdings nicht der Liebhaber seiner Mutter Frigg, wie es z.B. Attis für Kybele war, sondern es heißt, er sei mit → *Nanna* verheiratet gewesen, einer Göttin, die keine eigene Identität hatte. Frigg liebte ihren Sohn Balder so sehr, daß sie allen Geschöpfen der Erde das Versprechen abrang, ihm niemals etwas zuleide zu tun. Wahrscheinlich gerade deshalb wurde der so grenzenlos geliebte Gott zur Zielscheibe der rauhen Vergnügungen in Asgard. Die Götter machten sich einen Spaß daraus, Wurfspeere, Steine und Pfeile auf Balder zu schleudern und sahen belustigt zu, wie die Geschosse von ihm abglitten, ohne den wunderschönen Gott zu verletzen.

Doch den niederträchtigen Loki, den «Vater der Feinde der Götter», ärgerte diese Unverletzbarkeit. Sein Neid auf Balder machte ihn krank vor Wut. So verkleidete er sich als alte Frau und näherte sich der Stelle, wo die Götter mit den Wurfspeeren auf Balder zielten. Er erspähte Frigg, die seelenruhig zuschaute, und fragte sie, ob sie nicht Angst um die Sicherheit ihres Sohnes habe. Die Mutter antwortete, daß sie sicher sei, nichts auf der Welt könne ihn verwunden.

«Wirklich nichts?» fragte Loki listig nach. «Nun», gab die Göttin zu, «es existiert ein kleines, unscheinbares Mistelpflänzchen, das nur ein Schößling war, als ich von allen Gewächsen das Versprechen einforderte, Balder nichts anzutun. Die Pflanze war viel zu klein, um irgendwem schaden zu können.» Loki suchte sich einen Zweig der Mistel und formte ihn zu einem scharfen Pfeil. Diesen legte er in die Hand des blinden Gottes Hödr und ermutigte ihn, auch an diesem Spaß teilzuhaben. Der Pfeil fand seinen Weg zum Ziel, und Balder fiel tot um. Er ging davon in das Reich von → *Hel*, begleitet von Nanna, die beim Tod ihres Ehemannes an gebrochenem Herzen gestorben war. Frigg unternahm einen Rettungsversuch, das heißt, sie bat jedes Geschöpf, um Balders Rückkehr zu weinen. Und alle taten das, bis auf eine seltsame Riesin, von der sich herausstellte, daß es der verkleidete Loki war. Und so verlor Frigg Balder, der nicht erlöst werden würde, bis ein Sohn von → *Rindr* den Mord gerächt habe.

Fu Bao, Fu-pao In den meisten Ländern ist es üblich, das Entstehen eines Helden auf eine wundersame Empfängnis zurückzuführen, und der Gelbe Kaiser von China war keine Ausnahme. Seine Mutter, eine weitgereiste gelehrte Dame, saß in einer Frühlingsnacht im Freien und beobachtete ein überirdisches Licht, das über den Himmel spielte. Bald merkte Fu Bao, daß sie schwanger war. Sie trug ihr Kind Huangdi zwei Jahre lang – ein weiteres Phänomen, das bei Heldenmüttern weit verbreitet ist.

Fuji Auf allen Kontinenten haben die Menschen Vulkane als weibliche Kräfte betrachtet und huldigten ihnen als Göttinnen: → *Aetna* in Italien, → *Pele* auf Hawaii und → *Chuginadak* auf den Aleuten gehören zu den vielen weiblichen Gottheiten des der Erde entspringenden Feuers. Auch die Ainus, die Urbevölkerung der nördlichsten Inseln Japans, sahen das vulkanische Feuer als weiblich an und nannten ihre Hauptgottheit Fuji, die Göttin des berühmten heiligen Berges, der ihren Namen trägt.

Nun war der höchste Berg Japans, der Fuji, von fast derselben Höhe wie der nahegelegene Berg Hakusan, in dem ein Gott lebte. Ein Streit entwickelte sich darüber, welcher von beiden nun wirklich der höhere Berg sei, und der Amida Buddha erfand einen raffinierten Weg, dies zu messen: Er verband die beiden Gipfel mit einer langen Röhre und goß Wasser in das eine Ende. Pech für die Göttin Fuji, daß ihr das Wasser auf den Kopf floß. Aber ihre Demütigung dauerte nicht lange. Sie zerschlug die Spitze des Hakusan mit acht Schlägen und schuf so die acht Gipfel des heutigen Berges.

Fulla, Volla Von ihrem Namen haben wir das Wort für «Fülle», und diese nordische Göttin verkörperte den Überfluß der fruchtbaren Erde. Sie war eine Dienerin von → *Frigg* und wahrscheinlich eine andere Ausprägung dieser großen Göttin, nämlich jene, die die Truhe trug, in der Frigg ihre Schätze aufbewahrte. Sie wurde dargestellt als junge Frau mit langem, üppigem Haar, das an der Schläfe mit einem goldenen Band zurückgehalten wurde.

Fupao → *Fu Bao*

Furien → *Erinnyen*

Furrina Die große Bedeutung dieser alten italischen Gottheit wird offensichtlich durch die Tatsache, daß – obwohl zur Zeit Ciceros keiner mehr wußte, was Furrina repräsentierte – ihr eine der zwölf römischen Priesterschaften gewidmet wurde. Ihr Fest, die Furrinalia, fand am 25. Juli statt. Manche vermuten, sie war eine der Furien, der Rachegöttinnen (→ *Erinnyen*).

Fylgjen So wurden in Island und in anderen Teilen Skandinaviens Seelengeister genannt. Obwohl die Fylgjen (Einzahl: Fylgja) in mancher Hinsicht den Göttinnen glichen, die als → *Disen* bekannt sind, wurde ersteren nie wirklich gehuldigt. Die Fylgjen ließen sich kaum vor menschlichem Auge blicken, und wenn, bedeutete das Unglück, etwa das Nahen des Todes. Andererseits treten sie in manchen Sagen auch als Schutzgeister auf und stehen Hamingja, dem personifizierten Glück des Menschen, zur Seite.

Gaia, Gaea, Ge

G

Gaia, Gaea, Ge Im Anfang, erklärten die Geschichtsschreiber des alten Griechenlands, gab es nur Chaos, ungeordnete Masse: Wässriges und Festes, vermengt zu einem amorphen Brei. Allmählich bildete sich daraus eine Form. Gaia, die Erde, nahm Gestalt an. Das geschah lange vor dem Beginn der Zeit, denn die Zeit war eines der Kinder Gaias. In der Zeitlosigkeit davor existierte sie, von niemandem geschaffen, allein aus sich selbst heraus.

Doch schließlich ersehnte sich Gaia Liebe, und aus diesem Grund machte sie sich einen Sohn, Uranos, den Himmel, der sich über seiner Mutter wölbte und ihr Verlangen befriedigte. Ihre Vereinigung animierte Gaias Schöpfungskraft, und sie begann unzählige Geschöpfe hervorzubringen: zuerst die gewaltigen Titanen. Der älteste war Okeanos, der Herr über alle Gewässer der Erde, und der jüngste Kronos, der Beherrscher der Zeit. Uranos haßte und beneidete Gaias Kinder. Deshalb hielt sie die Urmutter vor seiner Zerstörungswut verborgen.

Als Gaia spürte, daß ihr Schoß müde wurde, wollte sie sich Uranos künftig vom Leibe halten. Zu diesem Zweck schuf sie ein neues Element, den grauen Adamant, und fertigte daraus ein Werkzeug, das zuvor unbekannt war: eine Sichel. Mit ihr bewaffnete sie ihre Nachkommenschaft. Kronos nahm die Sichel und versteckte sich.

Sobald Uranos sich unter dem Schutz der nächtlichen Himmelsdecke wieder einmal näherte, um seine Mutter-Geliebte zu besteigen, sprang sein Bruder und Sohn Kronos hervor, ergriff die Genitalien des Uranos und sägte sie mit der rauhen Klinge ab. Das Blut fiel als himmlischer Regen auf Mutter Gaia, und diese war so fruchtbar, daß selbst das Blut des verstümmelten Himmels sie schwängerte. Die → *Erinnyen* entstanden, ebenso die schreckenerregenden, aber sterblichen Giganten und die → *Nymphen* der Eschen, die → *Meliae*, die die Ahnen der Menschheit wurden.

Doch Gaia wußte, daß es nicht genügte, sich mit dem Himmel zu verbinden – und sich wieder aus seiner Umklammerung zu lösen. «Die Erde» mußte sich auch mit dem Meer gutstellen. Deshalb ging Gaia eine Liaison mit dem Meeresgott Pontos ein, und von ihm empfing sie unter anderem die monströse → *Keto*, die wiederum zahlreiche andere Unwesen hervorbringen sollte.

Selbst nachdem die Erdmutter von den eindringenden Olympiern als oberste Gottheit verdrängt worden war, huldigte das Volk weiterhin Gaias Macht mit Gerste und Honigkuchen, die an geheimen und heiliggehaltenen

Gaia bringt Erichthonios hervor und übergibt ihn im Beisein von Zeus und Hera der Athene

Öffnungen der Erdoberfläche niedergelegt wurden. An solchen Spalten pflegten auch übersinnlich Begabte den Willen Gaias zu deuten, denn sie galt durch alle Zeitalter hindurch als die urzeitliche Prophetin, die die Orakel von Delphi, Dodona und anderswo einrichtete bzw. inspirierte. Und die Griechen schworen – selbst als längst Zeus das Pantheon regierte – ihre heiligsten Eide stets auf Gaia, die Große Mutter, womit sie ihre Oberherrschaft über die Menschen anerkannten.
Siehe auch → *Demeter*.

Galateia, Galatea In der griechischen Mythologie gab es zwei Gestalten dieses Namens. Die eine gehörte zu den → *Nereiden*, und ihre Legende dreht sich um zwei Männer, die sie begehrten. Die bekanntere Galateia erschien in der Geschichte von Pygmalion, eines Mannes, der Angst vor dem Verlangen sterblicher Frauen hatte und sich darum lieber der starren Schönheit weiblicher Statuen hingab. Besondere Leidenschaft fühlte er für den bleichen Marmor einer Statue von → *Aphrodite* und schnitt selbst eine Elfenbeinfigur dieser Göttin, mit der er zu schlafen pflegte. Eine derart unnatürliche Liebe war Aphrodite zuwider, die bekanntlich die freie und großzügig ausgeübte körperliche Liebe vertrat.
Aphrodite bestrafte Pygmalion, indem sie sein Verlangen nach der Elfenbeinstatue immer stärker werden ließ. Natürlich konnte diese seine Zuneigung nicht erwidern, noch konnte seine Liebe Befriedigung finden an ihren harten Hüften. Zur Verzweiflung getrieben, erflehte Pygmalion schließlich Aphrodites Gnade. Angerührt hauchte die Göttin der Statue Leben ein, die zu Galateia wurde. Die Liebenden zeugten miteinander ein Kind, eine Tochter, die sie Paphos nannten, nach dem Ort an der Küste Zyperns, wo Aphrodite, «die Schaumgeborene», dem Meer entstiegen sein soll.

Galiana Diese etruskische Heroine rettete ihre Heimatstadt, die heute Viterbo heißt, vor einer römischen Invasion, indem sie nackt auf den Zinnen erschien. Ihre Erscheinung hatte eine zaubermächtige Wirkung auf die römischen Legionen, die angesichts dieses Anblicks weiblichen Muts verwirrt den Rückzug antraten.

Gamsu Weise chaldäische Meeresgöttin, die mit → *Zarpandit* verschmolz.

Ganga Die hinduistische Mutter der Flüsse lebte einst im Himmel mit ihrer Schwester → *Uma*. Als Meeresdämonen die Erde zu verwüsten drohten, verschlang die weise Agastya den Ozean, in dem sie sich versteckten.
Agastya wurde so zwar die bösen Geister los, aber die Erde blieb öde und trocken zurück, denn die Hitze im Bauch der weisen Frau war so stark, daß alles Wasser auf der Stelle verdunstete.
Um der Gebete ihres Volkes willen, warf sich die Wassergöttin Ganga selbst auf die Erde. Gangas Macht hätte die Welt wegspülen können, aber der große Gott Shiva bot der Sintflut die Stirn und rettete so die Erde. Von nun an floß die Göttin, verkörpert im heiligen Fluß Ganges, durch Indien.
Manche sagen, daß Ganga aber gleichzeitig im Himmel blieb als der himmlische Fluß, den wir Milchstraße nennen. Ein anderer Teil des Ganges floß unter der Erde. Der Zusammenfluß der drei Ganges-Arme in Benares (heute Varanasi) wurde als Gangas allerheiligster Ort angesehen. Dort wuschen sich die Hindus täglich in den reinigenden Wassern. Einmal im Jahr reisten – und reisen noch heute – Pilger dorthin, um von Gangas Versprechen Gebrauch zu machen, zehn Sünden aus jedem der letzten zehn Leben des Badenden wegzuwaschen. Und viele gläubige Hindus möchten in Ganga untergetaucht sterben; denn die Göttin ist der Fluß Ganges, und er oder sie gewährt dem Ertrunkenen die sofortige Befreiung von Strafe und Wiedergeburt.
Ganga, eine der größten Göttinnen der Hindus, erscheint oft zusammen mit anderen mächtigen Gottheiten: mit Uma zusammen als Paar; als Dreiheit mit den anderen Flußgöttinnen → *Sarasvati* und → *Yamuna*; als fünffältige Gruppe mit Sarasvati, → *Lakhsmi*, → *Durga* und → *Savitri*. Sie alle sind Aspekte von → *Devi* («Göttin») und → *Prakriti* («Erde»). Ihre Rolle in jeder dieser Gruppierungen ist die einer Spenderin von Gesundheit, Glück, Fruchtbarkeit und Wohlstand.

Ganymeda Ursprünglich jene griechische Göttin, die bei den olympischen Festen

Ambrosia und Nektar servierte, später wurde sie in zwei Gestalten aufgeteilt. Ihr Name als Mundschenkin der Unsterblichen wurde einerseits auf Ganymed übertragen, einen sterblichen Knaben, der in den Himmel erhoben wurde, um dort Ganymedas Dienste zu verrichten. Andererseits übernahm → *Hebe*, eine Tochter des Zeus und Gemahlin des Herakles, ihre Rolle.

Gatamdug Die akkadisch-babylonische Muttergöttin des Tigris-Gebietes, eine Ratgeberin der Könige und Traumdeuterin, die schließlich in → *Gula* aufging.

Gauri Da die hinduistische Philosophie davon ausgeht, daß Göttlichkeit letztlich unteilbar ist, werden alle Göttinnen als Aspekte von → *Devi* betrachtet. Trotzdem kennt die indische Kultur unzählige Namen von Göttinnen, die eigenständigen Gottheiten sehr ähnlich sind. Es heißt, Gauri («Die Goldene» oder «Die Weiße») sei sozusagen der Mädchenname der mächtigen → *Durga* gewesen. Bevor sie ihren Ruf als Kriegerin erwarb, war Durga die goldene Himmelsjungfrau Gauri. Aber manchmal wird Gauri auch → *Parvati* genannt, Shivas dunkle Geliebte, die sich zauberischen, die Haut aufhellenden Schönheitsbehandlungen unterzog. In manchen Teilen Indiens ist Gauri ein anderer Name für Varuni, die Göttin des Goldes.

Auf jeden Fall ist Gauri der Name für die freundliche Göttin, der in den August-Feiern gehuldigt wird. Das soll die beste Zeit sein, um Heiraten zu arrangieren und Babys Namen zu geben. Gauris spezieller Tag ist der Neumond des August, wenn zur Nacht Süßigkeiten gegessen werden, um Gauris honigsüße Gunst für das nächste Jahr zu erlangen.

Gaurisankar Diese indische Berggöttin ist im höchsten Gebirgsmassiv der Erde verkörpert, im Mount Everest.

Ge → *Gaia*

Gefjon Es ist schwierig zu beurteilen, ob die altnordische Riesin und die jungfräuliche Göttin desselben Namens identisch waren oder nicht. Die erstgenannte Gefjon war eine Schelmin. Sie erreichte, daß ihr so viel Land versprochen wurde, wie vier Ochsen an einem Tag pflügen konnten. Daraufhin empfing sie von einem Bewohner des Riesenlandes vier Söhne in Ochsengestalt. Als diese herangewachsen waren, brachte Gefjon sie nach Schweden zurück, pflügte mit ihren vier ungeheuer kräftigen Ochsensöhnen einen Teil dieses Landes einfach weg und schleppte es nach Süden, wo es zur Insel Seeland wurde. Deshalb gilt sie in Dänemark als Beschützerin der pflügenden Bauern.

Die andere Gefjon, eine Göttin aus dem Asen-Geschlecht (→ *Asinnen*), verkaufte ihr Hymen für einen Edelstein, behielt aber wunderbarerweise ihre Jungfräulichkeit. Sie war eine Dienerin von → *Frigg* und möglicherweise eine Ausprägung dieser großen Göttin als die «großzügig Gebende» und Glückbringende. Es hieß, daß alle Frauen, die als Jungfrauen sterben, in Gefjons Besitz übergehen.

Gefn → *Freyja*

Gendenwitha Mit diesem Namen bezeichneten die Irokesen den Morgenstern, die Übersetzung lautet «Die den Tag bringt». Gendenwithas Geschichte hängt mit der des großen Jägers Sosondowah («Große Nacht») zusammen, der, als er wie besessen einer übernatürlich schönen Elchkuh nachstellte, unversehens bis an den Himmel gelangte, wo die eifersüchtige Göttin der Morgenröte ihn sich als ihren Pförtner angelte.

Aber der neue Sklave vermochte seine Pflichten nicht zuverlässig zu erfüllen. Unten auf der Erde sah er Gendenwitha, eine hübsche Sterbliche, und verließ täglich seinen Arbeitsplatz, um sie zu umwerben. Während die Göttin der Morgenröte emsig den Himmel färbte, sang der Jäger für seine Geliebte: im Frühling als Rotkehlchen, im Sommer als Amsel, im Herbst als Falke. Und als Falke versuchte er Gendenwitha mitzunehmen und in den Himmel zu tragen. Aber seine Arbeitgeberin geriet darüber in Wut. Sie verwandelte die junge Frau in einen Stern und plazierte sie direkt über ihrer Tür, wo sie heute noch blinkt – aber außer Reichweite ihres Geliebten.

Genea Für die Phönizier war Genea die Mutter aller Menschen.

Genetaska Die «Jungfräuliche Friedenskönigin» der Irokesen war eine irdische Frau, die so weise war, daß man mit schwierigen Rechtsangelegenheiten zu ihr kam. Eine lange Zeit war Genetaska dabei unparteiisch, bis sie sich schließlich in einen Beklagten verliebte. Als sie ihn heiratete, wurde ihr Amt abgeschafft.

Gentle Annie «Sanfte Annie», ein angenehmer Aspekt von → *Black Annis,* soll England das gute Wetter gebracht haben. Manchmal wandte sich aber die Wettergöttin – von der einige vermuten, daß sie von → *Anu* abstammt – gegen jene, die gerade noch in ihrer Gunst gestanden hatten, und verwüstete mit heftigen Stürmen ihre Ernte oder die Fischerboote.
In vielen Kulturen wurden Wettergöttinnen auf ähnliche Weise verstanden: als wunderschöne, aber gefährliche Frauen, mal gutmütig und hübsch, mal heimtückisch und abstoßend.

Gerdr, Gerd Die nordische Lichtgöttin soll in einem ganz von Feuer umgebenen Haus gewohnt haben, und aus ihren Händen konnte sie Flammen schlagen lassen. Sie war angeblich das allerschönste aller Geschöpfe, die Tochter einer Riesin und eines Sterblichen. Der Fruchtbarkeitsgott Freyr war von Gerdr betört und beauftragte einen seiner Diener, die Göttin zu ihm zu bringen. Sie weigerte sich entschieden, aber Freyr schickte immer weiter Geschenke und schließlich ließ er ihr Drohungen übermitteln. Zu guter Letzt gewann er Gerdr mit einem zauberkräftigen Runenspruch, und sie reiste nach Asgard, der Wohnstatt der Götter, um mit Freyr zu leben.
Einige Forscher führen Gerdrs Namen auf ein Wort für «Feld» zurück und sehen die Legende als eine Allegorie für die frühlingsbereite Erde, die darauf wartet, unter dem Einfluß des Fruchtbarkeitsgottes Früchte zu tragen, aber immer noch im Griff des Winters, symbolisiert durch die Frostriesen, lebt.

Germania Sie war immer nur eine von Künstlern geschaffene Symbolgestalt, die das Siedlungsgebiet der Germanen personifizierte. Eine Göttin oder Heldin dieses Namens ist in Mythologie und Geschichte nicht nachweisbar. Aus der Römerzeit sind Statuen der trauernden Germania erhalten. Sie beklagt die Niederlage der germanischen Stämme im Kampf gegen die Römer. Doch dieses Erscheinungsbild ändert sich später gründlich: Vom 10. Jahrhundert an wird die Germania als heroische Symbolgestalt der Deutschen mit Kaiserkrone und Zepter dargestellt. Ihre größten ehernen Kolossalmonumente entstanden im 19. Jahrhundert. Das Ende des Ersten Weltkriegs und des deutschen Kaiserreichs bedeutete auch das Ende des patriotischen Germania-Kults.
Eine ähnliche Rolle als Personifikation des Stammes der Bajuwaren in Form einer imposanten Frauenfigur spielte – und spielt zum Teil noch heute – für die Bayern die Bavaria.

Geshtinanna Um den sterbenden mesopotamischen Vegetationsgott Dumuzi finden wir eine der bedeutendsten Dreifaltigkeiten der Religionen des östlichen Mittelmeerraumes versammelt: seine Geliebte → *Inanna,* seine Mutter → *Ninsun* und seine Schwester Geshtinanna («Weinrebe des Himmels»). Gefoltert von Alpträumen, erzählte Dumuzi diese seiner Schwester, damit sie sie deute. Geshtinanna, die in solchen Dingen erfahren war, bemerkte sofort, daß ihr Bruder von Dämonen verfolgt wurde. Sie warnte Dumuzi, der daraufhin floh, aber nicht ohne Geshtinanna zur Verschwiegenheit zu verpflichten. Wie erwartet, suchten die Dämonen nun Geshtinanna heim, um sie zu zwingen, den Aufenthaltsort ihres Bruders zu verraten. Aber sie blieb standhaft und schwieg. Dennoch fanden die Dämonen Dumuzi, der sich in Gestalt einer Gazelle im Schafstall seiner Schwester versteckt hielt. Er wurde in die Unterwelt entführt. Geshtinanna machte sich an die Verfolgung, und die Geschwister wurden schließlich wieder vereint. Dann überredete die Göttin die Unterwelt-Gottheiten, Dumuzi noch die Hälfte ihres eigenen Lebens zu gewähren. Von nun an durfte jeder von beiden sechs Monate im Jahr auf der Erde leben.

Ggigantia Die ungeheuer fette Göttin der megalithischen Tempel auf der vor Malta gelegenen Insel Gozo.

Ghar-Jenti «Licht des Hauses» bedeutete der Name dieses assamesischen Geistwesens. Sie war der Geist des häuslichen Glücks und machte sich dadurch bemerkbar, daß sie nachts tickende Geräusche erzeugte, z. B. den Klang von Nägeln, die aus dem Holz gezogen werden. Sie spazierte im Dunkeln durch das Haus, und die Bewohner fühlten ihre Anwesenheit «wie Katzenpfoten in ihren Träumen».

Giane Auf Sardinien war dies der Name eines spinnenden Waldgeistes in Gestalt einer mittelgroßen Frau mit Fingernägeln aus Stahl und langem, zerzaustem Haar. Giane hatte auch lange, hängende Brüste, und wenn sie an ihrem magischen Webstuhl arbeitete, warf sie sie über die Schultern. Bei der Arbeit sang Giane klagende Liebeslieder. Wenn ein Menschenmann darauf antwortete, schlief Giane mit ihm. Doch der Mann, überwältigt von der Macht des Geistes, mußte sterben, und sein Kind wurde zur Hälfte ein Ungeheuer und nach nur drei Tagen schon geboren.

Gilou → *Lamasthu,* → *Lilith*

Glauke → *Medea*

Glispa Diese vergötterte Heldin der Navajo-Indianer, die ihrem Volk den «heilenden Gesang der Schönheit» brachte, könnte eine Form der großen Göttin → *Estsanatlehi* gewesen sein, denn sie war eine Türkis-Frau, während ihre Schwester (wie Estsanatlehis Schwester → *Yolkai Estsan*) mit weißen Muschelschalen assoziiert wird. Die beiden Mädchen wurden eines Nachts von jungen Männern von ihrem Dorf weggelockt. Als jedoch die Morgendämmerung kam, waren die Männer alt und verhutzelt. Ihre Schwester hatte zuviel Angst, um wegzulaufen, aber Glispa erkämpfte sich ihren Weg zur Freiheit mitten durch giftige Schlangen.
Im Mittelpunkt der Welt, an der Stelle, wo man aus den unteren Welten emporsteigt, hielt Glispa inne, um zu trinken. Schlangenmenschen erschienen und hoben den magischen See, so daß Glispa darunter weiterreisen konnte, bis sie ihren nächtlichen Geliebten fand, der wieder faltenlos und stattlich war. Er erklärte ihr, daß er ein Schamane der Schlangenmenschen sei. Um sie bei sich zu behalten, lehrte er Glispa den Heilgesang, den man *hozoni* nennt, und die dazugehörigen Rituale. Glispa behielt alle Einzelheiten sofort im Gedächtnis.
Nach vielen Jahren bekam Glispa Heimweh nach der oberirdischen Welt, und der Schlangengott erlaubte ihr zurückzukehren. Wieder auf der Erde, versuchte sie, ihrem Bruder den Gesang der Schönheit beizubringen, aber er war begriffsstutzig und konnte sich das kunstvoll gebaute wunderschöne Lied nicht merken. Mit Zauberkraft und List brachte sie es ihm endlich doch bei, damit den Navajos, wenn sie selbst von neuem in die untere Welt zurückkehrte, die Gabe des Heilens blieb, das fortan in viertägigen Zeremonien abgehalten wurde, zu Ehren von Glispa sowie um Schönheit zu erlangen oder zu bewahren.

Gna Diese nordische Windgöttin auf ihrem Pferd «Auskeiler» war die Botin der Himmelskönigin → *Frigg*. Gna wurde in der skandinavischen Dichtung als Synonym für «Frau» benutzt.

Gnowee Die Sonnengöttin der Wotjabaluk, einem Aborigines-Volk im südöstlichen Australien, lebte zu einer Zeit auf der Erde, als der Himmel immer dunkel war und die Menschen mit Fackeln in der Hand herumgehen mußten, um etwas sehen zu können. Eines Tages, als Gnowee unterwegs war, um Yam-Wurzeln zu sammeln, entfernte sich ihr Kind vom Lager. Sie machte sich mit einer riesigen Fackel in der Hand auf, es zu suchen, konnte es aber nicht finden. Seitdem steigt sie auf der Suche nach ihrem Sohn täglich von der Erde in den Himmel.

Godiva, Lady → *Epona*

Goga Auf Neuguinea und in Melanesien war das Urgeschöpf eine alterslose Frau. Goga nährte mit ihrem Körper das ewige Feuer, bis ein menschlicher Knabe es stahl. Sie verfolgte den Jungen. Er ließ den brennenden Zweig, den er trug, auf einen Baum fallen, der Feuer fing. Im Baum hielt sich eine Schlange auf, deren Schwanz zu brennen begann. Obwohl Goga die Welt mit Regen überflutete in der Hoffnung, das gestohlene Feuer zu löschen,

Gorgonen

Goga

Gorgo

schwelte der Schwanz der Schlange weiter vor sich hin, und die Menschen benützten ihn, um die erste irdische Flamme zu entzünden.

Die Kiwai, ein Papua-Stamm, sagen, daß die Urfrau auch als erste ein irdisches Geschöpf getötet habe. Sie erlegte ein kleines Känguruh und ließ es verwesen. Aus dem Kadaver entwickelten sich – wie Maden – menschliche Wesen, und die alte Frau lehrte sie die notwendigen Rituale und Regeln des irdischen Lebens.

Göndul Sie war eine der berühmtesten Walküren und wurde zur Erde gesandt, um die Seelen der Könige, die in einer Schlacht gefallen waren, zurückzubringen. Sie spielte eine bedeutende Rolle in der Legende von → *Hildr*, denn sie hatte die «ewige Schlacht» geschaffen, in die der Liebhaber jener Frau verwickelt war. Aus diesem Grund heißt es in manchen Legenden, hinter Göndul habe sich in Wahrheit → *Freyja* verborgen, die Königin der → *Walküren*.

Gorgonen Diese drei Schreckgestalten der griechischen Mythologie sollen Töchter des Meeresgottes Phorkys und des Meeresungeheuers → *Keto* gewesen sein. Ihre Gesichter und ihre goldenen Schwingen wirkten zwar auf den ersten Blick wunderschön, aber auf den zweiten nur noch furchterregend; denn die drei Schwestern waren mit echsenartiger schuppiger Haut bedeckt und ihr Haar bestand aus zischenden Schlangen. Außerdem hatten die Gorgonen riesige, eberartige Stoßzähne, metallene Finger, und die Kraft ihrer Augen war so mächtig, daß ein kurzer Blick den Angeschauten versteinerte.

Die Schwestern lebten zusammen jenseits des Meeres, fast am Ende der Nacht, und ihre drei jüngeren Schwestern, die → *Graien*, bewachten den Zugang zu ihrem Versteck. Zwei Gorgonen von diesen dreien waren unsterblich: Sthenno («Stärke») und Euryale («Weites Meer»). Dennoch standen sie in der Hierarchie der Halbgötter und Dämonen wesentlich tiefer als ihre sterbliche Schwester → *Medusa* («Herrscherin»).

Der Mythenforscher Robert Graves sah in den Gorgonen Priesterinnen der dreifaltigen Mondgöttin in der Gestalt maskentragender

Graien

Frauen, die die Mysterien der Weiblichkeit bewachten. Geheimlehren der Antike hätten das Gesicht des Mondes als Gorgonenhaupt gedeutet, das in alle Richtungen schaue und alles bewache. Vielleicht haben deshalb die griechischen Bäcker gern ein Gorgonenhaupt auf ihre Backöfen gemalt. Es sollte die Neugierigen davor warnen, vorzeitig hineinzuspähen und so das Brot zu verderben. Aus dem gleichen Grund versahen die Krieger ihre Brustpanzer und Schilder mit diesem jeden Feind abschreckenden Bild.

Eine andere Deutung kommt von Helen Diner, die der Meinung war, daß Gorgon der Name eines Stammes von libyschen → *Amazonen* war, die von den Griechen niedergemetzelt und anschließend von ihren Mördern als Monster beschrieben wurden.

Graien Die drei jüngeren Schwestern der → *Gorgonen* waren Schwanenjungfrauen, die am Ende der Welt lebten und den Weg zum Heiligtum ihrer Schwestern bewachten. Die Graien waren ziemlich hübsch, wenngleich sie von Geburt an graues Haar hatten. In einigen Geschichten ist allerdings davon die Rede, daß sie mißgebildet waren, zusammen nur ein Auge und einen Zahn hatten.

Ihre Namen waren Pemphredo («Wespe»), die wundervoll angezogen war; Enyo («Kriegerin»), die sich stets in Gelb kleidete; und Deino («Die Schreckliche»). Ihr gemeinsamer Name bedeutete «Die Grauen» oder «Die alten Weiber», und vielleicht leiten sogar die Griechen ihren Namen von ihnen ab, denn *graeci* könnte man übersetzen mit «Anhänger des alten Weibes».

Grainne Ihr Name bedeutet «Hassenswerte Göttin», was vermuten läßt, daß sie ursprünglich göttlich war. Jedoch erscheint Grainne in der irischen Mythologie als Heldin ihrer berühmtesten Liebesgeschichte, in der die willensstarke Schönheit sich ihren Geliebten selbst aussucht und über die ganze Insel mit ihm reist, wobei sie im Freien schlafen und das Land mit ihrer Liebe heiligen.

Diese Prinzessin von Ulster war von ihrem Vater dem Helden Fionn versprochen worden. Aber auf ihrer Hochzeitsfeier hob ein plötzlicher Windzug die langen Stirnfransen des gutaussehenden Gastes Diarmaid. Auf der Stirn des Mannes war ein magisches Liebesmal zu sehen. Jede Frau, die es sah, verliebte sich in den Mann, und so auch Grainne.

In einigen Versionen dieser Sage heißt es, daß sich die Leichtsinnige vor der Hochzeitsnacht erst Fionn und dann Diarmaid angeboten habe, doch nur letzterer töricht genug gewesen sei, auf diese frivolen Avancen einzugehen. Eine andere Version sagt indessen, daß Diarmaid Grainne zurückwies, solange sie nicht zu ihm käme «weder gekleidet noch unbekleidet, weder zu Pferde noch zu Fuß, weder bei Tage noch bei Nacht». Grainne begab sich zu einer Fee, um von ihr einen Mantel aus Bergnebel zu leihen, und ritt dann zu Diarmaid auf einer Ziege just im Augenblick des Sonnenaufgangs. Auf diese Weise umging sie seine Forderungen und konnte den Mann mit dem unwiderstehlichen Liebesmal dennoch für sich gewinnen.

Doch die bekannteste Erzählung ist viel dramatischer. Sie berichtet, daß Grainne in die Getränke der Hochzeitsgesellschaft ein Schlafmittel schüttete, und als alle anderen schliefen, forderte sie Diarmaid auf, mit ihr zu fliehen. Anfangs zauderte er, weil er Fionns Wut fürchtete, aber Grainne wußte, daß Diarmaid einst gelobt hatte, nie einer Frau seine Hilfe zu versagen, und so mußte er tun, was sie verlangte. Sie eilten zum Fluß Shannon und dort in den Wald, der später Zwei-Zelte-Forst genannt wurde, weil sich Diarmaid in den ersten Nächten, die sie zusammen waren, weigerte, mit Grainne zu schlafen, und für sich ein eigenes Zelt aufschlug. Aber auch diesmal setzte sie sich schließlich wieder durch. Sie lockte vom Flußufer her ein riesiges Ungeheuer herbei und rief dann Diarmaid zu Hilfe. Nachdem er das Monster getötet hatte, bemerkte Grainne spöttisch, daß wenigstens ein Lebewesen, wenn auch ein abscheuliches, sie begehrenswert gefunden habe – worauf Diarmaid beschämt in ihr Zelt zog.

Fionn und seine Gefolgsleute, die Fianna, verfolgten und fanden das Liebespaar, aber Diarmaid gab Grainne eine Tarnkappe, unter der sie entkommen konnte, während er sich mit einem übermenschlichen Sprung dem Zugriff der Verfolger entzog. Darauf erschien ein Gott dem Paar, der ihnen verkündete, nie wieder könnten sie in einer Behausung mit nur einem Eingang schlafen, nie auf einer Insel mit nur einem Zugang landen, nie würden sie Zeit genug haben, ein gekochtes Mahl zu sich zu nehmen und zwei Nächte hintereinander an einem Ort zu verweilen.

Und so begannen die Liebenden ihre Irrfahrt, sie schliefen in Felsennischen, die bis heute «die Betten von Diarmaid und Grainne» genannt werden. Ermüdet vom ständigen Umherziehen, suchten sie schließlich Zuflucht unter einer Eberesche, die von einem Riesen namens Sharvan der Verdrießliche beschützt wurde. Er erlaubte den beiden, sich in dem Baum zu verstecken, aber nur unter der Bedingung, daß sie keine der Beeren vom Baum pflückten. Wieder hatte Grainne jedoch andere Pläne, und auf ihr Drängen hin tötete Diarmaid den Riesen. Danach aßen sie sich an den magischen Beeren satt.

Die Schreie des sterbenden Riesen verrieten Fionn, der ihre Verfolgung nicht aufgegeben hatte, den Aufenthaltsort des Pärchens. Als sie ihn kommen sahen, kletterten Grainne und Diarmaid schnell auf den Baum. Fionn, der vermutete, daß sie sich dort verbargen, setzte sich unter den Baum zu einer Runde Schach mit dem Dichter Oisin und forderte ihn heraus, den spielentscheidenden Zug im voraus zu erraten. Dreimal warf Diarmaid – der auf seine Schachkünste stolz war – Beeren vom Baum, um Oisin den richtigen Zug zu signalisieren. Fionn, der sicher war, daß Diarmaid in der Nähe war, rief seinen Namen, und Diarmaid mußte als braver irischer Held antworten. Grainne hüllte sich in ihren unsichtbaren Feenumhang und floh, während Diarmaid wieder einen mächtigen Sprung tat und außerhalb Fionns und seiner Leute Reichweite landete. So begann die Verfolgungsjagd von neuem, bis Aengus, der Gott der Dichter, vor Fionn erschien, um die Sache der Liebenden zu vertreten. Dies rührte Fionns Herz, und Grainne und ihr Geliebter durften ungestraft in die Gesellschaft der Menschen zurückkehren. Also hatte die «hassenswerte Göttin» Grainne abermals den Sieg davongetragen.

Grainne ni Malley Die irische Piratenkönigin der Grafschaft Galway war eine Zeitgenössin von Elisabeth I. von England. Um Grainne ni Malley davon zu überzeugen, daß weitere Überfälle auf Schiffe der britischen Flotte sie das Leben kosten würden, lud die Königin die Freibeuterin nach London ein und schenkte ihr einen Schoßhund und schöne Stickereien. Grainne spottete über die nutzlosen Kinkerlitzchen und verließ den Hof, ohne Elisabeth das erhoffte Versprechen gegeben zu haben. Sie kehrte nach Irland zurück, entführte umgehend den adligen Engländer, der im Dubliner Howth Castle wohnte, und hielt ihn als Geisel, bis sie ihren Standpunkt klar gemacht hatte: daß sie keine andere Souveränität über sich anerkannte.

Mit Männern verfuhr Grainne ebenso «souverän». Jedes Jahr nahm sie sich einen neuen Liebhaber. Am ersten Tag des nächsten Jahres entledigte sie sich ihres bisherigen Favoriten, indem sie vom Turm ihres Schlosses aus lauthals rief, er solle verschwinden. Weigerte sich der Mann zu gehen, tötete sie ihn. Doch schließlich fand sie einen Mann, der sie zufriedenstellte. Es war ein irischer Adliger, und als der erste Tag des neuen Jahres anbrach, beschloß sie, sich nicht von ihm zu trennen, und die Befürchtung, er könne sie von sich aus verlassen wollen, machte sie schwermütig.

Grazien Die deutsche Bezeichnung für diese drei Göttinnen kommt vom lateinischen Wort *gratia*. Auf griechisch wurden diese Gottheiten Chariten genannt. Beide Begriffe bedeuteten dasselbe: die Grazie der Bewegungen, denn sie waren tanzende Göttinnen; die Grazie des höflichen Benehmens, denn sie waren immer zuvorkommend; und die wichtigste Grazie, die Anmut der Liebe, deren mächtiges Wirken diese Göttinnen zusammen mit → *Aphrodite* lenkten.

Die Namen der drei Grazien waren Thalia («Die voll in Blüte Stehende»), Aglaia («Die Leuchtende») und Ephrosyne («Die Freude Bringende»). In den Anfangstagen Athens gab es zwei andere Grazien-Namen: Auxo («Die sich Steigernde») und → *Hegenome* («Die Meisterhafte»), die wahrscheinlich ebenso Mondgöttinnen waren wie die in Lakonien beheimateten Grazien Cleta («Die Angerufene») und Phaenna («Die Glänzende»), die stets im Mondlich getanzt haben sollen. Aber eine Grazie konnte auch als Einzelwesen auftreten,

Grian

wie z. B. Charis, die Ebenbild Aphrodites genannt wurde, und wie jene Göttin, die Gefährtin des Schmiedegottes Hephaistos gewesen sein soll.

Ob einzeln, doppelt oder dreifach: Grazie oder Grazien verkörperten jene Lebensart, die Kunst, Tanz, Musik und Liebe hervorbringt. Alterlos jung, waren sie dennoch älter als Aphrodite, denn in ihrer Gegenwart entstieg die «Schaumgeborene» an der Küste Zyperns dem Meer. Die Grazien versorgten die Liebesgöttin mit passender Kleidung und begleiteten sie von nun an, kämmten ihr das Haar, massierten sie mit duftenden Ölen. Ihre Gesellschaft war wunderbar wohltuend, und die Menschen empfanden in ihrer Nähe ein wehmütiges Sehnen. Die Griechen beschrieben den Unterschied zwischen den Grazien und anderen Göttinnen mit dem Spruch: «Das erste Glas Wein bei einer Feier stehe den Grazien zu, das zweite gehöre der wollüstigen Aphrodite, während das dritte an die streitlustige Unheilsgöttin → *Ate* gehe.»

Siehe auch → *Eurynome*.

Grian Ihr Name bedeutet «Sonne», die von dieser frühen irischen Göttin der Sage nach regiert wurde. Ihre Töchter lebten als irische Frauen in offenen Häusern, die *griannon* («Sonnenhäuser»), genannt wurden. Einige Überlieferungen vermelden, daß sie die Zwillingsschwester von → *Aine*, einer anderen irischen Sonnengottheit, war. Vielleicht verkörperte die eine Göttin die schwache Wintersonne, die andere die mächtigere Sonne des Sommers.

Grimhild → *Brünhild*

Groa In den altnordischen Mythensammlungen vereinte diese weise Frau die Fähigkeiten des Zauberns, des Heilens, des Verwünschens und des Haushaltens.

Guan Yin, Kuan-yin So wie die Christen vom 3. Jahrhundert an neben Gott, Christus und dem ebenfalls als männlich geltenden Heiligen Geist auch eine Frau heilig halten und anbeten durften, die Mutter Jesu als Mutter Gottes (→ *Maria*), brachte der chinesische Buddhismus einen weiblichen Bodhisattva

Guan Yin

oder Buddha Nachstrebenden namens Guan Yin hervor. Und so wie Maria die Herzen der Gläubigen gewann, so überflügelte Guan Yin die männlichen Bodhisattvas in der Popularität bei weitem. Sowohl in Japan (als Kannon, Kanzeon oder Kwannon) wie im vorrevolutionären China wurde dieses halbgöttliche Wesen in buchstäblich jedem Haushalt verehrt.

Es heißt, Guan Yin sei so sehr um die Menschheit besorgt gewesen, daß sie, als sie die Erleuchtung erlangte, es vorzog, ihre menschliche Gestalt beizubehalten, statt sie in reine Energie zu verwandeln. Und diese Gestalt wollte sie beibehalten, bis jede einzelne lebende Kreatur die Erleuchtung erlangt hatte. Ihren Namen kann man übersetzen mit «Die die Welt weinen hört». Guan Yins Wohnsitz ist die Paradiesinsel Pu To-shan, und sie erhört dort jedes Gebet, das an sie gerichtet wird. Allein ihren Namen im Gebet auszusprechen, soll die Befreiung von körperlichem oder geistigem Schaden sicherstellen. Ebenso wichtig ist die Beachtung der von Guan Yin selbst erteilten Anweisungen für die Erlangung oder Erhaltung des inneren und äußeren Friedens sowie für die Ausübung von Gnade und Barmherzigkeit. Ihre ergebensten Anhänger aßen kein Fleisch und vermieden es gänzlich, anderen Lebewesen Gewalt anzutun.

Manchmal wurde behauptet, daß Guan Yin ursprünglich als Miao Shan, eine Tochter des Königs Miao Jong, auf der Erde gelebt habe und von überirdischer Tugend gewesen sei. Obwohl ihr Vater wollte, daß sie heiratet, beschloß Miao Shan, in ein Kloster zu gehen. Daraufhin ließ ihr Vater das Kloster niederbrennen. Ein Regenbogen trug Miao Shan zum Himmel hinauf, wo sie aufgrund ihres unschuldigen Todes in die göttliche Welt aufgenommen wurde (siehe auch → *Bixia Yüanchün.*)

Andererseits wird berichtet, daß die Bodhisattva Guan Yin direkt aus dem Licht von Amitabha Buddhas Auge aufgestiegen ist. Da diese Geschichte auch von dem männlichen indischen Bodhisattva Avalokiteshvara erzählt wird, glauben manche Gelehrten, daß Guan Yin eine Vereinigung dieses «Großen Erbarmers» mit der mitfühlenden tibetischen Göttin → *Tara* darstellt.

Doch unabhängig davon war die weibliche

Begleiter von Guan Yin

Guan Yin im Fernen Osten seit Jahrhunderten das wichtigste Symbol menschlichen Mitgefühls. Ihre Statuen zeigen sie in fließende Gewänder gehüllt, oft behängt mit goldenen Halsketten; zu ihren Diensten das Drachenmädchen Lung Nu und der kleine Junge Shan Cai. Oft trägt die Göttin Weidenzweige oder Juwelen in den Händen. Ihre Gesten drücken symbolisch Großzügigkeit und die Verbannung von Furcht und Not aus. Solche Statuen sollten als Meditationsfiguren dienen, aber als die wirksamste Meditation galt die unablässige Wiederholung von Guan Yins Namen. Es heißt, die Verinnerlichung des Friedens und der Großzügigkeit, die Guan Yin ausstrahlt, erfülle auch jeden ihrer Anbeter mit diesen Eigenschaften.

Gudrun → *Brünhild*

Guinevere, Gwenhyfar, Gwenhwyar
Diese walisische Göttin wurde fast unverändert in die Artus-Sagen des Mittelalters übernommen. Nach manchen Erzählungen soll König Artus drei Frauen geheiratet haben, die alle Guinevere hießen. Dies erinnert an die alte Überlieferung, daß ein König die dreifache Göttin der Erde heiraten muß, um wirklich mit allen Attributen der Königswürde ausgestattet zu sein.

In einer anderen Fassung des Artus-Sagenkreises betrog Guinevere ihren Gemahl mit einem jüngeren Mann. Dergleichen kommt in den Legenden keltisch-germanischer Göttinnen häufig vor. Sie hatten die Macht, Könige oder Heroen einzusetzen und nach Lust und Laune wieder abzusetzen. Siehe auch → *Blodewedd.*

Gula, Gula-Bau Während des typischen Assimilierungsprozesses, mit dem viele einander ähnliche Göttinnen zu einer noch größeren Gestalt vereint wurden, übernahm diese nahöstliche Göttin die Merkmale von → *Bau* und → *Gatamdug* und tauchte als eine der ersten Gottheiten der Akkadier und Babylonier auf. Sie war die Muttergöttin als große Heilerin mit der Macht, Krankheiten sowohl aufzuerlegen wie zu heilen. Sie wurde dargestellt mit dem achtstrahligen Rad der Lebensglut, der Hitze des Körpers, die das Leben aufrechthält und es – durch Fieber – zerstören kann. Manchmal wurde sie in Anerkennung ihrer kraftvollen Dualität Gula-Bau genannt.

Gula lebte in einem Garten im Zentrum der Welt, wo sie den Baum wässerte, der die Erdachse bildete. Der Mond-Mann, ihr Gefährte, stand am Himmel über dem Baum, von dem sie Früchte pflückte und zur Belohnung denen darreichte, die sie verehrten.

Gullveig Die Geschichte von der dämonischen Zauberfrau «Goldmacht» ist ein besonders geheimnisvoller Teil der nordischen Mythologie. Es sind viele Erklärungen dafür angeboten worden, warum diese Hexe die Hallen des Göttersitzes Asgard betrat und Vergeltung für eine Verletzung forderte, warum sie dreimal getötet wurde, aber immer noch am Leben war. Möglicherweise hängt es damit zusammen, daß sie zu den Wanen gehörte, einer Gruppe von Gottheiten, die sich von dem in Asgard wohnenden Göttergeschlecht der Asen (→ *Asinnen*) unterschieden und mit ihnen lange im Streit lagen.

Einige Forscher sehen Gullveig einfach als Symbol der verderbenden Macht des Reichtums und deuten ihren Namen als «trunken von Gold». Andere sagen, die Wanen seien die Götter eines eindringenden Fremdvolkes gewesen und Gullveig (auch → *Heidr* oder *Völva* genannt) dessen mächtigste Göttin, sozusagen dessen → *Freyja,* weil sie ebenfalls eine goldene Halskette trug und über die Gabe der Weissagung verfügte.

Gunabibi → *Kunapipi*

Gunnlöd Diese Riesin der nordischen Mythologie, deren Name «Einladung zum Kampf» bedeutet, war die Mutter der Dichtkunst und als solche Hüterin der Kessel mit dem «Skaldenmet». Es war von den endlich miteinander versöhnten Göttergeschlechtern der Asen und Wanen (→ *Asinnen*) gemeinsam aus dem Blut des von ihnen geschaffenen weisesten aller Menschen namens Kvasir gebraut worden. Wer davon trank, wurde alsbald von poetischer Inspiration erfüllt und zu einem Meister der Skalden- oder Sagadichtung.

Natürlich wollte auch der Hauptgott Odin von dem Zaubermet probieren. Als sein Besitzer, Gunnlöds Vater, ihm dies verweigerte, schlich er sich zu der Tochter und verbrachte drei Nächte mit ihr. Daraufhin gewährte sie ihm drei Schluck aus der Quelle der Dichtkunst. Was aber tat Odin? Er trank alle drei Kessel leer und machte sich in Adlergestalt davon.

Gwyllion Wer allein durch die walisischen Berge wandert, könnte – so heißt es in alten Überlieferungen – plötzlich diesem grimmigen Geist der Wildnis gegenüberstehen, einer alten Frau, die einem boshafterweise den falschen Weg weist, auf dem man sich verirrt und elend zugrunde geht. Allerdings wäre es ein Schutz gegen ihren Zauber, wenn man einen eisernen Gegenstand mit sich trägt.

Gyhldeptis «Die Dame mit dem offenen Haar» war ein freundlicher Geist der Indianerstämme Tlingit und Haida im südöstlichen Alaska. Man konnte sie angeblich in den hängenden, bemoosten Zweigen der großen Zedern des Urwaldes sehen. Gyhldeptis störte sich an dem Treiben von Kaegyihl Depgeesk («Wo alles auf dem Kopf steht»), einem mörderischen Strudel, der schon ganze Schiffe samt Besatzung und Passagieren verschlungen hatte. Um dessen Macht zu brechen, veranstaltete der gute Geist ein großes Fest und lud alle Mächte der Küste ein: das Eis, das Waldfeuer, den Wind und andere. In ihrem Unterwasser-Festsaal speiste Gyhldeptis alle Gäste mit Hilfe ihrer Zauberkraft und überzeugte sie dann, daß die menschlichen Wesen mehr Schutz vor Kaegyihl Depgeesk brauchten. Daraufhin machten sich die gestärkten und zufriedenen Naturkräfte vereint daran, die Küstenlinie neu zu ordnen, so daß der Strudel zu einem sanften Fluß abgemildert wurde.

H

Habetrot Eines der berühmtesten englischen Geisterwesen war die Spinngöttin Habetrot, die auch die Heilkunst beherrschte. Wer von ihr gefertigte Kleidung trug, wurde niemals krank.

Habondia, Abunciada Diese Göttin, deren Name «Überfluß» bedeutet, wurde noch im Mittelalter als die spezielle Gottheit der Hexen gefeiert. Offensichtlich war sie eine alte germanische oder keltische Erdgöttin oder stammte von einer solchen ab.

Hada Bai Die assamesische Göttin des Reichtums wurde auch dann angerufen, wenn jemand einen Feind finanziell ruinieren wollte.

Hadassa → *Esther*

Hae-Soon In den *Yennal-yaegi*, Koreas Sagenschatz, ist dies der Name der Sonnengöttin. Ursprünglich war sie ein irdisches Mädchen und lebte mit ihrer Mutter und zwei Schwestern, Byul-Soon und Dae-Soon, in einem abgeschiedenen Tal. Eines Morgens ging die Mutter zum Markt und warnte die Mädchen davor, die Tür zu öffnen, bevor sie wieder zu Hause sei; denn es streiften draußen Tiger umher. Und tatsächlich wurde die Frau unterwegs von einer Tigerin gefressen, die dann versuchte, sich bei den Mädchen als ihre Mutter auszugeben.
Die waren jedoch schlau, rannten zur Hintertür hinaus und kletterten auf einen Baum. Die Tigerin folgte ihnen, konnte die Mädchen aber nicht entdecken. Als sie so verwirrt umherschaute, mußten die Mädchen kichern.

«Kommt da runter!» befahl die Tigerin. Natürlich weigerten sie sich. «Dann werde ich euch holen», sagte die Tigerin. Aber sie konnte nicht auf den Baum klettern.
Als sie wissen wollte, wie die Kinder in die Baumkrone gelangt waren, rieten sie ihr, Öl auf den Baumstamm zu gießen. Die Tigerin tat das und rutschte unter dem Gelächter der Mädchen zu Boden.
Wütend nahm die Tigerin eine Axt und begann Stufen in den Baumstamm zu kerben. In ihrer Angst flehten Hae-Soon und ihre Schwestern den Himmel um Beistand an. Sie packten die magische goldene Kette, die zu ihnen herniedergelassen wurde, gerade in dem Moment, als die Tigerin die Baumspitze erreichte. Auch sie rief um Hilfe, aber alles, was herabkam, war ein mürbes Strohseil. Dennoch griff sie danach – und wurde zerschmettert, als es riß.
Inzwischen waren den Mädchen im Himmel Aufgaben gegeben worden: Hae-Soon sollte die Sonne reiten, Dae-Soon den Mond und Byul-Soon einen Stern.
Hinter dieser Erzählung von «Großtante Tiger» steht ein alter kosmologischer Mythos von der Zerstörung der großen kosmischen Mutter (→ *Tiamat*).

Hagar Im Alten Testament ist Hagar die Magd von → *Sara*, Abrahams Frau, die fürchtete, kinderlos zu bleiben, und deshalb Abraham zuredete, mit Hagar zu schlafen. Die gebar ihm den Sohn Ismael – und wurde aus dem Haus gejagt, als Sara doch noch ein Kind bekam.
Ursprünglich soll Hagar eine Göttin der Bergwüsten gewesen sein. Der Name ihres Sohnes bedeutet «Liebling der Göttin», und das Volk

Hainuwele

der Ismaeliten betete Göttinnen an. Der Apostel Paulus brachte Hagar mit dem Berg Sinai in Verbindung: eine interessante Verknüpfung in Anbetracht von Jahwes Entscheidung, die hebräischen Gesetze dort an Moses zu übergeben. In einigen Überlieferungen heißt es, daß Hagar insgesamt sechs Söhne hatte, für die sie eine Stadt baute und die sie die schwarze Kunst lehrte.

Hainuwele Als eine der drei Dema-Göttinnen (→ *Rabie*, → *Satene*) auf der indonesischen Insel Ceram, westlich von Papua-Neuguinea, war Hainuwele die Schöpferin der eßbaren Pflanzen. Es heißt, daß der Jäger Ameta («Nacht»), der mit seinem Hund auf der Jagd war, ein Wildschwein bis in einen tiefen Teich verfolgte. Das Tier drohte zu ertrinken, und Ameta versuchte, es zu retten. Was er aber aus dem Wasser zog, war nur eine Kokosnuß, die von einem Eberstoßzahn durchbohrt war.

Ameta pflanzte die Kokosnuß ein, die auf wundersame Weise wuchs und innerhalb einer Woche bereits blühte. Aus einem ihrer Blätter, die mit einigen Tropfen von Ametas Blut befruchtet worden waren, wurde nach neuntägiger Tragezeit Hainuwele geboren. Wie die Palme, der sie entsprossen war, wuchs Hainuwele sehr geschwind. Nicht einmal eine Woche nach ihrer Geburt führte sie das Volk der Wemale im ersten Ritualtanz der Welt an. Mit Hainuwele an der Spitze des Zuges drehten sich die Menschen immerfort im Kreise, bis Hainuwele in den Boden zu sinken begann. Die anderen tanzten weiter, trampelten über Hainuweles Kopf hinweg, bis diese vollständig begraben war. Aus der Stelle, an der sie versunken war, wuchsen wundervolle eßbare Pflanzen, die man nie zuvor gesehen hatte.

Halkyone, Alkyone Die Tochter des Aiolos, des Beherrschers der Winde, wurde im Schlaf vom Traumgott Morpheus höchstpersönlich darauf vorbereitet, daß ihr über alles geliebter Gemahl, König Keyx von Trachis, bei der Rückfahrt von Kleinasien den Tod finden werde. Tatsächlich entdeckte Halkyone bald darauf den an die Küste gespülten Leichnam. Außer sich vor Kummer und unstillbarer Sehnsucht verließ Halkyone ihren menschlichen Körper, nahm die Gestalt eines Eisvogels an und flog auf das Meer hinaus. Das rührte die Götter. Sie ließen Keyx wieder lebendig werden, ebenfalls als Eisvogel.

Das Paar war glücklich wieder beieinander und erhielt einen besonderen Segen von Vater Aiolos: Wenn die Eisvögel zur kühlen Jahreszeit brüteten, hielt er die Winde von ihnen fern, wodurch eine wunderbar wohltuende Stille entstand. Diese milde Zeit nennen die Menschen zum Gedenken an Halkyone und Keyx bis heute *halkyonische Tage*.

Halmasuit Diese hethitische Throngöttin repräsentierte die göttliche Legitimation des irdischen Herrschertums. Ihr Name ist chattisch, was vermuten läßt, daß sie von einer Göttin der vorhethitischen Kultur abstammte. In Gebeten wurde sie angesprochen als «Freundin hinter den Bergen». Daraus hat man geschlossen, daß sie von den in das Land der Chatten eindringenden Hethitern zwar angenommen, doch vorsichtshalber in sicherer Entfernung gehalten wurde.

Haltia Der finnische Name der Hausgöttin, die in Estland Holdja genannt wurde. Sie soll im Dachbalken jedes Raums gelebt und den Bewohnern Glück und Gesundheit gebracht haben, wenn sie die «Hüterin» (oder «Besitzerin») beim Betreten grüßten. Haltia war an ihr Heim so gebunden, daß sie Flüche über eine Familie verhängte, die ihr Haus verließ oder gar abriß, um in ein anderes zu ziehen. Die einzige Möglichkeit, sich ihr Wohlwollen weiterhin zu sichern, war, einen Balken aus dem alten Haus in das neue einzubauen – der gute Hausgeist zog jedoch erst ein, wenn drei Balken gekreuzt wurden – oder etwas Asche aus dem alten Herd zur neuen Feuerstelle mitzunehmen.

Hamingja → *Fylgjen*

Hanata → *Ishtar*

Hanna, Anna In der Bibel gibt es drei Frauen dieses Namens. Die älteste war die Mutter Samuels, des weisen Führers der Israeliten. Die zweite wird nach → *Sara* die zweite Frau des braven Gottesmannes Tobias, dessen

Geschichte ein nach ihm benanntes apokryphes Buch des Alten Testaments erzählt. Die dritte Hanna ist eine Prophetin aus Jerusalem zur Zeit der Geburt Christi. Die vierundachtzigjährige Witwe verließ nach vielen Jahren zum ersten Mal den Tempel Jahwes, um zu verkünden, daß das Kind von → *Maria* und Joseph Gottes Sohn sei. Daß sie mit der Mutter der Maria identisch ist, die ebenfalls Hanna oder Anna hieß, gilt als wenig wahrscheinlich.

Hannahanna Einst, so sagt die hethitische Legende, verschwand der Fruchtbarkeitsgott Telipinu und mit ihm alles Glück und alle Fruchtbarkeit von der Erde. Das Wasser stellte sein Fließen ein, die Tiere bekamen keine Jungen mehr, selbst die Milch der Mütter versiegte in der Brust. Die Götter und die Menschen suchten überall nach der verschwundenen Gottheit und stellten fest, daß sie überall fehlte. Selbst der Windgott, der durch das ganze Universum blies, konnte Telipinu nicht finden. Allein Hannahanna, die Königin des Himmels und Mutter aller Menschen, wußte, was zu tun war: Unter dem Gespött der anderen Götter wies sie eine winzige Biene an, sich auf die Suche nach Telipinu zu machen. Wenn sie ihn gefunden habe, sollte sie den Gott wach stechen, denn er mußte wohl sehr tief schlafen, wenn er all die Aufregung und die Suchtrupps nicht bemerkt hatte.
Die Biene flog und flog, bis sie ganz erschöpft war. In einem Dorf, das so klein war, daß man es bisher übersehen hatte, fand die Biene Telipinu, der tatsächlich tief schlief. Sie stach ihn, so heftig sie konnte, und heftig war auch sein Zorn, als der Gott erwachte. Telipinu steigerte sich in eine solche zerstörerische Wut, daß er alles Belebte oder Unbelebte in seiner Reichweite zerstörte.
Aber Hannahanna war darauf vorbereitet. Schnell schickte sie einen riesigen Adler, der den Gott herbeiholen sollte. Dann reinigte Hannahanna mit Hilfe von schönen Jungfrauen, die Sesam und Nektar trugen, und unterstützt von den Zaubersprüchen der Zaubergöttin → *Kamrusepas* den Gott von allem Zorn. So wurde die Fruchtbarkeit der Erde wiedergegeben und mit ihr alles Wachstum, aller Frohsinn und alles Glück.

Hanwi Die Mondgöttin der nordamerikanischen Oglala-Indianer lebte ursprünglich mit dem Sonnengott Wi zusammen, aber eine andere Frau brachte Hanwi mit List dazu, ihren Sitz neben Wi aufzugeben. Als Hanwi verspätet zu einem Bankett kam, sah sie Ite auf ihrem Platz und verhüllte vor Scham ihr Gesicht. Als Strafe für den Sonnengott, weil er einer anderen Frau erlaubt hatte, den Platz des Mondes einzunehmen, wurde Hanwi erlaubt, Wis Residenz zu verlassen und ihrer eigenen Wege zu gehen. Um sie für ihre Demütigung zu entschädigen, wurde ihr die Herrschaft über die Morgen- und Abendröte verliehen. Doch von nun an verhüllte sie immer ihr Gesicht, wenn sie in die Nähe der Sonne kam.

Hapatu → *Hebat*

Hariasa Der Name der germanischen Kriegsgöttin wird von der → *Walküre* Herja abgeleitet und bedeutet wohl «Die Haarreiche». Sie scheint vor allem am Unterrhein verehrt worden zu sein.

Harimella Diese germanische Kriegsgöttin könnte in erster Linie dafür zuständig gewesen sein, die fremden Truppen aufzuhalten und die Kraft der feindlichen Soldaten zu lähmen. Ihr Name wird nämlich mit der → *Walküre* Herfjötur («Heerfessel») in Verbindung gebracht.

Harmonia Die «Eintracht» war die Tochter der Liebe (→ *Aphrodite*) und des Krieges (Ares), und die → *Amazonen* behaupteten, von ihr abzustammen. Harmonia soll als Gemahlin des Kadmos, Bruder der → *Europa*, auch die Begründerin der Dynastie von Theben gewesen sein und die berühmten dionysischen Frauen → *Semele* und → *Agave* sowie die Meeresgöttin → *Ino* geboren haben. Bei Harmonias Hochzeitszeremonie brachten alle Olympier magische Geschenke. Der Bräutigam überreichte der Braut eine von dem schmiedenden Gott Hephaistos angefertigte Halskette, die ihre Trägerin unwiderstehlich machte, allen späteren Besitzerinnen jedoch Unglück brachte, z. B. der mit dem berühmten Seher Amphiaraos verheirateten Eriphyle. Durch das wunderbare Halsband bestochen, trieb sie ihren Mann in den Krieg der Sieben

Harpyien

gegen Theben und damit in den Tod, den sein Sohn dann an der Mutter rächte.
Der spätklassische Dichter Nonnos sah im 5. nachchristlichen Jahrhundert Harmonia «nur noch» als personifizierte Harmonie der Welt.

Harpyien Von ihrem Ursprung her waren sie Aspekte der ägäischen Todesgöttin, die die Lebenden raubte. Der Tod erschien den Menschen symbolisiert durch die großen Seevögel, deshalb brachten sie ihnen als Gaben Essen. Die spätere griechische Legende teilt die Göttin in die drei Harpyien («Räuberinnen») auf: blondgelockte, geflügelte Jungfrauen, schneller als Vögel oder Winde, Töchter der Erdmutter → *Gaia*. Sie hatten die blassen Gesichter hungernder Frauen, die Körper von Geiern, scharfe Krallen und Bärenohren. Man gab ihnen viele Namen, aber die gebräuchlichsten waren Aello («Brüllaffe»), Kelaino («Schreier») und Okypete («Die Geschwinde»). Manchmal werden sie als Töchter einer vom Meeresgott Okeanos abstammenden Halbgöttin → *Elektra* ausgegeben. Sie waren beim Volk alles andere als beliebt, weil sie Unheil anrichteten oder zumindest verkündeten, und wurden oft in einem Atemzug mit den → *Sirenen* genannt.

Hatai Wugti Bei den Zuni-Indianern im heutigen US-Bundesstaat Arizona war diese Erdgöttin am bekanntesten als Spinnenfrau. Mit ihrem dicken Körper wirkte sie so furchteinflößend wie die Wüstenspinnen, die im Wohngebiet der Zuni vorkommen. Eine andere Erscheinungsform Hatai Wugtis war → *Awitelin Tsita*.
Siehe auch → *Unelanuhi*.

Hathay Diese Göttin («Großmutter») war ursprünglich ein indisches Mädchen, das sich weigerte, den von ihrem Vater ausgewählten Mann zu heiraten. Sie ging zum Teich in der Mitte ihres Dorfes und ertränkte sich. Als sie in den Träumen der Menschen auftauchte und verkündete, sie sei eine Inkarnation von → *Parvati*, war ihr Kult gesichert.

Hathor Mehr als 3000 Jahre lang herrschte in Ägypten Hathors sinnenfroher Kult. Dementsprechend rankt sich eine Fülle von Mythen um sie, und ebenso vielfältig wird ihre Gestalt beschrieben oder dargestellt. Sie war gleichzeitig Mutter und Tochter der Sonne, sowohl als Löwin wie als Kuh, manchmal als Frau, manchmal als Baum. Sie herrschte über die Unterwelt, aber auch über den Himmel. Sie fungierte als Schutzherrin der Fremden im Land, obgleich sie den Beinamen «Mutter der Ägypter» hatte. Darüber hinaus repräsentierte sie – wie → *Ishtar* im Bereich des Vorderen Orients – die zahlreichen Facetten weiblicher Möglichkeiten.
Eine der bekanntesten Formen Hathors war die geflügelte Kuh der Schöpfung, die das Universum gebar. Weil sie die Lebenden geboren hatte, gehörten ihr auch die Körper der Verstorbenen, deren Bestreben es war, über den Tod hinaus zum Gefolge Hathors zu gehören. Bei bestimmten Anlässen trat die Göttin sogar in der Mehrzahl auf: als die sieben (oder neun) Hathors, die bei der Geburt eines Kindes auftauchten und sein Schicksal voraussagten. Nicht zuletzt war sie auch der besondere Schutzgeist aller Frauen und aller weiblichen Tiere.
Als «Behausung des Falken und Käfig der Seele» symbolisierte Hathor den Körper, in

Hathor-Kapelle in Der el-Bahari

Hathor

dem die Seele wohnt, und vermittelte den Menschen die körperlichen und sinnlichen Vergnügen: die Freude an den Tönen bei Musik und Gesang, die Freude der Augen beim Anblick von Schönem, die Freude an der Schönheitspflege und dem Schmuck, die Freude an der Bewegung beim Tanz, an der Berührung und selbstverständlich alle Freuden der Liebe. In ihren Tempeln tanzten die Priesterinnen zum Klang der Sistrum genannten kultischen Rasselinstrumente und genossen wahrscheinlich auch sexuelle Freuden mit den Gläubigen. (Nicht ohne Grund verglichen die Griechen sie mit → *Aphrodite*.) An Hathors Feiertagen fanden orgiastische Feste statt, besonders am Neujahrstag in Dendera, wenn man ihr Bildnis aus dem Tempel heraustrug, um gemeinsam mit ihr die Strahlen der neugeborenen Sonne zu begrüßen, wobei die Menge in Verzückung geriet und wie in Ekstase durch die Straßen tobte. (Bei diesem Anlaß wurde Hathor als Schöpferin des Lichts Tanetu genannt.) Sie war für ihr Volk die geliebteste Göttin, und es hielt an den turbulenten Riten bis weit in die historische Zeit hinein fest. Siehe auch → *Isis*, → *Meri*.

Haumea Ursprünglich, so erzählen hawaiianische Mythen, konnten menschliche Frauen nicht normal gebären. Sie schwollen in der Schwangerschaft an, und wenn es Zeit für die Entbindung war, wurden sie aufgeschnitten – eine gefährliche Prozedur. Aber die Göttin Haumea kam ihnen zu Hilfe und lehrte sie, wie man das Kind zwischen den Beinen herausdrückt.
Haumea war nicht unbedingt alterslos, aber sie erneuerte sich ständig. Sie wurde oft alt, aber genausooft verwandelte sie sich wieder in eine junge Frau. Generationen vergingen, und immer noch lebte sie unter den Menschen, schlief mit gutaussehenden jungen Männern, selbst wenn es ihre Enkel waren. Einer ihrer Lieblingspartner hieß Wakea. Sie lernte ihn dadurch kennen, daß die Leute ihn opfern wollten. Sie brachten ihn in den Wald, der ihr Reich war, um ihn dort zu töten, doch Haumea lief über Stock und Stein herbei, ließ dabei an Dornensträuchern Fetzen ihres Rockes zurück, die wie die Ranken der Purpurwinde blühten, und trug ihren Geliebten in Sicherheit.
Weil ihr als Naturgöttin alle Pflanzen gehörten, konnte Haumea ihnen die Energie entziehen und die Menschen dem Hungertod preisgeben. Das tat sie, wenn sie wütend war, aber meistens zeigte sich Haumea freundlich. Manche sagen, sie sei ein Teil einer Dreiheit, deren andere Aspekte die Schöpfergöttin → *Hina* und die Feuergöttin → *Pele* waren.

Haurvatat → *Armaiti*

Hawwa → *Eva*

Hebat, Hapatu Ursprünglich war sie die oberste Göttin und Himmelskönigin des hurritischen Pantheons, vermischte sich dann aber mit → *Wurusemu*, der hethitischen Sonnengöttin. Sie wurde dargestellt als vornehm gekleidete Matrone, die eine Krone, Schmuck und reichverzierte Schuhe trug und auf einem Löwen stand.

Hebe Ihr ursprünglicher Name war → *Ganymeda*, und unter diesem war sie die olympische Mundschenkin, die die Gottheiten mit der Ambrosia und dem Nektar der unsterblichen Jugend erfrischte. Als Hebe («Jugendblüte»), die die jungen Kräuter des Frühlings repräsentierte, wurde die Göttin in ihrem Heiligtum in Phlios mit Efeuzweigen geehrt, und man hoffte, daß sie nicht nur ihresgleichen, sondern auch gewöhnlichen Sterblichen ewige Jugend schenken könne.

Diese reizende Frühlingsgöttin war das jungfräuliche Selbst der großen → *Hera*, der uranfänglichen Gottheit des vorhellenistischen Griechenland. Aber wie Heras Führungsstellung der des Zeus weichen mußte, so verlor auch Hebe ihre Stellung an eine männliche Gottheit: an Ganymed, einen homophilen jungen Mann, der von Zeus von der Erde entführt worden war, um den olympischen Becher der Unsterblichkeit zu kredenzen. Die griechische Legende gibt eine Rechtfertigung dafür, daß die Göttin durch einen zum Gott erhobenen Sterblichen ersetzt wurde: Einst soll Hebe beim Bedienen der Götter hingefallen sein und die ganze göttliche Versammlung in Verlegenheit gebracht haben, weil sie bei dem Sturz ihr Geschlecht entblößte.

Die jungfräuliche Form der Hera mutierte in späteren Mythen – ähnlich wie dies im Fall → *Demeter* und → *Persephone* geschah – zu ihrer Tochter aus der Ehe mit Zeus, und die Mutter vermählte sie mit Herakles, nachdem man ihn zum Lohn für seine übermenschlichen Heldentaten in den Olymp aufgenommen hatte. Von da an scheint Hebe nur noch eine blasse, schattenhafte Göttergattin ohne aktiven Kult gewesen zu sein. – In der Götterwelt der Römer entsprach ihr Iuventas.

Hecuba → *Hekabe*

Hedrun In Walhalla, dem Versammlungsort der Helden, wohin die → *Walküren* jene brachten, die im Kampf gefallen, von → *Freyja* jedoch nicht für ihr Gefolge auserwählt worden waren, lebte eine magische Ziege. Jeden Tag stand Hedrun auf ihren Hinterbeinen und knabberte Nadeln von einer Zauberkiefer, (der Baum, der die Welt aufrecht hielt?) Sie wandelte diese Nahrung nicht in Ziegenmilch um, sondern in berauschenden Met, den sie in solcher Fülle produzierte, daß alle Helden ihre Tage damit verbrachten, sich bis zur Bewußtlosigkeit zu betrinken, und es hieß, das würde so weitergehen bis ans Ende der Welt.

Hegemone Als eine Welle von Eindringlingen nach der anderen die Ägäis erreichte, ging diese frühe Göttin des Bodens und seiner Früchte in verschiedenen anderen auf: sowohl in → *Artemis* als auch in → *Despoina* und in den → *Grazien*. Unter letzteren wurde Hegemone in Athen zusammen mit ihrer Schwester Auxo verehrt, wobei ihre Namen für die Begriffe «Steigerung» und «Meisterschaft» standen. Die Macht ihrer ursprünglichen Individualität – nämlich als die Kraft, die der Menschheit ermöglicht, aus dem Boden Nahrung zu gewinnen – blieb erhalten in dem Wort *Hegemonie*, das «Vorherrschaft» bedeutet.

Heh → *Het*

Heidr, Heid, Heith So heißen in der altnordischen Mythologie mehrere Seherinnen und Zauberinnen. Es war möglicherweise sogar eine «Berufsbezeichnung» für sie. Am bekanntesten ist → *Gullveig*.

Hekabe, Hecuba Die Gemahlin des Königs Priamos von Troja und Mutter der → *Kassandra* sowie der heldenhaften Söhne Hektor und Paris, Delphobos und Polydoros gehört zu den leidgeprüftesten Müttern des Trojanischen Krieges. Sie verliert nacheinander alle ihre Kinder und gerät selbst als Sklavin in die Hände des Odysseus, der sie nach Hellas mitnimmt. Dort findet sie die Leiche des aus Habgier umgebrachten Polydoros und rächt sich an seinem Mörder, dem Thrakerkönig Polymestor, auf grausame Weise. Als seine Landsleute Hekabe daraufhin zu steinigen beginnen, wird sie in einen Hund verwandelt.

In die Literatur ist die «beträante Hecuba» als Symbolgestalt der Mütter eingegangen, die um ihre im Krieg getöteten Kinder trauern.

Hekate Nachts, besonders in mondlosen Nächten, spazierte diese Göttin, eine Tochter der → *Asteria*, über die Straßen des alten Griechenland, begleitet von heiligen Hunden, in der Hand eine flammende Fackel. Gelegentlich hielt sie an, um Opfergaben einzusammeln, die ihre Anhänger an dreifachen Weggabelungen hinterließen, denn diese dreifaltige Göttin sollte möglichst dort verehrt werden, wo man drei Wege entlangschauen konnte. Manchmal hieß es sogar, Hekate könne deshalb in drei Richtungen gleichzeitig schauen, weil sie drei Köpfe hatte: den einer Schlange, eines Pferdes und eines Hundes.

Während Hekate draußen herumging, versammelten sich ihre Anbeter in einem ihrer Tempel, um ihr zu Ehren Hekate-Festessen abzuhalten, bei denen man sich über magisches Wissen und Zaubermittel austauschte. Als Beherrscherin der Zauberkünste und ausgesprochene Hexengöttin herrschte Hekate über alle übernatürlichen Kräfte, und sie verlieh sie jenen, die sie gebührend verehrten. War das Abendessen vorüber, wurden die Reste davon vor die Tür gestellt für Hekate und ihre gefürchtete Meute, zu der die wandlungsfähigen weiblichen Schreckgespenster Empusa und Mormo sowie die Lamien (→ *Lamia*) gehörten. Und wenn die Armen Griechenlands sich an den Türschwellen der reicheren Haushalte versammelten, um solche Gaben zu ergattern, schadete das auch nichts.

Einige Mythenforscher sind der Ansicht, Hekate sei vom Ursprung her nicht griechisch gewesen, sondern ihr Kult habe sich von ihrem ursprünglichen Heimatland Thrakien oder sogar Kleinasien nach Süden und Westen verlagert. Andere vertreten den Standpunkt, daß sie – ebenso wie die jungfräuliche → *Persephone* – eine Form der Erdmutter → *Demeter* sei. Die alte Zauberin Hekate verkörpere die höchste Stufe der weiblichen Entwicklung und damit die gealterte Demeter, so wie Persephone die junge Demeter repräsentiere bzw. Demeter die reife Persephone sei.

Auf jeden Fall erkannten die Griechen das ehrwürdige Alter von Hekates Kult und nannten sie eine Titanin, eine jener vorolympischen Gottheiten, die von Zeus und seinen Truppen verdrängt worden waren. Die Neuankömmlinge erwiesen ihrem Alter auch Tribut, indem sie allein Hekate jene Macht zugestanden, die sie mit Zeus teilte: die Macht, nach eigenem Ermessen der Menschheit alles geben oder vorenthalten zu können. Hekates Kult dauerte fort bis in die klassische Zeit hinein, sowohl in der privaten Form von Hekate-Festmählern wie auch in öffentlichen Opferungen von schwarzen weiblichen Lämmern, Hunden und manchmal auch schwarzen Sklaven.

Da sie die Königin der Nacht war, hieß es manchmal, Hekate sei die Göttin des Mondes in seiner dunklen Form, so wie → *Artemis* die Göttin des zunehmenden Mondes war und → *Selene* die des Vollmondes. Aber ebensogut könnte Hekate die Erdgöttin gewesen sein, denn sie regierte die Geister der Toten, also der Menschen, die der Erde zurückgegeben worden waren. Sehr wichtig war, daß sie ihre Geisterhorden von den Lebenden fernhielt, wenn man sie darum bat. Und so riefen die griechischen Frauen, wann immer sie das Haus verließen, Hekate um Schutz vor ihren eigenen Heerscharen an und stellten dreifache Bildnisse der Göttin an den Haustüren auf, um den wandernden Geistern anzuzeigen, daß dort Freunde ihrer Herrin wohnten, die man nicht mit nächtlichem Spuk belästigen sollte.
Siehe auch → *Baubo*, → *Eileithyia*, → *Iris*.

Heket Die froschköpfige Göttin, die «Große Zauberin» Ägyptens kümmerte sich um den trockenen Samen, der zu verwehen und zu sterben scheint, dann aber doch Wurzeln faßt und keimt. Heket war als eine der ältesten ägyptischen Göttinnen Hebamme bei der Geburt der Sonne gewesen und half ihr weiterhin jeden Morgen, den Weg über den Himmel anzutreten. (Andere Göttinnen der Morgendämmerung waren → *Aja*, → *Eos* und → *Ushas*.) Sie war es, die den Ägyptern bzw. allen Menschen das Leben gab, denn bei der ursprünglichen Schöpfung berührte sie die leblosen Menschen mit dem Anch-Symbol, der Lebensschleife, wodurch sie zu atmen und sich zu bewegen begannen.

Hekoolas Der Körper dieser Sonnengöttin der kalifornischen Miwok-Indianer war gänzlich mit glänzenden Abalone-Schalen bedeckt, so daß sie am Himmel leuchtete. Aber sie lebte nicht von Anfang an in dieser Welt, die noch kalt und dunkel war und in der es nur im Osten einen schwachen Lichtschein von ihrer Spiegelung gab. Oye der Koyote schickte zwei Männer los, die die Sonne zu unserer Seite der Erde bringen sollten, aber sie weigerte sich. Dann sandte Oye genügend Männer, um sie mit Seilen zu fesseln und herbeizuschleppen.

Hel

Als sie einmal hier war, richtete sie sich am Himmel häuslich ein und sorgte für das Sonnenlicht, das unsere Welt benötigt.

Hel Jene Göttin, von der die Hölle ihren Namen hat, war die nordische Herrscherin der Schattenwelt unter der Erde. Ihr Name bedeutet «Die Zudeckende» oder «Die Verbergende», und jene, die Hel in ihrem von neun Kreisen umgebenen Reich verbarg, waren die an Krankheiten oder an Altersschwäche Gestorbenen. Jene, die heldenhaft im Kampf umkamen oder bei anderen Gewalttätigkeiten, wurden von den → *Walküren* zu den himmlischen Hallen von → *Freyja* oder Odin davongetragen.
Hel war die Tochter der Riesin → *Angrboda*, und man stellte sie sich vor als häßliche scheckige Frau, halb schwarz und halb weiß, die zur Erde ritt, um die Sterbenden in ihre schrecklichen Arme zu schließen und deren ermatteten Kopf gegen ihren zu stützen. Unter den Wurzeln des Weltenbaumes Yggradsil lebte Hel in ihrem neunfachen Reich, dessen Bewohner ein nie endendes Wehgeschrei hören ließen. Dort aß sie in einem elenden Palast, der «Eiseskälte» genannt wurde, mit einem Besteck namens «Hungersnot» von einem Teller namens «Hunger». Ihr Sklave «Senilität» diente ihr ebenso wie ihr Dienstmädchen «Altersschwäche». Wenn sie schlief, dann auf ihrer Bettstelle «Siechenlager», zugedeckt von Vorhängen namens «Jämmerlich blaß».
Der Eingang zu ihrem Königreich wurde vom Höllenhund Garm bewacht. Bevor man die Türschwelle erreichte, mußte man den Helveg («Straße der Mühsal») zur Hölle nehmen, vorbei an der seltsamen Wächter-Jungfrau → *Modgud*. Einige Forscher behaupten, das Konzept von Hel sei älter als der heroische Mythos von Walhalla, dem Versammlungsort der toten Helden – so alt, womöglich, wie der Brauch des Begrabens selbst.

Helena, Helene Bevor die dorischen Griechen in den Peloponnes eindrangen, war Helena eine hoch angesehene Göttin, deren zweiter Name Dendritis («Herrin der Bäume») war. Als Vegetationsgottheit wurde sie mit zwei Gefährten dargestellt, den Dioskuren, von denen es später hieß, es seien ihre Brüder Kastor und Pollux. Alle wurden aus einem Ei geboren, gelegt von → *Leda*, möglicherweise der Rest einer Überlieferung, die die in Bäumen lebende Göttin mit Vögeln in Verbindung brachte.
Ihr Name bedeutet «Die Schöne» oder «Die Leuchtende», und einige Mythenforscher sehen daher in ihr eine frühe Mondgöttin. Es gibt eine Sage, nach der Helena in ihrer menschlichen Form so perfekt war, daß die Töpfer Griechenlands, als sie ihre Kunst erlernten, die ersten Schüsseln auf ihren Brüsten formten.
Diese erste «schöne Helena» hatte mehrere berühmte Heiligtümer. In Rhamnus wurde sie als Tochter der → *Nemesis* verehrt; in Argos im Tempel der Geburtsgöttin → *Eileithyia*; in Sparta wurde Helena in einem heiligen Platanenhain geehrt. Statuetten von ihr wurden in die Obstgärten gehängt als Opfergaben für eine gute Ernte.
Der Name der Fruchtbarkeitsgöttin des Landes wurde auch der Name seiner Königinnen, und die berühmteste spartanische Königin Helena sollte eine herausragende Rolle in der Auseinandersetzung der Griechen mit den Trojanern spielen: Als junges Mädchen von dem Athener-König Theseus vergewaltigt, wuchs Helena zu einer willensstarken Frau heran, die sich den König Menelaos zum Gatten nahm und ihm damit das Recht auf den Thron ihrer Stadt gewährte. Aber dann läßt sie sich von dem schönen Prinzen Paris nach Troja entführen. Um seine Gattin zurückzuerobern bricht Menelaos in den Trojanischen Krieg auf.
Es gibt allerdings eine Überlieferung, nach der die göttliche Helena das Land gar nicht verlassen konnte, da sie für die Einhaltung des Jahreszeitenzyklus gleichsam «unabkömmlich» gewesen sei. Deshalb habe statt Helena nur ein Geist Paris nach Troja begleitet, und der berühmte Krieg sei im Grunde um ein Gespenst geführt worden. Andererseits ist überliefert, daß Helenas Tochter Hermione, unglücklich verliebt in Orest, den ebenfalls unglücklichen Sohn der → *Klytämnestra*, sich bitter darüber beklagte, von ihrer permanent abwesenden Mutter vernachlässigt worden zu sein.
Siehe auch → *Helle*, → *Selene*.

Heliaden Diese sieben Schwestern, Töchter des Sonnengottes Helios und der → *Klymene*, einer → *Ozeanide*, waren Pappelgöttinnen, die Bernsteintränen weinten, als ihr geliebter Bruder Phaeton starb. Die bekanntesten Heliaden waren → *Lampetia* und Phaethusa.

Helikonaden → *Musen*

Helle Der König Athamas von Böotien und die Wolkenkönigin → *Nephele* hatten zwei Kinder, Phrixus und Helle. Aber der König wandte seine Aufmerksamkeit einer anderen Frau zu, → *Ino*, die gegen Nepheles Kinder intrigierte, indem sie die böotischen Frauen dazu drängte, das Saatkorn zu rösten, womit sie eine Hungersnot bewirkte, da die verbrannten Samen nicht mehr keimen und wachsen konnten.
Dem Brauch entsprechend, mußte jemand geopfert werden, um die Fruchtbarkeit der Erde wiederherzustellen, und Ino bestach ein Orakel, zu behaupten, daß die Erdgeister Nepheles Kinder verlangten. Da erschien ein goldener geflügelter Widder und brachte Helle und ihren Bruder nach Nordosten, in das Land Kolchis. Helle wurde schwindlig, und sie fiel in die schmale Meerenge, die Europa und (Klein-)Asien trennt und die zum Gedenken an Helle seither Hellespont genannt wird. Ihr Bruder kam sicher in Kolchis an und opferte den Widder, dessen goldenes Vlies in der späteren Geschichte der → *Medea* eine Rolle spielen wird.
Der Mythenforscher und Schriftsteller Robert Graves sah in dieser Sage die Überreste einer früheren, in der Helle die Mondgöttin war, die das Meer und seine Gezeiten regierte. Er setzte Helle mit → *Helena* und → *Selene* gleich und nannte sie die Urgöttin der präionischen Bewohner Böotiens. Sie sollen die eindringenden patriarchalischen Stämme dazu gebracht haben, die «leuchtende» Göttin Helle anzunehmen. Die neuen Herren des Landes machten sie jedoch zu einem männlichen Ahn, zu Hellenos, dem angeblichen Stammvater der «Hellenen», und vermischten die Geschichte der Göttin mit ihren eigenen religiösen Erzählungen, woraus die hybriden und vielschichtigen Mythen über Helle und Helena entstanden, die wir heute noch kennen.

Hemera → *Eos*, → *Nyx*

Heng-O, Chang-O, Zhang-O Im alten China hieß es, daß diese Mondgöttin ursprünglich auf der Erde lebte, wo ihr Ehemann Yi ein berühmter Bogenschütze war. Um das überragende Können des Mannes zu ehren, gewährte ihm → *Xi Wangmu*, die Herrscherin über das Westliche Paradies, den Trank der Unsterblichkeit, aber Heng-O eilte schneller als er zu der Flasche und trank sie aus. Dann floh sie zum Mond, wo sie den Hasen, der dort lebte, um Schutz vor ihrem zu Recht wütenden Gatten bat. – Heng-O soll auf dem Mond zwar Unsterblichkeit erlangt haben, aber als Kröte.

Henwen In der britischen Mythologie tauchte diese Schweinegöttin schon früh in der Schöpfung auf, um der Welt Lebewesen zu erschaffen. Wie sie so über das hügelige Land streifte, brachte sie einen Wurf nach dem anderen zur Welt, aber statt Ferkeln ein Weizenkorn und eine Biene, ein Gerstenkorn, ein Wolfsjunges, ein Adlerküken und ein Kätzchen – und

Kopf der Hera (peloponnesisch)

Hera

jeden dieser merkwürdigen «Würfe» in einem anderen Teil des Landes.

Hera Viele Generationen bevor man Zeus in Griechenland kannte, verehrten die Menschen dort als ihre oberste Gottheit die kuhäugige Himmelskönigin, die wir Hera nennen, obwohl diese Bezeichnung nur «Unsere Herrin» bedeutet und vielleicht gar nicht der Eigenname dieser Göttin war. Prächtig an Gestalt und Gesichtszügen, Herrin der Erde und ihrer Bewohner, war Hera, die Tochter von → *Rheia* und Kronos, besonders die Göttin der Frauen und ihrer Sexualität. Und wie sterbliche Frauen ging sie durch drei Lebensphasen: Jugend, Reife und Alter.

Erst war sie das Mädchen → *Hebe*, das als «Die Jungfräuliche» bezeichnet wurde, aber nicht, weil sie Geschlechtsverkehr vermied, sondern weil sie keine Kinder hatte und damit frei von Verantwortung war. In dieser Phase wurde sie auch Antheia («Die Blühende») genannt, Symbol sowohl der Blüte der menschlichen Jugend wie auch der knospenden Erde. Als zweites war sie die reife Frau, Nymphoeuomene («Die einen Gefährten Suchende») oder Teleia («Die Vollkommene»). Als solche war sie die Erde im Sommer, die Mutter in der Blüte ihres Lebens. In der dritten Phase wurde sie zu Cheira oder Theira («Altes Weib»), die Frau, die durch die Mutterschaft gegangen ist, sie hinter sich gelassen hat und jetzt wieder für sich lebt.

Zu Ehren der drei Phasen der Hera feierten die Bewohner des antiken Griechenlands die Heraia, ein Fest, dessen Ursprünge weiter zurückliegen als die der Olympischen Spiele. Alle vier Jahre, vielleicht sogar jährlich, kamen Frauen zu einem Feld in der Nähe von Heras Stadt Argos zu den Hundertfünfzig-Meter-Läufen. Sie liefen mit bloßen Brüsten und wehenden Haaren in drei Altersgruppen, und es gab drei Gewinnerinnen. Jede erhielt eine Olivenkrone und einen Anteil von der Kuh, dem Schlachtopfer bei diesem Sportfest. Jede Gewinnerin – ein junges Mädchen, eine reife Frau und eine alte – hatte das Recht, eine Statuette von sich in Heras Schrein aufstellen zu lassen.

Ein anderer Teil ihres Kultes war Heras jährliche Erneuerung. Ihre Anbeter badeten ihr Bildnis, belebten dadurch ihre Jugend und bereiteten sie für den neuen jahreszeitlichen Zyklus von Reifung und Tod vor. Die Statue der Göttin ans Wasser zu tragen, um ihr den Winter abzuwaschen, war ein Symbol dafür, daß auch die Menschen wie die Erde ewig wiedergeboren würden. Als Göttin der Geburt und des Todes, des zarten Frühlings und des müden Herbstes, trat sie mit den Symbolen Kuckuck und Granatapfel in Erscheinung.

Ursprünglich besaß Hera keinen Gefährten, aber als die patriarchalischen Stämme über Griechenland hereinbrachen, brachten sie ihren Himmelsgott Zeus mit. Da Heras Religion zu stark war, um zerstört werden zu können, wurde eine Vernunftehe zwischen den beiden vorherrschenden Gottheiten geschmiedet. Aus dieser Vereinigung der vorhellenischen Göttin der Frauen mit ihrem neu angekommenen Götter-Bruder und Blitzeschleuderer entstand die Hera der Klassik.

Diese neue Hera war keine sehr anziehende Gestalt mehr, sondern eine eifersüchtige und verdrießliche Frau, die ihren untreuen Gatten und seine Geliebten verfolgte. Natürlich, so heißt es in der Legende, wollte sie diese Heirat eigentlich von Anfang an nicht. Aber Zeus begehrte die stattliche Göttin so sehr, daß er sich in einen Kuckuck verwandelte – also in

Hera und Zeus (sizilisch)

den Vogel, für den Hera eine besondere Vorliebe hatte –, der arg zerzaust auf ihren Schoß flog. Hera, die mit dem Vogel Mitleid hatte und sich bemühte, ihn zu beruhigen, sah sich plötzlich von Zeus vergewaltigt. Beschämt darüber, erklärte sich die Göttin damit einverstanden, durch eine Heirat mit Zeus ihre Würde wiederherzustellen.

Es dauerte jedoch nicht lange, so heißt es in der Geschichte weiter, bis sie es leid war, daß er fortwährend anderen Frauen und Göttinnen nachstellte – möglicherweise eine mythische Verbrämung der Zerstörung des eingeborenen Göttinnen-Kultes durch die Zeus-Anhänger. Hera zettelte einen himmlischen Aufstand gegen den selbstherrlichen Zeus an. Zusammen mit anderen Olympiern band sie ihn an sein Bett, um ihn ungestört verspotten zu können. Als Zeus von einer der Gottheiten befreit wurde, nahm er an der Anstifterin dieser Palastrevolte Rache und schleppte Hera aus dem Himmel, die Handgelenke mit goldenen Handschellen gebunden, die Fußknöchel mit Ambossen beschwert. Als sie wieder frei war, nahm Hera von neuem die Verfolgung von → *Io*, → *Semele* und anderen Liebschaften von Zeus auf, stellte sich im Trojanischen Krieg auf die Gegenseite der Griechen und machte sich noch auf andere Weise zu einer Landplage der Vaterfigur des Patriarchats. Schließlich blieb in der griechischen Mythologie von der alten dreifaltigen Göttin der würdigen Weiblichkeit aber nicht viel mehr übrig als ihr Rückzug in die Einsamkeit und die Erinnerung an jene Tage, in denen Hera die verehrte, prophetische alte Göttin der dritten Phase war, die vornehme Weise, die allein lebende Frau.

Hermione → *Helena*

Hero Diese Priesterin der → *Aphrodite* in Sestos nahm einen jungen Mann namens Leander aus Abydos als Geliebten. Jede Nacht schwamm er über den Hellespont, die Meerenge, die sie trennte, schlief mit Hero und schwamm bei Morgengrauen wieder zurück. Eines Nachts jedoch stürzte sich Leander in die allzu stürmische See und ertrank, weil das Leuchtzeichen, das seine Geliebte in das Fenster ihres Turmes gestellt hatte, erloschen war.

Vor Kummer stürzte sich die Priesterin ebenfalls ins Meer.

Herse → *Aglauriden*

Hertha, Aertha Von dieser germanischen Gottheit, der wir das Wort «Erde» verdanken, sind keine Legenden mehr überliefert. Man weiß jedoch, daß sie bis in die geschichtliche Zeit verehrt wurde, indem man bei Fastnachtsprozessionen Pflüge mitführte, Symbole für die Fruchtbarkeit der Erde. Die nordische Erdgöttin → *Jörd* (auch Erda genannt) und Hertha hatten zweifellos viel gemeinsam.

Die Hexen des Mittelalters sahen in Hertha ihre besondere Schutzherrin.

Hervör Eine der wenigen nordischen Heldinnen, denen eine Sage – die *Hervarar-Saga* – gewidmet ist. Die Königstochter Hervör war eine Krieger-Jungfrau und mit Hilfe ihres Schwanenhemdes imstande, sich wie eine → *Walküre* durch die Lüfte zu bewegen. Da sie für ihre Kämpfe ein magisches Schwert brauchte, wagte sie es, das felsige Grab ihres Vaters und ihrer Onkel zu betreten. Dort überwand sie deren gewalttätige Geister und erhielt die gewünschte Zauberwaffe.

Hesperiden Im äußersten Westen der Welt, am Rande der Nacht, lebten die «Abendmädchen», die lieblich singenden Töchter von → *Nyx*, der Nachtgöttin. Die Griechen sagen, daß sie zusammen mit einer majestätischen Riesenschlange den Baum mit den goldenen Äpfeln bewachte, den die Erdgöttin → *Gaia* der Himmelskönigin → *Hera* geschenkt hatte. In manchen Legenden war von drei Hesperiden die Rede, manchmal sogar von vier. Gelegentlich hieß es, sie seien ähnlich bösartig wie die → *Harpyien* oder die → *Sirenen*. Aber in einem stimmten die Legenden überein, daß nämlich die Hesperiden die magischen Gegenstände der Götter verwalteten. Demzufolge dürften sie Verkörperungen der Wächterinnen jener geheimen Riten gewesen sein, die bei Anbruch der Nacht zu sanfter Musik abgehalten wurden und die noch lange nach dem Umbau Griechenlands zu einer patriarchalischen Kultur von Anhängern der Göttinnen geleitet wurden.

Hestia Es gab niemals Statuen dieser zu den ältesten griechischen Gottheiten zählenden Göttin des Herdes, denn sie nahm nicht menschliche Gestalt an. Hestia wurde nur im Feuer des Herdes gesehen und lebte im Zentrum eines jeden Hauses, ein verehrter Gast und ihren Gastgebern gegenüber sehr hilfsbereit. Sie symbolisierte in erster Linie die Familieneintracht. Erweitert zur Göttin des «öffentlichen Herdes» verkörperte sie den gesellschaftlichen Zusammenhalt.

Obwohl Hestia auch Tochter der → *Rheia* genannt wurde, betrachtete man sie andererseits als die Erstgeborene der olympischen Göttinnen, was bestätigt wird durch das alte griechische Sprichwort «Fang bei Hestia an», was soviel bedeutet wie «Geh die Dinge von ihrem Ursprung her an». Zu Beginn ihres Kultes scheint die weibliche Erbfolge die Regel gewesen zu sein, und Spuren davon überlebten in der Sitte des klassischen Griechenland, ein neues Heim erst dann als etabliert anzusehen, wenn eine Frau den eigenen neuen Herd mit dem Feuer aus dem Herd ihrer Mutter angezündet hatte. In gleicher Weise brachten die griechischen Kolonisatoren Feuer aus dem öffentlichen Herd ihrer Mutterstädte mit, um den Zusammenhalt ihrer neuen Gemeinwesen zu sichern.

Bei den Römern entsprach ihr → *Vesta*.

Het, Heh «Die unsichtbare Wesen voneinander Trennende» war eine ägyptische Schlangengöttin, die das Feuer regierte.

Hieda no Are Diese japanische Hofdame besaß offenbar ein phänomenales Gedächtnis und wurde von der Kaiserin Gemmyo (707–715) dazu bestimmt, alle Geschichten von Japans uranfänglichen Göttinnen und Göttern zusammenzutragen und auswendig zu lernen, denn das Eindringen des Buddhismus bedrohte das Überleben des Shintoismus. 32 Jahre lang behielt Hieda die alten Sagen im Gedächtnis, bis schließlich ein Schreiber den Auftrag bekam, die Geschichten nach ihrem Diktat niederzuschreiben. Das Werk, das auf diese Weise entstand, wurde *Kojiki* genannt («Berichte über Begebenheiten im Altertum») und gilt als das älteste Denkmal der Literatur Japans und beste Quelle der japanischen Mythologie.

Hiera Die berühmte Kriegerin, Feldherrin des kleinasiatischen Volks der Myser, kämpfte im Trojanischen Krieg, wurde aber aus Homers *Ilias* gestrichen, weil, so berichtet Philostratos, «diese größte und wunderbarste Frau sonst → *Helena* überstrahlt hätte».

Hiiaka → *Pele*

Hikuleo Nach Pulotu, in das Reich der tonganischen Unterweltgöttin Hikuleo, kam eine Schar von Männern, um Nahrung für ihr Volk zu suchen. Es wurden Wettbewerbe im Trinken, Tauchen und Wellenreiten abgehalten, bei denen die Männer sehr gut abschnitten. Doch die Götter wollten ihr kostbares Essen nicht wirklich teilen. Deshalb wurde Hikuleo beauftragt, die Fremden zu vertreiben. Sie tat es, bemerkte jedoch nicht, daß die friedlich Abziehenden Süßkartoffeln und Taro in ihrer Kleidung versteckt hatten.

Hestia, Schützerin der Herdglut, die sie in einem Kästchen aufbewahrt

Hildr, Hild Die nordische Legende erzählt, daß der Vater dieser Heldin sich weigerte, ihren Geliebten zu akzeptieren, und ihm statt dessen den Krieg erklärte. Daraufhin setzte Hildr ihre Zauberkraft ein, um die toten Krieger immer wieder auferstehen zu lassen. Deshalb wird der Vater den Streit niemals gewinnen können, und Hildrs Kampf, so heißt es, wird für immer andauern, bis zum Ende der Welt.

Himeropa → *Sirenen*

Himiko Die japanische Priesterkönigin, deren Name «Großes Kind der Sonne» bedeutet, regierte im 3. Jahrtausend v. Chr. ein Reich, das Yamatai hieß. Sie verließ niemals ihren Palast und wurde von Botschaften gelenkt, die sie in Trance erhielt. Möglicherweise ist ihr Name ein Titel, den alle Schamanenköniginnen des frühen Japan trugen.

Hina Diese bedeutendste polynesische Göttin war eine vielschichtige Gestalt, von der zahlreiche und zum Teil einander widersprechende Mythen berichten. Wie andere wichtige Gottheiten war sie ein alles umschließender göttlicher Archetypus, mit vielen Aspekten des Lebens verbunden, und hatte auch entsprechend viele Symbole: Sie war die «im Mond lebende und Tapa schlagende Frau» (d. h. sie brachte den Menschen bei, aus dem Bast des Papiermaulbeer- und Feigenbaumes Stoff herzustellen); sie war die Mutter des Todes und die Kriegerkönigin der Inseln der Frauen.
Die große Hina, heißt es oft, soll vom ersten Mann aus roten Lehm geschaffen worden sein. Doch auf Tahiti beispielsweise ist überliefert, daß es genau umgekehrt gewesen sei: Die Göttin schuf sich den ersten Mann, um sich sexuellen Vergnügungen hingeben zu können.
Hina hatte zwei Gesichter, eines auf der Vorderseite wie die Menschen und eines auf der Hinterseite des Kopfes. Sie war das erste weibliche Wesen auf der Erde, dessen fruchtbarem Schoß unzählige andere entsprangen, von denen viele ihren Namen trugen. Eine von ihnen war die Göttin der Morgenröte Hina-Titama, die von ihrem eigenen Vater verführt wurde, ohne daß sie sich über dessen Identität im klaren war. Wütend und beschämt, als sie seinen Betrug bemerkte, rannte Hina-Titama, bis sie nach Po gelangte, in die Unterwelt. Dies war der erste Tod in der polynesischen Schöpfungsgeschichte. Die Wut der Göttin war so maßlos, daß sie verkündete, sie werde fortan alle Kinder töten, die von ihrem Vater gezeugt würden. Damit stellte sie sicher, daß der Tod für immer eine wirksame Kraft blieb.

Wie die Göttin Hina auf den Mond gelangte – ausgerechnet sie, die ursprünglich auf der Erde gelebt und diese bevölkert hatte –, ist Gegenstand unzähliger Mythen. Auf Tahiti galt Hina als begeisterte Kanufahrerin, so daß sie eines Nachts bis zum Mond fuhr, der ihr so gut gefiel, daß sie dort blieb, um die irdischen Besucher, die sie erwartete, zu bewachen. Andere Quellen behaupten, Hina sei gewaltsam auf den Mond versetzt worden. Ihr Bruder, der vom übermäßigen Genuß von Kavabier einen Kater hatte, wurde wütend über den Lärm, den Hina beim Schlagen des Tapa-Stoffes machte. Als sie nicht bereit war, ihrem Bruder zuliebe mit der Arbeit aufzuhören, schlug er sie so, daß sie in den Himmel trudel-

Hina

Hina

te. In der hawaiianischen Variante dieser Legende heißt es, daß Hina, eine verheiratete Frau, es leid wurde, andauernd hinter ihrer Familie aufzuräumen, und sie einfach die Erde verließ, um sich fernab jeder Störung auf dem Mond als Tuchmacherin sozusagen selbstzuverwirklichen.

Eine bevorzugte Erscheinungsform der vielgestaltigen Hina soll die einer Kriegerin der Insel der Frauen gewesen sein. Zu diesem Eiland hatten Männer keinen Zutritt. Die Bäume waren es, die die ausschließlich weiblichen Bewohner schwängerten. Doch einmal wurde ein Mann an den Strand gespült. Die alterslose und wunderschöne Inselherrin schlief mit ihm, und er blieb einige Zeit. Jedesmal, wenn Hina bemerkte, daß sie zu altern begann, ging sie einfach wellenreiten und kehrte verjüngt zurück. Als ihr menschlicher Geliebter allmählich unter der Last seiner Jahre litt, schickte sie ihn auf einem Wal zu seinem Volk zurück. Das war unvorsichtig, denn die Menschen machten Jagd auf den Wal und töteten ihn. Er war jedoch Hinas Bruder gewesen; deshalb strafte sie seine Mörder mit furchtbaren Leiden.

Von Hina als Königin des Todes wird erzählt, daß dieser Aspekt der Göttin eine riesige nackte Frau war, die immerfort schlief und dabei laut schnarchte. Der polynesische Held Maui versuchte wiedergeboren zu werden, indem er in die Vagina der großen Schlafenden schlüpfte, sich dann durch ihren Körper arbeitete und durch ihren beim Schnarchen weit offenen Mund wieder herauskam. Ein Vogel, der ihn begleitete, fand den ganzen Vorgang so lustig, daß er kicherte. Davon wachte die Göttin auf und brachte Tod allem, was in ihr war – und danach allen anderen Menschen.

Unter den vielen Geschichten von Hina ist die bekannteste wahrscheinlich jene von der Göttin und ihrem Geliebten, dem Aal. Hina, die auf der Erde als sterbliche Frau wohnte, badete in einem ruhigen Teich, wo sie eines Tages Geschlechtsverkehr mit einem Aal hatte. Ihr Volk, das sich vor der Macht des schlangenhaften Tieres fürchtete, tötete den Aal und fand dann heraus, daß sich Hina mit einem verwandelten Gott gepaart hatte. Wütend und verzweifelt, daß ihre Affäre so brutal beendet worden war, nahm Hina den Kopf des Aales und begrub ihn. Fünf Nächte später wuchs dort die erste Kokosnuß. Sie wurde eines der wichtigsten Nahrungsmittel für Hinas Volk.
Siehe auch → *Haumea*.

Hindi, Hindira → *Durga*

Hippia Als «Die Pferdeköpfige» wurde → *Demeter* im ländlichen Arkadien verehrt. Dort ging die Sage, daß die griechische Erdmutter einst vom Meeresgott Poseidon verfolgt ward. Sie veränderte mehrere Male ihre Gestalt, aber er tat das gleiche. Schließlich wurde sie zur Stute Hippia und er ein Hengst. In dieser Form gelang es ihm, sie zu besteigen und das prächtige Pferd Arion und möglicherweise auch die Göttin → *Despoina* zu zeugen.

Hippo Das Wort bedeutet «Pferd», und es ist in vielen Namen von → *Amazonen* enthalten. Einfach nur Hippo hieß eine Feldherrin, die mit → *Marpesia* und Lampado den Kult der amazonischen → *Artemis* zu Ephesos ins Leben rief. In dieser Stadt entstand eines der berühmtesten Heiligtümer der Göttin. Nachdem das Volk der Kriegerinnen Kleinasien und Syrien erobert hatte, stellten diese ein hölzernes Bild von Artemis neben eine Buche in Ephesos. Dort führten sie mehrmals im Jahr einen Schildtanz auf. Dann formten sie sich zum Kreis für einen zweiten Tanz, in dem sie rhythmisch auf den Boden stampften und zum Klang der wilden, kriegerischen Melodie von Pfeifen und Flöten ihre mit Pfeilen gefüllten Köcher schüttelten.

Hippodamia Ursprünglich war sie eine Göttin des vorhellenischen Olympia, die alljährlich von den Frauen in geheimen Riten geehrt wurde, aber in die griechische Überlieferung ging sie nur als die Ahnenkönigin des tragischen Atriden-Geschlechts ein (→ *Klytämnestra*).

Hippolyte «Stampfende Stute» bedeutet der Name dieser großen Kriegskönigin der → *Amazonen*, die als eine der schönsten und stärksten Frauen ihrer Zeit galt. Sie trug als erste den goldenen Gürtel der Königinnenherrschaft der Amazonen, ein Geschenk ihres Vaters Ares, des Kriegsgottes. Nach diesem Schatz gelüstete es die Griechen, die eine ganze Armee an die Küste des Schwarzen Meeres in Marsch setzten, um den Gürtel zu rauben. Herakles («Der Ruhm von → *Hera*») führte die Truppen an.

Der folgende Kampf zwischen den Eindringlingen und den Verteidigerinnen ihres Besitzes wird in den Legenden widersprüchlich geschildert. Offensichtlich fand Hippolyte Herakles attraktiv, wollte aber, wie es der Brauch war, mit ihm erst ringen, bevor sie mit ihm schlief. Das heißt, sie pflegte die Stärke ihrer möglichen Liebhaber im Zweikampf zu prüfen, damit sie nicht Gefahr lief, ein schwächliches Kind zur Welt zu bringen. Ihre treuen Gefolgsleute aber dachten, der griechische Kämpe attackiere ihre Königin, und griffen zu den Waffen. Bedauerlicherweise wurden die Frauen besiegt.

Hier wird die Überlieferung fast hoffnungslos verwirrend, wenn Hippolytes Aktivitäten sich mit denen ihrer Schwestern → *Antiope* und → *Melanippe* sowie der Königin → *Oreithyia* vermischen. Manchmal heißt es, daß Hippolyte in der ersten Schlacht um den goldenen Gürtel starb, und manchmal ist davon die Rede, daß die siegreichen Griechen sie als Geisel mitnahmen und dem Athener König Theseus zum Geschenk machten. (In einigen Versionen führt sogar Theseus den Überfall auf das Amazonen-Reich an.) Schließlich gibt es Quellen, denen zufolge Königin Antiope nach Athen gebracht wurde und Hippolyte das Heer der Frauenkriegerinnen anführte, das ihre Schwester zurückholen wollte.

Geschlagen von Theseus, führte Hippolyte ihre dezimierten Truppen wieder in Richtung Heimat, starb auf dem Wege jedoch vor Kummer und Schmach. Ihre Gefährtinnen, heißt es, begruben sie in Megara unter einem Grabstein, der wie ein Amazonen-Schild geformt war.

Hit So hieß auf den Karolinen-Inseln Mikronesiens eine Krakengöttin. Hits Tochter schlief mit einem der Götter, der bereits eine Frau im Himmel hatte. Die Himmelsfrau folgte ihrem Gatten und versuchte ihn von seiner Geliebten wegzuziehen. Da begann Hit so lasziv zu tanzen, daß die Himmelsfrau vor Erregung ohnmächtig wurde und in den Himmel zurückgetragen werden mußte. Jedesmal wenn sie versuchte, den Geschlechtsverkehr ihres Gatten mit Hits Tochter zu stören, begann die Krake wieder, ihre acht Arme zu schwingen, und ermöglichte auf diese Weise, daß ihre Tochter den Helden Olifat empfing und gebar.

Hlin «Die Beschützerin» war entweder eine weniger bedeutende nordische Göttin oder ein Aspekt der großen Göttin → *Frigg*. Ihre Aufgabe bestand darin, jene Menschen zu behüten, die Frigg am Herzen lagen. Manchmal rief man sie auch als «Die Milde» oder «Die Wärmegebende» an, möglicherweise als Vermittlerin eines nicht ganz so kurzen skandinavischen Sommers.

Hlödyn → *Jörd*

Hnoss Diese jugendliche Hüterin der Geheimnisse weiblicher Verführungskunst war die Tochter der großen nordischen Göttin → *Freyja*. Ihr Name bedeutet «Juwel», und mit dieser Bezeichnung benannten ihre Anhänger auch wertvolle Steine und andere Kostbarkeiten mit magischer Ausstrahlung.

Ho Hsien-ku → *Ho Xian-gu*

Hokkma, Chokma Der hebräische Gott Jahwe hatte von Anfang an Hokkma («Weisheit»), und fast von Anfang an kristallisierte sich diese Eigenschaft in weiblicher Form und erschien als eine Halbgöttin. Einige sind sicher, daß Hokkma nur eine Allegorie war, aber sie spricht aus der Bibel mit Worten, die eine solche Lesart kaum unterstützen. In zwei Büchern des Alten Testaments – *Die Sprüche Salomos* und *Der Prediger Salomo* – stellt sie besonders stark ihre eigene weibliche Identität heraus.

Hokkma war nicht nur die erste Schöpfung Jahwes, sondern auch seine liebste. «Ich bin eingesetzt von Ewigkeit, von Anfang, vor der Erde», prahlt sie in der Spruchsammlung, «als er die Wolken droben festigte, als er festigte die Brunnen der Tiefe» (8, 23, 28). Nachdem sie nun also ihr höheres Alter deutlich gemacht hat, behauptet sie auch noch: «Ich spielte vor ihm allezeit» (8, 30). Hokkma war es, die ihren Schatten auf die uranfänglichen Wasser warf und sie so zur Ruhe brachte, so daß die Schöpfung weitergehen konnte. Sie war es, die der

Holdja

Menschheit ihr Bewußtsein gab, denn die Menschen krochen wie die Würmer, bis Hokkma sie mit Geist ausstattete. Und sie ging so weit, sich als Gattin Jahwes zu bezeichnen. Ob diese Gestalt und andere (→ *Schekina*) nun Allegorien waren oder nicht: Ihre halbgöttliche Weiblichkeit beschnitt und milderte den Patriarchismus der jüdischen Religion.

Holdja → *Haltia*

Holle → *Frau Holle*

Hopoe → *Pele*

Horen, Horai «Die Stunden» (oder «Die Jahreszeiten»), Töchter des Zeus und der → *Themis*, waren eine Gruppe griechischer Göttinnen, die in den Legenden in unterschiedlicher Zahl vorkommen: manchmal nur zu zweit – Thallo («Frühling») und Karpo («Herbst») –, manchmal als Dreiheit – Eunomia («Gesetzmäßige Ordnung»), Dike («Gerechtigkeit») und Eirene («Frieden», → *Irene*). Sie waren die Göttinnen der natürlichen Ordnung wie auch der Ordnung der menschlichen Gesellschaft, der Zeit und des jährlichen Kreislaufes des Pflanzenwachstums bzw. der verschiedenen Witterungsverhältnisse der Jahreszeiten. Nur wenige Legenden sind von ihnen überliefert, obwohl sie bei den olympischen Feierlichkeiten und Mythen anderer Göttinnen wichtige Nebenrollen spielten: Sie kleideten die «schaumgeborene» → *Aphrodite* ein, sie tanzten mit den → *Grazien* und öffneten die Tore des Himmels, wenn → *Hera* in die Einsamkeit flüchten wollte.
Für die Hore namens Dike gab es immerhin einen eigenen Mythos. Das jüngere Ebenbild ihrer Mutter Themis – wie → *Hebe* der Jugendaspekt von Hera und → *Persephone* der von → *Demeter* war – wurde der ständigen Kriege der Menschheit so leid, daß sie sich in die Berge zurückzog, um dort auf eine friedlichere Ordnung zu warten. Zeitalter vergingen, und die Zustände wurden schlimmer statt besser. Schließlich verlor Dike alle Hoffnung in die Menschheit und stieg zum Himmel empor, wo sie zum Sternbild «Jungfrau» wurde.

Horephoros → *Demeter*

Hörn → *Freyja*

Horsel, Orsel Die slawische Mondgöttin dieses Namens wurde am 21. Oktober geehrt. Später adoptierten die Christen dieser Region sie als Heilige und machten aus dem früheren Mondfest eines zu Ehren der – eigentlich aus Britannien stammenden – Märtyrerin und Heiligen Ursula.

Hou-t'u → *Hu Tu*

Ho Xian-gu, Ho Hsien-ku In der chinesischen Mythologie gab es zusätzlich zu den Gottheiten eine Anzahl von vergöttlichten Menschen. Die einzige Frau unter diesen Acht Unsterblichen (Pa Xian) war Ho Xian-gu, ein Mädchen, das in der Pubertät davon geträumt hatte, sie werde unsterblich, wenn sie Perlmutt äße. Sie tat es, und bald begann ihr Körper federleicht zu werden und allmählich ganz dahinzuschwinden. Sie konnte durch feste Gegenstände hindurchgehen und mit unvorstellbarer Geschwindigkeit reisen, mußte zum Entgelt für diese Gaben allerdings das Gelübde ablegen, nie zu heiraten. Solange sie noch auf der Erde lebte, verbrachte Ho Xian-gu die Nächte damit, in den Gebirgen Früchte, Blumen und Kräuter zu sammeln, die sie ihrer Mutter brachte; denn sie selbst brauchte keine Nahrung mehr. Ein halbes Jahrhundert später wurde sie auf einer Wolke treibend gesehen, woraus man erkannte, daß sie tatsächlich unsterblich geworden war und bei der Göttin → *Xi Wang Mu* in den Himmeln lebte.

Hrede, Rheda Beda Venerabilis, der Vater der englischen Geschichtsschreibung, nannte Hrede eine Göttin der Angelsachsen. Im germanischen Norden des europäischen Festlands ist allerdings keine Spur von ihr zu finden. Und auch aus Britannien ist nur bekannt, daß der Monat März dort ihren Namen trug. Vermutlich war sie eine Frühlingsgöttin.

Hsien-nüeh → *Xian Nüe*

Hsi-ling Shih → *Xi Ling Shi*

Hsi Wang-mu → *Xi Wang Mu*

Hua-Henga → *Taranga*

Hüan Bi, Hüan Pin → *Tao*

Huitaca, Chia Sie war die Mondgöttin des Rausches und der Freude für die Chibcha, die Bewohner eines Gebietes, das heute zu Kolumbien gehört, und die Rivalin des göttlichen Predigers Bochica. Nach der Überlieferung wanderte Bochica durchs Land und lehrte nicht nur nützliche Fertigkeiten, sondern verlangte auch eine puritanische Lebenseinstellung. Ihm folgte die Eulenfrau Huitaca und machte seine Bemühungen zum Teil wieder zunichte, denn ihre unbekümmerte Lebensfreude wirkte äußerst ansteckend.
Manchmal wurde diese Göttin Chia genannt und soll die Frau von Bochica gewesen sein. Der große Einfluß ihres Mannes auf das Landvolk soll sie so wütend gemacht haben, daß sie eine große Flut kommen ließ, die Bochicas Anhänger ertränkte. Daraufhin schleuderte der Predigergott seine Frau an den Himmel, wo sie zum Mond wurde.

Huixtocihuatl Diese Schwester der aztekischen Regengötter stritt eines Tages mit ihnen und verließ das Haus, um allein im Meer zu leben, wo sie die Göttin des Salzes wurde. An ihrem Festtag im Juni feiert man die ihr zugeschriebene Erfindung der Salzgewinnung, indem man das Meerwasser in Pfannen füllt.

Hulda So hieß die Königin der germanischen Bergfeen und eines Volkes, das sich einfach «Huldas Leute» nannte. Diese vornehmen Bergbewohner waren ganz dem Tanz und dem Musizieren hingegeben. Pech für die übrigen Menschen, daß die klagenden Melodien von Huldas Leuten sie hypnotisierten, am stärksten das Harfespiel der Königin selbst. Sie war riesengroß und ein Wesen, das von vorn einer wunderschönen menschlichen Frau glich, deren Rücken jedoch ebenso hohl war wie bei anderen Feen, und sie hatte einen langen Schweif. Ob diese Hulda mit der deutschen → *Frau Holle* als Anführerin der Perchten (→ *Perchta*) gleichzusetzen ist, darüber gehen die Meinungen auseinander.

Hulluk Miyumko Die Sternenhäuptlinge der kalifornischen Miwok-Indianer waren wunderschöne Frauen, die unter einem pfeifenden Holunderbusch lebten, der sie wach hielt, damit sie die ganze Zeit arbeiten konnten. Zu ihnen gehören die indianischen Entsprechungen des Morgensterns und der → *Plejaden*.

H'Uraru, Atira Für die nordamerikanischen Pawnee-Indianer war die allwissende Erde zugleich die Mutter von Leben und Tod. Sie speiste die Lebenden und umarmte die Toten. Bei der Vereinigung mit dem Himmelsgott brachte H'Uraru Leben hervor in Gestalt einer Tochter, → *Uti Hiata* («Kornmutter»).
H'Uraru war so heilig, daß der tapfere Smohalla, der die traditionellen Wertvorstellungen der Pawnees verteidigte, die durch die weißen Eindringlinge unter Druck geraten waren, die rhetorische Frage stellte: «Ihr sagt, ich soll nach Steinen graben. Soll ich unter H'Urarus Haut nach ihren Knochen graben? Dann kann ich, wenn ich sterbe, nicht mehr in ihren Körper schlüpfen, um wiedergeboren zu werden. Ihr sagt, ich soll das Gras mähen, daraus Heu machen und es verkaufen – aber wie kann ich es wagen, das Haar meiner Mutter abzuschneiden? Das ist ein schlechtes Gesetz, und mein Volk kann ihm nicht gehorchen.»

Husbishag Diese semitische Göttin der Unterwelt bewahrte das geheime Buch auf, in dem die Todesstunde eines jeden Lebewesens verzeichnet war. Möglicherweise war sie ein Aspekt der sumerischen → *Ereshkigal*.

Hu Tu, Hou-t'u Wie alle anderen aufgezeichneten Kulturen außer den Ägyptern sahen auch die Chinesen die Erde als eine weibliche Gottheit. Die «Kaiserin Erde» wurde bis in unser Jahrhundert verehrt, vor allem als Schutzherrin der Fruchtbarkeit. Auf einem rechteckigen Marmoraltar in der Verbotenen Stadt Pekings brachten die Herrscher ihr jeweils zur Sommersonnenwende Opfer dar.

Hybla Der Name dieser bedeutendsten Göttin des antiken Sizilien taucht in mehreren italienischen Ortsbezeichnungen auf. Sie war eine Erdgöttin und galt im Altertum als die Ahnherrin der Menschheit.

Hydra Dieses vielköpfige Ungeheuer im Dienste der → *Hera* war die Tochter der

Hydra

Schlangengöttin → *Echidna* und bewachte in Lerna den Eingang zur Unterwelt. Dort zischten ihre Köpfe jeden Sterblichen an, der versuchte, das Königreich des Todes zu betreten. Wurde einer ihrer Köpfe abgeschlagen, wuchs ein anderer – oder zwei oder sieben oder noch mehr – nach. Der Sumpf von Lerna war auch eine Zufluchtsstätte, wo sich Mörder von dem vergossenen Blut reinigen konnten.

Das Blut der Hydra war so giftig, daß der unsterbliche Zentaur Chiron, der damit in Berührung gekommen war, sich den Tod wünschte, um dieser Qual zu entkommen. In einigen Mythen war es Hydras Blut, das Herakles vernichtete – obwohl der übermenschlich Starke das Ungeheuer zuvor getötet hatte. Aber es war Hydras Blut, mit dem → *Deianeira* das Gewand, das sie für Herkules gewebt hatte, tränkte und das ihn tödlich verbrannte.

Der Mythenforscher Robert Graves sah in der Hydra-Sage ein Relikt der Auslöschung des Kultes der vorhellenischen Gottheiten durch die patriarchalischen griechischen Stämme. Die religiösen Widerstandskämpfer, die sich in heiligen Hainen zu geheimen Riten trafen, erstarkten durch die Verfolgung nur: Für jede Gruppe von Göttinnen-Anbetern, die zerschlagen oder bekehrt wurde, erwuchs eine neue. Eine entsprechende Vorstellung gab es schon in der Zeit davor: Man hielt Hydra für einen Unterweltfluß, dessen Wasser, staute man es an einer Stelle, an einer anderen um so stärker hervorbrach.

Hygieia Die griechische Göttin der Gesundheit war eine Tochter des Heilgottes Asklepios. Zum Zeichen ihrer Verehrung wurde an vielen Orten ihre Statue aufgestellt. Sie zeigt die «Erfinderin der Hygiene» mit ihrem – vom Vater übernommenen – Symbol, der Schlange, der sie in einer Schale Wasser reicht. Hygieias Schwester Panakeia stand ihr als «Allheilende» zur Seite. Ihre römischen Entsprechungen waren Meditrina und Salus.

Hypermnestra Sie war die älteste der Danaiden (→ *Danae*) und galt im griechischen Argos als Gründerin der Königsdynastie. Möglich, daß sie ursprünglich keine Danaide, sondern eine Wassergöttin war. Sie schloß sich nicht ihren gattenmordenden Schwestern an, sondern verschonte ihren Gefährten Lynkeus, wofür ihr Vater sie einkerkern ließ. Als er erkannte, daß die Güte der Tochter Segen über das Herrscherhaus gebracht hatte, ließ er sie frei und gab ihr Lynkeus zurück.

Hypsipyle → *Lemna*

Hyrrokkin Nachdem → *Friggs* Sohn Balder getötet worden war, trauerte die Erde so heftig, daß das Totenschiff nicht in die Unterwelt fahren konnte. Da wurde die Riesin Hyrrokin («Die im Feuer Geschrumpfte») in den Himmel gerufen, damit sie sich mit ihrem Gewicht gegen das Schiff stemmte. Sie traf auf einem Wolf reitend ein, benutzte als Zügel Schlangen und erfüllte die schwere Aufgabe, Balder in die Welt der Göttin → *Hel* zu schaffen.

Hygieia mit ihrem Vater Asklepios

I

Ia In einer Variante der Geschichte der ursprünglich phrygischen Göttin → *Kybele* starb der Hermaphrodit Agdistis nicht in Folge seiner Kastrationsverletzung, sondern überlebte als Frau. Der entfernte Penis und die Hoden bluteten in die Erde, die einen Baum hervorbrachte. Dessen Früchte schwängerten → *Nana*, die wiederum den anmutigen jungen Mann Attis gebar. Attis begegnete dem inzwischen weiblich gewordenen Agdistis und verliebte sich sofort ebenso in ihn wie der frühere Hermaphrodit in den hübschen Jungen. Doch der phrygische König Midas, der diese Verbindung mißbilligte, arrangierte eine Ehe zwischen Attis und seiner Tochter Ia. Beim Hochzeitsessen platzte der sitzengelassene Agdistis wütend in die Szene. Er trieb alle Gäste zum Wahnsinn, vor allem Attis, der seine Genitalien, «die Ursache allen Übels», verfluchte und sich auf der Stelle selbst kastrierte. Dann starb er, und die verwitwete Braut Ia gab sich vor Kummer ebenfalls den Tod.

Iaine → *Ain*

Iambe Es ist nicht sicher, ob sie die Tochter oder nur eine Magd des Königs Keleos von Eleusis war. Jedenfalls gab man der jungen Frau, deren Rede voller frivoler Anspielungen gewesen sein soll, einen Beinamen, der soviel wie «Beschimpfung» oder «anstößige Rede» bedeutete. Immerhin gelang es Iambe, mit Späßen und anzüglichen Witzen das erste Lächeln auf das Gesicht der → *Demeter* zu zaubern, nachdem die Erdgöttin ihre über alles geliebte Tochter → *Persephone* verloren hatte. Nachdem Demeter gelächelt hatte, bot ihr das über ihren Erfolg glückliche Mädchen keck einen Becher Wein an. Die Göttin wies ihn streng zurück und bat statt dessen um mit Wasser und Minze vermischtes Gerstenmehl.
Es heißt, Iambe sei möglicherweise identisch mit → *Baubo*. Auf jeden Fall kennzeichnet beide der recht urwüchsige Humor, der zu den im übrigen sehr feierlichen Eleusinischen Mysterien der Demeter zu gehören schien.

Ida 1. Der Name von → *Rheia* als Göttin des Berges Ida auf Kreta, aber ebenso ein Name der kretischen Amme von Rheias Sohn Zeus. Dies läßt vermuten, daß die Aufnahme der nährenden Energie dieser Göttin den neugeborenen Gott schützte.
2. Im *Rigveda*, dem ältesten und umfangreichsten Werk der altindischen Veden-Literatur, ist Ida ein wichtiges Nahrungsmittel, ein rituelles Opfergetränk aus Milch, das «Strom des Lobes» bedeutet und die Sprache der Götter verständlich machen soll. Ida – oder auch Ila – ist eine Göttin mit einem außerordentlich breiten Machtspektrum. Sie wird ebenso Erdgöttin wie Ahngöttin der Menschheit, Schöpferin aller Nahrung, der menschlichen Sprache sowie der Voraussetzungen für das geistige Leben und der Zeremonien für die Opferhandlungen genannt.
In manchen indischen Mythen fungiert Ida nur als Beraterin von Manu, dem Stammvater der Menschheit, und es heißt, sie sei ursprünglich männlich gewesen oder habe zumindest mehrmals ihr Geschlecht geändert: Keine ungewöhnliche Entwicklung bei Göttinnen, deren Volk von den patriarchalischen Indogermanen bezwungen wurde.

Idem-Huva Diese Erntegöttin der Tschere-

Idothea

missen, einem finno-ugrischen Volk im Nordosten Europas, soll früh am Morgen einen jeden Dreschplatz heimgesucht haben, um sich zu vergewissern, daß alles in Ordnung ist. Sie war jedoch sehr scheu und floh, sobald sich ein Sterblicher näherte.

Idothea → *Eidotheia*

Idunn In der *Edda* übte diese Göttin dieselbe Funktion aus wie → *Hebe* bei den Griechen: Sie gab den Göttern magische Speisen, die sie jung und gesund erhielten. Die nordischen Götter und Göttinnen waren nicht unsterblich. Um zu überleben, waren sie von Idunns Zauberäpfeln abhängig. Aber einmal ließ der böse Gott Loki die Göttin und ihre Äpfel in die Hände der Feinde der Götter fallen. Das waren die Riesen, die in Jötunheim lebten. Sofort begannen die Gottheiten zu altern und schwächer zu werden. Als ihm befohlen wurde, die unentbehrliche Göttin der Jugend und der Stärke schleunigst wieder herbeizuholen, flog Loki in Gestalt eines Falken nach Jötunheim, verwandelte Idunn in eine Walnuß und brachte sie sicher nach Hause zu den Göttern – und mit ihr kehrte die Jugend zu ihnen zurück.

Igirit → *Agrat Bat Mahalat*

Iha-Naga → *Kono-Hama-Sakuya-Hime*

Ikutamayori-Hime Aus dem *Kojiki*, der ältesten – und vermutlich von der Edelfrau → *Hieda no Are* zusammengestellten – Chronik und Mythensammlung des japanischen Reiches (7./8. Jahrhundert), stammt die Geschichte der jungen Ikutamayori-Hime, die ein Kind von einem geheimnisvollen unbekannten Geliebten empfing. Um die Identität des Mannes herauszufinden, forderten ihre Eltern sie auf, einen langen Hanffaden an ihm festzunähen, dem man nach seinem Weggang folgen könnte. Nach seinem nächsten Besuch stellte man fest, daß der Faden nicht unter der Tür verlief, sondern merkwürdigerweise durch das Schlüsselloch ging. Dann führte er direkt zum Heiligtum des Schlangengottes auf dem Berg Miwa. Das Kind im Schoß der Frau wurde die Ahnherrin der Priesterfamilie dieses Schreins. Carmen Blacker, eine namhafte Kennerin der Geschichte des Schamanismus, sieht in dieser Erzählung eine Verbindung zur matrilinearen Überlieferung, die von einer irdischen Ahnmutter und einem überirdischen Ahnvater erzählt.
Siehe auch → *Seyadatara-Hime*, → *Tamayori-Hime*.

Ila → *Ida*

Ilamatecuhtli → *Tonantzin*

Ilia → *Rhea Silvia*

Ilithyia → *Eileithyia*

Imberombera → *Waramurungundji*

Imdr, Imd Diesen Namen trägt eine nordische Wassergöttin, die Tochter von → *Ran*, aber auch eine Riesin, die zu den neun Müttern von Heimdall, dem göttlichen Himmelswächter, gehören soll.

Inaba Japanische Heldin, deren Geschichte der Sage von → *Andromeda* ähnelt.

Inanna, Innini, Nana, Nini Es ist nicht sicher, ob die listenreiche sumerische Göttin der Liebe und des Krieges die Tochter des Himmelsgottes An, des Mondgottes Nanna oder von Enki, dem Beherrscher des unter der Erde wallenden «Süßwasserozeans», war. Nach einer der schönsten Göttersagen des Alten Orients ist der Beginn der sumerischen Zivilisation jedenfalls mit der Vater-Tochter-Beziehung zwischen Enki und Inanna verbunden:
Enki war nicht nur der für die Fruchtbarkeit des kargen Wüstenbodens sorgende Gott, er war gewissermaßen auch im alleinigen Besitz der Weisheit, denn ihm gehörten die Tafeln des Schicksals und andere ebenso magische wie nützliche Geräte, die er jedoch von den Menschen fernhielt. Seine Tochter Inanna, die unter dem Namen Ninanna auch als die menschenliebende «Königin des Himmels und der Erde» galt, bekam Mitleid mit den hilflosen Sumerern und machte ihr Boot bereit, um zum Stammsitz ihres Vaters zu reisen, wo sie mit einem Festmahl willkommen geheißen wurde. Der weise Enki hätte es eigentlich besser wis-

sen müssen, aber er liebte seine Tochter so sehr, daß er bei Tisch Becher um Becher trank und ihr dann betrunken alles versprach, was sie wollte.

Als erstes bat Inanna um die Tafeln des Schicksals und hundert der Förderung der Zivilisation dienende Gegenstände. Was konnte ein bedenkenlos liebender Vater anderes tun, als diese Bitten zu erfüllen? Inanna lud diese Dinge sofort auf das Himmelsboot und brachte sie in ihre Stadt Erech. Als Enki am nächsten Morgen von seinem Rausch aufwachte, erinnerte er sich, was er getan hatte, und bedauerte es. Aber sein Kater war so schlimm, daß er seine Tochter nicht verfolgen konnte, bevor er sich von den Nachwirkungen des Gelages nicht einigermaßen erholt hatte. Als es soweit war, hatte Inanna ihr Königreich bereits erreicht, und selbst mit sieben Listen, die er anwandte, vermochte er seine Schätze nicht wiederzugewinnen.

Die Sumerer wußten auch, wie die unterschiedlichen Jahreszeiten in die Wüste kamen, in der sie lebten: Es begann vor langer Zeit, als die Himmelskönigin zwei Freier hatte, den Bauern Enkiddu und den Hirten Dumuzi. Beide brachten ihr Geschenke, beide umwarben sie mit Schmeicheleien. Ihr Bruder setzte sich für den Bauern ein, aber die weichen Wollstoffe, die Dumuzi anschleppte, gaben den Ausschlag für Inannas Herzensentscheidung. Und so wurde Dumuzi der Liebling der Göttin. Was nun geschah, hat Ähnlichkeit mit der Geschichte von Kain und Abel, in der es allerdings nicht um Liebe ging, sondern um ein tödlich kontroverses Thema, das akut wurde, als die neue Fertigkeit der Landwirtschaft an Boden gewann gegenüber der nomadischen Kultur der Rinder- und Schafhirten.

Es dauerte nicht lange, und Dumuzi wurde aufgrund seiner begünstigten Stellung hochmütig. Aber das greift der Geschichte voraus, denn zunächst beschloß Inanna aus Neugier oder Ehrgeiz, von ihrem Himmelsthron herabzusteigen und die Unterwelt zu besuchen. Sie sprach mit ihrem Premierminister Ninshuba ab, wenn sie nicht innerhalb von drei Tagen und drei Nächten zurückkehre, solle er Trauerfeierlichkeiten ansetzen und an die höchsten Gottheiten appellieren, die Vermißte zu retten. Dann begann Inanna ihren Abstieg.

Inanna

Am ersten der sieben Tore der Unterwelt wurde die Göttin vom Türsteher Neti angehalten, der einen Teil ihrer Bekleidung verlangte. Und so war es an jedem Tor. Stück für Stück gab Inanna ihren Schmuck und ihre Kleidung weg, bis sie nackt und bloß vor → *Ereshkigal* stand, der nackten, schwarzhaarigen Göttin des Todes, die ihre steinernen Augen auf die Göttin aus der oberen Welt richtete. Bei diesem Blick wich alles Leben aus Inanna, und sie lag drei Tage und drei Nächte als Leiche im Reich des Todes. Als sie nicht zur vorgesehenen Zeit in ihr Himmelskönigreich zurückkehrte, tat Ninshuba, wie ihm geheißen. Enki, der Vater der Göttin, kam Inanna zu Hilfe. Aus dem Schmutz unter seinen Fingernägeln fertigte er zwei seltsame Geschöpfe, Kurgurra und Kalaturra, und schickte sie mit Nahrung und Wasser in die Wildnis des Jenseits, um Inanna wiederzubeleben.

Doch niemand kann die Unterwelt wieder verlassen, wenn für ihn nicht ein Ersatz gefunden wird, der für immer nackt im Land des Verderbens bleibt. Und so folgten ihr, als sie scheinbar gerettet wieder in ihr Königreich aufstieg, böse Dämonen, und diese ergriffen unterwegs einen Gott nach dem anderen. Doch nun trat die zu neuem Leben erwachte Inanna

Inara

wieder in Aktion: Zum Dank für die erhaltene Unterstützung befreite sie nacheinander alle Götter aus den Klauen der bösen Geister.

Als Inanna endlich ihre heilige Stadt erreichte, mußte sie feststellen, daß ihr Geliebter Dumuzi sich während ihrer Abwesenheit zum Herrscher aufgeschwungen hatte. Wütend über diese Anmaßung befahl die Göttin, daß er als Ersatz für sie in Ereshkigals Reich gebracht werden solle. Zum Glück für Dumuzi folgte seine ihn liebende Schwester → *Geshtinanna* ihm in die Unterwelt und konnte von Ereshkigal für die Hälfte eines jeden Jahres das Leben ihres Bruders zurückgewinnen – für jene Monate des Jahres, wenn die Wüstenpflanzen blühen, denn zu dieser Zeit wurde Dumuzi dringend gebraucht: Er war der Vegetationsgott der Sumerer.

In manchen Variationen dieser Geschichte war es Inanna selbst, nicht Geshtinanna, die Dumuzi befreite. Aber Geshtinannas Name enthält ja auch den Namen der großen Göttin, von Inanna selbst heißt es manchmal, sie sei nicht Dumuzis Geliebte, sondern seine Mutter gewesen, während in anderen Versionen → *Ninsun* diese Rolle zukommt. Doch all diese Widersprüche verlieren ihre Problematik, wenn man das Konzept der «Drei Personen in einem Gott» auf diese Dreiheit sumerischer Gottheiten anwendet. Dann sehen wir, daß die Mutter, die Geliebte und die Schwester Aspekte einer einzigen großen Gestalt sind: der Himmelskönigin, die die lebenspendende Sonne selbst gewesen sein mag, die ebenso in der Lage war, die Erde zu einer Wüste zu verbrennen wie auch in der fruchtbaren Jahreszeit die unterhalb der Erdoberfläche ruhende Vegetation zu regenerieren. Eine sehr ähnliche Geschichte wie die von Inanna und Dumuzi ist bei → *Ishtar* zu finden, was zweifellos damit zusammenhängt, daß diese im akkadisch-babylonischen Kulturbereich den Platz der Inanna eingenommen hatte.

Inara Als hethitische Verkörperung der → *Inanna* als «Königin des Himmels und der Erde» kam Inara den Menschen zu Hilfe, als sie von dem großen Drachen Illuyuksa bedroht wurden. Die Göttin füllte Gefäß um Gefäß mit alkoholischen Getränken und bat einen Mann, diese als Köder für den Drachen aufzustellen. In der folgenden Nacht belohnte sie den Mut und Fleiß ihres Dieners, indem sie mit ihm schlief. Am nächsten Morgen fand das Paar den Drachen und dessen Brut vom Rausch bewußtlos und leicht zu erschlagen.

Zum Dank für seine Dienste im Kampf und im Bett brachte Inara diesen Mann in einem prächtigen Haus auf einer hohen Klippe unter, und dort lebten sie in Freuden, bis die Göttin auf eine Reise gehen mußte. Inara wies ihren Geliebten an, nicht aus dem Fenster zu schauen, solange sie abwesend sei, aber nach zwanzig Tagen tat er es doch. Als er seine frühere Menschenfrau und seine Kinder draußen im Sand um ihn trauern sah, bekam der Mann plötzlich Heimweh nach menschlicher Gesellschaft. Als Inara wieder nach Hause kam, wurde sie über seinen Ungehorsam und seine Klagen so wütend, daß sie ihn in die Unterwelt beförderte.

Die Geschichte von der Zerstörung des Drachens der Finsternis wurde an jedem Neujahrstag von den Anhängern Inaras gefeiert. Der Mann, der die Rolle ihres sterblichen Helfers übernahm, scheint dem Tod geweiht gewesen zu sein, nachdem er die Nacht mit der Göttin – in Gestalt einer ihrer Priesterinnen – verbracht hatte. Er durfte nicht weiterleben, denn würde er jemals mit einer Menschenfrau schlafen, nachdem er mit der Göttin Geschlechtsverkehr gehabt hatte, könnte er etwas von Inaras magischer Kraft auf diese übertragen und damit die Göttin schwächen.

Inari Die japanische Reisgöttin liebte es, in den Körper eines Fuchses zu schlüpfen. Manchmal nahm sie auch die Gestalt einer Menschenfrau an, um mit Männern zu schlafen, die danach phantastische Ernten erzielten. Einem dieser Männer, so heißt es, wurde klar, daß er mit einer Göttin schlief, als er unter der Decke einen langen, pelzigen roten Schwanz hervorschauen sah. Er sagte aber nichts, und sie belohnte seine Diskretion dadurch, daß sie seinen Reis von oben nach unten wachsen ließ. Da der Staat eine Steuer nur auf das erhob, was über der Erde wuchs, konnte er den gesamten Erntegewinn für sich behalten.

Auch die legendäre Hofdame Tamamo no Maye, möglicherweise eine Verkörperung von Inari, konnte sich nach Belieben in einen

Fuchs verwandeln, sogar in einen fliegenden. Jedoch setzte ein Feind ihrer Macht, sich zu verwandeln, ein Ende – und vielleicht sogar ihrem Leben, wie es manchmal heißt –, indem er ihr einen Spiegel entgegenhielt, was ihre Zauberkraft zerstörte.

Inari gehört bis heute in Japan zu den gefeiertsten Gottheiten. In mehr als 40 000 Schreinen wird «die Spenderin des Reises» auch als Bringerin von Wohlstand aller Art verehrt sowie als Schutzgeist der *miko* genannten Schamaninnen.

Indara Als Schöpfungsgöttin der Völker von Zentral-Celebes formte Indara («Jungfrau») Menschen aus Steinen und erweckte sie mit einem Windhauch zum Leben.

India Rosa Eine Form von → *Kuma*, der großen Göttin der Yaruro-Indianer in Venezuela, als Begründerin und Lehrerin weiblicher Fertigkeiten wie das Töpfern und das Korbflechten. Sie brachte aber auch Gefährlicheres in die Welt, z. B. die Schlange und den Jaguar. In manchen Mythen ist sie sogar die Schöpferin von Sonne und Mond sowie die Ahnherrin der Menschheit.

Ingebjörd Sie ist in der nordischen Mythologie eine zaubermächtige Jungfrau, die sich einen Sterblichen zum Liebhaber nahm. Als sie drei Nächte mit ihm verbracht hatte, blendete sie ihn, damit er niemals eine andere Frau sehen und lieben würde.

Inghean Bhuidhe Das «Gelbhaarige Mädchen», die den Sommer bringende Schwester von → *Latiaran*, wurde in Irland am 6. Mai verehrt, der als erster Tag des Sommers galt. Bis in jüngste Zeit wurde dieser Tag ihr zu Ehren gefeiert, mit Ritualen rund um einen heiligen Brunnen.

Innini → *Inanna*

Ino Die Tochter der → *Harmonia* war im vorhellenischen Griechenland ursprünglich eine Göttin orgiastischer bäuerlicher Riten, der offensichtlich Menschenopfer dargebracht wurden in dem magischen Bemühen, daß Regen so üppig wie Blut auf den Boden falle.

Als spätere Stämme ihren eigenen Pantheon nach Böotien brachten, wurde der daraus entstehende religiöse Konflikt zu einer Legende gestaltet, in der Ino die Gemahlin des böotischen Königs Athamas und Rivalin seiner zweiten Frau → *Nephele* war. Inos Eifersucht war offenbar grenzenlos: Sie trachtete nicht nur Nepheles Kindern nach dem Leben, sondern verursachte sogar eine Hungersnot im ganzen Land. Sie trieb es so arg, daß → *Hera* sich einmischte und eine der → *Erinnyen* aufforderte, Ino mit Wahnsinn zu schlagen. Und so geschah es: Ino sprang mit ihrem kurz zuvor geborenen Sohn Melikertes ins Meer.

Allein → *Aphrodite* hatte Mitleid mit den beiden und veranlaßte, daß sie unter die Meeresgötter aufgenommen wurden – allerdings unter neuen Namen. Ino hieß von nun an Leukothea («Weiße Göttin»), was aber nicht ganz korrekt zu sein scheint; denn Leukothea hatte im Kreis der für die Meere verantwortlichen Götter eine wichtige Rolle gespielt: als weiblicher Mond, der die Gezeiten kontrolliert.

Intercidona Nach der Geburt eines römischen Kindes wurde diese Göttin angerufen als «Axt» oder «Beil», die das Neugeborene vom Bösen und von Gefahren mit Waffengewalt trennten oder fernhielten.

Io Der erste König von Argos, heißt es bei den Griechen, war ein Flußgott, der gegen Poseidon und für → *Hera* stimmte, als die beiden Gottheiten um den Besitz der Stadt stritten. Um die Argoliden zu bestrafen, weil sie sich ihm verweigerten, verdammte Poseidon das Gebiet rund um Argos dazu, daß im Sommer die Flüsse austrockneten, denn der Meeresgott konnte die nährenden Wasser nach Belieben vom Land fernhalten.

Die Argoliden ließen sich davon jedoch keineswegs in Panik versetzen. Sie verehrten den Mond in Gestalt der jungen Kuh Io oder der «kuhäugigen» Hera, und der Mond war schließlich der Regenmacher. Io, die Tochter des Königs, die nach dem Mond benannt worden war, führte sie bei Gebeten um Regen und bei Tänzen an, in denen die Priesterinnen die verzweifelten Bewegungen des Viehs nachahmten, das in der sengenden Hitze von Rinderbremsen zum Wahnsinn getrieben wurde.

137

Iokaste

Io und der König von Argos

Dann drangen Stämme ins Land, die Zeus verehrten. Die Legende um Io als die eingeborene Kuhgöttin des Mondes wurde nun der Geschichte des patriarchalischen Himmelsgottes aufgepfropft, und so wurde erzählt, daß Hera, eifersüchtig auf die Liebe des Zeus zu Io – die ursprünglich ihre Dienerin oder sogar ein Aspekt ihrer selbst war –, ihren Gatten der Untreue bezichtigte. Er leugnete den Vorwurf und verwandelte Io schnell in eine Färse, aber Hera war zu klug, um auf diese List hereinzufallen. Sie bat um die Kuh, und Zeus konnte ihr das kaum abschlagen. Hera band Io an einen Baum in ihrem eigenen Heiligtum und ließ sie vom hundertäugigen Argos bewachen. Auf Befehl von Zeus befreite Hermes die Färse. Daraufhin schickte Hera eine lästige Fliege, um sie unentwegt in Bewegung zu halten. Seitdem wandert Io für alle Zeiten durch die Welt, so ruhelos wie der Mond über den Himmel zieht.

Iokaste Dank Sigmund Freud ist die Geschichte des Königs Oedipus von Theben heute die bekannteste griechische Legende. Aber der Mythos, auf den der österreichische Psychoanalytiker seine Theorien über den «Ödipuskomplex» aufbaute, ist nicht so archaisch, wie er glaubte, sondern die späte und literarische Version eines tatsächlichen Ereignisses in der Geschichte der alten Griechen.

Der britische Mythenforscher Robert Graves hat den ursprünglichen Sachverhalt zu rekonstruieren versucht. Demnach hatte der Heroe Oedipus so lange keinen rechtmäßigen Anspruch auf den Thron, bis er die thebanische Priesterin Iokaste heiratete. Danach «gebar» sie in feierlichem Ritus den neuen König, der zu ihrem Entsetzen schon bald seine Absicht verkündete, mit den Traditionen Thebens zu brechen und sie durch jene von Korinth zu ersetzen. Aus Protest dagegen beging Iokaste Selbstmord, worauf sich das Volk gegen Oedipus erhob und ihn aus dem Land jagte. Der nächste männliche Verwandte der Priesterin, ihr Bruder Kreon, übernahm den Thron von Theben als Regent. Doch die Söhne des Oedipus, Eteokles und Polyneikes, belagerten die Stadt, um sie für sich zurückzugewinnen. Da aber nur einer von ihnen König werden konnte, kam es zu einem Zweikampf, in dem alle beide fielen.

Die Sage weiß es freilich anders: Ihr zufolge hatte das Orakel von Delphi dem thebanischen König Laios geweissagt, daß er, zur Buße für frühere Freveltaten, von seinem Sohn ermordet werden würde. Deshalb ließ er, nachdem seine Gemahlin Iokaste mit einem Sohn niedergekommen war, diesen im Gebirge aussetzen. Dort wurde er von Dienern des Königs von Korinth gefunden, an dessen Hof Oedipus aufwuchs. Als er in Delphi von der Orakelstimme vernahm: «Gehe nicht in dein Vaterland zurück, sonst wirst du deinen Vater töten und deine Mutter heiraten», kehrte er vorsichtshalber nicht nach Korinth zurück, sondern schlug die entgegengesetzte Richtung ein. An einem Hohlweg kam es zu einem Streit mit dem Lenker eines anderen Wagens. Beide beanspruchten das Vorfahrtsrecht. Im Verlauf der Auseinandersetzung erschlug der gewalttätige Kutscher eines der Pferde des Oedipus. Darauf tötete dieser nicht nur den Angreifer, sondern auch den alten Mann, der in dem Wagen saß – ohne zu wissen, daß es sein Vater, König Laios, war. In Theben eingetroffen, löste Oedipus das Rätsel der → *Sphinx* und gewann dadurch die Hand der verwitweten Königin Iokaste. Er heiratete sie, ohne daß beide wußten, daß sie seine Mutter war. Als das Orakel von Delphi ihm auftrug, den Mörder des Laios ausfindig zu machen und zu bestrafen, brachte er selbst die furchtbare Wahrheit ans Licht. Iokaste erhängte sich vor Schmach, Oedipus stach sich die Augen aus und verließ, als Bettler und von seiner Tochter → *Antigone* geführt, die Stadt.

Iphigenie, Iphigeneia Die Tochter von → *Klytämnestra* sollte von ihrem Vater, König Agamemnon, der Göttin → *Artemis* geopfert werden, um als Gegenleistung günstige Winde für die Fahrt des griechischen Heeres nach Troja zu erlangen. Doch die Göttin erbarmt sich Iphigenies und entrückt sie in ihr Heiligtum nach Tauris am Schwarzen Meer, wo sie als Priesterin wirken soll. Dorthin kommt Orest, Iphigenies Bruder und der Mörder seiner Mutter, um die Statue der Artemis zu rauben, denn ein Orakel hat ihm verkündet, dies würde sein gequältes Gewissen erleichtern. Iphigenie hat den Auftrag, alle Fremden ihrer Göttin zu opfern, doch als sie ihren Bruder erkennt, verschont sie ihn und hilft ihm mit Unterstützung der → *Athene*, die Statue aus dem Heiligtum mitzunehmen.

Iphis Eine Kreterin, die als Junge aufgezogen wurde, weil ihr Vater vorhatte, alle Töchter, die er zeugen würde, zu töten. Iphis wuchs zu einem hübschen Burschen heran, in den sich das Mädchen Ianthe verliebte. Auch Iphis verliebte sich in sie, und sie bat → *Isis*, sie in einen Mann zu verwandeln. Die Göttin erhörte ihre Gebete, und die Liebenden konnten heiraten.

Irdlirvirisissong Diese verrückte Kusine der grönländischen Sonnengöttin → *Akycha*, war eine clownhafte Tänzerin und lebte im Himmel mit dem Bruder der Sonne, dem Mond. Manchmal tanzte sie über den Himmel, um die Menschen zum Lachen zu bringen – oder zum Staunen. Sie galt nämlich auch als Verursacherin des Nordlichts.

Irene, Eirene In Griechenland wie im Römischen Reich wurde diese Tochter der → *Themis* als Göttin des Friedens mit unblutigen Opfern verehrt. Einige Mythen bezeichnen sie als eine der → *Horen*. Die Römer setzten ihre Friedenshüterin Irene später mit → *Pax* gleich.

Iris Die Regenbogengöttin Iris war eine Enkelin der → *Gaia* und die Botin der → *Hera*, eine geflügelte Jungfrau, die unter dem Bett ihrer Herrin schlief – wenn sie nicht gerade Botschaften zu überbringen hatte. Wenn Hera mit Zeus zu schlafen gedachte, mußte Iris das Lager vorbereiten. Sie war eine der wenigen Olympier, die nach Belieben in die Unterwelt reisen konnten, wo sie Wasser für feierliche Eide holte. Aus diesem Grund wurde sie manchmal als ein positiver Aspekt der sonst meistens Verderben bringenden → *Hekate* bezeichnet.

Irnini Als Schutzgöttin der zedernbedeckten Berge des Libanon war sie ursprünglich von → *Ishtar* unabhängig, wurde später jedoch mit ihr gleichgesetzt.

Irpa → *Throgerdr*

Isebel, Jezabel Diese berühmte Königin war eine der beiden einzigen Frauen, die je einen hebräischen Stamm regierten. Die andere war ihre Tochter → *Athalja*. Beide herrschten im 9. Jahrhundert v. Chr. Isebel, deren religiöse Kulte auch die Sexualität heiligten, geriet bei ihrem Volk in Verruf, weil sie mehr als den *einen* Gott Jahwe den semitischen Himmels- und Fruchtbarkeitsgott Baal und die große kanaanitische Göttin → *Ashera* verehrte und sich als deren Prophetin ausgab. Deswegen ließ Jehu, der Usurpator des israelischen Throns, die rechtmäßige Königin zusammen mit allen anderen Baal-Anhängern im Lande hinrichten. Doch selbst die Hebräer konnten nicht umhin, ihr standhaftes Bekenntnis zu Baal und ihren Opfertod zu bewundern, und nannten sie einen Menschen, «der die Fähigkeit zum Mitgefühl mit anderen in Freude und Kummer hatte». In der *Offenbarung des Johannes* wird sie allerdings als große Hure der Verdammnis überantwortet.

Isha → *Eva*

Ishara Lange vor ihrer Gleichsetzung mit → *Ishtar* war Ishara in Mesopotamien die «Herrin des Gerichts» und überwachte auch die Einhaltung der Opfer und der Eide. Die Hethiter verehrten sie als Göttin der Berge, in

Ishikore-Dome

Syrien hielt man sie für die sexuelle Potenz zuständig, und die semitischen Stämme sahen in ihr eine Verführerin zur Promiskuität.

Ishikore-Dome «Die Steine zum Gerinnen bringende alte Frau» war die Schmiedegöttin des alten Japan. Aus den Kupfer enthaltenden Steinen des Flusses Isuzu schuf sie den ersten Spiegel – was ihr aber nicht sofort gelang. Dreimal versuchte sie es und arbeitete dabei in der Finsternis, die über die Welt hereingebrochen war, nachdem sich die Sonnengöttin → *Amaterasu* in der Felsenhöhle des Himmels versteckt hatte. Die ersten beiden Versuche, eine vollkommene Reflexion der Schönheit der Sonne zu erreichen, schlugen fehl, doch als sie schließlich Erfolg hatte, wurde ihr Spiegel zum heiligsten Gegenstand des japanischen Shintoismus. Bis zum heutigen Tag wird er im Kaiserlichen Schrein zu Ise aufbewahrt. Dieser Spiegel ist so heilig, daß alle zwanzig Jahre die Gebäude des Heiligtums nach ausgeklügelten, 1500 Jahre alten Plänen neu erbaut werden. Ist der neue Schrein vollendet, wird eine umfangreiche Zeremonie abgehalten, um sich beim Spiegel für die Unannehmlichkeiten zu entschuldigen, die einen solchen Umzug begleiten.

Niemand kann diesen Spiegel sehen, denn er ist in Brokattücher gehüllt und in geschnitzten Truhen verborgen, aber die Überlieferung sagt, daß Ishikores Schöpfung achteckig ist oder geformt wie eine achtblättrige Blüte. Jeder der mehr als 90 000 Shinto-Schreine Japans hat als heiligsten Gegenstand einen ähnlichen Spiegel.

Ishtar Als im Alten Orient der Prozeß der Assimilierung oder Gleichsetzung ähnlicher Gottheiten stattfand, erhob sich die akkadisch-babylonische Göttin Ishtar aus der Menge minder bedeutender Göttinnen (z. B. → *Anatu*, → *Anunit*, → *Irnini*, → *Ishara*) und wurde zu einer facettenreichen Verkörperung der vielfältigen Möglichkeiten der Weiblichkeit: Sie war die Mutter, die ihre schweren Brüste hielt, die Symbole ihrer Liebe und Fürsorglichkeit; sie war die jungfräuliche Kriegerin Hanata, die mit jedem kämpfte, der ihre Kraft und ihren Einfluß zu mindern versuchte. Sie war die Lüsterne, unentwegt darum bemüht, einen

Ishtar

neuen Liebhaber zu finden – ganz gleich ob göttlich, menschlich oder tierisch. Sie war Richterin und Ratgeberin, als Mondgöttin die «Licht Gebende» und voller Weisheit hoch über den Dingen Stehende, der die alten Frauen in den Höfen und Häusern ihres Landes nacheiferten.

Die babylonische Ishtar ist eine spätere, vielschichtigere Ausprägung der sumerischen → *Inanna,* und ihre Mythen ähneln einander in vieler Hinsicht. Beide liebten einen Vegetationsgott, der fortwährend starb und ebenso fortwährend wiedergeboren wurde. Beide waren sowohl für den Tod als auch für die Wiedergeburt ihrer Favoriten verantwortlich. Wie Inanna stieg auch Ishtar in die Unterwelt, und zwar auf der Suche nach dem geliebten Tammuz (die Entsprechung von Inannas Dumuzi), dessen Tod sie verursacht hatte. Am Tor des Todes angekommen, forderte Ishtar in ihrer Rolle als Vegetationsgöttin Gumshea energisch Einlaß und drohte damit, es aufzubrechen und die Toten an die Oberfläche der Erde entkommen zu lassen, wenn man ihr nicht freiwillig öffne.

Doch selbst ein göttlicher Besucher der Höllenkönigin → *Ereshkigal* mußte nackt sein, so daß Ishtar gezwungen war, ihren Schmuck und ihre Kleidung abzulegen, als sie herabstieg. So wurde auch Ishtar auf ihrem Weg in die Unterwelt nach und nach von allem entblößt: Am ersten Tor wurde ihr die Krone abgenommen, dann ihre Halskette, ihr Diadem, ihr Gürtel, ihr übriger Schmuck und schließlich, am siebten Tor, ihre gesamte Kleidung. All dies waren Geschenke von Tammuz gewesen, mit denen er um sie geworben hatte, und Ishtar trennte sich nur sehr widerwillig davon. Aber um ihren Herzenswunsch erfüllt zu bekommen – die Auferstehung des geliebten Vegetationsgottes, um den angeblich alle Frauen der Erde weinten –, ließ Ishtar es zu, daß sie entkleidet wurde, bis sie nackt vor Ereshkigal stand und darum bitten konnte, Tammuz zurückzuerhalten. Nachdem ihr dies gewährt worden war, stieg Ishtar langsam wieder durch die Tore der Finsternis hinauf zur Erde und bekam dabei ihre Sachen wieder zurück, so wie der Mond sein helles Licht zurückerhält, bis er wieder am Himmel voll leuchtet als Sharrat Shame («Königin des Himmels»).

Ishtar regierte am Himmel jedoch nicht nur den Mond, sondern ihr gehörten auch der Morgen- und der Abendstern, die für die Völker an Tigris und Euphrat das Symbol der abwechselnd kriegerischen und lustvollen Kräfte des Weiblichen waren. Als Morgenstern (→ *Dilba*) legte die Göttin ihre Waffen an und spannte ihren Wagen hinter sieben Löwen, bevor sie in der Morgendämmerung aufbrach, um Tiere oder Menschen zu jagen. Als Abendstern (Zib) dienten ihr zu allen möglichen Liebesdiensten bereite Tempelfrauen, die die «frohäugige Ishtar des Verlangens, die Göttin des Seufzens» anbeteten als jene, «die das Männliche dem Weiblichen sich zuwenden läßt und das Weibliche dem Männlichen» und deren Lied «süßer ist als Honig und Wein, süßer als Sprossen und Kräuter, ja, selbst reiner Sahne überlegen».

Manchmal wurden diese beiden Energien vereint zu einer Figur von bedrohlicher Sexualität. So wies der berühmte Held Gilgamesch die Göttin ab und behauptete, daß ihre Liebhaber dem Verderben geweiht seien – «Denn alle, die leben und lieben, müssen sterben» – und verfiel alsbald einer schrecklichen Krankheit, mit der sich sein Körper selbst bestrafte. Eabani, der Gefährte des Helden, wies in ähnlicher Weise die Ehre zurück, die er der Göttin schuldete, und starb ebenfalls auf elende Weise, wobei sein Todeskampf zwölf Tage dauerte. Denn Ishtar war das Leben selbst, das immer zum Tode führt, aber auch – so argumentierten ihre Anhänger – zu einer neuen Geburt. Und wer die Sexualität leugnet, verleugnet das Leben; wer den Tod leugnet, verleugnet das Leben, und für so jemanden wird weder das Leben voll Freude noch der Tod leicht sein.

Siehe auch → *Astarte*, → *Esther*, → *Frigg*, → *Isis*, → *Kybele*, → *Nana* und → *Sarbanda*.

Isis Die ägyptische Göttin mit den geflügelten Armen, die erstgeborene Tochter von → *Nut*, dem sich über alles wölbenden Himmel, und dem kleinen Erdgott Geb, wurde in den Sümpfen des Nils geboren, und zwar am Tag zwischen dem ersten und dem zweiten Jahr der Schöpfung. Von Anfang an blickte Isis mit freundlichen Augen auf die Menschen, lehrte die Frauen, das Korn zu mahlen, Flachs zu spinnen, Kleider zu weben und die Männer so zu zähmen, daß man mit ihnen leben konnte. Die Göttin selbst lebte mit ihrem Bruder Osiris zusammen, dem Gott der Wasser des Nils und der Vegetation, die hervorbricht, sooft der Fluß über seine Ufer tritt. Nachdem der geliebte Bruder von ihrem bösen Bruder Seth (→ *Nephthys*) getötet worden war, schnitt sich Isis vor Kummer das Haar ab und riß ihre Kleidung in Fetzen. Dann machte sie sich auf, um die Leiche ihres Bruders zu suchen.

Schließlich erreichte Isis Phönizien, wo die Königin Astarte die jammervolle Göttin bemitleidete, aber nicht erkannte, und sie als Kindermädchen für den kleinen Prinzen anstellte. Isis wollte für den Knaben besonders gut sorgen und legte ihn deshalb wie ein Holzscheit ins Herdfeuer, wo die entsetzte Mutter ihn glühend fand. Sie holte das Kind aus dem Feuer – und machte so den Zauber der Unsterblichkeit unwirksam, den Isis dem Kind gerade verleihen wollte. (Eine ähnliche Geschichte wird von der trauernden → *Demeter* erzählt.)

Isis wurde gerufen, um ihre Handlungsweise zu erklären. Sie gab sich als Göttin zu erkennen, und die überraschte Königin verriet ihr,

Isis

Isis

daß Osiris unter der duftenden Tamariske im Garten des Palastes begraben sei. Isis brachte den durch die Wunderkraft des Baumes nicht verwesten Leichnam nach Ägypten zurück, um ihn dort zu begraben. Doch der böse Seth fand den Körper, stahl ihn und zerstückelte ihn.

So begann Isis' Suche von neuem, dieses Mal nach einem Dutzend Leichenteilen, die gefunden und wieder zusammengesetzt werden mußten. Die Göttin entdeckte die Arme und Beine, den Kopf und den Rumpf ihres Geliebten, aber sie konnte seinen Penis nicht finden und ersetzte ihn durch ein Stück geformtes Gold. Dann ersann Isis die Kunst des Mumifizierens, die für die Ägypter von nun an eine außerordentlich wichtige Rolle spielen sollte, und vollzog am Körper des Osiris zum ersten Mal das später berühmte Balsamierungsritual. Der Gott erhob sich danach «so lebendig wie das Korn nach der Frühjahrsflut». Durch den goldenen Phallus des wiederbelebten Osiris empfing Isis auf wundersame Weise ein Kind und gebar den Sonnengott Horus.

Von der Zauberin Isis wird noch eine andere Geschichte erzählt: Entschlossen, Macht über alle Götter zu gewinnen, formte sie eine Schlange und schickte sie aus, um Re, den höchsten aller Götter, zu beißen. Krank und immer schwächer werdend, rief er nach Isis, damit diese ihre berühmten Heilkräfte auf diese Wunde anwende. Doch die Göttin behauptete, sie habe nicht die Macht, ihn vom Gift zu reinigen, solange sie nicht den geheimen Namen des Gottes, den Inbegriff seiner Macht, kenne. Re zögerte eine Weile, wobei ihm die letzten Kräfte zu schwinden schienen. Schließlich war er in seiner Verzweiflung bereit, ihr das gewünschte Wort zuzuflüstern. Isis heilte ihn, aber Re hatte ihr dafür bis in alle Ewigkeit seine Macht übergeben. (Ähnliches wird von → *Lilith* und Jahwe erzählt.)

Als Isis geboren wurde, war der Name der Göttin Au-Set, was «Mehr als Königin» bedeutet oder auch «Geist». Die Griechen veränderten die Aussprache jedoch so, daß das Wort «Isis» herauskam. Unter diesem Namen wurde die Göttin vom Nildelta bis an die Ufer des Rheins bekannt – und verehrt. Wie → *Ishtar* (von der eine ähnliche Geschichte vom Verlust und der Wiederherstellung des Gelieb-

Ismene

Isis mit dem Horus-Knaben

Isong

ten überliefert ist) nahm Isis die Persönlichkeiten unbedeutenderer Göttinnen in sich auf, bis sie als die universelle Göttin der Ägypter und auch anderer Völker galt, als die personifizierte vollkommene Weiblichkeit, von der andere Göttinnen nur einzelne Aspekte repräsentierten: Sie wurde die «Herrin der zehntausend Namen», deren wahrer Name Isis war; und sie wurde zu Isis Panthea («Isis die All-Göttin»). Sie war der Mond und die Mutter der Sonne; sie war die trauernde Frau und die liebende Schwester, die Kulturbringerin und Spenderin der Gesundheit. Sie war der «Thron» und die «Göttin Fünfzehn». Sie ersetzte → *Hathor*, die Himmels- und Unterweltsgöttin, Meri, die Göttin des Meeres, Sochit, die für das Korn Sorgende, und verschmolz mit → *Sothis* zu Isisothis.

Für Millionen Anhänger des Isis-Kults war sie die Göttin, die «Alle Dinge in einem» ist und die versprach: «Ihr sollt meiner Gnade teilhaftig werden und unter meinem Schutz in Herrlichkeit leben. Und wenn ihr die euch zugewiesene Lebensspanne vollendet habt und zur Unterwelt hinabsteigt, werdet ihr mich auch dort leuchten sehen, wie ihr mich jetzt seht... Und wenn ihr euch meiner Göttlichkeit gehorsam erweist, werde ich – als Einzige, die dies vermag – euch erlauben, euer Leben über die euch vom Schicksal zugewiesene Spanne auszudehnen.»

Die Göttin, die den Tod überwand, um ihren Geliebten wieder ins Leben zurückzurufen, vermochte ebenso leicht den Tod von ihren aufrichtigen Gefolgsleuten fernzuhalten. Nur eine unter den ägyptischen Gottheiten, die allmächtige Isis, konnte sich rühmen: «Ich werde das Schicksal überwinden.»

Siehe auch → *Kybele*.

Isisothis → *Isis*, → *Sothis*

Ismene Die Tochter von König Oedipus und → *Iokaste* war die Schwester der → *Antigone*, jener griechischen Heldin, die ihr Leben hingab für das Recht ihres im Kampf gefallenen Bruders auf ein würdiges Begräbnis und die ewige Ruhe. In der heutigen Gesellschaft würde eine solche Hingabe bestenfalls als exzentrisch betrachtet werden, doch in Gesellschaften mit mütterlicher Erbfolge – also vermutlich auch in der frühgriechischen – war der engste männliche Verwandte einer Frau ihr Bruder als der Mann, der den Schoß ihrer Mutter mit ihr geteilt hatte. Folglich war Antigones Opfer ihre gesellschaftliche Pflicht.

Ismene fühlte diese Blutsbande genauso stark wie ihre Schwester, aber Antigone ließ Ismenes Anspruch auf dieselbe Pflicht und Schuldigkeit nicht gelten und ging allein in den Tod.

Isong, Eka Obasi, Obasi Nsi Sie war die Schildkrötenpanzer-Göttin der Fruchtbarkeit der Erde und damit eine der wichtigsten Gottheiten der westafrikanischen Völker Ibibio und Ekoi.

Istehar Diese «Jungfrau» mit dem → *Ishtar* verdächtig ähnlichen Namen taucht in einer jüdischen Sage als Beute des Engels Shemhazai auf, der sie vergewaltigen wollte. Die kluge Istehar gab jedoch vor, daß sie mit ihm schlafen werde, sofern er ihr den geheimen Namen Jahwes verraten würde. Nachdem sie erfahren hatte, was sie wollte, brach Istehar die Abmachung und wandte den magischen Spruch an, um in den Himmel aufzusteigen, wo sie einer jener Sterne wurde, die wir → *Plejaden* nennen.

Istustaya und **Papaya**
Spinnende hethitische Schicksalsgöttinnen.

Itiba Tahuvava Bei den Taino, einem vorkolumbischen Volk auf Kuba und anderen karibischen Inseln, war diese Frau die große Ahnherrin, die durch Kaiserschnitt vier Söhne gebar. Diese sollen das Meer erschaffen haben.

Ituana «Mutter Skorpion», die große weibliche Gottheit der Völker des Amazonasgebiets, hatte ihr Domizil am Ende der Milchstraße. Von dort aus herrschte sie über die Totenwelt und gab jeder menschlichen Seele wieder fleischliche Gestalt. An ihren unzähligen Brüsten nährte sie die unzähligen Kinder der Erde.

Itzpapalotl Wie ihr Name besagt, symbolisierte ein Schmetterling aus Obsidian diese aztekische Göttin der Seelen. Wer Itzpapalotl erblickte, konnte feststellen, daß sie eine wunderschöne Erscheinung war, auf deren Antlitz die Todessymbole tätowiert waren. Die meisten Menschen erschreckten allerdings vielmehr ihre scharfen Jaguarklauen.

Einst, so heißt es, kam Itzpapalotl auf die Erde, um Rosen zu pflücken. Als sie sich einen Finger an einem Rosenbusch stach, der zu bluten begann, wurde sie furchtbar wütend. Von nun an sorgte sie dafür, daß die Menschheit für ihre Vergnügungen ebenso kräftig bezahlen mußten, wie sie für die Rose mit ihrem Blut hatte bezahlen müssen.

Iuturna Eine römische Göttin, die über die heiligen Quellen und Teiche herrschte, auch über jene Quelle in Rom, die in der Nähe vom Tempel der → *Vesta* entsprang, und über die heilkräftige Quelle auf dem Forum Romanum. Deren Wasser wurde bei allen offiziellen Opferfesten verwendet und die Göttin selbst bei Wassermangel angerufen, um das Versiegen der Brunnen zu verhindern.

Iuventas → *Hebe*

Ivithja «Die im Wald Hausende» ist eine Riesin der nordischen Sagenwelt.

Ixchebel Yax Diesen Namen gaben die Mayas der Tochter des Mondes, jener Göttin, die den Frauen in Südmexiko, Guatemala und Honduras das Weben, Färben und Spinnen beigebracht hat.

Ixchel Bei den Mayas der Halbinsel Yucatan war sie die Göttin des Wassers und des Mondes, der Geburt, des Heilens und des Webens. Einmal, so heißt es, nahm sie sich den Sonnengott als Liebhaber, aber ihr Großvater schleuderte Blitze, um sie zu töten. Dreizehn Tage lang sangen trauernde Libellen über Ixchels Grab, und am Ende dieser Zeit stand sie unversehrt wieder auf und folgte ihrem Geliebten in seinen Himmelspalast.

Aber bald wurde der Sonnengott eifersüchtig. Er behauptete, Ixchel habe sich einen neuen Liebhaber genommen, nämlich seinen Bruder, den Morgenstern, und er warf sie aus dem Himmel. Sie fand Zuflucht bei der Geiergottheit, doch der Sonnengott verfolgte sie weiter

Izanami

Ixchel

und lockte sie sogar zurück nach Hause. Als er ihr von neuem Eifersuchtsszenen machte, hatte Ixchel dieses Benehmen satt. Sie verließ den Unverbesserlichen, wanderte, ganz auf sich gestellt, durch die Nacht und machte sich unsichtbar, sobald er sich ihr wieder zu nähern versuchte.

Die die Nacht Durchstreifende verwandte ihre Energien fortan vor allem darauf, die irdischen Frauen während ihrer Schwangerschaft und ihrer Wehen zu stärken, wobei sie besonders für jene sorgte, die ihre heilige Insel Cozumel besuchten.

Ixcuinan → *Tlazolteotl*

Ixtab Diese Göttin der Mayas sorgte für die Seelen der Selbstmörderinnen. Auf der Halbinsel Yucatan gilt sie als identisch mit der schönen Dämonin Xtabay, die den Männern schöne Augen macht, um sie dann in ein Tier zu verzaubern.

Izanami Auch in der japanischen Mythologie ist davon die Rede, daß es vor der Erschaffung der Erde nur ein Chaos aus Schlamm gab, der allmählich erstarrte und zahllose Gottheiten hervorbrachte. Die beiden letzten profilierten sich – nach der Überlieferung des Shintoismus – als erste: Izanami, die «einladende Frau», und ihr Gefährte Izanagi, der «einladende Mann». Sie standen auf einem Regenbogen und rührten die salzige Urmasse mit einem Speer auf, bis sich feste Materie formte. Sie stiegen auf diese Insel, Onogoro genannt, herab, um die weitere Erde zu erschaffen und zu bevölkern.

Anfangs wußten sie allerdings nicht, wie. Erst als sie zwei himmlischen Wasservögeln zugesehen hatten, die sich paarten, verstanden sie den notwendigen schöpferischen Akt. Also paarten auch sie sich, und Izanami gebar die japanischen Inseln, ihre Wasserfälle und Berge, und dann die Tiere und Pflanzen, die es dort gibt.

Als letztes brachte Izanami das Feuer zur Welt, das buchstäblich aus ihrem Körper explodierte und sie würgend und blutend zurückließ. Aus all ihren Ausscheidungen – ihrem Blut, ihrem Erbrochenen, ihrem Urin – entstanden neue Geschöpfe und richteten sich auf dem neuen Land ein. Izanami selbst starb jedoch.

Sie reiste in die Unterwelt Yomi («Düsteres Land»). Izanagi aber, der ohne seine Gefährtin ganz verzweifelt war, machte sich nach Yomi auf, um sie zurückzuholen. Obwohl sie sich in der Welt des Todes bereits eingerichtet hatte und nicht mehr wegwollte, ließ sie Izanagi ausrichten, daß er über ihre Freilassung mit dem Fürsten des Todes sprechen möge.

Izanami hatte ihren untröstlichen Freund ausdrücklich gewarnt, im Totenreich nach ihr Ausschau zu halten, doch vor Neugier und vor Sehnsucht nach der Geliebten alle Vorsicht außer acht lassend, näherte sich Izanagi dem dunklen Gebäude dennoch. Dann nahm er einen zerbrochenen Kamm und brach dessen letzten Zinken ab. Den entzündete er und schaute in den Raum hinein, in dem der Körper von Izanami verweste. Gedemütigt, weil er sie so gesehen hatte, griff ihr Geist ihn an. Sie verjagte ihn aus der Unterwelt mit der Feststellung, daß seine Taten eine endgültige Trennung rechtfertigten. Manche sagen, Izanami herrsche vom düsteren Yomi aus noch immer als Todeskönigin.

J

Jael → *Debora*

Jahu Anat Folgt man einigen Gelehrten, dann war dies der älteste Name der *einen* hebräischen Gottheit – und sie war weiblich. Erst im Zuge der gesellschaftlichen Entwicklung zum Patriarchat wurde daraus der männliche eine Gott Jahwe oder Jehova, wie er vom 13. Jahrhundert an genannt wurde.
Siehe auch → *Anat*.

Jaki Der persische Menstruationsgeist, der als eine Dämonin angesehen wurde, die die Männer zu bösen Taten verführte.

Jamuna → *Yamuna*

Ja-Neba Die Samojeden Sibiriens riefen Mutter Erde unter diesem Namen an. Sie hatte Macht über die Tiere und war die Ahnherrin der Menschheit. Statuen dieser Göttin wurden mit dem Blut bei der Jagd getöteter Tiere übergossen, um sie dazu zu bewegen, mehr Wild herbeizuschaffen. Wenn es sich bei der Beute um Rentiere handelte, wurden gewöhnlich auch Herz und Kopf geopfert; war es ein Elch, dann bestand die Gabe an die Göttin aus der Zunge und den Nüstern.

Janguli, Jangulitara Die goldene tantrische Schlangengöttin Bengalens mit drei Mündern und sechs Händen wird dargestellt mit einem Schwert, einem Blitzstrahl und einem Pfeil in den rechtsseitigen Händen, während die linksseitigen eine Schlinge, einen blauen Lotos und einen Bogen halten. Sie wurde angerufen als «Entfernerin von Gift, geboren aus dem Lotos», denn als Schlangengöttin konnte sie Gift entfernen.

Jarnvithja «Die im Eisenwald Wohnenden» sind in der altnordischen Sagaliteratur die Frauen der Trolle und ebenfalls von riesenhaftem Wuchs.

Jezabel → *Isebel*

Jezenky In Tschechien und in der Slowakei wurde in alten Zeiten von diesen Geist-Frauen gesagt, sie reisten nachts umher und hielten nach Menschenkindern Ausschau, um sie zu entführen, wie Haustiere in Käfigen zu halten und durch deren Stäbe zu füttern. Manchmal sollen sie noch grausamer gewesen sein und Menschen, die auf einsamen Wegen durch die Nacht liefen, die Augen ausgestochen haben.

Jingo Japanische Kriegerkönigin mit Zauberkräften. Sie soll lieber drei Jahre lang ihre Schwangerschaft ertragen haben als ihren Krieg gegen Korea zu beenden, um ihren Sohn zur rechten Zeit zu gebären. Jingo verwüstete die drei koreanischen Königreiche, deren Bevölkerung schwören mußte, auf ewig die Oberhoheit der japanischen Herrscherin anzuerkennen. Einige sehen den Grund für ihren Sieg nicht in ihrer Tapferkeit in der Schlacht, sondern in ihrer übernatürlichen Fähigkeit, auf die Gezeiten des Meeres einzuwirken.

Jocebed Der Name der Mutter von → *Mirjam* bedeutet «Göttliche Pracht» und soll sich auf das überirdische Licht beziehen, das ihren Körper umgab. Sie scheint ein Überbleibsel der uralten Muttergöttin zu sein, die in Legenden der Hebräer erscheint.

Jörd, Erda, Fjörgyn, Hlödyn Die nordische Riesengöttin der uranfänglichen Erde – der Welt vor der Erschaffung der Menschheit – hatte mehrere Namen, z. B. Jörd, Erda und Fjörgyn, aber alle bedeuten ganz einfach «Erde» (→ *Asinnen*). Sie war die Tochter von → *Nott* («Nacht») und wurde auf hohen Bergen verehrt, denn dort, so glaubte man, habe sie sich mit dem Himmel, das heißt mit dem Obergott Odin, gepaart und den Donnergott Thor geboren. Als Beschützerin des Hauses und Herdes hieß diese älteste Göttin des Asen-Geschlechts → *Hlödyn*.

Judith Die große jüdische Kriegsheldin wird von vielen für eine dichterische Schöpfung des 4. Jahrhunderts v. Chr. gehalten, eine Art «Freiheitsjungfrau», die als symbolische Galionsfigur eines jeden Aufstandes gegen Fremdherrschaft hilfreich ist. Aber andere Gelehrte behaupten, es habe tatsächlich eine geschichtlich belegte Frau gegeben, die 597 v. Chr. mutig der Eroberung Jerusalems durch die Babylonier entgegentrat, indem sie Holofernes, den Feldherrn des Königs Nebukadnezar II., zum Beischlaf verführte und dabei tötete. Oder war ihr Opfer ein General Orophernes, der im 4. Jahrhundert v. Chr. mit den Truppen des Perserkönigs Artaxerxes III. von Ägypten her ins Land eindrang?
Einige Forscher vertreten den Standpunkt, daß Judith nichts weiter als eine muntere Gerstengöttin war, deren Gatte, wie es für einen Vegetationsgott typisch war, nach vollbrachter Ernte erschöpft einfach das Zeitliche segnete.

Juks-Akka Sie war eine Tochter von → *Madder-Akka* und die Schwester von → *Sar-Akka* und → *Uks-Akka*. Bei den Samen (oder Lappen) wurde die «Alte Dame des Bogens» im Volksmund «Gewehr-Frau» genannt. Sie galt als Personifizierung kämpferischer Mutterschaft, die die Kinder vor allem Bösem beschützte – wenn es sein mußte, mit Gewalt.

Julunggul Australiens Regenbogenschlangengöttin konnte männlich, geschlechtslos oder ein Zwitter sein. Sie soll verkörpert gewesen sein im Meer, in Wasserfällen, in Perlen oder Kristallen und in tiefen Teichen gelebt haben. Die männlichen Jugendlichen im nordaustralischen Arnhemland sahen in ihr eine Initiationsgöttin. Sie ließen sich von der Mutterschlange symbolisch verschlingen, um dann als Männer wieder ausgespien zu werden.
Siehe auch → *Junkgowa-Schwestern* → *Wawalag-Schwestern*.

Junkgowa-Schwestern Die Ahnengöttinnen des australischen Yulengor-Volks in Arnhemland lebten im Geisterland von Buraklor. Sie waren es, die ebenso die Nahrung spendenden Zonen der Erde schufen wie sie die Wasserlöcher bildeten, die die Menschheit mit der Welt der Geister verbinden. Sie erschufen das Meer, damit sie seetüchtige Kanus bauen konnten. Als sie damit losfuhren, sangen sie die ersten Lieder der Welt, um ihr Paddeln zu begleiten. Wie sie so über das Meer fuhren, erschufen sie Fische und Meeressäugetiere. Und als sie schließlich bemerkten, wie langsam sie weiterkamen, erschufen sie den Wind, der sie vorwärtstrieb. Aber ein großer schwarzer Felsen, weit draußen im Ozean, ließ ihr Boot kentern und zwang sie an Land zurück. Dort errichteten sie heilige Bereiche und schufen notwendige Gegenstände, um ihren Nachkömmlingen auch ein spirituelles Leben zu ermöglichen: Sie ersannen Amulette und Gürtel aus Federn; sie legten Stammes-Totems fest und erfanden das Feuer, damit es die Babys warm hatten.
Die Junkgowa-Schwestern organisierten ferner das gesamte zeremonielle Leben. Aber einige ihrer Söhne, die auf ihre Macht und ihre magischen Fähigkeiten eifersüchtig waren, beschlossen, die heiligen Totems zu stehlen. Und das taten sie auch. Die guten Göttinnen verschwanden daraufhin enttäuscht im Meer und kehrten nie wieder zu den Yulengor zurück.
Siehe auch → *Djanggawul-Schwestern,* → *Wawalag-Schwestern.*

Jumna → *Yamuna*

Juno Ein Überrest ihres Kultes ist selbst in unserer gegenwärtigen Kultur erhalten geblieben: Bräute heiraten immer noch gern im Juni, um sich so des Wohlwollens jener Göttin zu versichern, nach der dieser Monat benannt worden ist. Und in der Tat war Juno unter ihren

Juno

verschiedenen Namen nicht nur für die Heirat zuständig, sondern für das ganze Fortpflanzungsleben jeder Frau: Als Stifterin guter Ehen wurde sie Pronuba genannt, Cinxia als Beschützerin beim ersten Entkleiden durch den Gatten, Populonia als Göttin der Empfängnis, Ossipago als Macht, die die Knochen des Fötus stärkte, Sospita als Göttin der Wehen und → *Lucina* als Geburtsgöttin, die das Kind ins Licht führt. (Siehe auch → *Eileithyia*.)

Juno herrschte über all diese rein weiblichen Lebensumstände, weil sie selbst ihrem Wesen nach die Herrscherin der Weiblichkeit war. Für die Römer hatte jeder Mann einen «Genius», den Geist, der ihn lebendig und sexuell aktiv machte. In gleicher Weise hatte jede Frau ihre eigene Juno: nicht so sehr ein beschützender Geist wie eine lebensspendende innere Macht der Weiblichkeit.

Als uralte etruskische Göttin unterschied sich Juno ursprünglich sehr von der griechischen → *Hera*. Beide aber waren ihrem Wesen nach Göttinnen der Frauen. In der Ära der kulturellen Assimilation wurden die Hera-Mythen auf die römische Göttin übertragen. Junos eigenständige Mythologie ging verloren bis auf jene Geschichte, in der sie, geschwängert von einer Blume, den Gott Mars gebar – eine Geschichte, die von Hera nie erzählt worden war.

Juno wurde auch lange Zeit als eine der vorherrschenden römischen Gottheiten anerkannt. Sie bildete mit ihrem Bruder und Gemahl Jupiter und mit → *Minerva* die Capitolinische Triade, jenes Dreigespann, das Rom regierte. In dieser Funktion war sie Regina («Juno, die Königin»). Sie war aber genauso → *Moneta* («Die Erinnernde»), die ihr Volk vor drohender Gefahr warnte – und Frauen vor schlechten, speziell wenig lukrativen Ehen; denn der Begriff «Moneta» erhielt, da Junos Tempel auch die römische Münzprägeanstalt beherbergte, die Bedeutung von «Geld».

Am wichtigsten war Juno in der Rolle einer Göttin der Zeit. Als Tochter des Saturn war sie ein Symbol des Menstruationszyklus als Zeitmesser. Als Göttin des Neumonds wurde sie von den römischen Frauen an den Kalenden, den ersten Tagen eines Monats, verehrt oder zumindest zu Anfang eines jeden Mondmonats. Zusätzlich zu diesen monatlichen Juno-Feiern wurden am 7. Juli die zügellosen Nonae Caprotinae begangen, bei denen Dienerinnen Scheinkämpfe unter einem wilden Feigenbaum veranstalteten, und am 1. März die ruhigeren Matronalia, zu denen die verheirateten Frauen von ihren Männern Geld verlangten, um es der Göttin der Weiblichkeit darzubringen.

Juras Mate → *Jurate*

Jurate Diese göttliche Seejungfrau der Litauer lebte in einem Bernsteinschloß auf dem Grund des Meeres. Die Liebe des Donnergottes Perkunas wies sie zurück und wählte sich selbst einen Gefährten unter den Fischern an der Küste ihres Reiches. Die lettische Meeresgöttin Juras Mate ist wahrscheinlich mit Jurate identisch.

Justitia Erst seit der Zeit des Kaisers Augustus, der ihr in Rom einen Tempel errichten ließ, wurde Justitia als göttliche Schützerin des Rechts verehrt und noch viel später erst stellte man sie bildlich mit verbundenen Augen dar sowie mit Waage und Schwert in den Händen zum Zeichen, daß sie «ohne Ansehen der Person» Recht spricht und richtet. Im Grunde ging diese Vergöttlichung und Personifizierung des Begriffs «Gerechtigkeit» bereits auf die alten Griechen zurück. Für sie war Dike, eine der drei → *Horen*, die Verkörperung des Rechts.

K

Kadav Als «Frau Sonne» ist sie die Schöpfergöttin des taiwanischen Paiwan-Volkes und zugleich die Herrin über Leben und Tod.

Kadesh, Kadesha «Die Heilige» war ursprünglich ein Titel von → *Ishtar*, der Ausschweifenden, später wurde er einer ägyptischen Göttin verliehen, die nackt auf einem Löwen ritt und in den ausgestreckten Händen Schlangen und Lotosblüten hielt. Manchmal trug Kadesh den Kopfputz der → *Hathor*, was darauf hinweist, daß sie nicht nur für das Liebesleben der Menschen zuständig war, sondern gleichsam die Sexualität verkörperte, in der ein Ausdruck göttlicher Macht gesehen wurde.

Kadi Die babylonisch-assyrische Göttin der Gerechtigkeit symbolisierte auch die Erde, auf die feierliche Eide geschworen wurden, weil sie Zeuge allen Geschehens auf ihrem Antlitz war. Kadi wurde als Schlange dargestellt mit menschlichem Kopf und menschlichen Schultern.

Kadlu Ursprünglich war die Donnergöttin der Eskimo ein kleines Mädchen, das sich so lärmend vergnügte, daß ihre Eltern ihr und ihren Schwestern befahlen, draußen zu spielen. Das taten sie und erfanden dabei ein Spiel, bei dem Kadlu auf hohles Eis sprang, was ein donnerndes Geräusch verursachte. Kwetoo rieb Feuersteine aneinander, um den Blitz zu erzeugen, und eine namenlose Schwester urinierte so ausgiebig, daß sie den Regen erschuf.
In den Himmel befördert, lebten die Göttinnen im äußersten Westen in einem Haus aus Walfischknochen, wo die Schwestern keine Kleider trugen, aber ihre Gesichter mit Ruß schwärzten. Um zu essen, jagten sie Karibus, die nordamerikanischen Rentiere, die sie mit Blitzen niederstreckten.
Einige Legenden erzählen, daß Kadlu den Donner erzeugte, indem sie trockene Seehundsfelle aneinanderrieb. In manchen Gebieten spricht man den Frauen die Fähigkeit zu, Gewitter zu verhindern oder zu erzeugen, indem sie der Dreiheit der Wettergöttinnen Gaben darbringen: Nadeln, Elfenbeinstückchen, Reste von Seehundsfellen.

Kadru Manchmal wurde diese einäugige indische Göttin auch → *Aditi* genannt; ebenso kannte man sie unter dem Namen Sarpamatar («Mutter der Riesenschlangen»). Sie wettete mit ihrer Schwester Vinata, wer am weitesten sehen könne. Aber dann versuchte sie zu betrügen und mußte dafür ein Auge hergeben. Kadru betete, die Mutter von tausend Schlangen zu werden, während ihre Schwester zwei Kinder erflehte, die mächtiger sein sollten als alle Nachkommen von Kadru. Und tatsächlich legte Kadru tausend Eier, Vinata nur zwei. Fünfhundert Jahre lang ruhten sie nebeneinander in einem Wasserkrug. Dann schlüpften aus Kadrus Eiern tausend prächtige Schlangen. Besorgt öffnete Vinata eines ihrer eigenen Eier, um zu sehen, ob etwas Lebendiges darin sei. Sie fand einen Sohn, aber die untere Hälfte seines Körpers war noch nicht vollständig entwickelt, weil sie das Ei zu früh geöffnet hatte. Der Mißgestaltete verdammte seine Mutter dazu, ihrer Schwester für weitere fünfhundert Jahre zu dienen. Nach dieser Zeit schlüpfte aus dem zweiten Ei der riesige schlangenfressende

Kainis

Vogel Garuda, der seine Mutter rächte, indem er Kadrus Sprößlinge allesamt auffraß.

Kainis Diese Frau aus Thessalien im antiken Griechenland wurde vom Meeresgott Poseidon vergewaltigt. Wütend und gedemütigt bat sie die Götter des Olymps um Genugtuung. Sie flehte darum, in einen unverwundbaren Mann verwandelt zu werden, damit sie das männliche Geschlecht, das sie verletzt hatte, verstümmeln und töten könnte. Ihr Wunsch ging in Erfüllung, und sie wurde ein großer Held namens Kaineus, dem im Kampf niemand standzuhalten vermochte. Als sie starb, nahm sie wieder ihren weiblichen Körper und ursprünglichen Namen an und wurde im Jenseits als Heldin willkommen geheißen.

Kakia Bei dieser griechischen «Göttin» des Lasters handelt es sich nur um die Versinnbildlichung einer Abstraktion, die erfunden wurde als Kontrast zur Göttin der Tugend, → *Arete*. In der Legende kämpften die beiden um den Helden Herakles, dessen Lehrerin Arete war und den Kakia zu verführen versuchte, indem sie ihm Liebe, Behaglichkeit und Reichtümer versprach.

Kali Im hinduistischen Indien sind alle Göttinnen letztlich nur eine einzige: → *Devi*, deren Name einfach «die Göttin» bedeutet. Aber sie nimmt unterschiedliche Formen an – vielleicht um dem beschränkten menschlichen Geist zu gestatten, sich erst auf die eine, dann auf eine andere ihrer unzähligen Möglichkeiten zu konzentrieren.
Eine der mächtigsten, verbreitetsten und – aus westlicher Sicht – furchterregendsten dieser Gestalten ist Kali, die «Schwarze Mutter Zeit», die Leben unaufhörlich in einen faszinierenden Tanz des Todes verwandelt. Ihre Zunge ragt aus ihrem schwarzen Gesicht hervor. Ihre Hände halten Waffen, in ihre Halskette und ihre Ohrringe sind zerstückelte Körper eingeflochten. Bestenfalls erscheint Devi als strenge Herrin, die Gemahlin und → *Shakti* («Belebende Kraft») des schöpferischen und zugleich zerstörenden Gottes Shiva. Als → *Durga* ist Devi die gerechte Kriegerin, welche die Welt vom Bösen säubert. Als → *Parvati* steht dieselbe Energie für leidenschaftliche

Kali

Hingabe an die Sexualität. Aber als Kali ist die Göttin unzweideutig allein: die Mutter des Todes, der in ihrem Schoß wie ein Baby schwimmt, und die Macht der Zeit, die immer auf die Zerstörung hinführt. Erst dann, wenn sie alles zerstört hat, wird Kali der zeitlose Schlaf sein, aus dem neue Zeitalter erwachen.
Kali manifestierte sich zum ersten Mal, als sich der Dämon Daruka göttliche Macht aneignete und die Götter bedrohte. Die mächtige Göttin Parvati runzelte wütend die Stirn, und ihr entsprang die dreiäugige Kali, bereits mit ihrem Dreizack bewaffnet. Diese Emanation von Parvati machte kurzen Prozeß mit dem Dämon, und die Himmel wurden wieder sicher. Da sie nun einmal geboren war, existierte diese Göttin weiter und konnte nicht einmal von Parvati kontrolliert werden, obwohl sie eigentlich eine Ausgeburt von ihr ist.
Eine Reihe von Mythen berichten, wie unkon-

trollierbar Kalis Energie ist. Einmal, so heißt es, wagte sie es, mit Shiva, dem Fürsten des Tanzes, zu tanzen. Sie bewegten sich immer wilder, wobei sie miteinander wetteiferten, bis die Welt in Stücke zu brechen schien – und das wird sie auch eines Tages, denn hinter allen sichtbaren Erscheinungen verborgen dauert dieser Tanz an. Ferner wird erzählt, daß Kali gegen zwei Dämonen kämpfte, die sie tötete, und dann ihren Sieg feierte, indem sie deren Körpern das Blut aussaugte. Danach, trunken von diesem Blutbad, begann sie zu tanzen. Von dem Gefühl des leblosen Fleisches unter ihren nackten Füßen mehr und mehr erregt, tanzte sie immer wilder – bis sie bemerkte, daß Shiva unter ihr war und sie ihn zu Tode tanzte. Diese List des Gottes bremste Kalis Wildheit aber nur für den Augenblick, und schließlich wird sie diesen Tanz wieder aufnehmen, der zum Ende der Welt führen wird.

Es mag verwunderlich erscheinen, daß Kali immer noch eine der beliebtesten Göttinnen Indiens ist: Ihr Bildnis hängt in vielen Häusern, ihr Name verbirgt sich in «Kalkutta» (anglisiert aus Kali-Ghatt, «Stufen der Kali», die Bezeichnung ihrer Tempelstadt). Früher dienten ihr Mörder, die man *thuggee* nannte (daher stammt das englische Wort *thug* für Gewaltverbrecher), und man nahm an, daß Kali als Göttin der Friedhöfe sich von Blut ernährt. Meistens wurde ihr jedoch Ziegen- und nicht Menschenblut geopfert, was auch heute noch in manchen Teilen Indiens geschieht.

Diese blutigen Riten erscheinen so furchteinflößend, daß die spirituelle Bedeutung Kalis schwer zu begreifen ist. Als Symbol des Schlimmsten, was uns zustoßen kann, als das extremste Bild unserer Ängste, bietet sie uns die Möglichkeit, unserer eigenen Angst vor der Vernichtung entgegenzutreten. Ramakrishna und andere große mystische Dichter des modernen Indiens besangen Kali deshalb als segenspendende Gottheit. Wenn man sich ihr einmal stellt und sie versteht, sagen die Eingeweihten, befreie Kali ihre Anhänger von aller Furcht und werde für sie zur größten aller Mütter, zu der am meisten Trost gewährenden von allen Göttinnen.

Siehe auch → *Dakini*, → *Eva*, → *Rati*.

Kaligo So bezeichneten die Griechen jenen als weiblich betrachteten dampfartigen Zustand, der dem uranfänglichen Chaos vorausging.

Kalisha «Reinheit» war eine arabische Göttin, die – wie viele weibliche Gottheiten des Vorderen Orients – in Gestalt eines Steines verehrt wurde.

Kalliope → *Musen*

Kallisto In den Bergen Arkadiens verkörperte diese hellenische Göttin die Macht des Triebes: in Gestalt eines Menschen, als leichtfüßige junge Athletin und Jägerin, die barfuß durch die Wälder eilte, die ihr gehörten; in Tierform, als mächtige und beschützende Mutter-Bärin. Aber die eindringenden Griechen hatten ihre eigene Vorstellung von dieser Triebkraft, die sie in → *Artemis* verkörpert sahen. Die erzwungene Vermischung dieser zwei Göttinnen führte dazu, daß Kallisto schließlich nur noch als eine Artemis begleitende → *Nymphe* galt, die von ihrer Herrin auf einer Jagd versehentlich für eine Bärin gehalten und getötet wurde. Die untröstliche griechische Göttin nahm den Namen und die Symbole der Getöteten an und nannte sich fortan Artemis Calliste («Artemis, die Schönste»).

Kalwadi Unter dem Menschennamen Mujingga arbeitete diese uralte australische Göttin als «Babysitter». Leider hatte sie ein mächtiges Verlangen nach Kinderfleisch, und gelegentlich verschwand schon mal einer ihrer Schützlinge. Die Menschen waren verständlicherweise sehr aufgebracht über das Verschwinden der Babys. Dann verschwand Kalwadi selbst nach einem dieser Vorfälle. Man verfolgte die Spur der Göttin bis zu einer Unterwasserhöhle, tötete Kalwadi schweren Herzens und befreite die Kinder, die in ihrem Innern immer noch am Leben waren. Doch sie waren nicht in Kalwadis Magen, sondern in ihrem Schoß und hatten auf ihre Wiedergeburt gewartet. Die australischen Aborigines feierten diese zweite Geburt bei ihren Initiationsritualen. Einige Gelehrte meinen, daß Kalwadi in anderen Teilen Australiens als → *Kunapipi* bekannt war.

Kalypso

Kalypso und Odysseus

Kalypso Als eine der Töchter des Riesen Atlas lebte diese Meeresnymphe (→ *Ozeaniden*) auf der Insel Ogygia, die einige Forscher als Gozo, die kleine Nachbarinsel von Malta, identifiziert haben. Dort erlitt, laut Homer, Odysseus auf seiner Heimfahrt aus dem Trojanischen Krieg Schiffbruch. Kalypso fühlte sich unwiderstehlich von ihm angezogen und bot ihm Unsterblichkeit an, wenn er mit ihr schlafen und bei ihr bleiben würde. Odysseus ging auf das Angebot ein und blieb, solange er sie begehrte. Doch nach sieben Jahren verließ er die untröstliche Kalypso. Zu seiner Entschuldigung heißt es, er habe schließlich erkannt, daß Kalypso, «Die Verbergende», eine Todesgöttin sei, und mit seinem Abschied von ihr habe er einen Triumph über den Tod errungen.

Kami-Naru → *Naru-Kami*

Kampe Dieser riesige weibliche Drache hatte die Aufgabe, die Monsterkinder der griechischen Erdgöttin → *Gaia* in ihrem Gefängnis unter der Erdoberfläche, tief im steinigen Schoß der Mutter, zu schützen.

Kamrusepas Die hethitische Göttin der Zauberkunst half der himmlischen Königin → *Hannahanna* bei der Wiederherstellung der Fruchtbarkeit der Erde, indem sie den Gott Telipinu vom Zorn reinigte. Sie regierte das Singen, das Heilen und die rituelle Reinigung.

Kamui-Fuji Die Göttin des Herdes der Ainu wurde jeden Morgen von der Sonnengöttin → *Chup-Kamui* besucht, wenn diese aufstand. Es galt als äußerst unhöflich, durch Sonnenstrahlen hindurchzugehen, wenn sie morgens über den Boden flossen, denn sie waren der Gruß der Sonnengöttin an die Göttin des Herdes.

Kandisha Manchmal sahen die Leute an der Küste von Nordmarokko diese Dschinn, eine mit dem Wasser verbundene Dämonin, die man an ihrem wunderschönen Antlitz, an vollen Brüsten und Ziegenbeinen erkannte. Kandisha (auch Aisha Kandisha genannt) war ungebärdig und lüstern und verführte junge Männer, obwohl sie einen Dschinn-Gatten mit Namen Hammu Kaiyu hatte.
Ihr Name könnte übersetzt werden mit «Die es liebt, getränkt zu werden», offensichtlich mit Samen. Eine andere Verbindung verbirgt sich in der Namensähnlichkeit von Hammu und Haman. So hieß der Gatte der großen Göttin → *Astarte*. Der Überlieferungsweg vom Nahen Osten her verlief wahrscheinlich über Karthago, wo es einen Tempel der Astarte gab, und Karthago hatte Kolonien in Marokko.

Kanene Ski Amai Yehi Sie war die «Großmutter Spinne» der Cherokee-Indianer und brachte die Sonne in die Welt. Sie war das erste Geschöpf, dem dies gelang, nachdem sich bei dem Versuch Opossum seinen Schwanz verbrannt hatte und Bussard die Federn an seinen Krallen. Sie flocht sich einen kleinen Korb und dann, als sie sich ein Netz gesponnen hatte, das sie zu tragen vermochte, reiste sie zur anderen Seite der Welt. Sie streckte einen ihrer vielen Arme aus und griff sich die Sonne, ließ sie in ihren Korb fallen und eilte über das ausgespannte Netz zurück, um den Himmel zu erleuchten.

Kannon → *Guan Yin*

Kapu Mate → *Zemes Mate*

Karaikkal-Asmmaiyar Die Heilige und Dichterin des Vaishnava-Hinduismus war eine Asketin, die besonders von jenen verehrt wurde, die ihre eigenen körperlichen Gelüste besiegen wollten.

Karpo → *Horen*

Karpophoros «Herrin der Wildnis», ein anderer Name für → *Artemis* oder → *Demeter*.

Karya Wie → *Kallisto* verlor diese Göttin ihre eigenständige Persönlichkeit, als der Kult der großen → *Artemis* die griechischen Provinzen überrannte. Im südlichen Lakonien, dessen Hauptstadt Sparta war, stellte sich für die vorhellenischen Siedler die Macht der Natur in den Bäumen dar, in denen ihre Göttinnen verkörpert waren (z. B. → *Helena* war eine von ihnen). Aber die eindringlichen Griechen ließen diese Baumgottheiten in ihrer eigenen Waldgottheit Artemis aufgehen. Die Erinnerung an die gesellschaftlichen Unruhen dieser Zeit wurde in der Sage bewahrt, daß Karya («Walnuß») – obwohl eine Göttin – starb und in einen Walnußbaum verwandelt wurde. Artemis brachte die Nachricht nach Norden, daß Karya tot sei, und wurde für diese Kunde mit dem Beinamen Karyatis («Herrin des Walnußbaumes») belohnt. – Eine Sage, die leicht zu entschlüsseln ist als Dokument der Zerstörung des Kultes einer eingeborenen Göttin.

Kassandra Sie war die schönste der zwölf Töchter des Königs Priamus von Troja und der → *Hekabe*. Als Sonnenpriesterin zog Kassandra die Aufmerksamkeit Apollons auf sich, und der von Begierde entflammte Gott versprach der Jungfrau, er würde ihr jeden Wunsch erfüllen, wenn sie mit ihm schlafe. Sie forderte die Kraft der Weissagung, und unverzüglich gewährte Apollon ihr diesen Wunsch. Sobald sie jedoch hatte, was sie wollte, wehrte Kassandra die Avancen des Verliebten kokett ab. Daraufhin benetzte der enttäuschte Apollon Kassandras Lippen mit seiner Zunge und verschwand.
Seit diesem Kuß war Kassandra verflucht. Alles, was sie prophezeite, wurde wahr und dennoch als Lug und Trug angesehen. Die Trojaner hielten sie einfach für verrückt. Sie achteten nicht auf ihre Warnung vor einem Krieg mit Griechenland. Sie glaubten ihr nicht, daß in dem hölzernen Pferd feindliche Soldaten verborgen seien. Sie schalten sie eine Defätistin, als sie voraussagte, daß Troja den Krieg verlieren würde.

Kassiopeia

Nachdem dies tatsächlich geschehen war, nahm einer der griechischen Heerführer, der König Agamemnon, Kassandra als seine Konkubine nach Mykene mit, und mit ihm zusammen wurde sie ermordet (→ *Klytämnestra*). Wie so viele Propheten hat man auch Kassandra erst nach ihrem Tod respektiert. In Lakonien, besonders in der Hauptstadt Sparta, wurde sie unter dem Namen Alexandra («Helferin der Menschen») sogar vergöttlicht.

Kassiopeia Die ruhmsüchtige Königin von Joppe (Äthiopien) und Mutter von → *Andromeda* wurde, wie ihre Tochter, von Poseidon an den Himmel verbannt und in ein Sternbild verwandelt. Von den 13 Sternbildern, die ihren Namen tragen, unterstützen fünf die sitzende Gestalt der Königin und werden als Kassiopeias Stuhl bezeichnet.

Kastalia Als Göttin, die in einer Quelle auf dem Parnaß residierte, war Kastalia für griechische Künstler offenbar eine Macht der künstlerischen Inspiration, denn die → *Musen* (die ihr zu Ehren auch Kastaliden genannt wurden) machten ihren Brunnen zu ihrer heiligen Stätte.

Kasum-Naj-Ekva Die Ahnengöttin der sibirischen Mansi, die am Fluß Kasym lebten, wurde «große Frau» (Kasum-Naj-Ekva) oder «Birkhuhn» (Tetjorka) genannt. Als Tochter des höchsten Gottes trug sie Vogelgehänge in ihrem Haar, die beim Gehen klingelten. Sie war außergewöhnlich mächtig, und man wußte, daß sie im Kampf sechs Gegner auf einen Streich töten konnte. Sie war überdies eine Zauberin und für die Macht ihrer Sprüche bekannt.
Zwei Freier warben um sie. Mit dem einen lebte sie eine Zeitlang zusammen und verließ dann ihn und die gemeinsame Tochter, die sie in einen Berg verwandelte. Dann lebte sie mit dem anderen zusammen, bis sie entdeckte, daß ihr erster Liebhaber und der zweite Zwillinge waren. Da verließ sie auch ihn und begab sich zum Fluß Kasym, um die Ahnherrin der Menschen zu werden, die dort lebten. Sie wurde von ihnen als Vogelgöttin verehrt. Die Frauen stickten ihr Bildnis auf Babykissen als Bitte um Schutz für die Neugeborenen.

Siehe auch → *Vut-Imi*.

Kathirat Die «weise Göttin» der ugaritischen Religion setzte den Brautpreis für jede Frau fest, selbst für die mächtige → *Ishtar*. Als diejenige, die über die angemessene Ordnung entscheidet, in der alle Dinge getan werden müssen, entspricht sie den griechischen → *Grazien*.

Keca Aba, Ketsche Avalon Die «Mutter» Sonne der nordrussischen Tscheremissen wurde verehrt, indem man sich jeden Morgen in Richtung Osten verbeugte, wenn sie aufging. Sie wurde auch Os Keca Aba genannt, «Weiße Sonnenmutter». Ausgedehnte Feiern wurden jährlich in einem heiligen Hain abgehalten, bei denen Pferde und andere Tiere geopfert wurden – aber nur, wenn sie dies wollten, was sie durch ihr Zittern in einem bestimmten Moment des Rituals zu erkennen gaben.

Kelaino → *Harpyien*, → *Plejaden*

Ker Die griechische Göttin des gewaltsamen Todes war eine Tochter von → *Themis* und eine Schwester der Moiren (→ *Moira*) genannten «Schicksalsmächte». Dieser Name wurde auch für den bösen Geist eines beliebigen Toten benutzt.

Kesara → *Cessair*

Kethlenda → *Cethlion*

Keto Diese verschwommene Gestalt der griechischen Mythologie war möglicherweise identisch mit der syrischen Fischmutter → *Derketo* alias → *Atargatis*. In Griechenland sah man sie jedoch als eine Tochter von → *Gaia*. Mit ihrem Bruder Phorkys soll Keto eine Reihe höchst bemerkenswerter und schauriger Töchter hervorgebracht haben: die → *Graien*, die zusammen nur ein Auge und einen Zahn hatten; die schlangenförmigen → *Gorgonen*; die Schlange → *Echidna* und die verführerischen Winddämoninnen, die → *Sirenen*.

Khon-Ma Als eine Art → *Hekate*-Figur war sie die «Alte Mutter» von Tibet, eine geisterhafte Königin, die auf einem Schafbock durch die Nacht ritt, in goldene Gewänder gekleidet und eine goldene Schlinge tragend. Sie suchte nach unbewachten Türen, durch die sie mit ihren Herddämonen eintreten konnte, um im Haushalt Unheil anzurichten. Sie war aber leicht zu bekämpfen: Man mußte nur den Schädel eines Schafbocks und Essen vor die Tür stellen, zusammen mit Bildern der Bewohner. Wenn Khon-Ma vorbeikam, würde sie die Bilder für die Realität halten und sie aufessen.

Ki, Kirisha, Kishar Diese älteste chaldäische Erdgöttin war das ursprünglich weibliche Prinzip aller Materie.

Kikimora Im alten Rußland lebte diese kleine Frau in der Küche hinter dem Herd, und zwar als eine unsichtbare Plage, die besonders darauf aus war, die Frauen beim Spinnen zu stören. Es heißt aber auch, daß sie sich bei der Familie, die sie heimsuchte, bisweilen positiv bemerkbar machte, nämlich bei Nacht durch geheimnisvolle Geräusche – und auf diese Weise vor bevorstehenden Gefahren warnte.

Kilili Die große Göttin → *Ishtar* als die lasive Verführerin, die den Männern, die sie begehrten, schreckliche Angst einjagte. Sie wurde durch Fenster und Vögel symbolisiert.

Kirisha, Kishar → *Ki*
Kirke → *Circe*

Kishimogin Ein weiblicher Geist in Japan, der – ähnlich wie → *Churalin* und → *Lilith* – Kinder verschlang, aber zu einer Heiligen umgewandelt wurde und seither als eine Art Schutzengel der Kinder gilt.

Kiskil Lilla → *Lilitu*

Kla In Westafrika gibt es zwei Arten von «Seelen», eine männliche und eine weibliche Kla. Die männliche Kla, so sagen die Ashanti, ist voller Bosheit, die weibliche Kla jedoch ist die Macht des Guten auf dieser Welt.

Kleone Diese vorhellenische Wassergöttin war die Ahnherrin der Kleonen, eines Stammes, der zwischen Argos und Korinth lebte.

Kla

Klio

Klytämnestra erschlägt Kassandra

Klio → *Musen*

Klotho → *Moira*

Klymene Der Name mehrerer Heldinnen der griechischen Mythologie. So hießen z. B. die Mütter von → *Atalante*, von → *Mnemosyne*, Atlas und Prometheus sowie die Mutter der → *Heliaden*.

Klytämnestra, Klytaimestra Die griechische Königstochter → *Leda* wurde von einem riesigen Schwan, dem verkleideten Zeus, vergewaltigt, oder – so lautet eine andere Überlieferung – sie paarte sich freiwillig mit ihm. Kurz danach schlief sie mit ihrem Gatten, dem König von Sparta. Neun Monate später legte Leda zwei Eier. Eines zersprang und daraus stiegen die unsterbliche → *Helena* und ihr Bruder Pollux. Aus dem anderen entsprangen zwei sterbliche Kinder, Klytämnestra und ihr Bruder Kastor.
Als sie heranwuchs, wurde Klytämnestra von ihrer schönen und unsterblichen Halbschwester in den Schatten gestellt. Helena wurde die Gemahlin von Menelaos, dem König von Sparta. Klytämnestra dagegen mußte sich mit dem Herrscher über ein kleineres Gebiet begnügen, mit Helenas Schwager Agamemnon, König von Mykene, aus dem von den Göttern mit einem verhängnisvollen Schicksal bestraften Atriden-Geschlecht. Sie hatten drei Kinder: zwei Töchter, → *Iphigenie* und → *Elektra,* und einen Sohn, Orest.
Bekanntlich wurde Agamemnon nach Troja geschickt, um die dorthin entführte Helena – und mit ihr die Krone Spartas – für seinen Bruder wiederzugewinnen. Vor der Küstenstadt Aulis wurde die glücklose griechische Flotte von ungünstigen Winden aufgehalten. Um ihren Feldzug mit größerem Glück fortsetzen zu können, beschlossen die Brüder, ein Menschenopfer darzubringen. Sie sandten einen Boten nach Mykene, um Iphigenie zu holen, wobei sie der Mutter weismachten, das Mädchen solle mit dem Helden Achill vermählt werden. Doch sie töteten Iphigenie. Das blutige Opfer erfreute die Windgottheiten, und sie sandten den Griechen die günstigen Winde, die sie brauchten, um nach Troja zu segeln.
Daheim in Mykene war Klytämnestra voll Kummer und Wut über den Verlust ihrer Tochter. Zehn Jahre lang sann sie auf Vergeltung. Sie verband sich mit Agamemnons Cousin Aigisthos, der sein bitterer Feind war wegen anderer Verbrechen, die vor langer Zeit in der Familie stattgefunden hatten und die er Agamemnon zur Last legte. Die Königin und ihr Geliebter planten eine tödliche Rache, wie sie einem Mann gebührt, der die Privatangelegenheiten seines Bruders, nämliche seine von Paris nach Troja entführte Gemahlin Helena zurückzugewinnen, über das Leben seines eigenen Kindes gestellt hatte.
Als Agamemnon aus dem Krieg heimkehrte, brachte er → *Kassandra* mit. Vergebens warnte die trojanische Prophetin den König vor dem Mordplan seiner Frau, und so wurden er und seine Konkubine von Klytämnestra und Aigisthos umgebracht. Aber auch die Königin und ihr Buhle nahmen ein gewaltsames Ende, denn ihre eigenen Kinder rächten den Mord am Vater.
Dieser verschlungene Kreislauf von Mord und Rachemord spiegelt die gesellschaftlichen Umwälzungen in den griechischen Stadtstaaten wider, die das Ende des Matriarchats und die Errichtung des Patriarchats als Grundlage der Gesellschaft begleiteten. In einem matriarchalischen System handelte Klytämnestra verständlich, wenn auch grausam, indem sie den Mörder ihres Kindes mit dem Tod bestrafte. In

dem neuen patriarchalischen System handelten Klytämnestras Kinder angemessen, wenn sie die Mörderin ihres Vaters töteten. Jene, die diese Interpretation des Mythos vertreten, zitieren den Schluß der *Orestie* von Aischylos: Klytämnestras Sohn Orest, verfolgt von den matriarchalischen → *Erinnyen,* wird von den Anhängern des Patriarchats vom Mord an seiner Mutter freigesprochen.
Siehe auch → *Erigone.*

Klytia Als der griechische Sonnengott Helios seine bisherige Geliebte Klytia, eine → *Nymphe,* wegen einer Sterblichen verließ, kannte die Eifersucht der Verlassenen keine Grenzen. Sie stellte dem Vater der neuen Favoritin das Verhalten seiner Tochter als Schande dar, und der ließ das Mädchen lebendig begraben. Zur Strafe für ihr viel schändlicheres Verhalten wurde Klytia von Helios in eine Blume verwandelt – in den Heliotrop, der seine Blüten stets der Sonne zuwendet und daher stets dem Weg von Helios' Gestirn über den Himmel folgen muß.

Koevasi Diese Schöpfungsgöttin Melanesiens ging über die Erde und erschuf die Menschheit, obwohl sie unter einer starken Erkältung litt. Ihre Sprache war wegen ihrer verstopften Nase sehr schlecht zu verstehen, und die Inselbewohner bemühten sich, diese so gut wie möglich nachzuahmen – und so kommt es, daß auf den Inseln ganz unterschiedliche Dialekte gesprochen werden.

Kongsim In einer Variante der koreanischen Legende von → *Pali Kongju* verfiel diese Prinzessin dem Wahnsinn – vielleicht litt sie unter *shin byong,* der «Geist-Krankheit», die der schamanischen Initiation vorausging – und wurde aus ihrem Palast vertrieben. Sie zog durch Seoul in Richtung des magischen Südberges, aber der König verbannte sie noch weiter bis zum entfernten Mount Diamond in der Provinz Kangwon. Dort träumte ihr, ein blaugeflügelter Kranich flöge in ihren Mund und ließ sie empfangen. Jeder ihrer Zwillingssöhne zeugte vier Töchter, die alle begnadete Heilerinnen wurden. Dank deren guter Taten wurde Kongsim als Ahnherrin der Heilkundigen hoch geachtet.

In einem anderen Mythos, der mit diesem Namen verbunden ist, war Kongsim eine hoffnungslos kranke Prinzessin, die in einem verdunkelten Zimmer leben mußte. Durch ihre eigenen Gebete und die einer Magd, die sie dazu inspiriert hatte, heilte sich Kongsim selbst und wurde als Begründerin der *Mundang-* oder Geist-Religion verehrt.

Kono-Hana-Sakuya-Hime Der Name der japanischen Kirschbaumgöttin bedeutet «Die Dame, die die Bäume blühen läßt». Als Tochter des Berggottes war sie die Schwester der Felsgöttin Iha-Naga. Beide begehrten den Mann Ninigi, der die jüngere Baumblütengöttin erwählte. Darum verdammte Iha-Naga deren Kinder dazu, nicht länger zu leben als eine Blume blüht, während ihre eigenen so lange leben sollten wie Felsen.
Es lief jedoch nicht so gut mit dem Paar, denn Kono-Hana gebar bereits genau auf den Tag neun Monate nach ihrer Hochzeit. Als ihre Schwangerschaft immer deutlicher sichtbar wurde, begann ihr Gatte sie zu verdächtigen, sie habe das Kind schon empfangen, bevor er sie zur Frau genommen hatte. Kono-Hana war über seine Zweifel wütend und baute ein magisches Haus, das sie in Brand setzte, als die Wehen begannen. Dabei verkündete sie, daß alle Kinder, die sie zur Welt bringe und die nicht von Ninigi seien, in den Flammen sterben würden. Drillinge wurden geboren, und alle blieben unverletzt, womit sie die Zweifel des Mannes entkräftet hatte.
Da die gleiche Geschichte von Sengen Same erzählt wird, der Göttin des heiligen Berges Fuji, ist zu vermuten, daß es sich bei Kono-Hana um dieselbe Göttin handelte, nur unter einem anderen Namen oder Beinamen.

Kore, Cora Die berühmteste «Jungfrau» – das ist die Bedeutung ihres Namens – unter den griechischen Göttinnen, die diesen Beinamen trugen, war →*Persephone.* Kore war die jüngste Form dieser dreifaltigen Göttin. Als solche stellte sie die jugendliche Erde dar, die frische Jahreszeit von Knospen und Blumen sowie die duftenden Brisen des Frühlings. Andere Göttinnen, die als Kore bezeichnet wurden, waren → *Arethusa,* → *Artemis,* → *Athene* und → *Despoina.*

Korobona

Kore

Korobona Diese Warrau-Gottheit aus den Tropenwäldern im Norden Südamerikas soll mit ihrer Schwester Korobonako neben einem Süßwassersee gelebt haben, der für die Mädchen verboten war. Dennoch ging die rebellische Korobona eines Tages zum Schwimmen in den See. In dessen Mitte stieß sie mit einem Stock zusammen, riß ihn aus und befreite dadurch eine gefangene Gottheit, die sie unter Wasser zog und mit ihr Geschlechtsverkehr hatte.
Korobona gebar bald danach ein völlig menschliches Kind. Sie beschloß, die Wassergottheit erneut zu besuchen. Dieses Mal kehrte sie zurück mit einem Baby, das zur Hälfte eine Schlange war und das, obwohl sie es zu verstecken versuchte, von ihren Brüdern getötet wurde. Korobona bot dem toten Baby ihre Brüste an, und es erwachte wieder zum Leben. Wieder entdeckten Korobonas Brüder das Baby und töteten es diesmal nicht nur, sondern zerstückelten es auch. Die trauernde Mutter sammelte die Teile, pflanzte sie tief in die Erde und hielt Wache, bis daraus der erste – und gleich voll bewaffnete – karibische Krieger hervorsprang und die Brüder, die Warrau, vertrieb. Forscher glauben, daß Korobona ein regionaler Name für Kururumani war, die Schöpfungsgöttin der Aruak-Indianer.

Korrigan In Frankreich, und dort besonders in der Bretagne, wurde mit diesem Namen die Göttin der unterirdischen Quellen in der Nähe von Dolmen und anderen vor- oder frühgeschichtlichen Monumenten bezeichnet. Einige Legenden berichten, Korrigan sei die Enkelin einer großen Druidin des alten Gallien gewesen. Diese wunderschöne, durchscheinende und winzige Geist-Frau nahm vermutlich nachts, wenn ihre Macht am stärksten war, die Gestalt eines jungen Mädchens an. Bei Tag sah sie aus wie eine verrunzelte alte Frau.
Gleich anderen alten Göttinnen, die in der Gestalt von → *Feen* überlebten, soll Korrigan gefährlich gewesen sein. Aber Frauen waren auf keinen Fall bedroht, selbst wenn sie Korrigan beim Bad überraschten oder bei ihren uralten Ritualen. Jedoch wurden Männer, die sie sahen, getötet oder dazu gezwungen, sie zu heiraten und nie mehr in die menschliche Gesellschaft zurückzukehren. Die gefährlichste Zeit war das Frühlingsfest, wenn sich alle Korrigan-Feen trafen, um den Kristallbecher der Inspiration und Weisheit weiterzureichen. Ein Mann, der zufällig dazukam, mußte auf der Stelle sterben.
Siehe auch → *Dahut*.

Kostrubonko Diese russische Göttin wurde jeden Frühling von einer jungen Frau verkörpert, die sich auf die Erde legte, als ob sie tot sei. Bewohner ihres Dorfes bildeten dann einen Kreis um sie und sangen klagend: «Kostrubonko, die von uns geliebte, ist tot.» Dann spielte das Mädchen die Auferstehung der Frühlingsgöttin, begleitet von den fröhlichen Gesängen der Familie und ihren Freunden.

Kottavi, Kotta-Kiriya Die beliebte südindische Muttergöttin, später mit → *Durga* gleichgesetzt, wurde nackt dargestellt, mit zerwühltem Haar; manchmal ist der obere Teil des Körpers von einer Rüstung bedeckt. Ihr

Name ist an vielen Orten im Süden und Westen des Subkontinents zu finden, was vermuten läßt, daß ihr Kult weit verbreitet war.

Kotys, Kotytto Diese Göttin der Sexualität wurde in Thrakien, im äußersten Norden Griechenlands, verehrt. Ihre Diener, die Baptai («Die Getauften»), feierten ihr zu Ehren geheime Feste, bei denen die Lebenskräfte durch orgiastische Spiele befreit wurden. Das Geheimnis dieser Rituale wurde für so wichtig gehalten, daß jeder, der diese Veranstaltungen Außenstehenden beschrieb, von den anderen Anhängern getötet wurde. Als die Griechen in die Heimat dieser Göttin eindrangen, sahen sie keinen religiösen Gehalt in diesen Ritualen und nannten die thrakische Göttin spöttisch «Schutzpatronin der Ausschweifung».

Kou-Njami Die Sonnengöttin der Tawgisamojeden Sibiriens wurde jedes Jahr für die Winterzeit feierlich verabschiedet mit der Opferung eines weißen Rentieres, das, nach Süden ausgerichtet, in einen Baum gehängt wurde. Bei den mit diesem Stamm verwandten Juraksamo war sie das Auge der Himmel, weshalb auch weder mit Pfeilen noch mit Gewehren in die Luft geschossen werden durfte, um die Göttin nicht zu blenden, das heißt, um ihr nicht das Augenlicht zu rauben.

Kuan Yin → *Guan Yin*

Kubala → *Kupapa*

Kuma Bei den Yaruro-Indianern in Venezuela war diese Schöpfungsgöttin die Mutter der Sonne und aller Menschen auf der Erde. Sie erschien stets gekleidet wie ein Schamane, aber mit prächtigem Goldschmuck.
Sie war das erste lebende Wesen, das auf der Erde erschien; danach erst kamen die Götter. Da sie schwanger werden wollte, fragte sie den Gott Puana, ob er nicht mit ihrem Daumen Geschlechtsverkehr haben wolle. Er überzeugte sie, daß sie auf diese Weise allzu fruchtbar sein würde, und schwängerte sie auf die seither übliche Weise.
Nachdem sie verschiedene Götter hervorgebracht hatte, schickte sie diese los, damit sie über die Welt eilten und nach Menschen Ausschau hielten. Nach einer längeren Suche fanden sie welche in einem Loch im Boden. Kuma gab den Göttern ein Seil und einen Haken, mit dem sie das menschliche Leben aus dem Inneren der Erde herauszogen. Eine besondere Erscheinungsform von Kuma war → *India Rosa*.

Kunapipi, Gunabibi Die Muttergöttin des nördlichen Australiens, die fortwährend schwanger war, wurde bis in unser Jahrhundert als Schöpferin aller Lebewesen verehrt. Manchmal als Regenbogenschlange dargestellt (wie → *Julunggul*), war Kunapipi die Überwacherin von Initiationen und Geschlechtsreiferitualen. Sie soll zu Anbeginn der Zeit aus einem versinkenden Land gekommen sein, um sich und ihren Kult in Arnhemland zu etablieren.
Die Leute sagten, Kunapipi habe entlang des Flusses Roper mehrere Töchter, die sie als Köder für ihre Lieblingsspeise einsetzte: Menschenmänner. Kunapipi aß so viele Männer, daß es die Aufmerksamkeit eines Heroen erregte, der sie auf frischer Tat ertappte und vernichtete. Aber ihre Todesschreie drangen in alle Bäume der Welt und können immer noch gehört werden, wenn aus dem Holz Kinderrasseln geschnitzt werden, die «Mumuna» zu rufen scheinen, Kunapipis rituellen Namen. Übrigens war sie möglicherweise identisch mit → *Kalwadi*.

Kunti Kunti («Frau») war eine indische Muttergöttin und zugleich die ewig jungfräuliche Geliebte der Götter, die, wie die Erde, unzählige Männer in sich aufnehmen konnte, ohne ihr Wesen zu verändern. Obwohl Kunti im Hindu-Kult durch spätere Göttinnen ersetzt wurde, spielt sie eine Rolle in dem Epos *Mahabharata* und hat ihren Namen einem nordindischen Volk und dessen Wohngebiet gegeben.

Kupalo Die russische Göttin der Sommersonnenwende wurde symbolisch dargestellt durch eine schön gekleidete Frauengestalt aus Stroh. Auf dem Balkan wurde dieselbe Figur aus Birken gefertigt, deren untere Zweige man entfernt hatte, damit nur ein Schopf von Blättern übrigblieb, und denen man Frauenkleider überzog.
Die russische Kupalo nahm mit ihren Anhän-

Kurukulla

gern an dem alljährlichen Feuerritual teil. Junge Männer und Frauen sprangen über ein riesiges Freudenfeuer, wobei sie die Strohfrau hinter sich her zogen. Am nächsten Tag beteiligten sich alle am rituellen Bad. Wieder begleitete sie Kupalos Bildnis, und sie hielt auf wundersame Weise alles Übel vom Dorf fern, wenn man ihre Strohpuppe auf dem Fluß forttreiben ließ.

Kupapa, Kubaba Sie ist eine sehr alte chattische Göttin, die «Bergmutter», von welcher der Name der wesentlich bekannteren → *Kybele* abgeleitet wird.

Kurukulla Besonders in Tibet gilt die aus dem hinduistischen Pantheon übernommene Göttin der Liebe und des Reichtums als eine der volkstümlichsten buddhistischen Gottheiten. Sie wird vor allem von jungen Mädchen angerufen, die Liebeskummer haben. Männer, die ihre Ehefrauen oder Geliebten schlecht behandelt haben, tritt sie mit Füßen oder tötet sie mit Pfeil und Bogen.

Kururumani → *Korobona*

Kutug-a → *Poza-Mama*

Kwannon → *Guan Yin*

Kyana Vergebens versuchte diese auf Sizilien beheimatete → *Najade* den Raub der → *Persephone* durch Hades zu verhindern. Da es ihr nicht gelang, verging sie vor Kummer. Ihre Augen wurden zum Tränenquell eines Flusses, der noch heute ihren Namen trägt – Ciana.

Kybele Von all den Großen Müttern des antiken Nahen Osten ist Kybele diejenige, deren Mythos und Kult am klarsten überliefert ist, denn ihr Kult bewahrte sich in Rom noch Jahrhunderte in die christliche Zeit hinein. Der Kult dieser in den Bergen wohnenden Göttin von heiliger Verrücktheit hatte seinen Ursprung in Phrygien, dem nördlichen Anatolien. Von dort wanderte er über das nördliche Mittelmeergebiet und mit ihm ihre bildliche Darstellung als Magna Mater, eine vollbrüstige reife Frau, gekrönt und Mais und Schlüssel tragend, gekleidet in ein Gewand, das alle Blumenfarben der Erde enhielt.

Folgende Geschichte wird von ihr erzählt. Eines Tages schlief Kybele in Gestalt des Felsens Agodos. Da kam Zeus über sie und versuchte sie zu vergewaltigen. Es gelang ihm nicht, in sie einzudringen, aber von der Auseinandersetzung wurde er so erregt, daß er sich auf den Boden ergoß. Aber auch der Boden war ein Teil von Kybele, der Erdenmutter, und so empfing sie ein Kind.

Die Frucht dieser unerfreulichen Beziehung war der Hermaphrodit Agdistis, ein Kind, das so gewalttätig war wie die Art und Weise seiner Empfängnis. Der Weingott Dionysos betäubte ihn mit Alkohol und band seine Geschlechtsteile an einen Baum, so daß er sie sich beim Aufwachen abriß und an der Verletzung starb. Seinem Blut entsprang ein wundervoller Mandelbaum.

Von diesem Baum pflückte die Nymphe → *Nana* eine liebliche Frucht, bewahrte sie nahe an ihrer Haut auf und wurde von ihr geschwängert. Den Sohn, den sie gebar, nannte sie Attis. Zu einem schönen Jüngling herangewachsen, erregte er die Leidenschaft Kybeles. Sie mach-

Kybele

te ihn zu ihrem Geliebten, trug ihn durch die Welt in ihrem von Löwen gezogenen Wagen und liebkoste ihn mit ekstatischen Umarmungen. Das war Attis jedoch nicht genug, und er wandte seine Aufmerksamkeit törichterweise anderen Frauen zu. Da seine Großmutter/Geliebte die Erde selbst war, konnte Attis nirgends seinen Treuebruch begehen, ohne daß Kybele davon erfuhr. Dennoch versuchte er es. Kybele überraschte ihn natürlich dabei und trieb ihn zur Strafe in den Wahnsinn. Gepeinigt von Reue riß sich Attis seine Geschlechtsteile, die Quelle seiner haltlosen Begierde, aus und verblutete unter einer Pinie.

Die meisten Mytheninterpreten erkennen in dieser Sage die Darstellung der kurzen Wachstumsperiode, die blütenreich über das Antlitz der beständigen Erde eilt. In der Tat konzentrierten sich die kybelischen Zeremonien auf den Frühling. In Rom begannen sie mit dem triumphalen Einzug des jungen Attis – symbolisiert durch eine Pinie – in die Stadt. Dann folgte ein Tag der Trauer und des Fastens wegen seines Todes. Schließlich feierte man mit einem oster-ähnlichen «Fest der Freude» die Ankunft der neuen Wachstumsphase. Dieser fröhliche Schluß ist insofern bemerkenswert, als nichts von einer Wiedergeburt von Attis erwähnt wird, obwohl in ähnlichen Mythen (→ Ishtar, → Isis) der junge Geliebte wiedergeboren oder auferweckt wird, um von neuem für Mutter Erdes Umarmungen bereit zu sein.

Der Kult der Kybele, die in ihrem Heimatland «Bergmutter» genannt wurde, gelangte 240 v. Chr. nach Rom. Zu dieser Zeit war die Stadt von Hannibal bedroht, und das Studium der Sibyllischen Bücher (→ Sibylle) ergab, daß die Karthager nur besiegt werden würden, wenn der schwarze Stein Kybeles in die Hauptstadt gebracht würde. Dieser Stein, offensichtlich ein Meteorit, der vor den Augen erstaunter Zeugen zur Erde gefallen war, wurde in Kleinasien als der Fels verehrt, den Zeus zu vergewaltigen versucht hatte. Fünf angesehene Römer machten den auffällig geformten Stein rechtzeitig ausfindig und brachten ihn mit großem Zeremoniell in den Tempel der → Victoria. Dreizehn Jahre später soll Kybele die Niederlage der Karthager bewirkt haben.

Das Ritual, das zusammen mit dem Stein in

Kybele (phrygisch)

Rom auftauchte, war indessen von Anfang an umstritten und zeitweise sogar verboten. Dabei ging es um die Selbstkastration von Kybeles Priestern als Akt der Identifikation mit Attis, dem Geliebten der Göttin. Begleitet von wilder Musik und hämmernden Zimbeln ließ sich der Neuaufgenommene von mystischer Leidenschaft hinreißen und nahm, was immer er zur Hand hatte, um die Tat auszuführen. (Ovid hat es folgendermaßen beschrieben: «Des Attis weibische Diener schneiden sich ihre anstößigen Körperteile ab, während sie ihre Mähne schütteln.») Nachdem sie Eunuchen geworden waren, legten die Initiierten aufwendig gefertigte Kleidung an und dienten der Göttin mit Musik und Tanz. All dies erfüllte die sich ihrer Männlichkeit sehr bewußten Römer mit Abscheu.

Aber die Bürger konnten an den Mysterien der Göttin auch teilnehmen, ohne einen derartig ekstatischen Gewaltakt an sich selbst zu vollziehen. Einmal im Leben – oder, wenn man reich war, alle zwanzig Jahre – konnte ein Anhänger von Kybele geistig «wiedergeboren» werden. Beim Taurobolium stand man in

Kydippe

einer Erdgrube unter einem Ochsen. Das Tier wurde geschlachtet und tränkte den Gläubigen mit seinem Blut. Blutig wie ein Neugeborenes tauchte dann der Geläuterte aus dem Erdenschoß wieder auf, gestärkt in seiner Hingabe an die Bergmutter Kybele.
Siehe auch → *Atargatis,* → *Frigg,* → *Rheia.*

Kydippe Eine Priesterin von → *Hera* in Argos, die zwei innig geliebte Söhne hatte. Sie betete zu ihrer Göttin, sie möge ihren Söhnen das für Sterbliche günstigste Schicksal gewähren. In dieser Nacht starben sie im Schlaf.

Kynosura Der Name dieser kretischen → *Nymphe* hat sich im Englischen erhalten als *cynosure* («Mittelpunkt der Aufmerksamkeit») und als Name für das Sternbild «Kleiner Bär». In einigen Legenden wird sie als «Amme des Zeus» bezeichnet, der ihr zum Dank für ihre Fürsorge einen Platz am Firmament gewährte.
Siehe auch → *Adamantheia.*

Kypris und Kytheireia Ehrennamen der griechischen Göttin → *Aphrodite* an den Ursprungsorten ihres Kultes: auf Kypros (Zypern) und auf der kleinen Insel Kythera, vor dem Südostkap des Peloponnes gelegen.

Kyrene Wegen ihrer Schönheit berühmte → *Nymphe* und Geliebte des Apollon. Er versprach ihr Unsterblichkeit und entführte sie in einem mit Schwänen bespannten Luftwagen an die Küste Libyens, wo die Stadt Kyrene als Hauptstadt der Landschaft Kyrenaika entstand. Sie gebar ihm einen Sohn, Aristaios, der zum Gott der Bauern, zum Beschützer der Viehherden und Begründer der Bienenzucht wurde.
Möglicherweise war es die gleiche Kyrene, von welcher der griechische Dichter Pindar berichtet, daß es ihr Zeitvertreib gewesen sei, mit Löwen zu ringen. Sie habe auch sehr geschickt den Wurfspeer wie das Schwert gebraucht und es gehaßt, «sich nur vor dem Webstuhl hin- und herzubewegen».

Kyz Ana → *Poza-Mama*

L

Lachesis → *Moira*

Lada In Lykien, im südwestlichen Kleinasien, bedeutet dieses Wort sowohl «Frau» als auch «Göttin». Obwohl nicht überliefert ist, wer Lada war, scheint ihr Name seinen Weg in die griechische Mythologie gefunden zu haben als → *Leda*.

Lady Godiva → *Epona*

Lakshmi auf ihrem Lotos, flankiert von ihren beiden Elefanten

Lahar → *Ashnan*

La'i-la'i Für die Hawaiianer wurde sie als erste Göttin geboren, nachdem sich das Chaos geordnet hatte. Sie paarte sich mit dem Himmel und brachte die Menschheit hervor.

Laima, Laima-Dalia Die baltische Schicksalsgöttin erscheint manchmal als drei oder sieben Göttinnen, um die vielen möglichen Schicksale zu symbolisieren. Laima mißt, wie die → *Nornen* und die → *Parzen*, die Länge und das Glück des Lebens jedes Menschen. Die manchmal Laima-Dalia («Glückliches Schicksal») Genannte wurde in Gebeten angerufen: «O Laima, die du gesund bist, gib mir deine Gesundheit.» Oft wurde im selben Gebet die Sonnengöttin → *Saule* erwähnt, denn Laima maß die Länge der Tage der Sonne ebenso wie die des Lebens einer Frau.

Laka Diese hawaiianische Göttin war und ist Beschützerin der Hula-Tänzerinnen, die die ungezähmten Kräfte der menschlichen Natur repräsentieren. Seit alters her huldigen die Hula-Gruppen Laka – oder Rata, wie sie auch genannt wird – in Gestalt eines Stück Holzes, das mit gelbem Tuch bedeckt ist und mit Wildblumen geschmückt.

Lakhamu → *Lamamu*

Lampado → *Hippo*

Lakshmi Das alte Indien errichtete dieser Göttin des irdischen Glücks keine Tempel, denn warum sollte man jene auf einen Raum begrenzen, die sich in allen Formen des Reichtums verkörpert? Lakshmi – oder ein-

Lakshmi

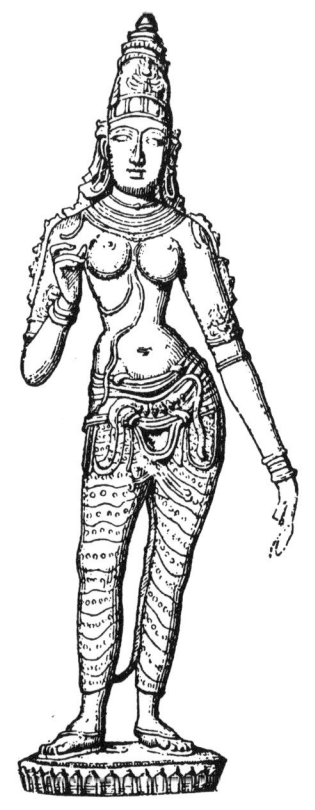

Lakshmi

fach Shri («Glück») – ist überall zu finden: in Juwelen, in Münzen, in seltenen Muscheln, in jedem Kind, das seinen Eltern willkommen ist, und besonders in Kühen.

Die Verehrung der Kühe im hinduistischen Indien basiert auf dem Kult dieser Göttin, der Gemahlin des Sonnengottes Vishnu. Die altindische Philosophie definierte männliche Gottheiten als passiv und abstrakt, fern und machtlos, bis sie von der Göttin aktiviert werden. Im Fall Vishnus funktioniert seine Macht, das Leben aufrechtzuerhalten und zu bereichern, nur, wenn Lakshmi ihn immer wieder dazu antreibt. Deshalb hält man es für klug, jenen tierischen Verkörperungen des Reichtums und Glücks Ehrerbietung zu erweisen – den Kühen, die in einigen Teilen Indiens nach dem Namen ihrer Göttin *lakshmi* genannt werden. Einige Mythen künden davon, daß Lakshmi seit Anbeginn der Zeit existierte und vor der Schöpfung auf einer Lotosblume trieb. Deshalb wird sie auch Padma («Lotos») genannt, und diese Blume wurde in ganz Asien zum Sinnbild für spirituelle Erleuchtung. Einige Geschichten erzählen, daß Lakshmi – ähnlich wie → *Aphrodite* – aus dem Meer geboren ward, als dieses von den Göttern aufgewühlt wurde, wobei sie ihm in all ihrer Schönheit und Macht funkelnd wie ein Edelstein entstieg, bedeckt mit Halsketten und Perlen, auf dem Haupt eine Krone, ihr Körper fettglänzend und golden. Viele Interpretatoren sehen in den unterschiedlichen Legenden einen Beweis für Lakshmis überragende Bedeutung im vorarischen Indien, wo sie die Göttin der Erde und ihrer befruchtenden Flüssigkeit, des Wassers, war. Einmal in dem religiösen Schmelztiegel namens Hinduismus etabliert, galt Lakshmi auch als Herrin der Seelen und wurde dadurch zu einem prächtigen Symbol der Freuden des spirituellen Lebens.
Siehe auch → *Ganga*.

Lalita In der hinduistischen Mythologie nimmt die göttliche Wesenheit des Universums manchmal die Gestalt dieser heranwachsenden Frau an, die sowohl an jungmädchenhaftem Spiel wie an fraulichem Beischlaf ihre Freude hat. Lalita (oder Lolita) ist ein Symbol der Unbeschwertheit der göttlichen Energie. Für sie ist die Schöpfung einfach ein vergnügliches Spielzeug, ein wunderbarer Zeitvertreib.

Lamamu, Lakhamu Der Name dieser Tochter der mesopotamischen Meeresgöttin → *Tiamat* wird von dem chaldäischen Wort für «uranfängliche Gesteinsschichten» abgeleitet. Offensichtlich symbolisierte Lamamu den Urstoff aller geschaffenen Materie und wurde deshalb bei der Entstehung menschlicher Werke, besonders der Gebäude, angerufen.

Lamasthu Fast jede Kultur brachte eine Gestalt wie die ihre hervor: die löwenköpfige böse «Tochter des Himmels», die verzweifelt nach menschlichen Wesen und ihren Nachkommen gierte. Für die Griechen war sie → *Lamia*, für die Hebräer → *Lilith* oder Gilou, für die Japaner → *Kishimogin* und für die Russen → *Baba Jaga*. Die Sumerer nannten sie

Lamasthu, eine Plagen bringende Frau, die doppelköpfige Schlangen austrug und Hunde und Schweine säugte. Sooft sie konnte, infizierte sie Kinder mit Krankheiten, aber sie griff ebensogut Erwachsene an, trank ihr Blut und verspeiste ihr Fleisch.

Es war jedoch möglich, diese Dämonin der Zerstörung zu bannen. Man mußte nur an alle Türen des Hauses Tafeln anschlagen oder sich Amulette umhängen, die Lamasthus Namen trugen. Die Dämonin, die meinte, es handele sich um Zeichen des Grußes und der Verehrung, reagierte in ihrer üblichen perversen Art: Sie ging woanders hin, dorthin, wo man sie nicht haben wollte.

Lamia, Lamien Für die Griechen war «Die Verschlingerin» ein Kinderzimmer-Schreckgespenst und, um Kinder zu ängstigen oder zum Gehorsam zu bewegen, ebenso nützlich, wie → *Lilith* es für die semitischen Stämme war. «Sei brav, sonst frißt dich Lamia», pflegten die griechischen Mütter zu drohen, und sie beschrieben, wie die ebenmäßigen Gesichtszüge von Lamia sich verzerrten, wie im Zorn ihre Augen aus den Höhlen quollen. Lamia, so heißt es, war ursprünglich eine Sterbliche, die in einer Höhle lebte. Sie gebar Zeus mehrere Kinder. Die eifersüchtige → *Hera* vernichtete alle ihre Nachkommen außer → *Scylla*, und Lamia wurde verrückt vor Kummer und begann, die Kinder anderer Frauen zu stehlen und ihr Blut auszusaugen. In dieser Rolle vervielfältigte sie sich offenbar in der Vorstellung der Menschen, die nicht nur von einer Lamia, sondern von Lamien sprachen, die im Gefolge der Todesgöttin → *Hekate* ihr Unwesen trieben.

Einige Forscher sind der Meinung, daß Lamia ein typisches Beispiel dafür war, wie die Göttin des einen Volkes von einem anderen zum Dämon erklärt wird. Sie sehen in dieser Gestalt, die zur Hälfte Schlange ist, ein Überbleibsel einer kretischen Schlangengöttin, der Todesmutter der Erde, die alles verschlingt, was auf ihr kreucht und fleucht. Diese Lamia wurde offenbar mit ähnlichen mystischen Ritualen geehrt wie die Erd- und Fruchtbarkeitsgöttin → *Demeter* in Eleusis.
Siehe auch → *Lamasthu*.

Lampetia Das Wort «Lampe» leitet sich vom Namen dieser griechischen Göttin her. Die Tochter des Sonnengottes Helios und bekannteste der → *Heliaden* hütete seine heiligen Rinder. Die *Odyssee* erzählt, wie die Griechen auf der Insel Trinakria (heute Sizilien) ankamen, auf der diese Göttin und ihre Schwester Phaethusa lebten. Odysseus warnte seine Männer davor, sich an dem heiligen Vieh zu vergreifen, aber ein paar gehorchten nicht.

Die Rinder waren unsterblich und litten dennoch sehr: Die Häute rasten herum, das aufgespießte Fleisch über dem Feuer stöhnte. Lampetia berichtete ihrem Vater von dem Sakrileg, der den Frevlern zur Strafe einen Sturm sandte, der die griechischen Schiffe und ihre Besatzung vernichtete. Nur Odysseus wurde vom Zorn des Sonnengottes ausgespart und auf der Insel der → *Kalypso* angespült.

Lan Cai-ho Zu den acht Unsterblichen des alten China gehört dieses androgyne Wesen, das gekleidet war wie eine Frau, aber eine männliche Stimme hatte. Sie war die singende Unsterbliche, ursprünglich eine irdische Straßenmusikantin, die herumzog, um Freude zu bereiten, bis sie auf den Flügeln eines Storches in den Himmel erhoben wurde. Von nun an bereitete sie den himmlischen Versammlungen Freude und nahm zu jeder Feier ihre Flöte und ihren Korb mit Früchten mit.

Lara, Larentia, Mater Larum Römische Schriften erwähnen diese Göttin beiläufig als «Mutter der Toten», eine Unterweltgöttin, die vielleicht dieselbe war, die Rom als → *Acca Larentia* Wohlstand gewährte. Manchmal wurde sie Mater Larum, Tacita oder Muta («Die tödlich Schweigende») genannt. Unter diesen Namen rief man sie bei magischen Bemühungen an, wenn es darum ging, Verunglimpfern den Mund zu stopfen: Frauen banden dafür die Mäuler von toten Fischen zu, auf daß der Klatsch dasselbe Schicksal erleiden möge.

Lasa Diese etruskische Göttin ließ ihren Anhängern Trost zukommen, wenn sie in Zeiten der Not zu ihr riefen.

Lasair → *Latiaran*

Lat → *Allat*

Latiaran Eine irische Göttin, die zwei Schwestern hatte: die älteste hieß Lasair («Flamme»), die mittlere Schwester → *Inghean Bhuidhe* («Gelbhaariges Mädchen»). Sie hielten sich auch noch in der Zeit des Christentums, nun als Heilige getarnt, wobei Lasair den Frühlingsanfang bestimmte, Inghean Bhuidhe den Sommeranfang und Latiaran den Beginn der Erntezeit. Es ist also anzunehmen, daß sie ursprünglich Jahreszeitengöttinnen waren.
Von Latiaran ist eine besondere Geschichte überliefert: Sie trug jeden Morgen die «Saat des Feuers» aus ihrer Klosterzelle zu einer nahegelegenen Schmiede. Eines Morgens machte ihr der Schmied ein Kompliment über ihre hübschen Füße, und sie schaute eitel nach unten. Dabei fing ihre Schürze Feuer, doch obwohl ihre Kleider brannten, blieb sie selbst unverletzt. Dann sank sie in den Boden unter einen herzförmigen Stein und wurde nie wieder gesehen.

Latona «Königin Lat» war die latinisierte Form des Namens dieser Göttin, bei der es sich um dieselbe Göttin wie → *Allat* im Vorderen Orient und → *Leto* in Griechenland handelte.

Laumes Diese litauischen Geisterfrauen mit langem Haar und hängenden Brüsten lebten in abgelegenen Gebieten des Landes. Da sie Kinder liebten, entführten sie oft junge Menschen, aber sie behandelten sie stets gut, kleideten sie in hübsche Gewänder. Eigentlich waren sie also gutmütig, doch sehr leicht zu verärgern. So konnte es sein, daß sie die ganze Arbeit auf dem Hof erledigten und dann, beim geringsten falschen Wort, ihre Arbeit zunichte machten und verschwanden.

Lavercam Eine irische Poetin, die in der Geschichte von der schönen → *Deirdre* auftaucht. Doch sie war mehr als nur die Amme und Gefährtin der berühmtesten tragischen Heldin des alten Irlands. Als Sklavin geboren, war Lavercam von so funkelndem Witz – wenn auch ungewöhnlich häßlich –, daß sie in der Gesellschaft aufstieg bis an den Hof des irischen Adels. Sie war außergewöhnlich stark und derart schnellfüßig, daß sie die Insel an einem Tag zu durchqueren vermochte, um Neuigkeiten zu sammeln. Zum Abendessen pflegte Lavercam an den Hof von König Conchobar zurückzukehren, um ihm die Nachrichten aus seinem Reich vorzutragen.
Als sie den Auftrag erhielt, Deirdre aufzuspüren, die mit ihrem Geliebten nach Schottland geflohen war, geriet sie in einen Gewissenskonflikt und stellte schließlich die Zuneigung zu ihrem Ziehkind über die Loyalität zum König. Sobald Lavercam erfuhr, daß Deirdre nach Irland zurückgekehrt sei, warnte sie die Unglückliche und prophezeite ihr den Tod, falls sie bleiben würde. Naoise, Deirdres Geliebter, schenkte den Worten der Dichterin jedoch keine Beachtung. Also ging Lavercam zum König und belog ihn, indem sie behauptete, Deirdres Schönheit sei in den schweren Zeiten, die sie hätte durchmachen müssen, verblaßt. Doch Conchobar wollte die einst so Begehrte unbedingt wiedersehen, ließ Naoise töten und Deirdre gefangennehmen – worauf diese den Freitod wählte.

Laverna Römische Göttin der Diebe und Betrüger, ursprünglich als italische Göttin Herrscherin der Unterwelt.

Lea Sie war die Schwester von → *Rahel*, und beide gehörten zu den Frauen Jakobs (1. Mose 29-30). Wie ihre Schwester gebar Lea die Begründer der großen hebräischen Stämme. Ihre Söhne waren Ruben, Simeon, Levi, Juda, Isaschar und Sebulon.

Leanan Sidhe, Lhianna-Shee Diese irische Göttin, eine Schwester und das Gegenstück zu der gefürchteten → *Banshee*, war der Geist des Lebens und die Muse der Sänger. Eine der Gestalten, die sie annahm, war die der Dichterin Eodain, die ihre menschlichen Liebhaber mit wundervoller Poesie umwarb. Einer von ihnen, der König von Munster, war für Eodain so begehrenswert, daß sie ihm Sieg im Krieg und Reichtum im Frieden gewährte. Undankbar, wie er war, brachte der König seine Reichtümer nach Spanien und verbrachte dort neun Jahre damit, sie zu verschwenden. Schließlich kehrte er in sein Königreich zurück, das inzwischen völlig verwüstet war. Dennoch verhielt sich Eodain ihrem Geliebten gegenüber loyal. Sie setzte ihn wieder in seine Rechte ein und war von nun an die Macht im Hintergrund, die sicherstellte, daß der König nicht wieder in sein zügelloses Leben verfiel.

Manchmal glaubte man, daß Leanan Sidhe («Feen-Liebste»), wie sie auch genannt wurde, die von ihr erwählten Partner vernichtete; denn ein Mann, der einmal ihre überirdische Schönheit gesehen hatte, würde das Leben ohne sie als langweilig und sinnlos empfinden. Und obwohl es nicht die Schuld der wunderschönen Geisterfrau wäre, würde er vor Gram vergehen, sobald sie nicht bei ihm ist, und vor Verzweiflung sterben.

Leda Ursprünglich hieß sie wahrscheinlich → *Lada* («Frau»); ihr Name könnte aber auch auf den der Göttin → *Leto* zurückzuführen sein. Nach einer der berühmtesten klassischen Sagen wurde sie von Zeus verführt und begattet, der für dieses Abenteuer die Gestalt eines Schwans angenommen hatte. In derselben Nacht schlief Leda mit ihrem Gemahl, dem Spartanerkönig Tyndareos, und legte zwei Eier. Daraus schlüpften zwei Zwillingspärchen, männlich und weiblich, sterblich und unsterblich. Die sterblichen Kinder waren → *Klytämnestra* und Pollux, die unsterblichen → *Helena* und Kastor. Danach wurde Leda in den Himmel erhoben und, wie es in einigen Mythen heißt, zur Göttin → *Nemesis*.

Andere Versionen erzählen, daß Zeus die rächende Göttin Nemesis selbst zu vergewaltigen versucht habe. Sie floh vor ihm, wechselte dabei ihre Erscheinungsform, aber schließlich wurde sie in Gestalt eines Vogels überwältigt und legte ein Ei, das die Frau Leda fand und für das sie sorgte. In einer anderen Geschichte trickste Zeus Nemesis genauso aus, wie er es bei → *Hera* getan hatte: Als Schwan verkleidet, schmiegte er sich an den Busen der Göttin und fiel dann über sie her. Das Ei, das daraus entstand, wurde zwischen Ledas Eier gelegt, so daß sie die Pflegemutter von Heras Kindern wurde. Die Vielschichtigkeit dieser Variationen läßt vermuten, daß, verborgen im Nebel der vorhellenischen Zeit, Leda selbst eine wichtigere Rolle spielte als nur die einer der zahlreichen von Zeus geschwängerten Frauen.

Le-Hev-Hev Bevor die Seele eines Verstorbenen ins Jenseits gelangen konnte, sagen die Melanesier, mußte sie dieser Göttin gegenübertreten, die versuchte, die Seele mit Spielchen auszutricksen. Sie zeichnete etwas in den Sand vor ihren Füßen und forderte die Seele heraus, das Diagramm zu vollenden. Gelang dies dem Toten nicht – oder tat er es nicht exakt –, dann verspeiste Le-Hev-Hev die Seele als Abendessen.

Die Bewohner der Neuen Hebriden, die Le-Hev-Hev verehrten, betrachteten sie als Göttin, nicht als Monster, und boten ihr Eber an, damit sie nicht menschliche Leichen aß. In irdischer Gestalt erschien sie als Spinne, Krebs oder Ratte. Ihr Symbol waren die weiblichen Genitalien. Ihr Name könnte ungefähr übersetzt werden mit «Die lächelt, damit wir uns nähern und sie uns fressen kann».

Lemkechen Bei den Berbern war der Polarstern eine schwarze Frau, die die Zügel eines Kamels (im Sternbild des Kleinen Bären) hielt, während seine Mutter (im Sternbild des Großen Bären) gemolken wurde. Da

Le-Hev-Hev

Lemna

sie um ihr Leben fürchtete, denn sie glaubte, daß die anderen Sterne sie töten wollten, stand sie von Angst gelähmt bewegungslos am Himmel.

Lemna Die kleine Insel Lemnos liegt am nördlichen Ende der Ägäis – in der Nähe des Landes der → *Amazonen*, falls das Land tatsächlich dort lag, wo es die alten Griechen vermuteten. Die Bewohner von Lemnos hatten offenbar besondere Beziehungen zu ihren Nachbarn, den Frauenkriegerinnen, denn sie behaupteten, sie stammten allesamt von → *Myrine* ab, einer der berühmtesten Amazonen-Königinnen. Und die kleine Insel war der Schauplatz für eine der interessantesten Amazonen-Mythen der Griechen.

Die Frauen von Lemnos – wahrscheinlich Anhängerinnen einer Erdgöttin namens Lemna – waren sich ihrer allseits bekannten Schönheit so sicher, daß sie begannen, die gebührenden Opfer für ihre Göttin → *Aphrodite* zu vernachlässigen. Als Strafe belegte diese sie mit einem Fluch, der ihrer Nachlässigkeit angemessen war. Sie wurden mit einem fürchterlichen Geruch geschlagen, heißt es in manchen Legenden, in anderen wird berichtet, daß sie plötzlich sexuell reizlos erschienen. In beiden Fällen begannen die Männer mit Sklavinnen zu verkehren und von ihren Konkubinen Kinder zu bekommen. Aus Rache töteten die stolzen Frauen von Lemnos die Männer. Sie töteten auch die Sklavinnen und die Kinder, die aus diesen Verbindungen entstanden waren.

Nur ihre Königin Hypsipyle brach das Abkommen der Frauen und versteckte ihren Vater vor den Rachedurstigen. Später machten der griechische Held Jason und seine argonautischen Gefährten an der Insel halt. Um das Land wieder zu bevölkern, hatten die Frauen mit den Fremden Geschlechtsverkehr, wobei sich Hypsipyle den Anführer erwählte. Es heißt, daß die Frauen – denen klar wurde, daß ihre Morde ihre Gesellschaft grundlegend verändert hatten – die Kinder, die sie von den Argonauten empfangen hatten, mehr bei ihres Vaters Namen riefen als bei ihrem eigenen Namen.

Leto, Latona Bei den Griechen hieß es, sie sei eine von Zeus' Liebschaften, die erst die

Leto mit ihren Zwillingskindern Apollon und Artemis neben Zeus

männliche Sonne und dann den weiblichen Mond, Apollon und → *Artemis*, austrug, und zwar trotz der Verfolgungen durch → *Hera*. Aber Apollon war ein eingewanderter Gott, der angeblich aus dem Norden kam, aus dem Reich der Hyperboreer, dem Volk «jenseits des Nordwinds». Und Artemis gab es vielleicht schon vor ihrem Zwillingsbruder, denn eine Sage erzählt, sie sei das erstgeborene Kind von Leto gewesen und ohne Schmerzen geboren worden. Dann sei sie aufgesprungen und habe ihrer Mutter bei der schwierigen Geburt des Apollon geholfen.

Wer war nun diese «Mutter» dieser möglicherweise gar nicht miteinander verwandten Gottheiten? Ihr Name bedeutet «Finsternis», und sie wurde angerufen als «die Nächtliche», was eine Parallele zur griechischen → *Nyx* vermuten läßt, der uranfänglichen Nacht, die das Licht zur Welt brachte. Im matriarchalischen Symbolismus geht die Nacht dem Tag voraus und der Winter dem Sommer, während in patriarchalischen Gesellschaften meist das Gegenteil der Fall ist. Leto könnte deshalb ein Teil des Nährbodens der griechischen Religion sein, den sie mit Hera und anderen prähellenischen Göttinnen gemein hat. Vielleicht war sie aber auch eine importierte Göttin, denn einige Mythenforscher sind überzeugt, daß sie der orientalischen Göttin → *Allat* entsprach.

Leucosia → *Sirenen*

Leukippe Zur Strafe dafür, daß diese Tochter eines griechischen Königs die Frauen verhöhnte, die an den dionysischen Ritualen teilnahmen, wurde sie mit Irrsinn geschlagen. In ihrer geistigen Umnachtung riß sie ihre Söhne in Stücke mit einer Wut, zu der man nur die rasendsten der → *Mänaden* fähig hielt.

Leukothea → *Ino*

Leviathan Dieses Ungeheuer des Alten Testaments in Schlangengestalt soll eine Tochter von Adams erster Frau → *Lilith* gewesen sein. Wahrscheinlicher ist, daß sie identisch war mit einer alten Drachengöttin (→ *Tiamat*). Jahwes Sieg über sie symbolisiert vielleicht die erfolgreiche hebräische Kampagne gegen die einheimischen Göttinnen dieser Gegend. In der christlichen Apokalyptik wurde Leviathan zu einer eher männlich wirkenden Erscheinungsform des Teufels.

Lhianna-Shee → *Leanan Sidhe*

Liban Tochter des irischen Gottes Eochaid, der die anderen Gottheiten verärgerte, weil er mit seiner Stiefmutter durchbrannte und die heiligen Riten vernachlässigte. Seinem Haushalt wurde eine strafende Flut gesandt, und jeder außer Liban ertrank. Das einzige andere überlebende Lebewesen war der Schoßhund der Göttin.
Die nächsten 300 Jahre lebte Liban mit ihrem Hund unter dem See, der sich durch die Flut gebildet hatte. Schließlich verwandelten sich beide in Meeresgeschöpfe, Liban in einen Lachs und ihr Hund in einen Otter. Aber Liban wurde immer neugieriger, was auf der Erde wohl geschah, und ließ es zu, daß sie in einem Netz gefangen wurde. An Land gezogen, sah die Göttin aus wie eine Meerjungfrau, die sich an einen Otter klammerte.
Die beiden wurden als Kuriositäten ausgestellt, bis ein grausamer Mann den Otter ohne Grund tötete. Die Göttin, der man ihren Gefährten geraubt hatte, verwandelte sich wieder in Menschengestalt und starb. Noch heute, sagt man, jage Liban über das Meer, in Gestalt eines angriffslustigen Seevogels.

Libera Mit → *Ceres* und dem Gott Liber bildet diese Göttin eine Trias römischer bäuerlicher Gottheiten, die an den Liberalia am 17. März verehrt wurden. Zur Feier der Rückkehr der Vegetation an die Oberfläche der Erde dienten alte Frauen als Priesterinnen Liberas, saßen an kleinen tragbaren Straßenständen und verkauften gebackene Honigpfannkuchen. Die Römer kauften diese Glückskuchen von den Efeugeschmückten, boten davon etwas der Göttin an und aßen selbst den Rest. Als griechischer Einfluß das römische Pantheon veränderte, setzte man Libera mit → *Persephone* gleich, von der nun dieselben Geschichten erzählt wurden.

Libertas Römische Göttin der persönlichen Freiheit, der in Rom ein Tempel auf dem Aventin-Hügel geweiht war. Ihre Attribute: die traditionelle «Freiheitskappe» der freigelassenen Sklaven, ein Zepter oder eine Lanze.

Libitina Römische Göttin der Leichenbestattung. In ihrem Tempel versahen die Beerdigungsbeamten ihren Dienst.

Ligeia → *Sirenen*

Lignaco Dex Die frühen Bewohner Italiens wußten, daß der Wald seine eigenen Gesetze hatte, und Lignaco Dex war ihr Name für jene Göttin, die die Bäume bezeichnete, die für den menschlichen Gebrauch genutzt werden durften. Bevor sie einen Baum fällten, um Feuerholz zu haben, riefen die Italiker diese «das Wesen des Waldes enthüllende» Göttin an, die mit angemessenen Strafen drohte, wenn ihre Anordnungen nicht befolgt wurden.

Ligoapup, Ligoububfanu In Mikronesien schuf die Schöpfergöttin alles Land in der Gestalt von Inseln. Einige Legenden berichten, sie habe Wasser aus einem hohlen Baum getrunken und dabei unsichtbare Tiere verschluckt, die sie geschwängert hätten. Sie trug ein Mädchen aus, so wie es auch Menschen tun, brachte aber noch drei weitere Kinder aus ungewöhnlichen Gebärorganen hervor: einen Sohn aus ihrem rechten Arm, einen anderen aus einem Auge und eine zweite Tochter aus dem anderen Auge. Diese vier Wesen seien die Urahnen der menschlichen Rasse gewesen.

Ligoband Auf den Karolinen-Inseln in der

Lilith

Südsee der Name einer Göttin, die → *Lorop* ähnelt.

Lilith «Gott schuf einen Mann und ein Weib», heißt es bekanntlich in der Genesis (1. Mose 1,27). Aber die Bibelchronisten änderten später ihre Meinung über die Erschaffung der Menschheit und erklärten das Entstehen der ersten Frau, jetzt → *Eva* genannt, zu einem nachträglichen Einfall Jahwes. Die jüdische Überlieferung sah diesen Widerspruch sehr wohl ein, und die Propheten und Schriftgelehrten versuchten zu erklären, was da geschehen war: Die gleichzeitig mit Adam erschaffene Frau erhielt den Namen Lilith. Als ihr der erste Mann vorschlug, mit ihm Geschlechtsverkehr zu haben, war sie zunächst einverstanden. Als er sie jedoch anwies, sich zu diesem Zweck unter ihn zu legen, weigerte sich Lilith und betonte, daß sie gleich geschaffen worden seien und sie daher keine Veranlassung sehe, bei der Paarung die Untenliegende, also die Unterlegene zu sein. Lilith ging zu Jahwe und brachte ihn mit List dazu, seinen geheimen Namen zu enthüllen, den Namen, auf dem seine Macht beruhte. (Eine ähnliche Geschichte findet man bei → *Isis*.) Als sie nun Macht über ihn hatte, forderte Lilith, daß er ihr Flügel gebe. Dann flog sie von Eden in die westliche Wüste. Dort ließ sie sich mit Elementargeistern und Sanddämonen ein und brachte haufenweise Kinder hervor.

Es gibt mehrere Varianten dieser Geschichte: Mal wurde Lilith wegen ihrer Unbotmäßigkeit gegenüber Adam allein aus dem Paradies vertrieben; mal wurde sie schon mit Schwingen geboren und flog davon, weil Jahwe sie zur Unfruchtbarkeit verdammt hatte.

Adam wurde mit einer neuen Gefährtin versorgt, aber er und Eva verloren bekanntlich ebenfalls Jahwes Gunst. Als Buße für seine Sünde schwor Adam, den Freuden der Ehe ein Jahrhundert lang zu entsagen. Nun hatte Lilith Gelegenheit für ihre Rache. Jede Nacht kam sie zu Adam und schlief mit ihm, bemächtigte sich seines Samens und formte daraus Dämonenbabys. Einer von ihnen soll Samuel gewesen sein, der böse Prinz, den sich Lilith dann als Gespielen und Gefährten nahm.

Man konnte Lilith mit ihrem prachtvollen Haar und weit schwingenden Flügeln für

Lilith (sumerisch)

schön halten – bis man die Klauen sah, die sie an Stelle von Füßen hatte. Ihre scheinbare Schönheit war für junge Männer gefährlich, die sich nach ihr verzehrten und vom Anblick anderer Frauen nicht mehr erregt wurden. Außerdem stellte Lilith eine Bedrohung für Kinder dar; denn angeblich hatte sie Macht über alle Kinder in ihrer ersten Lebenswoche, danach am ersten eines jeden Monats und an Sabbatabenden, ferner über alle Kinder, die von unverheirateten Müttern geboren wurden. Die Mütter konnten ihre Kinder jedoch schützen, indem sie ihnen ein Amulett mit der Aufschrift «Sen Sam San» – für die Schutzengel Sensenoi, Samangalaph und Sanoi – um den Hals hängten.

Wenn Lilith kam, um ein Kind zu stehlen, dann meist in der Nacht, wenn das Baby in eine Krippe oder Wiege gebettet war. Da sie es mochte, wenn ihre Opfer lächelten, kitzelte sie das Baby an den Füßen. Sobald es aufjauchzte, erdrosselte Lilith es. Mütter, die ihre Kinder im Traum lachen hörten oder bemerkten, daß sie im Schlaf lächelten, schlugen dreimal auf die Nase des Babies und riefen: «Mach, daß du fortkommst, Lilith!» Die

Mütter achteten auch sehr auf Falken, Pelikane, Eulen, Schakale, Wildkatzen und Wölfe, da dies alles bevorzugte Verkleidungen der Nachtdämonin Lilith waren, die im Vorderen Orient sowie im Mittelmeergebiet noch vierzig andere Namen hatte und eine furchterregende Macht darstellte, die die Babylonier → *Lilitu*, die Sumerer → *Lamasthu*, die Griechen → *Lamia* und andere Völker → *Kishimogin*, → *Baba Jaga* oder Gilou nannten.
Siehe auch → *Agrat Bat Mahalat*, → *Mehitabel*, → *Naama*.

Lilitu, Ardat Lilitu Die assyrisch-babylonische Sturm- und Nachtdämonin entsprach der älteren sumerischen Kiskil Lilla und hatte auch die gleichen Gelüste wie die hebräische → *Lilith*. Sie soll nachts schlafende Männer befriedigt und aus deren Samen ihre Dämonenkinder geformt haben.

Lilwani Sie war jene hethitische Erdgöttin, an deren Schrein in der Nähe Babylons das Fest von → *Inara* gefeiert wurde.

Limnades, Limoniaden Diese griechischen Naturgeister erlangten nie den Status von Unsterblichen, aber, wie die britischen Feen und die keltisch-irische → *Banshee*, gehörten sie zum Alltagsleben des einfachen Volkes. Die Limnades trieben ihr Unwesen an Seen, in Sümpfen und Mooren. Sie sangen vorübergehenden Fremden liebreizende Lieder, lockten sie in den feuchten Tod oder riefen verzweifelt, daß man sie vor dem Ertrinken retten solle.
Die Limoniaden waren ein harmloses Völkchen: → *Nymphen*, die auf offenen Wiesen lebten und gern mit den Blumen tanzten.

Liomarar → *Lorop*

Litae, Litai Die zahlreichen namenlosen Töchter des Zeus sollen, alt geworden, als verständnisvolle «Bittstellerinnen der Reumütigen» fungiert und dafür gesorgt haben, daß die Schuldbekenntnisse von Menschen mit schlechtem Gewissen zum Olymp hinaufschwebten, um dort von den griechischen Göttern und Göttinnen erhört zu werden. Wer sich aber weigerte, Reue zu bekunden, den verklagten die Greisinnen vor dem Göttervater.

Lla-Mo Eine der großen Göttinnen des tibetischen Lamaismus, deren Herrschaftsbereich Leben, Tod und Fortpflanzung umfaßt.

Locia Amai → *Tu-Njami*

Loddis-Edne → *Barbmo-Akka*

Lofn Diese nordische Liebesgöttin hatte eine besondere Aufgabe: Sie war beauftragt, die Probleme der Liebenden zu lösen. Lofn («Die Milde») empfing die Gebete derer, die von ihren Geliebten getrennt waren, und hatte die Macht, sie wieder zusammenzuführen.

Lolita → *Lalita*

Loo-Wit Die Göttin des Vulkans Mount St. Helens (US-Bundesstaat Washington) galt bei den Indianerstämmen Multnomah und Klikitat als eine alte Frau, der der Himmel wegen ihrer Güte eine Gunst gewährte. Sie wünschte sich ewige Jugend und Schönheit.
«Gewährt», sagte der Himmelsgeist. Er befahl Loo-Wit auf der «magischen Brücke», die die Multnomah und die Klikitat trennte, ein Feuer zu entfachen. Diese eigensüchtigen und habgierigen Menschen waren zuvor mit vernichtenden Unwettern geschlagen worden, und alle ihre Feuer waren ausgegangen. Als nun die

Lla-Mo

vom Himmel gesandte Frau auf der Brücke erschien und ihnen Feuer brachte, schlossen sie Frieden zwischen ihren Stämmen. Doch bald gab es neuen Streit: Loo-Wit wurde sowohl vom Häuptling der Multnomah aus dem Süden und dem der Klikitat aus dem Norden umworben. Sie konnte sich nicht für einen von beiden entscheiden. Dadurch entstand von neuem ein Krieg, und in der Schlacht um die Gunst der Loo-Wit wurde die magische Brücke zerstört.

Schließlich griff der Himmelsvater ein und verwandelte die Häuptlinge in die feuerigen Gipfel des Mount Hood und Mount Adams und Loo-Wit in den des Mount St. Helens. Lange nachdem sie zu Bergen geworden waren, bekriegten sich die Häuptlinge immer noch, schossen mit Feuer aufeinander und spuckten Steine und Wasser – die Columbia-Fälle – in die Schlucht, wo einst die magische Brücke gestanden hatte.

Lorop Diese Schöpfungsgöttin der Karolinen-Insel Yap war die Tochter einer Schöpfungsgöttin namens Liomarar, die Sand in den Ozean geworfen hatte, um die ersten Inseln zu formen, und sich dann auf eine hockte, um ihre Tochter zu gebären. Lorop selbst hatte drei Söhne, die sie mit herbeigezaubertem Essen fütterte. Die Kinder wußten nicht, woher Lorop diese üppigen Mahlzeiten hatte, und zwei von ihnen kümmerte es auch nicht. Aber der dritte, der Jüngste, versteckte sich eines Tages, um zu sehen, woher seine Mutter das Essen bekam. Als er sah, daß Lorop ins Meer untertauchte und dabei einen Zauberspruch aufsagte, folgte er ihr in die Unterwelt. Dort sah er, wie sie Körbe mit Essen füllte – eine Entdeckung, die zur Folge hatte, daß sie unter der Erde bleiben mußte. Aber Lorop sorgte weiterhin für ihre Nachkommen, indem sie ihnen täglich viele Fische schickte und gelegentlich sogar eine neue Insel, auf der sie leben konnten. Eine ähnliche Göttin wurde in anderen Teilen Mikronesiens Nomoi oder Mortlock genannt.

Lotis Einer griechischen Sage zufolge wurde diese Nymphe im Schlaf von Priapus überrascht, der sie vergewaltigen wollte. Aber das Geschrei eines Esels weckte sie rechtzeitig auf. Lotis rief nach ihrer Mutter, der Erde, und nach ihrem Vater, dem Meer. Und die Eltern verwandelten sie in den ersten Lotoskirschbaum, der dann auch → *Dryope* zum Schicksal wurde. Der enttäuschte Fruchtbarkeitsgott Priapus fiel über den Esel her und erschlug ihn.

Louhi Diese grimmige magische Königin des Nordlandes ist im finnischen Nationalepos *Kalevala* die große Gegenspielerin des Helden Väinämöinen und seiner Freunde, die um ihre Tochter werben. Der «Zauberwisser» versuchte den von Louhi konfiszierten Talisman Sampo zu stehlen, der ihrem Land Kalevala Reichtum und Glück bringen sollte. Louhi entfachte einen heftigen Meeressturm, um zu verhindern, daß der Dieb entkam. Sie rief ihren Sohn, den Winter, herunter, um das Meer einfrieren zu lassen und Väinämöinens Flucht Einhalt zu gebieten. Doch sie bewirkte nur, daß der Talisman zerbrach. Väinämöinen entkam mit einigen Stücken, die immer noch mächtig genug waren, um seiner Heimat zu Wohlstand zu verhelfen.
Siehe auch → *Paivatar*.

Luaths Lurgann «Schneller Fuß», die schnellste Läuferin Irlands, war die Tante des Heroen Finn. Bei seiner Geburt war er von jenen bedroht worden, die Angst vor seiner möglichen Macht hatten, aber Luaths Lurgann, die seine Hebamme gewesen war, trug das Kind schnell weg. Tief in den Wäldern zog sie den Jungen auf und lehrte ihn alle körperlichen Künste. Doch Finn tötete seine Tante versehentlich: Sie waren von einem Feind verfolgt worden, und Finn hatte die alternde Ahtletin hochgehoben und war gerannt, so schnell er konnte – das heißt, so schnell, daß der Wind, den er im Laufen erzeugte, den Körper der Frau in Stücke riß und nur ihre Hüftknochen zurückblieben. Der trauernde Finn pflanzte diese in die Erde, wo sie den See Lough Lurgann bildeten.

Lucina Der Marienkäfer war das Emblem dieser römischen Göttin, die später mit → *Diana* und → *Juno* gleichgesetzt und im Mittelalter sogar als heilige Lucia ins Christentum übernommen wurde. Die frühe italische Lu-

Luna in ihrem Mondwagen (römisch)

Luna Die römische Mondgöttin, Beschützerin der Schlafwandler und Mondsüchtigen, hatte in Rom einen Tempel auf dem Aventin-Hügel. Luna wird von manchen Mythenforschern lediglich als eine Erscheinungsform der → *Diana* angesehen. Ihre griechische Entsprechung war → *Selene*.

cina war eine Lichtgöttin und deshalb – denn bei der Geburt sehen wir zum ersten mal das Licht – auch eine Göttin der Wehen, der Geburt und des Kindbetts. Sie wurde auf vielfältige Weise verehrt, vor allem im September und Dezember. Zu dieser Zeit werden noch immer Feste zu Ehren Luci(n)as, der kerzentragenden Heiligen, gefeiert. Ihre Feiertage wurden von dem Aberglauben gefördert, daß alle Arbeit, die an jenen Tagen verrichtet wird, am folgenden Tag wieder ungetan sein würde.

Luminu-Ut Bei den Völkern der Halbinsel Minahasa auf der indonesischen Insel Sulawesi (früher Celebes) war sie die Ahnherrin der Menschheit, eine Göttin, die aus dem Schweiß der Felsen geboren worden war. Sie erbaute die Erde aus einer Handvoll Boden, den sie dem uranfänglichen Chaos entnommen hatte. Dann öffnete sie ihre Beine dem Wind und empfing einen Sohn. Als der Junge erwachsen war, wurde er von seiner Mutter weggeschickt mit der Anweisung, eine Frau zu suchen, die kleiner sein sollte als das Gefolge von Luminu-Ut. Der Sohn zog einmal um die Erde, konnte aber keine Partnerin finden. Als er zu seinem Ausgangspunkt zurückkehrte, war Luminu-Ut vom Alter so geschrumpft, daß sie ihrer eigenen Beschreibung entsprach. Der Sohn erkannte Luminu-Ut nicht und hatte Geschlechtsverkehr mit ihr, und sie gebar alle Götter.

Luonnotar In einem finnischen Mythos wird daran erinnert, daß die «Tochter der Natur» durch heitere Zeitalter im Himmel trieb, zufrieden und jungfräulich. Doch schließlich fühlte sie sich einsam und stürzte sich ins Meer. Sieben Jahrhunderte lang blieb sie dort.
Eines Tages, als Luonnotar dicht unter der stürmisch bewegten Oberfläche des Wassers ruhte, erschien eine Ente, die einen Platz für ihr Nest suchte. Luonnotars Knie schaute aus dem Wasser, und als die Ente es sah, baute sie darauf ein Nest und legte ihre Eier hinein. Aber Luonnotar konnte nicht so lange still halten, bis die Eier ausgebrütet waren. Nach drei Tagen bekam sie einen Krampf in den Beinen, die unwillkürlich zuckten, so daß die Eier in den uranfänglichen Schlamm fielen. Dort entstand aus ihnen das Universum: Der untere Teil wurde zur Erde, der obere zum alles überwölbenden Himmel, das Eigelb wurde die Sonne und das Eiweiß der Mond. Luonnotar beteiligte sich an der Schöpfung und formte die Inseln und Halbinseln, die die Erde bilden.

Luot-Hozjit, Luot Chozjik Die Rentier-Jungfrau der russischen Samen (oder Lappen) war der Menschheit freundlich gesinnt und wachte über das in den Sommerwäldern umherstreifende Wild und das Vieh auf den Weiden. Sie half aber auch den Jägern, wilde Rentierherden aufzuspüren. Die Geist-Frau Luot-Hozjit soll wie ein Menschenmädchen ausgesehen haben, nur war ihre Haut von einem Rentierfell bedeckt.

Lysippe In einer griechischen Sage aus dem Kreis um die → *Amazonen* hatte diese Königin einen hübschen jungen Sohn, Tanais, der keine Frau so schön fand wie seine Mutter. Einige berichten, er habe sich angesichts dieser hoffnungslosen Liebe aus Verzweiflung ertränkt,

Lysippe

während andere vermelden, daß sein Tod ein Unfall gewesen sei. Auf jeden Fall lenkte sich Lysippe von ihrem Kummer durch Arbeit ab, festigte die Macht ihres Königreichs, erbaute die Stadt Themiscyra und errichtete → *Artemis* mit den Beutestücken ihrer vielen Siege einen Tempel.

«Die die Pferde verliert» führte ein Heer von Frauen; denn dem Gesetz nach führten die Männer in Amazonien den Haushalt – was der Behauptung widerspricht, daß die Amazonen grundsätzlich ohne Männer lebten, sondern eher das Gegenteil bedeutet. Diese Kriegerinnen waren angeblich die ersten, die mit Pferden in die Schlacht zogen. Gekleidet in die Häute wilder Tiere, in den Händen Messingbogen, so dehnten Lysippes tapfere und gefürchtete Kämpferinnen ihr Reich über ganz Kleinasien aus. Nachdem Lysippe in einer Schlacht getötet worden war, drangen die Amazonen unter der Führung von → *Marpesia* und anderen Heerführerinnen weiter vor.

Lyssa «Tollwut» bedeutet der Name dieser griechischen Unterweltgöttin, einer Tochter des Himmelsgottes Uranos und der → *Nyx*. Diese Dämonin des Wahnsinns, die ihre Hunde durch die Welt jagte und den göttlichen Rausch der → *Mänaden* zu zerstörerischer Wut entfachte, brachte – zusammenwirkend mit → *Hera* – sogar den als besonnen geltenden Herakles dazu, Frau und Kinder umzubringen.

M

Ma → *Mami*

Maan-Eno → *Rauni*

Maat Die ägyptische Göttin der Wahrheit hatte ihren Platz in Gestalt einer Straußenfeder in der zweiten Schale der Waage der Gerechtigkeit, mit der die Herzen der Verstorbenen gewogen wurden. Waren die Waagschalen ausbalanciert, sprach der Richtergott Osiris: «Da das Herz des Dahingeschiedenen leicht war, laßt ihn gehen, auf daß er sich nach eigenem Willen unter die Götter und die Geister der Toten mische.» Schlimm stand es um die Seele, wenn die Waagschalen nicht ausgeglichen waren, denn wenn das Herz schwer von Bösem war, wurde der Tote sofort von der Göttin → *Ahemait* gefressen.
Manchmal spaltete sich Maat in zwei identische Göttinnen auf; sie hatte aber keine Tempel, sondern wurde im Einklang der Wahrheit mit der Gerechtigkeit verehrt, wo immer man diesen erkannte.

Mabb, Mebb Im keltischen Wales galt sie als eine enge Verwandte der irischen Königin → *Maeve*, war jedoch nur eine Alpträume verursachende → *Elfe*. Shakespeare hat sie in *Romeo und Julia* zwar «Königin Mag» genannt, dann aber als «die Hebamme der Feen» beschrieben.

Macha Viele keltische Göttinnen waren dreifaltig, und Macha bildete so eine irische Gottheiten-Triade. Die «drei Machas» waren in Wirklichkeit aber nur *eine* Gottheit: die Athletin, Königin und Kriegerin mit den drei Namen «Macha, Frau des Nemed; Macha, Frau des Chruchchu; Macha die Rote», damit Machas mannigfaltige Heldentaten den verschiedenen Aspekten der Göttin zugeordnet werden konnten.
Die berühmteste Macha war die «Frau von Nemed» oder «Die Sonne der Frauen», die überaus schöne Königin des nördlichen Irland. Sie lebte mit einem sterblichen König zusammen. Sobald er erfahren hatte, daß Macha ihm Zwillinge schenken werde, prahlte er damit, daß die Göttin auch als Hochschwangere jedes Pferd im Rennen besiegen könne. Macha warnte ihn vor seiner Überheblichkeit, aber er schenkte dem keine Beachtung. Er ließ sie mit seinen Pferden um die Wette laufen, und tatsächlich gewann die Göttin mit großem Vorsprung. Auf der Ziellinie gebar Macha die Zwillinge und starb danach – denn irische Göttinnen sind nicht vor dem Tod gefeit. Mit ihrem letzten Atemzug verfluchte sie ihren rücksichtslosen Gatten und das ihren Sieg bejubelnde Volk.
Der «Fluch von Macha» spielt in der irischen Legende eine bedeutende Rolle. Aufgrund der erlittenen Demütigung bewirkte die Göttin, daß alle Männer von Ulster in Zeiten der Gefahr fünf Tage und vier Nächte lang von Wehenschmerzen geplagt würden. Nur ein Mann, der Nationalheld Cuchulainn, war gegen diesen Fluch immun.
Einige Legenden berichten, Macha sei eine Ausprägung der → *Morrigan* oder der → *Badb*, beides Kriegsgöttinnen. Sicher ist, daß sie wie Badb oft die Gestalt einer Nebelkrähe annahm. Andererseits ähnelten ihre drei Aspekte denen der ebenfalls dreifaltigen Morrigan. Als eigenständige Erscheinung regierte Macha vor allem die *mesred machae*, jene

Madalait

Säulen, auf denen der keltischen Tradition zufolge die abgetrennten Häupter der in der Schlacht Gefallenen zur Schau gestellt wurden.

Madalait → *Walo*

Madder-Akka Diese Geburtsgöttin der Samen (oder Lappen) hatte drei Töchter: → *Sar-Akka*, → *Juks-Akka* und → *Uks-Akka*, eine Dreiheit von Schicksalsgöttinnen, die mit ihrer Mutter unter der Erdoberfläche wohnten. Madder-Akka hatte die Kontrolle über die gesamte Fruchtbarkeit auf Erden, während ihre Töchter unmittelbar für die menschliche Fortpflanzung und Geburt zuständig waren. Sar-Akka öffnete den Schoß; als magische Unterstützung wurde außerhalb des Geburtszeltes Holz gehackt, damit sich das Fleisch der Frau ebenso leicht spalte wie ein Holzscheit. Außerdem trank die werdende Mutter vor der Niederkunft zu Sar-Akkas Ehren Brandy. Danach bestand ihre erste Mahlzeit aus Sar-Akka-Brei, in dem drei magische Stöckchen mitgekocht worden waren: ein weißes (verhieß Glück), ein schwarzes (kündigte Tod an) und ein gespaltenes (deutete auf Reichtum).

Juks-Akka («Alte Dame des Bogens») war ebenfalls an der Haferbrei-Zeremonie beteiligt. Wenn das Neugeborene ein Junge war, sicherte sie ihm Erfolg bei der Jagd zu, vorausgesetzt ein winziger Bogen war in den Haferbrei gelegt und von einem der Speisenden herausgefischt worden. Die dritte Schwester, Uks-Akka («Alte Dame der Tür»), hatte die Aufgabe, das Neugeborene in der Welt des Lichts zu empfangen. Allerdings hieß es, daß sie fern vom Tageslicht lebte, direkt unter dem Eingang des Zeltes. Von dort her segnete sie jeden, der das dunkle Heim verließ und vom Schoß ins Licht der Welt wechselte.

Ma-Emma Die Erdmutter der Esten war eine der größten Gottheiten der baltischen Völker und wurde überall dort verehrt, wo ein alter Baum einzeln auf einer Wiese stand oder ein Steinhaufen die Fundamente eines vor langer Zeit niedergebrannten Hauses markierte. Ma-Emma war die Mutter aller Geschöpfe der Erde, aber besonders die Menschen waren von ihr abhängig, weil Ma-Emma ihnen die Nahrung zuteilte. Deshalb gab das Landvolk am Erntedankfest von allem, was es von der Göttin empfangen hatte, einen Teil zurück.

Einer ihrer Lieblingsfeiertage war die Sommersonnenwende, wenn zur Feier ihrer Fruchtbarkeit Feuer entzündet wurden. Tiere wurden in die Nähe dieser Feuer getrieben, damit der heilige Rauch sie für das nächste Jahr segnete. Kinder liefen mit Blumen und Gräsern durch den Rauch und verfütterten sie dann an das Vieh. Der Abend endete mit Prozessionen, die die angesehensten Frauen des Dorfes anführten. Danach wurde Essen für Ma-Emma gekocht und ihr mit diesen Worten gedankt: «Mutter, du gabst mir, nun gebe ich dir. Nimm von mir an, was ich von dir angenommen habe.»

Maeve, Meave, Medb Unter den großen weiblichen Gestalten der irischen Legende muß Königin Maeve wahrscheinlich die prächtigste gewesen sein. Ursprünglich war sie die Göttin der Souveränität des Landes und die Herrin von Tara, dem magischen Zentrum der Insel, aber im Laufe der Jahrhunderte und durch den Wandel der irischen Kultur unter dem Einfluß des Christentums wurde sie im Mythos herabgestuft zu einer bloßen sterblichen Königin.

Doch keine sterbliche Königin hätte so sein können wie sie, diese «Rauschhafte» oder «Trunkene» – so lauten die unterschiedlichen Bedeutungen ihres Namens –, die schneller als Pferde rennen konnte, mit unzähligen Königen schlief und diese wieder verließ oder fortschickte, die Vögel und Tiere auf ihren Schultern und Armen trug. Falls jemals eine Frau namens Maeve Irland als Königin regiert hat, war es wahrscheinlich eine fast in Vergessenheit geratene Namensschwester, und es haben sich nur, wie in so vielen anderen Fällen, die Legenden über eine Göttin an einen sterblichen Träger des gleichen Namens geheftet.

Maeve ist die Schlüsselfigur des wichtigsten erhalten gebliebenen, alten irischen Epos, des *Tain Bo Cuailnge* («Der Rinderraub von Cooley»). Die Geschichte beginnt damit, daß Maeve, die damals über die Wildnis von Connaught im Westen Irlands herrschte, mit ihrem augenblicklichen Gefährten, König Aillil, im Bett lag: Sie vergleichen ihre Besitztümer, und

Aillil versucht zu beweisen, daß er mehr besitzt als sie. Punkt um Punkt hält Maeve mit ihm Schritt. Schließlich erwähnt er einen magischen Bullen – und gewinnt den Wettstreit, denn Maeve hat kein solches Tier.
Aber sie kannte eines, den magischen Stier von Cooley, und so sammelte Maeve ihr Heer, um ihn zu stehlen. Sie stürzte sich in die Schlacht in einem offenen Wagen, umgeben von vier Streitwagen, denn sie war wunderhübsch herausgeputzt und wollte sich ihre Gewänder nicht beschmutzen. Sie war trotzdem eine ernst zu nehmende Gegnerin, die die Armeen des übrigen Landes in Schrecken versetzte, denn kein Mann konnte Maeve anschauen, ohne von Begierde gelähmt zu werden.
Bei der Ankunft von Königin Maeves Truppen sinken die Männer von Ulster, entsprechend dem Fluch der Göttin → *Macha*, von Wehenschmerzen geplagt, zu Boden. Nur der Held Cuchulainn widersteht, tötet Maeves Magd Locha und viele der männlichen Helden von Connaught. Maeve versucht den Sieg mit ihren «bereiten Hüften» zu erkaufen, unterbricht die Kampfhandlungen jedesmal, wenn sie menstruiert, und zeigt sich ansonsten als ungewöhnlich starke Kriegerin. Nach großem Blutvergießen erringt sie tatsächlich ihren Stier – aber er und Aillils Stier stürzen sich aufeinander, reißen sich gegenseitig in Stücke und sterben in einem der blutigsten Tierkämpfe der mythischen Weltliteratur.
Siehe auch → *Feithline*.

Mafdet Die Herrin des Lebensschlosses war eine frühe ägyptische Göttin, deren Totemtiere eine Wildkatze und der Mungo waren. Sie symbolisierte die richterliche Gewalt und wurde von Übeltätern vor dem Urteilsspruch angerufen, um gnädig davonzukommen, aber auch von Menschen, die von einer Schlange gebissen worden waren.

Magna Mater → *Kybele*

Magog, Ma Gog Zusammen mit ihrem Gefährten Gog hat man diese frühe Göttin Englands einst mit aus Kreide geschnittenen Bildnissen verehrt. Als Berggöttin wurde sie auf Anhöhen angebetet, die immer noch Magg's oder Megg's Hills genannt werden oder heute, christianisiert, St. Margaret's heißen. Eingekerbt in die Gogs oder Gogmagogs (oder sogar Hoggogamagog Hills) bei Wandlebury, nahe Cambridge, fand man Bildnisse von zwei oder drei Gottheiten. Eine war eine vierbrüstige Frau, die auf einem Pferd saß und deren Name wohl «Mutter Gott» bedeutete.

Ma Gu, Ma-ku Diese chinesische Fee stand in dem Ruf, außerordentlich gütig und fleißig zu sein. Deshalb erhob das Volk sie zur Göttin der schönsten Jahreszeit, also zu einer Frühlingsgöttin. Ihre Lieblingsbeschäftigung war es, durch Zauberkraft Land urbar zu

Ma Gu

Mahadevi

machen und Maulbeerhaine für die Seidenraupenzucht anzulegen. Offenbar tat sie des Guten zuviel, denn sie zog sich den Zorn ihres Vaters zu, als sie seinen Werkleuten die Arbeit abnehmen wollte, und mußte in die Berge fliehen, wo sie fortan als Einsiedlerin lebte.

Mahadevi → *Devi*

Mahakala «Große Zeit» nannten die Tibeter die große hinduistische Göttin → *Kali*, während bei den Indern der große Gott Shiva diesen Beinamen hatte.

Mahalat → *Agrat Bat Mahalat*

Mahr → *Mora*

Mahui-Iki Bei den Polynesiern heißt es, die Unterwelt sei ein feuriges Königreich, regiert von Königin Mahui-Iki oder Mahuea, deren Kraftpotential in ihren Finger- und Fußnägeln stecke. Ihr Enkel war der Held und Tunichtgut Maui, der eines Tages trotz der Warnungen seiner Mutter → *Taranga* beschloß, die Macht seiner Großmutter auszulöschen.
Maui reiste in Mahui-Ikis Herrschaftsgebiet und fand sie am Herd in einem Kochtopf rührend. Er bat sie um Hilfe, weil er Feuer brauche, um Essen zu kochen. Mahui-Iki zog sich einen Fingernagel heraus und gab ihn ihm. Heimlich löschte er die Glut, die der Halbmond des Nagels enthielt. Dann bat er um einen weiteren Nagel, dann um noch einen, bis Mahui-Iki ihm alle ihre Fingernägel gegeben hatte und sogar noch neun Zehennägel dazu. Als Maui ihren letzten Zehennagel haben wollte, um auch diesem das Feuer zu nehmen, explodierte Mahui-Ikis Zorn. Sie zog sich den letzten Nagel heraus, schleuderte ihn zu Boden und entfachte damit ein großes Feuer. Maui rief Regen vom Himmel herab, um die Flamme auszulöschen, aber die Bäume ringsherum loderten schon, und die Menschen begriffen, daß sie von nun an Feuer aus Holz entzünden konnten.

Maia Der Name unseres schönsten Frühlingsmonats leitet sich ab von dieser alten Göttin, die sowohl in der griechischen als auch in der römischen Mythologie auftaucht. In Griechenland war sie – gemäß den verschiedenen

Mahakala

Bedeutungen ihres Namens – «Großmutter», «Hebamme» oder «Seherin». Ursprünglich die Göttin des Nachthimmels und später die älteste der → *Plejaden*, wird sie in der einzigen Sage, die über sie erhalten ist, als Mutter des Gottes Hermes genannt. Die Römer vermengten die griechische Maia mit ihrer Feuergöttin gleichen Namens. Sie regierte, wie → *Flora* und → *Feronia*, die Kräfte des Wachstums und der Wärme, die sexuelle Hitze eingeschlossen. Später wurde sie zu einer noch umfassenderen Gottheit und der → *Bona Dea* gleichgesetzt. Maias Fest wurde am ersten Tag ihres Monats abgehalten, ein Ritus, der heute noch in dem christlichen Brauch weiterlebt, diesen Monat → *Maria* zu weihen, der Maienkönigin.

Maitreyi Als der hinduistische Heilige Yajnavalkya beschloß, den Hof des weisen indischen Königs Janaka zu verlassen, um in der Waldeinsamkeit ein Leben der Entsagung zu führen, wollte er seinen Besitz zwischen seinen beiden Frauen teilen. Die eine von ihnen, Maitreyi («Die Liebende»), fragte ihn, ob sie durch dieses Erbe oder überhaupt durch Reichtümer Unsterblichkeit erlangen könne. Als Yajnavalkya dies entschieden verneinte, hatte sie nur noch den einen Wunsch, von ihm über den Weg zur Unsterblichkeit des Selbst belehrt zu werden. Die Unterweisung, die sie daraufhin von dem Heiligen erhielt, ist das Kernstück einer der Upanischaden, die zu den maßgeblichen altindischen Lehrbüchern des Hinduismus gehören.

Makaria «Die Gesegnete» war die einzige Tochter des Helden Herakles und der Kriegerin → *Deianeira*. Während einer Belagerung Athens kündigte ein Orakel an, daß die Stadt überrannt werden würde, wenn man nicht ein Kind des Herakles opfere. Um ihre Heimatstadt zu retten, beging Makaria Selbstmord. Der Feind zog unverrichteter Dinge ab, und die dankbaren Bürger benannten zu Ehren der Retterin einen wichtigen Quellwasserbrunnen Makaria.

Makris Diese → *Nymphe,* eine Kusine des Dionysos, half dabei, den Weingott, als er noch ein Baby war, in einer Höhle zu betreuen, wo sie ihn löffelweise mit Honig fütterte. Von der Göttin → *Hera* aus Eifersucht ins Land der Phäaken auf die Insel Scheria vertrieben, war Makris dort Gastgeberin von → *Medea* und Jason, die in ihrer Grotte Hochzeit feierten.

Ma-ku → *Ma Gu*

Mal Die alte Göttin von Hag's Head, den berühmtesten der Klippen von Moher im äußersten Westen Irlands, war eine übereifrige Liebhaberin, die starb, während sie einen viel jüngeren Mann die irische Küste entlang verfolgte. Das Dorf Miltown Malbay wurde nach ihr benannt.

Malina → *Akycha*

Mama Die große Pockengöttin Koreas hinterläßt angeblich geisterhafte Fußabdrücke, die als kleine Pusteln auf den Körpern derjenigen erscheinen, die sie heimsucht. Wenn die Kinder im Fieberwahn reden, ist man überzeugt, daß es ihre Stimme ist. Das Ritual, Mama zu begrüßen und dann zu bitten, wieder zu gehen, beginnt fünf Tage nach der Ansteckung. Sauberes Trinkwasser heißt den Geist von Mama willkommen, dann werden Gebete gesprochen, auf daß Familienmitglieder, die früher von den Pocken dahingerafft wurden, die Nachkommen nicht mehr besuchen sollen. Die von einer Schamanin durchgeführte Zeremonie wird Skimun genannt oder «Tor der Krankheit» und wird bis zum zwölften Tag immerfort wiederholt, selbst dann, wenn der Patient nicht mehr in Lebensgefahr ist. Für Mamas Abreise steht derweil ein Reittier bereit, Sangma genannt. Es wird aus drei dikken Stengeln Beifuß gebildet, die zu einem Pferd geformt werden. Daneben werden als Satteltaschen Körbe mit gekochtem Reis, Kuchen und Geld gestellt.

Mama Cocha Die älteste Gottheit Perus war «Mutter Meer», die Göttin des Ozeans, die nicht nur von den Inkas verehrt wurde, sondern von allen Stämmen der südamerikanischen Pazifikküste. Auch die Bergbewohner stiegen regelmäßig zu ihr hinunter und brachten ihre Kinder mit, denn Mama Cocha war die Quelle der Gesundheit und der Nahrung. Sie versorgte die Menschen nicht nur mit Fischen, sondern auch mit dem Fruchtbarkeit bringenden Regen, gewonnen aus dem Wasser, das die Meeresgöttin aus ihrem Reich in die Wolken geschickt hatte.

Maman Brigitte Sie war im haitianischen Voodoo-Glauben ein Geist des Todes, dem alle Friedhöfe gehörten, besonders jene, auf denen die erste begrabene Leiche die einer Frau war. Ihre Kinder waren jene Geister, die die Grabstellen ausmessen, graben und kennzeichnen.

Mama Ocllo Als die Spanier zu Beginn des 16. Jahrhunderts nach Südamerika drangen, hörten sie eine Vielzahl von Namen, die die Inkas den Ahnherrinnen ihres Volks gegeben hatten, z.B. Mama Ocllo oder Mama Huaco, Mama Coya und Mama Rahua, Topa Huaco, Cori Ocllo und Ipa Huaco. Diese Frauen sollen Schwestern gewesen sein, die mit ihren Brüdern zum Zeitpunkt der Schöpfung auf die Erde kamen und sie mit Inkas bevölkerten.

Die am häufigsten genannte war Mama Ocllo. Es hieß, sie sei die intelligenteste und sie habe nach langem Suchen bewohnbares Land für

Mamapacha

ihre Geschwister gefunden, nämlich dort, wo dann die Stadt Cuzco gegründet wurde. Sie tötete einen vorbeigehenden Ureinwohner, einen Poque-Indianer, schlitzte seine Brust auf und nahm seine Lunge heraus. Das blutige Organ in ihrem Mund tragend, erschreckte Mama Ocllo die Menschen, die in diesem Gebiet lebten, absichtlich so sehr, daß sie die Flucht ergriffen und ihr Land dem Volk der Inka überließen.

Mamapacha Bei den Inkas wurde die Erde von der Drachengöttin bewacht, die unter den Bergen wohnte. Gelegentlich zitterte sie und sandte Erdbeben durch die Welt. Mamapacha (auch Pachamama oder Amara genannt) war auch die Gottheit der Landwirtschaft. Die Rituale ihr zu Ehren mußten täglich durchgeführt werden, um genug Nahrungsvorräte zu sichern. Während der Aussaat und der Ernte zogen die Frauen auf die Felder, um sanft mit Mamapacha zu reden und eine Opfergabe Mehl auf ihr Antlitz zu schütten.

Mama Quilla Im alten Peru war dies der Name der Mondgöttin, die man sich als silberne Scheibe mit dem Gesicht einer Frau vorstellte. «Mutter Mond» wurde geehrt bei Ritualen, die an den Kalender gebunden waren und besonders während Mondfinsternissen abgehalten wurden, wenn es nämlich zu verhindern galt, daß ein dämonischer Jaguar sie gänzlich verschlingt.

Mami, Mama Genauso wie die hebräische Schöpfungslegende die Erschaffung der Menschheit aus dem Lehm eines Urstoffs schildert, beschrieben diesen Vorgang auch andere Überlieferungen im östlichen Mittelmeerraum und Vorderen Orient. Aber die Sumerer sagten, daß der Schöpfer nicht ein Gott war, sondern die Allmutter Mami, die mit Lapislazuli geschmückte Herrscherin über die Erde. In späterer Zeit, in Babylonien bzw. Kleinasien, wurde sie auch Aruru, Ninma («Größte Herrin»), Ninsikilla («Reine Mutter») oder einfach Ma genannt.

Die «Menschheitstöpferin» vermischte Lehm über dem kosmischen Abgrund, um vierzehn Selbstbildnisse zu formen, die sie in zwei Reihen aufstellte, sieben an ihrer rechten Seite, sieben an ihrer linken. Zwischen die Reihen stellte Mami einen gebrannten Ziegelstein. Sie sprach lebenspendende Beschwörungsformeln über die Lehmmodelle, worauf diese zu leben begannen: jene zu ihrer Rechten als Männer, die zu ihrer Linken als Frauen, alle jedoch als ihre Ebenbilder. Daher lautet einer der Beinamen von Mami Nindum («Herrin der Fortpflanzung»).

Entzückt über ihre Schöpfungen rief Mami die anderen Götter zu einer Feier zusammen. Es dauerte nicht lange, bis die Göttin betrunken war und mit den Resten des Schöpfungslehms herumzuspielen begann. In ihrem Rausch erschuf sie sterile Frauen, zeugungsunfähige Männer und vier andere mißglückte menschliche Typen, über die nichts berichtet wird. Dies stachelte Enki an, den Gott der Weisheit, seine Kreativität ebenfalls zur Schau zu stellen. Er war aber genauso betrunken. Das Ergebnis: Vom Boden erhob sich schwankend ein verkrüppelter, geistig zurückgebliebener Mann. Entsetzt über dieses Geschöpf bat Enki Mami es zu verbessern, doch die Schöpfungsgöttin hatte keine Macht, das zu verändern, was bereits existierte.

Als Symbol für Mamis Ziegelstein nahmen die sumerischen Frauen ein Kissen, wenn sie während der Wehen etwas von der Macht der Allmutter in sich spürten. Sie riefen während der Geburtsphase Mami unter den Namen Nagar-Saga oder Sasura als «Gestalterinnen des Fötus» an. Die Leistung jeder Frau war ein Abbild der Schöpferkraft der Mutter. Wenn ihr Männer dienten, dann als Eunuchen, die in wilder Ekstase zu Trompeten- und Tambourinklängen tanzten, sich dabei zu Mamis Ehren mutwillig selbst verletzten.

Je weiter Mamis Kult sich über den Mittelmeerraum ausbreitete, desto mehr verlor sie ihre Eigenschaft als sanfte Erdmutter und wurde mehr und mehr zur Kriegergöttin, Verteidigerin des privaten Eigentums und Beschützerin des Ackerbaus. Als Besitzerin der Erde verlangte sie, daß eine Ecke eines jeden bestellten Feldes ihr zu Ehren brach gelassen werde. War dieser Wunsch erfüllt, schützte sie den Landmann vor schlechten Ernten. In diesen späteren Zeiten wurde Mami auf grimmigen Löwen stehend oder reitend dargestellt, geschmückt mit den Reichtümern ihres Vol-

Mänaden, Mainaden

kes. Als sie Italien erreichte, war sie zur reinen Kriegsgöttin geworden, zu → *Bellona*, und so ging die sanfte Erdmutter des Nahen Ostens in die westliche Geschichte als Ma-Bellona ein. Siehe auch → *Ereshkigal*, → *Mawu*.

Mamazara → *Zaramama*

Mamitu Diese göttliche Ahnherrin der Chaldäer war als Schicksalsgöttin für alles verantwortlich, was ihren Nachkommen geschah. Sie scheint gleichsam ein zur Göttin erhobenes Chromosom gewesen zu sein.

Mänaden, Mainaden Der ekstatische Kult der Mänaden («Die Rasenden») stammt aus dem wilden Thrakien des 8. Jahrhunderts v.Chr. und galt Dionysos, dem Gott des Weines und Rausches. In einigen Teilen Griechenlands und in Italien trug er den Namen Bakcchos bzw. Bacchus, weshalb man seine Anhängerinnen dort Bakchen oder Bacchantinnen nannte.

Dieser unbändig lebensfrohe Gott, ein Kind von Zeus und → *Semele,* war ein Nachzügler des olympischen Pantheons, der bezeichnenderweise ausschließlich von Frauen umhegt und angebetet heranwuchs. Und diese weibliche Gefolgschaft wiederum war von ganz anderer Art als die Verehrerinnen der übrigen und gewissermaßen seriösen Götter. In die Häute selbsterlegter Tiere gehüllt, trugen die Mänaden als Symbol ihrer Ergebenheit gegenüber Dionysos jene uns von vielen Malereien und Reliefs her bekannten, mit Efeu und Weinlaub umwickelten Thyrsosstäbe zur Schau und errichteten ihrem Gott mit Vorliebe in der Wildnis Altäre. Wir sehen sie auf Vasenbildern durch Wälder und Felder laufen, die Köpfe zurückgeworfen, mit wehenden Haaren, in verzücktem Tanz, begleitet von Flöten, Tromeln und Tamburinen. Wenn sie Hunger hatten, töteten sie mit bloßen Händen das nächstbeste Wild, verschlangen auf der Stelle das rohe Fleisch und tranken das warme Blut, um sich in ihren nicht enden wollenden Ritualen bei Kräften zu halten.

Die Männer zeigten sich über dieses Treiben ziemlich entsetzt, vielleicht aber nur, weil es ihnen strengstens untersagt war, daran teilzunehmen. Einem männlichen Zuschauer bei

Tanzende Mänade (römisch)

solchen Zeremonien oder Ausschweifungen im Zustand «heiliger Ekstase» drohte fürchterliche Strafe. Es gibt viele Geschichten von Männern, die, wie etwa → *Agaves* Sohn Pentheus, König von Theben, diese strengen Regeln mißachteten und den Tod fanden. Es gibt auch Erzählungen von Frauen, die sich lustig machten über die scheinbar verrückten Anhängerinnen des «Zeus der Frauen», wie Dionysos genannt wurde, und die zur Strafe für ihren Spott in den Wahnsinn getrieben wurden. Alle Versuche, diesem Kult oder zumindest seinen Auswüchsen Einhalt zu gebieten, schlugen fehl.

An der Spitze seiner Frauen, angeführt von → *Ariadne,* stürmte oder schwankte der berauschte Gott unbeirrt weiter, gekleidet in

Frauengewänder und wunderschön anzusehen. Dionysos war genaugenommen ein Vegetationsgott, also ein Garant von Wachstum, Reife und Tod, was aber auch bedeutete, daß es sein natürliches, unabdingbares Schicksal war, zugrunde zu gehen, um wiedererstehen zu können. Nach dieser Auslegung vertraten die Mänaden die Göttin des Lebens und des Todes, die «Amme» des jugendlichen Gottes und seine Verschlingerin.

Selbstverständlich nahmen nicht alle Frauen an den tage- und nächtelang dauernden Orgien teil, aber es heißt, daß die Griechinnen allen ihren Schwestern das Recht zugestanden, sich für Dionysos derart rückhaltlos zu engagieren. Brachen einzelne Mänaden auf dem Heimweg in ihr Dorf vor Erschöpfung zusammen, so beschützten sie die daheimgebliebenen Matronen vor der Lüsternheit oder der Wut der Männer.

Religionswissenschaftler haben verschiedene und einander widersprechende Hypothesen aufgestellt, welche Motive die Mänaden wohl so wild werden ließen. Der deutsche Mythenforscher Johann Jakob Bachofen hat im 19. Jahrhundert rundweg erklärt, diese Frauen seien Besessene, sogar kriminelle Geisteskranke gewesen. Unter modernen psychologischen Gesichtspunkten ist man zu der Auffassung gekommen, daß die Unterdrückung der griechischen Frauen wahrscheinlich so stark war, daß ihre Frustration sich in heftigen Orgien und ähnlichem Extremverhalten entlud. Philip Slater meint, daß das angebliche Töten von Knaben eine Ersatzhandlung für den direkten Angriff auf die Väter der Kinder darstellte. Wieder andere sind der Ansicht, daß der Dionysos-Kult eine zeitgemäße Form weiblicher Spiritualität war, eine Gelegenheit für die Frauen, die göttlichen und schrecklichen Rollen der Göttinnen nachzuspielen.

Sicher ist, daß die dionysische Religion dasselbe Schicksal erlitt wie die anderen frauenzentrierten Religionen Griechenlands: Sie wurde von Männern neu interpretiert und den ursprünglichen Priesterinnen aus der Hand genommen. Auch Orpheus, der nach dem Verlust seiner → *Eurydike* die Männer aufrief, lieber homosexuell zu werden als der Begierde der Frauen nachzugeben, trug zur Ächtung der Mänaden bei. Obwohl sie den Sänger dafür attackierten und in Stücke rissen, konnten sie doch nicht verhindern, daß Orpheus' Kopf weitersang und die orphische Religion sich weiter ausbreitete.
Siehe auch → *Sphinx*.

Manat Zusammen mit → *Allat* und → *Aluzza* war diese Wüstengöttin des Schicksals und der Zeit das dritte Mitglied der arabischen Göttinnen-Trinität. Die drei Göttinnen scheinen jedoch Verkörperungen der drei Lebensphasen ein und derselben Frau gewesen zu sein: In der Jugend war sie die jungfräuliche Kriegerin Aluzza, in der Blüte ihres Lebens die fruchtbare, wohltätige Allat und als alte Frau Manat, eine Schicksalsmacht und die Bringerin des Todes.

Der Kult von Manat erstreckte sich über den größten Teil des antiken Arabien. Ihr wichtigstes Heiligtum lag an der Straße zwischen Mekka und Medina. Dort wurde sie – wie an anderer Stelle → *Kybele* – in Gestalt eines schwarzen, unbehauenen Steines verehrt, der zerstört wurde von Mohammed, als dieser darum kämpfte, seine eigene, absolut männerzentrierte Religion zu etablieren. Trotz der Zerstörung ihres Schreins wurde der Kult dieser Göttin noch lange fortgesetzt. Doch ihr Volk, beeindruckt von dem Erfolg der sie umgebenden maskulinen Religionen, machte aus der Göttin Manat einen Gott.

Mania, Maniae Wir benützen den Namen, um eine Besessenheit zu beschreiben, möglicherweise eine Reminiszenz an jene Tage, als Manias Geist an die Erdoberfläche kam, um die Lebenden in den Wahnsinn zu treiben. Für die Römer war Mania die Mutter der Geister. Ihre Seelen waren im Zentrum Roms eingeschlossen in einem tiefen Brunnen, der mit einem Stein versiegelt war, der jährlich mehrere Male entfernt wurde. In jenen Nächten, da die Toten auf der Suche nach Opfern herumstreiften, hängte man wollene Figürchen an die Türpfosten, eine für jede freie Person in diesem Haus, eine Puppe anderer Art für jeden Sklaven – alles in der Hoffnung, daß Manias Heerscharen, die Maniae, sich mit den Nachbildungen der Bewohner des Hauses begnügen würden.
Siehe auch → *Erinnyen*.

Manto Noch immer bezeichnen wir die Seherkunst als *Mantik* nach dem Namen dieser griechischen Prophetin, einer Tochter des berühmten thebanischen Sehers Teiresias. Manto wurde vom Volk von Argos gefangengenommen, die sie, beeindruckt von ihren Gaben, mitnahmen, damit sie in Delphi eine Orakelverkünderin wurde.

Mara → *Mora*

Marahi Devi → *Sitala*

Marcia Proba Die Gesetze der legendären keltischen Königin Britanniens, die im 3. Jahrhundert v. Chr. regiert haben soll, wurden nach ihr die *Marcianischen Statuten* genannt. Auffallend ist die Fairneß, mit der darin die Frauen behandelt wurden. Die Iren übernahmen die Regelungen weitgehend in ihre eigene Gesetzgebung der *Laws of Brehon*, die bereits die rechtliche Gleichstellung der Frau vorsahen. Viele Bestimmungen der Statuten von Marcia Proba wurden später Teil der *Magna Charta* – nicht aber die Gleichberechtigung der Geschlechter.

Mardeq Avalon Dieser Windgöttin des Volks der Tscheremissen in Rußland wurde in heiligen Hainen gehuldigt, die sowohl aus Eichen wie Birken bestanden. In der Rangfolge der Gottheiten an achter Stelle, wurde sie sogar mehr verehrt als die Erdgöttin.

Mardöll → *Freyja*

Marena → *Marzana*

Maria Es gibt eine altehrwürdige mythische Tradition: Ein Volk gibt seine eigenen Göttinnen nie wirklich auf. So mußten die frühen Europäer, als sie christianisiert wurden, der – oftmals erzwungenen – Konversion zu einer Religion ins Auge sehen, die einen großen Teil ihrer traditionellen Glaubensvorstellungen leugnete oder verwarf.
Was das Christentum beispielsweise leugnete, war die Möglichkeit einer göttlichen Weiblichkeit, die im alten Europa z. B. unter den Namen → *Brigit*, → *Freyja*, → *Mati* und → *Saule* sowie unter zahllosen anderen Namen verehrt worden war. Es ging um mehr als nur einen äußerlichen Wandel, wenn das frauenfeindliche Christentum keine Vorstellung einer Muttergöttin als Ersatz für jene, die man so hoch verehrt hatte, zuließ.
Es dauerte jedoch nicht lange, bis die Menschen in der christlichen Mythologie eine weibliche Gestalt entdeckten, die ihnen ebenso verehrungswürdig erschien und dazu geeignet, den Platz der verlorenen Göttinnen einzunehmen: die Jungfrau Maria, Tochter der → *Hanna,* die ihren göttlichen Sohn erst verlor, dann durch seine Auferstehung wiedererlangte und nach seiner Himmelfahrt selbst zu Gott aufstieg, was ihr den Beinamen «Himmelskönigin» einbrachte.
Auch wenn die Kirche es noch so sehr versuchte, sie konnte die Ausbreitung des Marienkults nicht aufhalten.
Viele Gelehrte haben die Spuren der Ausbreitung der Marienverehrung verfolgt. Einige stellen die Behauptung auf, daß das Christentum von seinem Beginn am Weiblichen orientierte Rituale enthielt, die, wie die Frauenfeste der römischen → *Bona Dea*, die Mutter höher stellten als den Sohn. Ob das nun so war oder nicht, die Anbetungsexzesse der männlichen und weiblichen Gefolgschaft Marias führte zu fortwährenden Ermahnungen von seiten der Kirchenoberen, daß sie keine Göttin sei – obwohl sie nicht nur nach der Volksmeinung wirklich alle Titel und Attribute einer solchen besaß. Selbst heute noch, viele Jahrhunderte, nachdem die alten Göttinnen vergessen wurden, stellt Maria eine Bedrohung des patriarchalischen Christentums dar. Die größere Zahl der Kirchen und oft der größere Raum innerhalb einer Kirche ist ihr gewidmet, nicht ihrem Sohn, und sie ist diejenige, an die viele Katholiken ihre Gebete am liebsten richten.

Mari-Ama Die nordische «Mutter des Todes» wurde mit vier Händen dargestellt, die einen Dreizack, einen Schädel, ein Seil und eine Trommel hielten.

Marici Mit drei Gesichtern, sechs bis acht Armen und einem Kranz aus glänzenden Strahlen um den Kopf wurde die buddhistische Göttin der Morgendämmerung dargestellt. Sie kam mit ihrem goldenen Wagen, gezogen von

Marinette

Marici

kräftigen Ebern, aus der Nacht und brachte den Tag mit. Nach bescheidenerer Vorstellung ritt sie nur auf einem Eber und hatte bloß zwei Arme. Auf die alten hinduistischen Götter war sie offenbar nicht gut zu sprechen, denn es gibt Bildnisse von Marici («Lichtstrahl») – chinesisch Mo Lizhi –, auf denen sie Brahma, Shiva und Vishnu unter ihren Füßen hat.

Marinette Diese mächtige Zauberin «der trockenen Waffen» ist eine Schleiereulen-Dämonin des haitianischen Voodoo-Kults. Sie bringt dessen Anhängerinnen dazu, in Trance ihre Arme wie Flügel zu bewegen und ihre Finger zu Krallen zu krümmen. Wie die griechische → *Hekate* ist Marinette eine Nachtgöttin, die die Wälder nach Gaben durchsucht, die man ihr hingestellt hat. Besondere Messen ihr zu Ehren werden weit draußen in der Wildnis abgehalten an einem riesigen Feuer, das mit Salz und Öl geschürt wird und wo man der magischen Eule Hühner, Schweine und Ziegel opfert.

Marpesia Eine der großen Kriegsköniginnen der → *Amazonen,* die zusammen mit der Feldherrin → *Hippo* von ihrem Reich am Schwarzen Meer aus zuerst Thrakien, dann Ephesos und sogar Syrien eroberte. Später regierte sie ihr Reich von Ephesos aus, mußte sich jedoch bald wieder auf das Schlachtfeld begeben und starb im Kampf, als sie einen Aufstand der Urbevölkerung am Ägäischen Meer niederschlagen wollte.

Marpessa Homer nannte diese Geliebte des griechischen Helden Idas «Euenos' Tochter mit den schönen Fesseln». Als Apollon ihr Gewalt anzutun versuchte, rief Marpessa Zeus um Hilfe an. Der verlieh Idas den Mut des «Tapfersten unter den Männern auf Erden», so daß dieser es wagte, dem mächtigen Gott und Bedränger von Marpessa mit Pfeil und Bogen entgegenzutreten – woraufApollon sich zurückzog.

Maruwa Bei den Wachanga und Chaga in Kenia wird folgende alte Geschichte erzählt: Maruwa (oder Marwe) und ihre kleine Schwester wurden beauftragt, das Bohnenfeld der Familie zu bewachen. Als Maruwa durstig wurde, ging sie zum nahegelegenen Teich, um zu trinken, und ließ ihre Schwester auf dem Feld zurück. Während Maruwa nicht da war, tauchte eine Affenherde auf und fraß vor den Augen der entsetzten Kleinen alle Bohnen auf.
Verzweifelt darüber, daß sie den Verlust des Nahrungsvorrats für ihre Familie verschuldet hatte, stürzte sich Maruwa in den Teich. Sie sank auf den Grund und fand dort ein Dorf, in dem sie willkommen geheißen wurde. Da sie über die Bräuche der Wassergeister Bescheid wußte, weigerte sich Maruwa, das ihr angebotene Essen zu verspeisen, und behauptete, daß sie wie alle Menschen, die über dem Wasser leben, bitteres Essen gewohnt seien und kein anderes vertragen könne.
Die alte Frau, bei der Maruwa wohnte, gab ihr täglich Anweisungen, denen sie niemals folgte. Dadurch fühlte sich ein kleines Mädchen zu ihr hingezogen. Das riet Maruwa, zu versprechen, daß sie gehorchen werde, wenn sie zur Belohnung wieder nach Hause zurückkehren dürfe. Die alte Frau sagte ihr dies zu und befahl Maruwa zugleich – um sie auf die Probe zu stellen –, sie solle in einen Misthaufen springen. Das tat sie, und sofort fand sie sich zu Hause wieder, geschmückt mit Silberketten und kostbaren Perlen.
Ein Mädchen aus dem Dorf, das neidisch war auf Maruwas neuen Reichtum, wollte ihr alles nachmachen. Als sie auf dem Grund des Tei-

ches angekommen war, befolgte sie jedoch alle Anweisungen der alten Frau aufs genaueste – unter anderem auch diese, die ganze Hausarbeit dem kleinen Mädchen zu überlassen, das mit Maruwa befreundet gewesen war und ihr den bekannten guten Rat erteilt hatte. Dieses Kind riet der neuen Besucherin, ebenfalls um die Rückkehr nach Hause zu bitten und alle Arbeit zu verweigern, wenn ihr Wunsch nicht erfüllt werde. Die Alte ließ das Mädchen tatsächlich frei, aber angefüllt mit einem die Seele verzehrenden Feuer, das sie dazu trieb, sich wieder im Wasser zu ertränken, das von da an bitter schmeckte.

Marzana So lautete der polnische Name für die Göttin von Winter und Tod, die in Rußland Marena genannt wurde. Jeden Frühling wurde ein Bildnis der «Alten Frau Winter» durch das Dorf getragen und unter allgemeinem Freudengeschrei aus der Stadt geworfen.

Masaya Diese alte nikaraguanische Göttin der Vulkane und Erdbeben war die Verkünderin der Orakel. Nach den überlieferten Beschreibungen hatte sie schwarze Haut, dünne Haare und Hängebrüste.

Mastor-Ava → *Azer-Ava*

Matariki Gewissermaßen die → *Plejaden* bei den Maori. Man stellte sie sich als eine Ahnherrin mit sechs Kindern vor.

Matergabiae «Frauenfeuer», die litauische Göttin des Haushalts. Ihr opferte die Herrin des Hauses den ersten Laib bei jedem Brotbacken. Mit den Fingern wurden ornamentale Zeichen in den Teig gedrückt, um das Brot als Eigentum der Göttin zu kennzeichnen, eine Sitte, die in Litauen heute noch von manchen Frauen befolgt wird. Der letzte Laib gehörte der Bäckerin selbst als Stellvertreterin der Göttin. Sie aß ihn als eine Vereinigung mit Matergabiaes schöpferischen Kräften.

Mater Larum → *Lara*

Mati Im Wohngebiet der Slawen galt es früher als eine schwerwiegende Sünde, die Erde vor dem 25. März mit Eisenwerkzeugen zu bearbeiten; denn Mati («Mutter Erde») war bis zu dieser Zeit schwanger, und man malträtiert keine schwangere Frau. Matis vollständiger Name war Mati Syra Semlja («Feuchte Mutter Erde»), und sie war die große Quelle der Macht und Stärke für ihr Volk. Wer einen Eid schwor, aß dazu etwas Erde oder legte einen Erdklumpen auf seinen Kopf, und wenn ein Paar heiratete, verschluckte jeder der beiden einen Löffel voll Erde.

Bei den Russen, die Mati ebenfalls als höchste Göttin verehrten, waren ihre prophetischen Kräfte allgemein anerkannt. Um zu wissen, wie die Ernte ausgehen würde, mußte man nur ein Loch in den Boden graben und das Ohr daranhalten. Das Geräusch eines vollen Schlittens bedeutete eine gute Ernte, das Klingeln eines leeren kündigte Probleme an.

Matres, Matronae → *Deae Matres*

Matrona → *Sequana*

Matronita Im esoterischen Judaismus der Kabbala finden wir zwei Halbgöttinnen, die aus den Konsonanten des mystischen Namens Gottes (Jahweh) geformt wurden: JHWH. Jeder Buchstabe bekam eine menschliche Figur zugeordnet: So wurde das J der Vater und das H die Mutter, die vom Vater ausging. Diese beiden brachten W, den Sohn hervor, den König, und schließlich ein zweites H, die unschuldige Tochter, das Wesen des Königtums.

Egal wie abstrakt die Analyse auch war, die dadurch entstandene Gestalt der Matronita wurde bald eine lebendigere Persönlichkeit als nur eine erbauliche Allegorie. Obwohl die niedrigste der zehn mystischen Emanationen der männlichen Gottheit, war sie diejenige, die die menschlichen Sinne zu erfassen und sich in das Gemüt der Menschen hineinzuversetzen vermochte. Sie brachte nicht nur die Seele des Moses in den Himmel, sondern offensichtlich nahm sie auch menschliche Gestalt an, um mit ihm zu schlafen. Doch ihr eigentlicher Liebhaber war ihr Bruder, der König, mit dem sie regelmäßig an den Freitagabenden im Tempel Beischlaf pflegte. (Jüdischen Paaren wurde empfohlen, zu dieser Zeit Geschlechtsverkehr zu haben, um dem heiligen Paar nachzueifern.)

Jedoch, wann immer die Kinder Israels der Sünde verfielen, wurden Matronita und ihr König voneinander getrennt. Dieser paarte sich statt dessen mit → *Lilith*, während der Dämonenkönig Samuel mit Matronita schlafen durfte. All dies – selbst wenn man es als Allegorie ansieht – ist ein ziemlich obskurer mystischer Stoff. Es scheint, daß der Judaismus zwar die Möglichkeit weiblicher Gottheiten leugnete, aber dieser Art von melodramatischer oder gar lasziver Mythologie gegenüber, wie ihn die griechische Antike und der alte Orient hervorgebracht hatte, offen blieb.

Matuta, Mater Matuta Für die Römer war die Göttin der Morgendämmerung nicht die unbekümmerte, sinnliche Gottheit, die viele andere Völker in ihr sahen. Statt dessen war sie eine alte italische Matrone, die ihren verängstigten Kindern den Tag bringt. Sie wurde verehrt in einer anrührenden Zeremonie am 11. Juni, bei der Frauen die Kinder ihrer Schwestern im Arm hielten und die Morgendämmerung um ihren Segen für sie baten. Beim gleichen Ritus, den Matralia, trieben die Frauen eine Sklavin aus dem Tempel, die die Nacht symbolisieren sollte. – In späterer Zeit mit → *Ino* gleichgesetzt, wurde Matuta auch zur Meeres- und Schiffahrtsgöttin.

Mawki → *Navky*

Mawu Als Schöpfunsgöttin von Dahomey in Nordwestafrika erschuf Mawu nicht nur die Erde, sondern auch die menschlichen Wesen. Zuerst (wie → *Mami* im Vorderen Orient) benutzte sie dazu mit Wasser vermischten Lehm, aber bald ging ihr das Material aus, und sie begann die Körper toter Menschen wiederzubeleben. Das erklärt, warum die Menschen ihren Vorfahren manchmal so ähnlich sehen. Doch ihr Schöpfungsversuch befriedigte sie auch in anderer Hinsicht nicht ganz, denn die Menschheit begann überheblich zu werden. Darüber verärgert zog sich Mawu wieder in ihr Heim im Himmel zurück. Nach ihrem Weggang liefen die Dinge auf der Erde nicht besonders gut, deshalb schickte Mawu ihren Sohn Lisa aus, um den Erdenbewohnern nützliche Fertigkeiten beizubringen. Außerdem wies sie ihn an, die Menschen genau zu beobachten, um sicherzustellen, daß sie sich an ihre Vorschriften hielten. Weil Lisa manchmal mit der Sonne gleichgesetzt wurde und wegen des Sprichwortes «Wo Lisa bestraft, vergibt Mawu», hieß es, daß der begütigend wirkende Mond die Göttin symbolisiere.

Maya, Mahamaya Wie → *Shakti* («Energie») und → *Prakriti* («Natur») ist Maya weniger eine Göttin als eines der großen philosophischen Konzepte des indischen Hinduismus, verkörpert in weiblicher Gestalt. Im Denken der Hindus ist die männliche Energie von ihrem Wesen her passiv, während die weibliche die handelnde Macht darstellt. Maya ist eine dieser aktiven Mächte, nämlich die ständige Bewegung des Universums, die sich bis auf die Ebene der Atome bemerkbar macht. Dementsprechend gibt es keinerlei Leben ohne Maya, doch ist sie so souverän, daß wir sie – das Wesen der Dinge – nicht erkennen können, soviel wir an Maya auch herumdeuten mögen. Aus diesem Grund wird sie oft «Schleier der Illusion» genannt, deren verwirrender Tanz uns dermaßen ablenkt, daß wir nichts mehr auseinanderhalten können und uns alle Materie im Prinzip als identisch erscheinen. Doch ist Illusion, wie die Weisen betont haben, keineswegs dasselbe wie Unwahrheit. Maya ist daher keine verneinende Macht. Sie kann ein Filter sein, durch den wir die letzte Wirklichkeit des Daseins gewahr werden – wenn wir uns nicht von ihrer prächtigen Schöpfungskraft und Mannigfaltigkeit beirren lassen.
In noch viel strengerem und abstrakterem Sinn sieht der Buddhismus in Maya den Geist des Wandelbaren, im Gegensatz zum Unwandelbaren, zum Einzig-Essentiellen, das nur der Erleuchtete wahrnimmt. Doch ohne Wissen um das Ewig-Bewegte und Relative, für das Maya steht, ist das Unbewegte und Absolute nicht erkennbar.

Mayahuel Von der altmexikanischen Göttin Mayahuel («Die Erdrosselnde»), Herrscherin der Erde und des Nachthimmels ebenso wie der Halluzinationen und der Trunkenheit, werden zwei Mythen erzählt: Es hieß, die Göttin mit den vierhundert Brüsten säugte die Sterne, die Fische im Meer des Himmels. Bildlich wurde Mayahuel nackt auf einem Thron aus Schildkröten und Schlangen sitzend dargestellt, wie sie ihren Anhängern eine Schüssel mit berauschendem Pulque anbietet.

Die Nahua, die vor den Azteken in Zentralmexiko lebten, sagten, daß die Göttin ursprünglich in den Himmeln lebte, wo sie ständig schlief, bewacht von der finsteren Göttin Tzitzimitl. Doch der Gott der Winde begann der Schlummernden ins Gesicht zu blasen; er streichelte und erregte sie, bis sie erwachte. Um gemeinsam ihre Begierde zu stillen, stiegen sie zur Erde hinab, wo sie, sobald ihre Füße den Boden berührten, miteinander verschmolzen in einen prächtigen Baum mit zwei Ästen, von denen einer, die Göttin, sogleich Blüten hervorbrachte.

Als die «Anstandsdame» Tzitzimitl, die eingenickt war, aufschreckte und bemerkte, daß die jungfräuliche Göttin verschwunden war, versammelte sie unverzüglich ein Heer von Kriegsgöttern und machte sich an die Verfolgung. Als sie den himmlischen Baum im Boden der Erde verankert fand, verfluchte sie die beiden verwegenen Gottheiten, die er enthielt. Der Baum brach in zwei Teile, und Tzitzimitl überließ den blühenden Ast den jungen Göttern, die ihre frühere Freundin verspeisten.

Als die Götter sich entfernt hatten, nahm der Windgott wieder seine ursprüngliche Luftgestalt an, fegte die wenigen Stückchen und Knochen seiner Geliebten zusammen und begrub sie in der Erde. Daraus erwuchs die Faser-Agave, die einen weinähnlichen Saft gibt, der zu Pulque vergoren werden kann und dann zu Meskal oder Tequila gebrannt wird.

Die andere Sage berichtet, daß Mayahuel auf Erden als Bauersfrau lebte. Eines Tages begegnete sie einer beschwipsten Maus, die bei ihrem Anblick nicht etwa wegrannte, sondern wie verzückt zu tanzen begann. Mayahuel bemerkte, daß der Nager an der Faser-Agave geknabbert hatte. Sie stellte einen Topf unter den angekratzten Stamm und fing etwas von dem Saft auf. Den brachte sie nach Hause und entdeckte die berauschende Substanz, mit der sie sofort die Götter bekanntmachte. Und die empfanden den Trank als etwas so Wunderbares, daß sie seine Entdeckerin als eine der Ihren willkommen hießen und ihren irdischen Ehemann als den Gott des Glücksspiels und der Blumen einsetzten.

Mebb → *Mabb*

Medb → *Maeve*

Medea, Medeia Ohne die Hilfe der «Gerissenen» wäre es dem griechischen Helden Jason nicht möglich gewesen, sich das Goldene Vlies aus dem Königreich Kolchis zu verschaffen. Prinzessin Medea, eine geschickte Zauberin, führte den Griechen zuerst durch die Gefahren, die den gut bewachten Schatz umgaben. Dann segelte sie mit ihm davon auf der «Argo», wobei sie ihren Bruder mitnahm, damit sie, wenn man sie verfolgte und sie Gefahr liefen, gefangengenommen zu werden, ihn töten und stückchenweise über Bord werfen könnte. Die Männer von Kolchis, die ihre Boote anhielten, um die Körperteile ihres Prinzen einzusammeln und begraben zu können, ließen die Griechen tatsächlich entkommen.

In Griechenland führte der Kampf um den Besitzanspruch auf das Goldene Vlies zu weiteren Bluttaten, an denen Medea maßgeblich beteiligt war – was dazu führte, daß es Jason allmählich vor seiner Gattin grauste und er sich von ihr zu trennen beschloß. Er hatte vor, Glauke, die Tochter des reichen Königs Kreon

Medea

Meditrina

von Korinth, zu heiraten, und gab Medea damit den Anlaß zu ihrem nächsten spektakulären Racheakt. Sie verbrannte Glauke und ihren Vater durch ein verhextes Brautkleid, aus dem plötzlich Flammen schlugen. Dann brachte sie, um Jason noch schlimmer zu treffen, ihre gemeinsamen Kinder um – nach manchen Quellen sollen es nicht weniger als vierzehn gewesen sein! –, bevor sie ihren von Drachen gezogenen Wagen bestieg und durch die Lüfte nach Athen entfloh.

Jason hatte ein schreckliches Ende: Er wanderte ziellos durch Griechenland, bis er sich vor Kummer unter sein Schiff «Argo» sinken ließ. Kurz darauf löste sich ein Stück des verrottenden Schiffsrumpfes und zerschmetterte ihm den Schädel.

Medea heiratete den athenischen König Aigeus, wurde jedoch bald eifersüchtig auf die Gunst, die er seinem Sohn Theseus zuteil werden ließ, während er für Medeas Sohn Medus wenig übrig hatte. So bestieg sie erneut ihren Wagen und flog gen Norden zurück nach Kolchis, wo sie ihrem Vater, König Aietes, wieder an die Macht verhalf, indem sie einen Thronräuber beseitigte. Als sie sich eines Tages entschied, die Erde zu verlassen, brauchte die versierte Magierin natürlich nicht die streng bewachten Pforten des Todes zu passieren, um ins Jenseits zu gelangen, sondern sie begab sich direkt zu den Eleusinischen Gefilden, wo sie es sogar schaffte, zu einer Göttin zu werden: zu → *Angitia*, die in Italien als Zaubergöttin verehrt wurde.

Meditrina → *Hygieia*

Medusa Einst war Medusa («Die Herrscherin») eine wunderschöne sterbliche Frau, die sich den Meeresgott Poseidon zum Liebhaber nahm. Oft lagen sie im Frühlingsgras beieinander, umgeben vom schweren Duft der blühenden Bäume. Aber einmal, so erzählen die Griechen, bereitete sich das Paar sein Bett in einer Kapelle der → *Athene*. Die beleidigte Göttin verwandelte Medusa in eine → *Gorgone*. Später fädelte sie sogar Medusas Ermordung ein.

Im gleichen Augenblick, als sie von der Hand eines Dieners der Athene starb, gebar Medusa. Ihrem Nacken entsprangen der prächtige geflügelte Hengst Pegasos und der Held Chrysaor. Bluttropfen fielen in den Wüstensand und brachten Schlangen hervor. Das restliche Blut der Gorgone Medusa wurde in Phiolen aufgefangen. Es hatte eine solche Macht, daß ein einziges Tröpfchen von der linken Seite die Toten wiederbeleben konnte und dieselbe winzige Menge von der rechten Seite auf der Stelle tötete.

Hinter dieser schaurigen Gestalt scheint sich eine frühe Göttin zu verbergen, die vielleicht → *Demeter* als Kornmutter glich. Medusa könnte aber auch von einer anatolischen Sonnengöttin abstammen. Der grimmige Kopf mit den Schlangenhaaren der späten Legende war möglicherweise ursprünglich die Maske, die von den Priesterinnen getragen wurde, wenn sie die Göttin verkörperten. Erst spätere Völker, die sich nicht mehr an die alten Riten erinnerten, erklärten das grausige Vorstellungsbild von Medusa als das einer enthaupteten Frau.

Megäre, Megaira Dieses griechische Wort bezeichnete zunächst nur jene Spalte in der Erde, in die während der herbstlichen Thesmophorien-Feiern zu Ehren der Göttin → *Demeter* die Opferschweine getrieben wurden. Die Körper dieser heiligen Tiere erneuerten die Fruchtbarkeit der Erdmutter. Megäre («Neidische Wut») war aber auch der Name einer der → *Erinnyen* und der ersten Frau des Herakles, die er ermordete und deren Tod der Anlaß war, warum er von den Göttern losgeschickt wurde, um die zwölf nahezu unerfüllbaren Aufgaben zu vollbringen.

Mehit In der oberägyptischen Stadt Thinis (oder This) wurde Mehit wie → *Tefnut* als löwengestaltige Göttin verehrt. Sie war die Gemahlin des Jägergottes Onuris, der als «Herr des Gemetzels» Jagd auf die Feinde der Götter machte.

Mehitabel Eine geheimnisvolle Gestalt in der Kabbala, die Mutter der Kinder raubenden → *Lilith*.

Mehueret, Mehet-uret So hieß die ägyptische Göttin → *Neith* als mystische Tiermutter und in ihrer Gestalt als heilige Kuh der

Urgewässer, aus der die Schöpfung entstand. Symbol ihrer vegetativen Schaffenskraft ist der Lotos, die Urpflanze, die sie aus dem Wasser hochhebt; das Zeichen ihrer leiblichen Fruchtbarkeit sind riesige Brüste.

Meilichia Der Name dieser finsteren Unterweltgöttin, Gefährtin von Zeus in seiner Schlangengestalt, könnte ein Beiname der → *Demeter* als unfreiwilliger Gemahlin des Himmelsgottes gewesen sein.

Mei Zhou → *Tian Hou*

Melanippe Die «Schwarze Stute» war eine der glanzvollsten Kriegerinnen der → *Amazonen*, eine Schwester der → *Antiope* und der → *Hippolyte* sowie eine der drei Königinnen des Thermodonischen Reiches. Als der griechische Held Herakles die Hauptstadt der Amazonen plünderte, nahm er Melanippe zunächst gefangen, ließ sie aber wieder frei, nachdem er sich die größte Kostbarkeit des Frauenreichs angeeignet hatte, den goldenen Gürtel, das Symbol der höchsten Staatsgewalt.

Manchen Legenden zufolge begleitete Melanippe später die Amazonen-Heere auf ihren Feldzügen gegen Athen.

Melete → *Musen*

Meliae Eine der griechischen Schöpfungserzählungen behauptet, als die Erdmutter → *Gaia* der Kastration ihres allzu beischlaffreudigen Sohnes und Geliebten Uranos zuschaute, fielen Tropfen seines Blutes auf ihren fruchtbaren Körper. An diesen Stellen empfing Gaia weitere Kinder von ihm. Zu den Töchtern, die aus dieser seltsamen und brutalen Paarung hervorgingen, gehörten die Eschenbaum-Geister, Meliae oder Melische Nymphen genannt. Sie galten als die ersten Menschenfrauen und damit die Mütter der weiteren Menschheit, denn sie entstiegen der Erde an den Wurzeln der Weltesche.

Melior → *Melusine*

Melissae Diesen Namen, der «Bienen» bedeutet, erhielten die jungfräulichen Priesterinnen der Erdgöttin → *Demeter* und der → *Artemis* in Ephesos. Es heißt auch, daß es eine kretische Prinzessin namens Melissa gegeben habe, die auf die Idee kam, Honig zu sammeln, um damit Zeus in seinem Kindheitsstadium zu füttern. Als er zum obersten Gott geworden war, verwandelte er seine Amme selbst in eine Biene.

Melpomene → *Musen*

Melusine Aus dem keltischen Frankreich stammen Erzählungen von einem weiblichen Wassergeist, Pressina (oder Persina), die einen sterblichen König heiratete, der ihr aber versprechen mußte, sie niemals zu besuchen, wenn sie im Kindbett war. Doch als ihre ersten Kinder – die Drillinge Melusine, Melior und Palatina – geboren wurden, vergaß sich der König und eilte in das Zimmer der Königin. Pressina erinnerte ihn wütend an sein Versprechen, nahm ihre Kinder und verschwand auf eine schemenhafte Insel vor der Küste.
Dort zog Pressina ihre Kinder auf. Das älteste Mädchen, Melusine, ließ sich von der Enttäuschung ihrer Mutter über das Ende ihrer Ehe anstecken. Sie stiftete ihre Schwestern zu

Melusine

einem magischen Überfall auf ihren Vater an und schloß ihn mitsamt seiner Burg und seinen Dienern in einen Berg ein. Als die Mädchen zurückkehrten, wurde ihre Mutter sehr wütend, denn diese Rache ging ihr zu weit, und sie verdammte Melusine dazu, künftig an jedem Sonntag ihres Lebens zur Hälfte eine Seeschlange zu werden.

Melusine zog durch die Lande in der Hoffnung, einen Mann zu finden, der bereit wäre, eine Ehe mit einer «Sonntags nie»-Klausel zu schließen. Sie verliebte sich in den Ritter Raimund von Poitou, sie heirateten und waren miteinander glücklich bis zu dem Tag, an dem Raimund seine Neugier zu erfahren, was Melusine am Sonntag treibe, nicht mehr zu bezwingen vermochte. Als sie entdeckte, daß er sie beobachtete und hinter ihr schmähliches Geheimnis gekommen war, verließ sie ihn zur selben Stunde. Unterwegs brachte sie ein → *Banshee*-ähnliches Geschöpf zur Welt, das von nun an seine Familie heimsuchte.

Mem Loimis Die Wintun-Indianer an der kalifornischen Pazifikküste glaubten, daß diese Unterweltgöttin die Wasservorräte der Erde kontrolliere.

Mene → *Selene*

Meng Bo Niang-Niang «Lady Meng» soll, so sagen die Chinesen, gleich hinter der Ausgangspforte der Hölle gewohnt haben. Dort braute sie eine geheime Brühe, die jenen verabreicht wurde, die die Hölle in eine neue Inkarnation verließen. Dieser Trank ließ sie nicht nur vergessen, wo sie zwischen ihren Leben gewohnt hatten, sondern auch ihr früheres Leben – und sogar ihre letzte menschliche Sprache.

Mengi → *Fengi*

Menrva → *Minerva*

Mentha, Minthe Der Geist der Minzenpflanze soll die Geliebte des Herrschers der griechischen Unterwelt gewesen sein. Vielleicht war sie aber nur ein Aspekt der jungen, vom Unterweltgott Hades entführten → *Persephone*.

Mere-Ama Die «Meeresmutter» der Finnen und Samen (oder Lappen) wurde auch Vete-Ema oder Mier-Iema genannt, je nach der Sprache ihrer Anhänger. Aber sie wurde von allen in gleicher Weise begriffen als der Geist des Wassers. Ihre mächtigste Manifestation war natürlich der Ozean; sie wohnte aber auch in Flüssen und Bächen.

Bei den Zeremonien zu Ehren dieser Göttin mit dem seidigen, silbersträhnigen Haar wurden ihre Anhängerinnen mit Wasser besprengt, also mit dem Lebenssaft der Mere-Ama. Wenn eine Braut in ein neues Heim zog, um eine Familie zu gründen, gehörte der Kontakt mit der «Wassermutter» dieses Gebietes zu ihren ersten Pflichten. Sie ging zu dem Fluß, der dem neuen Haus am nächsten war, und brachte der Göttin Brot und Käse oder Tuch und Faden dar. Dann wusch die Braut ihr Gesicht und ihre Hände mit dem heiligen Wasser. Jene, die im Winter geheiratet hatten, als Mere-Ama unerreichbar unter dem Eis war, versammelten sich nach der Eisschmelze zu einer die Freundschaft mit der Göttin fördernden Zeremonie. Alle, die teilnahmen, so hieß es, würden gesunde Kinder bekommen; denn das Wasser segnete die menschliche wie die tierische und pflanzliche Fortpflanzung.

Mere-Ama regierte auch die Meeresgeschöpfe, besonders die Fische, von deren reichlichem Vorhandensein die Ernährung des Volkes abhing. Um die «Fischmutter» für sich zu gewinnen, mußten die Menschen alkoholische Getränke ins Meer gießen. Dann würden viele Fische anbeißen, denn Mere-Ama liebte Brandy.

Meret Sie war nicht nur die ägyptische Göttin des Jubels und des Kultgesangs, sondern als «Herrin des Goldhauses» auch die Schatzbewahrerin des Pharaonenreichs. Dementsprechend wurde sie sitzend auf dem Schriftzeichen, das «Gold» bedeutet, dargestellt.

Meri → *Isis*

Meroe Diese thessalische Hexe konnte den Himmel absenken, die Sterne auslöschen, die Toten auferstehen lassen und die Götter zur Hölle schicken. War sie wütend, verwandelte sie Menschen in Biber, Schlangen oder Schafe. Sie versetzte sie sogar allein kraft ihrer Gedanken Hunderte von Meilen von ihrem Wohnort weg. Wann immer Meroe menschliches Blut brauchte, wählte sie einfach jemanden aus, stahl sein Herz und ersetzte es durch einen Schwamm. Der Mann starb, da der Schwamm sein Blut aufsog.

Merope Als eine der sieben Sternenschwestern, die → *Plejaden* genannt werden, ist die «Schüchterne Schwester» oder «Verlorene Plejade» für Sternebeobachter praktisch unsichtbar. Im antiken Griechenland wurde sie manchmal → *Elektra* genannt, die um den Verlust von Troja weinte. Zu anderen Zeiten war sie die Gattin des frevelhaften Königs Sisyphos, der seine Kinder kochte und dafür verdammt wurde, auf ewig eine sinnlose Arbeit verrichten zu müssen. Vor Entsetzen und Scham entzog sich seine Sternenfrau für immer dem Blick der Menschen.
Eine andere Merope wurde auf der ägäischen Insel Chios das Opfer einer Vergewaltigung. Der Göttersohn Orion, ein riesenhafter Jäger, der nicht nur dem Wild nachstellte, wurde zur Vergeltung seiner Untat von Meropes Vater geblendet.

Mertseger, Meresger Die «Freundin des Schweigens» lebte auf der Pyramidenspitze des Begräbnisfeldes im ägyptischen Theben. Abwechselnd wohlwollend und strafend, wurde sie manchmal als Schlange mit drei Köpfen gezeigt – einer davon der ihre, ein menschlicher und der eines Geiers – und manchmal als Schlange mit menschlichem Kopf.

Meschenet Wie die sumerische → *Mami* wurde auch diese ägyptische Geburtsgöttin durch einen Ziegelstein symbolisiert, in ihrem Fall aber einer mit menschlichem Kopf. Über ein solches Göttinnenbild hockte sich eine Frau während der Wehen. Meschenet erschien – meist in Gesellschaft von Ermutu, einer weiteren Geburtsgöttin – genau in dem Moment, in dem die Kontraktionen begannen, und blieb während der ganzen Geburt anwesend, um die Zukunft des Neugeborenen vorherzusagen. Auf ägyptischen Reliefs trägt Meschenet Palmenschößlinge auf dem Kopf.

Meta, Mestra In der griechischen Legende war sie die Tochter des thrakischen Königs Erysichthon, den → *Demeter* zu unstillbarem Hunger verdammte. Der Meeresgott Poseidon, der Meta begehrte, bot ihr als Lohn für ihre sexuellen Gunstbezeigungen die Macht zur Verwandlung an. Sie ließ sich darauf ein, und ihr Vater – über ihre neue Begabung hoch erfreut – verkaufte sie von nun an regelmäßig auf dem Markt als irgendein Nutztier, gab das Geld für Essen aus und verkaufte sie dann in einer anderen Gestalt wieder.

Metaneira Diese Königin der griechischen Stadt Eleusis war freundlich gegenüber der untröstlichen → *Demeter* nach der Entführung ihrer Tochter → *Persephone*. Als Dank für die Gastfreundschaft der Königin lehrte Demeter Metaneiras Familie alles, was man wissen muß, um erfolgreich Landwirtschaft zu betreiben.

Meter Sie ist die älteste der griechischen Göttinnen. Ihr Name bedeutet einfach «Mutter» und überlebte in dem Namen → *Demeter* («Kornmutter» oder «Erdmutter»). Die Statuen von Demeter waren nur zur Hälfte ausgearbeitet: die obere Hälfte eine stattliche mütterliche Gestalt, die untere Hälfte blieb unbehauener Fels, die festeste Form des Erdbodens.

Metis «Kluger Rat» war eine Titanin, die Tochter der → *Tethys* und des Okeanos. Als das neue Pantheon unter dem Vorsitz des Zeus ihr Gebiet erforschte, wurde Metis' Vorrang von den Eindringlingen bemerkt und sie bestimmten die Weise zur ersten Gemahlin des Göttervaters. Sie behaupteten, daß es Metis gewesen sei, die Zeus verraten habe, welches Brechmittel seinen Vater Kronos veranlassen würde, die anderen Götter wieder auszuspeien. Ironischerweise verschlang Zeus später Metis: Er hatte ebensolche Angst wie Kronos, daß seine Nachkommen ihn übertreffen könnten. Deshalb verschluckte er seine schwangere Frau und gebar ihre gemeinsame Tochter → *Athene* aus seinem eigenen Haupt.
Diese Legende ist ein Sammelsurium aus Elementen unterschiedlicher Mythen und Epochen, folgerichtig nur in ihrem Versuch, die

frühe mutterorientierte Religion zu verdecken, von der sowohl Metis als auch Athene ein Teil gewesen zu sein scheinen. Wir haben es hier sicherlich mit einer Legende zu tun, die weniger ein echter Mythos ist als das, was die amerikanische Forscherin Jane Ellen Harrison einen «theologischen Notbehelf» genannt hat.

Metsannetsyt Im westlichen Finnland erzählt das Volk, daß sich diese im Wald lebende schalkhafte Dämonin des Weges kommenden Männern zeigte und sie zu verführen versuchte. Wenn diese Männer sie jedoch in ihre Arme nehmen wollten, mußten sie feststellen, daß sie nur einen Baumstumpf umarmten.

Metzli Aztekische Mondgöttin, die sich selbst opferte, damit das Sonnenlicht wiederkehren konnte.

Meza Mate → *Veja Mate*

Miao Shan → *Guan Yin*

Mictecacihuatl Vor der Entdeckung durch Kolumbus regierte in Mexiko diese Göttin die neun Flüsse des Jenseits, zu denen die toten Seelen der Bösen geschickt wurden. Doch erlitten sie dort keine Folter oder Qualen, sondern führten ein Leben nach dem Tod voller Langeweile und Monotonie, während die guten Seelen sich des abwechslungsreichen Daseins im Himmel erfreuten.

Minachiamman Diese lokale Göttin der indischen Stadt Madura schlüpfte in die Gestalt eines kleinen Mädchens, um sich an einem König zu rächen, der es gewagt hatte, ihre Tempel zu schließen. Sie erschien auf übernatürliche Weise im Palast und trug dabei ein winziges Armband, das eine Nachahmung des Lieblingsdiadems der Königin war. Die Astrologen warnten den König davor, dieses Mädchen zu adoptieren, deshalb warf er Minachiamman in den Fluß, aus dem sie ein Kaufmann herausholte. Er zog sie zu einer jungen Frau auf, deren Schönheit die Aufmerksamkeit des Gottes Shiva erregte, der in Gestalt eines armen Mannes in einem Dorf am Fluß Kaveri lebte. Sie wurden ein Paar, waren aber so arm, daß Shiva das Armband vom Handgelenk seiner Frau nahm und es zu verkaufen versuchte. Daraufhin wurde er angeklagt, den Schmuck der Königin gestohlen zu haben, und hingerichtet. Außer sich vor Zorn, nahm die Göttin ihre Dämonengestalt an, in der sie Thurgai genannt wurde, und tötete den König, der ihr schon so viel Unrecht angetan und nun auch den Tod ihres unschuldigen Mannes auf dem Gewissen hatte.

Mindhal In Himachal Pradesh war dies der Name einer indischen Göttin, die aus dem Boden aufstieg in Gestalt eines riesigen schwarzen Steines. Die Frau, aus deren Hof Mindhal hervorgekommen war, versuchte den Stein wieder in die Erde zu drücken, indem sie auf ihn schlug, aber ohne Erfolg. Da sie nun die Absicht der Göttin begriffen hatte, wollte die Frau ihre Familie dazu bewegen, die Göttin, die sich bei ihnen niedergelassen hatte, zu verehren. Als sie deswegen ausgelacht wurde, erwuchsen ihr übernatürliche Kräfte, und sie verwandelte sich und ihre sieben Söhne in Steine, die fortan das Bildnis Mindhals umstanden.

Minerva Auch wenn ihr Name uns geläufig ist: Der Ursprung und die Herkunft dieser römischen Göttin sind unklar. Einige Forscher meinen, daß in der Gestalt der Minerva etruskische und italische Gottheiten des Handwerks und des Krieges verschmolzen wurden. Andere behaupten, die etruskische Menrva sei von jeher die Schutzherrin der Handwerker gewesen und daß erst die ihr aufoktroyierte griechische Göttin → *Athene* die zusätzliche Hereinnahme von Krieg in ihren Bereich bedeutete. (Die Römer hatten bereits eine eigene Kriegsgöttin, → *Bellona*.)
Fest steht, daß der Zuständigkeitsbereich der Minerva in Rom wesentlich umfassender und zugleich spezieller war als der Athenes: Sie galt als die Weisheit schlechthin, verkörpert in weiblicher Gestalt, sie war die Göttin, der die Anwendung des Intellekts auf Alltagstätigkeiten – z.B. Handel und Handwerk sowie das Heilen mit Hausmitteln – oblag. Sie soll ferner die «Erfinderin» der Musik, dieser mathematischsten aller Künste, gewesen sein.
Die Römer verehrten sie besonders vom 19. bis 23. März, während der Quinquatren

genannten Feiertage der Kunsthandwerker. Die «Göttin der tausend Tätigkeiten», wie der Dichter Ovid Minerva nannte, erfreute es, wenn Gelehrte und Lehrer sich während der Frühjahrsferien mit jenen vereinten, die mit ihren Händen arbeiteten. Auf dem Esquilin-Hügel in Rom stand der Tempel der Minerva Medica, also der Minerva als Ärztin, und auf dem Aventin ihr Heiligtum als Beschützerin der Stadt.

Im Siedlungsgebiet der Kelten waren nach der Besetzung durch die römischen Legionen auch die keltischen Gottheiten, gemäß der *Interpretatio Romano*, assimiliert worden. Viele örtliche und überregionale Göttinnen verloren dadurch ihre Identität, und eine ganze Reihe von ihnen wurden Minervas (z. B. → *Brigit*), weil sie ursprünglich mit Haushaltstätigkeiten, Handwerk, Krieg oder Heilung verbunden waren. Doch zumindest eine Göttin war stark genug, um der Umbenennung zu widerstehen: → *Sulis*. Im Bewußtsein der Kelten war und blieb sie eine eigenständige große Göttin, weitaus mehr als nur eine Minerva Medica.

Miralaidji → *Djanggawul-Schwestern*

Mirjam Die bedeutendste Prophetin der jüdischen Überlieferung begann schon mit fünf Jahren Ereignisse vorherzusagen. Die Tochter der → *Jocebed* sah die Geburt ihres Bruders Moses voraus und wußte, auf welche Weise das Baby vor dem Tod gerettet werden konnte. Sie riet, es in einem Weidenkörbchen auf einem Fluß zu verbergen.

Zu ihrer prophetischen Gabe kam ein ebenso starkes Talent für die Dichtkunst. Wie viele Prophetinnen war auch Mirjam mit Wasser assoziiert. Ihr Name scheint von *marah* («Bitteres Wasser») abgeleitet, und sie verfaßte ihr berühmtestes Gedicht, nachdem die Kinder Israel die Wasser des Roten Meeres durchquert hatten, ohne Schaden zu nehmen. In ihrem «Meerlied» besang sie die Flucht der Hebräer vor dem Pharao (2. Mose 15). Sie gab auch der wundersamen Quelle ihren Namen, die dem Wüstenfelsen entsprang, auf den Moses geschlagen hatte. Die jüdische Legende berichtet, daß es eine uralte Quelle war, die bereits in der Dämmerung des sechsten Schöpfungstages erschaffen worden war und von Mirjam seherisch wiederentdeckt wurde.

Doch selbst eine große Prophetin und Dichterin kann in einer patriarchalischen Gesellschaft leicht zu weit gehen. Mirjam tat das, indem sie → *Zippora* unterstützte, als diese sich darüber beklagte, der göttliche Auftrag an Moses habe dazu geführt, daß dieser seine ehelichen Pflichten vernachlässigte. Jahwe war über Mirjams tadelnde Worte zu Moses dermaßen wütend, daß er ihr ins Gesicht spuckte, wodurch sie am Aussatz erkrankte. Nach sieben Tagen hielt er die Sünde allerdings für abgebüßt und machte Mirjam wieder gesund. Vielleicht tat er dies aber auch schon deshalb, weil das hebräische Volk nicht den Ort verlassen wollte, an dem die Prophetin verurteilt worden war.

Miru In Polynesien war die Göttin des Jenseits als «Königin Miru der letzten drei Kreise der Unterwelt» bekannt. Man nahm an, daß die Seele, die das irdische Leben verließ, einen großen Sprung tat und sicher in den Armen ihrer Ahnen landete. Daneben stand jedoch Miru mit einem Netz und hoffte, die Schwächlinge und die Bösen zu fangen. Deren Seelen warf sie in ihren Ofen, wo sie sofort von den Flammen verzehrt wurden. Die guten Seelen lebten hingegen zufrieden in einer Welt, die der irdischen glich, aber zeitlos war.

Mnasa Von dieser mykenischen Göttin ist nur wenig bekannt außer ihrem Namen, der «Gedächtnis» bedeutet und dieselbe Wurzel hat wie → *Mnemosyne*. Mnasa war Teil einer Dreiheit von Göttinnen, denen in Pylos gehuldigt wurde, im äußersten Westen des Peloponnes. Ihre Gefährtinnen waren Potnia («Junges Mädchen») und Posidaia («Gattin des Gatten»), die Frau im gebärfähigen Alter. Als drittes Mitglied der traditionellen weiblichen Dreifaltigkeit war Mnasa die alte weise Frau.

Mneme → *Musen*

Mnemosyne Für die alten Griechen war Mnemosyne das personifizierte «Gedächtnis». Sie war die Mutter der → *Musen*, die sie während neun Tagen unmmterbrochenen Geschlechtsverkehrs mit Zeus empfangen hatte. In Böotien wurde sie in Gestalt eines Brunnens verehrt, und eine Quelle mit ihrem Namen soll im Hades geflossen sein.

Modgud Diese Dienerin von → *Hel*, der nordischen Todesgöttin, bewachte den Pfad in die Unterwelt. Um in ihr Reich zu gelangen, mußten die Verstorbenen den Helveg («Straße der Mühsal») nehmen und die gähnenden Höhlen passieren, die den Weltenbaum Yggdrasil umgaben, an dessen Wurzeln Hel lebte. Die Abgründe, in denen der tosende Fluß Gjöll strömte, wurden von einer goldgepflasterten Brücke überspannt, an der Modgud Wache hielt.

Moira, Moiren In der Zeit Homers gab es nur eine einzige Schicksalsgöttin, und ihr Name war Moira («Die Zuteilerin»). Dann begann sich die Göttin, wie so oft in der Antike, selbst zu vervielfältigen. Bald gab es zwei Schicksalsgöttinnen, eine für die Geburt und eine für den Tod oder für gutes oder böses Schicksal. Im Krieg zwischen den olympischen Göttern und den Titanen erschienen sie Bronzestößel schwingend. Später gab es sogar vier Schicksalsgöttinnen. Aber meistens trat Moira als Dreiheit auf.
Manchmal hieß es, die drei Moirai oder Moiren, die den Faden des Schicksals spannen, seien Töchter der → *Nyx*, der Königin der Nacht. In anderen Erzählungen kamen sie aus dem Schoß der Erdgöttin → *Themis*. Man nannte sie Klotho («Die Spinnerin»), jene, die den Spinnrocken hielt und den Lebensfaden spann; Lachesis («Die Messende»), der der Faden übergeben wurde, wenn er von der Spindel kam; und Atropos («Die Unvermeidliche»), die ihn mit ihrer Schere abschnitt. Obwohl sie zu den ältesten der vorhellenischen Göttinnen gehörten, verloren sie nie ihre Bedeutung. Selbst Zeus konnte ihre Entscheidungen nicht widerrufen. Einmal machte Apollon die Schicksalsgöttinnen betrunken, um das Leben eines Freundes zu retten. Sie schlossen mit ihm einen Handel ab und waren einverstanden, statt dessen den Lebensfaden einer anderen Person zu kappen.
Die Römer übernahmen die Moiren in ihren Pantheon, setzten sie jedoch bald mit den →

Parzen gleich, obwohl diese ursprünglich reine Geburtsgöttinnen gewesen waren.

Mokosch Die alte slawische Kultur verehrte unter diesem Namen die Göttin der Erde, und der Kult zu ihren Ehren blieb – zum Ärger der katholischen Geistlichkeit – bis ins 16. Jahrhundert hinein erhalten.
Mokosch wurde durch Steine verkörpert, ganz besonders durch solche, die wie Brüste geformt waren. Regen wurde als die Milch von Mutter Mokosch begriffen, weshalb man sie in Trockenperioden um Hilfe bat. In der Ukraine versetzten Archäologen im 19. Jahrhundert einige der Göttin geweihte Steine, worauf angeblich eine katastrophale Dürre eintrat. Zu den Steinen der Mokosch pilgerten die Menschen auch, um Gesundheit und Wohlstand zu erbitten. Besonders Körperbehinderte brachten Opfergaben wie Korn und Tiere, um damit die steinerne Göttin zu erweichen.
Möglicherweise stammen von Mokosch die Mokuschka ab, im russischen Volkstum bekannte weibliche Geister, die in jedem Haus leben und jede Nacht ihre Fäden spinnen.

Mokuschka → *Mokosch*

Mo Lizhi → *Marici*

Moneta Ursprünglich war dies ein Beiname der römischen Göttin → *Juno*, der auf ihre Neigung hinwies, vor Hochzeiten zu warnen, die unter keinem guten Stern standen. Doch beherbergte der Tempel Junos auch die römische Münzprägeanstalt, weshalb Moneta die Bedeutung von «Geld» annahm.

Mora, Mahr, Mara Wenn du abends zu Bett gehst, so warnen germanische und slawische Sagen, solltest du keine Strohteilchen im Schlafzimmer herumliegen lassen, denn in solche könnte sich Mara verwandelt haben. Ihr Name hat sich erhalten im englischen Wort *nightmare* für «Alptraum», denn sie war eine durch die Nacht reitende Hexe, die als heller Schatten in die Schlafzimmer drang, um ihre Opfer durch böse Träume, in denen sie als würgender Ledergurt, als Maus, Katze, Schlange oder weißes Pferd erschien, zu quälen oder gar ihr Blut auszusaugen. Es hieß, sie beschränke sich nicht darauf, Menschen zu foltern, sondern drangsaliere ebenso Tiere und Pflanzen.

Morgane *Mor* bedeutete in mehreren keltischen Sprachen «Meer», und Morgan war eine Meeresgöttin, deren Name in der Bretagne erhalten blieb, wo Meerjungfrauen *morgans* genannt werden. Der walisischen Mythologie nach soll Morgane eine Königin von Avalon gewesen sein, dem Feenland der Unterwelt, in das König Artus gebracht wurde – manche behaupten, von Morgan selbst –, als er aus der irdischen Welt nach Avalon entrückt wurde.

In manchen Erzählungen war Morgan des Königs Schwester, während sie in anderen Sagen eine Unsterbliche war, die mit ihren acht Schwestern in Avalon lebte, wo sie als Künstlerin und Heilerin wirkte und wo ewiger Frühling herrschte.

Einige Forscher behaupten, sie sei dieselbe Göttin, die in Irland die große Königin → *Morrigan* genannt wurde. Diese krähenköpfige Göttin war eine Kriegsgottheit, was vermuten läßt, daß Morgan vielleicht auch eine Todesgöttin war. Es gibt in der Tat Kontroversen darüber, ob ihr altfranzösischer Beiname La Fay «Fee» oder «Fatum» (Schicksal) bedeutet. Wenn Morgan nicht nur eine → *Nymphe* war, sondern die Göttin des Todes, würde das ihren unfreundlichen Charakter in Thomas Malorys um die Mitte des 15. Jahrhunderts entstandenen Legendensammlung *Le Morte d'Arthur* erklären, wo sie die böseste Feindin des Königs ist, die unablässig seinen Tod plant, und in der englischen Versromanze *Sir Gawain*, wo sie in ähnlicher Weise nur auf die Vernichtung des Königs und seiner Tafelrunde sinnt. Wenn Morgane einst wirklich die Todesgöttin der Briten war, konnte eine kulturelle Neuorientierung leicht zu ihrer Neuinterpretation als mächtige dämonische Kraft geführt haben, die auf Zerstörung ausgerichtet ist.

In Italien galt Morgana mit dem Zusatz Fata als Schicksalsgöttin oder -fee, und man glaubte ihr Antlitz auf oder über den Wassern der Straße von Messina erkennen zu können. Daher die bis heute übliche Bezeichnung *Fata Morgana* für Luftspiegelungen.

Mormo → *Hekate*, → *Lamia*

Morrigan, Morrigu Im alten Irland gab es eine Dreiheit von Kriegs- und Todesgöttinnen, und die Gelehrten streiten sich darüber, welche dieser Gestalten die bedeutendste Rolle spielte. War Morrigan eine Ausprägung von → *Badb*, oder war es umgekehrt? War → *Nemain* identisch mit → *Macha*, oder unterschied sie sich von ihr? War Morrigan der übergeordnete Name der Gestalt, die sich aus Macha, Badb und Nemain zusammensetzte? Oder gab es keinen übergeordneten Namen, weil Macha eine ganz andere Göttin war?

Jedenfalls ist es sehr schwierig, diese vier Göttinnen voneinander zu unterscheiden. An einer Stelle taucht die eine als → *Bean Nighe* oder Wäscherin an einer Furt auf, an einer anderen Stelle trägt dieselbe Figur einen anderen Namen. All diese Göttinnen konnten die Gestalt einer Krähe annehmen, und alle waren Riesinnen, wenn sie menschliche Gestalt annahmen.

Das einzige, worin sich Morrigan von den anderen unterschied, war ihre Verbindung zur Zauberei. Sie sang Runenzauber und warf Amulette vor den Schlachten, um die von ihr Bevorzugten zu stärken. Ansonsten wurde sie, wie Badb, vor der Schlacht gesehen, wie sie die Rüstungen der zum Tode Verdammten wusch, oder als Krähe, die über das Schlachtfeld flog und nach Leichen Ausschau hielt. Sie konnte sich auch in eine Schlange verwandeln, um das Gemetzel aus dieser Perspektive zu beobachten. Aus unserer Sicht ist diese «große Königin» nicht gerade eine ansprechende weibliche Erscheinung, aber → *Anahita*, die → *Walküren*, → *Bellona* und ähnlich geartete mythische Wesen zeigen, daß vom Krieg profitierende Göttinnen in vielen Kulturen bekannt waren.

Morta → *Parzen*

Mortlock → *Lorop*

Moruadh, Moruach Diese Brandy trinkende irische Meerjungfrau soll eine rote Nase, grüne Zähne und grüne Haare und Schweinsaugen gehabt haben. Wie andere Meeresgeister gab sie eine ausgezeichnete

Ehefrau für einen irdischen Mann ab – falls der sie halten konnte, was voraussetzte, daß er ihre zauberkräftige *cohuleen druith* stehlen konnte, die Kappe, die sie befähigte, unter Wasser zu atmen. Sollte sie jemals diese Kappe wiederfinden, würde sie – wie Schwanenmädchen und andere verzauberte Geliebte – Heim, Mann und Kinder verlassen, um in die Freiheit zurückzukehren.

Mothir → *Edda*

Mou-Njami Bei jenen Völkern Sibiriens, die eine der uralischen Sprachen sprechen, war dies der Name von Mutter Erde, einer Göttin, die in sich Augen trug wie andere Geschöpfe Eier. Wenn Menschenfrauen schwanger wurden, bekamen die Kinder ihre Augen von Mou-Njami. Wegen der wichtigen Rolle, die Mou-Njami für die normale Entwicklung der Kinder spielte, war es den Jägern verboten, die Augen ihrer Beutetiere zu verletzen. Sie wurden sorgfältig herausgeschnitten und als Gabe für Mutter Erde eingegraben.
Mou-Njami hatte einen riesigen grünen Rücken, denn das Gras war ihr Fell. Jedes Jahr warf sie es ab, und es wuchs ihr ein neues. Da der Boden die Haut der Mutter war, verletzte ihr Volk diese niemals mit Eisenmessern oder Speeren. Selbst unnötiges Graben oder Einschlagen von Pfosten war aus Sorge um die Haut der Erde verboten.

Muime Chriosda Dieser Beiname, der «Pflegemutter Christi» bedeutet, wurde in Irland der christianisierten → *Brigit* gegeben.

Muireartach Die irische «Göttin des östlichen Meeres» war die Verkörperung des stürmischen Ozeans. Sie war so ungestüm, daß sie nur getötet werden konnte, wenn man sie im ruhigen Meer ertränkte oder bis zu den Schultern im Erdboden eingrub. Als einäugige alte Frau lebte sie unter den Wellen mit dem Meeresschmied zusammen, den sie ebensosehr liebte wie die großen Handelsschiffe, die über ihre Oberfläche strichen. Die «furiose, tükkisch strömende, grellrote, weißmähnige» Muireartach wurde schließlich von dem Helden Finn MacCool getötet.

Mulhalmoni Wenn koreanische Schamaninnen Augenkrankheiten oder Blindheit heilen möchten, rufen sie an einem heiligen Brunnen die Wassergöttin Mulhalmoni an und werfen Münzen hinein. Danach wird in einem geweihten Kessel Reis gekocht und dem Patienten zu essen gegeben, anschließend werden seine Augen in dem Quellwasser gebadet. Manchmal wird dieses Ritual auch durchgeführt, um die Augen vor dem Verlust der Sehkraft im Alter zu bewahren. Dann wird die Prozedur gern auf einem Familienausflug in den Bergen vorgenommen.

Munanna Nach der irischen Legende war diese Dämonin mit einem Mann verheiratet, den sie verabscheute. Sie nahm sich einen Geliebten, einen Wikingerpiraten, und plante mit ihm zusammen den Tod ihres Gatten. Nach dem Mord zog das Paar nach Norwegen. Dort stieß der Pirat, der die Macht fürchtete, die diese Frau über ihn hatte, Munanna in einen See, wo sie ertrank. Aber selbst jetzt blieb Munanna ein mächtiger Geist, der um die Klippen von Inishkea flog und jedem, der ihre kranichartige Gestalt sah, «Rache, Rache!» entgegenschrie.

Mu Olokukurtilisop Die Cuna-Indianer an der Landenge von Panama nannten so jene große Urgöttin, die parthenogenetisch, also durch Jungfernzeugung, den Sonnengott hervorbrachte und ihn zum Geliebten nahm, den Mond gebar, sich dann mit diesem paarte und sämtliche Sterne produzierte. Immer noch voller Energie nahm sie sich alle Sterne zu Liebhabern und erzeugte so die Pflanzen und Tiere unserer Welt.

Musen, Musai, Musae Die griechischen Göttinnen der Künste und der Inspiration gehören zu den heute noch bekanntesten antiken Gottheiten. Die Töchter der → *Mnemosyne* und des Göttervaters Zeus wurden in der Nähe des Olymps geboren an einem Ort, der später ihr Tanzplatz wurde. Dort wurden sie aufgezogen von dem Jäger Krotos, dem Sohn des Pan und Erfinder des Bogenschießens. Als Begleiterinnen des Apollon in seiner Funktion als Musagetes («Musenführer») durften sie an den Göttermahlen im Olymp teilnehmen, die

Drei Musen (attisch)

sie durch ihre künstlerischen Darbietungen und Gespräche zu einem *Museum* machten. Gewöhnlich waren es neun Musen: Erato («Erweckerin des sinnlichen Begehrens»), die Vermittlerin der Liebesdichtung; Euterpe («Freudenspenderin»), die Flöte spielende Muse der idyllischen Poesie; Kalliope («Die Schönstimmige»), zuständig für die epische Dichtung und das Gedankengut der Philosophie, daher mit Stift und Schreibtafel ausgestattet; Klio («Die Rühmende»), Patronin der Geschichtsschreibung, dargestellt mit einer offenen Schriftrolle oder einer Büchertruhe; Polyhymnia («Die Liederreiche») als Förderin der Sangeskunst; Terpsichore («Die Tanzesfrohe»), die mit ihrer Lyra sowohl den Tanz als auch den Chorgesang begleitet; Thalia oder Thaleia («Die Gesellige»), die Muse des Theaters, deren Erkennungszeichen eine Komödienmaske und Efeukränze sind; ihr Gegenstück Melpomene («Die Singende») mit der Tragödienmaske, einer Keule und Weinlaub; Urania («Die Himmlische») trug als Muse der Astronomie die Himmelskugel.

Manchmal waren es jedoch weniger als neun Musen. Drei von Hesiod Benannte hatten einen entsprechend größeren Wirkungsbereich: Melete («Die Handelnde»), Mneme («Die sich Erinnernde») und Aoide («Die Singende»). Die Gruppe als Ganzes hatte noch mehrere andere Namen, die sich von den Landschaften oder Örtlichkeiten ableiteten, die ihnen heilig waren: So hießen sie z.B. in Böotien Helikoniden, in Thessalien Pieriden, und nach der heiligen Quelle der → *Kastalia* am Parnaß wurden sie Kastaliden genannt. Siehe auch → *Camenen,* → *Coventina.*

Mut Aus Nubien stammend, hatte diese «Weltmutter» und Gemahlin des großen Gottes Amun bei den Ägyptern manchmal Geiergestalt, manchmal war sie eine gekrönte Frau. Ihr Name bedeutet «Mutter», aber ihr Wesen ist heute nicht mehr zu bestimmen, denn sie wurde nach und nach durch andere Göttinnen, z.B. → *Hathor,* → *Isis,* → *Sachmet* oder → *Uto,* ersetzt.

Muta → *Lara*

Mutter Freitag Diese russische und slawische Erntegöttin achtete sehr genau darauf, ob die Menschen ihre Feiertage auch heilig hielten. Wenn an den von ihr als wichtig angesehenen Tagen eine Frau am Spinnrad oder am Webstuhl arbeitete oder auch nur Kleidungsstücke flickte, würde Staub vom Erdboden aufsteigen und die Tätige blenden.

Mylitta Ursprünglich war der Name dieser Göttin Mulitta oder Mu'Allidtu, aber er wurde von Herodot hellenisiert, als er ihren Kult im alten Phönizien beschrieb. Der antike Geschichtsschreiber berichtet, wie die babylonischen Priesterinnen der Mylitta mit Weihrauch und bekränzten Häuptern die Fremden erwarteten, mit denen sie die heiligen Riten der Liebe vollziehen wollten. Mylittas Anhängerinnen schnitten sich zur Zeit der Geschlechtsreife die Haare kurz und opferten ihr die Jugendlocken. Danach konnten sie sich selbst noch umfassender darbieten. In ihrem Heiligtum neben der heiligen Quelle von Afka – ein Name, mit dem manchmal die Göttin selbst bezeichnet wird – stellten die Frauen kleine Hutten auf oder lagerten in den Wäldchen und genossen den Geschlechtsverkehr mit jenen, die zu ihnen kamen.

Von der großen Quelle von Afka heißt es, daß regelmäßig Feuer in das Wasser fiel und die Jugendlichkeit seiner Göttin erneuerte. Auf diese Weise verband sie die Macht des fließenden Wassers mit der Macht des himmlischen Feuers zu einer in hohem Maße sexuellen Energie, die von Mylitta verkörpert wurde als nackte, bärtige Frau, die auf einer Schildkröte oder einem Ziegenbock ritt. Reisende aus Griechenland oder Rom, die dieser Vorstellung begegneten, nannten Mylitta die Göttin des Verlangens und setzten sie → *Aphrodite* oder → *Venus* gleich.

Myrine Neben dem Frauenreich der → *Amazonen* am Schwarzen Meer gab es noch ein anderes, wahrscheinlich früheres, in Libyen, wo Myrine herrschte. Wie es heißt, drang sie mit ihren 20 000 berittenen Kriegerinnen und 3000 Kämpferinnen zu Fuß, die mit Bogen bewaffnet und von schweren Schlangenhaut-Rüstungen geschützt waren, in Atlantis ein, dessen Lage bekanntlich bis heute zu den großen Rätseln der Archäologie gehört. Nach der Einnahme der Stadt ließ Myrine alle Männer hinrichten. Dann unterzeichnete sie mit den restlichen Bewohnern einen Waffenstillstandsvertrag, um diese vor dem kriegerischen Nachbarstamm der → *Gorgonen* zu schützen – aber es waren wohl kaum jene Unsterblichen, die die Griechen in anderen Sagen erwähnen. Als die Wachsamkeit der Amazonen nachließ, schlossen die Bewohner von Atlantis ein heimliches Bündnis mit den Gorgonen und jagten die Kriegerinnen davon.

Myrine konnte entkommen und setzte ihren Eroberungszug in östlicher Richtung fort, wobei sie die Inseln Lesbos, Samothrake und Lemnos unter ihre Herrschaft brachte. Als sie in der Ägäis in einen Sturm geriet, opferte sie der «Muttergottheit» und wurde verschont. Danach errichtete sie Heiligtümer zu Ehren der Göttin, die wahrscheinlich mit → *Gaia* gleichzusetzen ist. Myrine starb in einer Schlacht in Thrakien, als ein Bund von Königen das von den Amazonen beherrschte Kleinasien angriff. Ihr Grab wurde von einem riesigen Hügel bedeckt, den die Kriegerinnen aufgeschüttet hatten und Baticia («Dornenhügel») nannten.

Myrrha Bei einem Herbstfest boten weißgewandete zypriotische Frauen, die zuvor neun Tage gefastet und Enthaltsamkeit geübt hatten, die ersten Früchte des Feldes der Erdgöttin dar, die sie hervorgebracht hatte. Nach dieser Opferung kam die «Kommunion»: eine öffentliche Orgie, während der sich die Prinzessin Myrrha – verschleiert – mit ihrem eigenen Vater, König Kinyras, paarte und das Kind empfing, «das die Göttin lieben würde».

Als der Vater den Frevel entdeckte, verfolgte er seine Tochter, die mit Hilfe ihrer Amme nach Arabien geflohen war. Dort wurde Myrrha auf ihr inständiges Flehen von den Göttern in einen Baum verwandelt, in einen Myrrhenbaum. Aus ihm entsproß ihr Sohn Adonis, der spätere Geliebte der → *Aphrodite*.

N

Naama Mit diesem Wort für «vergnüglich» wurde in alter Zeit die kanaanitische Göttin der Sexualität, → *Astarte*, bezeichnet. Aber oftmals sind die guten Gottheiten des einen Volkes die bösen Dämonen ihrer Feinde, und so galt Naama bei den Hebräern als eine Dämonenkönigin, die so schön war, daß sterbliche Männer und sogar Engel ihr nicht widerstehen konnten. Sie verführte sie mit der lieblichen Musik ihrer Zimbeln, aber sobald sie dann erregt waren, stahl sie ihren Samen, um daraus Dämonenkinder zu bilden. Wie → *Lilith* fiel es auch Naama gelegentlich ein, schlafende Babys zu erwürgen, sie zog es jedoch bei weitem vor, den Fortbestand der menschlichen Rasse dadurch zu gefährden, daß sie die Männer von ihren zugehörigen Gefährtinnen weglockte. Sie soll noch immer am Leben sein und im Meer wohnen, wo selbst die Ungeheuer der Tiefe von ihrer Schönheit fasziniert sind und Naama fortwährend durch alle Wasser verfolgen.

Nagar-Saga → *Mami*

Nahkeeta Diese indianische Göttin der Olympic Mountains (US-Bundesstaat Washington) war ursprünglich ein zierliches junges Mädchen, sanft wie ein Wasservogel des Sutherland-Sees, mit Haaren wie ein Fluß und einer Stimme wie ein Wasserfall. Sie wurde von ihrem Volk geliebt, und sie selbst liebte die dichten Wälder, in denen sie lebte.
Eines Tages, als Nahkeeta Heilkräuter sammelte, verirrte sie sich im dichten Regenwald. Obwohl es unter den hohen Bäumen immer dunkler wurde, wanderte sie immer weiter, bis sie erschöpft neben einem umgestürzten Baum einschlief. Dort fand ihre Familie am nächsten Tag ihren blutüberströmten Körper, zerrissen von den Klauen eines Raubtieres. Sie betrauerten die Hochverehrte bis zu dem Tag, an dem sie als lieblicher blauer See wiedergeboren wurde, ein See voller Wasservögel und mit dem sanften Ton eines leisen Windes auf seiner Oberfläche – wie eine flüsternde Stimme.

Naila Eine uralte arabische Göttin, deren Namen «Die Blaue» bedeutet, was eine Himmelsgöttin vermuten läßt, deren Charakter jedoch unbestimmt ist.

Naina Devi Diese in der zentralindischen Provinz Bilaspur beheimatete Göttin der Augen war von einer übernatürlichen Kuh zur Erde gebracht worden, die an ihrer heiligen Stätte Ströme von Milch gab.

Najaden, Naides In der Vorstellung der Griechen hatte alles auf Erden einen ihm innewohnenden Geist, den man sich oft in weiblicher Form als Nymphe dachte. Die Najaden genannten → *Nymphen* des Wassers und der Quellen wurden nicht so alt wie die des Meeres, die → *Nereiden*, oder die Nymphen der Berge und Felsen, die → *Oreiaden*, lebten jedoch länger als die Baumfrauen oder → *Dryaden*. Nur solange die Ströme und Flüsse, die sie beherbergten, nicht austrockneten, blieben die auf Süßwasser angewiesenen Najaden am Leben. Diese angenehmen, als segenbringend und befruchtend geltenden Wesen standen in naher Beziehung zu → *Demeter*.

Namaka → *Pele*

Nambi Die erste Frau Ugandas lebte am Firmament als Fürstin des Himmels, doch sie wünschte sich einen irdischen Mann und stieg herab, um mit einem Geschlechtsverkehr zu haben. Dann kehrte Nambi in den Himmel zurück.

Ihre Familie war entsetzt, daß sie sich so weit erniedrigt hatte, sich einem Irdischen hinzugeben. Nambis Vater stahl die einzige Kuh dieses Mannes, der Kintu hieß, und brachte sie in den Himmel. Nambi kehrte zur Erde zurück und berichtete ihrem Geliebten, wo seine Kuh versteckt war. Sie schlug ihm vor, diese zurückzuverlangen – und seine Frau gleich dazu. Kintu begab sich in den Himmel, wo ihm der Himmelsvater eine riesige Herde einander wie ein Ei gleichender Rinder zeigte und von ihm forderte, er möge sein eigenes Tier herausfinden. Mit Hilfe von Nambi konnte er seine Kuh bezeichnen, aber ihr Vater unterwarf Kintu weiterer Prüfungen, bevor er seiner Tochter erlaubte, mit dem Mann auf der Erde zu leben.

Der Himmelsvater warnte Nambi auch, daß ihr Bruder, der Tod, ihnen auf die Erde folgen könnte. Das Paar verließ den Himmel voller Eile und nahm eine Anzahl Tiere mit. Auf halbem Weg nach unten bemerkte Nambi, daß sie keine Samen eßbarer Pflanzen mitgenommen hatten. Sie stahl sich in den Himmel zurück, um welche zu holen. Dabei entdeckte sie ihr Bruder und folgte ihr auf die Erde. Nun haben die Menschen zwar Nahrungsmittel, die sie essen können, aber sie haben auch die unwillkommene Gesellschaft von Bruder Tod.

Nammu Sumerische Göttin, die der Allmutter → *Mami* dabei half, die menschliche Rasse zu formen. Sie war es auch, die, als die Korngöttinnen → *Ashnan* und Lahar nicht mehr für Essen und Trinken der Götter sorgten, weil sie betrunken waren, dies dem Obergott Enki zutrug. Daraus resultierte die Erschaffung der irdischen Wesen.

Nam-Sa Kui → *No Il Ja-Dae*

Nana Jene Nymphe, die mit Attis, dem Geliebten der → *Kybele*, schwanger wurde, indem sie eine reife Mandel oder einen Granatapfel direkt auf ihrer Haut trug, war vielleicht – wie → *Myrrha*, die Mutter des Adonis – ein Baumgeist (→ *Dryaden*), denn sie gebar einen Baumgott. Bevor sie jedoch in den großen Jahreszeitenmythos Kleinasiens als Frühlingsbringerin integriert wurde, war Nana Hauptperson einer eigenen Mythe. Denn Nana («Königin») war auch einer der alten babylonischen Namen für → *Ishtar* als Schutzpatronin von Lagash und Ninive, der zur gleichen Zeit benutzt wurde wie der sehr ähnliche Name → *Inanna*. Ishtars Verehrung als Nana war langlebig, denn der assyrische Eroberer Assurbanipal entdeckte bei seiner Plünderung der elamitischen Hauptstadt Susa 638 v. Chr. ein Bildnis der Göttin, das die Elamiten 1635 Jahre zuvor aus Erech mitgebracht hatten.

Nana Buluku Weltschöpferin war für das Volk der Fon im westafrikanischen Dahomey (heute Benin) die Mutter der großen Göttin → *Mawu* und ihres Zwillingsbruders und Geliebten Lisa. Nach der Geburt von Mawu zog sich Nana Buluku, «Ursprung der Göttlichkeit», aus der aktiven Beteiligung an dieser Welt zurück.

Nanna Über diese nordische Göttin ist nur bekannt, daß sie die Gemahlin des unglücklichen Gottes Balder war, der ein Opfer des göttlichen Unholds Loki wurde (→ *Frigg*). Nanna begleitete den durch List Getöteten in die Unterwelt. Ihrer beider Sohn war der Recht sprechende Gott Forseti.

Nanshe Diese babylonische Wassergöttin wurde alljährlich mit einer Regatta von Segelbooten geehrt, die sich dann bei der Stadt Lagash einer heiligen Barke mit dem Bildnis der Göttin an Bord anschlossen. Während dieser Prozession feierten Nanshes Anhängerinnen ausgelassen. Sie war eine weise Göttin, die Träume und Vorzeichen deutete. Und sie beurteilte jährlich am Neujahrstag die Taten eines jeden Menschen im vergangenen Jahr.

Nantosuelta «Sich schlängelnder Fluß» war der Name dieser keltischen Göttin, die in Gallien mit einem Füllhorn dargestellt wurde und mit einem kleinen Haus in der Hand. Demnach bescherte sie für Heim und Familie sowohl das Gute als auch das Betrübliche.

Nar, Nair Es gibt eine Legende, nach der jeder irische König, der mit dieser Göttin schlief, sterben mußte. Viele Wissenschaftler nehmen an, daß diese Überlieferung auf die Zeit des sogenannten rituellen Königtums zurückgeht, als ein König die Erdgöttin «heiratete» und schließlich geopfert wurde, um ihre Fruchtbarkeit zu sichern. Aber außer einer verdächtigen Wiederholung von gleichen Königsnamen in regelmäßigen Intervallen und einer erstaunlich ähnlichen Länge der Regentschaft gibt es kaum einen Beweis für die Praxis des rituellen Königsmords in Irland.

Narucnici → *Sudice*

Naru-Kami, Kami-Naru Die japanische Donnergöttin war eine Beschützerin der Bäume und die Herrscherin über die Handwerker. Der Ort, an den sie einen Blitzstrahl schleuderte, wurde fortan als von ihr geheiligt betrachtet.

Nasu In der persischen Mythologie schlüpfte dieser weibliche Drache (auch Drug genannt) in die Gestalt einer Fliege, um Leichen zu verschlingen.

Nausikaa Die freundliche Prinzessin fand den schiffbrüchigen Odysseus am Strand und nahm ihn mit in den Palast ihres Vaters, des Phäakenkönigs Alkinoos. Ihre Liebe erwiderte der Kriegsheld ebensowenig wie die der anderen Frauen, denen er auf seiner Irrfahrt von Troja zurück nach Ithaka begegnete.
Nausikaa sei in Wirklichkeit die Verfasserin der *Odyssee* gewesen. Das behauptete zumindest im 19. Jahrhundert der englische Homer-Übersetzer Samuel Butler der Jüngere. Er untermauerte seine These u. a. mit dem Hinweis, daß der Autor zweifellos besser mit dem häuslichen Leben vertraut war als mit dem Leben auf See, und er schien davon überzeugt, daß es Nausikaa in der ganzen Abenteuergeschichte vor allem darum ging, die Taten der großen griechischen Heroinen – z. B. der → *Circe*, → *Kalypso* und → *Penelope* – herauszustellen.

Navky, Mawki Im slawischen Sprachgebiet suchten ertrunkene oder als Babys gestorbene Kinder die Überlebenden sieben Jahre lang heim, halbnackt und weinend. Dann wurden sie in liebliche, im Wasser lebende Frauen verwandelt, die vorüberkommende Reisende anriefen. Wer sich näherte, den sprangen die Navky an und kitzelten ihn zu Tode.

Neb-ti «Zwei Herrinnen» ist die gemeinsame Bezeichnung für die herrschenden Göttinnen des Nordens und des Südens von Ägypten, → *Uto* und → *Nechbet*.

Nechbet Die geierköpfige Göttin der Nilquelle wurde nach der politischen Vereinigung Nord- und Südägyptens «Zwilling von → *Uto*» genannt. Zusammen bildeten sie → *Neb-ti*, die «Zwei Herrinnen». Nechbet war die Schutzgöttin des Erstgeborenen eines Pharaos und im Neuen Reich die Schutzherrin aller gebärenden Frauen, dargestellt entweder in menschlicher Gestalt mit dem Balg eines Geiers auf dem Haupt oder in symbolischer Form als heiliger Geier.

Nedola → *Dolja*

Nehalennia Keltische Göttin der Handelsfahrer, die mit einem Hund als Begleiter, mit Früchtekorb und auf einen Schiffsbug gestützt dargestellt wurde. Ihr Name wird sehr unterschiedlich gedeutet; mal mit dem Tod, mal mit der Schiffahrt in Verbindung gebracht.

Neith Als eine der ältesten ägyptischen Göttinnen war Neith ursprünglich das höhere Wesen einer Stammesgemeinschaft, gekennzeichnet durch ihre Symbole, zwei gekreuzte Pfeile und eine gefleckte Tierhaut. Seit ihre Anhänger die Verehrer anderer ägyptischer Göttinnen politisch beherrschten, nahm Neith die Eigenschaften der eroberten Gottheiten an und wurde zu einer vielschichtigen Gestalt, die sich – wie in den von Plutarch zitierten Tempelinschriften dokumentiert – rühmen konnte: «Ich bin alles, das je gewesen ist, das je sein wird, und kein Sterblicher ist je fähig gewesen, den Schleier zu lüften, der mich verhüllt.»
Trotz der Ausweitung ihres Zuständigkeitsbereiches blieb Neith im wesentlichen die Herrscherin über Handwerk und Gewerbe – dabei jedoch eine durchaus kriegerische Herrin mit

Bogen, Pfeil und Schild, die den Besitz ihrer Schutzbefohlenen gegen Eindringlinge zu verteidigen wußte und hierin für die Griechen ein Abbild ihrer eigenen Göttin → *Athene* war. Neith trug schließlich die Doppelkrone des vereinten Ägyptens und forderte von ihrer Tempelstadt in Sais aus die Verehrung durch alle Ägypter.

Am Anbeginn aller Zeiten, so heißt es, nahm Neith das Weberschiffchen, spannte den Himmel in ihren Webstuhl und webte die Welt. Dann warf sie selbstgesponnene Netze aus und zog aus den uranfänglichen Wassern lebendige Geschöpfe, auch Männer und Frauen. Schließlich «erfand» Neith in Kuhgestalt (→ *Mehueret*) die Geburt, indem sie Re zur Welt brachte, der zum mächtigsten aller Götter wurde. Solange ihre Anhänger lebten, war sie für ihre Gesundheit verantwortlich; denn ihre Priester waren Ärzte und Heiler. Zusammen mit → *Isis*, → *Nephthys* und → *Selket* hieß sie die Verstorbenen im Jenseits willkommen. Die Binden und Laken, mit denen man die sterblichen Überreste zu Mumien gestaltete, galten als eine Gabe der Neith, der Schutzherrin der Kunst des Einbalsamierens.

Nemain, Neman, Nemon Ihr Name bedeutet «Die Giftige». Sie war eine der mächtigen Schlachtengöttinnen des alten Irland und mit → *Morrigan* verwandt.

Nemesis In der spätantiken griechischen Mythologie wurde sie zu einem Ungeheuer, einer finsteren Gestalt der Rache und der Wut. Aber in früheren Zeiten hatte sie mit → *Themis* jenes Paar großer Göttinnen gebildet, das im attischen Rhamnus verehrt wurde. Die weißgewandete, geflügelte Nemesis folterte alle, die jene gesellschaftlichen Regeln verletzten, die Themis repräsentierte. Obwohl sie manchmal als eine der → *Erinnyen* betrachtet wird, war ihre Macht viel umfassender, und sie übte sie eher aus, um Gerechtigkeit herzustellen, als um Vergeltung zu üben.

Zeus eroberte Nemesis mit ebensolchen Tricks, wie sie in den Sagen über seine Überwältigung der anderen Göttinnen geschildert werden. In der Absicht, sie zu vergewaltigen, verfolgte Zeus sie durch das ganze Land. Nemesis änderte ihre Gestalt einmal, zweimal und noch ein drittes Mal, aber der Gott verwandelte sich gleichfalls. Schließlich überwältigte er sie als Vogel, und sie legte ein Ei, aus dem die Göttin → *Helena* schlüpfte. Man erkennt die Ähnlichkeit mit der Geschichte von → *Leda*.

Nemetona Die keltisch-britische «Göttin des heiligen Hains» war eine der Gottheiten, denen im südenglischen Bath gehuldigt wurde, wo man auch → *Sulis* als Schutzherrin der Thermalquellen verehrte. Nemetona wurde dargestellt als sitzende Königin, die ein Zepter hält, umgeben von drei verhüllten Gestalten und einem Schafbock.

Nephele Ursprünglich war sie eine semitische Göttin, deren Name «Wolke» bedeutete, dann ging sie in die griechische Mythologie ein als Frau des böotischen Königs Athamas, Mutter von → *Helle* und Rivalin der → *Ino*. Als Wolkengeist wurde sie mit der Himmelskönigin → *Hera* gleichgesetzt.

Nephthys «Die Herrin des Hauses» war die Schwester der großen ägyptischen Göttin → *Isis* und zugleich ihr Gegenstück: Isis war die Kraft des Lebens und der Wiedergeburt, Nephthys die in den Gräbern wohnende Göttin des Todes und des Sonnenuntergangs. Sie hatten ähnlich gegensätzliche Gatten. Isis' Gefährte war der Fruchtbarkeitsgott Osiris, während ihre Schwester mit dem bösen Gott Seth liiert war.

Seth war nicht nur böse, sondern auch unfruchtbar. Deshalb nötigte Nephthys, die unbedingt Kinder wollte, Osiris so lange zum Trinken, bis er seine Treue gegenüber Isis vergaß und mit Nephthys ins Bett sank. In dieser Nacht empfing sie den schakalköpfigen Totengott Anubis. Wohl aus Eifersucht tötete und entmannte Seth Osiris. Dies war zuviel für Nephthys, die Seth verließ, um in die Klage ihrer Schwester einzustimmen und ihr zu helfen, Osiris wieder zum Leben zu erwecken. Im Osten stehend, empfangen sie jeden Morgen voller Hoffnung die aufgehende Sonne.

Nereiden Die fünfzig Nereiden, Töchter der als → *Ozeanide* zur Meeresgöttin aufgestiegenen → *Doris*, waren berühmt für ihre

Rosenknospengesichter und ihre Gabe der Weissagung. Sie konnten nicht nur Schiffsuntergänge voraussehen, sondern sie auch verhindern. Ihnen zu Ehren tanzten die Griechen manchmal geschmückt, manchmal nackt am Strand, wobei sie die bewegten Seereisen der dämonenreitenden Jungfrauen imitierten. Berühmte Nereiden waren → *Amphitrite*, → *Galateia*, → *Klymene*, → *Panopeia* und → *Thetis*.

Nerthus Tacitus beschreibt in seinem berühmten Werk *Germania* (um 100 n. Chr.) die übliche Form der Anbetung bei den germanischen Stämmen: Ihre oberste Gottheit sei die Nerthus genannte «Mutter Erde». Ihr wichtigstes Heiligtum liege auf einer Insel im Meer. Dort habe auf einem tuchbedeckten Wagen eine Statue von ihr gestanden bis zu dem Augenblick, in dem der Priester erkannte, daß Nerthus selbst in der Statue gegenwärtig war.
Dann begann eine feierliche Prozession ihres Volks, wobei Ochsen den heiligen Wagen von einem Stamm zum anderen ziehen mußten. Alle Kämpfe wurden beendet oder unterbrochen, alle Waffen und sogar alle eisernen Werkzeuge weggeschlossen, bis die Reise der Göttin beendet war. Festlichkeiten begleiteten sie, alle Türen standen gastfreundlich offen, auf daß Wohlstand in die Häuser einziehen konnte.
Sobald die Priester bemerkten, daß die Göttin der menschlichen Gesellschaft müde war, kehrte die Prozession zurück zu Nerthus' Heiligtum auf der Insel. In einem verborgenen See wurden die Göttin und ihr Wagen von Sklaven gebadet, die nach dem Kontakt mit dem Bildnis der Göttin offenbar unfähig waren, ein normales Leben zu führen, und ihr deshalb geopfert wurden.

Nesreca → *Sreca*

Nessa Ursprünglich war sie Assa («Die Sanfte»), eine Prinzessin aus dem nordirischen Ulster. Aber der böse Druide Cathbad ermordete die Erzieher des lernbegierigen Mädchens, und dadurch änderte sich ihr Wesen grundsätzlich: Aus der sanften Assa wurde Nessa («Die Unsanfte»). Als schier unbezwingbare Kriegerin besiegte sie einen König nach dem anderen, annektierte den Besitz der Geschlagenen und hielt die Zügel der Regierung fest in der Hand.
Doch Cathbad führte immer noch Schlimmes gegen sie im Schilde. Eines Tages, als Nessa in einer ruhigen Quelle badete und ihre Rüstung außerhalb ihrer Reichweite war, überraschte sie Cathbad. Waffenlos konnte sie ihm nicht widerstehen. Er vergewaltigte sie und forderte dann ihre Freundschaft. «Da ich mich nicht verteidigen kann, ist es besser, klein beizugeben, als getötet zu werden», sagte sie diplomatisch.
Sie diente ihm als Konkubine, weigerte sich jedoch, ihm Kinder zu gebären. Da sie andererseits durch eine Weissagung wußte, daß sie auf wunderbare Weise einen Helden zur Welt bringen würde, hielt sie nach weiteren Zeichen Ausschau. Eines Tages sollte sie für den Druiden Wasser aus einem Zauberbrunnen holen. Dabei erblickte sie in dem Eimer zwei winzige Würmer. Sie trank etwas Wasser und verschluckte die Würmer. Diese befruchteten sie, und bald gebar sie Conchobar, den später berühmten König. Zum Beweis dafür, daß seine Mutter nicht von dem verhaßten Druiden geschwängert worden war, hielt der Held, als er aus dem Schoß hervorkam, in jeder Hand einen Wurm.

Niam Der Name dieser Tochter des Meeres, der Feenkönigin von Tir-nan-Og – dem irischen Land der Seligen weit draußen im westlichen Ozean, fast jenseits menschlicher Reichweite –, bedeutet «Schönheit». Wie viele Feenköniginnen hatte auch Niam, oft «Neeve vom goldenen Haar» genannt, eine Vorliebe für sterbliche Geliebte.
Einst, so lautet eine Legende, stahl sie den Dichter Oisin (später als Ossian berühmt), der zu der Heldenhorde der Fianna gehörte. Eine lange Zeit, während der die Fianna alterten und starben, blieb nur Oisin allein jung und lebte glücklich mit Niam in ihrem Land. Schließlich wurde der Dichter jedoch von Heimweh nach der Welt der Sterblichen erfüllt. Diese Sehnsucht wuchs immer weiter, bis Niam schließlich seine Klagen nicht länger ertragen konnte. Sie setzte ihn auf ein magisches Pferd und wandte den Kopf des Pferdes

gegen Osten in Richtung der Menschheit, aber sie warnte ihren Geliebten, niemals abzusteigen. Als Oisin auf der Erde landete, riß unter der Wucht des Aufpralls der Gurt seines Feensattels, und er fiel zu Boden. In dem Augenblick, als sein junger Körper die Erde berührte, überfielen ihn die angesammelten Jahre seines Menschenlebens. Er alterte zusehends, starb und wurde zu Staub.
Eine ähnliche Geschichte findet man bei der japanischen Meeresgöttin → *Oto-Hime*.

Nike Die geflügelte griechische Siegesgöttin war die Tochter der → *Styx*, der Göttin des Unterweltsflusses. Nike wurde in ganz Griechenland, besonders in Athen, verehrt als Gefährtin oder auch nur als eine andere Erscheinungsform von → *Athene*.

Nimue «Herrin des Sees» war eine walisische Zauberin, die – nach der Artussage –, von wunderschönen, feenartigen unsterblichen Jungfrauen umgeben, in einem Inselreich lebte, wo es weder Winter noch Schmerz noch Tod gab. Sie war eine jener mächtigen Göttinnen, die König Arthur (oder Artus) am Ende seiner irdischen Regentschaft nach Avalon, in das keltische Elysium, brachten. Nach einigen Quellen soll es auch Nimue gewesen sein, die Arthur als König eingesetzt hatte.

Ninanna → *Inanna*

Nindum → *Mami*

Nin-Edin → *Belit-Seri*

Ningal, Nikkal, Ningul «Die Große Dame» der früchtetragenden Erde wurde, so berichten sumerische und ugaritische Sagen, vom Mondgott umworben. Um ihr Herz zu gewinnen, brachte er ihr Halsketten aus Lapislazuli und verwandelte als Herrscher über den Regen die Wüste in einen Obstgarten.

Ningyo Diese japanische Nixe hatte den Leib eines Fisches, aber den Kopf einer Frau, und wenn sie Tränen vergoß, waren es Perlen. Die Frauen versuchten sie zu fangen, um von ihr zu kosten, denn das würde ihnen ewige Jugend und Schönheit verleihen.

Nike von Samothrake

Ninhurra Die sumerische Göttin der Pflanzen war die Enkelin von → *Ninhursag* und die Mutter von → *Uttu*.

Ninhursag, Ninhursanga Vor langer Zeit lebte in einer schönen, freundlichen Stadt die sumerische Schlangengöttin der Geburt und Wiedergeburt mit dem Gott der Weisheit zusammen. In Dilmun, wo Ninhursag und Enki sich niedergelassen hatten, gab es kein Alter und keinen Tod, keine Krankheit und keine Unfruchtbarkeit. Nicht einmal die Tiere taten einander Leid an.
Eines Tages schwoll Ninhursags Leib auf. Neun Tage später wurde die Pflanzengöttin Ninsar geboren. Der lüsterne Enki verführte seine Tochter, die → *Ninhurra* gebar. Dann schlief Enki mit seiner Enkelin, woraus → *Uttu* entsprang, eine weitere Pflanzengöttin. Natürlich wollte Enki auch mit seiner Urenkelin schlafen, aber Ninhursag flüsterte ihr zu, sie solle einen Brautpreis von Gurken, Äpfeln und Trauben fordern. Der geile Enki ging darauf ein, und Uttu war nun ebenfalls bereit, sein Bett zu teilen.

Dieser Affäre entsprangen acht verschiedene Arten von Pflanzen, die die Welt nie zuvor gesehen hatte. Aber Enki verspeiste seine Nachkommenschaft ebenso schnell, wie sie zur Welt kam, so daß die Urgroßmutter Ninhursag ihnen nicht einmal Namen geben konnte. Wütend über den gierigen Gott sprach sie einen so schrecklichen Fluch über ihn aus, daß er auf der Stelle zu Boden fiel, an acht Stellen seines Körpers von acht verschiedenen Krankheiten befallen.

Die anderen Götter begannen sich Sorgen zu machen, als Enki immer schwächer und dünner wurde. Aber die große Göttin war immer noch wütend auf Enki und weigerte sich, ihn zu heilen. Schließlich – Enki war nur mehr ein atmender Leichnam – überstimmte die Himmelsversammlung Ninhursag und befahl ihr, ihn wieder gesund zu machen. Die Göttin war nur sehr ungern dazu bereit, da sie fürchtete, er könne sein skandalöses Treiben von neuem beginnen; sie stimmte jedoch einem Kompromiß zu: Sie würde ihn nicht direkt heilen, sondern acht winzige Göttinnen erschaffen (unter ihnen → *Ninti*), die den Zustand der betroffenen Körperteile Enkis überwachen sollten und die Macht hatten, diese zu heilen, wenn sie es wollten. Die kleinen Göttinnen machten sich wirklich ans Werk, und bald ging es Enki wieder gut.

Nach einer anderen Version dieses Mythos heilte Ninhursag Enki schließlich selbst, und zwar indem sie ihn in ihre Vagina aufnahm, aus der er gesund wiedergeboren werden konnte.

Nini → *Inanna*

Ninkasi Die «Herrin mit dem Horngesicht» war eine sumerische Weingöttin, deren Name ein Beiname der großen → *Ishtar* wurde. Ninkharak, die «Herrin des Hundes» ging ebenfalls später in Ishtar auf.

Ninlil Die junge sumerische Göttin Ninlil («Herrin der sanften Winde») badete eines Tages im Fluß Ninbirdu an einem einsamen Platz, wo weit und breit niemand war. Zufällig kam der Windgott Enlil vorbei, nützte Ninlils Einsamkeit schamlos aus und vergewaltigte die Jungfräuliche. Die anderen Gottheiten waren so empört, daß sie Enlil umgehend in die Unterwelt verbannten. Aber Ninlil war schwanger geworden. Sie folgte Enlil ins Reich der Toten und legte mit ihrem geschwollenen Leib Zeugnis ab von seinem Verbrechen.

Diese Entwicklung beunruhigte die himmlischen Mächte sogar noch mehr, denn in ihrer Allwissenheit wußten die Gottheiten, daß in Ninlils Bauch der Mond heranwuchs. Wenn dieser in der Unterwelt geboren würde, müßte er dort in alle Ewigkeit bleiben, denn nicht einmal Göttlichkeit befreit einen von den Gesetzen der Unterweltgöttin → *Ereshkigal*. Als ihre Zeit gekommen war, führte Ninlil einen Zauber durch: Sie gebar zunächst drei Schattenkinder, die auf ewig an ihrer Stelle Gefangene von Ereshkigal bleiben sollten. Dann kletterte sie – noch immer schwanger – mit Unterstützung des reumütigen Enlil auf die Erde zurück. Dort kam sogleich ihr Sohn, der Mondgott Sin, auf die Welt: genau auf der Horizontlinie, von der aus er direkt in den Himmel steigen kann.

Als Göttin der Stadt Nippur hatte Ninlil die gleichen Embleme wie alle großen Erdenherrscherinnen des Nahen Ostens: die Schlange, den himmlischen Berg und die Sterne. Weil sie gleichsam «die Erde selbst» war, konnte nur Ninlil den Herrscher auf der Erdoberfläche, die Nippur bedeckte, bestimmen. Deshalb errang nur der Fürst einen Thron, dem sich die Göttin hingab, die in einer ihrer Priesterinnen verkörpert war. Dann regierte er eine Zeitlang als Ninlils Gatte.

Als sich der Kult → *Ishtars* über Babylonien ausbreitete, wurde Ninlil mit ihr gleichgesetzt als Belit-Matate oder «Ishtar von Nippur».

Ninma → *Mami*

Ninsikilla → *Mami*

Ninsun «Herrin der Wildkuh» bedeutete der Name dieser mesopotamischen Göttin der Traumdeutung, die mit Lugalbanda, dem vergöttlichten König von Uruk, verheiratet war. Sie gelten als die Eltern von Gilgamesch, dessen Taten durch das nach ihm benannte erste große Epos der Weltliteratur (entstanden um 1800 v. Chr.) berühmt wurden.

Ninti Eine der acht heilenden Göttinnen, die → *Ninhursag* schuf, um sich selbst die lästige Aufgabe zu ersparen, den wegen seiner unersättlichen Sexgier von den anderen Göttern verfluchten Enki zu heilen. Ninti herrschte über den Brustkorb. Ihr Name ist ein Wortspiel, denn er bedeutet sowohl «Herrin der Rippen» wie «Herrin des Lebens».

Niobe Vielleicht war sie nur die Tochter des von Zeus zu fürchterlichen Qualen verurteilten Tantalos und später die Frau eines Königs von Theben. In sehr alten griechischen Mythen jedoch wird Niobe die Mutter der Menschheit genannt. Ihre sieben Töchter, die → *Meliae* oder Eschen-Nymphen, brachten als Früchte menschliche Wesen hervor. Später wurde Niobe vor allem als Fruchtbarkeitsgöttin verehrt, und es hieß, sie habe «Kinder ohne Zahl» zur Welt gebracht.
Daß sie sich dessen sogar selbst rühmte, wurde ihr schließlich zum Verhängnis: Sie verspottete nämlich ihre frühere Freundin → *Leto*, weil sie nur zwei Kinder habe, aber das waren immerhin die mächtigen Götter → *Artemis* und Apollon. Diese rächten die Verumglimpfung ihrer Mutter, indem sie Niobes Kinder bis auf eines ermordeten. (Nur ihre Tochter Chloris überlebte, und sie wurde eine der berühmtesten Schönheiten Griechenlands.) Vom Weinen und Trauern um ihre Kinder war Niobe derart geschwächt und erstarrt, daß die Götter Mitleid mit ihr bekamen und ihre verhärmte Gestalt in einen schönen Stein verwandelten, aus dem auf ewig eine Quelle sprudelte.

Nirriti Im hinduistischen Indien sieht man alles Unglück der Menschen in dieser Göttin, deren Name «Elend» bedeutet, verkörpert: eine ermattete alte Frau, ausgehungert und aussätzig, die Hand immer nach Almosen ausgestreckt. All jene, die in Armut und verbrecherische Umgebung hineingeboren werden und sich dennoch bemühen, ein anständiges Leben zu führen, stehen unter dem Schutz Nirritis.
Als Göttin, die das Leid der Welt erduldet, wenden sich vertrauensvoll all jene an sie, die einen Wandel ihres Schicksals herbeisehnen. Schwarz gekleidete und geschmückte Priester bieten ihr Gaben dar, dann legen sie einen Stein in einen Topf Wasser und stoßen ihn gen Südwesten, um noch mehr Krankheit und Unglück auf die bereits schwer beladenen Schultern Nirritis zu verlagern. Ausgerechnet diese Unglückliche war die Tochter der Glück bringenden Göttin → *Surabhi*.

Nisaba Als «Die Gesetze Lehrende», die von den Göttern den Menschen gegeben wurden, brachte diese Schlangengöttin einem sumerischen König die Schriftsprache auf einer Schreibtafel, auf der die Namen der wohltätigen Sterne verzeichnet waren. Nisaba war auch eine Baumeisterin, fertigte Tempelpläne für ihr Volk, deutete Orakel und Träume, sorgte aber auch für die Fruchtbarkeit der Felder – kurz, sie war die gelehrteste unter den Gottheiten ihres Volkes.
Siehe auch → *Seschat*.

Nish-Kan-Ru Mat Eine Himmels- und Sternengöttin der Ainu, der beim «Fest der vergossenen Tränen» gehuldigt wurde.

Niobe (griechisch)

Niski-Ava → *Azer-Ava*

Nixen Bei vielen Völkern – z. B. auch in der deutschen Sagenwelt – gelten diese amphibischen Wassergeister mit menschlichem Oberkörper und Fischschwanz als weiblich. Wie die Flüsse, die sie bewohnten, waren die Nixen ihrer Natur nach wandelbar: Manchmal saßen sie bezaubernd und friedlich in der Sonne und kämmten ihr langes blondes Haar, manchmal waren sie zänkisch und hungrig und ertränkten Leute, um von ihnen zu zehren.
Sie konnten menschliche Gestalt annehmen, um zum Markt zu gehen oder am Flußufer zu tanzen. Dann erschienen sie als vollbrüstige junge Frauen, die gut einen Meter hoch waren und an denen nichts darauf hinwies, daß sie dämonische Wesen waren. Viele sterbliche Männer verliebten sich in sie und verfielen ihrer Schönheit. Es kam vor, daß eine Nixe bereit war, einen Menschen zu heiraten. Er mußte allerdings schwören, sie nie nach ihrer Herkunft zu fragen. Sonst war es um ihn geschehen.
Als ausgezeichnete Tänzerinnen tanzten sie zwar gern mit irdischen Männern, doch das war für sie gefährlich: Wenn einer ihren Handschuh stahl, bedeutete das den Tod der Nixe. Dann war am nächsten Tag das Wasser des Flusses, in dem sie lebte, rot von ihrem Blut.
Siehe auch → *Elfen*, → *Feen*.

No-Il Ja-Dae Diese koreanische Göttin war die Hüterin des Aborts, und sie soll fortwährend wütend gewesen sein, weil man ihr die Klitoris abgeschnitten und in den Ozean geworfen hatte, wo sie zu einer Muschel wurde. Sie war besonders feindselig Frauen gegenüber, die das Toilettenhäuschen nachts benutzen wollten. Sie machte ihnen Bauchweh oder ließ sie gar erblinden. In manchen Gegenden Koreas wurde sie Nam-Sa Kui («Geisterjungfrau») genannt und war ein anmutiges Wesen, das sich in leuchtende Seidengewänder gekleidet zeigte.

Nokomis Einfach nur «Großmutter» nannten die Algonkin-Indianer jene Göttin, während sie bei den Irokesen Eithinoha («Unsere Mutter») hieß. Sie regierte über die Erde und alles, was sie hervorbrachte. Sie beschaffte nicht nur die Nahrung für die Menschen und die Tiere, die auf ihrem Land lebten, sie bot sich selbst ihrem Volk als Speise, denn sie lehrte, daß das Leben nur fortdauern kann, wenn es Leben verschlingt.
Nokomis' Tochter war Onatah, die Kornjungfrau. Als sie einmal durch das Land wanderte und durstig nach Tau Ausschau hielt, verführte sie ein böser Geist und hielt sie unter der Erde gefangen. Schließlich fand Nokomis sie dort mit Hilfe der Sonne und leitete sie an die Erdoberfläche zurück. Die Übereinstimmungen zwischen dieser nordamerikanischen Mythe und der griechischen Mythe von → *Demeter* und ihrer Tochter sind erstaunlich. Beide sind Ausdruck eines tiefen Verständnisses des vegetativen Kreislaufs, von dem die Menschheit abhängt.

Nomoi → *Lorop*

Nona und Decima «Neun» und «Zehn»; zwei → *Parzen* und römische Göttinnen der wichtigsten Monate der Schwangerschaft und der Geburt.

Noogumee Bei den kanadischen Micmac-Indianern die göttliche Mutter der Wale.

Nornen Am Fuß des riesigen Weltenbaumes Yggdrasil lebten in einer schönen Halle drei Schwestern, die mächtigsten aller nordischen Gottheiten. Nicht einmal die Götter, die schier allmächtigen Asen, konnten ihre Handlungen ungeschehen machen oder etwas tun, was die Nornen – das bedeutet «Die Raunenden» – nicht wollten. Die drei Nornen Urd, Verdandi und → *Skuld* holten jeden Tag Wasser von Urds Brunnen, mischten es mit Kies und besprengten damit den Weltenbaum. Sie achteten darauf, ihm nicht zuviel Wasser zu geben, damit die Wurzeln nicht faulten, aber ihn auch nicht austrocknen zu lassen, denn von ihm hing nicht nur die Existenz der Menschheit, sondern des ganzen Universums ab.
Zwar sind diese drei Nornen die bekanntesten, aber eigentlich gab es unzählige von ihnen – für jeden zur Welt gekommenen Menschen eine, denn sie waren die Schicksalskünderinnen. Weil also das Glück jedes Einzelnen vom

Genius seiner Norne abhängt, sollte man sie zu jeder Mahlzeit ehren, indem man für sie aufdeckt. In manchen Sagen werden jedem Menschen drei Nornen zugesprochen: zwei, die Gutes versprechen, und eine, die Böses bringt.

Urd, die älteste der Nornen, war offenbar lange Zeit allein, denn Verdandi und Skuld kamen in der Mythologie erst wesentlich später hinzu. Seitdem sprach man jedem Glied dieser Dreiheit unterschiedliche Kräfte zu. Urd herrschte über die Vergangenheit, Verdandi über die Gegenwart, und Skuld bestimmte die Zukunft.

Nortia Für die Etrusker, die vor der Eroberung durch Rom über weite Teile Italiens herrschten, hatte jedes Wesen eine vorbestimmte Lebensspanne – nicht nur jedes menschliche Wesen, sondern ebenso jede Nation und jeder Staat. In der Göttin Nortia sahen sie die Macht des zeitgebundenen Schicksals. In ihrem Tempel in Volsinii wurde zum Ende jedes Jahres ein Nagel in die Wand geschlagen, so daß die Menschen genau überblicken konnten, wie viele Jahre vergangen waren – in ihrem persönlichen Leben ebenso wie im Leben der etruskischen Gesellschaft.

Norwan «Tanzende Stachelschweinfrau» war bei den kalifornischen Wintun-Indianern die Lichtgöttin, die der Erde Nahrung brachte. Als Tochter von Erde und Sonne tanzte Norwan, so leicht wie warme Luft, über den wachsenden Pflanzen, jeden Tag bis zum Sonnenuntergang. Einmal, so heißt es, habe sie mit einem anderen Mann geschlafen und ihren bisherigen Liebhaber verärgert. Daraus sei der erste Krieg der Menschheitsgeschichte entstanden.

Nott Die schwarze nordische Urgöttin Nott («Nacht») war die Mutter der Göttin der Erde (→ *Jörd*) und des Gottes des Tages (Dagr). Sobald es dunkel wurde, bestieg sie ihr Pferd «Reifmähne», von dessen schäumendem Maul der Tau fiel.

Nowutset → *Utset*

Nox → *Nyx*

Nsomeka Dieser Heldin verdanken die Bantu im südlichen Afrika den agrarischen Fortschritt. Sie brachte ihrem Volk Reichtümer, indem sie die Dschungelwohnung der Muttergöttin Songi besuchte, die ein zauberisches Ritual lehrte, das Wohlstand hervorbrachte. Als Nsomeka zum irdischen Leben zurückkehrte, ließ sie wie Songi Vieh, Geflügel und andere Haustiere durch ihre Zahnlücken strömen; auch ganze Dörfer aus solide gebauten Hütten und schattenspendenden Bäumen erschienen. Da ihr Reichtum von Frauen geschaffen worden war, behandelten die Bantu-Männer sie mit größter Achtung.

Nü Gua, Nu-kua Die chinesische Schöpfungsgöttin erschuf die ersten Menschen aus gelbem Lehm. Zuerst formte sie diese sehr sorgfältig. Schließlich wurde ihr das zu anstrengend, deshalb tauchte Nü Gua ein Seil in geschlämmten Lehm und schüttelte es, daß die Tropfen auf den Boden spritzten. Auf diese Weise wurden zwei Arten von Wesen geboren: die Adligen aus den geformten Figuren, die Bauern aus den Lehmspritzern.

Nü Gua wird auch als «Erfinderin» der Ehe angesehen sowie als Hüterin bzw. Wiederherstellerin der Weltordnung. Ihre diesbezüglichen Anstrengungen hat der taoistische Philosoph Liezi anschaulich beschrieben:

«Einst waren die Himmelsrichtungen nicht mehr am rechten Platz. Die Neun Provinzen lagen offen. Der Himmel bedeckte die Erde nicht mehr vollständig, und die Erde stützte den Himmel nur noch teilweise. Das Feuer brannte unaufhörlich, ohne auszugehen. Die Wasser flossen ohne Unterlaß. Wilde Tiere verschlangen die friedfertigen Menschen. Raubvögel trugen Greise und Kinder davon. Da schmolz Nü Gua fünffarbige Steine, um den azurblauen Himmel auszubessern. Sie schnitt einer Schildkröte die Füße ab, um damit die Himmelsrichtungen zu stützen. Sie erschlug den Schwarzen Drachen, um den Staat Chi zu erretten. Sie häufte Schilfasche am Ufer auf, um die überfließenden Wasser einzudämmen. Alles war ruhevoll zu jener Zeit. Jedermann lebte in Frieden.»

Nuliajuk Für die Inuit an der Westküste der Hudson Bay ist die uranfängliche Gottheit der

Welt in dieser Göttin verkörpert, die → *Sedna* gleicht, der bedeutendsten Göttin der anderen Eskimo. Dennoch gibt es Unterschiede in den Geschichten, die über Nuliajuk und über Sedna erzählt werden. Nuliajuk war ein Waisenmädchen, um das sich keiner kümmerte, als die Dorfgemeinschaft an einen anderen Ort zog. Um nicht allein zurückzubleiben, sprang sie auf eines der ablegenden Boote, rutschte jedoch ab und ertrank im Meer, wo sie, wie Sedna, zum beherrschenden Geist des Mereslebens wurde.

Nuliajuk soll in einem warmen, himmlischen Land ihren Wohnsitz gehabt haben, wohin die Seelen von guten Menschen und Selbstmördern kamen, um dort Ball zu spielen mit einem sprechenden Walroßschädel. Er blitzte im Flug über den Himmel, sichtbar als Polarlicht. Wenn sie sich nicht in ihrem himmlischen Heim aufhielt, bewachte Nuliajuk die Tiere und Fische und wartete an den Ufern von Buchten, an den Mündungen von Flüssen, um jeden zu bestrafen, der ihre Vorschriften für den Fischfang und die Jagd mißachtete.

Numma Moiyuk Diese Meeresgöttin der Yulengor im australischen Arnhemland erschuf sich selbst in Gestalt einer sehr dicken Frau – voll der ungeborenen Kinder, die eines Tages den gesamten Kontinent bevölkern sollten. Obwohl sie dem Meer entstammte, erkannte sie das Bedürfnis nach Süßwasser und legte die ersten Teiche und Brunnen an. Dann brachte sie die Menschheit zur Welt und lehrte ihre Abkömmlinge die notwendigen Fertigkeiten, um auf der Erde überleben zu können, unter anderem das Knüpfen von Fischernetzen und das Malen heiliger Muster. Sterbend bot die Gütige ihren Körper als Nahrung für ihre Kinder an.

Nut Lange bevor es unsere Erde gab, lag die ägyptische Himmelsgöttin Nut über dem Körper ihres kleinen Bruders Geb, der Erde, und hielt ihn in fortwährendem Geschlechtsverkehr umfangen. Aber der große Gott Re mißbilligte ihren ununterbrochenen Inzest und befahl Schu, dem Gott der Lebenskräfte, das Paar zu trennen. Um Nut und Geb für immer auseinanderzuhalten, hob Schu den sternenbesäten Bauch der Himmelsgöttin hoch über den Körper der Erde. Und so begegnet uns Nut in der ägyptischen Kunst: eine Frau, die auf ihren Zehenspitzen steht und sich in einem vollkommenen Bogen nach vorn beugt, wobei ihre Finger die Erde zu ihren Füßen berühren und ihr Haar wie Regen hinabfällt. So steht sie auch auf der Innenseite der Mumiensärge, wo sie als Mutter der Toten ihren langgestreckten Körper schützend über die Einbalsamierten reckt.

Re verfluchte Nut wegen dieser Liebe und verbot ihr, in irgendeinem Monat des Jahres, Kinder auszutragen. Aber der Mondgott Thoth umging diesen Fluch, indem er mit dem Mond Dame spielte und ihm fünf Schalttage abgewann, die zu keinem Monat gehörten, sondern

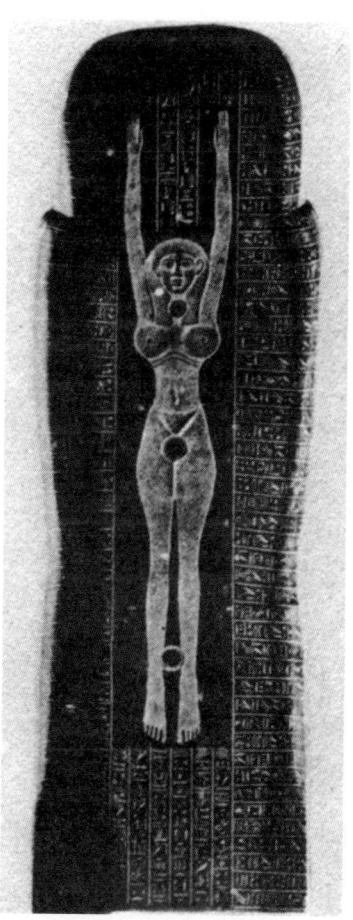

Nut

zwischen den Jahren schweben. Und in diesen fünf Tagen brachte Nut aus dem Samen ihres Bruders fünf Kinder hervor: die Schwestergöttinnen → *Isis* und → *Nephthys*, deren Gefährten Osiris und Seth und den Sonnengott Horus.

Manchmal nahm Nut die Gestalt einer riesigen Kuh an; und dieses Aussehen hatte sie gerade wieder angenommen, als der Gott Re beschloß, die Erde sich selbst zu überlassen. Sie kniete sich nieder, so daß er auf sie klettern konnte. Dann richtete sie sich mühsam auf und trug den Gott auf ihrem Rücken, bis ihr von der Last schwindlig wurde. Sofort eilten vier Götter herbei, um Nuts riesigen Körper zu stützen, und blieben von nun an dort als die vier Säulen der Welt.

Nyapilnu Die Ahnengöttin des australischen Volkes der Yiritja brachte den Menschen viele lebensnotwendige Alltagsfertigkeiten. Als sie mit ihrer Schwester Wurdilapu in einem Sturm obdachlos wurde, entdeckte sie, daß man sich aus Baumrinde einen schützenden Unterstand bauen konnte.

Nymphen Der Name dieser weiblichen Naturgottheiten der Griechen bedeutet eigentlich nur «junge Frauen». Woraus nicht hervorgeht, daß sie «höhere Töchter» waren, nämlich die des Zeus, wenn auch eher ihm von der Mythologie zugesprochen, als wirklich von ihm gezeugt. Sie traten zumeist in Gruppen auf und gehörten, wie die grobschlächtigen – also zu den zartbesaiteten Nymphen absolut nicht passenden – Satyrn, zum Gefolge der göttlichen Geschwister → *Artemis*, Apollon, Dionysos und Hermes. Einige ließen sich aber auch mit Sterblichen ein. Sie galten generell als gutmütig, abenteuerlustig und liebesdurstig (daher der Begriff «nymphoman»), aber auch als unberechenbar und zum Wahnsinn neigend – etwa, wenn sich ihr Gespiele anders verhielt, als sie erwartet hatten.

Man unterschied Berg- oder Felsnymphen, die zumeist in Grotten wohnten (→ *Oreaden*), Meeresnymphen (→ *Nereiden*, → *Ozeaniden*), Quellen- und Teichnymphen (→ *Najaden*) und Baumnymphen (→ *Dryaden*). Einige Nymphen wurden berühmter als die Vielzahl der anderen, indem sie sich besonders hervortaten oder ein besonderes Schicksal hatten (z. B. → *Doris*, → *Egeria*, → *Kalypso*, → *Salmakis*, → *Styx*, → *Telphusa*).

Eine Spezies für sich waren die sogenannten Melischen Nymphen (→ *Meliae*). Den Nymphen wesensmäßig ähnliche Wassergeister kennt man in nahezu allen Kulturen (z. B. in Indien heißen sie → *Apsaras*, in Mitteleuropa → *Nixen*, in Osteuropa → *Rusalky*).

Nymphoeuomeme → *Hera*

Nyx, Nox Es heißt oft, daß in matriarchalischen Kulturen die Nacht und der Mond den Vorrang vor dem Tag und der Sonne hatten. Über diese Deutung läßt sich streiten, aber unbestreitbar ist, daß der vorhellenische Schöpfungsmythos die Göttin Nyx («Nacht») als erste Tochter des ungebärdigen Chaos nannte, und diese prähellenischen Griechen dachten matriarchalisch oder zumindest matrilineal.

Nyx gebar Erebos («Finsternis»), den Herrn der Unterwelt, und paarte sich mit ihm, um den Himmelsäther zu erzeugen, das erste Licht, den Schlaf sowie eine Gruppe lieblich singender «Abendmädchen», die → *Hesperiden*. Unglücklicherweise ließ sie es damit nicht genug sein und spuckte noch viele andere, oft fürchterliche Kreaturen hervor wie das Alter und den Tod und die Schicksalsbestimmung (→ *Moira*). Vielleicht aber glich das Licht und die anderen wohltuenden Kräfte, die sie zur Welt gebracht hatte, die Schrecken aus.

Nyx lebte wie ihre Lieblingstochter Hemera («Tag») jenseits des Horizonts. Zweimal pro Tag passierten Hemera und Nyx die Bronzetore der anderen Welt, winkten aus ihren Wagen, wenn die eine nach Hause fuhr und die andere den Himmel bestieg. Diese ältliche, stets schwarz gekleidet dargestellte Göttin hatte zwar nur wenige Anhänger, aber diesen machte Nyx ein Geschenk: die Gabe der Weissagung, die Fähigkeit, jenseits der Nacht die kommende Gegenwart schauen zu können. Siehe auch → *Leto*.

O

Oba Flußgöttin der westafrikanischen Yoruba und eine eifersüchtige Gemahlin des Donnergottes Schango.

Obatallah Diese Schöpfungsgöttin gehört zum Pantheon von vier großen weiblichen Gottheiten der brasilianischen Macumba-Religion. Die anderen sind → *Oschun*, → *Oya* und → *Yemanja*.

Ochumare Regenbogengöttin der westafrikanischen Völker Yoruba und Santeria. Von katholischen Missionaren wurde sie in «Unsere liebe Frau der Hoffnung» umgewandelt.

Ocrisia Eine der großen römischen Matriarchinnen war ursprünglich eine Dienerin der Königin → *Tanaquil*. Eines Tages, als Ocrisia die Opfergaben des Tages in der Nähe des Herdes auslegte, loderte eine penisförmige Flamme in ihre Richtung. Tanaquil, die Erfahrung hatte im Lesen von Omen, erkannte, daß der Feuergott die junge Frau begehrte, und wies Ocrisia an, sich bräutlich zu kleiden und sich in der Nähe der Feuerstelle niederzulegen. Offensichtlich wurde das Verlangen des Feuerdämons befriedigt, denn neun Monate später gebar Ocrisia jenes Kind, das zu Servius Tullius, dem sechsten König von Rom (578–534 v. Chr.), heranwachsen sollte.

Oddibjörd Unter den altnordischen Prophetinnen, den → *Völuspa*, war Oddibjörd eine der berühmtesten. Sie reiste umher, verkündete Schicksale, und welches einem beschieden war, hing davon ab, wie gut man die Seherin mit Speisen versorgte.

Odras Nach einer irischen Sage war diese Menschenfrau stark – oder närrisch – genug, um von der Königin des Todes, → *Morrigan*, ihr Recht zu verlangen. Odras hatte eine Kuh, die die Göttin mit ihrem Stier Slemuin dem Sanften paaren wollte. Also stahl Morrigan einfach das Tier und trug es in die Unterwelt.
Wütend über den Verlust begab sich Odras nach Connaught, an das Höllentor in Cruachens Höhle. Aber dort wurde sie von einem Zauber überwältigt und fiel unter einer magischen Eiche in tiefen Schlaf. Morrigan kehrte auf die Oberfläche der Erde zurück und verwünschte das Mädchen, um es für seine Anmaßung zu bestrafen, in einen Teich.

Oduduwa Als Erd- und Fruchtbarkeitsgöttin die Muttergottheit der westafrikanischen Yoruba. Zu ihren direkten Nachkommen gehört → *Yemaja*.

Ohoyo Osh Chishba «Unbekannte Frau» lautet die Übersetzung des Namens dieser Vegetationsgöttin der Cherokee-Indianer. Bei diesem Volk, das im Südosten Nordamerikas lebt, wird folgende Geschichte erzählt:
Ohoyo Osh Chishba lebte allein, eine alte Frau voller Weisheit und mit großem Selbstbewußtsein. Eines Tages, als sie einen gewohnten Pfad entlangging, sah sie Blut auf dem Boden. Sie bedeckte es mit einem Gefäß. Ein paar Tage später hob sie das Glas auf und fand darunter einen kleinen Jungen, den sie zu einem Jäger heranzog und lehrte, wie man den Tieren nachstellt. Aber Ohoyo Osh Chishba lehrte ihn nichts über Pflanzen, denn Mais und Bohnen waren stets genug in der Küche. Und sie warnte ihren Ziehsohn vor einem: Er solle

211

niemals einen bestimmten fernen Berg überqueren, der von ihrem Heim aus zu sehen war.

Aber der Junge wurde älter und dementsprechend auch neugieriger und abenteuerlustiger. Eines Tages spähte er in das Fenster der Alten und sah, wie sie sich entkleidete und sich über einem Topf kratzte, wobei ihr Maismehl und Bohnen die Beine herunterrannen und direkt in einen Topf, denn sie selbst erzeugte die Nahrung für ihr Kind.

Als er eintrat und sein Abendessen nicht anrühren wollte, wußte Ohoyo Osh Chishba sofort, daß er ihr nachspioniert hatte. Sie wußte, daß sie ihm von nun an nicht mehr von Nutzen sein konnte, schickte ihn fort und gab ihm die Anweisung, daß er beim Fortgehen ihr Haus anzünden solle. Traurig tat er das. Er folgte den Anweisungen, die sie ihm sterbend gegeben hatte, und nahm sich eine Frau von einem entfernten Stamm. Als er seine Braut zum Land seiner Ziehmutter brachte, fand er dort alle Nahrungspflanzen der Welt, und zwar in so großer Menge, daß sie alle ihre Nachkommen davon ernähren konnten.

Okeaniden → *Ozeaniden*

Okypete → *Harpyien*

Olwen Der Name dieser walisischen Sonnengöttin könnte «Die weiße Fußabdrücke hinterläßt» bedeuten oder «Goldenes Rad». Sie war das Gegenstück zur «silberrädrigen» Mondgöttin → *Arianrhod*. Olwen wird in der Artus-Sage erwähnt als Prinzessin, die, geschmückt mit vielen Ringen und einem Halsband aus rotem Gold, einen Mann namens Culhwch heiratete, obwohl sie wußte, daß diese Heirat ihren Vater töten würde.

Der Vater, dessen Name übersetzt werden kann mit «Riesiger Weißdornbaum», versuchte den Vollzug ihrer Liebe zu Culhwch zu verhindern, indem er dreizehn Hindernisse – möglicherweise die dreizehn Mondmonate des Sonnenjahres – in ihren Weg stellte. Aber Olwen bestand die Proben, indem sie die dreizehn notwendigen Morgengaben beibrachte.

Daß Olwen im besonderen die Sommersonne war, scheint klar aus ihren Beschreibungen hervorzugehen: Sie hatte fließendes goldenes Haar, Anemonen-Finger und rosige Wangen; aus jedem ihrer Fußabdrücke sproß weißer Klee. Die «Weiße Fürstin des Tages» wurde sie genannt, das blumenbringende «Goldene Rad» des Sommers.

Omamama Diese Ahnengöttin der Cree-Indianer von Ontario war grenzenlos schön, obwohl sie so alt wie die Erde selbst war. Sie fühlte grenzenlose Liebe zu ihren Kindern, den Geistern und Gottheiten der Welt. Ihr erstgeborenes war der Donnervogel, ihr zweitgeborenes der Zauberer Frosch, ihr drittes Kind der Cree-Held Weesakayjac, ihr viertes und fünftes der Wolf und der Biber. Nach diesen erstgeborenen Mächten fielen Felsen und Pflanzen aus ihrem allmächtigen Schoß, bis die Erde so ausgestattet und bevölkert war, wie wir sie heute kennen.

Omecihuatl Eines Tages hockte sich die große aztekische Göttin «Frau der Zweiheit» – nämlich die weibliche Hälfte jener Gottheit, die mit ihrem Gatten zusammen ein androgynes Wesen bildete, das Ometecutli oder Ometeotl («Herr der Zweiheit») genannt wurde – nieder, um zu gebären. Ihr Kind war ein Steinmesser, das sie unverzüglich auf die Erde warf, wo es auf wundersame Weise in 1600 Helden zersprang.

Diese Helden hätten Götter werden und sich ihrer Mutter im Himmel anschließen können. Aber sie waren faul und verwöhnt. Sie wollten lieber auf Erden bleiben und von irdischen Wesen bedient werden. Doch gab es ja noch gar keine Menschen. Deshalb baten die Söhne ihre Mutter, welche zu erschaffen. Omecihuatl lehnte ab und forderte statt dessen von ihnen, daß sie sich um die Verbesserung ihrer spirituellen Haltung bemühen und die ewige Vereinigung mit ihr suchen sollten.

Daraufhin sandten die 1600 Helden Xolotl, den hundsköpfigen Begleiter der Sonne, in die Unterwelt, damit er Asche und Knochen sammle. Diese formten sie zu den Körpern des ersten Mannes und der ersten Frau, die von nun an dazu bestimmt waren, den Kindern der Göttin zu dienen.

Als Muttergöttin hatte Omecihuatl eine Gefährtin oder ein zweites Ich, Tonacacihuatl («Herrin unseres Fleisches»). Ihre Aufgabe war es, die erforderliche Lebenssubstanz vom Himmel in den Leib der Mütter eingehen zu lassen.

Omphale Diese Königin der → *Amazonen* soll in Lydien, an der Westküste Kleinasiens, regiert haben. Wie es üblich war, kaufte Omphale («Der Nabel») Sklaven von attraktiver Erscheinung und sinnlicher Ausstrahlung. Die Amazonen wußten, daß kein Mann einer Frau gleichwertig und schon gar nicht einer Herrscherin überlegen sein konnte, und so genoß die Königin die Männer so, wie sich die Könige anderer Länder ihrer weiblichen Konkubinen erfreuten. Als der bärenstarke Herakles als Strafe für eine seiner vielen Gewalttaten – u. a. die Ermordung seiner Frau und seiner Kinder – von den Göttern zum Verkauf freigegeben wurde, nahm ihn Omphale mit nach Hause.
Omphale behielt Herakles drei Jahre lang. Sie machte sich einen Spaß daraus, ihn durchsichtige purpurne Gewänder tragen zu lassen. Wenn er nicht Liebesdienste zu leisten hatte, mußte Herakles weben und spinnen und Wolle kämmen – natürlich in Mägdekleidung. Wenn er bei diesen ungewohnten Arbeiten Fehler machte, schlug ihn Omphale – beispielsweise mit einer goldenen Sandale. Schließlich langweilte sie der mit der Zeit völlig verweichlichte und kraftlos gewordene Held, und sie schickte ihn in seine Heimat zurück.

Oniata Einst geschah es, daß die Tochter der Sonne unter den Irokesen lebte, und zwar ausgestattet mit einer Schönheit, die die aller Menschenfrauen überstrahlte. Sie war aber nicht nur ein wunderhübsches Mädchen, das zu einer noch schöneren Frau heranwuchs, sondern sie hatte auch ein außergewöhnlich edles und mitfühlendes Herz. Das führte dazu, daß viele Männer ihre Frauen und Kinder verließen, um bei dem Lager herumzulungern, in dem Oniata wohnte. Unter fadenscheinigem Vorwand kämpften sie gegeneinander und behaupteten, es ginge um den Besitz von Oniata. Als sich schließlich die Frauen der Irokesen bitter über Oniatas Anwesenheit beklagten, erklärte sie traurig, sie habe nie die Aufmerksamkeit der Männer gewollt, und um sicherzustellen, daß die Männer zu ihren Familien zurückkehrten, verließ sie die Erde für immer. Doch eine Spur ihrer Schönheit ließ sie zurück: die Wildblumen des Frühlings.

Oona, Onaugh Die schönste der Feenköniginnen Irlands soll so langes goldenes Haar gehabt haben, daß es auf dem Boden schleifte. Sie flog über die Erde in einem Kleid aus Sommerfäden mit juwelenfunkelndem Tau. Oona lebte mit dem Feenkönig Finnvara zusammen, der sie jedoch fortwährend mit sterblichen Frauen betrog. Trotzdem behielt sie ihr ausgeglichenes und wohlwollendes Wesen.

Ootonobe no Kami Diese japanische Göttin des weiblichen Elements in den primitiven Lebensformen entstieg dem uranfänglichen Chaos kurz vor → *Amaterasu*, der Schöpfungsgöttin des Shintoismus.

Opet → *Toeris*

Ops Der Name der römischen Saat- und Erntegöttin ist in unserem Wort *opulent* erhalten geblieben, denn sie repräsentierte die Überfülle der aus der Erde stammenden Nahrung. Ihr wurde auf Erntefesten am 25. August und 19. Dezember gehuldigt, und sie wirkte zusammen mit dem Gott Consus, dem Herrscher über die Verarbeitung des Getreides, das Ops ihrem Volk brachte.
Ihr Gemahl war indessen der uralte Ackergott Saturnus, der als der Vater des späteren Hauptgottes Jupiter gilt.
Obwohl Ops eine viel nützlichere und angesehenere Göttin war als die griechische → *Rheia*, wurde sie im römischen Kaiserreich mit dieser Tochter des Uranos und der → *Gaia* gleichgesetzt.

Oreaden Diese lieblich singenden → *Nymphen* der Berge und Felsen waren schlanke, blasse Frauen. Sie trugen hauchdünne Kleider, welche in Höhlen auf besonderen Webstühlen gewirkt wurden, die nur Menschen mit dem zweiten Gesicht wahrnehmen konnten. Um diese Elementargeister zu ehren, war es bei den Griechen Brauch, die Felsen mit duftenden Ölen einzusalben, reizvolle Gürtel auf die Felsen zu hängen und Opfergaben in den Höhlen zu lassen. Die berühmteste Oreade war → *Echo*.

Oreithyia, Orithyia Die Tochter des mythischen athenischen Königspaars Erechtheus und Praxitheia tanzte eines Tages am Ufer des Flusses Ilissos, als der rauhe Nordwind Boreas sie aufhob, zum Felsen des Giganten Sarpedon in Thrakien brachte und dort vergewaltigte. Durch dieses Verbrechen empfing sie zwei Töchter, → *Chione* und Kleopatra, wie auch die geflügelten Argonauten Kalais und Zetes.
Siehe auch → *Hippolyte*.

Orore Für die Chaldäer existierte vor der Schöpfung nur eine einzige Göttin – ein Insekt mit einem riesigen schwangeren Unterleib sowie einem ebenso riesigen Auge – und ihr stierköpfiger, fischschwänziger Gatte. Sie waren das männliche und das weibliche Prinzip der Schöpfung, das uranfängliche Ei und Sperma.

Orsel → *Horsel*

Orthia Sie nahm in Sparta die Stelle der → *Artemis* ein und galt als die «Aufrechte» oder «die Erektionen Hervorbringende». In den Heiligtümern der Orthia wurden die jungen Männer beim Ritus ihrer Initiierung ausgepeitscht, wobei sie der danach dürstenden Göttin ihr Blut und ihren Samen spendeten.

Oschun Als Göttin des lebensnotwendigen Wassers ist sie eine der vier großen Gottheiten der brasilianischen Macumba-Religion. Dargestellt wird sie mit Juwelen geschmückt, in der Hand einen Spiegel und mit einem Fächer wedelnd. Sie soll von einer Göttin des Flusses Niger in Afrika abstammen, die zu den Frauen des Donnergottes Schango gehörte. Oschun regiert auch die Liebe, die Schönheit und den Flirt. Bei den Yoruba wird sie heute als «Unsere Fürstin von La Caridad» verehrt, und sie gilt auch als Patronin des Macumba-Kults auf Kuba.

Ossipago Die römische Göttin → *Juno* in ihrer Funktion als die Knochen der Kinder Stärkende.

Ostara Vom Namen dieser germanischen Frühlingsgöttin hat das Osterfest seinen Namen, mit dem ursprünglich die neu erwachende Fruchtbarkeit der Erde und der Leiber gefeiert wurde, und zwar mit einer sehr sinnfälligen und bis heute lebendigen Tradition: mit dem Bemalen und Verschenken von Eiern.
Die Heimat des Ostara-Kults scheint England gewesen zu sein. Von dort stammen die ältesten Belege über die Verehrung einer Eostra als Göttin der im Frühling wieder aufsteigenden Sonne.

Ot Ana → *Poza-Mama*

Oto-Hime Von dieser Meeresgöttin Japans wird fast die gleiche Geschichte erzählt wie von der irischen → *Niam*. Einst traf ein junger Fischer Oto-Hime. Beeindruckt von seinem Charme, nahm sie ihn mit in ihr Schloß unter den Wellen. Dort lebten sie eine Weile, liebten sich und genossen das Hofleben. Dann überfielen den jungen Mann jedoch Sorgen um seine Familie, und er erzählte Oto-Hime von seinem Heimweh. Sie war bereit, ihn gehen zu lassen, stellte jedoch zwei Bedingungen: Er müsse eine winzige Schachtel bei sich tragen und dürfe sie niemals öffnen.
Er trat, die Schachtel in der Hand, den Weg in die Oberwelt an, doch als er seine Heimatinsel erreicht hatte, fand er nichts, an das er sich erinnern konnte: Alle Gesichter und Namen erschienen ihm fremd, die Kleider hatten einen anderen Stil, die Häuser sahen anders aus. Schließlich traf er auf einen uralten Mann, der den Namen seiner Familie kannte und berichtete, sie sei schon vor Hunderten von Jahren ausgestorben. Verblüfft und traurig setzte sich der junge Mann nieder, dachte nicht an sein Versprechen und öffnete die Schachtel. Heraus strömten all die Jahre, die er mit Oto-Hime gelebt hatte. Sie umgaben ihn wie Rauch, ließen seinen Körper dahinwelken, und er zerfiel zu Staub.

Otrere «Flink» bedeutete der Name, der in einigen Legenden der Ahnengöttin der → *Amazonen* gegeben wurde. Es war auch ein Ehrenname, den man weiblichen Anführern verlieh.

Ovda Die ziemlich bösartige Ovda streifte durch die finnischen Wälder und war fast immer schlechter Laune. Sie hatte langes, struppiges Haar, lange Brüste, die sie über ihre Schultern warf, und sie trug keine Kleider, wenn sie durch ihr Reich zog und nach Eindringlingen Ausschau hielt, um sie zu Tode zu kitzeln. Jene, die ihr begegneten, versuchten aus einem Loch in ihrer linken Achselhöhle Vorteil zu ziehen: Wenn es gelang, einen Finger dort hineinzustecken, fiel Ovda hilflos zu Boden.

Oya Als allgewaltige Feuer-, Wasser- und Sturmgöttin wird diese große Göttin der brasilianischen Macumba-Religion oft dreiköpfig dargestellt. Die westafrikanischen Yoruba sehen in ihr eine der Gemahlinnen von Schango, dem Donnergott, und zwar die mit den neun Köpfen. Als Schutzherrin von Gerechtigkeit und Erinnerungsvermögen hält sie eine Flamme in der Hand. Sie wird ferner als Göttin des Tanzes verehrt und als Bezwingerin der Totengeister angerufen.

Ozeaniden Es soll 3000 von diesen älteren Schwestern der → *Nereiden* gegeben haben. Sie gelten als Töchter des griechischen Meeresgottes Okeanos und der → *Tethys*. Die berühmtesten dieser Meeresnymphen waren → *Dione*, → *Doris* und → *Styx*.

P

Pa → *Ba*

Pachamama → *Mamapacha*

Padma → *Lakshmi*

Pahto Diese Berggöttin der nordamerikanischen Yakima- und Klikitat-Indianer war in einem Berg «verkörpert», der heute Mount Adams (US-Bundesstaat Washington) heißt. Einst soll Pahto eine Frau des Sonnengottes gewesen sein. Aber er hatte noch vier andere Bergfrauen, und zwei von ihnen standen jeden Morgen den Sonnenstrahlen im Wege. Plash-Plash, die Goat Rocks, und Wahkshum, der Simcoe Mountain, wurden vom Sonnenschein gestreichelt, lange bevor der Gott Pahto zu Gesicht bekam. Deshalb tötete die Eifersüchtige die drei Frauen, in deren Schatten sie stand. Sie ließ ihren inneren Vulkan explodieren, wodurch auch die benachbarten Bergköpfe abgesprengt wurden. Von da an empfing Pahto auf ihren bewaldeten Hängen jeden Morgen als erste die ersten Strahlen der Sonne.
Doch sie wurde ruhelos und habgierig. Da sie einmal ihre Macht gespürt hatte, beschloß sie, noch mehr zu erreichen. Sie ging nach Süden, wo sie den anderen Bergen alles stahl, was möglich war, alle Beeren und Farne, Bäume und Tiere, den Lachs und die Forelle, die sie alle zu ihrem eigenen Berg brachte.
Die anderen Berge wurden wütend. Klah Klahnee von den Three Sisters drängten Wyeast, die Göttin des Mount Hood, etwas dagegen zu tun. Diese bot Pahto zunächst einen Waffenstillstand an, wenn sie die Hälfte der gestohlenen Dinge zurückgeben würde. Die Diebin weigerte sich. Und so sprengte Wyeast auch Pahtos Kopf ab. Dann nahmen sich die von Pahto geschädigten Berggöttinnen alles wieder, was ihnen gestohlen worden war, und ließen dem hochmütigen Berg nur ein paar Beerenbüsche, ein paar Elche und einige Fische in den Bächen.
Als der Himmelsgeist sah, wie sehr Pahto gedemütigt worden war, bot er ihr ein neues Haupt an: einen großen weißen Adlerkopf, eine Kappe aus Schnee, die im Sonnenlicht glänzte. Dieser Adler verkörperte das Gesetz der Großzügigkeit und der Freiheit, jenes Gesetz, das im Glanz des Sonnenlichts auf dem schneebedeckten Berg für immer sichtbar blieb, um Pahtos Volk daran zu erinnern, die Reichtümer der Erde gerecht miteinander zu teilen.

Paivatar Im *Kalevala*, dem finnischen Nationalepos, ist dies der Name der spinnenden Sonnenjungfrau, die aus einem Regenbogen das Tageslicht webte. «Tüchtige Jungfrau» wurde sie genannt, «die auf dem Himmelsbogen glänzt.» In der Hand hielt sie eine Weberlade, eine Litze zum Einziehen von Kettfäden und ein goldenes Weberschiffchen. Das Tuch, das sie wob, war aus Gold, das ihrer Mondschwester nur aus Silber.
Eine der im *Kalevala* beschriebenen Heldentaten ist die Befreiung der gefangenen Sonnenjungfrau aus der dunklen Höhle, wo die böse → *Louhi* sie verborgen hielt. Wie in der japanischen Sage von → *Amaterasu* wurde ein Spiegelbild der Sonne aus Metall geschaffen. Aber als es in den Himmel gehoben wurde, zeigte sich, daß es unbefriedigend war. Deshalb forderte der Dichter Väinämöinen, daß Louhi verraten möge, wo die Göttin verborgen sei. «Die

Sonne geriet in die Klippe, der Mond verschwand im Felsen, und sie werden niemals freikommen, nie und nimmer!» höhnte die Zauberin.

Doch Väinämöinen, der sich nicht abschrecken ließ, schlug den Gefolgsleuten von Louhi die Köpfe ab, als seien es Rübenenden, und machte sich von neuem auf, die Sonne zu befreien. Er ging zu Ilmarinen, dem Schmied, und bestellte eine dreizinkige Hacke, ein Dutzend Eispickel und viele Schlüssel. Louhi bemerkte all diese Aktivitäten in der Schmiede, verwandelte sich in einen Vogel und flog hinüber, um Ilmarinen auszuspähen. Als sie sah, daß es unmöglich wäre, gegen die entschlossenen Helden zu gewinnen, ließ sie Paivatar frei, und die Sonne konnte wieder ihren Dienst verrichten.

Paive → *Beiwe*

Pajau Tan → *Po Ino Nogar*

Palatina → *Melusine*

Pales Lange Zeit wurde Pales in mythologischen Texten als Gott bezeichnet, aber kürzliche Forschungen haben bestätigt, daß diese römische Schutzgottheit des Viehs eigentlich eine Göttin war. Zwar gab es einen Gott dieses Namens bei den Etruskern, aber alle anderen italischen Stämme kannten Pales als Göttin. Es gibt sogar Hinweise, daß es sich dabei nicht nur um eine Göttin handelte, sondern um zwei: die Göttin des Kleinviehs und die des Großviehs. An ihrem Feiertag, den Parilia am 21. April, trieben die Viehbauern ihre Tiere zwischen Flammen duftenden Holzes durch, um sie zu reinigen. Dann richteten sie ein langes Gebet an Pales, in dem sie für jedes unbeabsichtigte Vergehen gegen die Natur im vergangen Jahr um Verzeihung baten. Die Römer waren überzeugt, daß ohne eine solche sorgfältige Zeremonie die Tiere keinen gesunden Nachwuchs bekommen würden und die Bauern selbst für ihre Umweltsünden Strafe erleiden würden.

Pali Kongju Für die Koreaner war diese Prinzessin die Ahnherrin aller Schamaninnen. Ihre Geschichte beginnt vor ihrer Geburt, und zwar damit, daß ihr Vater, König Upbi von Sam, sich zu heiraten entschloß, obwohl ihm Unglück für seine zukünftigen Kinder vorhergesagt worden war. Ein Großteil ihres unglücklichen Schicksals folgte dann jedoch aus der Ablehnung der Kinder durch den Vater, denn er hätte lieber einen einzigen Sohn gehabt als die sechs Töchter, die ihm zuerst geboren wurden. Als die Königin zum siebten Mal eine Tochter zur Welt brachte, befahl der König, das Kind ins Meer zu werfen – daher ihr Name, der «Weggeworfene Prinzessin» bedeutet.

Da es ihr nicht möglich war, das Kind zu retten, legte die weinende Königin es mit einer Flasche Milch in eine Schmuckschatulle. Die Soldaten entrissen sie ihr und warfen sie ins Meer. Nach kurzer Zeit aber tauchte aus der Tiefe des Ozeans eine Gruppe goldener Schildkröten auf, die gemeinsam die Schatulle über Wasser hielten und dann ans Ufer brachten. Es wurde von Bauersleuten gefunden und adoptiert, die von dem Zeitpunkt an, als sie das Mädchen aufnahmen, bei allem großes Glück hatten, und das Findelkind wuchs zu einer anmutigen Tochter heran.

Mittlerweile waren der König und die Königin von einer auszehrenden Krankheit befallen worden, von der sie nur genesen konnten, so verkündeten Wahrsager, wenn Pali Kongju ihnen helfen würde, indem sie heilendes Wasser aus dem Westlichen Himmel holte. Der verzweifelte König bereute seinen Kindesmord und bat seine anderen Töchter, das Wasser zu holen. Sie weigerten sich mit dem Argument, sie seien nicht in der Lage, die anstrengende Reise durchzustehen. Da machte sich der Gott der Berge auf, um Pali Kongju zu erklären, welche Aufgabe sie zu verrichten hatte.

Obwohl sie sehr traurig war, ihre Pflegeeltern verlassen zu müssen, kehrte die Prinzessin in den Palast zurück, wo sie von König und Königin mit ungläubigem Staunen und großer Erleichterung begrüßt wurde. Gleich darauf zog sie sich ein Paar Eisenschuhe an, ergriff einen eisernen Stock und machte sich auf den Weg in den Westlichen Himmel. Der führte sie am südlichen und nördlichen Polarstern vorbei, an deren endlosen Glücksspielen sie teilnehmen mußte. Später hielt sie die Alte Himmelsbäuerin auf, die sie ein ungeheuer großes Feld pflügen und säen ließ. Danach mußte sie die Himmelswäscherin finden und bei ihr die von der Feldarbeit schmutzigen Kleider waschen, bis sie wieder ganz weiß waren. Schließlich erreichte sie den Westlichen Himmel, wo sie von glitzernden goldenen Schildkröten begrüßt wurde, die eine Brücke ins Jenseits für sie bildeten.

Beinahe wäre sie von den Klippen in die Hölle unter ihr gefallen, aber Pali Kongju kämpfte sich weiter voran, bis sie vor dem häßlichen bewaffneten Wächter am Himmelsbrunnen stand. Natürlich gebe er ihr das Wasser, sagte der Gott, aber nur gegen Geld. Die Prinzessin erschrak, denn sie hatte vergessen, welches mitzunehmen. Deshalb blieb ihr nichts anderes übrig, als zuzustimmen, daß sie, statt zu bezahlen, den Gott heiraten werde, und sie gebar ihm sieben Söhne. Dann erst gab er ihr einen Krug voll Heilwasser, und sie machte sich mit ihren Kindern auf den Weg zurück in den Palast ihrer Eltern.

Doch sie kam nach so langer Zeit natürlich zu spät. Gerade waren die Bestattungsfeierlichkeiten für ihre Mutter und ihren Vater im Gange. In ihrem verzweifelten Kummer besprenkelte sie die beiden Leichname dennoch mit der heilkräftigen Flüssigkeit. Sogleich regte sich in den Eltern wieder ein Lebensfunke, und nach wenigen Augenblicken richteten sie sich auf, umarmten die Tochter und wollten sie mit Geschenken überschütten, doch Pali Kongju hielt es für ihre Pflicht, ins Jenseits zurückzukehren, um anderen helfen zu können, die in Not waren. Sie nahm ihre sieben Söhne und verschwand von dieser Welt.

Wegen ihres Opfermutes wurde sie die Schutzheilige der *mudang*, der Schamaninnen, die in Korea immer noch in großer Zahl ihre Kunst ausüben. Während des *kut*, dem getanzten Ritual, das das Herzstück ihrer Religion darstellt, kleiden sie sich oft in bunte Gewänder und erzählen die Geschichte von Pali Kongju, um ihre Gegenwart herbeizubeschwören und zum Ansporn für alle, die guten Willens sind, Kranken zu helfen.

Pallas «Große Jungfrau» lautete der Name dieser vorhellenischen, wahrscheinlich minoischen Göttin, deren eigenständige Gestalt später mit der der großen → *Athene* verschmolzen wurde. Sie überlebte in jener Mythe, in der sie als frühe Freundin Athenes bezeichnet wird, die diese aus Versehen tötet, woraufhin Athene den Namen ihrer Freundin ihrem eigenen hinzufügt und sich fortan Pallas Athene nennt. (Eine sehr ähnliche Geschichte wird von → *Artemis* und → *Kallisto* erzählt.)

Pamphile Die Beschwörungsformeln dieser großen griechischen Zauberin waren so mächtig, daß sie damit den Mond in ihren Garten holen konnte. Pamphile war die Herrin über die Metamorphose und verwandelte ihre Gestalt, indem sie sich im Schein einer magischen Lampe mit Salben einrieb. Oft flog sie als Eule durch die Nacht, und wenn sie zurückkehrte, badete sie in Quellwasser mit Anis und Lorbeer, um ihre menschliche Gestalt zurückzugewinnen. Aber selbst ihre sagenhafte magische Kraft hatte ihre Grenzen. Es heißt, sie sei einst in einen jungen Mann verliebt gewesen und habe nur ein einziges Haar von seinem Kopf oder seinem Körper benötigt, um ihn für immer zu verzaubern. Doch es gelang ihr nie, dieses eine Haar in ihren Besitz zu bringen, und so konnte sich ihre Liebe nie erfüllen.

Panakeia → *Hygieia*

Pandia Es ist nicht bekannt, ob sie eine mächtige Göttin war, deren Geschichte verloren ging, oder nur eine lokale Ausprägung der Mondgöttin → *Selene*. In einigen griechischen Mythen wird sie als Tochter Selenes bezeichnet, «Die vollkommen Leuchtende» – wahrscheinlich der Vollmond. Sie soll auch die Gefährtin des Zeus Pandion gewesen sein, des Gottes des Vollmonds.

Pandora Ursprünglich war sie die «Allgeberin», die Erde in weiblicher Gestalt, die unaufhörlich Nahrung für Menschen und Tiere hervorbrachte. Auch → *Anesidora* («Die Gaben Heraufbringende») wurde sie genannt und als riesenhafte Frau dargestellt, die aus der Erde emporsteigt, während ihr kleine Männer mit Hammerschlägen den Weg öffneten. Später, als sich die griechische Gesellschaft veränderte, hieß es, Zeus habe Pandora erschaffen und auf Wunsch der Götter mit allen möglichen Reizen ausgestattet, ihr aber auch ein Tongefäß beigegeben, in dem alle Übel der Welt eingeschlossen waren. Epimetheus, der Bruder des berühmteren Prometheus, läßt sich von dieser verlockenden Erscheinung betören und heiratet Pandora. Als sie ihre Büchse öffnet, entströmen daraus alle Leiden der Menschheit. Nur die Hoffnung bleibt auf dem Grund des Gefäßes zurück. Dadurch wurde die einstige «Allgeberin» zur bösen → *Eva*, zum «ersten Weib», verantwortlich für allen Kummer auf der Erde. Als ihre Tochter aber galt die gute → *Pyrrha*.

Pandrosos → *Aglauriden*

Pani Die Pflanzengöttin der polynesischen Maori wurde von einem Mann geschwängert, der den ersten Süßkartoffelsamen in seinem Lendentuch hatte. Pani brachte daraufhin eine Pflanze dieser sehr nützlichen Art zur Welt und zog sich dann in die Unterwelt zurück, wo sie im Garten der Götter ein magisches Süßkartoffelfeld anlegte.

Panopeia, Panope Sie war die beliebteste der → *Nereiden*. «Die Hilfe Bringende» wurde von sturmbedrohten griechischen Seefahrern angerufen.

Pantariste Diese heldenhafte → *Amazone* war dabei, als die Griechen den Königsgürtel ihrer Königin → *Hippolyte* zu stehlen versuchten. Sie verfolgte den Griechen Tiamides, der sich auf den Weg gemacht hatte, um seine Kameraden auf dem Schiff von der Gegenwehr der Kriegerinnen zu benachrichtigen. Sie tötete den Boten, bevor er sein Ziel erreicht hatte, mit ihren bloßen Händen.

Papa Mit diesem Wort, das wir für «Vater» gebrauchen, wurde von den Polynesiern Mutter Erde herbeigerufen, die in ewiger Umarmung mit ihrem Geliebten, dem Himmelsgott Rangi, verharrte. Sie umarmten sich so fest, daß sie überall Dunkelheit schufen, die sämtliche Götter, die ihrer Vereinigung entsprangen, schier erstickte. Schließlich beschlossen die Kinder, ihre Eltern zu trennen.
Obwohl das Paar jetzt getrennt war, blieben sie dennoch zwei Liebende: Die feuchte Hitze der Erde stieg lustvoll zum Himmel, und der Regen fiel vom Himmel, um die geliebte Papa zu befruchten.

Papaya → *Istustaya*

Paphia, Paphos So wird → *Aphrodite* von Paphos auf Zypern bezeichnet, die sich dort als «Schaumgeborene» aus den Wellen erhoben haben soll. Dieser Name wurde allen Frauen gegeben, die ihren Körper dem Dienst der Göttin weihten. Auch die Tochter von Pygmalion und → *Galateia* wurde so genannt.

Parca → *Nona*, → *Parzen*

Pare Manche Polynesier nannten so ihre alte Vulkangöttin, aber bei den Maori soll Pare ein kokettes junges Mädchen gewesen sein, das einem jungen Mann namens Hutu erst schöne Augen machte und ihn dann zurückwies. Er war so wütend über sie, daß er explodierte. Aus Scham darüber, daß sie mit ihm gespielt hatte, erhängte sie sich.
Hutu wiederum erfüllte Pares Tod mit solchem Schmerz, daß er beschloß, sie zu überreden, zum Leben zurückzukehren. Er reiste in die Unterwelt, konnte aber keine Spur von ihr finden. Um sie aus ihrem Versteck zu locken, begann Hutu das Inselspiel zu spielen, Pares Lieblingszeitvertreib. Und tatsächlich näherte sie sich ihm dabei verstohlen. Dann zog Hutu junge Bäume zu sich herunter und ließ sich mit ihnen hochschwingen, wenn sie zurückschnappten. Pare konnte diesem neuen Spiel nicht widerstehen. Sobald sie sich Hutu anschloß, nahm er einen Baum, der so hochschwang, daß er Pare mit ins Licht hinauf ziehen konnte.

Parooa Bei den Bewohnern des indischen Assam lauerte diese Geisterfrau an Orten, wo sich drei Straßen trafen, und hoffte, daß sie durch das Spiel auf ihrer *taka*, einem flötenähnlichen Instrument aus Bambus, Wanderer vom Weg weglocken könnte. Sobald der von der Musik Verzauberte die Straße verließ, hüllte ihn Parooa in einen dichten Nebel, aus dem er nicht mehr herausfand.
Ähnliche Waldwesen anderer Kulturen sind die → *Buschfrauen*, → *Fangge*, die → *Dames Vertes* und → *Vila*.

Parvati

Parvati «Die dem Gebirge Zugehörende», also offenbar mit dem Himalaya in Verbindung gebrachte indische Göttin, wird manchmal mit → *Gauri* oder → *Uma*, häufiger jedoch mit der Göttlichen Mutter → *Shakti* («Energie») gleichgesetzt. Sie war die Gefährtin und lebenspendende Kraft von Shiva, dem (neben Brahma und Vishnu) dritten großen Gott der Hindu-Trinität, und viele Mythen ranken sich um sie.

Shivas Beachtung gewann Parvati, indem sie Askese praktizierte, bis sie eine solche Macht hatte, daß er ihr nicht mehr zu widerstehen vermochte. Von nun an verbrachte er seine Zeit damit, der Göttin Lust zu bereiten. Als sie einmal unterbrochen wurden, bevor sie befriedigt war, wünschte Parvati den Göttern, daß ihre Gattinnen unfruchtbar würden, sie selbst aber schwanger sein sollten. Die damit verbundenen Beschwerden führten dazu, daß die Götter sich schrecklich elend fühlten, bis Shiva ihnen erlaubte, den Samen zu erbrechen, mit dem sie befruchtet worden waren.

Parvati hatte einen Sohn, aber nicht von ihrem Gemahl Shiva, der nicht mit Kindern belästigt werden wollte. Als sie eines Tages darüber stritten, hatte Parvati ausgerufen, sie wolle ein Kind, das sie im Arm halten und streicheln könne. Shiva riß ein Stückchen von ihrem Rock ab und reichte es ihr mit den Worten, das könne sie ja liebkosen. Verletzt und gedemütigt zog Parvati das rote Tuch an ihre Brust, und als der Stoff die Brustwarzen der Muttergöttin berührte, nahm er menschliche Form an und begann zu saugen. Auf diese Weise wurde der mildtätige Gott Ganesha geboren. Aber der wütende und eifersüchtige Shiva erfand einen Grund, um das Kind loszuwerden, und schlug ihm das Haupt ab.

Parvati war so untröstlich vor Kummer, daß sich Shiva schämte und sie damit tröstete, einen neuen Kopf für das Kind suchen zu wollen. Den einzigen, den er finden konnte, war der eines Elefanten. So wurde Ganesha halb als Mensch, halb als Elefant wiedergeboren.

Shivas Shakti-Parvati wird auch → *Kali* oder → *Durga* genannt, denn sie ist bisweilen eine grimmige Form der Weiblichkeit. Eine Legende erklärt, wie sich die Göttin selbst geteilt hat: Ursprünglich scheint sie dunkle Haut gehabt zu haben, wegen der Shiva sie einmal zuviel aufzog. Sie wurde so wütend – denn sie fand sich selbst alles andere als schön und wünschte, so goldfarbene Haut wie er zu haben –, daß sie sich in die Berge aufmachte, um dort so lange Askese zu üben, bis ihr Wunsch sich erfüllt habe. Ganesha begleitete sie. Sie ließ Shivas Diener Viraka zurück, um Shivas Schlafzimmer zu bewachen, damit er sich dort während ihrer Abwesenheit nicht mit anderen Frauen vergnügte. Aber ein Dämon, der sich als Parvati verkleidet hatte, versuchte Shiva zu töten. Er lockte den Gott ins Bett, nachdem er seine vorgetäuschte Vagina mit Nägeln gefüllt hatte. Shiva erkannte den Betrug, befestigte ein Schwert an seinem Penis und tötete den Dämon.

Parvatis Gewährsleute verbreiteten die Nachricht, man habe eine Frau beim Betreten von Shivas Schlafzimmer gesehen, und Parvati geriet außer sich vor Zorn. Ihre Wut schlug ihr aus dem Mund in Gestalt eines Löwen, und sie belegte den Wächter Viraka, den sie für unzuverlässig halten mußte, mit dem Fluch, daß er zu einem Felsen werde. Dann fuhr sie mit ihren Yoga-Übungen fort, bis sich Brahma ihrer erbarmte und sie fragte, ob er ihr einen Wunsch erfüllen könne. Als sie antwortete, sie hätte gern eine Haut aus reinem Gold, sprang von ihrem Körper das Dunkle in Gestalt einer anderen Göttin, der schwarzen Kali.

Da sie nun golden und wunderschön war, kehrte Parvati nach Hause zurück. Viraka, der immer noch Wache vor ihrem Schlafzimmer hielt, wenn auch in Gestalt eines Felsen, weigerte sich, sie hereinzulassen, da er die Göttin in ihrer neuen Haut nicht erkannte. Jetzt erkannte sie seine Loyalität und sah ein, daß sie ihn zu Unrecht verdammt hatte. Sie war jedoch nicht in der Lage, ihre Verwünschung rückgängig zu machen, sondern konnte sie nur mildern, indem sie ihm erlaubte, als Mädchen namens Fels wiedergeboren zu werden.

Parthenope → *Sirenen*

Parzen Ursprünglich waren die Parzen (von lat. *parere*, «gebären») mit den Namen Decima und → *Nona*, die auch Parca genannt wurde, reine Geburtshilfegöttinnen. Da ihnen auch die Bestimmung des Lebensschicksals eines Neugeborenen oblag, kamen sie in den Ruf

Pasiphae, Daidalos und die hölzerne Kuh

Pax Im Lateinischen die Personifikation des Friedens, im Grunde aber eine allgemeinere Bezeichnug für die römische Friedensgöttin → *Irene*, die wiederum eine Übernahme der griechischen Eirene ist. Kaiser Augustus weihte der Göttin Pax im Jahre 9 v. Chr. die berühmte Ara Pacis, den «Altar des Friedens» auf dem Marsfeld in Rom, Kaiser Vespasian 85 Jahre später einen imposanten Tempel.

Peisionoe → *Sirenen*

Peitho Diese vergessene griechische «Göttin» war eigentlich nur eine allegorische Gestalt der Literatur, nämlich die überirdische Vermittlerin der Überredungs- und Verführungskunst. Da lag es nahe, daß man sie als Tochter der sinnlichen Göttin → *Aphrodite* und des listenreichen Hermes ausgab. Ihre römische Entsprechung wurde Suada oder Suadela genannt.

von Schicksalsgöttinnen. Sie wurden den griechischen Moiren (→ *Moira*) gleichgesetzt und den Geburtshelferinnen wurde die Todesgöttin Morta beigesellt.

Pasiphae «Die für alle Leuchtende», Tochter des Sonnengottes Helios und der → *Perse*, war eine kretische Mondgöttin und die Schwester der → *Aega* und der → *Circe*. Pasiphae paarte sich mit einem magischen Stier, der aus dem Meer aufstieg, so wie sich eine andere kretische Göttin, → *Europa*, mit Zeus in Gestalt eines Stieres paarte. Später änderten die Griechen Pasiphaes Geschichte so, daß sie sowohl realistischer als auch phantastischer wurde: Sie bezeichneten sie als Gemahlin des kretischen Königs Minos, die von einer widernatürlichen Leidenschaft zu einem Stier ergriffen wurde. Um ihr Verlangen zu stillen, ließ sie sich von dem Baumeister und Kunsthandwerker Daidalos eine Holzkuh bauen, in die sie schlüpfte, um mit ihrem Geliebten Geschlechtsverkehr haben zu können. Auf diese Weise empfing sie ein Zwitterwesen, halb Mensch, halb Stier, den Minotauros. Ihre anderen Kinder waren → *Ariadne* und → *Phaedra*.

Pele Auch heute noch berichten Reisende, die die hawaiianischen Vulkane besuchen, daß sie eine verhutzelte alte Frau gesehen haben, die um Zigaretten bittet, diese mit einem Fingerschnippen anzündet und dann verschwindet. Andere sagen, daß eine rotgekleidete Frau auf dem Kraterrand der feuerspeienden Berge tanzt, obwohl nicht ganz klar ist, ob diese Gestalt eine späte Inkarnation der Göttin ist oder nur eine ihrer heutigen Verehrerinnen. Pele gehört zu den wenigen Göttinnen der Welt, die immer noch im Glauben ihres Volkes lebendig sind – als metaphysische Realität. Ihr werden immer noch Opfer dargebracht, wenn Vulkanausbrüche drohen.
Pele, eine kluge Tochter der Naturgöttin → *Haumea*, verbrachte ihre Jugendzeit auf Tahiti damit, das Feuer zu beobachten und zu lernen, wie man es entzündet, wobei sich schon früh ihr lebhaftes Temperament zeigte. Das mißfiel der Meeresgöttin Namaka, die dem in das Feuer vernarrten Mädchen eine unerfreuliche Zukunft vorhersagte. Vielleicht war ja die dem Meer verbundene Namaka voreingenommen, aber in einem Punkt hatte sie recht: Die junge Pele entfachte, als sie wieder einmal mit den Feuern der Unterwelt spielte, tatsächlich einen verheerenden Großbrand.

Pele

Die Mutter wußte, daß Namaka Pele dafür zur Rechenschaft ziehen würde, und die Familie hielt es für an der Zeit, daß sich Pele ein eigenes Terrain, eine neue Heimat suchte. So machte sie sich in einem Kanu auf den Weg durch die Südsee nach Norden, begleitet von mehreren Geschwistern, darunter ihre Schwester Hiiaka («Die Wolkige»). Sie gelangten nach Hawaii, wo es schon menschliche Siedlungen gab und die Eingeborenen die Neuankömmlinge sogleich für *malihini*, für Göttinnen, hielten. Zu dieser Zeit war die Insel nur ein ödes Atoll, deshalb formte Pele als erstes eine Wünschelrute, um geeignetere Plätze für neue Inseln zu finden.

Namaka hatte Pele voller Wut über die Verwüstungen, die sie auf ihrer Heimatinsel angerichtet hatte, verfolgt. Nun ließ die erboste Göttin auf Hawaii Meer und Feuer in einer schrecklichen Auseinandersetzung aufeinanderprallen, und Pele traf es am schlimmsten. Sie stieg als dampfender Geist von dieser Rauferei auf, und da sie nicht länger körperliche Gestalt besaß, verschwand sie in den Vulkanen der Insel, besonders im Kilauea, der heute ihr Lieblingsplatz sein soll. Dort wurde und wird sie von den Hawaiianern als Göttin des irdischen Feuers geehrt. In ihren Krater wirft man die unterschiedlichsten Opfergaben: abgeschnittenes Haar, Zuckerrohr und Blumen, weiße Vögel, Geld und Erdbeeren. Manche sagen, daß früher auch Menschen in die Lava gestoßen worden seien.

Es gibt eine berühmte Legende, daß Menschen, wenn schon nicht buchstäblich geopfert, so doch der Göttin geweiht wurden. Es ist die Geschichte eines jungen Mannes namens Lohiau. Es heißt, daß Pele manchmal in ihrem Krater döste und ihren Geist inzwischen die Insel durchwandern ließ. Eines Nachts hörte sie die süßen Melodien von Flöten und folgte der Musik, bis sie auf eine Gruppe heiliger Hula-Tänzer stieß. Zu ihnen gehörte Lohiau. Da sie sich sofort von ihm angezogen fühlte, verkörperte sich Pele in wunderschöner menschlicher Gestalt und verführte ihn. Sie liebten sich drei Tage lang, dann hielt sie die Zeit für gekommen, in ihren Vulkan zurückzukehren. Sie versprach, ihn nachkommen zu lassen, verschwand – und erwachte weit weg auf dem Kilauea.

Da sie sofort wieder Verlangen nach dem jungen Mann hatte, stattete Pele ihre Schwester Hiiaka mit Zauberkräften aus und schickte sie los, um Lohiau zu holen. Hiiaka war eine ganz und gar freundliche Göttin, die gern gemeinsam mit der Dichtergöttin Hopoe sang und sich täglich neu mit den Blüten der tropischen Bäume schmückte. Aber aus Liebe zu ihrer Schwester machte sie sich auf den Weg, nachdem sie Pele das Versprechen abgenommen hatte, daß diese sich um ihre Gärten kümmern werde.

Unterwegs mußte Hiiaka viele Prüfungen bestehen, und oft war sie auf ihre Zauberkräfte angewiesen, um bedrohliche Monster besiegen zu können. Deshalb brauchte sie lange Zeit bis zu dem Dorf, in dem Lohiau wohnte, und als sie endlich dort ankam, lag er, vor Sehnsucht nach Pele vollkommen entkräftet, im Sterben. Hiiaka gelang es, seine davonfliegende Seele aufzufangen und sie wieder in seinen Körper zu schieben, wodurch sie ihn wieder zum Leben erwecken konnte. Dann machte sie sich mit ihm auf den Weg zurück zum Kilauea.

Obwohl die Schönheit des Mannes sie anrührte, war Hiiaka fest entschlossen, ihre Aufgabe treulich zu erfüllen und Lohiau unangetastet zu ihrer Schwester zu bringen. Unterdessen ließ schon allein die Vorstellung, daß Lohiau gerade in Hiiakas Armen liege, Pele in Feuer ausbrechen, und der Krater begann heftig glühende Lava auszuspucken.

Hiiaka verstand die Feuerzeichen am Himmel sehr gut. Sie eilte so schnell wie möglich weiter, und obwohl eine Zauberin (womöglich die verkleidete Pele selbst) versuchte, ihre Loyalität auf die Probe zu stellen, und Lohiau unversehens gestand, seine Retterin mehr zu lieben als Pele, kam es Hiiaka nicht in den Sinn, das Vertrauen ihrer Schwester zu enttäuschen. Auf dem ganzen Weg zum Krater bezwang sie ihre eigenen Gefühle – und mußte bei der Ankunft auf dem Kilauea erkennen, daß Pele ihren Teil des Versprechens nicht gehalten hatte, sondern in ihrer wütenden Eifersucht Hiiakas Freundin, die Dichterin Hopoe, getötet und die schönen Gärten ihrer Schwester mit Lava zugeschüttet hatte.

Als sie das sah, gab sich die Enttäuschte auf der Stelle, gleich am Rand des Kraters, Lohiau hin. Pele bekam einen Wutausbruch und ver-

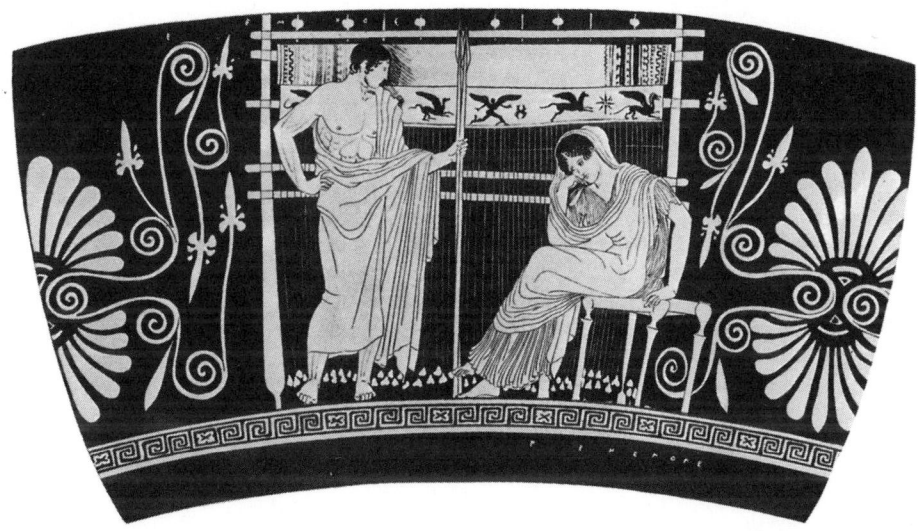

Die trauernde Penelope mit ihrem Sohn Telemachos vor dem Webstuhl

brannte den Mann, doch ihre unsterbliche Schwester konnte sie nicht vernichten. Hiiaka wollte ihrer Rivalin nicht den Sieg überlassen und stieg in die Unterwelt, um Lohiaus Seele zu befreien. Als sie im tiefsten Kreis der Unterwelt an jenem Punkt ankam, wo die Flüsse des Chaos von einem Tor zurückgehalten werden, kam ihr in den Sinn, daß eine Überflutung der ganzen Welt Pele und ihren Zorn ein für allemal auslöschen würde. Ihr Gewissen hielt sie jedoch von einer solchen Dummheit ab.

Nachdem Hiiaka Lohiaus Seele befreit hatte, kehrte sie wieder an die Erdoberfläche zurück und forderte, daß Pele ihren einstigen Geliebten freigebe. Die ebenso wütende wie lüsterne Göttin war dazu nur unter der Bedingung bereit, daß Lohiaus Freund Paoa auf der Stelle erschiene, um ihre Begierde zu stillen. Das ließ sich einrichten, und Hiiaka hatte nun Lohiau für sich allein.

Pele fand später einen ihr angemessenen Geliebten in dem kampflustigen Schweinegott Kamapuaa, dem Begründer des Ackerbaus auf Hawaii, zu dessen Praktiken der Liebeswerbung es gehörte, Peles Flammen mit heftigem Regen auszulöschen und Schweineherden über ihren Krater zu treiben. Es heißt, ihre heftige Affäre dauere noch immer an.

Pemphredo → *Graien*

Penelope Hinter der uns vertrauten Gestalt der treuen Gattin des Odysseus, die tagsüber webt und nachts ihre Arbeit wieder auftrennt, steckt eine viel mächtigere Persönlichkeit: eine Erd- und Frühlingsgöttin, die als Eigentümerin des Landes dessen Herrscher bestimmt; eine Göttin, deren Tätigkeiten des Webens und Auftrennens ihre Macht über alles Leben zeigt. Nachdem Penelopes Bedeutung in der *Odyssee* zur bloßen Königin von Ithaka herabgemindert worden ist, wird am Schluß des Epos auf ihre ursprüngliche Rolle hingewiesen.

Nach der glücklichen Wiedervereinigung von Penelope und Odysseus – die wir unserer Erinnerung nach für das Ende der Geschichte halten – begibt sich der König ein zweites Mal außer Landes, und Penelope bleibt wieder als Alleinregentin zurück. Erneut heimgekehrt, wird Odysseus – unbeabsichtigt – von Telegonos getötet, von jenem Sohn, den ihm → *Circe* geboren hat und den die verwitwete Penelope alsbald heiraten wird, obwohl er den Tod ihres angeblich über alle Maßen geliebten Gatten herbeigeführt hat.

Andere Geschichten künden, daß Penelope während Odysseus' Abwesenheit alles andere als treu war: Sie soll es gewesen sein, die Pan, den Gott der Wildnis, hervorbrachte, empfangen vom widdergestaltigen Hermes – oder von all seinen Nachfolgern im Verlauf einer ausgedehnten Orgie.

Penthesilea Sie war die berühmteste der → *Amazonen* und Anführerin einer Frauenarmee im Kampf der Trojaner gegen die Griechen. Beinahe wäre es der schlachterfahrenen Tochter des Kriegsgottes Ares sogar gelungen, den Krieg zugunsten Trojas zu entscheiden. Penthesilea wurde in einen Zweikampf mit dem griechischen Helden Achill verwickelt. Einige Berichte über diesen Krieg vermelden, daß sie ihn tötete. Häufiger liest man jedoch, daß beide gleich stark waren, Penthesilea aber schließlich von dem Griechen niedergestreckt wurde. Achill riß ihr den Helm vom Kopf, um zu sehen, welchen würdigen Gegner er da besiegt hatte, wurde von ihrer wilden Schönheit überwältigt und bereute, sie getötet zu haben. Einen Kameraden, der ihn wegen dieser Sentimentalität verspottete, erschlug er. Es gibt aber auch die Version, daß stärker als Achills Bewunderung seine Zerstörungswut gewesen sei: Er habe die Leiche vergewaltigt und seinen Kameraden deshalb erschlagen, weil dieser ihm die Unnatürlichkeit seiner Begierde vorhielt.

Perasia Der Name einer → *Artemis* ähnlichen Göttin in Kappadokien, an deren Tempel Priesterinnen unversehrt durch heilige Feuer wandelten.

Perchta, Percht, Berchta Unter dem Namen dieser alten Frau überlebte eine alte Muttergöttin bis in die heutige Zeit in Süddeutschland, in der Schweiz und in Österreich. Es heißt, daß Perchta die Felder fruchtbar machte und dafür sorgte, daß das Vieh starke Kälber hervorbringt. Manchmal hat man sie über die Felder schweben sehen, um diese zu nähren, wobei ihr weißer Umhang sanftem Nebel geglichen habe.
Natürlich hatte Perchta, von manchen für eine Schwester im Geiste von → *Frau Holle* und → *Hulda* gehalten, auch unangenehm dämonische Seiten. Sie konnte z. B. Faulheit nicht ausstehen, begutachtete Spinnräder und Webstühle sehr sorgfältig und suchte nach verschwendeten Wollresten. Wenn sie welche fand, kratzte sie die schuldige Spinnerin oder, noch schlimmer, riß ihr den Bauch auf und stopfte die Reste in die Bauchhöhle.
Mit ihrem langen, verfilzten Haar und zerfetzten Kleidern ist sie selbst jedoch eine ziemlich schlampige Erscheinung. Ihr Gesicht ist verschrumpelt wie ein Zwetschgenmanderl, aber ihre Augen sprühen vor Leben. Ihre liebste Jahreszeit sind die «Zwölf Nächte» nach Weihnachten, deren Höhepunkt die Perchta-Nacht (5./6. Januar) ist, in der Perchta in Gestalt eines als Kinderschreck verkleideten und maskierten Dorfmädchens umgeht und von «Perchtenjägern» verfolgt wird, weil sie angeblich mit dem Teufel im Bunde steht. In den Häusern werden am «Perchtentisch» Pfannkuchen und andere Speisen aus Mehl und Milch gegessen, deren Reste man für Perchta zurückläßt. Dann kommt sie heimlich, um sich daran zu laben, aber wenn jemand versucht, sie dabei zu beobachten, wird er ein Jahr lang nicht sehen können.

Perkuna Tete Diese «Mutter des Donners», die älteste Göttin des Baltikums, hat nur in einem einzigen Mythentext überlebt, wo sie die Sonnengöttin → *Saule* nach ihrem Arbeitstag mit einem heißen Bad begrüßt.

Perse, Perseis Diese «Lichttragende» oder «Zerstörende» war die frühe griechische Mondgöttin, eine Tochter der → *Tethys* und die Gemahlin des Sonnengottes Helios. Ihre Töchter waren die kretische Göttin → *Pasiphae*, die schöne → *Aega* und die berühmte Zauberin → *Circe*.

Persephone Die Welt der Griechen war zu Ehren der «Dreifaltigen Göttin» in drei Teile gespalten. → *Hekate*, der Mond, durchwanderte den Himmel; → *Demeter* regierte die Erdoberfläche; und unterhalb der Erde, im Jenseits, lebte die bleiche Königin Persephone. Manchmal leistete Hekate ihr dort Gesellschaft, und manchmal besuchte Persephone als «Liebliche Tochter der Erde» ihre Mutter Demeter auf der Erde. Sie waren niemals ganz voneinander getrennt, denn diese drei Göttinnen waren eigentlich eine Dreiheit wie der

Persephone

christliche Gott: drei Gestalten, die als Facetten derselben *einen* Gottheit betrachtet wurden.

Nach der Überlieferung der Griechen lebte Persephone ursprünglich an der Erdoberfläche. Eines Tages pflückte die jungfräuliche Göttin, umgeben von Gefährtinnen, Blumen. Plötzlich erschien der Wagen von Hades, der Gott des Todes ergriff Persephone und verschwand mit ihr durch einen Spalt in der Erde, der sich sofort wieder schloß. Demeter hörte die Schreie ihrer Tochter und machte sich unverzüglich auf die Suche nach ihr, aber es war keine Spur von ihr zu finden.

Demeter hörte nicht auf, über ihren Verlust zu wehklagen, bis die olympischen Götter die Rückkehr der Entführten verlangten – vorausgesetzt, daß sie in der Unterwelt nichts gegessen hatte. Hades hörte den himmlischen Urteilsspruch und zwängte einen einzigen Granatapfelkern zwischen Persephones Lippen. Nun entschieden die Götter, daß sie ein Drittel des Jahres im Totenreich verbringen müßte, während sie sich die restliche Zeit der Gesellschaft ihrer Mutter auf der Erde erfreuen könnte.

Solange Persephone bei ihr war, ließ Demeter die Erde blühen und Früchte tragen. War die Tochter jedoch abwesend, welkte die Natur, und die Erdengöttin trauerte über die Trennung von Persephone, die zugleich die Verkörperung von Demeters jüngerem Ich war. Dieser jährliche Kreislauf von Freude und Kummer wurde in der Stadt Eleusis mit feierlichen Mysterienspielen begangen, die den Menschen die Furcht vor dem unvermeidlichen Tod nehmen sollten, indem sie ihnen zeigten, daß die wunderschöne Persephone sie im Jenseits willkommen heißen werde.

Aber was geschah mit jenen, die in der Zeit starben, zu der Persephone nicht in der Unterwelt weilte? Mußten sie etwa Monate lang warten, um in das Reich der Seelen aufgenommen zu werden? Man wußte, daß Persephone eine gnädige und freundliche Herrscherin über die Toten war – sie wurde sogar «Triebfeder des Lebens» genannt und die «Blumenreiche»; die Göttin, die mit dem Liebesgott Eros verbunden war; die Göttin, die keine Kinder hatte, aber anderen gewährte, Kinder zu gebären.

Persephone und Hades

Manche Forscher haben aus dieser Verwirrung im Konzept der Griechen vom Leben nach dem Tode geschlossen, daß Persephone ursprünglich die Königin des Todes war und in Gestalt der → *Kore* («Jungfrau») die Tochter Demeters. Als sich die griechische Theologie weiterentwickelte und die Fülle der unterschiedlichen Gestalten zu wenigeren, aber vielschichtigeren Figuren assimiliert wurden, seien auch diese beiden jungfräulichen Göttinnen zu einer verschmolzen worden.

Das würde die zahlreichen Varianten der Geschichte Persephones erklären, beispielsweise jene, die berichtet, wie die Göttin in einer Höhle saß, bewacht von Schlangen, und auf einem Webstuhl die ganze Welt wirkte. Zeus kam zu ihr in Gestalt einer Schlange und zwang sie zum Geschlechtsverkehr. Sie gebar den Zagreus oder Ur-Dionysos, der auf Betreiben der eifersüchtigen → *Hera* sogleich von den Titanen in Stücke gerissen wurde. Diese Erzählung – die der bekannteren Legende von der jungfräulichen Göttin widerspricht – zeigt Persephone verbunden mit den Symbolen der Regeneration: Schlange und Webstuhl.

Die Römer nannten diese Göttin Proserpina

Phaedra, Phaidra

*Persephone und Hades beim Mahl
in der Unterwelt*

und verbanden sie mit ihrer eigenen Göttin → *Libera*.
Siehe auch → *Anieros*, → *Aphrodite*, → *Freyja*.

Phaedra, Phaidra Nachdem der athenische Königssohn und rastlose Held Theseus auf dem Rückweg von Kreta nach Griechenland seine Geliebte und Beraterin → *Ariadne* verlassen oder verloren hatte, verursachte er aus Gedankenlosigkeit auch noch den Tod seines Vaters.
Nun selbst König von Athen, heiratet Theseus Ariadnes Schwester Phaedra und begeht damit einen dritten Fehler. Denn seine Frau verliebt sich in Hippolytos, den Sohn von → *Hippolyte* oder ihrer Schwester → *Antiope*, zwei anderen früheren Geliebten des Theseus. Als der begeisterte Jäger und Jünger der → *Artemis* sich weigert, mit seiner Stiefmutter zu schlafen, dreht diese den Spieß um und verleumdet ihn bei seinem Vater, der ihn verflucht. Hippolytos wird auf einer Wagenfahrt entlang des Strandes von seinen Pferden zu Tode geschleift, nachdem ein Meeresungeheuer sie erschreckt hatte. Phaedra fühlt sich für das grausame Ende des Unschuldigen verantwortlich und erhängt sich.
Diese Geschichte, zu der es mehrere Varianten gibt, scheint eine Erfindung antiker Literaten zu sein. Ursprünglich war Phaedra möglicherweise eine kretische Göttin, von der nur der Name erhalten geblieben ist. Er bedeutet «Die Leuchtende».

Phaethusa → *Lampetia*

Pheme → *Fama*

Pheraia Im nordgriechischen Thessalien wurde diese Göttin von ihren Abkömmlingen, den *perai*, verehrt. Von ihr weiß man heute nur noch, daß sie eine Fackel trug und einen Stier oder ein Pferd ritt. Dies läßt vermuten, daß sie eine Mondgöttin war.

Pherenike Diese Griechin brachte einen Sohn zur Welt, aus dem ein berühmter Ringer wurde. Sie trainierte ihn selbst und führte ihn von einem Sieg zum anderen, bis er für die Olympischen Spiele bereit war. Alle Frauen – außer den Priesterinnen der → *Hera* – waren von den Spielen ausgeschlossen, aber Pherenike legte Männerkleider an, um ihren Sohn dennoch im Ring betreuen zu können. Er gewann, doch ihre Verkleidung wurde entdeckt. Die Empörung war zunächst groß, doch man verzieh Pherenike schließlich ihren Verstoß gegen die Wettkampfregeln aufgrund ihrer hervorragenden Leistung als Trainerin.

Philomele Die athenische Königstochter wurde von ihrem Schwager, dem Thrakerkönig Tereus, vergewaltigt, und er schnitt ihr die Zunge heraus und sperrte sie in einen Kerker, damit sie ihn nicht verraten konnte. Aber Philomele hatte immer noch Hände, die davon zeugen konnten, und sie webte einen Wandteppich, der das ganze Verbrechen darstellte. Das Werk gelangte in die Hände ihrer Schwester Prokne, der Gattin des Tereus, und die beiden Frauen begannen, Rache zu schmieden. Sie zerteilten den fünfjährigen Sohn der von ihrem Mann betrogenen Prokne und tischten dem Vater das Kind zum Abendessen auf. Während des Mahles brachte Philomele den Kopf des Knaben herein und warf ihn auf den Tisch. Als Tereus sich daraufhin mit dem Schwert auf die beiden Frauen stürzte, wurden sie von Zeus allesamt verwandelt: Philomele in eine Nachtigall, Prokne in eine Schwalbe,

König Tereus in einen Wiedehopf und der Knabe Itys in eine Schnepfe.

Phix → *Sphinx*

Phoibe, Phoebe «Die Glänzende» gehörte zum Geschlecht der Titanen, war also eine Tochter der griechischen Erdgöttin → *Gaia*. Sie gebar → *Leto*, die Mutter Apollons, und wurde von den Dichtern der Spätantike zur Mondgöttin erklärt (→ *Selene*).
Phoibe hieß auch eine der beiden Töchter des Königs Leukippos von Messenien. Bei ihrer Doppelhochzeit bemächtigten sich die stets zu Liebesabenteuern und boshaften Streichen aufgelegten Dioskuren – die Zwillingssöhne der → *Leda* und des Zeus – der Bräute und erschlugen einen der Bräutigame, während der andere den Dioskuren Kastor erschlug. Vom weiteren Schicksal dieser Phoibe ist nichts überliefert, wohl aber, daß ihr Entführer von den Göttern nicht etwa bestraft, sondern belohnt wurden: Vater Zeus erhob sie nach ihrem Tod zu Göttern und setzte sie als Sternbild Kastor und Pollux gewissermaßen auf einen Ehrenplatz am Himmel.

Phyllis Es gab zwei griechische Heldinnen dieses Namens. Die erste war eine thrakische Königstochter, die der athenische König Demophon zur Frau begehrte – allerdings weniger aus Liebe als aus politischen Gründen. Phyllis willigte in die Heirat ein, und durch die Eheschließung erlangte ihr Gemahl einen Anspruch auf die Herrschaft über Thrakien.
Als der moralisch skrupellose Sohn des weisen und gerechten Theseus die ihm Angetraute nach kurzer Zeit verließ und zu seinen Junggesellenvergnügungen in die Großstadt Athen zurückkehrte, erklärte Phyllis ihren Ehevertrag in einem langen Brief an den unwürdigen Gatten für null und nichtig – und stürzte sich ins Meer.
Eine andere berühmte Phyllis war eine weniger sittenstrenge Frau, die sich den jungen König von Mazedonien, aus dem bald Alexander der Große werden sollte, zum Geliebten nahm. Sein Lehrer, der Philosoph Aristoteles, warnte ihn davor, einer Frau Macht über sich zu geben. Phyllis fand dies beleidigend und rächte sich: Sie «verhexte» Aristoteles, der ihr, auf Händen und Knien krabbelnd, als Reitpferd dienen und für seine frauenfeindlichen Äußerungen Abbitte leisten mußte.

Pidari, Kala-Pidari, Pitali Diese südindische Schlangengöttin wurde mit flammendem Haar und drei Augen dargestellt. In den Händen hielt sie eine Schlinge und eine Trommel; offensichtlich sollten damit von den Dörfern, über die sie wachte, böse Geister ferngehalten werden.

Pieriden → *Musen*

Pi-hsia yüan-chün → *Bixia Yüanchün*

Plejaden, Pleiaden Die sieben Töchter der Nymphe Pleione und des Titanensohns Atlas wurden in Arkadien geboren und folgten der Göttin → *Artemis*, bis der Riese Orion den Schwestern so stürmisch nachstellte, daß Zeus sie flugs in das Sternbild verwandelte, das seitdem ihren Namen trägt.
Ihre Namen waren → *Elektra*, → *Halkyone*, Kelaino, → *Maia*, → *Merope*, Asterope und Taygete – fast alles Namen, die auch frühe griechische Göttinnen trugen, über die nichts Näheres überliefert ist, was vermuten läßt, daß die älteren Mythen verlorengegangen sind.

Po Bya Tikuh → *Po Ino Nogar*

Pohjan-Akka Die Samen (oder Lappen) des Polarkreisgebiets hielten diese Göttin für die Herrin der nördlichen Hölle Pohjan, wo all jene, in blutige Gewänder gekleidet, für immer verblieben, die eines gewaltsamen Todes gestorben waren. Manchmal hielt man das Nordlicht, das mit seinen roten Rändern über den Winterhimmel zog, für das «menschenfressende Dorf» Pohjan. Es hieß, Hexen könnten Pohjan in ihren lebendigen Leibern entdecken, aber kein anderes lebendes Wesen kannte den Ort, der irgendwo im Eismeer liegen mußte.

Poine Dieser Rachegeist, der zur Göttin aufstieg, war für die Griechen nur eine Dienerin der → *Nemesis*, für die Römer jedoch die Göttin der gerechten Bestrafung.

Po Ino Nogar «Mutter des Königreichs» nannte das Volk der Cham in Kambodscha die Herrschergöttin, die das Grundnahrungsmittel, den Reis, erschaffen hatte. Geboren entweder aus dem Meeresschaum oder aus den Wolken, hatte Po Ino Nogar 97 Gatten und 38 Töchter. Eine ihrer Nachkommen war Po Bya Tikuh («Mäusekönigin»), eine bösartige jungfräuliche Göttin. Eine andere war die Göttin der Krankheit, Po Yan Dari, die in Höhlen und Grotten lebte und dort um Wunderheilungen angefleht wurde. Eine weitere heilende Göttin der Cham war die Priesterin Pajau Tan, von der es heißt, sie sei eine dreißigfache Frau, die zunächst als Heilerin auf der Erde lebte, aber schließlich, weil sie es nicht lassen konnte, alle Toten zu erwecken, auf den Mond geschickt wurde. Dort oben lebt sie immer noch und bringt den gerade Verstorbenen Blumen, um ihnen den Übergang ins Jenseits zu erleichtern.

Poludnica In Osteuropa war die Göttin der Mittagsstunde eine weiße Frau, die sich von Windstößen über die Felder tragen ließ und Menschen durch eine Berührung mit ihrer Hand tötete. Das war ihre bekannteste Gestalt, aber es gab mehrere Varianten von Poludnica. In Mähren war sie eine weißgekleidete alte Frau mit Pferdehufen, starr blickenden Augen und zerzaustem Haar. In Polen dagegen war sie sehr groß und trug eine Sichel. Sie fing zur Mittagszeit auf den Feldern Herumlaufende und gab ihnen schwierige Rätsel auf. Wenn sie diese nicht lösen konnten, fungierte sie wie ein weiblicher Gevatter Tod als Schnitterin. In Rußland war sie außerordentlich schön. Ihre Opfer konnten das gerade noch bemerken, bevor sie ihnen den Hals umdrehte und ihnen den Tod oder zumindest heftigen Schmerz brachte. In Serbien bewachte sie das Korn vor Dieben und achtlosen Kindern. In Finnland entführte sie die Kinder, die sie zur Mittagszeit draußen fangen konnte. Und schließlich in Sibirien erschien Poludnica als spärlich bekleidete Frau hohen Alters, die sich in den Brennesseln versteckte und unartige Kinder in ihre Höhle schleppte.

Polydamna, Polydama Eine berühmte Königin Ägyptens, der → *Helena* auf der Rückreise von Troja nach Griechenland einen Besuch abstattete. Polydamna, eine Kräuterkundige, gab Helena ein Mittel, um Melancholie und Leid zu bannen.

Polyhymnia → *Musen*

Polykaste Die Schwester des legendären griechischen Baumeisters Daidalos brachte einen Sohn zur Welt, und als der heranwuchs, zeigte sich, daß er noch genialeren Erfindergeist besaß als sein Onkel. Der krankhaft ehrgeizige Daidalos sah in dem Jungen eine Bedrohung seines Rufes und stürzte ihn die Akropolis hinab. Vom Kummer in einen Vogel verwandelt, flog die trauernde Mutter davon. Als später Daidalos' eigener Sohn Ikaros bei seinem berühmten Flugversuch umkam, war Polykaste zur Stelle und warf dem trauernden Vater wortreich Verantwortungslosigkeit und falschen Stolz vor.

Pomona Im Frühling verehrten die Römer → *Flora*, die Blumengöttin; der Herbst war die Zeit der Früchte, die Zeit Pomonas. Obwohl sie keinen eigenen Festtag hatte, war sie doch bedeutend genug, daß eine der zwölf Flamines, der Hohenpriesterinnen der Stadt, zu ihrem Dienst bestimmt war und sie zwölf Meilen vor der Stadt einen Tempel hatte, den man Pomonal nannte.
Ovid berichtet, daß sie von mehreren männlichen Fruchtbarkeits- und Lustbarkeitsgöttern umworben wurde, darunter Pan, Priapus und Silen, aber nur die Gefühle erwiderte, die Vertumnus, der von den Etruskern übernommene Jahreszeitengott, ihr entgegenbrachte – verkleidet als alte Frau.

Populonia → *Juno*

Porne → *Aphrodite*

Port-Kuva Im Volksglauben vieler Kulturen hat jedes Haus seinen eigenen Geist, und die Tscheremissen Ostrußlands bildeten da keine Ausnahme. Sie nannten diese Dämonin Port-Kuva («Frau des Hauses») und sagten, sie sei für menschliche Augen unsichtbar, es sei denn, ein Unglück oder eine Krankheit stünde den Bewohnern bevor. Man hielt sie für eine Schicksalskünderin von der Art der → *Nornen*.

Deshalb konnten jene Menschen, die Port-Kuva sahen, annehmen, daß sie deren Gefühle verletzt hatten, und sie versuchten, diese Scharte schleunigst wieder auszuwetzen. In solchen Fällen war es gut, schwarze Tiere zu opfern, die man in der Erde begrub. Zumindest mußte man ihr Brot oder Kuchen hinstellen. Dies war auch nach einem Umzug unbedingt notwendig, damit sich Port-Kuva in dem neuen Haus sofort wirklich wohl fühlte.

Poshjo-Akka «Die das Schießen erlaubt» lautet der Name der Jagdgöttin der Samen (oder Lappen). Zur Zeit der Wintersonnenwende wurden ihr in den Jagdlagern Opfergaben hingestellt. Das Bildnis der Göttin stand in der Vorratshütte der Jäger, damit sie den Zustand des Wildbrets überwachte. Waren die Tiere ausgeweidet, wurden ihre Schädel zu Füßen der Statue vergraben: zum Dank und als Ausdruck des Bedauerns, daß man töten muß, um zu leben. Ohne dieses achtsame Vorgehen würden die Tiere nicht wiedergeboren werden können und der Kreislauf des Lebens wäre unterbrochen.

Posidaia → *Mnasa*

Postvorta → *Antevorta*

Potina Diese römische Göttin wurde verehrt als der Geist der Weberei und des Trinkens.

Potnia → *Mnasa*

Po Yan Dari → *Po Ino Nogar*

Poza-Mama Die heiligste Göttin der sibirischen Völker lebte im Herdfeuer, aber sie war auch die Herrin der Berge. Wie die → *Kamui-Fuji* der Ainu und die römische → *Vesta* sorgte Poza-Mama nicht nur für das Feuer, das die Menschen zum Leben brauchten, sondern auch für den Zusammenhalt der Familie. Die Chakassen spuckten den ersten Bissen von jeder Mahlzeit ins Feuer, als Opfergabe für zukünftiges Glück. Die Negda stellten in der Nähe des Herdes Bilder einer Feuergöttin Kutug-a auf. Bei den Schoren hieß sie «Dreißigköpfige Mutter des Feuers» oder «Mutter des Feuers mit dem goldenen Mantel». Von den Altai-Stämmen wurde die gleiche Göttin Ot Ana («Mutter des Feuers») oder Kyz Ana («Jungfräuliche Mutter») genannt, denn man glaubte, sie pflanze sich ohne männliche Mitwirkung fort. Alle Varianten der Poza-Mama waren für sämtliche Familienmitglieder verantwortlich, auch für die verstorbenen. Denen leuchtete sie mit ihrer hellen Flamme den Weg ins Jenseits.

Zu den strengsten Tabus der Altai gehörten folgende Beschränkungen: Es darf kein Abfall ins Feuer geworfen werden; das Feuer darf niemals unnötig gelöscht werden; kein Eisen darf es berühren; keiner darf das Feuer bejubeln oder verhöhnen. Da die Mutter des Feuers die Vermittlerin zwischen der Menschheit und der anderen Welt war, übte kein Schamane sein Amt aus, ohne zuvor ihre Hilfe zu erbitten.

Prakriti An zwei Stellen entstanden beim Aufeinandertreffen von patriarchalischer indogermanischer Kultur und eingeborenen Muttergöttinnen-Religionen beeindruckend komplexe Mythologien: im antiken Griechenland und im alten Indien. In Indien hat die Verschmelzung von zwei grundverschiedenen Philosophien den Hinduismus und den Buddhismus hervorgebracht, die beide eine Terminologie gebrauchen, die auf den geistigen Einsichten der beiden Strömungen basiert.

Von den alten Vorstellungen einer vielgestaltigen → *Devi* («Göttin») blieb die starke Neigung erhalten, weibliche Gottheiten anzubeten. In der hinduistischen Philosophie erhielten drei Konzepte weibliche Gestalt: → *Maya*, die Göttin der Bewegung, die die Schöpfung am Leben erhält; → *Shakti*, die Lebenskraft selbst; und Prakriti, die Natur und die materielle Welt. Diese drei theologischen Konzepte sind eng miteinander verbunden und – da keine Mythen sie veranschaulichen – manchmal schwierig voneinander zu trennen; denn die Lebenskräfte lassen sich nicht ohne Überschneidungen in scharf umgrenzte Kategorien unterteilen.

Prakriti ist die Lebensenergie als schöpferisches Prinzip, das einheitliche Muster hinter jeder Entwicklung. Es ist grenzenlos, es wirkt selbständig und überall, aber nirgends ist Prakriti real und eindeutig manifestiert, denn

Praxidike

obwohl sie selbst, die Materie des Universums, einzigartig ist, nimmt sie unermeßlich viele verschiedene Formen und individuelle Gestalten an, die wir Menschen nur erkennen können, weil auch wir Teile der Prakriti sind.

Praxidike Ein Kopf mit drei Gesichtern symbolisierte diese griechische Göttin der Rache und des Unternehmungsgeistes, die böse Handlungen bestrafte und die guten belohnte.

Pressina → *Melusine*

Pritha → *Kunti*

Prithivi Der Hinduismus sieht die Erde in weiblicher Gestalt verkörpert an, die er Prithivi («Die Breite») nennt und von der er sagt, sie erscheine wie eine kosmische Kuh, voller Milch für ihre Kinder. Zwar kommt dieses Bild nur in wenigen Mythen vor, dafür aber in vielen Gebeten.

Prokne → *Philomele*

Prokris Eine griechische Königstochter, die Kephalos, den Sohn des Gottes Hermes, heiratete. Doch ihr Gatte zog bald die Aufmerksamkeit der Göttin der Morgenröte → *Eos* auf sich. Sie entführte ihn auf den Olymp, aber er weigerte sich, mit ihr zu schlafen. Wütend gab Eos den Mann der Erde zurück, nachdem sie sein Aussehen vollkommen verändert hatte – und mit dem Rat, zu prüfen, ob seine Frau die Treue, die er ihr bewahrt habe, wert sei.
Prokris erkannte Kephalos bei seiner Rückkehr nicht wieder und lud den gut aussehenden Fremden in ihr Schlafgemach ein. Als Kephalos sich zu erkennen gab, war Prokris entsetzt darüber, daß er sie beim Ehebruch ertappt hatte, und floh aus dem Palast.
Im Wald schloß sie sich einer Gruppe frei umherstreifender Frauen an, Dienerinnen von → *Artemis*. Nachdem sie sich mit ihrem Gatten versöhnt hatte, wurde Prokris immer launischer und eifersüchtiger; sie begann Kephalos nachzuspionieren, selbst auf der Jagd. Eos, die immer noch auf Rache für Kephalos' Zurückweisung sann, brachte ihn dazu, Prokris für ein Tier zu halten und sie mit seinem nie das Ziel verfehlenden Speer zu töten. Einige Deutungen sehen darin eine Allegorie zur Natur, in der der Tau (Prokris) von den Strahlen der Sonne (Kephalos) vernichtet wird, während die Morgenröte (Eos) befriedigt zuschaut.

Proserpina → *Persephone*

Protagenia Sie war nach der Großen Flut die «erstgeborene» Tochter der → *Pyrrha* und galt daher als Ahnin vieler griechischer Stämme.

Psyche und Amor

Psyche Diese Gestalt repräsentiert als Heldin einer griechischen Allegorie die menschliche Seele, die mit dem «Liebenden Herzen» verheiratet war, personifiziert als der Gott Eros. Die Geschichte erzählt, daß Psyche ihre Tage allein verbrachte und sich jede Nacht im Dunkeln mit einem Gatten liebte, den sie nie sehen konnte; denn nur so, sagte er, könne er ihr treu bleiben. Eine Zeitlang lebte sie auf diese Weise zufrieden und glücklich. Doch schließlich versetzte die lange verdrängte Frage, wer er wohl sein möge, sie derart in Unruhe, daß sie beschloß, eine Lampe ins Schlafzimmer mitzunehmen. Kaum hatte die Frau einen Blick auf den wundervollen geflügelten Körper ihres schlafenden Geliebten geworfen, da fiel ein Tröpfchen Öl von der Lampe auf sein Gesicht. Eros erwachte, und flog sofort davon. Aus dieser parabelhaften Erzählung folgerten die Griechen, daß zwei in Liebe vereinte Seelen so lange glücklich sein konnten, bis unbefriedigte Bedürfnisse ein bewußtes Erkennen der Realität im allgemeinen und der wirklichen Identität des Geliebten im besonderen forderten.

Als nächstes sah sich Psyche vor eine ganze Reihe nahezu unlösbarer Aufgaben gestellt, um ihren Geliebten zurückzugewinnen: über Nacht ein ganzes Zimmer voller Samen sortieren; das goldene Vlies des Sonnenschafes erringen; in die Unterwelt reisen, um dort nach einer magischen Schönheitssalbe zu fragen. Da sie Eros unbedingt wiederhaben wollte, überwand sie diese Hindernisse eines nach dem anderen.

Aber als Psyche aus dem Hades mit der Salbenschachtel der → *Persephone* zurückkehrte, überfiel sie Eitelkeit. Sie öffnete das Gefäß und verrieb die Schönheitscreme auf ihrem müden Gesicht. Darauf fiel sie in Ohnmacht und wäre vielleicht gestorben, doch Eros überzeugte die olympischen Götter, daß sie genug gelitten habe. Sie stieg in den Himmel auf und wurde mit ihrem Geliebten vereinigt, von dem sie zwei Kinder bekam, die Liebe und Entzücken genannt wurden. Mit dieser Entwicklungsgeschichte der Psyche besaßen die Griechen eine wundervolle Studie über die Beziehungen von Körper und Seele, Herz und Verstand, über den Weg von der Romanze zum Ehealltag und über das Glücksgefühl eines Menschen, der einen Kampf siegreich bestanden hat.

Pukimna Bei den Eskimo die Beschützerin der auf dem Land lebenden Tiere.

Putana Diese schreckliche Dämonin der hinduistischen Mythologie hatte außerordentlich respektable Vorfahren, den tugendhaften König Bali und die weisen Götterlieblinge Vairochana und Prahlada. Putana jedoch versuchte, das Kind Krishna, bevor es zu einem der größten Helden und Götter des Hinduismus wurde, aufzusaugen und dadurch zu töten, was ihr mißlang. Sie wurde selbst von ihm aufgesaugt und umgebracht.

Diese Geschichte hat eine tiefe, für alle Religionen gültige Symbolik und Moral: Das dämonische, selbstsüchtige Ego will das Göttliche, das ihm störend, nichtig und zugleich als Konkurrenz erscheint, sich einverleiben und damit aus der Welt schaffen. Doch das Umgekehrte geschieht: Das Göttliche ist stärker. Es saugt das Ego auf und vernichtet es.

Pyrrha Bei vielen Völkern findet man Legenden über eine große Flut, die von einem Gott oder den Göttern als Strafe für die Sünden der Menschheit gesandt wurde. Die Griechen verlegten diese Flut in die mythische Zeit, als die Menschen, übermütig und unverfroren, die olympischen Götter immer wieder verärgerten und zu dem Entschluß brachten, das ganze Geschlecht zu ertränken.

Es gab allerdings ein ehrenhaftes Paar: Deukalion, den Sohn des Prometheus, und Pyrrha, die Tochter der aus der Erde emporgestiegenen → *Pandora*. Die vollkommene Rechtschaffenheit ihres Lebens besänftigte den Zorn der Olympier so weit, daß sie dem Paar erlaubten, neun Tage und Nächte in einer Holzkiste auf den Fluten zu treiben und so dem Tod zu entgehen. Als die große Flut zurückwich, fand sich das Paar auf dem heiligen Berg Parnaß wieder. Dort brachten sie für ihre Rettung Dankopfer dar, und als ihnen ein Wunsch gewährt wurde, baten sie darum, daß die Erde wieder bevölkert werde.

Das Orakel der → *Themis* gab ihnen zur Antwort: «Werft die Gebeine eurer Mutter hinter euch!» Schnell löste Pyrrha dieses Rätsel. Sie

Pythia

hob Steine auf, die Knochen der Mutter Erde, und warf sie hinter sich. Deukalion folgte ihrem Beispiel – und hinter ihnen entstanden die «Steinzeit»-Menschen, Männer aus den Steinen des Deukalion, Frauen aus denen von Pyrrha.

Pythia Es gibt verschiedene Erklärungen für die Herkunft dieser Bezeichnung, die mehr eine weibliche Berufsbezeichnung als ein Eigenname war. Entweder wurden die Seherinnen, die das Orakel von Delphi verkörperten, nach dem (männlichen) Drachen Python benannt, der den Weissagungsort seiner Mutter → *Gaia* so lange bewachte, bis Apollon in den Tempelbezirk eindrang, um die berühmte weissagende Quelle in Besitz zu nehmen. Er tötete Python, ließ aber dessen Freundin, die Seherin Pythia, weiterhin in Delphi, das ursprünglich übrigens Pytho hieß, Orakel verkünden. Oder Pythia war, in Gestalt einer heiligen (weiblichen) Schlange mit dem bezeichnenden Beinamen Delphynes («Der Schoß»), selbst die Bewacherin der Quelle der Verheißungen. Und sie war es, die Apollon zum Opfer fiel. Ihr zu Ehren sollen alle späteren delphischen Orakelverkünderinnen den Namen Pythia angenommen haben.

Erst wenn eine Frau die Welt fünfzig Jahre lang mit den Augen einer Sterblichen gesehen hatte, war sie würdig, eine Pythia zu werden. Es hieß, daß nur Altersweisheit und Unbeirrbarkeit dazu befähigten, die Kraft auszuhalten, die an dieser Stelle von der Erde aufstieg. Eine Pythia mußte auch verheiratet sein, und zwar aus Achtung vor der ursprünglichen Besitzerin des Tempels, der Erdmutter Gaia.

Die Pythia hatte folgende Aufgaben: Am sieb-

Pythia

ten Tag jedes Mondes unterzog sie sich einer rituellen Reinigung. Dann kaute sie, auf einem dreibeinigen Stuhl, dem Dreifuß, sitzend, Lorbeerblätter und atmete Dämpfe ein, die aus einer Erdspalte aufstiegen und einen ekstatischen Zustand hervorriefen. Erst nach einer Weile kamen aus ihrem Mund jene oft schicksalsschweren Weissagungen, die selten leicht begreiflich, in der Regel derart rätselhaft und vieldeutig waren, daß die Diener der Prophetin den Fragestellern bei der Auslegung des Orakelspruchs Hilfestellung leisten mußten. Die Antwort Suchenden mußten sich ihre Frage zudem sehr genau überlegen; denn sie durften das Orakel nur einmal im Jahr in Anspruch nehmen.

Python → *Pythia*

Q

Qamaits Bei den Indianern der Pazifikküste war «Angst vor gar nichts» die höchste himmlische Göttin, eine große Kriegerin, die im Osten der Welt lebte. Obwohl sie die Erde geschaffen hatte, brachte sie der Menschheit Tod, Hunger und Krankheit, wenn sie sie heimsuchte. Es wäre für alle besser, hieß es bei den Bellacoola und anderen Stämmen, wenn sie in ihrem salzigen Badeteich, dem Meer, bliebe.
Ein weiterer Name von ihr bedeutet «Die Sorgenbereitende», und sie hat noch einen dritten, Dji Sisnaxitl («Sklavenhalterin»), denn für sie waren alle Menschen nichts anderes als Sklaven. Zu Anfang unseres Jahrhunderts fanden Forscher Hinweise darauf, daß sie einst die wichtigste Gottheit der Bellacoola gewesen war, aber in jüngerer Zeit wurde sie kaum noch erwähnt, und immer seltener hat man Gebete an sie gerichtet. Anscheinend hat diese Todesgöttin ihre Macht über ihre Anhänger genauso verloren wie frühere Unterwelt-Königinnen von → *Hel* bis → *Persephone,* die von göttlichen Aspekten der Weiblichkeit zu bloßen Metaphern herabsanken.

Quetzalpetlatl Die inzestuöse Zwillingsschwester des altmexikanischen Gottes und Kulturheros Quetzalcoatl.

Quilla → *Mama Quilla*

Quiritis Die italischen Stämme verehrten diese Vorgängerin der → *Juno* als Schutzgöttin der Mütter.

Quocha Mana «Weiße Kornjungfrau», die Fruchtbarkeits- und Nahrungsgöttin der im US-Bundesstaat Arizona lebenden Hopi-Indianer.

Quocha Mana

R

Rabie Für die Bewohner der indonesischen Insel Ceram hielt sich die Mondfrau ursprünglich nicht am Himmel auf, sondern lebte auf Erden mit ihren Eltern. Dort erregte ihre blasse Schönheit die Aufmerksamkeit von Tuwale, dem Sonnenmann, der sie zur Frau haben wollte. Da die Eltern aber ihre Tochter nicht aufgeben wollten, warteten sie, bis die Nacht hereinbrach, und legten in Tuwales Bett ein totes Schwein. Von diesem Tausch gedemütigt, beschloß er, Rache zu nehmen. Ein paar Tage wurde Rabie von einem zum anderen Augenblick unsichtbar. Nach dreitägigen Beerdigungsfeiern konnten die Leute sehen, wie sie allmählich wieder Gestalt annahm und vollkommen war, sobald das nächste Mal der Vollmond am Himmel stand.
Siehe auch → *Hainuwele*, → *Satene*.

Rachel → *Rahel*

Radha Über die Liebe zwischen dem Hirtenmädchen Radha und dem großen Hindu-Gott Krishna wurden im alten Indien viele Liebesdichtungen geschrieben. Ihr zartes rituales Liebesspiel (*rasalila*) umfaßt alle Nuancen der Erotik, von der physischen Ebene bis zur Transzendenz des Göttlichen. Man kann es auch als das ewige Spiel zwischen Seele und Gott bezeichnen, das in fast allen Religionen eine Rolle spielt. Obwohl manchmal andere Göttinnen als Priesterinnen dieser Riten auftauchen, ist es doch meist die sinnliche Radha, die vor ihren Anbetern steht und für diese Gelegenheit den Körper einer Sterblichen annimmt. Nackt bis auf Juwelenschmuck und Blumen, wird dieser Frau als der Symbolgestalt des Weiblichen Ehre erwiesen durch Gruppen männlicher und weiblicher Anhänger, die dazu verpflichtet sind, über ihre Teilnahme an diesen Zeremonien Stillschweigen zu bewahren.

Radien-Akka Auf den Trommeln lappländischer Schamanen wird diese Göttin als Teil einer heiligen Dreifaltigkeit von Vater, Mutter und Kind dargestellt.

Radien-Kiedde Sie galt bei den Samen (oder Lappen) als die Schöpfungsgöttin, die der Muttergöttin → *Madder-Akka* die Seelen übergab, bevor sie wiedergeboren werden konnten.

Rafu-Sen Diese japanische Pflaumenblütengöttin soll eine liebliche, auf ewig keusche Jungfrau gewesen sein, eine «Frühlingsschönheit», die mit wehenden Schleiern durch die vom Mond erleuchteten Haine der blühenden Pflaumenbäume streifte und deren Blütenduft einsog.

Rahel, Rachel Von den vier Stammüttern Israels, die mit Jakob vermählt waren, wurde sie von diesem am innigsten geliebt – obwohl sie, deren Name «Mutterschaft» bedeutet, ihm lange Zeit keine Kinder gebar. Ihre Schwester → *Lea* dagegen und ihrer beider Mägde → *Bilha* und Silpa schenkten ihm einen Sohn nach dem anderen. Schließlich erhörte Gott das Flehen der verzweifelten Rahel, und sie brachte zwei Söhne zur Welt, die Stammväter der größten Stämme Israels.
Da sie prophetische Gaben besaß, sah sie die Geburt ihres zweiten Sohnes voraus, aber sie soll wegen ihres Stolzes und Ehrgeizes bestraft

worden sein. Obwohl sie als Frau eines Hebräers Jahwe als ihren Gott hätte anerkennen müssen, betete sie weiter zu den aramäischen Hausgöttern ihrer Heimat, und bei Josephs Geburt verkündete sie voller Überzeugung: «Ich werde noch einen Sohn bekommen», statt nur darum zu bitten, daß es so sein möge. Tatsächlich gebar sie noch einen dritten Sohn, doch der starb kurz nach der Geburt.

Rakshasis In den altindischen Veden Nachtdämoninnen, die auf Friedhöfen in Gestalt von Hunden und Eulen umgehen und Unheil anrichten.

Ran Diese große Meeresgöttin war für die nordeuropäischen Völker auch die Göttin der Ertrunkenen: eine mächtige Frau, die ein fahrendes Schiff mit einer Hand steuern konnte, während sie mit der anderen ein magisches Netz durchs Wasser zog, mit dem sie die Seeleute auffischte. In Rans Unterwasserreich lebten sie weiter wie auf der Erde. Da es hieß, daß sie in ihre Heimat zurückkehren durften, um ihrem eigenen Begräbnis beizuwohnen, glaubte man, ihre Erscheinung bei der Totenwache zu sehen, und dankte der Göttin für diese Gunst. Und weil sie angeblich Gold liebte, hatten die Seeleute stets Goldmünzen in ihren Taschen, den «Obolus für Ran», um Einlaß in ihr Reich zu finden, falls sie ertrinken sollten.
Das Meer, das «die Straße Rans» genannt wurde, war aber auch das Reich einer männlichen Gottesgestalt. Mit diesem Aegir hatte Ran neun riesige Töchter, die Wellen, von den Dichtern auch als «die Krallen Rans» bezeichnet (→ *Angeyja*, → *Atla*).
Wie ihre Mutter konnten diese Wellenfrauen den Menschen als schöne Meerjungfrauen erscheinen. Am ehesten machte sich Ran sichtbar während des kalten, dunklen skandinavischen Winters, wenn sie so dicht wie möglich an die warmen Lagerfeuer ihrer Anhänger heranrollte.

Ranaghanti Eine assamesische Kriegsgöttin, die in Gestalt eines riesigen roten Steines verehrt wurde. Sie gewährte nicht nur den Sieg, sondern auch ihren Schutz auf dem Schlachtfeld.

Rana Neida Dieser Frühlingsgöttin fiel bei den Samen (oder Lappen) eine besondere Aufgabe zu: Sie verwandelte die nach Süden liegenden Hänge schon früh im zeitigen Frühjahr in frisches Grün, um den vom Winter ausgehungerten Rentieren nahrhaftes Futter zu geben. Damit Rana Neida den Samen einen frühen Frühling bescherte, lehnten sie ein Spinnrad gegen ihren Altar und bedeckten es mit Blut: ein Opfer, das die Göttin offensichtlich schätzte.

Ranu Bai Unfruchtbare Frauen beteten zu dieser indischen Göttin. An einer silbernen Schnur trug sie einen Becher, aus dem sie alle Flüsse Indiens füllte.

Rata → *Laka*

Ratri Sie war die hinduistische Göttin der leidenschaftlichen Nacht und eine Verkörperung von → *Kali*, aber während Kali die nie endende Nacht war, die die Schöpfung beendet, die fruchtbare kosmische Zerstörung, aus der alles wiedergeboren werden würde, war Ratri die «Gebende», die frühe Nacht, in der alle Wesen ruhen, die Zeit der intensivsten Zeugungstätigkeit. In der esoterischen Tradition ist Ratri eines der bedeutendsten Symbole für die Erleuchtung. Im Unterschied zu → *Maya*, deren Schöpfungstanz die Sinne so verwirrt, daß wir die Essenz des Universums nicht mehr verstehen können, führt Ratris Dunkelheit zu etwas weniger Konfusion und etwas mehr Konzentration – und damit zu größerer Bewußtheit und Klarheit. Ihre Schwester war die Göttin der Morgenröte, → *Ushas*.

Rauni, Akko, Maan-Eno, Raudna, Roonikka Diese finnisch-ugrische Donnergöttin hatte viele Namen, vermutlich war sie eine der mächtigsten Gottheiten dieses Volkes. Rauni war die Gemahlin des in der Eiche verehrten Donnergottes Ukko und wurde als Eberesche inkarniert, deren rote Beeren ihr heilig waren. Einige Mythen berichten, daß sie der Erde die Pflanzenwelt brachte, indem sie mit dem Donnergott Geschlechtsverkehr hatte.

Rebekka Im Alten Testament ist sie die Frau Isaaks, die Mutter von Jakob und Esau und damit symbolisch die Mutter der Hebräer und der nichthebräischen Nachbarn im Nahen Osten. Wie ihre Schwiegermutter → *Sara*, mit der sie viele Eigenschaften gemein hatte, kam Rebekka dem Format der großen alten Erdengöttinnen ihres Gebietes nahe: Sie konnte in die Zukunft sehen, war von überirdischer Schönheit und lebte unter einer magischen Wolke, die sich niemals von ihrem Zelt entfernte. Ebenfalls wie Sara lebte sie mit einem Mann zusammen, der in Zeiten der Gefahr vorgab, sie sei seine Schwester. Götterehen zwischen Bruder und Schwester waren in der Mythologie der umliegenden hebräischen Stämme üblich. Als schlaue Mutter, die in klassischer matriarchalischer Manier den jüngeren Sohn dem älteren vorzog, fädelte Rebekka die berühmte Episode ein, in der Jakob seinem Bruder Esau den väterlichen Segen Isaaks und damit das Erstgeburtsrecht stahl (1. Mose 25).

Renenutet Ägyptische Göttin der Landwirtschaft, der zur Einbringung der Ernte vor einem schlangenköpfigen Bildnis geopfert wurde. Auch jedesmal, wenn in Ägypten ein Kind geboren wurde, war diese Göttin zugegen: um seinen Namen auszusprechen, seine Persönlichkeit festzulegen und ihm sein Schicksal zuzuteilen. Dann begann sie das Kind zu säugen, denn Renenutet war die Verkörperung der nährenden Kraft und des Einflusses der Lebensenergie auf das Schicksal des Kindes. Im weiteren Sinn war sie die Erde selbst, die ihr Volk, das sie schmeichelnd «Göttin der zweifachen Kornkammer» nannte, mit Milch und Korn versorgte.

Renpet, Renph Ein Palmschößling war das Emblem dieser ägyptischen Göttin der Jugend und des Frühlings, die auch die Ausweitung der meßbaren Zeit in die unermeßliche Ewigkeit symbolisierte. Als Göttin – so lautet die Bedeutung ihres Namens – wurde sie in der antiken Kunst mit einem Kalender als Kopfbedeckung dargestellt.

Rhea Silvia Die Mutter Roms war die Tochter des Königs Numitor, der von seinem jüngeren Bruder Amulius entthront wurde. Der Usurpator entführte Rhea Silvia (auch Ilia genannt) und machte sie zur Vestalin (→ *Vesta*), damit sie die königliche Linie ihres Vaters nicht fortpflanzen könne. Aber sie schlief heimlich mit dem Kriegsgott Mars und brachte Zwillingssöhne zur Welt – die Stadtväter Romulus und Remus. Als man sie und ihre Kinder entdeckte, befahl Amulius, die Kinder zu ertränken. Statt dessen nahm die Mutter Beziehungen zu Tiberinus, dem Gott des Flusses Tiber, auf, der ihre Kinder in einer Kiste sanft flußabwärts in Sicherheit trug. An Land getrieben, wurden sie von einer Wölfin gesäugt, von der manche sagen, dies sei Rhea Silvia selbst gewesen.
Einige moderne Interpreten betrachten diese Legende als einen Ausdruck eines Wandels von matrilinearer zu patrilinearer Erbfolge.

Rheda → *Hrede*

Rheia In der späten griechischen Überlieferung war sie eine mütterliche Figur – jene Titanin, die die olympischen Götter zur Welt brachte. Aber in früherer Zeit war Rheia die uranfängliche Göttin gewesen, die große Bergmutter (→ *Ida* genannt, als Göttin des Berges Ida auf Kreta), die Erde, die die Geschöpfe ihrer wilden und fruchtbaren Oberfläche zur Welt brachte.
Der Name Rheia ist kretischer Herkunft. In der insularen Kunst wurde sie als riesenhafte stattliche Frau dargestellt, umgeben von demütigen Tieren und kleinen, unterwürfigen Männern. Ihre leidenschaftliche Verehrung wurde mit großen Musikzügen von Pfeifen und Zimbeln begangen und endete oft in mystischen Orgien. Ihre Symbole waren die flammende Fackel, die Messingtrommel und die Doppelaxt. Angerufen wurde sie mit den Worten: «Die Erde schickt uns Früchte, und deshalb preist die Erde, unsere Mutter.»
Als der breite Strom des ägäischen Mutterkultes später auf die Flut der patriarchalischen Religion traf, gab es bei den Gottheiten eine derartige Verwirrung, daß sich unterschiedliche Pantheons herausbildeten und jenes Konglomerat entstand, das wir heute als griechische Mythologie bezeichnen. Rheia wurde in die griechische Überlieferung integriert als Titanin, gehörte also nur der zweiten Garnitur der Gottheiten an. Dennoch wird sie als Toch-

ter der großen Götter Uranos und → *Gaia* bezeichnet, als Schwester und Frau des Kronos («Zeit») und soll die Mutter der mächtigsten Götter und Göttinnen gewesen sein, von → *Demeter*, → *Hera* und → *Hestia*, von Hades, Poseidon und Zeus.

In Kleinasien wurde Rheia mit der phrygischen Göttermutter → *Kybele* gleichgesetzt.

Rhiannon Diese bildschöne walisische Unterweltgöttin ritt über die Erde auf einem unvorstellbar schnellen Pferd, begleitet von Zaubervögeln, die die Toten aufwecken und die Lebenden in siebenjährigen seligen Schlaf versinken lassen konnten. Ursprünglich hieß sie Rigatona («Große Königin»), und erst in der späteren Legende sank sie in ihrer Bedeutung herab zu Rhiannon, jener feenhaften Gestalt, die dem Prinzen Pwyll von Dyfed in der Nähe des Unterwelttores erschien. Er verfolgte sie auf seinen schnellsten Pferden, aber ihres trieb jedes andere Pferd zur Erschöpfung. Schließlich beschloß die Königin, Pwyll zu erhören, und sie gebar ihm einen Sohn.

Was kann man schon erwarten von einer Todesgöttin? Ihr Sohn verschwand, und die Königin fand man mit blutverschmiertem Gesicht. Sie wurde des Mordes angeklagt und dazu verurteilt, Pwyll als Torhüterin zu dienen und die Besucher auf ihrem Rücken zur Pforte zu tragen. Auf diese Weise wurde sie symbolisch in ein Pferd verwandelt. Doch alles nahm ein glückliches Ende, als ihr Sohn gefunden wurde: Rhiannon war von den Kindermädchen zu Unrecht beschuldigt worden. Als diese festgestellt hatten, daß das Baby verschwunden war, hatten sie vor lauter Angst und Aberglauben das Gesicht der Königin mit Welpenblut beschmiert.

Hinter dieser Legende steckt zweifellos eine andere, primitivere, in der die Todeskönigin tatsächlich des Kindesmordes schuldig war. Diese schreckliche Königin der Nacht scheint also der germanischen → *Mora* zu gleichen, dem Alptraum, der pferdegestaltigen Göttin des Schreckens. Aber die Nacht bringt nicht nur schlechte, sondern auch gute Träume, und so galt Rhiannon auch als die herrliche Göttin der Freude und des Vergessens, war also ebenso Göttin des Elysiums wie Königin der Hölle.

Rhode, Rhodos Eine nebulöse Gestalt der späten griechischen Mythologie war die Tochter der Meereskönigin → *Amphitrite* und Göttin jener Insel, die nach ihr benannt wurde: Rhodos – ein Ort, der auch ihrem Gefährten, dem Sonnengott Helios, heilig war.

Rhpisunt Beim Wolfsclan der Haida-Indianer des südöstlichen Alaska gibt es eine Legende von der Bärenmutter Rhpisunt, die einst die Tochter des regierenden Häuptlings gewesen war. Eines Tages ging sie draußen spazieren und trat in Bärenkot. Verwöhnt und etwas eitel, wie sie war, wurde sie wütend, daß ihre Füße beschmutzt waren. Sie verfluchte nicht nur die Bären, sondern beschimpfte sämtliche Tiere noch viele Tage lang.

Als sie einige Zeit danach Beeren pflückte, wurde Rhpisunt von den anderen getrennt, geriet immer tiefer in den Wald, bis sie endlich ihren Korb gefüllt hatte. Doch kaum war ihr Korb voll, gaben die Henkel nach, und all ihre sorgfältig gesammelten Beeren fielen zu Boden. Es dauerte ziemlich lange, diese wieder aufzusammeln, und als sie es endlich geschafft hatte, war vom Kanu ihrer Freunde weit und breit nichts mehr zu sehen.

Rhpisunt

Rigatona

Sie war mehr als heilfroh, als sie einen gutaussehenden jungen Mann traf, der sie einen Weg entlang führte, bis sie in sein Dorf kamen. Er stellte Rhpisunt seinem Vater, dem Häuptling, vor, einem riesenhaften fetten Mann, der in einem Blockhaus saß, das mit Bärenfellen eingefaßt war. Plötzlich erschien an Rhpisunts Seite eine kleine fette Dame mit dem Namen Tsects («Mäusefrau»). Sie flüsterte Rhpisunt zu, sie solle ihr etwas Fett und Wolle geben und sie solle sich niemals erleichtern, ohne ein Stück Kupfer abzubrechen und dieses auf den Boden über ihre eingegrabenen Exkremente zu legen.

Rhpisunt tat, wie ihr geheißen, und erkannte bald, warum man ihr das geraten hatte: Das Bärenvolk, das die Kupferstückchen fand, hielt ihre Beschwerden über die Bärenexkremente für gerechtfertigt, da sie selbst ja als Kot etwas viel Edleres, nämlich glänzendes Metall, von sich gebe. Deshalb erlaubte man Rhpisunt, den Bärenprinzen zu heiraten, und Mäusefrau richtete ein großes Festmahl aus, das auf wunderbare Weise aus den Fettstückchen erzeugt wurde, die Rhpisunt ihr gegeben hatte.

Doch die Familie der Frau suchte nach Rhpisunt. Man hatte Fußabdrücke von ihr und einem Bären gefunden, die von der Stelle wegführten, wo sie sich verirrt hatte. Wütend durchstreiften die Haida den Wald und töteten alle Bären, deren sie habhaft werden konnten, und im Dorf des Bärenvolkes herrschte tiefe Trauer über die schmerzlichen Verluste. Mit Hilfe ihres Schoßhundes Maesk fand schließlich einer ihrer Brüder Rhpisunt in einer Höhle, zusammen mit dem Bärenprinzen und ihren Zwillingssöhnen. Der hellseherische Bärenprinz wußte, daß er sterben würde, und so gab er noch Zauberformeln an seine Frau weiter, bevor er von ihrem Bruder mit einem Speer erlegt wurde. Rhpisunt wurde ins Dorf der Haida zurückgebracht, wo sie in Ehren ein hohes Alter erreichte. Ihre Söhne hatten, solange sie in menschlicher Gesellschaft waren, ihre Bärenjacken ausgezogen, aber nach dem Tod ihrer Mutter kehrten sie zum Volk ihres Vaters zurück. Von nun an erkannten die Angehörigen des Wolfclans die Bären als ihre Blutsverwandten an.

Rigatona → *Rhiannon*

Rindr, Rind, Rinda Nach altnordischer und nordgermanischer Überlieferung war Rindr ursprünglich eine russische Prinzessin, von der geweissagt wurde, sie als einzige könne ein Kind hervorbringen, das den Tod des Gottes Balder rächen würde (→ *Frigg*). Der große Gott Odin reiste als Soldat verkleidet zu ihrem Hof, um mit ihr diesen Rächer zu zeugen, aber Rindr wies ihn ab. Im Jahr darauf kam Odin als geschickter Schmied wieder, aber obwohl er wundervolle Kunstschmiedearbeiten herstellen konnte, wurde Rindrs Herz nicht weich. In einer dritten Verkleidung kam Odin als junger Höfling. Wieder wies die Spröde seine Annäherungsversuche zurück. Schließlich verkleidete sich Odin als «Blutegelmädchen», eine Heilerin, und wurde eine Dienerin der Prinzessin. Erst in dieser Gestalt konnte er Rindrs Aufmerksamkeit auf sich ziehen, als diese eine seltsame Krankheit befiel – die Odin selbst auf sie herabgewünscht hatte, wie einige Legenden berichten – und der verkleidete Gott sie heilte. Nun war Rindr bereit, mit Odin zu schlafen, und empfing den Helden Vali, der bereits einen Tag nach seiner Geburt Balders Mörder erschlagen haben soll.

Einige Forscher sehen in Rindr ein Symbol der winterlichen Erde, die sich den Umarmungen des Fruchtbarkeitsgottes verweigert. Überzeugender ist die Überlegung, sie sei eine Sonnengöttin gewesen, denn sie wurde beschrieben als eine Frau, «weiß wie die Sonne», die ihr Bett jeden Morgen verlasse, um jeden Abend dorthin zurückzukehren.

Risem-Edne Bei den norwegischen Samen (oder Lappen) die «Mutter der Zweige», eine Beschützerin der Büsche und Bäume.

Rohini Daksha, ein Sohn des indischen Weltschöpfers Prajapati, hatte, wie es in den Veden heißt, 27 Töchter, die alle mit dem Mond verheiratet waren. Aber obwohl der Mond versprochen hatte, seine Gunst gerecht zu verteilen, verliebte er sich in Rohini («Die Rote») und verbrachte immer mehr Zeit mit ihr. Daksha wünschte ihm deswegen die Schwindsucht, aber seine Töchter konnten ihn dazu bewegen, den Fluch abzumildern, so daß die Krankheit zwar chronisch wurde, aber nicht tödlich verlief.

Später erscheint eine Rohini in den Mythen über den großen Gott Krishna als Mutter seines Halbbruders Balarama, den sie von dem großen Gott Vishnu durch ein weißes Haar empfing, das er sich ausgerissen hatte (→ *Devaki*).

Rojenice → *Sudice*

Rona Die Bewohner Neuseelands hielten den Mond für einen Mann, noch dazu einen, der andere gern neckte. Eines Nachts, als das Mädchen Rona zum Fluß ging, um Wasser zu schöpfen, verhüllte sich der Mondmann mit einer Wolke, so daß sie nichts sehen konnte und sich den Zeh an einem großen Felsen stieß. Wütend verfluchte sie den Mond. Verärgert stieg er herab, um mit ihr zu streiten. Als er die Erde erreichte, war Rona immer noch so in Rage, daß er sie bei der Schulter packte und sie und ihren Korb in den Himmel mitnahm, wo sie sich seitdem am Gesicht des Mondes festhält.

Roonikka → *Rauni*

Rudrani Als Gemahlin des hinduistischen Sturm- und Feuergottes Rudra war Rudrani für jene Stürme zuständig, die Krankheit und Tod verbreiten.

Rugiu Boba «Die alte Frau des Roggens» war eine litauische Erntegöttin, der, wie → *Carlin* in Schottland, gehuldigt wurde, indem man die als letztes geschnittene Korngarbe zu einer ihr ähnlichen Gestalt formte. Diese Strohpuppe wurde dann zur Zeit der Erntedankfeiern ins Dorf gebracht und an einem Ehrenplatz im Haus aufbewahrt, bis sie im folgenden Jahr durch eine neue ersetzt wurde.

Rukko In der Kosmologie der Mandan-Indianer in der nordamerikanischen Prärie war Rukko eine Göttin der Materie und der Dunkelheit, die menschliche Körper schuf, während ein männlicher Geist die belebenden Seelen beistellte.

Rumina Die römische Göttin der stillenden Frauen wurde in einem Feigenbaum verehrt. Unter diesem Baum sollen Romulus und Remus, die Gründer Roms, von einer Wölfin gesäugt worden sein. Passenderweise bot man Rumina als Opfergabe Milch an – um damit sicherzustellen, daß die Babys stets genug Milch bekamen.

Rumor Die letztgeborene Tochter der Erdmutter → *Gaia* stellten die Griechen sich schnellfüßig und befiedert vor. Rumor, so heißt es, rannte über die Erde, um Botschaften zu überbringen, die man beachten sollte, denn hinter einigen versteckten sich wichtige geheime Mitteilungen der Götter an die Menschen.

Rusalky Diese bei mehreren slawischen Völkern bekannten Wassergeister sollen ursprünglich irdische Frauen gewesen sein, die ertrunken waren oder Selbstmord begangen hatten. Die ganze Gesellschaft der Rusalky erhob sich jedes Frühjahr nackt und mit wirren Haaren aus Flüssen und Seen, um von den Menschen Stücke weißen Leinens zu erbitten. Nachdem sie sie sorgfältig gewaschen hatten, hängten sie die Tücher in die Bäume. Wer versehentlich mit der Wäsche dieser Wasserdämoninnen in Berührung kam, litt von da an unter spastischen Zuckungen.
Wenn ihre Frühjahrsreinigung beendet war, führten sie in Neumondnächten magische Tänze auf, die das Gedeihen der Pflanzen förderte. Dabei trugen sie wallende weiße oder aus Blättergirlanden bestehende Gewänder. Aus vielen Sagen ist bekannt, daß Menschen Gefahr liefen, ihre Seele zu verlieren, wenn sie die wunderbaren Tänze der Rusalky beobachteten; und ihr Gelächter, heißt es, konnte töten.
Nach dem Ende des Sommers zogen sie sich in Federnester auf dem Grunde ihrer Flüsse zurück, wo sie bis zum nächsten Frühjahr überwinterten.
Siehe auch → *Undine*.

S

Saba, Königin von → *Bilkis*

Sabrina → *Sequana*

Sabulana Sie war die heldenhafte Retterin des afrikanischen Volkes der Machakeni, das sie vor dem Verhungern bewahrte. Ursprünglich hatte es vom Überfluß der Erde gelebt, aber dann vernachlässigten die Menschen die angemessenen Ernteopfer und mußten bald erkennen, daß sie aus ihren Gärten keine Nahrung mehr gewinnen konnten. Selbst die wildwachsenden eßbaren Pflanzen entzogen sich ihnen. Frauen, die wilden Honig sammeln wollten, mußten feststellen, daß ihre Hände am Handgelenk abbrachen, wenn sie in die honigtragenden Bäume griffen.

Nur Sabulena erkannte das Problem und wies ihr Volk an, die Dämonen aufzusuchen und sie um Verzeihung zu bitten. Doch schließlich ging sie allein in das heilige Gehölz der Ahnen – denn keiner war tapfer genug, um sie zu begleiten. Dort traf sie die Geister und sang ihnen eine Melodie vor, die so anrührend war, daß ihre verhärteten Herzen schmolzen. Sie erklärten Sabulana, daß ihr Volk sich frevlerisch verhalten habe, doch dann schickten sie die junge Frau mit der Zusicherung, daß die Strafaktion beendet sei, in ihr Dorf zurück, wo sie und ihre Mutter mit der Häuptlingswürde geehrt wurden.

Sachmet, Sekmet Eines Tages war die löwenköpfige Kriegsgöttin Ägyptens von der Menschheit so angewidert, daß sie begann, die gesamte Rasse abzuschlachten. Ihr Zorn erschreckte sogar die Götter, die den Obergott beauftragten, Sachmet («Die Mächtige») zu beruhigen. Sie wollte sich aber nicht zurückhalten lassen. «Wenn ich Menschen morde», fauchte sie, «frohlockt mein Herz.»

Re wollte versuchen, den Rest der Menschheit vor der blutdürstigen Göttin zu retten, und vermischte 7000 Fässer Bier und Granatapfelsaft. Er stellte die Krüge in den Weg der mörderischen Löwin und hoffte, sie würde sie versehentlich für das Menschenblut halten, nach dem sie gierte. So geschah es, und bald hatte sie sich bis zur Bewußtlosigkeit betrunken. Als sie aufwachte, war ihre Wut vergangen.

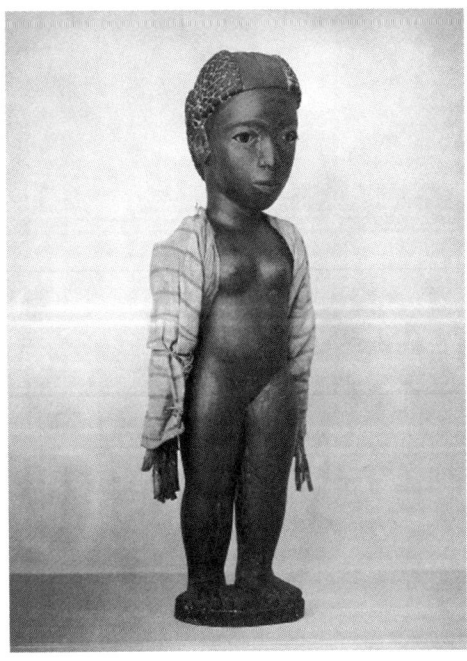

Sabulana

Salacia

Die löwenköpfige Sachmet

Fortan wurde dieses betäubende rote Getränk an den Festtagen von → *Hathor* zubereitet und getrunken, weshalb manche sagen, daß Sachmet die negative Seite dieser über das Vergnügen herrschenden Göttin war. Andere sagen, sie sei das Gegenstück der Katzengöttin → *Bastet,* wobei die Katze die nährenden Strahlen der Sonne verkörperte, der Löwe ihr zerstörerisches Potential, das durch den Feueratem der Wüstenrinde Dürreperioden verursachte.
Nach dem Aufstieg der oberägyptischen Stadt Theben zum religiösen Zentrum des Landes während des Mittleren Reiches wurde die geierköpfige Göttin → *Mut* mit Sachmet gleichgesetzt. Sie nahm deren Löwengestalt an, und beide galten als das symbolische allessehende «Auge des Re».

Saga Diese Frauen- und Hausgöttin kam im nordischen Pantheon ihrem Ansehen nach gleich hinter → *Frigg*; für manche Wissenschaftler war sie sogar ein Aspekt der mächtigen Frigg selbst. Die *Edda* erzählt, daß Sagas Wohnsitz Sökkvabekkr gewesen sei, ein Platz an einem Wasserfall, wo sie zusammen mit dem Hauptgott Odin ihren Gästen in goldenen Bechern Met anbot. Mit ihrem Namen Saga, der soviel wie «Umfassendes Wissen» bedeutet, wurden auch die epischen Heldenerzählungen ihres Volkes bezeichnet.

Saibya Die ergebene Anhängerin des ordnungstiftenden hinduistischen Gottes Vishnu war verheiratet mit einem nicht ganz so ergebenen Vishnu-Jünger namens Sata-Dhanu. Er verfiel einer Irrlehre und wurde als Hund wiedergeboren; Saibya jedoch wurde für ihre Tugend und Treue mit der Wiedergeburt als Prinzessin belohnt. Als weitere Gunst gewährte man ihr, daß sie ihr Wissen über ihre früheren Leben auf der Erde behalten durfte.
Eines Tages traf die Prinzessin den Hund, sie streichelte ihn und erinnerte ihn an seine Sünden in seinem früheren Dasein als Mensch. Und so ging es von Generation zu Generation fort: Saibya wurde stets in menschlicher Gestalt wiedergeboren, während sich ihr einstiger Lebensgefährte von Inkarnation zu Inkarnation langsam heraufarbeitete: zum Schakal, zum Wolf, zur Krähe und zum Pfau. Schließlich erreichte sie ihr Ziel, nämlich die Wiedergeburt Sata-Dhanus als Mann. Sie heiratete ihn erneut, und diesmal blieb er dem Glauben treu, und nach dem Tod stiegen sie beide auf zur ewigen Freude.

Sala Von dieser babylonischen oder kassitischen Göttin, deren Name «Licht» bedeutet, ist nur der Name erhalten geblieben. Vermutlich handelte es sich um eine Sonnengottheit.

Salacia Römischer Name für die griechi-

Salmakis

Sala

sche Liebesgöttin → *Aphrodite* als «Die Wollüstige».

Salmakis Diese → *Najade* soll in der griechischen Kolonie Caria in Kleinasien gelebt haben. Sie war von so mächtiger Weiblichkeit, daß alles, was ihr Wasser trank, weiblich wurde. Selbst irdische Männer konnten der Macht der Salmakis nicht widerstehen.
Eines Tages kam Hermaphroditos, der Sohn von Hermes und → *Aphrodite*, der die Namen beider Eltern trug, zufällig an ihrem Brunnen vorbei. Die Wassernymphe verliebte sich in ihn und versuchte, ihn zu umarmen. Zu ihrem Unglück ertrank er in ihrem Gewässer. Salmacis flehte die Olympier an, ihn wiederzubeleben und sie für immer zu vereinen. Sie gewährten ihr diesen Wunsch, doch als sie vor Glück einander umschlangen, wurden sie zu einem Wesen – zum ersten Hermaphroditen. – Allerdings weiß man von früheren mythischen Hermaphroditen, die wahrscheinlich nicht zufällig aus derselben Region Kleinasiens stammen wie Salmakis.

Salus → *Hygieia*

Sambatu Bei den Gallas, einem kuschitischen Stamm Äthiopiens, war sie die Personifizierung des «Sabbat» als Göttin – eine Tradition, die in jüdischen Gebeten überlebt hat, die den Tag der Ruhe als «Braut und Königin» willkommen heißen.

Samyuna, Saranya «Wissen» war die indische Frau des Sonnengottes, dessen Leuchtkraft Samyuna schließlich derart ermüdete, daß sie sich als Stute tarnte und in der Wildnis versteckte. Aber er fand sie, und als er sich ihr näherte, um mit ihr Geschlechtsverkehr zu haben, nahm er die Gestalt eines Hengstes an. Aus dieser Vereinigung entstanden die Zwillingsgötter des Ackerbaus, die pferdeköpfigen Asvins. Dann willigte Samyuna ein, mit dem Sonnengott in den Himmel zurückzukehren, aber erst mußte ihr Vater dem Sonnengott einen Teil seiner Strahlen wegschneiden, um seine Leuchtkraft zu vermindern. Aus den abgeschnittenen Sonnenstückchen wurden die Waffen der anderen Götter geformt.

Samsin Halmoni In Korea werden diese drei Geburtsgöttinnen das ganze Leben hindurch an den Geburtstagsfesten gefeiert. Traditionsgemäß wirken dabei Schamaninnen (*mudangs*) mit, die den Namen der Göttinnen tragen und sich auf Niederkunft und Geburtstagsrituale spezialisiert haben. Zu diesen gehört ein Mahl aus gekochtem Reis, Wein und Sojasoße, das als Opfergabe für die göttlichen Frauen angerichtet wird. Kommt ein Kind zur Welt, dann benutzt die *mudang* einen Kürbis wie eine Trommel, die sie im Takt zu ihren Gebeten für eine gute Niederkunft schlägt.

Sammuramat → *Semiramis*

Sao Ceng Niang, Sao Ts'eng-niang Nach der chinesischen Legende klarte der Himmel nach dem Regen auf, weil die «Besenfrau» die Wolken wegfegte. Sie hatte auch die Macht, die Wolken zu sammeln, und so wurde sie in Zeiten der Dürre angerufen, ihr Volk zu retten.

Saosis Nahe dem altägyptischen Heliopolis – heute ein Vorort von Kairo – sollen unter der heiligen Akazie der Saosis alle Götter Ägyptens geboren worden sein. Dieser Baum symbolisierte aber nicht nur das Leben schlechthin, sondern auch den Tod. Kranken und Verstorbenen gab man ein Stück von seiner Rinde in die Hand. Ihr wurden übernatürliche Heilkräfte für Leiden in dieser Welt wie im Jenseits zugeschrieben. – Später wurde die Urgöttin Saosis oft mit → *Hathor* gleichgesetzt.

Sara, Sarai Sie war die bedeutendste der alten hebräischen Matriarchinnen und hatte auch am meisten gemein mit den Ahengöttinnen der nicht-hebräischen Stämme des Vorderen Orients. Die ihr zugesprochenen Eigenschaften und ihre Legende zeigen deutlich, daß sie bei den patriarchalischen Hebräern zu einer unbedeutenden Göttin herabgesunken war. Man gab sie als eine chaldäische Prinzessin aus, die Abraham mit ihrer Einwilligung zur Heirat zum reichen Mann machte.
Sara war von strahlender, alterloser Schönheit. Sie soll so anmutig gewirkt haben, daß irdische Frauen neben ihr wie Affen aussahen. Erst als sie schon hundert Jahre alt war, bekam sie ein Kind. Doch diese Geburt erschöpfte sie nicht, sondern verjüngte sie eher. Von ihrem Gesicht ging ein überirdisches Leuchten aus, und eine wundersame Wolke schwebte ständig über ihrem Zelt. Offensichtlich besaß sie eine besondere, Gesundheit verleihende Kraft, denn solange Sara am Leben war, war ihr Land fruchtbar, und ihr Gatte alterte nicht. Als sie starb, hörte das Land auf, Früchte zu tragen, und ihr Gatte Abraham wurde plötzlich alt und starb. Sie war dem Göttlichen so nahe, daß sie sogar Gespräche mit Jahwe führen konnte. Auch hatte sie die Gabe der Weissagung; man hielt sie sogar für eine Prophetin von höherem Rang als ihren Gatten. Und schließlich hatte sie noch einen merkwürdigen Zug mit den Großen Göttinnen ihres Gebietes gemein: Sie wurde als Abrahams Frau bezeichnet und zugleich als seine Schwester. Da den Hebräern die dahinterstehende mythische Bedeutung nicht klar war, erklärten sie dies damit, daß Sara in Zeiten der Gefahr für das Volk als Abrahams Schwester ausgegeben worden sei. So «getarnt» heiratete Sara aus politischem Kalkül mehrere Könige – ähnlich wie jene Göttinnen, die einem Mann die Königswürde verleihen, indem sie ihn pro forma «heiraten», während sie weiterhin in Liebe ihrem göttlichen «Bruder» verbunden bleiben.

Sar-Akka, Sadsta-Akka, Sar-Edne Von den schwedischen Samen (oder Lappen) wurde diese Tochter von → *Madder-Akka* als höchste Gottheit und Schöpferin der Welt betrachtet. In einer Mythe heißt es, sie habe das physische Leben erfunden, als ihre Mutter ihr eine Seele gab und sie selbst einen Körper formte, als würdiges Gefäß der Seele. Dies weist auf ihre Funktion als Geburtsgöttin hin. Ihre besondere Aufgabe war es, das Fleisch des Fötus im Mutterleib zu erschaffen. Manchmal wird sie Skile-Qvinde («Teilende Frau») genannt, wegen ihrer Herrschaft über die Teilung des kindlichen Fleisches vom Fleisch der Mutter bei der Geburt. Zeichnungen von ihr, ihrer Mutter und ihren Schwestern (→ *Juks-Akka*, → *Uks-Akka*) findet man auf Trommeln, wo Sar-Akka an dem gegabelten Stock in ihrer Hand zu erkennen ist, dem Symbol der Teilung.

Saranya → *Samjuna*

Sarasvati, Vak Wie jeder Hindu-Gott eine → *Shakti*, eine belebende weibliche Kraft, brauchte, um seine Aufgabe erfüllen zu können, so benötigte ihr Gemahl, der Schöpfer Brahma, um die Welt erschaffen zu können,

Sarasvati und ihr Gemahl Brahma

Sarasvati oder Vak. Sie ist nicht nur die Wassergöttin, ein Teil jener Dreifaltigkeit, die auch → *Ganga* und → *Yamuna* umfaßt, sondern auch die Göttin der Beredsamkeit, die hervorquillt wie ein über die Ufer tretender Fluß.
Als Erfinderin aller Künste und Wissenschaften, Herrin des intellektuellen Strebens stellt Sarasvati das Urbild des weiblichen Künstlers dar. Sie erfand die Schrift, damit die Lieder, zu denen sie inspirierte, aufgezeichnet werden konnten; sie schuf die Musik, damit die Eleganz ihres Wesens gerühmt werden konnte. Zuvor hatte sie bereits die Sprache Sanskrit kreiert, weshalb man auch sagt, daß alle religiösen Schriften des Hinduismus auf Sarasvati zurückgehen.
Manchmal heißt es, sie sei eine Rivalin von → *Lakshmi*, der Göttin des materiellen Wohlstands. Wer die Gunst der einen Göttin besitzt, von dem werde sich die andere abwenden, so daß kein Mensch mit beidem gesegnet wird, sowohl mit dem Genius von Sarasvati als auch mit den Reichtümern von Lakshmi.

Sarbanda Der König der babylonischen Stadt Erech huldigte dieser «Königin des Bogens» und erklärte sich zu ihrem Sohn. Die Reichen des Landes mußten ihrem Tempel jährlich riesige Summen spenden. Wie viele andere Göttinnen des Vorderen Orients ging jedoch auch Sarbanda allmählich in der mächtigen Gestalt der → *Ishtar* auf.

Saris Diese älteste Göttin Armeniens war möglicherweise identisch mit der babylonischen → *Ishtar* oder stammt zumindest von ihr ab. Auf jeden Fall vermischte sie sich später mit → *Semiramis*.

Sarpamatar → *Kadru*

Sasti → *Durga*

Sasura → *Mami*

Sata Rupa → *Savitri*

Sati Diese Inkarnation von → *Devi* war mit jenem Aspekt des zerstörerischen Shiva verheiratet, den man Rudra nannte. Als er getötet wurde, beging Sati Selbstmord. Heute noch werden mit diesem Namen jene indischen Witwen bezeichnet, die ihrem Gatten in den Tod folgen.

Satene Die Unterweltkönigin der Indonesier auf der Insel Ceram war die Tochter des Bananenbaumes. Anfangs lebte sie auf der Erde, doch nach dem Tod der Göttin → *Hainuwele*, die von ihren Verehrerinnen in den Boden getanzt worden war, beschloß Satene, daß auch sie die Erde verlassen und auf dem Todesberg leben wolle. In diesem Land regierte sie voller Güte und empfing freundlich die Menschen, die das schwarze Tor des Todes passiert hatten, um zu ihr zu gelangen.

Satis → *Sotis*

Saule Die bedeutendste Göttin der baltischen Völker – der Litauer und Letten – war «Unsere Mutter Sonne», die Himmelsbäuerin, die Bernsteingöttin Saule. Sie regierte alle Bereiche des Lebens, von der Geburt in ihr Licht bis zum Tod, wenn sie die Seelen in ihrem Apfelbaum im Westen willkommen hieß. Selbst das Meer, an dem die Balten lebten, wurde nach ihr benannt: Balta Saulite, «Kleine weiße Sonne».
Im Frühling der Schöpfung waren der Himmelsgott Dievs und der Mondgott Meness ihre Freier. Letzteren heiratete sie. Ihr erstes Kind war die Erde; aus ihren zahllosen weiteren Kindern wurden die Sterne des Himmels. Saule war eine schwer arbeitende Mutter, die täglich zur Morgendämmerung das Haus verließ und ihren Wagen über den Himmel trieb, bis es Nacht wurde. Meness jedoch war launenhaft und sorglos, blieb den ganzen Tag zu Hause und spannte nur manchmal seinen Mondwagen an.
Die größte Freude in Saules Leben war eine Tochter, die in der Überlieferung unterschiedliche Namen trägt: z.B. Austrine, Barbelina, Valkyrine; meistens aber wird sie einfach → *Saules Meita* («Tochter der Sonne») genannt. Jeden Abend, nachdem sie ihre müden Pferde im Fluß Nemunas (deutsch Memel, russisch Njemen) gebadet hatte, schaute Saule nach dem Kind. Aber eines Abends konnte sie es nicht finden; denn während ihrer Abwesenheit war das wunderschöne Mädchen von Meness vergewaltigt worden. Saule war außer sich vor

Wut. Sie nahm ein Schwert und zerschnitt das Gesicht des Mondes, wobei sie ihm jene Narben zufügte, die wir noch heute auf seinem Antlitz erkennen können. Dann verbannte sie ihn auf ewig aus ihrer Gegenwart. Deshalb kann man sie niemals mehr zusammen am Himmel sehen – und damit endete das Paradies der Glückseligkeit durch die Ankunft des Bösen in der Welt.

Saule wurde täglich gehuldigt, indem sich ihr Volk gen Osten verbeugte, um Mutter Sonne zu begrüßen. Aber ganz besonders wurde sie zur Sommersonnenwende verehrt, wenn sie sich, gekrönt mit einem Kranz aus roten Blüten, erhob, um in ihren Silberschuhen auf den Kämmen der Hügel zu tanzen. In diesem Augenblick sprangen die Menschen in gen Osten fließende Gewässer, um in ihrem Licht zu baden. Die Frauen setzten sich ähnlich geflochtene Kränze auf und schritten über die Felder, wobei sie Hymnen an die Göttin oder alte Volksballaden sangen, bevor sie sich um Freudenfeuer versammelten.

Da Litauisch die älteste bis heute erhalten gebliebene indoeuropäische Sprache ist, geht man davon aus, daß in der baltischen Mythologie der Schlüssel zu den ursprünglichen Glaubensinhalten dieses Volkes liegt. Die traditionelle Wissenschaft hält daran fest, daß die Indoeuropäer einen Himmelsvater verehrten, der in der Sonne verkörpert war. Woher kommt dann aber diese mächtige Sonnenmutter? Die litauische Forscherin Marija Gimbutas glaubt, daß Saule eine alteuropäische Göttin jener frauenverehrenden Kultur ist, die bereits vor dem Eindringen der Indoeuropäer bekannt war. Dieser Theorie nach war Saule für ihr Volk zu groß und mächtig, um einer männlichen Sonnengottheit Platz zu machen. Dieses Beispiel und die Rolle anderer Sonnengöttinnen im indoeuropäischen Bereich (z. B. → *Brigit,* → *Sulis,* → *Sunna,* → *Wurusemu*) zeigen auf, daß es noch viel zu erforschen gibt.

Saules Meita Die «Tochter der Sonne» im baltischen Raum, manchmal auch Austrine, Barbelina oder Valkyrine genannt, wurde als eine «kleine Sonne» betrachtet. Möglicherweise war sie ein Stern; denn ein weiterer Name von ihr bedeutet «Geliebte Herrin des Morgensterns». In den litauischen und lettischen Legenden tauchen viele Sonnentöchter auf, die an Rosensträuchern in den Himmel klettern, um ihrer Mutter, der großen Göttin → *Saule,* zu folgen. Blieben sie zu Hause, mußten sie das Haus sauber halten; manchmal schwänzten sie und rannten fort, «nach Deutschland hinüber», wie man sagte, um zu spielen.

Saules Meita soll von einem Paar Zwillingssternen umworben worden sein; in manchen Liedern sind sie Brüder von ihr. Als sie in Gefahr geriet, zu ertrinken – ihr goldener Ring war in einen Brunnen gefallen –, war es deren Pflicht, sie zu retten.

Die Vergewaltigung von Saules Meita durch ihren Vater, den Mondgott Meness, bestrafte Saule, indem sie diesem das Gesicht zerschnitt und ihn in die Nacht verbannte.

Savitri Die Tochter des indischen Sonnengottes Surya und uranfängliche Hindu-Ahnherrin Savitri wurde zu Beginn der Schöpfung von Brahma geschwängert. Erst nach hundert Jahren gebar sie, und aus ihrem Schoß quollen Musik und Dichtung, die Jahre, die Monate und die Tage, die vier Zeitalter der Schöpfung und zahllose andere Nachkommen, schließlich auch der Tod. Darüber hinaus soll die auch Sata-Rupa («Die Hundertgestaltige») genannte Urgöttin die Frau des ersten Menschen gewesen sein.

Siehe auch → *Ganga.*

Sayo-Hime Eine in Japan zur Legende gewordene Frau, die einen Mann heiratete, der zur See fuhr. Und sie selbst stand so oft am Meeresufer und hielt nach seinem Schiff Ausschau, daß sie sich schließlich in den berühmten «Frauenfelsen» von Futami verwandelte.

Scathach «Die Schattenhafte» lebte auf einer Insel vor der Küste von Schottland und war die größte Kriegerin ihrer Zeit. Helden aus allen keltischen Nationen kamen zu ihr, um von ihr zu lernen, denn nur sie kannte die magischen Tricks im Kampf, die unbesiegbar machten: große Sprünge und wilde Schreie, deren Beschreibung in alten Überlieferungen sich wie Lektionen in fernöstlichen Kampfkünsten lesen.

Einer ihrer berühmtesten Schüler war der irische Krieger Cuchulainn. Als die Prinzessin → *Emer* ihn als möglichen Gatten in Erwägung zog, fand sie, er sei in seinem Beruf noch nicht perfekt genug; deshalb schlug sie ihm vor, bei Scathach in die Lehre zu gehen (→ *Ess Euchen*). Cuchulainn tat, wie ihm empfohlen, doch er beging den Fehler, sich mit Scathachs Feindin → *Aife* einzulassen, und zeugte mit ihr einen Sohn, den er später unwissentlich tötete.

Schai Diese unendlich teilbare ägyptische Göttin, deren Namen «Das Verhängte» bedeutet, symbolisierte das menschliche Schicksal, das im Augenblick der Geburt seinen Anfang hat. Die unsichtbare Schai begleitete jeden Menschen durch sein Leben, wachte über all seine Tugenden und Laster, seine Verbrechen und seinen verborgenen Stolz. Folglich war sie es, die nach dem Tod das abschließende Urteil über eine Seele sprach. Dieses Urteil galt nicht nur als absolut zutreffend, es war auch unanfechtbar.

Schekina Im *Talmud* steht, daß es menschlichen Sinnen nicht möglich sei, Jahwe wahrzunehmen, doch wir könnten seine Schekina sehen, hören und berühren. Der Begriff ist dem Geschlecht nach weiblich. Mit der Zeit nahm das Wort deshalb auch eine weibliche Identität an (ähnlich wie → *Hokkma*), bis Schekina sogar zu einer ziemlich streitsüchtigen, aber auch mitfühlenden Halbgöttin wurde, die mit Jahwe zum Besten seiner Geschöpfe stritt. Schekina soll die Erde sich selbst überlassen haben, als die Menschheit zuviel Böses tat.

Scheol Die alten Hebräer sahen in dieser «Lärmenden Frau» den Unterwelt-Schoß der Wiedergeburt personifiziert.

Schimäre, Chimaira Dieses griechische Monster war vorn ein Löwe, in der Mitte eine Ziege, hinten ein Drache und aus der Verbindung zwischen der Schlange → *Echidna* und dem hundertköpfigen Drachen Typhon entstanden. Chimairas Heimat soll Lykien gewesen sein. Möglicherweise war sie vom Ursprung her eine Vulkangöttin wie → *Aetna*, → *Fuji* und → *Pele;* denn in dem Land, das sie angeblich terrorisierte, gab es einen Vulkan ihres Namens. Es heißt in der Sage, Bellerophon, der auf dem geflügelten Pferd Pegasos reitende Held aus Korinth, habe das Ungeheuer Chimaira getötet. Doch vielleicht gab es sie in Wirklichkeit gar nicht, sondern sie war nur ein Phantom, ein Phantasiegebilde – genau das, was wir heute noch als Schimäre bezeichnen.

Schwanenmädchen In der germanischen Mythologie waren diese Frauen den → *Walküren* ähnelnde Figuren, die als Vögel verkleidet durch die Luft flogen. Zeitweise legten sie ihre Federumhänge ab, um an den Ufern stiller Seen zu tanzen. Dann konnten sich irdische Männer die Schwanenmädchen als Bräute fangen, indem sie den Federumhang des Opfers stahlen und vor ihm versteckt hielten. Sollte sie ihn jedoch jemals finden, machte es keinen Unterschied, wie lange und wie glücklich sie mit dem Mann gelebt hatte oder wie viele Kinder sie geboren hatte, sie würde ihren Mantel anlegen und sofort davonfliegen. In manchen Sagen heißt es, diese Frauen trugen ihre Seelen an goldenen Ketten um den Hals. Wenn man diese entfernte, bedeutete das den Tod des Mädchens.

Scota Eine nebulose Gestalt der irischen Legende. In den christlichen Annalen, die das vorgeschichtliche Sagengut mit der biblischen Geschichte vermischten, wurde sie «Tochter des Pharaos» genannt. Möglicherweise war sie eine irische Ahnengöttin, denn das Volk der grünen Insel wurde in alten Zeiten Scoti oder Scots genannt – ein Name, der später bekanntlich auf das Volk im Norden der Britischen Insel übertragen wurde.

Scylla, Skylla Einst war dieses legendäre griechische Monster, die Tochter der → *Lamia*, eine wunderschöne Frau, die von dem Meeresgott Glaukos umworben wurde, was die Eifersucht der Meereskönigin → *Amphitrite* erregte, die das Bad der Verhaßten mit Hilfe der Zauberin → *Circe* vergiftete. Als sich Scylla wieder aus dem Wasser erhob, saßen am Ende ihres vier Meter langen Körpers sechs Hundeköpfe mit jeweils sechs Schnauzen, jede Schnauze mit drei Gebissen. Dieses schreckenerregende bellende Geschöpf war nun für

Das Meeresungeheuer Scylla unter einem Krebs (sizilisch)

die Meeresgöttin keine Bedrohung mehr. Die verbitterte Scylla lauerte an der Meeresküste Schiffen und Seeleuten auf und verschlang sie allesamt. Doch sie war über ihr Schicksal so unglücklich, daß sie sich in die Meerenge zwischen Italien und Sizilien stürzte. Dort, gegenüber dem Standplatz der ebenso monströsen → *Charybdis*, zu einem Felsen erstarrt, setzte sie sie ihr tückisches Vernichtungswerk zwangsläufig fort. Niemand könnte die versteinerte Frau sicher passieren, hieß es, es sei denn, → *Hekate* zeige sich gnädig.

Es gab noch eine andere Gestalt gleichen Namens in der griechischen Legende, und manche Forscher behaupten, es sei dieselbe Person gewesen: die Prinzessin Scylla, Tochter des Königs Nisos, dem auf der Mitte seines Kopfes ein magisches goldenes Haar wuchs, das ihn vor Unglück schützte. Aber seine Tochter, die während einer kretischen Belagerung ihrer Stadt König Minos verfallen war, verriet ihren Vater, indem sie das goldene Haar herauszog und Minos überbrachte. Der kretische König verschmähte jedoch die Verräterin ihres Vaters, und vor Scham beging sie Selbstmord. Nach dem Tod wurde sie in eine Lerche verwandelt und ihr Vater in einen Falken, der sie jagte.

Sedna Am Ufer des Meeres lebten einst ein alter Witwer und seine Tochter Sedna, die so wunderschön war, daß alle Eskimomänner mit ihr zusammenleben wollten. Aber keiner gefiel ihr, und sie wies alle Bewerber ab. Eines Tages kam ein Meeresvogel und versprach ihr ein angenehmes Leben in einem warmen Iglu voller Bärenfelle und Fisch. Sedna flog mit ihm davon.

Der Vogel hatte gelogen. Sedna fand ein stinkendes Nest als Heim vor. Da bedauerte sie, daß sie alle die gutaussehenden Menschenmänner zurückgewiesen hatte. Und das sagte sie auch zu ihrem Vater, der sie ein Jahr später besuchte.

Anguta («Mann, der etwas zu schneiden hat») setzte seine Tochter in seinen Kajak, um sie in die Menschenwelt zurückzubringen. Vielleicht tötete er zuvor den Vogel-Gatten, vielleicht stahl er ihm aber auch nur die Frau. Jedenfalls verfolgte ihn die Rache des ganzen Vogelvolkes. Die aufgewühlte See bedrohte die fliehenden Menschen obendrein durch hohe Wellen, und Anguta sah schließlich ein, daß der kleine Kajak mit zwei Personen überladen sei und bald kentern würde. Deshalb stieß er Sedna über Bord, damit sie ertrank. Mit verzweifelter Kraft packte sie den Rand des Boots, doch ihr Vater schnitt ihr die Finger ab. Sie klammerte sich mit ihren verstümmelten Armen an den Kajak. Anguta schnitt auch diese ab und stieß Sedna sein Ruder ins Auge, bis sie im eisigen Wasser versank.

Auf dem Meeresgrund lebte sie von nun an als Königin der Tiefe, Herrin über Leben und Tod, die für die Nahrung der Leute sorgte. Ihre abgeschnittenen Finger und Arme wurden zu Fischen und Meeressäugetieren, und sie allein entschied, wie viele zum Essen geschlachtet werden durften. Sie war bereit, die Menschen zu versorgen, wenn sie sich an ihre Regeln hielten: Bis zu drei Tage nach ihrem Tod sollten die Seelen der Tiere in ihren Körpern bleiben, um darauf zu achten, daß Sednas Forderungen nicht verletzt würden. Dann kehrten sie zur Göttin zurück und brachten ihr Nachricht über das Verhalten der Eskimo. Waren ihre Gesetze gebrochen worden, fing Sednas Hand zu schmerzen an, und sie bestrafte die Menschen mit Krankheit, Hunger und Stürmen. Nur wenn ein Schamane in ihr Land Adlivun reiste, ihre Schmerzen linderte und die Menschen sich wieder anständig verhielten, würden die Meeressäugetiere sich wieder jagen lassen.

In einem riesigen Haus aus Steinen und Walrippen schleppte sich Sedna über den Boden, das eine Bein kraftlos herabhängend. Ein schreckenerregender Hund bewachte sie, es heißt sogar, er sei ihr Gatte. Anguta selbst lebte auch dort. Er hegte die Hoffnung, daß die Meeresvögel ihn für tot hielten, was ihm erlauben würde, wieder in den Kajak zu steigen und nach Hause zurückzukehren. Aber Sedna verfolgte ihn mit ihrem Haß und reizte ihren Hund dazu, seine Hände und Füße zu fressen. Dennoch diente Anguta ergeben seiner Tochter, indem er mit seiner verstümmelten Hand die Menschenseelen packte und zu Sedna brachte. Diese Toten wurden in einem Bereich versammelt, den die Schamanen durchqueren mußten, um zu der Göttin zu gelangen. Ferner gab es da einen Abgrund, in dem sich langsam und fortwährend ein alles zermahlendes Eisrad drehte; dann blockierte ein Kessel mit kochenden Seehunden den Weg. Schließlich stand der gefährliche Hund vor Sednas Tür und bewachte den messerdünnen Durchgang zu ihrem Haus. Gelang es einem Schamanen, alle diese Gefahren zu überwinden und den Schmerz von Sednas Händen zu lindern, erlaubte ihm die Göttin, umzukehren und seinem Volk die Nachricht zu bringen, daß die Alte Frau ihrem Volk vergeben habe, daß die Seehunde wieder zu den Jägern kommen würden und die Menschen nicht länger hungern müßten.

Segetia → *Seia*

Seia, Segetia, Tutilina Drei römische Göttinnen: eine hatte die Macht über die Samen, solange sie noch unter der Erde waren, die andere über die keimende Saat und die dritte über das erste sprießende Grün.

Seimia Sie war der «Stern von Babylon» und regierte diese Stadt als ihre ursprüngliche Schutzgöttin, ähnlich wie → *Athene* die Stadt Athen.

Sekmet → *Sachmet*

Sela Diesen Namen trug die erste Frau, erzählen die Leute vom Volk der Luo in Kenia, und sie lebte in einem Haus auf Holzpfählen, weil die Erde in uranfänglicher Zeit von kriechenden Ungeheuern heimgesucht wurde. Ihre Kinder – die Menschen – hatten den Mut, aus der Hütte herabzusteigen und in direkt auf dem Boden errichteten Häusern zu wohnen.

Selene Diese frühe griechische Göttin des Vollmonds – manchmal mit → *Phoibe* gleichgesetzt, Mene oder → *Helena* genannt – war die Tochter der beiden Titanen → *Theia* und Hyperion, zugleich die Schwester und Gemahlin des Sonnengottes Helios. Geflügelt und mit einem Halbmond gekrönt, lenkte Selene («Licht», «Glanz») oder Mene («Der Mond») ihren leuchtenden Mondwagen, gezogen von zwei weißen Pferden oder Ochsen über den Nachthimmel. War sie nicht sichtbar, hieß es, sie sei in Kleinasien und besuche ihren menschlichen Liebhaber Endymion, für den sie die Gunst ewiger Jugend errungen hatte. Allerdings mußte der anmutige Hirte (oder Jäger) dafür einen hohen Preis bezahlen: Er schlief in seiner Behausung, einer dunklen Höhle, Tag und Nacht und selbst mit offenen Augen.

Als Schutzherrin der magischen Künste wurde

Selket mit drohendem Skorpion auf dem Kopf

Selene in hellenistischer Zeit mit → *Hekate* gleichgesetzt, als Göttin des Nachthimmels mit → *Artemis*. Ihre römische Entsprechung war die bis heute wohlbekannte → *Luna* («Mond»).

Selket, Selkis In den ägyptischen Grabpyramiden hinterließen die Trauernden kleine goldene Figuren der geflügelten Totenwächtergöttinnen → *Isis*, → *Neith*, → *Nephthys* und Selket. Selket («Die die Kehlen atmen läßt»), eine uralte Skorpiongöttin, hatte über jene Gefäße zu wachen, in denen die Eingeweide der Toten verschlossen waren. Dargestellt wurde sie entweder als Frau mit einem Skorpion-Kopfputz oder als Skorpion mit einem Frauenkopf: Symbole der Wiedergeburt, die dem Tod folgt.

Semele Diese Tochter der → *Harmonia* wurde später in der griechischen Überlieferung als Sterbliche und Mutter des Dionysos bezeichnet. Aber ihr Name stammt aus Kleinasien, wo er «Die Unterirdische» bedeutete, und in einigen Legenden wurde Dionysos' Mutter «Königin des Todes» genannt (→ *Persephone*). Semele war schon lange Zeit als Göttin verehrt worden, bevor Dionysos nach Griechenland gelangte. Vermutlich repräsentierte sie den dunklen Aspekt der Erde, die das Leben verschlingt, um es, wieder mit Nährstoffen angereichert, neu hervorbringen zu können.

Die griechische Historie von der Geburt des Dionysos ist recht verwickelt. Erst wird er von Persephone zur Welt gebracht und dann schon als Säugling getötet. Sein Vater Zeus jedoch kocht aus dem Herzen des Kindes eine Brühe und bringt sie Semele, die davon schwanger wird, und Dionysos aufs neue gebärt. Doch leichtsinnigerweise bat Semele Zeus, in seiner olympischen Pracht vor ihr zu erscheinen. Als er dies tat, wurde sie vom Blitzstrahl seiner Herrlichkeit verzehrt. Zeus hob den Fötus aus ihrem Leib auf, pflanzte ihn in seine Hüfte und später wurde das Kind dort herausgeschnitten.

Aber der junge Weingott, so hieß es, vermochte sich nicht von der Erinnerung an seine Mutter zu befreien, die er so tief verehrte, daß er in das Reich des Todes hinabstieg, um sie

Semele und Dionysos als Stier

zurückzufordern, sie dann zum Olymp zurückbrachte und unter dem Namen Thyone («Die Rasende») als vornehmste der → *Mänaden* einsetzte. Auf diese Weise bekam Semele, die als Göttin begann und zur Sterblichen degradiert wurde, ihre Göttlichkeit zurück.

Semiramis Manchmal heißt es, die syrische Göttin → *Atargatis* habe Semiramis zur Welt gebracht und in der Wüste ausgesetzt, damit sie von den Tauben aufgezogen wird. Andere widersprechen dem: Semiramis sei nicht von Anfang an göttlich gewesen, sondern die Königin Sammuramat. Auf jeden Fall zog Semiramis im heiratsfähigen Alter die Aufmerksamkeit des Prinzen Omnes auf sich. Sie heirateten, und ihr Mann liebte sie so innig, daß er vor Verzweiflung Selbstmord beging, als Semiramis beschloß, Königin von Babylon zu werden, und sich deshalb den König Ninos als zweiten Gatten nahm.

Omnes blieb nicht der einzige Mann, den seine Liebe zu Semiramis zerstörte. «Die mit dem gehobenen Namen» war eine der wollüstigsten Königinnen. Sie hatte keine Lust, ihr Leben mit nur einem Mann zu verbringen, sondern nahm gutaussehende Soldaten mit in ihr Bett, die sie hinterher lebendig begraben ließ. Über ganz Westasien verteilt gibt es «Hügel der Semiramis», die Gräber ihrer Liebhaber für eine Nacht sein sollen.

Semnai

In Babylon und Ekbatana ließ Königin Semiramis gewaltige Bauten errichten. Die als eines der sieben Weltwunder geltenden «Hängenden Gärten der Semiramis» gehören allerdings zur Geschichte einer späteren Königin gleichen Namens, für die Nebukadnezar II. im 6. Jahrhundert v. Chr. dieses gartenarchitektonische Meisterwerk anlegen ließ.

In Armenien erzählt man, die erste Semiramis habe sich auch in den Sonnengott verliebt. Als er ihre Zuneigung nicht erwiderte, rückte Semiramis mit einem großen Heer an und tötete den Gott. Aber dann bedauerte sie ihren Zorn und flehte die anderen Gottheiten an, die Sonne wieder zum Leben zu erwecken – eine Geschichte, die von der entsprechenden Legende um → *Ishtar* abgeleitet sein könnte. – Kurz vor ihrem Ableben soll Semiramis von den Göttern in eine Taube verwandelt und in den Himmel entrückt worden sein. Das behauptet zumindest Ovid in seinen *Metamorphosen*.

Semnai → *Erinnyen*

Sephora → *Zippora*

Seqlnek → *Akycha*

Sequana Die Kelten glaubten, daß die Erdgöttin am leichtesten in jenen Flüssen zu sehen sei, die das Land entwässerten. Daher könnte man ihre Erde- und Flußgöttinnen am besten als Göttinnen der Wasserscheiden definieren. Sequana herrschte über die Seine und ihre Nebentäler; ihr besonderes Heiligtum war die Quelle des Flusses. Während ihres Festes wurde ein Bildnis der Göttin den Fluß entlang gezogen in einem Schiff, das aussah wie eine Ente, die eine Beere im Schnabel hielt. Am Schrein angekommen, warfen die Gläubigen geweihte Gaben, meist winzige Statuetten, ins Wasser, während sie um Gesundheit beteten. Viele dieser kleinen Votivgaben kamen 1964 bei Grabungen zum Vorschein, die man an der Quelle der Seine vornahm.

Noch eine Reihe andere keltische Flußgöttinnen sind dem Namen nach bekannt: die Matrona von der Marne in Frankreich; in England Belisama vom Mersey, Briant vom gleichnamigen Fluß, Clutoida vom Clyde, → Coventina vom Carrawburgh, Devona vom Devon, Sabrina vom Severn und Verbeia vom Wharfe. In Kunst und Bildhauerei wurden diese Göttinnen oft in Muße lang ausgestreckt dargestellt, gekleidet in lange, fließende Gewänder mit Falten so sanft wie die Wellen des Flusses. Oft halten sie in der Hand Füllhörner, Früchte oder andere Symbole jener Fruchtbarkeit, die ihre Gewässer dem Land schenkten.

In Irland, wo man sich nicht nur an die Namen, sondern auch an die Mythen dieser Göttinnen noch gut erinnert, heißt es, daß → *Boann*, → *Sinann* und Banna ziemlich neugierige Mädchen waren, die auf der Suche nach unsterblicher Weisheit zu den Brunnen gereist sind, die sich am Ort der späteren Quelle der Flüsse Boyne, Shannon und Bann befanden. Die Brunnen waren wütend über diese Störung und wollten ihre Geheimnisse nicht preisgeben. Sie erhoben sich aus ihren Tiefen und ertränkten die Suchenden. Auf diese Weise, so sagt die irisch-keltische Legende, hätten sich die großen Flüsse der Erde gebildet. Wahrscheinlich wurden ähnliche Geschichten auch von den Flußgöttinnen in Britannien und Gallien erzählt.

Seschat Wie → *Nisaba* – eine ähnliche Göttin des Vorderen Orients – war diese ägyptische Göttin die «Herrin des Hauses der Bücher», die Erfinderin der Schreibkunst und Schriftführerin des Himmels. Zusätzlich war sie die «Herrin des Hauses der Architekten», und es war auch ihre Aufgabe, die Sterne zu studieren, um die Achsen neuer Gebäude festzulegen. Obendrein erfand Seschat die Mathematik, weshalb sie zur Schicksalsgöttin wurde, die die Regierungszeit eines Pharaos wie die Länge eines Menschenlebens mit ihrem Schreibwerkzeug, einer Palmrippe oder einer Falkenfeder, maß.

Seyadatara-Hime Im *Kojiki*, der ersten Sammlung japanischer Volkssagen (→ *Hieda no Are*), wurde diese Frau von einem roten Pfeil in die Vagina getroffen, als sie sich außerhalb ihres Dorfes erleichterte. Sie nahm den Pfeil mit in ihr Bett. Dort verwandelte er sich in einen jungen Mann, die menschliche Form des Schlangengottes Omononushi, dem sie ein Kind gebar. Für die Wissenschaftlerin Carmen

Blacker, die sich mit den Traditionen weiblicher Schamanen in Japan beschäftigt, spiegelt diese Erzählung die Überlieferung, daß Schamaninnen sich Überirdische oder Tiere zum Liebhaber nahmen.
Siehe auch → *Ikutamayori-Hime*, → *Tamayori-Hime*.

Shakti Im hinduistischen Indien wird das Göttliche symbolisiert von einem Phallus (*lingam*), der von einer Vulva (*yoni*) umgeben ist, was besagen soll, daß die Energie einer Göttin die animierende Kraft eines Gottes ist und ihn erst belebt. Der männliche Teil des Göttlichen wurde demnach primär als passiv und indifferent begriffen und erst durch den weiblichen Teil, die Inspiration, zu kreativem Handeln befähigt. Deshalb zeigen hinduistische Künstler in religiösen Darstellungen die Göttin beim Geschlechtsakt *auf* dem Gott, um seinen zuvor lustlosen Körper anzuregen.
Der Kult der → *Devi* oder Mahadevi, also der Großen Göttin, scheint im vorarischen Indien allgemein verbreitet gewesen zu sein. Das sich über Generationen hinziehende Eindringen der Indogermanen mit ihrer patriarchalischen Mythologie führte auch zur religiösen Eroberung des Gebiets. Aber die Verehrer der alten Gottheiten gaben ihre Glaubensvorstellungen nicht auf, und als sich die Indogermanen mit den eingeborenen Rassen mischten, begannen auch die Göttinnen in den indischen religiösen Texten wieder aufzutauchen. Schließlich war in der Komplexität des Hinduismus die Göttin als Shakti oder Göttliche Energie vom männlichen Gott nicht mehr zu trennen.
Jeder Teil der hinduistischen Dreifaltigkeit hatte seine eigene Shakti: → *Maya* belebte den schöpferischen Brahma; → *Lakshmi* trieb die Kräfte des beschützenden Vishnu an; und → *Parvati* oder → *Kali* war die Gefährtin Shivas in seinem zerstörerisch wirkenden Aspekt.

Shapash, Shamash Im Vorderen Orient war die Sonne häufiger weiblich als männlich, und einer ihrer Namen war Shapash («Fackel der Götter»). Im ugaritischen Epos *Baal* holt diese Göttin das «Spielzeug» des Fruchtbarkeitsgottes wieder aus der Unterwelt: eine Allegorie der Rückkehr von Feuchtigkeit und Wachstum an die Oberfläche der Erde, zum Zeichen des alljährlichen Sieges über die Dürre.

Sharrat Shame → *Ishtar*

Shatagat Ugaritische Göttin der Heilkunst, die sogar den Tod besiegen konnte.

Shauskha Eine hurritische Gottheit wie → *Ishtar*, deren geflügelte Schönheit selbst Ungeheuer verführte. Die Könige Anatoliens dienten ihr, und sie lenkte deren Handeln durch Träume, Orakel und die Prophezeiungen ihrer Wahrsagerinnen. Möglicherweise war Shauskha eine Form der hethitischen Himmelskönigin → *Hannahanna*.

Sheila Diese hebräische Jungfrau, Tochter des weisen und doch unbesonnenen Richters Jephtha, wurde getötet, weil ihr ehrgeiziger Vater geschworen hatte, das erste Wesen zu opfern, das ihm nach siegreicher Rückkehr aus dem Krieg begegnet. Betrübt über seinen Mangel an Voraussicht, aber dennoch gottergeben, stimmte Sheila eine zu Herzen gehende Wehklage an, vor allem darüber, daß sie als Jungfrau sterben würde. Daraufhin ließ der Vater

Sheila na Gig

sie für zwei Monate mit ihren Freundinnen in die Berge gehen, um dort ihre Jungfräulichkeit zu beweinen (Richter 11, 30–39). Sheilas Opfertod wurde von den jungen Mädchen der Gegend in einer jährlichen Gedächtnisfeier beklagt – und ihre Ermordung blieb nicht ungesühnt: Jephtha wurde von Jahwe verflucht und zerstückelt.

Sheila na Gig Auf Felsenreliefs kann man diese Göttin des alten Irland heute noch lüstern lächeln sehen. Charakteristisch für sie sind ein grinsendes, oft skelettartiges Gesicht, riesige Gesäßbacken, volle Brüste und gebeugte Knie. Woran sich die meisten Betrachter jedoch am besten erinnern, ist die Selbstentblößung der Göttin, die mit beiden Händen ihre Vagina offenhält.
In Irland symbolisiert Sheila na Gig die über Leben und Tod gebietende Göttin, und in einigen Fällen wurden ihre Steine sogar als Wasserspender in die katholischen Kirchen integriert. Ihr Name bedeutet «Hexe» oder «Häßliches altes Weib». Ihr grinsendes Gesicht und die Zurschaustellung ihrer Genitalien stehen nur scheinbar in Kontrast zum offensichtlichen Alter ihrer Knochen und ihres Fleisches. Herausforderndes Lachen und Leidenschaft, Geburt und Tod, Sexualität und Alter scheinen für die alten Iren nicht so unvereinbar gewesen zu sein wie für die Menschen in der modernen Welt.

Shen Mu → *Bixia Yüanchün*

Shiwanokia Die erste weibliche Gottheit war für die Zuni-Indianer in Nordmexiko ein mächtiges Wesen. Durch ein Spucken in seine Hand hatte es die Geburt der großen Erdmutter → *Awitelin Tsita* ausgelöst. Zu Ehren dieser Schöpferin gaben ihre Gläubigen auch der Priesterin den Namen Shiwanokia.

Shri → *Lakshmi*

Sibilaneuman Die kolumbianischen Cagaba-Indianer preisen diese Göttin als «Mutter der Lieder und Tänze, Mutter des Korns und die einzige Mutter, die wir haben».

Sibilja Diese Kuh, die als Verkörperung des Göttlichen verehrt wurde, begleitete den legendären schwedischen König Eysteinn Beli in die Schlacht. Ihre Anwesenheit sicherte den Sieg, denn ihr Muhen und Brüllen erschreckte die Feinde derart, daß sie die Nerven verloren und vom Schlachtfeld auf und davon rannten. Sibilja wurden üppige Opfer dargebracht, und als sie starb, begrub man sie neben ihrem König.

Sibylle In der antiken Welt gab es zehn berühmte Prophetinnen an zehn verschiedenen Orten: in Persien, in Libyen, in Delphi, auf Samos, in Cimmerium und Tivoli (Italien), in Eritrea, im kleinasiatischen Marpessos und Phrygien und – die bekannteste Orakelstätte von allen – im nahe Neapel gelegenen Cumae, wo 1932 die Höhle der Sibylle entdeckt wurde, mit einer 20 Meter hohen Decke und einer 125 Meter langen Eingangspassage.
Die cumäische Sibylle schrieb ihre Prophezeiungen auf Blätter, die sie dann am Eingang ihrer Höhle niederlegte. Hob keiner sie auf, wurden sie vom Wind verweht und niemals gelesen. Der Text auf diesen Blättern war in komplizierten, oft rätselhaften Versen geschrieben und teilweise zu Büchern gebunden. Es heißt, die Sibylle selbst habe neun Bände dieser *Sibyllinischen Bücher* König Tarquinius II. Priscus nach Rom gebracht und sie ihm zu einem horrenden Preis angeboten. Als er darüber nur lachte, verbrannte sie auf der Stelle drei der Bücher und bot ihm die restlichen sechs zum selben hohen Preis an. Erneut lehnte der König ab – allerdings nicht mehr ganz so gleichgültig, sondern merklich irritiert. Wieder verbrannte die Sibylle drei Bände und verlangte abermals den vollen Preis. Diesmal war die Neugier des Königs größer als seine Widerstandskraft, so daß er die übriggebliebenen sibyllinischen Prophezeiungen kaufte.
Die Bände wurden im Capitol sorgfältig aufbewahrt und nur bei besonderen Gelegenheiten vom Senat zurate gezogen. Einige Teile verbrannten im Jahre 83 v. Chr., während die restlichen bis 405 n. Chr. erhalten blieben, als auch sie durch ein Feuer vernichtet wurden. Die Römer suchten nun auf der ganzen Welt nach Prophezeiungen, die die verlorengegangenen Bücher der Sibylle ersetzen könnten. Damit war der Anfertigung pseudo-sibyllini-

scher Prophetien Tür und Tor geöffnet – ein einträgliches Geschäft für Schwindler bis zum Ende des Römischen Reiches.

Die Sibylle von Cumae erlangte ihre seherischen Kräfte, weil sie die Aufmerksamkeit des Sonnengottes Apollo auf sich gezogen hatte. Dieser wollte ihr jeden Wunsch erfüllen, wenn sie nur eine einzige Nacht mit ihm verbrachte. Sie forderte dafür so viele Lebensjahre, wie sie Sandkörner mit ihrer Hand umschließen konnte, und ewige Jugend. Der Sonnengott gewährte ihr beides, doch die Sibylle wies seine Annäherungsversuche weiterhin zurück. Daraufhin wurde aus der Erfüllung ihres Wunsches ein Verdammungsurteil: ewiges Leben, aber keine ewige Jugend. Sie schrumpelte allmählich zu einem gebrechlichen Körper zusammen, der schließlich so winzig war, daß er in einen Krug paßte. Dieser Behälter wurde in einen Baum gehängt. Natürlich brauchte Sibylle kein Essen oder Trinken, denn sie konnte ja weder verhungern noch verdursten. Und da hing sie nun, gelegentlich Orakel krächzend, während die Kinder unter ihrer Urne standen und sie neckten: «Sibylle, Sibylle, hast du einen Wunsch?» Worauf sie mit schwacher Stimme antwortete: «Ich will sterben.»

Sicasica Eine Berggöttin der bolivianischen Aymara-Indianer, die in jenem Gipfel wohnte, der nach ihr benannt war. Um junge Männer zu verführen, nahm sie die Gestalt einer Frau an und lockte sie auf ihre eisigen, tödlichen Gletscher.

Siduri Als Gilgamesch, der Held des großen sumerisch-babylonischen Epos gleichen Namens, am Ende der Welt nach Schätzen suchte, traf er auf diese Wirtin, die am Rand des Meeresschlundes lebte. Die lebenslustige Siduri sang von der Flüchtigkeit der Zeit und den Freuden des Lebens und riet Gilgamesch: «Tanze und spiele, bei Nacht und bei Tag ... Jeder Tag sei ein Fest der Freude.» Er lehnte ab und verlangte statt dessen, daß sie ihm den Weg zum Fährmann des Todes zeige. Siduri – eigentlich → *Ishtar* in ihrer Verkleidung als «Weinschenkin» – gab ihm die Auskunft, obwohl die weise Göttin wußte, daß er seine Fragen nach dem Sinn von Leben und Tod dem Fährmann zwar stellen, aber nicht mit einer begreifbaren Antwort rechnen könnte.

Sif Auffallend an der schönen nordischen Korngöttin war vor allem ihr langes Haar von der goldenen Farbe des reifen Getreides. Sif lebte mit dem Blitze schleudernden Gott Thor zusammen; und in Sommernächten konnte man sehen, wie sich der Blitzstrahl mit den wogenden Feldern paarte.
Eines Nachts jedoch schnitt der für seine bösen Streiche bekannte Loki Sif das Haar ab. Daraufhin befahl Thor dem Übeltäter, ins Land der Zwerge zu reisen und meisterhafte Handwerker zu holen. Die Zwerge sollten Haare aus gesponnenem Gold fertigen, die an Sifs Kopf befestigt werden und dort weiterwachsen sollten wie die ursprünglichen.

Sigurdrifa «Die zum Sieg Treibende», angeblich die weiseste der → *Walküren* stahl einst einen Helden vom Schlachtfeld, dem Gott Odin den Sieg versprochen hatte, der sie daraufhin zur Strafe mit Schlafdornen stach. Sigurdrifa versank in einen Trancezustand, in dem sie verkündete, sie würde nicht eher aufwachen, bevor nicht ein Mann, der völlig ohne Furcht ist, sie zur Frau begehre.
Als der Held Sigurd (Siegfried) auf der Suche nach Abenteuern durch die Lande ritt, fand er einen Berg, der von einem Feuer erleuchtet war. Im Zentrum dieses Lichts lag Sigurdrifa in voller Rüstung. Er befreite die Kriegerin aus ihrer Rüstung, weckte sie auf und bat, sie möge ihn ihre Weisheit lehren.
Sigurdrifa verriet dem Helden magische Runensprüche und einige Zaubermittel, die er gebrauchen konnte. Da Sigurd sie nur ausfragte, aber nicht heiraten wollte, fiel die Walküre wieder in tiefen Schlaf. Einige Legenden berichten allerdings, sie sei dieselbe Frau wie → *Brünhild*, die zwar Sigurds Frau, doch nicht glücklich mit ihm wurde.

Silkie Benannt ist diese schottische Hausgöttin nach den seidenen (*silky*) Gewändern, die sie trug. Trotz dieser vornehmen Kleidung schlich sie, wie es heißt, heimlich in die Wohnungen, um alles aufzuräumen, was in Unordnung war. Eine allzu penible Haushaltsführung mochte sie seltsamerweise weniger als eine

Sin

Die Sirenen und Odysseus

schlampige: Wenn sie nichts aufzuraumen fand, brachte sie alles durcheinander.

Sin Diese irische Fee war wahrscheinlich das Überbleibsel einer frühen Kriegsgöttin, denn es hieß von Sin, sie habe Wasser aus Wein und Schweine aus Blättern gemacht, um die Armeen von Kriegern zu ernähren, die sie mit ihren Zaubersprüchen geschaffen hatte.

Sinann Die Göttin des längsten irischen Flusses, des Shannon, war – wie die meisten anderen keltischen Flußgöttinnen – ursprünglich eine neugierige und unbesonnene Frau. Als Sinann vom heiligen Brunnen am Ende der Welt sein ganzes Wissen erfahren wollte, machte sie mit dieser Kühnheit die Wasser der Weisheit zornig. Die Quelle erhob sich voller Empörung und ertränkte sie, konnte aber nicht wieder in ihre Ummauerung zurückkehren und strömte von nun an als Fluß durch Irland. Genau die gleiche Geschichte wird von → *Boann*, der Göttin des Flusses Boyne, erzählt. Siehe auch → *Sequana*.

Sipna Etruskische Göttin, die mit einem Spiegel in der Hand dargestellt wird; möglicherweise eine Göttin des Lichts und der Schönheit.

Sirdu → *Aa*

Sirenen, Seirenes Heute stellen wir uns diese betörenden Sängerinnen ausschließlich weiblich vor, aber im frühen Griechenland waren die Sirenen sowohl männliche als auch weibliche Propheten der Zukunft und gleichermaßen allwissende Kenner der Vergangenheit. Über ihren seltsamen eiförmigen Körpern erhoben sich bildschöne menschliche Köpfe. Erst in späterer Zeit bekamen die gefiederten Körper der Sirenen Brüste und Frauengesichter.

Mal gab es zwei, mal drei Sirenen, die von den verschiedenen antiken Autoren unterschiedliche Namen erhielten. Homer erwähnt zwei Sirenen, nennt aber nur eine beim Namen: Himeropa («Erregendes Gesicht»). Drei weitere werden von anderen Autoren als Thelchtereia («Die Zauberin»), Aglaope («Herrliches Antlitz») und Peisinoe («Verführerin») bezeichnet. In Italien wurden die drei Sirenen Parthenope («Jungfrau»), Leucosia («Weiße Göttin») und Ligeia («Die mit der hellen Stimme») genannt.

Von Autoren der Antike mal als Töchter der Terpsichore, also der Muse des Tanzes, mal als Abkömmlinge der Muse des Gesanges, Melpomene, ausgegeben, war man sich zumindest über ihre Arbeitgeberin einig: Als Dienerinnen der Todeskönigin → *Persephone* mußten sie die Seelen der Verstorbenen zu ihr bringen. Diese Aufgabe erfüllten sie übereifrig, indem sie den vorbeifahrenden Schiffen verführerische Lieder sangen, so daß die verzauberten Seeleute an den Felsen unterhalb des Tummelplatzes der Sirenen zerschmettert wurden. Ihrer Gestalt und Funktion nach könnte man sie fast mit den → *Harpyien* gleichsetzen, aber die Sirenen scheinen den süßen Lockruf des Todes verkörpert zu haben, während ihre geierköpfigen Schwestern den unwillkommenen, furchterregenden Tod repräsentierten.

Siris Diese babylonische Vogelgöttin des Genusses und der orientalischen Bankette regierte auch über die regenbringenden Wolken – denn es fällt schwer, inmitten einer Dürre in Essen und Trinken zu schwelgen und lustig zu sein.

Sirona Besonders im Moseltal verehrte keltische Himmels- und Fruchtbarkeitsgöttin, die auf Abbildungen mit Kornähren oder Früchten in der Hand dargestellt wurde.

Sirrida → *Aa*

Sita Die Hindugöttin → *Lakshmi* nahm die Gestalt dieses Mädchens an, damit sie ihren Gemahl, den beschützenden Gott Vishnu, in seiner Inkarnation als Held Rama heiraten konnte. Ihr Name bedeutet «Ackerfurche», denn Sita sprang aus der Erde, wenn diese mit einem Pflug aufgerissen wurde. Entsprechend ist Lakshmi die Göttin des Überflusses und der Fruchtbarkeit, Sita die Göttin der Landwirtschaft.

Sita kam auf die Erde, um die Vernichtung des dämonischen Königs Ravena sicherzustellen, doch sie wurde von ihm entführt. Rama kämpfte um sie und tötete Ravena. Aber selbst göttliche Inkarnationen sind nicht vollkommen, und Rama zweifelte an Sitas Treue während ihrer Gefangenschaft. Und obwohl sie sich erfolgreich einer Feuerprobe unterzog, blieben Rama Zweifel. Sita zog sich in die Wildnis zurück, um dort ihre Zwillingssöhne auszutragen, die als Heranwachsende von Rama anerkannt wurden und die Versöhnung des Paares bewirkten. Aber noch immer zweifelte Rama, und Sita, von seinen Zurückweisungen tief verletzt, forderte einen letzten Test: Die Erde, die sie geboren hatte, sollte sie, wenn sie unschuldig sei, zurückholen. Tatsächlich öffnete sich die Erde, und Sita verschwand. Rama blieb zurück, zwar jetzt von ihrer Treue überzeugt, doch mit gebrochenem Herzen, weil er sie verloren hatte.

Sitala Wird in Indien jemand von den Pokken befallen, sagt man, er sei von der «kühlen Göttin» Sitala besessen, der alle Menschen gehören und die sie in ihrer Fieber erregenden Gestalt heimsuchen kann. Der hoheitsvolle Name «Die Kühle» wurde offenbar bewußt als ein die Distanz wahrendes Kompliment gebraucht; denn man wollte sich die Göttin natürlich vom Leib halten.

Manchmal mit der Todesgöttin → *Kali* gleichgesetzt, wird Sitala in Indien immer noch verehrt, besonders in Bengalen. Dort heißt es, da Sitala erst nach anderen Göttinnen geboren worden sei, habe sie Schwierigkeiten gehabt, genügend Aufmerksamkeit von den Menschen zu bekommen, und die Pocken erfunden, um die Menschheit zu zwingen, sich Rituale für sie zu überlegen. Diese Strategie hatte Erfolg. Sitala ist heute eine der populärsten Göttinnen Indiens und wird die Mata («Mutter») jedes Dorfes genannt. Eine ähnliche Rolle spielt die Choleragöttin Marahi Devi.

Sjöfn Als nordische Göttin der Liebe und Ehe war Sjöfn eine der Dienerinnen der großen → *Frigg*. Ihre besondere Aufgabe war es, in den Herzen der Menschen das Gefühl der Liebe überhaupt erst einmal zu erwecken.

Skadi Die nordische Göttin, nach der möglicherweise Skandinavien benannt wurde, hauste hoch oben in den schneebedeckten Bergen. Ihre Lieblingsbeschäftigung war es, mit Schneeschuhen durch ihr Reich zu gleiten. Aber als die Götter den Tod ihres Vaters, des Riesen Thjassi verursachten, bewaffnete sich Skadi und reiste zur Wohnstatt der Götter nach Asgard, um sich zu rächen. Obwohl sie allein war, erschien sie den Göttern doch als ein ernst zu nehmender Gegner, und diese beeilten sich, mit ihr Frieden zu schließen.

Skadi forderte zwei Dinge: Die Götter müßten sie zum Lachen bringen, und sie wollte sich unter ihnen einen Gatten wählen. Die erste Bedingung wurde von dem Gauner-Gott Loki erfüllt, der seine Hoden an den Bart eines Ziegenbockes band. Beide meckerten dazu um die Wette, bis der Bock den Störenfried von sich stieß und Loki, vor Schmerz brüllend, auf Skadis Schoß landete. Darüber mußte sie lachen.

Als nächstes stellten sich alle Götter in einer Reihe vor Skadi auf, deren Augen hinter einer Maske verborgen waren. Sie wollte nur die Beine von den Knien abwärts prüfen, um sich für einen Gefährten zu entscheiden. Als sie die kräftigsten Waden herausgefunden hatte – sie glaubte, es seien jene des schönen Balder –, nahm sie die Maske ab und mußte feststellen, daß sie sich den Meeresgott Njördr ausgesucht hatte. Also machte sie sich auf, um mit dem Gott in seinem Haus im Meer zu leben.

Dort fühlte sie sich sehr unglücklich. «Ich konnte kein Auge zutun auf diesem Bett des Meeres», klagt sie in einem berühmten Gedicht der *Edda*, «so laut schrien die Seeschwalben und Möwen.» Das Paar zog um nach Thrymheim, Skadis Bergpalast, aber dort war nun der Wassergott unglücklich. Daraufhin einigten sie sich auf eine einvernehmliche Trennung, und Skadi nahm sich einen neuen, zu ihrem Lebensstil besser passenden Gefährten: Ullr, den Wintergott und Schutzherrn der Schlittschuh- und Schiläufer.

Skogsnufvar Die Waldfrauen Skandinaviens waren in Fell gekleidete Geschöpfe mit betörenden Stimmen, deren Aufgabe es war, die Wildtiere des Waldes zu hüten. Bevor irgendein Tier gejagt werden durfte, mußte man Verbindung zu den Skogsnufvar aufnehmen, um sich zu vergewissern, daß die Beute nicht zu ihren Lieblingstieren gehörte. Wenn der Jäger die Skogsnufvar aufmerksam umwarb, führten sie ihn zu den Tieren, auf die zu verzichten sie bereit waren. An umgestürzten Bäumen ließ man Münzen und Nahrungsmittel fallen, um den Waldfrauen zu zeigen, daß man ihre Wünsche respektieren wolle.

Skuld «Schuld», die nordische → *Norne* der Zukunft, war auch auch eine mächtige Zauberin und die Königin der Elfen. Es hieß, Skuld gehe immer verschleiert und trage stets die Schriftrollen des Schicksals bei sich.
Es gibt in der Sagaliteratur auch eine sterbliche Halbelfe dieses Namens, die als unbesiegbar galt und die Macht gehabt haben soll, Tote zu erwecken, selbst wenn die Körper in Stücke gehauen waren.

Skylla → *Scylla*

Sneneik Die Bellacoola und andere Indianerstämme an der nordamerikanischen Pazifikküste fürchteten die Macht dieser kannibalischen Frau, die durch die Welt schlich und Kinder stahl, Gräber schändete und die Körper in den Korb warf, den sie bei sich hatte. Ihr Heim lag weit entfernt von unserer Welt. Verspeisten ihre dortigen Besucher das von ihr angebotene Essen, wurden sie gelähmt. Kinder hatte sie viele, aber alle waren Wölfe.

Snotra «Die Kluge» war nicht nur eine nordische Weisheitsgöttin, sondern sie wird in der *Edda* auch noch wegen ihres guten Benehmens gelobt.

Sochit → *Isis*

Sojenice → *Sudice*

Sol → *Sunna*

Songi → *Nsomeka*

Sopdet → *Sothis*

Sospita → *Juno*

Sothis, Sopdet Die ägyptische Göttin, die den für die Astronomen so wichtigen Siriusstern verkörperte, galt auch als Auslöserin der

Nilüberschwemmungen, da sie mit dem Erscheinen des Sirius am Himmel zusammenfielen. In späterer Zeit wurde ihr Kult mit dem der → *Isis* verschmolzen, und man verehrte beide miteinander als Isisothis. Noch später ging die Göttin Satis, Schutzherrin der Nil-Insel Elephantine und Gemahlin des widderköpfigen Gottes Chnum, zugleich in Sothis und in Isis auf.

Spako Dieser Name wurde der Stiefmutter des Königs Kyros verliehen, der im 7. Jahrhundert v. Chr. das Persische Reich gründete. Ursprünglich war Spako aber wohl eine Wolfsgöttin, die den König säugte und ihn durch die Kraft ihrer übernatürlichen Nahrung mit seiner Königsmacht ausstattete.

Spear-Finger, Stone-Dress Eine der mächtigsten mythischen Gestalten der Cherokee-Indianer war Spear-Finger, eine Riesin, die menschliche Lebern aß. Obwohl sie nach Belieben ihr Äußeres verändern konnte, erschien sie zumeist in ihrer natürlichen Gestalt als alte, «felsenhäutige» Frau, die mit ihrem knochigen Zeigefinger jene erstach, die sich vor ihr nicht in acht nahmen. Besondere Macht hatte sie über Gestein: Sie konnte riesige Felsbrocken hochheben, Steine nur durch Berührung zusammenkitten und Berge aus Kieselsteinen aufbauen. Wie → *Cailleach* und andere Winterhexen mußte sie sterben, damit das Leben auf der Erde weitergehen konnte.
Da sie stets hungrig war, lockte sie oft Kinder von ihrem Spiel fort und stahl ihre Leber. Sie fügte ihnen dabei keine Schmerzen zu und hinterließ keine Wunde, aber die Betroffenen starben bald darauf an dem Verlust. Deshalb war sie sehr gefürchtet. Jeder, dem eine alte Frau über den Weg lief, die «Leber, die esse ich, Su-sa-sai» sang, tat gut daran, schnell wegzurennen.
Schließlich hielt man eine Ratsversammlung ab, um die Erde von Spear-Finger zu befreien, und beschloß, ihr eine Falle zu stellen. Also grub man auf einem Pfad eine Fallgrube und entzündete ein großes Feuer, um Spear-Finger anzulocken. Es wirkte: Kurz darauf kam sie herbei, wie ein ganz normales Stammesmitglied. Sie wurde nur deshalb nicht auf der Stelle erschossen, weil sich die Menschen ihr verwandt fühlten. Aber als sie dann in das Loch fiel und sich sofort in eine verhutzelte alte Frau mit einem knochigen Zeigefinger verwandelte, verschwand alles Mitgefühl mit ihr. Doch die Jäger verschossen ihre Pfeile vergebens. Nichts konnte ihre Felsenhaut durchdringen. Sie war ungeheuer stark, und es sah aus, als würde sie herausklettern und alle töten.
Da sang eine Meise in der Nähe «un, un, un», und die Jäger verstanden *unahu* («Herz»). Deshalb zielten sie auf Spear-Fingers Herz, aber die Pfeile prallten von ihrem felsenfesten Brustkasten ab. Wütend über ihren Mißerfolg fingen sie den Vogel und schnitten ihm die Zunge heraus, weil er gelogen hatte.
Kurz darauf vernahmen sie ein anderes Geräusch. Es war die Weidenmeise, die in die Fallgrube flog und auf Spear-Fingers rechter Hand landete. Die Jäger begannen dorthin zu schießen, und diesmal fiel die Alte tot zu Boden, denn ihr Herz war in ihrem Handgelenk verborgen. Nun war die Erde von Spear-Finger befreit, die nur noch in der Sagenwelt weiterlebte.

Spes Diese frühe kretische Göttin war die Herrscherin über die Unterwelt und über den Vetter des Todes, den Schlaf. Ihr Symbol war der Mohn. Mehr ist jedoch nicht bekannt von ihrer Legende und ihrer Bedeutung. In Griechenland – dort unter dem Namen Elpis – und in Rom wurde Spes («Hoffnung») zur Verkörperung der Zuversicht in die Zukunft, und ihr wurde in Tempeln gehuldigt, deren erste bereits im 4. Jahrhundert v. Chr. errichtet worden waren. Sie entstanden oft auf Marktplätzen, denn eine gute Ernte und stets genügend zu essen zu haben gehörte zu den wichtigsten Alltagswünschen an die Zukunft.

Sphinx, Phix «Die Würgerin» begann ihr Leben in Ägypten, wo das löwenköpfige Wesen ein männliches, langmähniges Haupt hatte und das Königtum repräsentierte. Aber in Griechenland – in der Stadt mit dem ägyptischen Namen Theben – wurde die Sphinx weiblich und als eine → *Mänade* gedeutet, die in ihrem Anbetungsrausch so außer sich geriet, daß sie zu einem Monster wurde.
Als Bewacherin Thebens kamen Reisende nicht an dieser ebenso klugen wie bösartigen

Sphinx und Oedipus

Votivsäule mit Sphinx (griechisch)

Tochter der Schlange → *Echidna* vorbei, ohne ein schwieriges Rätsel zu lösen, und wenn es ihnen nicht gelang, wurden sie erwürgt oder verschlungen. (Möglicherweise besteht hier eine Beziehung zu jenen Wächtergöttinnen der Unterwelt in anderen Kulturen, die die Verstorbenen und selbst neugierige Götter daran hinderten, das Reich des Todes ungeprüft zu betreten.) So fragte die Sphinx etwa: «Was geht auf vier Beinen am Morgen, zwei am Mittag und drei am Abend?»

Ein berühmter Neuankömmling, jener Oedipus, der später König von Theben werden sollte, wußte die Antwort: Die Menschen – als Kinder krabbeln sie, als Erwachsene gehen sie aufrecht, und im Alter stützen sie sich auf eine Krücke.

Sreca In Serbien war dies der Name der Schicksalsgöttin, sofern Sreca als liebliches Mädchen erschien, das einen goldenen Faden spann – ein Omen für ein glückliches Schicksal. Dieselbe Göttin konnte jedoch auch ein unglückliches Schicksal bringen in Gestalt der Nesreca, einer schläfrigen alten Frau mit blutunterlaufenen Augen, die man vergeblich wachzurütteln versuchte. Sie hörte nichts.

Sthenno → *Gorgonen*

Stone-Dress → *Spear-Finger*

Styx Unter der Erde, heißt es bei den Griechen, liegt das Land der Toten, und zwischen den beiden Welten winden sich die sieben Nebenflüsse des Styx. Die Göttin dieses heiligen Flusses hieß ebenfalls Styx, «Die Gehaßte», die die Lebenden daran hinderte, das Reich der → *Persephone* zu betreten, wenn sie

Oedipus vernimmt das Rätsel der Sphinx

nicht zuvor die Qualen des Todes durchlitten hatten.

Styx war eine der → *Ozeaniden*, die älteste und stärkste Tochter des Meeresgottes Okeanos und der → *Tethys* und selbst Mutter von drei Töchtern, deren berühmteste «Sieg» (→ *Nike*) war; die anderen hießen «Macht» (→ *Bia*) und »Mut«. Die Mutter dieser Triade wurde ebensosehr verehrt wie gefürchtet. Weil das eiskalte Wasser ihres Unterweltflusses das klarste und reinste war, das man kannte, wurden unter Anrufung dieses Wassers heilige Schwüre abgelegt und Styx als Symbolgestalt der Eide verehrt. Einem Eidbrüchigen entzog man Ambrosia und Nektar der → *Hebe*, jene Nahrungsmittel, durch die allein die Götter ihre Jugend und Unsterblichkeit aufrechterhalten konnten.

Suada, Suadela → *Peitho*

Sudice Die Namen der osteuropäischen Schicksalsgöttinnen – vergleichbar etwa mit den → *Nornen* – variierten von Land zu Land: in Kroatien Rojenice, in Böhmen Sudicky, in Bulgarien Sudzenici oder Narucnici, in Slowenien Sojenice, in Polen Sudice. Alle sollen alte, aber dennoch schöne Frauengestalten gewesen sein. Weiß war ihre Haut und ihre Kleidung; auf ihren Köpfen trugen sie weiße Taschentücher und um den Hals so viele Ketten aus Gold und Silber, daß es nur so glitzerte, wenn sie sich bewegten. Manchmal schmückten sie sich noch mit Blumengirlanden oder trugen leuchtende Kerzen.

Im allgemeinen waren diese Göttinnen für menschliche Augen unsichtbar, aber sie erschienen bei einer Geburt, wobei drei von ihnen die Zukunft des Neugeborenen vorhersagten; zwei sprachen Wünsche für das Wohlergehen des Neugeborenen aus, doch die entscheidenden Worte sprach die letzte aus. Um sicherzugehen, daß sie dem Kind Gutes wünschte, boten ihr die Eltern Gaben wie Wein, Kerzen und Brot an.

Suhijini no Kimi Die Göttin des zur Ruhe gekommenen Chaos war eine japanische Shinto-Gottheit, die als erste aufgetaucht war, nachdem sich die Erde gebildet hatte.

Sulamith Nach dieser Göttin wurde die assyrische Stadt Shulman benannt. Sie war die «Himmlische Frau, die Himmel und Erde geformt hat». Ihr Name hat im Land der Hebräer überlebt, in der geheimnisvollen Sulamith, der geliebten Schwester des biblischen Königs Salomo (Hoheslied, 7,1).

Suleika Diese leidenschaftlichste Frau der jüdischen Überlieferung heißt im Alten Testament (1. Mose 39) nur «Potiphars Weib», als ob ihr eigener Name gar nicht überliefert sei. Die Frau des hohen ägyptischen Beamten begehrte ihren hebräischen Hausklaven Joseph so sehr, daß sie ihn fesselte und sich dann vor ihm selbst streichelte. Der Jüngling wies ihre raffinierten Annäherungsversuche immer wieder strikt zurück. Einmal wollte sie ihren Freunden und Freundinnen zeigen, wie irritierend Josephs Schönheit war, und veranstaltete ein Festbankett. Jeden Platz deckte sie mit Messern und legte Orangen auf jeden Teller. Als Joseph eintrat, hatten die Gäste nur noch Augen für ihn und schnitten sich beim Schälen ihrer Orangen gedankenlos in die Hände. Der Tisch war voller Blut, doch fühlten die Gäste keinen Schmerz. So entrückt hatte sie Josephs Gegenwart. Von da an konnten sie Suleikas Leidenschaft für diesen Mann nachempfinden.

Wie → *Phaedra* und andere von unerwiderter Liebe geplagte mythische Frauen beschloß Suleika, sich zu rächen, und bezichtigte ihn genau dessen, was er nie getan hatte, der Verführung zum Beischlaf. Joseph wurde ins Gefängnis geworfen und ausgepeitscht.

Sundi-Mumi Die «Sonnenmutter» der finnisch-ugrischen Wotjaken wurde folgendermaßen angerufen: «Wir gedenken deiner mit kräftiger Brühe und Brot. Gib uns warme Tage, schöne Sommer und milden Regen.»

Sungmo Im alten Korea lockte diese Göttin jeden vorüberwandernden Mönch in ihr Bergheiligtum, indem sie einen Fluß zum reißenden Strom anschwellen ließ. Dann erschien sie ihm als Riesin, verzauberte ihn und nahm ihn zum Geliebten. Aus dieser Verbindung brachte Sungmo (oder Chunwang) acht Töchter zur Welt, die sie zu Heilerinnen heranbildete.

Sunna, Sunnu, Sol «Die gebieterische Sonne», sangen die alten Skandinavier, «sitzt auf einem nackten Stein und spinnt an ihrem goldenen Spinnrocken in der letzten Stunde, bevor sie aufgeht.» Für die nordischen Völker, wie für viele andere, war der helle, den Tag bringende Stern weiblich.

Es heißt, Sunna habe zuerst auf der Erde gelebt. Sie war ein so wunderschönes Kind, daß ihr Vater Mundilfari sie nach dem allerhellsten Gestirn benannte. Aber eine solche Anmaßung ärgerte die Götter in Asgard. Sie holten Sunna von der Erde an den Himmel, wo sie von nun an auf ewig den Wagen des Tages lenkt, gezogen von zwei göttlichen Pferden, Arvakr («Frühaufsteher») und Alsvidr («Stärker als alles»). Unter ihrem Geschirr waren Windtaschen, die sie und die Erde kühlten, wenn sie mit ihrer Herrin über den Himmel zogen. Zum gleichen Zweck trug Sunna den Schild Svalin («Kühle»), der die Erde vor zu intensivem Kontakt mit den Sonnenstrahlen schützte.

Sunna war nicht wirklich unsterblich, denn wie die anderen nordischen Götter war sie dazu verurteilt, an Ragnarök, also am letzten Tag des Universums, zu sterben. Fortwährend soll sie von dem Wolf Sköll, dem Sohn einer Riesin, über den Himmel gejagt worden sein; an Ragnarök, hieß es, würde er sie fangen und verschlingen. Aber, so ist in der *Edda* zu lesen, «Sunna wird eine strahlende Tochter zur Welt bringen, bevor sie verschluckt wird», und diese neue Sonnentochter würde den Platz ihrer Mutter in jenem neuen Himmel einnehmen, der der Zerstörung von Sunnas Reich folgt.

Die «Braut des Himmels» hatte über die bekannten Kräfte, die wir der Sonne zuschreiben, hinaus noch eine besondere Aufgabe in der nordischen Mythologie. Sie war der «Elfenstrahl» oder die «Täuscherin der Zwerge», denn jene Geschöpfe wurden von ihrem Glanz versteinert. Stein war noch in anderer Hinsicht wichtig für sie: Ihre Anhänger meißelten als Teil ihrer heiligen Riten tiefe Steinkreise in die skandinavische Landschaft.

Surabhi Eines der Wesen, das aus dem aufgewühlten Ozean stieg, so lautet eine der berühmtesten und sinnträchtigsten indischen Mythen, war die Kuh Surabhi, die Göttin des Überflusses, die man «Die Wohlriechende» nannte. Sie erfüllte alle berechtigten Wünsche und brachte allen Reichtum der Erde und der Menschen hervor – aber auch eine ganz und gar nicht glückliche Tochter, → *Nirriti* («Elend»).

Sweigsdunka Diese litauische Sterngöttin war die Braut des Himmels und Herrscherin des Morgen- wie des Abendsterns. Als Weberin schuf sie das Sternentuch, das jede Nacht den Himmel bedeckte.

Syn Die Torhüterin des Himmels war bei den nordeuropäischen Völkern eine Göttin namens Syn («Ablehnung»), denn sie verweigerte jedem den Eintritt, den sie für unwürdig hielt. Allwissend und vollkommen gerecht, war Syn auch die Göttin, auf die Eide geschworen wurden und die man vor Gerichtsverfahren bat, daß die Gerechtigkeit siegen möge.

Syr → *Freyja*

Syrinx Diese griechische → *Nymphe* entkam einem Vergewaltigungsversuch, indem sie sich selbst in ein schilfbedecktes Sumpfland verwandelte. Der ihr nachstellende Pan, der Gott der Wildnis, schnitt das Schilf ab und machte sich daraus eine Flöte, die von nun an mit dem Namen der Nymphe bezeichnet wurde.

T

Tabiti Diese Göttin der Skythen regierte insbesondere das Feuer und die Tiere, aber ihr Name bedeutet «Große Göttin», und in dieser Funktion war sie auch die «Alles Sehende». Auf sie schwor man die heiligsten Eide. Es heißt, daß Tabiti im südlichen Rußland bereits verehrt wurde, bevor die Skythen dorthin kamen. Man fand kleine Tonfiguren von ihr, die eine aufgerichtete schwangere Göttin zeigen. Die späteren Skythen stellten sie als geflügelte Halbschlange dar, oft zwischen einem Raben und einem Hund sitzend. Strabon erzählt, Tabiti sei die beschützende Göttin der Seeleute auf dem Schwarzen Meer gewesen, die ihr jeden opferten, der in ihr Gebiet eindrang.

Tacita → *Lara*

Tacoma, Tacobud, Tehoma Im schneebedeckten Gipfel des Mount Rainier (US-Bundesstaat Washington) sahen die dort lebenden Cascade-Indianer ihre Erdgöttin «verkörpert». Tacoma galt als Beschützerin der Flüsse, die die Nahrung herbeitransportierten, in erster Linie natürlich die Lachse.
Von Tacoma erzählt man sich viele Geschichten. In einer heißt es, ursprünglich sei sie eine ungeheuer dicke Frau gewesen, die sich mit zwei anderen einen Mann teilte. Dieser ärgerte sich über den ständigen Streit zwischen seinen Ehefrauen und setzte sie schließlich so weit wie möglich auseinander: zwei auf die eine Seite der Meerenge von Puget und Tacoma ans gegenüberliegende Ufer, wo sie reichlich Platz für ihre Leibesfülle hatte. Das hielt sie aber nicht davon ab, die anderen Frauen weiterhin mit Beleidigungen zu bombardieren.
In einer anderen Version wurde Tacoma von ihrem Mann und seiner zweiten Frau fortwährend beschäftigt, bis sie so erschöpft war, daß sie sich einfach niedersetzte und sich nicht mehr von der Stelle rührte. Doch sobald sie sich wieder etwas erholt hatte, fuhr sie fort, die andere Frau zu ärgern, und schmiß ihr heiße Kohlen an den Kopf, so daß der Mount Constance heute kahl ist.
In einer dritten Geschichte wird behauptet, daß Tacoma immer schon ein Berg war und in jungen Jahren einen Bergprinzen heiratete. Aber da sie immer weiter wuchs, überragte sie bald ihren Gatten. Um ihn deswegen nicht zornig zu machen, nahm sie einen Vorrat an Beeren und Lachs und zog über den Puget Sound, um für ihren Gatten und sein Volk Platz zu machen. Tacoma wurde riesengroß und wuchs zu einem Berg heran, der alles in sich aufnahm und jeden unter sich begrub, der seinen Fuß auf die Hänge setzte. Unersättlich verleibte sie sich Tiere und Menschen ein. Schließlich verwandelte sich der große Gott Changer in einen Fuchs und forderte Tacoma dazu heraus, ihn zu verschlucken, nachdem er sich mit Zauberkraft an einen anderen Berg geheftet hatte. Als Tacoma den Gott hinunterzuschlingen versuchte, schluckte sie riesige Mengen von Stein und Wasser, aber sie vermochte Changer nicht von seiner Bergwand zu lösen. Noch einmal versuchte sie es – und platzte dabei auf: Heißes Blut floß in Strömen ihre Seiten hinunter. Ihre Leiche sitzt dort immer noch, ein versteinerter Frauenkörper, halb mit Schnee bedeckt.

Tahc-I Die Sonnengöttin der Tunica-Indianer von Louisiana wurde einst von einem Eisvogel umworben, der dazu das Äußere eines

Mannes annahm. Als er damit Erfolg hatte, nahm er Tahc-I im Dunkeln mit nach Hause und erzählte ihr, er lebe im oberen Stockwerk. Als das Mädchen jedoch aufwachte, saß sie in einem Nest auf einem Ulmenast. Sie war entsetzt und beschämt. Auch war sie hungrig und nicht gerade entzückt, als der Eisvogel – nun wieder in seiner Vogelgestalt – ihr zum Frühstück einen Schnabel voll leckerer Elritzen brachte. Sie stimmte ein Klagelied an, und während sie das tat, begann sie in den Himmel aufzusteigen und Licht auszustrahlen. Ihr zu Ehren vollführten die Tunica alljährlich den Sonnentanz und stellten ihr Standbild, zusammen mit dem eines Frosches, auf Altäre in ihren Wohnungen.

Taillte, Tailtiu Irlands «Augustgöttin» galt als Verkörperung der Naturkräfte und des Erdbodens sowie als Amme des Lichtgottes Lug. Sie lebte auf dem magischen Berg Tara, von wo aus sie die Rodung eines riesigen Waldes beaufsichtigte, des Waldes von Cuan. Es dauerte einen Monat, bis die Ebene von Oenach Taillten geschaffen war, wo sie dann ihren Palast baute. Auf den irischen Landkarten findet man diesen Ort heute als Teltown in der Grafschaft Meath.
Bis ins Mittelalter wurde zu Ehren Tailltes alljährlich ein Fest gefeiert, das den ganzen August über dauerte. Es gab Marktbetrieb und sportliche Wettkämpfe. Irgendwann starb dieser Brauch aus, doch zu Anfang dieses Jahrhunderts wurden im Bestreben, die altirischen Traditionen wieder zu beleben, die Tailltean Games wieder aufgenommen – gewissermaßen als die Olympischen Spiele der Iren.

Tai Yuan Die chinesische Heilige dieses Namens lebte auf Wolken hoch in den Bergen und bis zum Alter von achtzig Jahren im Zölibat. Bis zu diesem Zeitpunkt war sie vollkommen androgyn und der Erde entrückt. Ein vorbeiwandernder Lichtstrahl sah das leuchtende «Große Original» und drang in ihren Uterus. Zwölf Monate später brachte Tai Yuan ein Heldenkind zur Welt, das zum Herrscher der Unterwelt wurde.

Tamamo no Maye → *Inari*

Tamar Diese hebräische Heldin überlebte – wie die Göttinnen vieler Kulturen – einen Ehemann nach dem anderen. Für Erdgöttinnen war es typisch, daß sie nacheinander mit mehreren sterblichen Männern an ihrer Seite regierten und jeder «König» im Verlauf eines Jahres erst in ihr Bett und dann ins Grab kam. Tamars erster Mann namens Er wurde durch einen Fluch getötet; darauf heiratete sie seinen Bruder Onan, der ebenso schnell starb.
Als Prophetin konnte Tamar vorhersehen, daß ihre Kinder ruhmreiche Nachkommen haben würden. Verschleiert und verkleidet als heilige Frau suchte sie die Aufmerksamkeit von Juda dem Hebräer, dem Vater ihrer beiden verstorbenen Gatten. Da er sie nicht erkannte, teilte er mit ihr das Lager und schwängerte sie. Erst später gab sie sich zu erkennen und zeigte Juda jene Liebesgaben, die er der heiligen Frau gegeben hatte. So zwang sie den Stammvater der Judäer, die Vaterschaft für die Zwillingssöhne, die sie gebar, anzuerkennen.

Tamayori-Hime Wie ihre Schwestern → *Ikutamayori-Hime* und → *Seyadatara-Hime* war sie eine junge Frau, die Stammutter einer hoch angesehenen Familie wurde, nachdem sie sich mit einem unirdischen Geschöpf gepaart hatte. Es pflegte im Schutz der Dunkelheit zu kommen, was das Mädchen nicht weiter zu stören schien, bis es schwanger wurde. Dann nähte sie, um seine Herkunft herauszufinden, einen langen Hanffaden an seinen Saum, und folgte diesem am nächsten Morgen in eine dunkle Höhle. An deren Eingang rief sie laut nach ihrem Liebhaber und verlangte, daß er sein Gesicht zeige. «Du würdest vor Schreck tot umfallen», antwortete ihr eine tiefe Stimme aus dem Innern der Erde. Furchtlos hielt sie ihre Forderung aufrecht, bis er erschien, ein schuppiges Ungeheuer, in dessen Kehle eine Nadel steckte. Tamayori-Hime fiel in Ohnmacht, überstand den Schock jedoch und brachte den Helden Daida zur Welt, den größten Krieger der Insel Kyushu.
Der Name seiner Mutter, dessen Übersetzung «Eine Frau (*hime*) wird besessen (*yor*) von einem Gott (*tama*)» lautet, wurde ein Titel der *miko* genannten japanischen Schamaninnen.- Ähnliche Geschichten werden von → *Psyche* und → *Semele* erzählt.

Tamfana Der römische Geschichtsschreiber Tacitus erwähnt diese germanische Göttin, deren Heiligtum im Siedlungsgebiet der Marsen (zwischen Ruhr und Lippe) die Soldaten des Germanicus im Herbst des Jahres 4 n. Chr. zerstörten, während die Bewohner dort gerade ein Fest zu Ehren Tamfanas feierten. Offenbar war sie eine Fruchtbarkeits- oder Erntegöttin.

Tamtu → *Tiamat*

Tanaquil Hinter dem König Tarquinius von Rom stand die weise Königin Tanaquil, die Omen deuten konnte, hervorragende politische Fähigkeiten besaß und umsichtig alle häuslichen Angelegenheiten regelte. Sie kam mit Tarquinius aus Etrurien nach Rom, und als ein Adler auf ihn niederstieß und seine Kopfbedeckung stahl, wußte sie sofort, daß ihm in dieser Stadt Großes beschieden sein würde. Als dies eintraf und er die Königswürde errang, stand ihm Tanaquil als wichtigster Ratgeber zur Seite. Und sie sorgte auch für einen Nachfolger – nicht daß sie diesen zur Welt brachte, sondern sie nahm ein Vorzeichen wahr, daß → *Ocrisia* den nächsten König zur Welt bringen werde, und tat alles, was in ihrer Macht stand, damit es zu der erforderlichen Schwangerschaft kam.
Im 19. Jahrhundert analysierte der große deutsche Altertumsforscher Johann Jakob Bachofen die Sage von Tanaquil und kam zu dem Schluß, daß sie keine reale Königin war, sondern eine göttliche Mythengestalt, die, ähnlich wie → *Kybele* oder → *Ishtar* im Osten, ihrem Günstling das Königtum gewährte, aber die Souveränität über das Land behielt.

Tanetu → *Hathor*

Tanit Kurz bevor die Römer im 3. Punischen Krieg (149–146 v. Chr.) Karthago zerstörten, sahen sie ein offenbar höchst eindrucksvolles Bildnis der Göttin Tanit und gaben ihr den lateinischen Namen Dea Caelestis («Himmlische Göttin»), denn sie schien den Himmel zu regieren. Und in der Tat war diese geflügelte Göttin, den Kopf von den Tierkreissymbolen umgeben, in der einen Hand die Sonne und in der anderen den Mond, die Himmelsgöttin der Karthager. Ihre Anhänger nannten sie «Mutter» und sahen den Himmel ebenso selbstverständlich als ihre Heimat an wie andere Völker sich als «Kinder der Erde» fühlten.

Tanit (ibero-punisch)

Tao, Dao Dieser zentrale Begriff der Lehre des Taoismus bedeutet schlicht «Weg». Laotse (Laozi) aber erhob ihn in seinem Hauptwerk *Tao-te-king* (*Daodejing*) zu einer Gottheit, und zwar zu einer weiblichen. Tao war für ihn «die ewige Führerin des Alls»: die Gebärerin des Himmelsgottes und der Erdgöttin, die Schöpferin der beiden das ganze Leben bestimmenden polaren Kräfte Yin und Yang und die Mutter der «zehntausend Wesen». Das «My-

Tapa

Grüne Tara

Weiße Tara

sterium der Mysterien», das sie verberge, offenbare sich nur demjenigen Menschen, der vollkommen wunschlos ist.

Um nicht den Eindruck zu erwecken, daß er sich diese universale Göttin nur ausgedacht habe, setzte der große chinesische Philosoph Tao mit Hüan Pin (Hüan Bi), einer uralten Tiergöttin, gleich. Sie galt in China bereits seit vielen Jahrhunderten als der «dunkle Geist des Tales», aus dessen Schoß oder Quelle Himmel und Erde entstanden seien.

Tapa Mit diesem Namen wurde in Polynesien die große Göttin → *Hina* in ihrer Funktion als Mondgöttin bezeichnet.

Tara «Die Retterin» gilt als eine Manifestation der hinduistischen Göttin → *Kali*, der Herrscherin über die Zeit. Taras Symbol, der Stern, wird als etwas Wunderschönes angesehen, das sich aber fortwährend selbst vernichtet. Deshalb steht Tara für den unstillbaren Hunger, der alles Leben antreibt.

Die Buddhisten, die Jainisten und vor allem die Anhänger des tibetischen Lamaismus sahen und sehen in Tara (tibetisch Dölma) eine Emanation des Bodhisattva Avalokiteshvara, die aus seinen Tränen entstanden sein soll, um ihn in seinem Wirken zu unterstützen. Sie verkörpert den weiblichen Aspekt des Erbarmens und ist zugleich ein Symbol des geistigen Hungers nach Erlösung von der rein körperlichen Welt. Es gibt 21 Formen der Tara, sowohl friedvolle als auch furienhafte; sie unterscheiden sich durch Farbe, Körperhaltung und Attribute. Als Göttin der Selbstbeherrschung und des Mystizismus wird sie mit einem Rosenkranz aus 108 Perlen unter ihren 108 Namen angerufen. Die mitfühlende Göttin zeigt sich als ausgelassene Jugendliche, denn Tara sieht das Leben als Spiel an. Sie erscheint auch als himmlische Schifferin, die ihr Volk von der Welt der Verblendung in die Welt der Erkenntnis übersetzt. Als Grüne Tara ist sie furchterregend, aber die Weiße Tara der Meditation schaut uns mit ihren drei Augen unverwandt an, um uns daran zu erinnern, daß sie, sobald wir den Schrecken des Todes bewältigt haben, auf uns wartet, um uns zu erleuchten.

Taranga, Hua-Henga Sie war die Tochter der polynesischen Unterweltkönigin →

Taygete

Taranga

Mahui-Iki und die Mutter des Helden und Tunichtgut Maui, den sie als Frühgeburt zur Welt brachte. Wie bei ihrem Volk Sitte, wickelte sie das Kind in ein Gewebe aus ihrem eigenen Haar und warf es ins Meer. Aber sie betete und klagte um Maui, was ihn davor bewahrte, ein Dämon zu werden – sonst das übliche Schicksal der frühgeborenen Südsee-Insulaner. Der große Schoß des Meeres trug das Kind zu Ende aus, dann wurde es von den Göttern aufgezogen, bis es alt genug war, um Taranga zu besuchen. Glücklich darüber, daß Maui lebte, hieß sie ihn willkommen und machte ihn zu ihrem Lieblingssohn.

Taranga verbrachte jeden Tag weit entfernt von zu Hause, ohne daß ihre Kinder wußten, wohin sie ging. Eines Tages beschloß Maui, ihr zu folgen, und sah sie im Inneren der Erde verschwinden. Er setzte seine Verfolgung fort und fand sie, wie sie einen wundersamen Unterweltgarten pflegte, von dem alle Nahrung auf unserer Erde stammt. Wegen seines offensichtlichen Mutes erlaubte Taranga Maui, schon jetzt die Männlichkeitsrituale zu durchlaufen.

Tari Pennu In Bengalen wurde dieser Erdgöttin vom Sonnengott ein unsittlicher Antrag gemacht. Sie wies ihn ab. So erschuf er menschliche Frauen, doch diese begannen die Erdgöttin zu verehren, und so dauert der Kampf zwischen Tari Pennu und der Sonne bis zum heutigen Tage an.

Tarkhu → *Atargatis*

Tatsuta-Hime Jeden Herbst webte diese japanische Göttin einen prächtigen vielfarbigen Wandbehang. Dann inkarnierte sie sich als Wind und blies ihr eigenes Werk in Stücke.

Tauret → *Toeris*

Tauthe Bei den Babyloniern war sie das erste weibliche Prinzip, das es zusammen mit dem männlichen Prinzip Apason bereits vor der Schöpfung der Menschheit gab und sich möglicherweise in Apsu und → *Tiamat* inkarnierte.

Taygete → *Plejaden*

Tefnut

Tefnut Zusammen mit ihrem Bruder Schu ging Tefnut aus dem ägyptischen Urgott Atum hervor. Sie galten als die Augen des Himmelsherrn und als Personifikationen von Sonne und Mond. Der Name dieser vielgestaltigen und mit vielen Aufgaben betrauten Göttin leitet sich ab vom Tau, der sich jeden Morgen bildet, und sie war denn wohl auch – wie → *Aja und* → *Eos* – eine Göttin des Tagesanbruchs. Als «Himmlische Kuh der Schöpfung» wiederum scheint sie eine Form von → *Neith* gewesen zu sein; manchmal war sie eine Löwin oder löwenköpfige Frau, was eine Verwandtschaft mit → *Bastet*, → *Mehit* und → *Sachmet* vermuten läßt. Weitere Beinamen waren «Herrin der Flamme» und «Uräusschlange am Haupt aller Götter».

Tehoma → *Tacoma*

Teleia → *Hera*

Telesilla Diese Dichterin der griechischen Stadt Argos wurde zur Heldin in einem Krieg mit dem benachbarten Sparta. Als die Spartaner im 5. Jahrhundert v. Chr. Telesillas Heimatstadt belagerten, erkämpfte sie sich einen Weg durch die Belagerer an der Spitze eines Heeres argivischer Frauen, bestehend aus Anhängerinnen der altehrwürdigen Göttin → *Hera*.

Tellus Mater, Terra Mater Der römischen «Mutter Erde» wurde an jedem 15. April gehuldigt, indem eine trächtige Kuh geopfert und das ungeborene Kalb verbrannt wurde. Die Römer versuchten jeder Gottheit den ihr angemessenen Tribut zu zollen, und sie glaubten, daß die Erde (*terra*) – im Frühling schwanger mit sprossenden Pflanzen – dieses Opfer schätzen würde. Die ständige Gefährtin von Tellus war → *Ceres*, die Korngöttin, und beide waren nicht nur an der vegetativen Fruchtbarkeit interessiert, sondern auch an der Vermehrung der Menschheit. Deshalb wurden sie bei jeder Hochzeit angerufen, damit sie das Paar mit Nachkommen segneten. Auch Eide schwor man bevorzugt auf Tellus, denn da die Erde alle Vorgänge auf ihrer Oberfläche wahrnahm, konnte sie auch sehen, ob ein Schwur gehalten wurde. Schließlich war Tellus, in deren Schoß die Körper der Toten zurückgegeben wurden, auch die mütterliche Todesgöttin.

Telphassa Die «Allesbescheinende» war eine frühe griechische Göttin des Lichts, die wahrscheinlich aus Phönizien eingeführt wurde. In der Legende blieb sie nur als Mutter der Mondgöttin → *Europa* erhalten.

Telphusa Die Griechen sprachen dieser Wassernymphe (→ *Najaden*) prophetische Gaben zu, doch das Wasser ihrer Quelle war so bitterkalt, daß es jeden, der daraus trank, um seherische Fähigkeiten zu erlangen, mit Sicherheit tötete. Einige Mythen berichten, daß der berühmte Seher Teiresias starb, als er von Telphusas Wassern nippte, um sein Wissen über Zukünftiges noch zu erweitern. Als Apollon den vorhellenischen Göttinnen das Privileg des Prophezeiens genommen hatte und nun eine Stätte für seine eigenen Orakelverkündigungen suchte, wählte er zuerst Telphusas berühmte Quelle. Aber sie überredete ihn, sich einen anderen Ort anzuschauen, und führte ihn nach Delphi, zum Tempel der Göttin und «Erdmutter» → *Gaia*. Die Nymphe wußte sehr wohl, daß Apollon dort erst einmal in hartem Kampf die Schlange → *Python* besiegen mußte, bevor er die orakelnde Quelle in Besitz nehmen konnte.

Terpsichore → *Musen*

Terra Mater → *Tellus Mater*

Teteoinnan «Unser Mütterchen» war die große aztekische Göttermutter und zugleich die Verkörperung der Heilkräfte der Natur. Aus diesem Grunde wurde sie bei Schwitzbädern angerufen, mit denen der Körper gereinigt wurde. Sie war mit einem Rock aus Muscheln bekleidet und trug die Sonnenscheibe auf ihrem Schild.
Das Fest zu ihren Ehren wurde besonders von Ärzten, Hebammen, Schamanen und Wahrsagern gefeiert, die acht Tage wie in Trance tanzten, wobei sie nur ihre mit Blüten geschmückten Arme bewegten. Ohne zu sprechen tanzten sie vor einer Frau, die auserwählt war, die Göttin zu vertreten.

Einige Forscher sind der Meinung, daß in der Frühzeit die Völker Mexikos ihren Gottheiten keine Menschenopfer darbrachten. Es ist also denkbar, daß Teteoinnan ursprünglich gefeiert wurde, ohne Menschen zu töten, aber zur Zeit der spanischen Invasion endete ihr Fest, wie wir wissen, mit dem mitternächtlichen Opfer jener Frau, die zuvor die Huldigungen an die Göttin entgegengenommen hatte. Teteoinnans bedeutendste Kultstätte, nördlich von Tenochtitlan gelegen, wurde im 15. Jahrhundert von den Spaniern in ein Marienheiligtum verwandelt.

Tethys Diese älteste vorhellenische Meeresgöttin war Teil einer Dreifaltigkeit von Weltenschöpfern, zu der auch → *Nyx*, die uranfängliche Dunkelheit, und → *Gaia*, die fruchtbare Erde, gehörten. Alle drei sollen jene Welt, die wir bewohnen, hervorgebracht haben. Im Laufe der Jahrhunderte zerbröckelte Tethys Macht, so daß die klassische griechische Mythologie nur noch wenig über sie weiß. Homer berichtet, sie habe damit aufgehört, Kinder hervorzubringen, da ihr die sechstausend reichten: zur Hälfte Söhne, zur Hälfte Töchter, die → *Ozeaniden* genannt werden. Die berühmteste von ihnen hieß so ähnlich wie ihre Mutter, nämlich → *Thetis*, und wird daher oft mit ihr verwechselt.
Bis in die Zeit des Hesiod verlor Tethys sogar noch mehr an Bedeutung, und dieser große Dichter brachte ihre Geschichte völlig durcheinander, nannte sie eine Titanin, eher erschaffene Göttin als Schöpferin. Aber sie blieb immer noch bedeutend genug, um die Amme der → *Hera*, der großen Frauengöttin Griechenlands, genannt zu werden.
Siehe auch → *Thalassa*.

Tetjorka → *Kaum-Naj-Ekva*

Thalassa, Thalatta In einem griechischen Schöpfungsbericht war sie die «Allmutter Meer» und möglicherweise dieselbe Göttin wie → *Tethys*. Später hieß es, sie sei als Mutter der Fische die Schöpferin allen Lebens im Meer.

Thalestris Diese Königin der → *Amazonen* praktizierte eine frühe Form der «Erbauswahl». Statt sich bei den jährlichen Fruchtbarkeitsritualen mit irgendwelchen Männern zu paaren, hielt sie Ausschau nach Königen und Prinzen, die sie in die sexuelle Pflicht nehmen könnte. Auf diese Weise hatte sie offensichtlich bereits mehrere Kinder zur Welt gebracht, bevor sie Alexander von Mazedonien begegnete. Sie erkannte in ihm sofort ein überragendes Exemplar der Männerwelt und lud ihn ein, sie zu schwängern – ein Angebot, das er offensichtlich als großes Kompliment betrachtete.

Thalia, Thaleia → *Grazien*, → *Musen*

Thallo → *Horen*

Theia, Thea, Thia Die vorhellenische Göttin des Lichts war die Tochter von → *Gaia*, der großen «Erdmutter», und galt selbst als Mutter des Sonnengottes Helios sowie der Göttinnen → *Eos* und → *Selene*. Ihr eigener Name bedeutet einfach «Göttin», was auf eine außergewöhnlich große Bedeutung dieser Theia schließen läßt.
Dennoch ist im Gedächtnis der Menschheit kaum mehr von ihr erhalten als der Name. Wie so viele andere ältere Göttinnen Griechenlands wurde sie mit dem Eindringen der Indogermanen durch die Gottheiten ersetzt, die jene mitbrachten.

Thelchtereia → *Sirenen*

Theira → *Hera*

Themis «Die Unbewegte», eine Tochter der → *Gaia*, war die Erdgöttin als Verkörperung unerschütterlicher Macht. Bis in die Zeit von Homer und Hesiod hinein erfüllte sie – als eine der Gemahlinnen des Zeus und Mutter der Moiren (→ *Moira*) – jedoch noch eine zweite wichtige Funktion: Ihr oblag, ähnlich wie später in Rom → *Fides*, die Sorge für die Einhaltung des «sozialen Vertrages» aller Menschen auf Erden. In der Frühzeit eine der ältesten und am intensivsten verehrten Göttinnen, wurde das Bild von Themis später vage und abstrakt. Doch gibt es Hinweise auf ihre ursprünglich herausragende Rolle: Kein Treffen der Olympier konnte stattfinden, ohne daß sie es zusammenrief, und keine Gottheit durfte

Thetis

ihren Nektarbecher heben, bevor sie getrunken hatte.

In der Sprache ihres Volkes war *themis* ebenso ein Gattungs- wie ein Eigenname, wobei der Sachbegriff die Macht der Konventionen bezeichnete und damit alles umschloß, was in der Gesellschaft festgeschrieben und so unbewegt ist wie die Erde unter unseren Füßen. Themis als Garant eines solchen gesellschaftlichen Zusammenhalts wurde mit einer Waage gezeigt. Als fruchtbringende Erde trug sie ein Füllhorn. Sie war die Mutter der Jahreszeiten oder → *Horen*, jener Göttinnen, die den richtigen Moment bestimmten für das Knospen der Erde und für ihre Erschöpfung, und die richtige Zeit auch für die Wendepunkte im Leben der Menschen. Eine von ihnen, die kämpferische Dike, war Themis' eigenes, mädchenhaftes Selbst, eine strenge, kompromißlose Jungfrau.

Themis beherrschte auch die Prophetie, denn sie kannte die Natur des Menschen so gut wie die Probleme der menschlichen Gesellschaft und konnte so den Ausgang jedes Kampfes vorhersagen. Deshalb teilte sie sich mit ihrer Mutter Gaia das berühmte Delphische Orakel. Als Kult verlangte sie Gruppentänze und anmutige Bewegung als Symbol für den Zusammenhalt einer Gruppe. Als älteste der griechischen Göttinnen war sie die erste, der Tempel errichtet worden waren, denn vor ihr gab es keine menschliche Gemeinschaft, die jemanden hätte verehren können.

Thetis Wenn man der späten griechischen Mythologie folgt, könnte man glauben, diese Göttin sei lediglich die Mutter des Helden Achilles gewesen. Aber es gibt Anhaltspunkte dafür, daß sie ursprünglich eine der Großen Göttinnen war, Tochter und Doppelgängerin der Meereskönigin → *Tethys*, ähnlich wie → *Hebe* von → *Hera*. Offenbar war sie eine Frauengöttin, denn sie wurde von Hera, der dreifaltigen Gottheit der Weiblichkeit, aufgezogen. Thetis nährte auch die beiden Götter, die man mit den Riten der Frauen assoziierte: den so reizvoll zügellosen Dionysos und den verkrüppelten Künstler Hephaistos.

Manchmal wird Thetis nicht als Tethys' Tochter bezeichnet, sondern als Nachkomme einer anderen Meeresgöttin, → *Doris*. Aber auch als Meeresnymphe (→ *Nereiden*) besaß sie die ozeanische Macht, ihre Gestalt zu verwandeln. Und als die Olympier – die die Prophezeiung fürchteten, Thetis werde einen Sohn gebären, der größer als sein Vater werde – sie dazu verurteilten, einen Sterblichen zu heiraten, leistete sie Widerstand in der altehrwürdigen Art der Meereskönniginnen. Sie verwandelte sich in Ungeheuer und Mikroorganismen, aber ihr zukünftiger Gatte, der sich ihrer Kräfte bewußt war, gab nicht auf, bis sie wieder ihre menschliche Gestalt annahm.

Sie stimmte zu, den Helden Peleus zu heiraten. Bei der Hochzeit warf → *Eris*, die durchtriebene Göttin der Zwietracht, ihren berühmten Zankapfel in die Menge, auf dem stand «Der Schönsten», woraus sich der Trojanische Krieg entwickelte, in dem Thetis' sterblicher Sohn Achilles umkam. Nach seinem Tod verließ Thetis Peleus, der bis zu diesem Zeitpunkt dank ihrer überirdischen Kräfte seine Jugendlichkeit behalten hatte. Jetzt alterte er um so schneller und starb.

Thora, Tora «Das Gesetz» war in der jüdischen Überlieferung eine weibliche Macht, so streng und fordernd wie eine Göttin nur sein konnte. Sie tritt auf als Ratgeberin Gott Jahwes, noch dazu eine sehr skeptische. Thora war gegen die Erschaffung der Menschheit mit der Begründung, daß «der Mensch, den Ihr erschaffen wollt, nur kurze Zeit, aber voller Probleme und Sünden leben wird». Erst als Jahwe Thora von der Möglichkeit überzeugt hatte, daß der Mensch bereuen könne, zog sie ihren Einspruch zurück.

Thorgerdr, Thorgerd Ihr vollständiger Name lautete Thorgerdr Hölgabrudr. Ursprünglich war sie eine Sterbliche, doch aufgrund ihrer beispiellosen Fertigkeit in göttlichen und zauberischen Künsten wurde sie zur Göttin erhoben. Im 12. Jahrhundert errichtete man ihr und ihrer ebenfalls als Göttin verehrten Schwester Irpa in Island einen eigenen Tempel.

Thorgerdr war eine mächtige Kriegergöttin, deren Aufgabe es war, ihr Volk vor den Feinden zu beschützen. Sobald es angegriffen wurde, erwachte sie zum Leben, von jedem ihrer Finger flogen Pfeile, und jeder Pfeil tötete

Tian Hou, Tien-hou

Drachengöttin Tiamat im Kampf mit Marduk

einen Mann. Darüber hinaus hatte sie Macht über jene Naturkräfte, die für das Glück ihres Volkes entscheidend waren. So wurde sie z. B. angerufen, um Glück beim Fischen und in der Landwirtschaft zu haben. Ihr Kult war eines der letzten Überbleibsel der alten Religion und blieb in christliche Zeiten lebendig. Die Christen, die sie verunglimpften, nannten sie Thorgerdr Hölga-Troll, obwohl sie keinen Tropfen Trollblut in sich hatte.

Thrudr → *Druden*

Thurgai → *Minachiamman*

Thyiaden → *Mänaden*

Thyone → *Semele*

Tiamat Bevor unsere Welt erschaffen wurde, so sagen die Babylonier, gab es nur Apsu, den Gott des Süßwassers, und seine Gefährtin Tiamat (oder Tamtu), die Drachenfrau des Salzwassers. In jenen Tagen vor aller Zeit begann sie in einem wahren Schöpfungsrausch Nachkommen zu produzieren: Ungeheuer, Stürme und Vierfüßler, wie es sie heute nur noch in Alpträumen gibt.
Schließlich kamen auch die Götter aus dem Schoß von Tiamat hervor. Sie richteten sich eine Wohnstatt in einem anderen Teil des Universums ein, waren aber ein wilder Haufe, dessen Lärmen Apsu störte. Er wandte sich an Tiamat mit dem Ansinnen, die Störenfriede, die sie da hervorgebracht habe, wieder verschwinden zu lassen. Die Mutter weigerte sich empört.

Doch die Götter erfuhren von diesem Gespräch und töteten Apsu, der ihnen ans Leben wollte. Nun war Tiamats Zorn entfacht, denn der Ermordete war ihr Liebhaber gewesen, und zusammen mit Kingu, ihrem Erstgeborenen, griff sie die Götter an. Sie begannen eine Schlacht, über deren Ausgang es verschiedene Versionen gibt. Einmal heißt es, daß Marduk, der stärkste unter den Göttern, von Tiamat in Gestalt eines fürchterlichen Drachen, gar identisch mit → *Leviathan*, verschlungen worden sein soll. Dann wieder trägt Marduk den Sieg davon, indem er dieses Ungeheuer tötet, in zwei Hälften teilt und daraus Himmel und Erde bildet. Und schließlich gibt es den Mythos, daß diese Schlacht noch längst nicht entschieden ist, sondern vielmehr jedes Jahr von neuem stattfindet.

Tian Hou, Tien-hou Sie wurde als Mei Zhou geboren, war ein natürliches Medium und hatte vier Seefahrer als Brüder. Eines Tages fiel sie in tiefe Trance, was ihre Eltern sehr beunruhigte. Sie versuchten alles, um diesen Bann zu brechen, und hatten schließlich Erfolg – worüber Mei Zhou allerdings sehr unglücklich war. Kurz darauf kehrten drei Brüder nach Hause zurück mit der Nachricht, daß der vierte auf See umgekommen sei, und sie selbst wären ebenfalls ertrunken, wenn nicht der Astralleib ihrer Schwester über das Meer gekommen wäre, um sie zu retten. Mei Zhou lebte nur noch ein paar Jahre auf der Erde, bevor sie als Kaiserin Tian Hou in die Himmel erhoben wurde.
Diese chinesische «Himmelskaiserin» darf

nicht mit → *Xi Wang Mu* verwechselt werden, der Königin des Westens und Kaiserin über alle Gottheiten. Tian Hou wirkte vor allem als Meeresgöttin, die auf Wolken über den Himmel ritt und ihre Winddiener anhielt, Schiffe ausfindig zu machen, die in Seenot waren. Dann eilte sie zu ihrer Rettung, so wie sie es getan hatte, als sie noch auf der Erde gelebt hatte.

Tian Mu, Tien-mu Um einen Blitz zu erzeugen, mußte diese chinesische Göttin nur zwei Spiegel aufeinander richten: Aus ihren sich kreuzenden Strahlen schossen die Blitze.

Tian Xian → *Bixia Yüanchün*

Tisiphone → *Erinnyen*

Tlaltecuhtei → *Cipactli*

Tlazolteotl, Tlaelquani, Ixcuinan «Verruchte Dame», «Dreckfresserin» oder «Herrin der Baumwolle» war die aztekische Hexengöttin des «vierfältigen Mondes», zuständig für alle Belange der Liebe und eine Verführerin zu Zügellosigkeit, Spielleidenschaft und schwarzer Magie. Andererseits wirkte sie aber auch als Reinigerin des Gewissens, denn nur ihre Priester durften Schuldbekenntnisse entgegennehmen. Diese Beichte war nur einmal im Leben wirksam, deshalb schoben die Azteken sie so lange wie möglich hinaus, um nicht unrein zu sterben.
Die vier Aspekte von Tlazolteotl hatten eigene Namen: Tiacapan, Teicu, Tlaco und Xocutxin. Alle vier waren Hexen, die auf Besenstielen über den Himmel ritten, waren «gekleidet in die Nacht»; sie trugen Stirnbinden und Ohrgehänge aus Rohbaumwolle und einen hohen, spitzen Hut. Wie die Hexengöttinnen anderer Länder hatten auch sie eine Vorliebe für Kreuzungen: An den Straßenkreuzungen spukten sie genauso gern herum wie an den Schicksalskreuzungen im Menschenleben, jenen Wendepunkten, an denen die Entscheidung für gut oder böse fallen muß. Wie wichtig die Azteken diese Göttin nahmen, geht daraus hervor, daß sie Tlazolteotl im Laufe der Zeit mit der Göttermutter → *Teteoinnan* gleichsetzten.

Tlazolteotl

Tlitcaplitana Die Bellacoola-Indianer des amerikanischen Nordwestens hatten diese himmlische Frau, die von ihrer Wohnstatt im Himmel herabstieg, um Kranke zu heilen, besonders gern. Oft gewährte sie ihnen neben der Gesundheit auch geheimes Wissen und Zauberkräfte. Leider war manchmal ihre Macht zu stark für das menschliche Gemüt, so daß zartbesaitete Menschen nach der Begegnung mit Tlitcaplitana starben. Aber das lag nicht am bösen Willen dieser Göttin, denn sie war – obwohl von äußerster Häßlichkeit, mit einer Tierschnauze und Brüsten wie Stricke – die großzügigste aller himmlischen Frauen, und was ihr an Schönheit fehlte, das machte ihr wunderbarer Gesang, der über die stillen Wasser und durch die dichten Regenwälder drang, vollauf wett.

Toeris, Tauret, Apet, Opet Unter diesen Namen war die Tierform der ägyptischen Muttergöttin → *Mut* bekannt. Als nährende Macht

Toeris

wurde sie in Gestalt eines trächtigen Flußpferdes mit großen Zitzen dargestellt, das auf seinen Hinterbeinen steht und in einer der Vorderpfoten die Sa-Schleife, das Symbol des magischen Schutzes, hielt. Als Geburtshelferin und Mutter, die ihre Brut beschützt, hatte das Flußpferd einen Löwenkopf und war zur Abwehr sterblicher Feinde mit einem Dolch bewaffnet, während sie, um lästige Dämonen zu vertreiben, nur mit einer Fackel zu drohen brauchte.

Togo Musun → *Tu-Njami*

Tomyris Die meisten Geschichtsbücher berichten zwar, daß Kyros der Große, der Gründer des altpersischen Weltreichs, 530 v. Chr. auf einem Feldzug starb. Aber selten wird erwähnt, daß er im Kampf besiegt und getötet wurde von einer Amazonen-Herrscherin, die Königin der Massageten, eines skythischen Stammes, war. Als Kyros in seiner Eroberungsgier in das Gebiet der Tomyris eindrang, versuchte sie, einen Waffenstillstand auszuhandeln und sandte ihren Sohn den Eindringlingen als Friedensvermittler entgegen. Er wurde jedoch in Ketten gelegt, und der junge Prinz wählte vor Scham den Freitod.

Kurz zuvor hatte Tomyris ihrem Gegner eine letzte Warnung überbringen lassen: «Gib mir meinen Sohn zurück! Wenn du dich weigerst, schwöre ich, daß du Blutdürstiger dein gerechtes Maß an Blut bekommen wirst.» Kyros schlug diese Drohung in den Wind, und so vernichtete Tomyris sein ganzes Heer und nahm den König gefangen. Sie zog ihm die Haut ab, köpfte ihn, hielt seinen abgetrennten Kopf über die mit Blut gefüllte Haut und forderte Kyros auf, seinen Durst nun zu stillen.

Tonacacihuatl → *Omecihuatl*

Tonantzin, Ilamatecuhtli «Die erlösende Mutter» war – neben → *Teteoinnan* und oft gleichgesetzt mit ihr – die zweite der aztekischen Muttergöttinnen. Gehuldigt wurde ihr mit einem Fest zur Wintersonnwende, bei dem eine ganz in Weiß gekleidete Frau, geschmückt mit Muscheln und Adlerfedern, schluchzend und singend durch die Menge tanzte. Ein Priester begleitete sie, nahm ihr dann die Göttinnen-Maske ab und tötete die diesjährige Inkarnation der Göttin. Am nächsten Tag schlugen die aztekischen Männer die Frauen der Gemeinschaft mit kleinen Beuteln voll grünen Papiers – offensichtlich ein magischer Akt, um die Lebenskraft zu erneuern.

Tou-mou → *Dou Mu*

Toyota-Mahime Diese japanische Meeresgöttin, die «Herrin der Juwelenfülle», taucht in der aus dem 7./8. Jahrhundert stammenden ältesten Chronik des Kaiserreichs Japan (*Kojiki*) auf. Wie die europäische → *Melusine* heiratete sie einen Sterblichen, warnte ihn aber, sie nicht anzusehen, wenn sie ihr Kind zur Welt brachte. Dann versteckte sie sich in einer mit Kormoranfedern gedeckten Hütte. Natürlich vermochte ihr sterblicher Gatte seine Neugier nicht zu bezähmen, er spähte hinein und sah Toyota in ihrer eigentlichen Schlangengestalt umhergleiten. Sie entdeckte seinen Vertrauensbruch, kehrte sogleich in den Ozean zurück und schloß für immer die Verbindungstür zwischen ihrem und seinem Reich.

Toyo-Uke Eine japanische Nahrungsgöttin, deren goldverzierter Schrein in der heiligen Stadt Ise steht. Manchmal wird sie als frühe Sonnengöttin bezeichnet, deren Kult zurückstehen mußte hinter dem der wesentlich mächtigeren → *Amaterasu*.

Triduana Ein schottischer Name für → *Brigit* im Gebiet um Edinburgh. Über Triduana wurde die berühmte Legende erzählt, daß sie sich lieber die Augen ausriß, um ihre Schönheit zu zerstören, als von einem lüsternen König verfolgt zu werden – in diesem Fall von Nachtan, dem König der Pikten. Triduanas heilige Stätte war ein Brunnen unter einer Druiden-Eiche.

Truden → *Druden*

Trung-Trac und **Trung-Nhi** Diese beiden vietnamesischen Regengöttinnen waren ursprünglich Kriegerinnen, die eine Revolte ihres Volkes gegen einen tyrannischen chinesischen Gouverneur anführten. Der Aufstand war erfolgreich, und Trung-Trac, die ältere Schwester, wurde Königin. Später drangen die Chinesen von neuem ein, und es gelang ihnen, das Land erneut zu erobern. Nach ihrem Tode wurden die beiden Frauen zu Göttinnen erhoben.

Tsan-nu → *Zan Nu*

Tsi-ku → *Zi Gu*

Tsuru Als Japan unter der Herrschaft von Schamanen-Königinnen stand, bot sich diese Frau, als in der Präfektur Oita ein Damm gegen die tosende Flut errichtet werden mußte, selber als Menschenopfer an. Sie wurde im Fluß lebendig begraben, wodurch es gelang, die Wasser so zu teilen, daß das Dorf in Sicherheit war. Möglicherweise war sie selbst eine Schamanin, denn es heißt, daß nur spirituell hochbegabte Frauen zerstörerische Fluten aufzuhalten vermögen, vorausgesetzt sie sind auch bereit, ihr Leben dafür zu opfern. Manchen Deutungen nach war dieser «Tod» nur symbolisch zu verstehen und bedeutete den Rückzug in ein asketisches Leben im Kloster. Tsuru wurde im Aibara-Schrein in der Nähe der Stelle, wo sie sich geopfert hatte, verehrt.

Tuchulcha Die Etrusker stellten sich den Tod als Frau vor, mit furchterregenden Augen, die über einen Schnabel starrten, mit Eselsohren, mit Riesenschlangen als Haar und einer um den Arm gewundenen Schlange.

Tuli Während der große Vatergott von Samoa das aus Wasser bestehende Chaos der uranfänglichen Zeit beobachtete, flog die Vogelgöttin Tuli darüber. Als sie ermüdete, warf er große Steine vom Himmel, damit sie sich wenigstens für kurze Zeit niedersetzen konnte. Dies wurden die Inseln Polynesiens. Als sie auf einem dieser Felsen ausruhte, wurde ihr die Sonne zuviel, die ihr auf den Kopf brannte. Deshalb flog sie zum Himmel zurück und brachte sich eine Kletterpflanze als Sonnenschirm mit. Auf dem Gewächs saßen Maden, die nun über die Felseninsel krochen und aus denen die ersten menschlichen Wesen wurden.

Tundra Ilona Die Ugrier, eingeschlossen die Ungarn, glaubten, daß diese Göttin die Welt erschaffen habe. In Gestalt eines Schwans habe sie das Ei der Sonne in den Himmel gelegt.

Tu-Njami, Bokoj, Locia Amai, Togo Musun Die «Mutter des Feuers» hatte bei den verschiedenen Völkern Sibiriens unterschiedliche Namen, doch überall stellte man sie sich als kleines nacktes Mädchen vor, das nichtsdestoweniger stark genug war, um die ganze Familie zu beschützen. Man verehrte sie in jedem Haus, an jedem Haus – besonders die Frauen, deren Ahnherrin sie war. Sie galt auch als eine Göttin der Reinigung und des Heilens, die sich energisch für die Beseitigung von Leiden und von Schmutz einsetzte. Tu-Njami kümmerte sich ferner um die Geburten, denn sie war selbst eine ungeheuer fruchtbare Mutter, die mit jeder Flamme kleine Nachbildungen von sich selbst zur Welt brachte.

Tuonetar Diese Todeskönigin lebte, so heißt es im finnischen Nationalepos *Kalevala*, in einem finsteren Urwald irgendwo auf der Erde, vom Land der Lebenden getrennt durch einen schwarzen Fluß. Man hielt es für möglich, Tuonela, das Land Tuonetars, zu erreichen, wenn man sieben Tage lang durch Buschwerk ging, sieben Tage durch offenes Waldland und die letzten sieben Tage durch dichten Wald. Schließlich erreichte der Wanderer das Ufer des Flusses Manala, wo Tuonetars Schwäne schwammen und wo ihre Töchter die dunklen Gewänder wuschen. Allein diese jungen Frauen konnten – wenn sie wollten – den Reisenden in das Land von Tuonetar bringen. Aber nur wenige Menschen überlebten ihre Hilfe, denn sie waren Göttinnen, die tödliche Krankheiten brachten. Hatten Tuonetars Töchtern den Besucher auf diese Weise zur Todeskönigin gebracht, bot diese dem Neuankömmling einen Zaubertrank aus Fröschen und Würmern an. Sobald er ihn getrunken hatte, gab es für ihn keine Rückkehr mehr ins Land der Lebenden.

Turan (etruskisch)

Turachoque → *Bachue*

Turan Bevor Rom die ganze Apenninen-Halbinsel erobert hatte, existierte im Bereich der heutigen Toskana eine sehr hochstehende und vielschichtige Kultur. Die dort lebenden Etrusker hatten eine Theologie und Lebensphilosophie entwickelt, die sich sehr von der Roms unterschied – eine Kultur, die mit dem römischen Sieg unterging und deren Überreste nur in der einseitigsten Quelle, die man sich denken kann, zu finden sind, nämlich in den Berichten ihrer Eroberer.

Die Etrusker hinterließen zwar auch ihre eigenen Worte, aber ihre Inschriften sind in einer Sprache geschrieben, die man bis heute nicht entziffern konnte und die offensichtlich mit keiner bekannten Sprache verwandt ist. Die geheimnisvolle etruskische Kultur soll, so heißt es bei Herodot, aus Lydien gekommen sein. Es war eine matriarchalische Kultur, in der die Kinder die Namen der Mütter trugen und den gesellschaftlichen Status der Mütter annahmen.

Dieses lydische Erbe scheint in Etrurien überlebt zu haben, denn die etruskischen Frauen genossen mehr Gleichberechtigung mit den Männern als ihre Geschlechtsgenossinnen in anderen mediterranen Ländern der Antike. Um so bedauernswerter, daß nur die Namen ihrer Göttinnen überlebt haben. Man weiß nicht genau, ob die starke Position der Göttinnen auch zu gesellschaftlicher Gleichstellung ihrer menschlichen Geschlechtsgenossinnen mit den Männern führte, oder ob die Dominanz der Göttinnen nicht eher die Emanzipation der Menschenfrauen widerspiegelte. Immerhin könnten die etruskischen Göttinnen die feministischsten der alten Welt gewesen sein.

Wenigstens über eine etruskische Göttin ist etwas mehr als nur der Name bekannt: über Turan – die als Turanna überlebte, als «gute Fee» des Friedens und der Liebe im modernen Italien. Ihr Name stammt von demselben Wort ab wie das griechische *tyrannos* («Herrscher»). Man nimmt an, daß diese Turan die Lebenskönigin war, vergleichbar mit → *Aphrodite*. Sie war zugleich «Geliebte» und «Herrin», eine Gottheit der Sexualität und der Macht. Ihre Tempel waren außerhalb der Stadtmauern von Vulci errichtet, als ob man junge Leute und die Mütter kleiner Kinder von ihm fernhalten wollte. Die Attribute der oft geflügelt dargestellten Großen Mutter der Etrusker waren Schwan und Taube oder ein Blütenzweig. Als ihre größte Konkurrentin um die Gunst der Menschen galt Menrva (→ *Minerva*).

Turesh Die Ainu Nordjapans erinnern sich an ein goldenes Zeitalter, als die Menschen für ihren Lebensunterhalt nicht zu arbeiten brauchten – eine glückliche Zeit, als der Gott Okikurumi in seinem himmlischen Meer Fische fing und den Fang durch die Göttin Turesh in Körben herabsandte. Aber es gab, wie in vielen Paradiesen, ein strenges Gesetz: Keiner durfte nach dem Namen der Wohltäterin fragen oder versuchen, ihr Aussehen zu enthüllen. Ein Ainu jedoch war schändlich neugierig und packte die helfende Hand, als sie Essen auf seinen Tisch stellte, und zog zu seinem Entsetzen ein sich windendes Seeungeheuer ins Haus. An diesem Tag kam der Zorn des Himmels über alle Ainu, und seit dieser Zeit müssen sie sich die spärliche Nahrung selbst erkämpfen, die ihr raues Land ihnen bietet.

Turrean Ursprünglich war die irische Wolfshundgöttin ein Mensch gewesen. Sie wurde von der boshaften Feenkönigin Uchtdealbh jedoch in die schönste Hündin verwandelt, die je gelebt hat. Viele Jahre wurde sie an einem Ort in der Galway-Bucht als Gefangene gehalten, bis ihr Neffe, der Held Fionn (→ *Grainne*), sie befreite und ihr die menschliche Gestalt zurückgab. In der Zwischenzeit hatte sie zwei Söhne zur Welt gebracht, die ihre hündische Form beibehielten; sie lebten bei ihrem Onkel und reisten mit ihm als die halbmenschlichen Hunde Bran und Sgeolan.

Tutilina → *Seia*

Tyche Über die Abstammung der griechischen Göttin der Schicksalsfügung waren sich die Dichter der Antike absolut nicht einig. Hesiod nannte sie eine der Töchter der → *Ozeaniden*; für Pindar war sie dagegen weitaus höherer Abkunft, nämlich eine Tochter des Zeus. Sicher ist, daß gegen Ende der glanzvollen Epoche Griechenlands, als das Vertrauen in die Gottheiten des Olymp ins Wanken geriet, allein der Respekt vor Tyche nicht geringer, sondern sogar noch größer wurde. Mehrere hellenistische Großstädte (z. B. Antiochia) wählten sie nun zur Stadtgöttin. Auf bildlichen Darstellungen ist sie mit einem Steuerruder – das bedeutet, als Lenkerin des Schicksals – zu sehen oder mit Rad und Kugel, einem alten Symbol der Unbeständigkeit des Seins. Manchmal hält sie auch ein Füllhorn. In der optimistischen Annahme, daß dieses nur Gutes enthalten könne, wurde Tyche in römischer Zeit oft mit → *Fortuna* gleichgesetzt.

Tzitzimitl → *Mayahuel*

U

Uadjit → *Uto*

Uchtdealbh → *Turrean*

Uke-Mochi Japans Nahrungsgöttin hatte ihre spezielle Art, für die Bedürfnisse der Welt zu sorgen: sie erbrach sich. Wenn sie das Land anblickte, quoll Reis, gekocht und eßfertig, aus ihrem Mund. Trat sie dem Meer gegenüber, würgte sie Fisch und Seegras hervor. Schaute sie auf die Berge, spie sie Wild aus, das sogleich gefangen werden konnte.
Unglücklicherweise bereitete sie auf diese Weise auch das Mahl, als der rabiate Sturmgott Susanoo sie besuchte. Es widerte ihn so an, daß er sie tötete. Ihr Körper fiel auf die Erde und löste sich in Nahrung auf: Vieh stürmte aus ihrem Kopf, Seidenraupen krochen aus ihren Augenbrauen, Reispflanzen sprossen aus ihrem Bauch. Uke-Mochis Ermordung verärgerte ihre Schwester, die große Göttin → *Amaterasu*, derart, daß sie ihr Licht zurückzog und so den ersten Winter auf der Welt verursachte.

Uks-Akka Die «Alte Dame an der Tür» der Samen (oder Lappen) war die Tochter der Geburtsgöttin → *Madder-Akka*. Sie bestimme, welche der weiblichen Föten im Leib der Schwangeren zu Jungen wurden – eine Verwandlung, die dem korrekten biologischen Entwicklungsgang entspricht.

Uma Die auch Hajmavati («Die vom Himalaya Stammende») Genannte war nicht nur eine der Gemahlinnen des großen Hindu-Gottes Shiva, sondern auch die Symbolgestalt für den höchsten Gipfel des Seins. Die ebenso schöne wie kluge Schwester der → *Ganga* trat, wie die altindische Literatur belegt, als Vermittlerin zwischen Brahma, dem Schöpfer des Universums, und den anderen Göttern auf. Wie groß der Respekt vor ihr war, geht daraus hervor, daß Shiva den Beinamen Umapati («Umas Gatte») trug.

Umaj Die Völker Sibiriens hatten eine Menge ganz unterschiedlicher Traditionen, doch die Geburtsgöttin Umaj wurde von fast allen verehrt. Die Chakassen waren überzeugt, sie lebe in der Plazenta; bei den Schoren beschützte sie die Neugeborenen. Die benachbarten Altaier glaubten, die heiligen Berge ihres Landes seien von großbrüstigen Frauen besetzt, die sich – selbst im Winter – nackt zeigten. Wer es mit einer von ihnen zu einem Liebesverhältnis brachte, hatte stets Glück bei der Jagd.

Umm Attar «Mutter Attar» war eine arabische Göttin, die → *Hathor* oder → *Ashera* ähnelte, den beiden wohltätigen Gottheiten der Sexualität und der Fortpflanzung.

Undine Der erst aus dem 16. Jahrhundert belegte Name, abgeleitet vom lateinischen *unda* («die Welle»), bezeichnet einen weiblichen Elementargeist des Wassers von menschlicher Gestalt und mit einer sterblichen Seele. Unsterblichkeit kann sie der Sage nach nur durch die Vermählung mit einem irdischen Mann erlangen. Dessen Untreue aber würde ihr den Tod bringen.
Einige der meist unglücklich ausgehenden Liebesgeschichten zählen – ebenso wie die über → *Melusine* und → *Rusalky* – zum

Unelanuhi

Sagen- und Märchenschatz der mitteleuropäischen Weltliteratur.

Unelanuhi Bei den Cherokee-Indianern, wie bei vielen anderen Völkern, sah man in der Sonne eine liebliche junge Frau und im Mond ihren Bruder und Liebhaber. Ihr Name Unelanuhi bedeutet «Teilerin» oder «Zuteilerin», denn sie war es, die die Zeit in ihre Abschnitte einteilte. Sie wurde aber auch Aghyu Gugu («Wunderschöne Frau») genannt.
Sie kam mit Hilfe der Spinnenfrau (→ *Hatai Wugti*) in unsere Welt, denn ursprünglich hatte dieser Planet keine Sonne, und die Tiere der Erde konnten keine aus der Unterwelt holen. Das Opossum versuchte es und verbrannte sich seinen Schwanz. Der Geier wollte Unelanuhi auf seinem Kopf tragen und sengte sich die Federn ab. Aber die Spinnenfrau wob ein Netz, mit dem sie Unelanuhi in die Welt zog.
Unelanuhi pflegte mit einem jungen Mann zu schlafen, der sie einmal im Monat besuchte, sich jedoch weigerte, seinen Namen zu nennen. Entschlossen herauszufinden, wer sie da beglückte, tauchte sie ihre Hände in Asche und rieb damit im Dunkeln sein Gesicht ein. Als der Tag anbrach, kam ihr Bruder zum Frühstück und hatte Asche auf seinem Gesicht – die dunklen Flecke kann man heute noch auf dem Mond sehen, denn der junge Mann rannte aus Scham vor seiner Schwester davon und blieb an der entferntesten Stelle des Himmels stehen. Jedoch einmal im Monat kann er nicht widerstehen, sie in der Dunkelheit des Neumondes zu besuchen.

Uni Eine der wenigen etruskischen Göttinnen, die namentlich bekannt sind. Später entwickelte sich ihr Name möglicherweise zu → *Juno*. Sie war die Wohltäterin der Städte Etruriens und besonders der Frauen, die dort lebten. Als Königin des Himmels schleuderte sie Blitze, wenn sie ärgerlich war. Wurde sie erfreut, gewährte sie Mutter und Kind eine problemlose Geburt. Ihr wichtigstes Heiligtum war in Pyrgi, dem Hafen der Stadt Caere, wo ihre Anhänger sie mit Silber und Gold ausstatteten.

Urania → *Aphrodite*, → *Musen*

Urd → *Nornen*

Uretsiti und Naotsiti → *Utset und Nowutset*

Urvashi Als die Hindu-Götter den Ozean aufwühlten, entstiegen ihm neben anderen Geschöpfen die → *Apsaras* («Die sich im Wasser Bewegenden»). Die sich um alles Mögliche kümmernden Geister und «Töchter des Vergnügens» galten als Inkarnationen von parallelen Welten, die jenseits menschlicher Wahrnehmung existieren. Als Tänzer und Sänger des Himmels sind sie für ihre Liederlichkeit bekannt, nehmen sich jeden zum Liebhaber, nach dem es sie gelüstet.
Am schönsten und berühmtesten war Urvashi (ein Name, der manchmal für die Göttin der Morgendämmerung → *Ushas* gebraucht wurde), die geboren wurde, als ein von verführerischen Apsaras umgebener Weiser auf seinen Schenkel schlug. Ihr Liebesleben erweckte den Zorn sowohl des Herrschers über das Tageslicht, Mitra, als auch den des Herrschers über die Dunkelheit, Varuna, und sie wurde dazu verurteilt, auf Erden und unter den Menschen zu leben. Über dieses Zusammenleben gibt es in der altindischen Literatur zahlreiche abenteuerliche und zu Herzen gehende Geschichten.
Einmal war Urvasi bereit, mit einem menschlichen König zusammenzuleben – wie es auch andere → *Nymphen* gelegentlich taten –, doch gab sie ihm zu verstehen, daß menschliche Nacktheit sie anwidere. Er versprach, daß sie ihn nie unbekleidet sehen sollte. Als er dies eines Tages vergaß, floh sie. Nachdem er versprochen hatte, dem Thron zu entsagen und Sänger und Tänzer zu werden, war sie bereit, zu ihm zurückzukehren.

Ushas Von der hinduistischen Göttin der Morgendämmerung – manchmal auch → *Urvashi* genannt – hieß es, sie bleibe ewig jung, aber der Umgang mit Männern mache sie sofort älter. Sie erschien jeden Morgen auf einem von rosaroten Kühen gezogenen Wagen (den Wolken), warf ihre Bluse ab und enthüllte gleißende Brüste, die den Himmel mit Glanz erfüllten. Wie andere Göttinnen der Morgendämmerung (z. B. → *Eos*, → *Heket*) war sie leichtfertig und soll entweder die Mutter oder die Geliebte der Sonne gewesen sein.

Uti Hiata Mit diesem Namen bezeichneten die nordamerikanischen Pawnee-Indianer die «Kornmutter», neben → *H'Uraru* eine der wichtigsten Gottheiten der indianischen Präriekultur. Ihre Nachbarn, die Arikara, erzählen von Uti Hiata eine ziemlich lange Geschichte: Vom großen blauen See der Schöpfung brachten tauchende Enten Stücke von Schlamm herauf, um Prärien und Vorgebirge zu bilden.

Weil der Himmelsvater Nesaru glaubte, daß Riesen die Erde zu bevölkern beginnen, sandte er eine große Flut, um sie zu zerstören, und bepflanzte die Erde neu mit Mais, der zu menschlichen Wesen heranwuchs. Dann schickte er die Kornmutter, um bei ihrer Geburt zu helfen.

Da sie auf der Erde niemanden finden konnte, ging die Kornmutter immer weiter und weiter. Plötzlich entführte sie der Donner und versteckte sie unter der Erde. Dort versammelte sie die Unterwelttiere, den Maulwurf, die Maus, den Dachs. Mit deren Hilfe grub sie sich durch den Boden, bis sie ins Sonnenlicht durchbrach – und mit ihr kamen auch die Menschen der Prärie hervor. Sie lehrte sie die Geheimnisse des Lebens und der Magie und die Methoden der Landwirtschaft sowie die religiösen Rituale. Zufrieden, daß die Menschheit im Überfluß leben würde, verschwand sie von der Erde und ließ die Zedern als Symbol ihrer Existenz zurück.

Uto, Edjo, Uadjit, Wadjet Die Göttin der Kobra bzw. der königlichen Uräusschlange Unterägyptens und des Nildeltas vereinte sich mit → *Nechbet*, um die «zwei Herrinnen» des Landes zu bilden, die → *Neb-ti*, ein politisches Symbol für die Vereinigung Ober- und Unterägyptens. Eine Darstellung der Spätzeit zeigt beide Göttinnen in Schlangengestalt auf Papyruspflanzen sitzend. Uto soll den für die ägyptische Kultur so überaus wichtigen Papyrus geschaffen haben. Ihr Name bedeutete «Die Grüne» und dementsprechend verkörperte sie die Lebenskräfte des Wachsens und Gedeihens.

Utset und Nowutset, Uretsiti und Naotsiti Die Stamm-Mütter der Menschheit waren für die Sia- und Navajo-Indianer im Südwesten der USA zwei Schwestern, die ersten Menschen auf der Welt. Eine Zeitlang lebten sie in Frieden, bis sich zwischen ihnen eine Rivalität entwickelte. Manche Geschichten berichten von einem Rätselwettbewerb, bei dem die schwerfälligere Nowutset gegen Utset verlor, die sie nun tötete.

Nach einer anderen Version beendeten die Schwestern einen Streit mit dem Beschluß, daß als Gewinnerin diejenige gelten solle, die am Morgen von der Sonne als erste berührt werde. Nowutset war größer, aber Utset betrog und gewann. Der Wettstreit wurde noch einmal durchgeführt. Nowutset schubste plötzlich ihre Schwester, und ein verbissener Kampf begann. Die Schwestern, die es nicht fertigbrachten, zusammenzuleben, trennten sich. Utset wurde die Mutter der Pueblo-Völker und Nowutset die Mutter aller übrigen Völker.

Utta → *Aluzza*

Uttu Sumerische Göttin der Pflanzen. Sie verlor ihre Nachkommen an ihren Urgroßvater und Liebhaber Enki.
Siehe auch → *Ninhursag*.

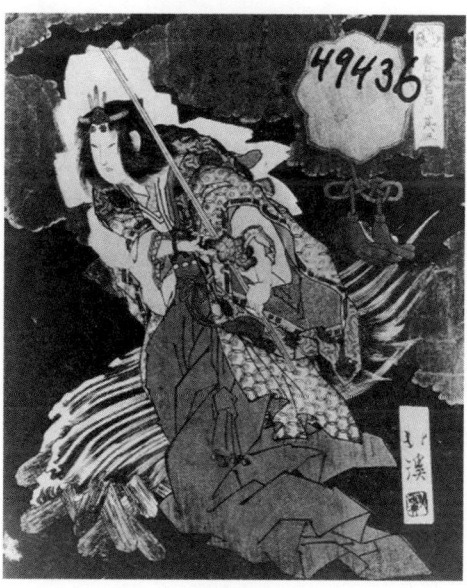

Uzume

Uzume

Uzume Diese alte japanische Schamanengöttin war es, die die Sonnengöttin → *Amaterasu* aus der Höhle lockte, in der sie sich versteckt hielt. Dazu machte Uzume aus einem schamanistischen Ritual ein vergnügliches Possenspiel. Sie band sich mit Strängen aus Moos die Ärmel bis über die Ellenbogen hoch, befestigte Glöckchen an ihren Handgelenken und tanzte auf einem umgedrehten Kübel vor der himmlischen Felsenhöhle. Während sie mit ihren Füßen den Rhythmus schlug, entblößte sie ihre Brüste und dann ihre Genitalien in Richtung der Sonne. Diese Schau wirkte derart komisch, daß die ihr zuschauenden Götter und Göttinnen zu klatschen und zu lachen begannen. Um die Ursache des Lärms festzustellen, öffnete Amaterasu den Eingang zu ihrem Versteck einen Spaltbreit. Im gleichen Augenblick rissen die Götter die Tür ganz auf – und die Erde hatte wieder Licht und Wärme.

Schamaninnen, die Uzume folgten, wurden im alten Japan *miko* genannt. Erst waren sie Königinnen wie → *Himiko*, später Prinzessinnen, schließlich aber nur Frauen niederer Geburt. Heute noch üben einige Japanerinnen die Kunst der Uzume, der schamanischen Weissagung, aus, besonders auf Okinawa und den benachbarten Inseln.

V

Vacuna Diese frühe Ackerbaugöttin entwickelte sich im Volksglauben der italischen Sabiner zu einer Gottheit der Zügellosigkeit und der Belustigung. Die ernsthafteren Römer machten sie zu einer Kriegsgöttin – vielleicht gehörte das Kriegführen ja zu ihren Vorstellungen von Vergnügen – und identifizierten sie mit → *Bellona*.

Vagitana Römische Göttin, die den ersten Schrei eines neugeborenen Babys bewirkte.

Vajravaraki Die Göttin «Luftdurchwanderin» soll sich in Tibet regelmäßig als buddhistische Äbtissin inkarniert haben. Sie brauchte nicht zu schlafen und verfügte über magische Kräfte, um die ihr anvertrauten Nonnen zu beschützen. Als einst mongolische Krieger die Abtei zu erstürmen versuchten, war sie plötzlich verschwunden. An ihrer Stelle befand sich lediglich eine Herde Schweine, angeführt von einer mächtigen und wilden Sau. Nachdem die Gefahr vorüber war, stand das Kloster wieder an seinem Platz, und die Nonnen erhielten ihre menschliche Gestalt zurück.

Vak → *Sarasvati*

Valkyrien → *Walküren*

Valkyrine → *Saule*, → *Saules Meita*

Vanths Als schönste und wohl deshalb berühmteste unter diesen geflügelten etruskischen Dämoninnen der Unterwelt galt Culsa. Sie wurden als Jägerinnen in kurzen Röcken und hohen Stiefeln dargestellt, die Fackeln oder Schlangen trugen und darauf warteten, Menschen ins Jenseits zu schicken.

Var Die nordische Liebesgöttin war für die Eheverträge zwischen Brautleuten zuständig und kümmerte sich auch um die Einhaltung der Versprechen, die sich unverheiratete Liebespaare gaben. Sie nahm an jedem grimmige Rache, der solche Schwüre brach. Als Aspekt der alleswissenden Erde sah und hörte Var alles, was geschah; nichts konnte ihr verborgen werden. Beschwerte sich also ein Liebender über das Unrecht, das ihm sein Partner angetan habe, wußte Var sofort, ob diese Klage berechtigt war oder nicht.

Varia Diese legendäre Irin hatte ein sehr heftiges Temperament, und als ihr notorisch fauler Gatte Donagha sie eines Tages zu äußerster Wut trieb, bedachte sie ihn mit einem Fluch, der ihn zu jenem Punkt Irlands schleuderte, der von ihr am weitesten entfernt war, von Kerry im äußersten Süden nach Donaghadee im Norden.

Varuni → *Gauri*

Vashti Eine elamitische Göttin, die im alttestamentlichen Buch → *Esther* als Königin der Perser auftaucht, wo sie auch als Hohepriesterin des Staates amtierte. Als Diplomatin und Königstochter war Vashti leider mit einem Dummkopf verheiratet, der in seiner Trunkenheit von ihr forderte, vor seinen Freunden nackt zu erscheinen. Sie weigerte sich. «Hat dir das Trinken deinen Verstand genommen? Ich bin Vashti, Tochter des Belsazar, des Nachkommens von Nebukadnezar, der Könige verhöhnte. Willst du Narr der Herr einer so außerordentlichen Schönheit wie mir sein?» Ein hebräischer Ratgeber, der Vashti gern durch

Vatiaz

Venus von Willendorf (um 25 000 v. Chr.).

Venus von Dolni (um 23 000 v. Chr.).

eine Frau seines Stammes ersetzen wollte, drängte den König, die Ungehorsame zum Tode zu verurteilen, als abschreckendes Beispiel für andere Frauen, die über ihren Körper selbst bestimmen wollten. Der König zeigte sich nun noch dümmer und folgte dem Rat. Das Volk der Königin Vashti erhob sich gegen ihn, und der Aufruhr legte sich erst, als Esther den Thron bestieg.

Vatiaz Die mongolischen Burjaten erzählen von dieser Halbgöttin, sie sei nach der Ermordung ihres Bruders zum Himmel gereist, wo sie sich in Männergestalt um die Hand der drei Töchter des Hauptgottes bewarb. Es gab viele Wettbewerbe körperlicher Geschicklichkeit zu bestehen, die sie alle gewann. Obwohl die Schamanen den Göttern verrieten, daß die Siegerin in Wahrheit eine Frau sei, konnten sie ihre Stärke und ihr Geschick nicht leugnen. Also erlaubte man ihr, die Schwestern auf die Erde mitzunehmen, wo sie diese dazu brachte, ihren Bruder wiederzubeleben.

Veden Emo Es war die Aufgabe der finnischen «Mutter des Wassers», die Fische in die Netze der Fischer zu treiben. Bei den finnisch-ugrischen Mordwinen hieß sie Ved-Ava und galt nicht nur als guter Wassergeist, sondern sorgte auch für die Fruchtbarkeit der Erde und der Menschen.
Siehe auch → *Azer-Ava*.

Vegoia, Begoe Als die Etrusker begannen, die Toskana zu besiedeln, erschien diese Göttin, um ihnen beim Aufbau einer Kultur zu helfen, damit sie allen Göttern des alten Italien wohlgefällig wäre. Vegoia zeigte den Etruskern die angemessenen Rituale der Verehrung, lehrte sie, wie man an Vorzeichen die Wünsche der Gottheiten erkennen konnte, und brachte ihnen schließlich bei, wie man das Land vermessen und territoriale Grenzen setzen konnte.

Veja Mate Die lettische «Windmutter» war

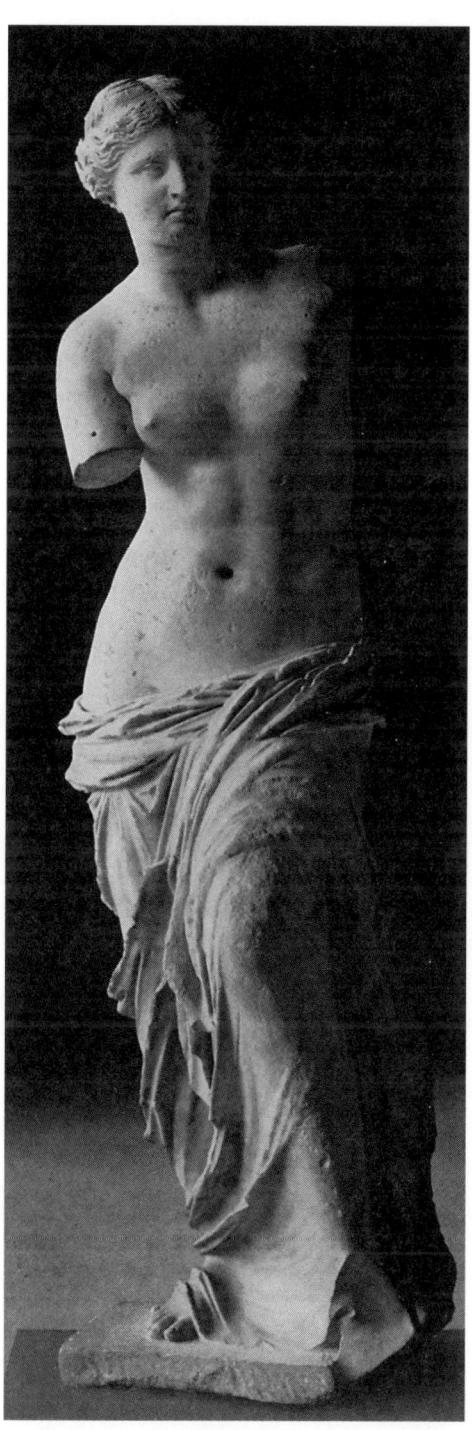
Venus von Milo

auch die Wettermacherin, und gemeinsam mit Meza Mate, der «Waldmutter», sorgte sie für den Wald und seine Vögel. Wenn diese Windgöttin über das Land fegte, hieß es: «Veja Mate bläst die Flöte.»

Veleda Sie war die berühmteste unter den legendären Kriegerköniginnen der kontinentalen Kelten und herrschte über das Volk der Brukterer. Einmal kaperten diese ein römisches Schiff und zogen es als Geschenk für ihre Königin den Fluß Lippe herauf, worüber die Römer außerordentlich wütend waren. Aber deren Legionen, die einen Krieg gegen die äußerst kämpferischen Brukterer scheuten, setzten auf diplomatische Mittel, um ihr Schiff wiederzubekommen.

Vellamo Die finnische Meeresgöttin lebte unter Wasser mit ihren Töchtern, den Wellen, die das Vieh hüteten und auf dem Meeresboden geheimnisvolle Feldfrüchte anbauten.

Velu Mate → *Zemes Mate*

Venus Ihren Namen oder Wörter, die von ihrem Namen abgeleitet sind, benützen wir häufig: *Venus* (für die russischen Raumsonden), *Venusberg* (für den weiblichen Schamhügel), *Venusschuh* (eine Orchideengattung); und *venerisch* bedeutet geschlechtskrank (schließlich war sie auch die Göttin der Geschlechtlichkeit). Doch wenn wir von der «Venus auf der Muschelschale» sprechen, dann verwechseln wir sie mit der griechischen → *Aphrodite*.
Die Verwechslung mit der «Schaumgeborenen» hat eine lange Geschichte, denn die Römer selbst identifizierten die italische Garten- und Frühlingsgöttin mit der großen griechischen Liebesgöttin. Obwohl es darum heute unmöglich ist, Venus von Aphrodite zu unterscheiden, war die römische Göttin ursprünglich ein Geist der Schönheit der Natur; jungfräuliche Priester und Priesterinnen dienten ihr. Wo immer ein großer Stein in der Nähe eines hohen Baumes lag, war ein Heiligtum von Venus. Dort konnte ihr Altar für die unblutigen Opfer errichtet werden. In dieser frühen Form war Venus weit weniger vielschichtig als die Göttin, mit der man sie vermischte: eine

Verbeia

feinfühlige, reizende und «gewinnende» Göttin der jugendlichen Liebe, jener Art Liebe, die bei Ausflügen zum Beerenpflücken entstand und bei Flirts in Venus' eigenem Küchengarten.

Verbeia → *Sequana*

Verdandi → *Nornen*

Veritas Die römische Göttin der Wahrheit, die sich auf dem Grund der Brunnen verbarg.

Vesta Der große römische Epiker Vergil hielt es für leichter, Vesta zu fühlen, als sie zu erklären. Sein Zeitgenosse Ovid schrieb, Vesta und das Feuer benötigten keine bildliche Darstellung – denn Vesta sei Feuer und Feuer sei Vesta. Wie die griechische → *Hestia* wurde Vesta ursprünglich nie in menschlicher Gestalt gezeigt, in späterer Zeit jedoch auf Münzen als verschleierte Figur dargestellt.
Hinter diesem Schleier verbarg sich die zentrale Gottheit der römischen Familie, jene Göttin, der täglich in jedem Haus Gaben geopfert wurden, und zwar stets am Herd. In der Öffentlichkeit ehrte man Vesta im einzigen runden Tempel Roms. Darin brannte ein heiliges Feuer, das von der hoch angesehenen Schwesternschaft der vestalischen Jungfrauen, Amatae genannt, gehütet wurde. Am 1. März eines jeden Jahres löschten die Vestalinnen das Feuer, um es neu zu entzünden. Beginnend mit dem 9. Juni, dem Vestalia-Tag, wurde zu Ehren der Göttin ein mehrtägiges Fest gefeiert: Roms Hausfrauen brachten barfüßig auf ihren Herden bereitetes Essen zum Tempel, und die Vestalinnen verteilten Salzgebäck, das sie über Vestas Feuer gebacken hatten. Nach einer Woche schlossen die Vestalinnen den Tempel, reinigten ihn gründlich, warfen den Abfall in den Tiber und öffneten den Tempel erneut für ein Jahr.
Im Gegensatz zur Jungfräulichkeit der Priesterinnen wurde Vesta als Mutter geehrt, und es gibt Hinweise, daß ein phallusförmiges Bildnis in ihrem Tempel bis in die Kaiserzeit hinein verehrt wurde. Dies und die Tradition, das vestalische Feuer wieder zu entzünden, indem man Holz aneinander rieb – immer ein

Venus aus Pompeji

Symbol für Sexualität –, lassen vermuten, daß Vesta auch eine Göttin der Fortpflanzung war, ein Garant für die unaufhörliche Erneuerung der Familie und des römischen Staates. Der Schein des vestalischen Feuers und eines jeden Herdes in römischen Wohnungen zeigte den Willen der Menschen, sich fortzupflanzen und ihren Staat zu unterstützen. Wenn das öffentliche Feuer unversehens mal erlosch, galt dies als schlechtes Omen. Drohte der Stadt Krieg, so betrachtete man die vestalische Äbtissin als die geeignete Person, ihn zu verhindern bzw. einen Frieden auszuhandeln.
Für Männer war der Zutritt zum Tempel der Vesta streng verboten. Ließ eine Vestalin heimlich ihren Geliebten hinein und bei der Beschäftigung mit ihm obendrein noch das heilige Feuer ausgehen, so drohte ihr grausame Bestrafung: Entweder wurde sie lebendig begraben oder vom Tarpejischen Felsen hinabgestürzt.

Vesuna Erinia Eine frühe italische Herdgöttin, die im Unterschied zu → *Vesta* jedoch verheiratet war.

Victoria Die römische Siegesgöttin; eine Entsprechung der griechischen → *Nike*. Ihr Haupttempel und ihr Thron standen auf dem Palatin-Hügel in Rom. Vor wichtigen Senatssitzungen wurden der Siegverheißenden dort Weihrauch und Wein geopfert.

Vilen Weibliche Wald-, Sturm- und Wettergeister osteuropäischer Völker, die sich diese gefährlich schönen Wesen als hellhäutige, geflügelte Frauen vorstellten mit glitzernden Gewändern und goldenem Haar, das ihnen bis auf die Füße fiel. Sie lebten tief in den Wäldern, wo sie ebenso die Tiere und Pflanzen beschützten wie die Flüsse von Schotter reinigten und für ausreichend Regen sorgten.
Jäger nahmen sich in acht vor den Vilen, die in fürchterliche Wut gerieten, wenn man ein Tier aus ihren Lieblingsherden tötete. War dies geschehen, so verstümmelte die Vila den Angreifer oder lockte ihn in einen magischen Kreis und tanzte mit ihm so lange, bis er leblos niedersank. Es konnte auch sein, daß die Vila ihn unter Felsen begrub, indem sie einen Bergrutsch auslöste, oder ihm einfach auf der Stelle das Herz brach.
Die Vilen konnten sich als Schlange maskieren, als Schwan, Falke, Pferd oder Wirbelwind. Da sie an einem Tag mit Nieselregen geboren worden waren, als die Sonne einen kleinen Regenbogen über den Bäumen bildete, kannten sie alle Geheimnisse des Heilens und die Kraft der Kräuter. Wünschte eine Frau, ihre Fertigkeiten zu erlernen, mußte sie Blutsschwesternschaft mit einer der Vilen erlangen. Die Bewerberin ging an einem Sonntag bei Vollmond und vor Sonnenaufgang in den dichten Wald, zeichnete mit einem Birkenzweig oder einem Besen einen Kreis, legte mehrere Pferdehaare, einen Huf und etwas Dünger hinein, stellte sich mit ihrem rechten Fuß auf den Huf und rief nach der Vila. Sofern sie erschien, mußte man sie freudig als Schwester begrüßen. Dann gewährte sie einem jeden Wunsch.

Vinata → *Kadru*

Viriplaca «Die Männer Besänftigende» Göttin der Römer, in deren Tempel auf dem Palatin-Hügel Ehepaare, die miteinander in Streit lagen, sich aussprechen und Rat finden konnten.

Vitsa-Kuva Die «Herrin des Viehhofs» erschien bei den Tscheremissen Ostrußlands des Nachts als weiß gekleidete Frau inmitten der Herden in den Pferchen. Wenn sie den Besitzer der Herde mochte, förderte sie die Paarung der Tiere und steigerte so den Reichtum der Familie. Wehe jedoch demjenigen, gegen den Vitsa-Kuva eine Abneigung gefaßt hatte. Dessen Herde jagte sie den ganzen Tag über alle Felder, bis die Tiere vor Erschöpfung tot umfielen.

Viviane Mächtiger als der große Zauberer Merlin muß diese walisische Zauberin gewesen sein; denn als Viviane beschloß, Merlin für immer als Liebhaber zu behalten, verzauberte sie ihn so, daß er glaubte, in einem hohen Turm gefangen zu sein, während er in Wirklichkeit mitten auf einer Wiese saß.

Volla → *Fulla*

Völuspa Dieser Name war, wie Völva, in Skandinavien eine Bezeichnung für weise Frauen. Nach der berühmtesten Völuspa der nordischen Überlieferung wurde das bekannteste Götterlied der *Edda* (*Völuspa*) benannt. Geboren vor dem Anbeginn dieser Welt, wurde die Seherin gebeten, die Geschichte der Welt zu erzählen. Als sie einmal damit begonnen hatte, hörte sie nicht mehr auf, selbst als die Götter nichts hören wollten von ihrem eigenen Tod an Ragnarök, dem Jüngsten Tag der Götter.

Völva → *Gullveig*

Vör Nordische Göttin der Klugheit, deren Weisheit darin bestand, daß sie äußerst vorsichtig war und ihr nichts auf der Welt entging.

Vut-Imi Diese sibirische Schöpfungsgöttin lebte im Eismeer, von wo aus sie rund um die Erde reiste. Gelegentlich ließ sie dabei Handschuhe fallen, aus denen Flüsse wurden,

Vut-Imi

Schlitten, die zu Hügeln wuchsen, und Rentiere, aus denen Kiefern sprossen. Nachdem sie auf diese Weise die arktische Welt geschaffen hatte, zog sie sich auf eine Insel im See Numto zurück, der ihre bedeutendste heilige Stätte wurde.

Als hoher Gottheit wurde Vut-Imi bei verschiedenen Festlichkeiten, z.B. nach Bärenjagden, mit Gesängen gehuldigt, zu anderen Gelegenheiten mit heiligen Feuern. Ihr Bildnis wurde aus Silber- und Goldplatten gefertigt und stand in einem kleinen Gebäude, in dessen Umkreis Kessel an Haken hingen, die wie Menschen geformt waren.

Siehe auch → *Kasum-Naj-Ekva.*

W

Wadjet → *Uto*

Wahini-Hai Diese dämonische Mutterfigur Polynesiens war eine verführerische Frau, wenn man von ihren vorstehenden Augen absah und ihrer Zunge, die bis zu ihren Zehen hing. Sie schlich durch die Welt, kleine Kinder stehlend und verspeisend.

Wah-Kah-Nee «Die treibende Jungfrau» wurde bei den Chinook-Indianern an der nordamerikanischen Pazifikküste als gewöhnliche Sterbliche geboren. Nach einem endlosen, bitter kalten Winter schmolz das Eis auf den Flüssen nicht mehr, es bliesen keine milden Frühlingswinde übers Land, und die Menschen fürchteten um ihr Überleben, denn sie würden im Herbst kaum etwas ernten können.
Ein Rat wurde einberufen, und die Ältesten erinnerten sich, daß endlose Winter immer dann eintraten, wenn Vögel getötet worden waren. Jeder einzelne wurde gefragt, ob er oder sie eines solchen Verbrechens schuldig sei. Alle verneinten dies. Aber die Kinder zeigten auf ein kleines Mädchen, das weinend gestand, sie habe einen Vogel mit einem Stein getroffen, der dann gestorben sei.
Die Chinook zogen dem Mädchen die besten Kleider an, setzten sie auf einen Eisblock und boten sie den Wintergeistern als Opfer dar. Fast augenblicklich brach das Eis der Flüsse auf, und der Sommer wurde so schön wie nie zuvor. Im folgenden Frühjahr, als das Eis sich wieder in Bewegung setzte, sahen die Leute vom Flußufer aus einen Eisblock, in dem der Körper des Mädchens eingeschlossen war, und holten ihn an Land. Wunderbarerweise gelang es, das Kind wiederzuerwecken, und von nun an lebte Wah-Kah-Nee unter ihrem Volk als heiliges Wesen, das ohne schützende Kleidung, sogar barfuß, durch den Winter gehen und sich mit seinen Geistern unterhalten konnte.

Wakahirume Die Lieblingsweberin der japanischen Sonnengöttin → *Amaterasu* starb, als der böse Gott Susanoo den gehäuteten Kadaver eines gescheckten Fohlens durch das Dach der Himmlischen Webstube warf. Vor Schreck fiel sie so unglücklich auf ihr Weberschiffchen, daß es ihre Vagina durchstieß und sie verblutete. Dies machte die Sonnengöttin derart wütend, daß sie sich in der Himmlischen Felsenhöhle einschloß, und nur die Erschaffung des ersten Spiegels der Welt konnte sie wieder hervorlocken. In manchen Deutungen ist Wakahirume die jüngere Schwester der Amaterasu oder eine jüngere Morgendämmerungsform dieser hohen Gottheit.

Walküren, Valkyrien «Die die Gefallenen Auswählenden» bedeutet der Name dieser Totendämoninnen, die in der Gestalt behelmter Kriegerinnen zu Pferde das Kampfgetümmel überflogen und die tapfersten unter den Schlachtopfern zu Odin, dem obersten Gott, nach Walhall brachten. Die Walküren sind wahrscheinlich die einzigen uns heute noch vertrauten weiblichen Gestalten der nordischen Mythologie.
Aber es gab noch eine andere Vorstellung von den Walküren: Sie griffen auch selbstherrlich und gewalttätig in das Kampfgeschehen ein, ja, sie bestimmten seinen Ausgang sogar im voraus, indem sie das Gespinst des Krieges

webten, die Schwerter und Speere manipulierten. Nach der Schlacht flogen sie aus ihrem blutgetränkten Haus wie aassuchende Raben, um die Körper der Erschlagenen zu verschlingen.

Diese unheimlichen Wesen hatten viel gemein mit den Moiren (→ *Moira*), den → *Nornen* und anderen Beherrscherinnen des Schicksals, die in einem überirdischen Haus das menschliche Leben spannen oder webten. Die Angelsachsen identifizierten die Walküren mit den griechischen → *Erinnyen,* Göttinnen der Rache, die jedes Vergießen verwandten Blutes erbarmungslos verfolgten.

Einige dieser martialischen Dienerinnen Odins zeigten allerdings auch, daß sie ein fühlendes Herz hatten und unter den Kriegern bestimmten Helden ihre Gunst erwiesen, sie Zauberkünste lehrten und – wie → *Hildr* – Gefallene wieder zum Leben erweckten. Und nicht immer ritten sie auf Pferden in die Schlacht; manchmal erschienen sie auf Wölfen.

Es heißt, es habe zwei Arten von Walküren gegeben: göttliche, von denen es neun gegeben habe oder neunmal neun; und zwölf oder dreizehn sterbliche, die für Menschen mit dem zweiten Gesicht als Menschen sichtbar waren, während das gewöhnliche Auge nur das Nordlicht wahrnahm, das unruhig über das Schlachtfeld hüpfte. Die Sagadichter haben den einzelnen Walküren dann nicht nur Namen gegeben, sondern auch immer neue hinzuerfunden.

Siehe auch → *Freyja*, → *Göndul*, → *Sigurdrifa*.

Walo So nannten die australischen Aborigines von Arnhemland die Sonnengöttin, von der sie sagten, sie lebe mit ihrer Tochter Bara und ihrer Schwägerin, der Weltenmutter Madalait, ganz im Osten. Jeden Tag reiste Walo über den Himmel, begleitet von Bara, bis die Sonnengöttin eines Tages begriff, daß die Erde so ausgedorrt war, weil ihre gemeinsame Hitze zuviel für sie war. Sie sandte ihre Tochter in den Osten zurück, so daß die Erde fruchtbar werden und blühen konnte.

Walutahanga Die achtfaltige Schlangengöttin Melanesiens wurde von einer irdischen Frau geboren, die das Schlangenmädchen aus Angst vor ihrem Gatten versteckte. Aber er entdeckte das Kind und war über seine Gestalt so entsetzt, daß er es in acht Stücke schnitt. Nach achttägigem Regen fügte sich der Körper des Mädchens wieder zusammen. Walutahanga zog über die Inseln und quälte die Menschen aus Rache für ihre Ermordung. Als sie endlich gefangen war, hackte man sie erneut in acht Stücke, worauf alle bis auf eine Frau und ihre Tochter vom Körper der Schlangengöttin aßen. Die Knochen warf man ins Meer.

Und abermals regnete es acht Tage lang. Dann formten sich die Knochen im Meer wiederum zur Göttin. Um die Menschheit zu bestrafen, überzog Walutahanga die Inseln mit acht großen Flutwellen, die jeden töteten, außer jener Frau und ihrem Kind, die als einzige nicht von ihrem Fleisch gegessen hatten. Die Göttin gab ihnen viele Geschenke, unter anderem eine Kokosnuß und Flüsse mit klarem Wasser, bevor sie sich wieder in den Ozean zurückzog.

Wanen → *Asinnen*

Wanne Thekla In den Niederlanden leitete diese Elfenkönigin die Versammlungen der Hexen; möglicherweise war sie eine Form der → *Habondia*, der Herrscherin über den Überfluß. Sie soll keltischen Ursprungs sein.

Waramurungundji Die alles erschaffende Mutter Australiens brachte die Erde hervor und formte danach alle ihre lebenden Kreaturen. Dann lehrte sie ihre Geschöpfe das Sprechen und teilte die einzelnen Sprachgruppen ein. Die auch Imberombera Genannte ist ein Pendant zu → *Kunapipi*.

Wari-Ma-Te-Takere Auf den polynesischen Cook-Inseln war diese Göttin «der Anfang und der Urgrund», eine Kokosnußschalen-Gottheit, die die anderen Götter aus ihrer rechten und linken Seite hervorbrachte. Der erste Teil ihres Namens bedeutet «Schlamm» und symbolisiert den fruchtbaren Schlamm, aus dem die Erde entstanden sein soll.

Wawalag-Schwestern, Wauwalak Sisters Diese beiden Frauen kultivierten Au-

White Buffalo Woman, Buffalo Calf Maiden

Die Wawalag-Schwestern

stralien. Sie zogen über den Kontinent und veredelten Pflanzen zu Nahrungsmitteln, entwickelten für jedes Gebiet eine Sprache und benannten alle Geschöpfe des Landes. Am Ende ihrer Reise lagerten sie mit ihren Kindern nahe einem Teich, in dem die große Mutterschlange → *Julunggul* lebte, jenem tabuisierten Ort, an dem kein Menstruationsblut fließen durfte. Ohne von diesem Tabu zu wissen, badete die ältere Wawalag. Julunggul schoß wütend aus dem Wasser und beschwor die Himmelsmächte, die Frau mit Regen zu durchnässen. Die Frauen tanzten und sangen, um die Regenbogenschlangengöttin zu hypnotisieren, aber jedesmal wenn sie damit aufhörten, bewegte sich die Schlange weiter auf sie zu. Schließlich waren die Wawalag-Schwestern so erschöpft, daß sie einschliefen und Julunggul sie im Ganzen verschlingen konnte. Aber als die Schlangengöttin die anderen übernatürlichen Schlangen des Universums besuchte, wurde ihr klargemacht, daß sie sich schämen sollte, diese Frauen und ihre Kinder gefressen zu haben, und so erbrach sie ihre Opfer. Die Frauen wurden durch Ameisenbisse wiederbelebt, aber Julunggul konnte sich nicht beherrschen und verschlang sie erneut, um sie abermals voller Scham hervorzuwürgen. Und wieder fraß sie die Frauen und Kinder auf – und tut es, wie man sagt, heute noch.

Weiße Frauen Die gespensterähnlichen Dämoninnen, die in Mitteleuropa und in anderen europäischen Ländern des Nachts umgingen, sollen nicht die Gespenster von Ermordeten oder gar Mörderinnen gewesen sein, sondern Emanationen von Zauberinnen, die sich während der Ausbreitung des Christentums aus der Zivilisation in dichte Wälder oder an verlassene Orte zurückgezogen hatten, in das Revier der → *Buschfrauen*. Sie waren keine bösartigen Wesen, vielmehr halfen sie Reisenden in Not und Verirrten, sie sagten die Zukunft voraus und förderten mit ihren Ritualtänzen die Fruchtbarkeit der Erde. Manchmal heißt es auch, sie seien die Geister verbannter heidnischer Göttinnen, die immer wieder versuchen, Zugang zu den Menschen zu finden und ins volle Leben zurückzukehren.

Weschtitze In der slawischen Überlieferung war sie eine alte Frau, die nachts ihren Körper verließ und im Körper eines Huhns durch die Luft flog. Sie war auf der Suche nach Menschenkindern, die sie töten konnte, denn sie ernährt sich von Kinderherzen.

Whaitiri Eine der gängigen Figuren der polynesischen Mythologie war die «Blinde Großmutter», eine mächtige Gestalt, die über den Donner gebot und Menschenfleisch aß. Einmal stieg sie auf die Erde herab, um einen Kriegerhäuptling zu heiraten, dessen Beinamen «Menschentöter» sie mißverstanden hatte. Als Whaitiri zu ihrem Gatten gezogen war, mußte sie feststellen, daß er mitnichten ihre Vorliebe für den Genuß von Menschenfleisch teilte. Und nicht nur das, sondern er beklagte sich auch noch über den Geruch der Exkremente ihrer Kinder. Sie ersann die Toilette, zeigte den Menschen, wie man sie benützte, und kehrte zum Himmel zurück, wo sie immer noch lebt.

White Buffalo Woman, Buffalo Calf Maiden Vor vielen hundert Jahren brachte

Wlasca

diese heilige Frau namens «Weißer Büffel» oder «Büffelkalb-Maid» den Oglala-Indianern der Wälder und Prärien des Mittleren Westens ihr geheimes Wissen. Es heißt, sie sei zuerst zwei jungen Männern erschienen als weißgekleidete Dame, deren Gewänder in auserlesenen Mustern mit Stachelschweinborsten verziert waren.

Den einen der jungen Männer überkam sinnliche Begierde, doch der zweite erkannte, daß sie keine irdische Frau war. Der erste konnte sich nicht zurückhalten, obwohl er gewarnt wurde; er stürmte mit ausgebreiteten Armen auf die Frau zu. Sie lächelte, und eine weiche weiße Wolke stieg auf, um ihre Umarmung zu verhüllen.

Als die Wolke vorüber war, stand die Frau allein da. Zu ihren Füßen lag das Skelett des jungen Mannes. Lächelnd teilte sie dem zweiten Mann mit, daß der Tote genau das erhalten habe, was er gesucht hätte. Sie wies den Mann an, in sein Dorf zurückzukehren und seine Leute zu veranlassen, ein großes Zelt zu errichten.

Dann betrat sie das Dorf, und die Menschen waren von ihrer Gegenwart überwältigt. Siebenmal umrundete sie das zentrale Feuer, sprach zu ihnen, gab ihnen einen Beutel, der eine heilige Pfeife enthielt, und lehrte sie die Zeremonien, die mit diesen Gegenständen verbunden waren. Dann rief sie ihnen ins Gedächtnis, daß dies die dritte der sieben Offenbarungen der Oglala war, und erinnerte sie an die Geheimnisse ihrer Mutter, der Erde. Mit der Aufforderung, Mutter Erde immer zu ehren, verschwand sie in der Gestalt eines weißen Büffels.

Wlasca Nachdem sie mehr als eine Generation lang von Fürstinnen regiert worden waren, weigerten sich die Frauen Böhmens, von dem Zauberer Przemyslaw beherrscht zu werden. Statt dessen tranken sie unter der Führung der Kriegerin Wlasca einen Zaubertrank, der sie skrupellos machte, und töteten dann alle Männer in ihrem Gebiet – auch Liebhaber und Söhne. Sieben Jahre lang regierten sie sich danach selbst (um 690 n. Chr.), bis Przemyslaw mit Zaubermitteln ihre Festung eroberte.

Wodni Panny Diese slawischen Wassergöttinnen erschienen vor den Menschen als wunderschöne, traurige Frauen, die in grüne, durchsichtige Gewänder gekleidet waren. Sie lebten am Grund der Flüsse in kristallenen Schlössern, die von silbernen Wegen umgeben waren.

Wurdilapu → *Nyapilnu*

Wuriupranili In Nordaustralien erzählte man von dieser Sonnengöttin, sie fertige aus Rinde eine Fackel und trage die Flamme von Osten nach Westen über den Himmel. Am westlichen Meer angekommen, tauche das Feuer ins Wasser und lasse sich von den glühenden Überresten der Fackel unter der Erde wieder zu ihrem östlichen Ausgangspunkt führen. Die goldrot leuchtenden Himmel der Morgen- und Abenddämmerung, hieß es, seien rötlich-ockerfarbener Puder, der in den Himmel stäubte, wenn Wuriupranili sich zur Verschönerung schminkte.

Wurusemu Die hethitische Sonnengöttin, die auch Arinna genannt wurde. Ihr Gatte war der Wettergott; ihre Rituale wurden von einer Hohepriesterin durchgeführt, die das Land auch als Königin regierte.
Siehe auch → *Hebat*.

X

Xatel-Ekwa Ungarische Sonnengöttin, die auf drei Pferden über den Himmel ritt.

Xian Nüe, Hsien-nüeh Als «Unsterbliche Mädchen» wurden im alten China feenhafte Wesen bezeichnet, die auf den Inseln der Seligen in purpurnen Palästen wohnten und von dort aus jungen Leuten, die um ihre Gunst baten, bei Liebesproblemen halfen.

Xi Ling Shi, Hsi-ling Shih Von dieser legendären Kaiserin von China wird berichtet, sie habe die Seidenraupenzucht eingeführt und ihr Volk die Seideherstellung gelehrt.

Xi Wang Mu, Hsi Wang-mu «Die königliche Mutter des Westens» war als Herrscherin über das Westliche Paradies die höchste taoistische Göttin des alten China. Sie wohnte in den Kunlun-Bergen in einem Palast aus Jade und Gold, wo sie einmal in 3000 Jahren für sich selbst eine Geburtstagsparty veranstaltete. Das war dann ein besonderer Tag für alle Götter, denn zu diesem Anlaß reifte der Pfirsichbaum Pan Tao und brachte die Frucht der Unsterblichkeit hervor. (Die Speisekarte dieses Festgelages umfaßte auch solche Delikatessen wie Drachenleber und Affenlippen.) Wie die römische → *Juno* war Xi Wang Mu die Göttin der weiblichen Energie, der Wesenskern von *yin* und die Herrscherin über alle Frauen. In ihrer ältesten Gestalt war sie ein Muttermonster, ein Dämon mit wilden Haaren und menschlichem Gesicht, aber mit Tigerzähnen und Leopardenschwanz. Sie lebte noch nicht in einem Palast, sondern in einer Höhle, wo dreifüßige Zaubervögel sie speisten und von wo sie Krankheit und Tod aussandte. Später nahm sie eine sanftere Gestalt an als wunderschöne alterslose Frau, die Pfirsiche verteilte, die, vermischt mit der Asche von Maulbeerbäumen, Krankheiten heilten und Epidemien verhüteten. Sicher waren diese unterschiedlichen Formen zwei Seiten desselben Archetypus.

Xochiquetzal Diese aztekische Göttin der Blumen war – wie die römische → *Flora* – gleichfalls eine Gottheit der sexuellen Freizügigkeit. Ihre Lieblingsblüten waren Ringelblumen, aber sie liebte eigentlich jede Pflanze und jede Kreatur so grenzenlos, daß sie manchmal «Hündische Mutter» genannt wurde. Ihre anderen Namen waren «Reich gefiederte Blume», «Federblume» und «Blaugeschürzte Dame». Die Aztekinnen liebten sie sehr und zeigten ihre Verehrung mit kleinen Tonfiguren, die sie mit Federn im Haar darstellten. Solche Figürchen werden in Mexiko noch heute häufig ausgegraben.
In manchen Legenden war die Göttin die einzige Überlebende der großen Flut, die die Welt, die der gegenwärtigen vorausging, zerstörte. Zusammen mit einem Mann entkam sie in einem kleinen Boot. Da beide wußten, daß es ihre Aufgabe war, die Welt wieder zu bevölkern, machten sie sich, kaum daß die Flut zurückgegangen war, sogleich ans Werk. Aber alle ihre Kinder wurden stumm geboren. Schließlich stattete eine Taube sie auf wundersame Weise mit Sprache aus, doch erhielt jedes Kind eine andere Zunge, so daß keines mit dem anderen kommunizieren konnte.

Xoli-Kaltes Die ungarische Göttin der Morgendämmerung, eine heißblütige junge Frau, die die Männer buk, die sie umwarben.

Xtabay → *Ixtab*

Y

Yabme-Akka Eine der Todesgöttinnen der skandinavischen Samen (oder Lappen) trug diesen Namen, der «Alte Frau der Toten» bedeutet. Es heißt, daß ihre permanent schlechte Laune nur verging, wenn schwarze Katzen lebendig begraben wurden. Ihr Diener war ein blaugekleideter kleiner Mann, der im Jenseits die Seelen folterte.

Yamato-Hime-no-Miko Diese Prinzessin der japanischen Frühgeschichte galt als besessen von → *Amaterasu* und gründete den Großen Schrein der shintoistischen Hauptgöttin in Ise, ihr bedeutendstes Heiligtum.

Yami Die Schwester des buddhistischen Höllengottes Yama regierte über die weiblichen Höllenwesen.

Yamuna, Jamuna, Jumna Die Tochter des hinduistischen Sonnengottes Vivasvat war eine Flußgöttin, jedoch mehr als nur eine Personifizierung des Ganges-Nebenflusses Yamuna. Nach dem *Rigveda*, der ältesten vedischen Textsammlung (12.–8. Jahrhundert v. Chr.), bildeten sie und ihr Zwillingsbruder das erste Menschenpaar. Sie wurde auf einer Schildkröte stehend dargestellt, mit einem Wassertopf als Attribut. Ihr Symbolzeichen war der Fisch. Siehe auch → *Ganga*, → *Sarasvati*.

Yashoda Sie war die Pflegemutter des gefeierten Helden und späteren hinduistischen Gottes Krishna, beschützte ihn in seiner Jugendzeit vor der Dämonin → *Putana* und wird in den altindischen Veden als Hüterin und Helferin der Kinder gepriesen.

Yaya-Zakura Diese japanische Kirschbaumgöttin wurde jedes Jahr im Frühling eine wunderschöne junge Frau. Solange ihre Schönheit andauerte, lebte sie enthaltsam und nahm sich erst dann wieder Liebhaber, wenn ihre Blütenblätter abgefallen waren.

Yemaja Vielfältige Gottheit des westafrikanischen Yoruba-Volkes, die Tochter der → *Ymoja* und Mutter der 14 Gottheiten oder Orischas. Varianten von ihr sind Yemaja Ataramagwa, die wohlhabende Königin des Meeres; die strenge Yemaja Achabba; die gewalttätige Yemaja Oqutte; und die überwältigende Yemaja Olukun, die man nur in Träumen zu sehen vermag.
Siehe auch → *Oduduwa*.

Yemanja Bei Halbmond könne man diese Ozeangöttin aus dem Himmel auftauchen sehen, behaupten die Anhänger der brasilianischen Macumba-Religion. Wenn Venus neben dem Mond erscheine, dann sei die Liebesgöttin → *Oschun* gekommen, um Yemanja zu besuchen.

Ymoja Eine Göttin der Frauen war diese Geistermutter der Flüsse im Gebiet der westafrikanischen Yoruba. Man bot ihr Yamswurzeln und Geflügel an, in der Hoffnung, daß man als Gegengabe Kinder empfangen würde. Aus ihr soll → *Yemaja* hervorgegangen sein.

Yolkai Estsan, Yolaikaiason Die Schwester der türkisfarbenen Himmelsgöttin → *Estsanatlehi* war eine Mondgöttin der Navajo-Indianer. Man nannte sie «Weiße Muschelfrau», weil sie aus dem Perlmutt der Abalonen bestand. Sie galt als die Herrscherin der Morgendämmerung und des Ozeans, die Schöpferin von Feuer und Mais. Einige Legenden bezeichnen sie jedoch als bloßen Aspekt der großen Estsanatlehi.

Yondung Halmoni Eine koreanische Windgöttin, der in schamanischen Ritualen gehuldigt wurde, indem man sie mit Reiskuchen fütterte. Wie viele andere Göttinnen wurde sie manchmal in einen Mann verwandelt. Zweifellos ist ihre weibliche Form jedoch älter.

Yuki-Onne Die «Schneejungfrau» Japans war der Geist des Kältetodes, eine ruhige, blasse Frau, die den Sterbenden erschien, um ihren Übergang ins Jenseits angst- und schmerzlos zu gestalten. Sie erschien jenen, die sich in Schneestürmen verirrt hatten und vergeblich gegen das Erfrieren ankämpften. Yuki-Onne tröstete sie, sang ihnen Lieder, damit sie einschliefen, und blies dann ihren tödlich kalten Atem über sie.

Einst, so heißt es, hatten sich ein junger und ein alter Mann auf einem schneebedeckten Berg verirrt. Die Schneejungfrau erschien und erleichterte dem alten Mann den Tod, berührte aber den jungen nur ganz leicht und wies ihn an, niemals von ihrem Treffen zu sprechen. Erschrocken schwieg er darüber, als ein Suchtrupp ihn und den toten alten Mann fand.

Jahre später begegnete er einer sehr schlanken Frau namens Yaki, die er heiratete und mit der er sehr glücklich wurde. Eines Abends, ein Sturm heulte um ihr Haus, erzählte er ihr beiläufig die Geschichte seines Treffens mit der Yuki-Onne – aber so, als ob die Schneejungfrau nur eine Phantasiegestalt gewesen wäre. Augenblicklich stand seine Frau auf, das Blut war aus ihrem Gesicht gewichen, ihr Körper wurde immer dünner, bis sie nur noch ein schneeartiges, beinahe nebelhaftes Gebilde war. In kalter Wut erinnerte sie ihn an sein Versprechen in jener Nacht auf dem Berg, sagte, daß nur ihre gemeinsamen Kinder sie davon abhielten, ihn zu ermorden, und verschwand.

Yu Nu → *Bixia Yüanchün*

Z

Zana Drei Ziegen mit goldenen Hörnern waren die Symboltiere dieser Jagdgöttin der Balkanvölker. Nach der Besetzung der Region durch die Römer wurde sie mit → *Diana* gleichgesetzt. In Albanien lebte Zana als schöne Fee weiter, die den Kriegern im Kampf beistand.

Zan Nu, Tsan-nu «Dame des Pferdekopfes» bedeutet der Name dieser chinesischen Göttin der Seidenraupenzucht.

Zaramama, Mamazara Die «Maismutter» des alten Peru inkarnierte sich manchmal auf ihren eigenen Feldern als Maiskolben, die entweder merkwürdig geformt oder zu mehreren zusammengewachsen waren. Manchmal machte man diese Verkörperungen der Göttin Zaramama noch ähnlicher, indem man ihnen wie menschlichen Frauen Kleid und Schal anlegte, die mit Silberspangen gehalten wurden. Gelegentlich verkörperte sie sich in Maisstengeln, die von ihren Anhängern in Weiden gehängt wurden; um diese Weiden wurden feierliche Tänze abgehalten, wonach man die Pflanzen verbrannte, um einen üppigen Vorrat an Mais zu sichern.

Zarpandit Die «Silberglänzende» oder «Samenschöpferin» war im frühen babylonisch-assyrischen Bereich eine schwangere Göttin, die jede Nacht bei Mondaufgang verehrt wurde.

Zemes Mate Diese Erd- und Muttergöttin der Letten war um das Wohl der Menschen und die Fruchtbarkeit des Bodens besorgt, galt aber unter dem Namen Velu Mate auch als Herrin über den Tod. Eingehüllt in ein weißes Umschlagtuch empfing sie die Verstorbenen an ihrem Grab und wurde deshalb auch liebevoll Kapu Mate («Friedhofsmutter») genannt.

Zemyna, Zemynele Da alles Leben von ihr stammt, wurde dieser litauischen Erdgöttin bei der Geburt jedes Kindes gehuldigt, indem sie jeden Morgen und Abend zärtlich geküßt wurde. Essensgaben wurden vor Steine gelegt, an Baumäste gebunden oder in fließendes Wasser geworfen, um ihr für das neue Leben zu danken.

Ihr Name bedeutet einfach «Erde», und baltische Gedichte überhöhen ihre Fruchtbarkeit, indem sie ihr Namen geben wie «Blühende», «Knospentreibende» und «Blumengebende». Ihre besondere Sorge galt dem pflanzlichen Leben – nicht nur den eßbaren Pflanzen, sondern auch Gräsern, Bäumen, dem Algenteppich der Teiche und den arktischen Flechten. Bäume mit drei Blättern oder neun Zweigen waren mit Zemyna besonders verbunden; Eiche, Linde und Fichte waren ihre Lieblingsbäume. Die Krone dieser Bäume war der anbetungswürdigste Teil, denn dort verbarg sich das Geheimnis des Lebens.

Man glaubte, daß pflanzliches und menschliches Leben zusammenflossen und die Seelen nach dem Tod ihre Wohnstatt in den Bäumen hätten: Frauen lebten in Linden und Fichten weiter, Männer in Eichen, Ahornbäumen und Birken, jungfräuliche Mädchen in Lilien, Dorfälteste in Obstbäumen. Die leidenschaftliche Liebe der baltischen Völker zum Pflanzenleben der Erde durchzieht die gesamten *Dainos*, die spirituellen und mythologischen

Volkslieder ihrer Kultur. «Grüne Linde, meine Mutter», wird ein Baum in einem Gedicht angesprochen oder «grüne Eiche, mein Vater». Selbst der vertrauteste Baum im Hof wurde leicht zum kosmischen Baum, der zum Himmel der Sonnengöttin → *Saule* führte; die Vögel, die dort ihre Nester bauten, wurden zu Symbolen der Lebenskraft.

Zhang O → *Heng O*

Zhi Nu, Chih-nu Eine der am meisten verehrten Göttinnen Chinas war die «Webende Frau» des Himmels, deren Aufgabe es war, die aus einem Stück bestehenden Gewänder der Gottheiten zu weben. Einmal verliebte sich Zhi Nu in den Gott der Kuhhirten und verbrachte so viel Zeit in seinem Bett, daß die Götter ihre Seidengewänder aufgetragen hatten, ohne daß neue fertig waren. Der Obergott verbannte daraufhin die pflichtvergessene Göttin auf die eine Seite des Himmels, ihren Geliebten auf die andere, es war ihnen nur gestattet, jährlich eine einzige Nacht miteinander zu verbringen.
Im ersten Jahr sollten am Abend dieses bestimmten Tages Elstern Zweige herantragen, um einen schmalen Steg für die Wiedervereinigung des Paares zu bauen. Aber weil es zu sehr regnete, konnten die Vögel nicht fliegen, und die Liebenden waren gezwungen, auf ihre jährliche Liebesnacht zu verzichten.

Zib → *Dilba*, → *Ishtar*

Zi Gu, Tsi-ku, Zu Gu-niang Wenn eine Chinesin wissen wollte, was die Zukunft für sie bereithielt, ging sie zur Toilette und befragte Zi Gu («Purpurdame»), die Göttin der Abortgrube.

Zima Sie war für die Masuren, eine slawische Volksgruppe, die Mutter des Winters. Die Feierlichkeiten ihr zu Ehren ähnelten denen der polnischen → *Marzana*.

Zippora Die zauberkundige Frau des Moses durfte nur einen Mann heiraten, der einen menschenverschlingenden Baum berührte und dabei unversehrt blieb. Durch ein Wunder gelang es Moses, den Angriff des Baumes zu überleben. Trotzdem warf ihn Zipporas Vater in eine tiefe Grube. Das Mädchen aber, das Moses gern hatte, versorgte ihn sieben Jahre lang heimlich mit Essen und überzeugte dann ihren Vater, daß einer, der eine solche Leidenszeit überlebt habe, wahrhaft ein Wundermann sein müsse. Moses, der gesund und wohlgenährt aus der Grube stieg, wurde Zipporas Gatte. In seinem weiteren Leben mußte sie ihn allerdings noch einmal vom Tode erretten – indem sie diesmal den bösen Engel Satan überlistete.
Siehe auch → *Mirjam*.

Zirna Diese etruskische Mondgöttin war die Gefährtin von → *Turan* und wurde mit einem Halbmond dargestellt, der um ihren Nacken hing.

Zisa, Cisa So soll eine germanische Göttin geheißen haben, der zu Ehren in der Gegend von Augsburg am 28. September ein Fest veranstaltet wurde, was vermuten läßt, daß sie eine Verbindung zur Ernte hatte.

Zleja → *Breksta*

Zlota-Baba Die Ugrier und Wogulen Rußlands huldigten dieser Göttin einst in Gestalt einer goldenen Statue, die in metallisch klingenden Lauten sprach.

Zonget Die sibirische Göttin der Jagd regierte sowohl alle Vögel und Tiere als auch diejenigen, die sie jagten. Je nach ihrem Befehl gingen die Vögel und Tiere entweder in die Fallen, oder diese blieben leer. Für menschliche Augen glich sie einem Birkhuhn.
Siehe auch → *Vut-Imi*, → *Kasum-Naj-Ekva*.

Kalender der Festtage der Göttinnen

- 1. Januar: Nanshe
- 5. Januar: Befana
- 11. und 15. Januar: Carmenta
- 1. Februar: Brigit
- 1. März: Juno, Vesta
- 15. März: Anna Perenna
- 17. März: Libera
- 19–23. März: Minerva
- 25. März: Mati Syra Semlja
- 15. April: Tellus Mater
- 19. April: Ceres
- 21. April: Pales
- 28. April - 3. Mai: Flora
- 1. Mai: Maia
- 6. Mai: Inghean Bhuidhe
- 1. Juni: Carna
- 9. Juni: Vesta
- 11. Juni: Matuta
- 21. Juni: Aine, Beiwe, Hu Tu
- 7. Juli: Juno
- 25. Juli: Furrina
- 15. August: Diana
- 25. August: Ops
- 28. September: Zisa
- 1. Oktober: Fides
- 13. Oktober: Camenen
- 21. Oktober: Horsel/Ursula
- 31. Oktober: Carlin
- 15. November: Feronia
- 1. Dezember: Bona Dea
- 19. Dezember: Ops
- 21. Dezember: Angerona, Beiwe, Colleda, Tonantzln
- 23. Dezember: Acca Larentia
- 25. Dezember bis 6. Januar: Frau Holle, Perchta

Mythologische Zuordnung der Göttinnen

Sonne Aega, Aine, Akewa, Akycha, Amaterasu, Ban Naomha, Bastet, Beiwe, Bila, Bisal-Mariamna, Bomong, Brigit, Chup-Kamui, Dia Griene, Djanggawul-Schwestern, Etain, Gnowee, Grian, Hae-Soon, Hathor, Hekoolas, Kanene Ski Amai Yehi, Keca Aba, Kou-Njami, Marici, Medusa, Olwen, Paivatar, Rindr, Sachmet, Saule, Shapash, Sulis, Sundi-Mumi, Sunna, Tahc-I, Toyo-Uke, Unelanuhi, Walo, Wuriupranili, Wurusemu, Xatel-Ekwa.

Mond Aa, Andromeda, Anunit, Arianrhod, Artemis, Auchimalgen, Bil, Britomartis, Candi, Coatlicue, Coyolxauhqui, Dae-Soon, Diana, Europa, Gorgonen, Hanwi, Hekate, Helena, Heng-O, Hina, Horsel, Huitaca, Ino, Io, Ishtar, Isis, Ixchel, Juno, Luna, Mama Quilla, Mawu, Metzli, Pandia, Perse, Pheraia, Phoibe, Rabie, Selene, Tapa, Titania, Tlazolteotl, Yemanja, Yolkai Estsan, Zarpandit, Zirna.

Sterne Aluzza, Andromeda, Astarte, Austrine, Belit-Ilani, Byul-Soon, Dilba, Dou Mu, Esther, Gendenwitha, Hesperiden, Hulluk Miyumko, Ishtar, Istehar, Kassiopeia, Kynosura, Lemkechen, Maia, Merope, Nish-Kan-Ru Mat, Omecihuatl, Plejaden, Saules Meita, Sothis, Sweigsdunka, Tara.

Himmel Aditi, Agasaja, Anatu, Aponibolinayen, Atargatis, Azer-Ava, Bau, Dea Caelestis, Diana, Dione, Estsanatlehi, Ganga, Guan Yin, Hannahanna, Hathor, Hebat, Hera, Inanna, Irdlirvirisissong, Lemkechen, Luonnotar, Maia, Mawu, Mayahuel, Mylitta, Naila, Nambi, Nü Gua, Nut, Quamaits, Saule, Shauskha, Sirona, Sothis, Tanit, Tian Hou, Tlitcaplitana, Uni, Zhi Nu.

Wetter Abhramu (Wolken), Anahita, Aryong-Jong (Regen), Azer-Ava (Regen), Ba (Dürre), Bardaichila (Stürme), Cailleach, Cally Berry, Dames Vertes (Wind), Eidotheia, Feng Po-Po (Wind), Frau Holle, Gentle Annie, Gna (Wind), Horen, Ino (Regen), Io (Regen), Irdlirvirisissong (Nordlicht), Iris (Regenbogen), Julunggul (Regenbogen), Junkgowa-Schwestern, Kadlu (Donner), Kunapipi (Regenbogen), Lilitu (Stürme), Louhi (Sturm), Mardeq Avalon (Wind), Mokosch (Regen), Muireartach (Sturm), Naru-Kami (Donner), Nephele (Wolke), Ninlil (Wind), Nut, Ochumare (Regenbogen), Oya (Sturm), Panopeia (Sturm), Perkuna Tete (Donner, Blitz), Rauni (Donner), Rudrani (Sturm), Sao Ceng Niang, Siris (Regen), Tatsuta-Hime (Wind), Tian Mu (Blitz), Trung-Trac (Regen), Uni (Donner), Whaitiri (Donner), Yondung Halmoni (Wind), Yuki-Onne.

Licht, Tag Aa, Akewa, Alektrona, Anunit, Bau, Bila, Bisal-Mariamna, Bomong, Brigit, Circe, Diana, Gerdr, Hathor, Helena, Inara, Jocebed, Kanene Ski Amai Yehi, Lampetia, Lucina, Marici, Norwan, Poldunica, Sala, Sipna, Tanetu, Telphassa, Theia.

Dunkel, Nacht Breksta, Ereshkigal, Eumeniden, Evaki, Hekate, Khon-Ma, Korrigan, Laima, Leto, Maia, Marinette, Mayahuel, Nott, Nyx, Rafu-Sen, Rhiannon, Rukko, Tuonetar, Zarpandit.

Morgendämmerung Aja, Aluzza, Amba,

Abend, Sonnenuntergang, Dämmerung

Astarte, Atanea, Aurora, Austrine, Bau, Dilba, Eos, Gendenwitha, Hanwi, Heket, Hina, Ishtar, Marici, Matuta, Tefnut, Theia, Ushas, Wakahirume, Xoli-Kaltes, Yolkai Estsan.

Abend, Sonnenuntergang, Dämmerung Astarte, Bastet, Belit-Ilani, Hanwi, Hesperiden, Ishtar, Nephthys, Norwan.

Erde Aglauriden, Ala, Allat, Altan-Telgey, Ama, Anieros, Asase Yaa, Awitelin Tsita, Banba, Becuma, Berut, Coatlicue, Da, Damkina, Demeter, Diti, Ebhlinne, Erce, Eriu, Frigg, Fulla, Gaia, Gefjon, Hegemone, Hertha, Hippia, Hlin, H'Uraru, Hu Tu, Hybla, Ila, Ja-Neba, Jörd, Ki, Lilwani, Luminu-Ut, Madder-Akka, Ma-Emma, Maeve, Mami, Mati, Mawu, Mayahuel, Medusa, Meter, Mindhal, Mokosch, Mou-Njami, Nar, Nerthus, Ninlil, Nokomis, Nott, Nsomeka, Omamama, Omecihuatl, Ops, Pandora, Papa, Prithivi, Rheia, Rindr, Semele, Shiwanokia, Sita, Tacoma, Taillte, Tamar, Tari Pennu, Tellus Mater, Themis, Waramurungundji, Zemyna.

Luft Gna, Litae, Mardeq Avalon, Ninlil, Norwan, Nut, Poludnica, Tatsuta-Hime, Vajravaraki, Yondung Halmoni.

Feuer Aetna, Aibheaog, Biliku, Brigit, Brünhild, Camilla, Chuginadak, Darago, Durga, Dzalarhons, Eos, Feronia, Fuji, Goga, Gula, Hestia, Het, Izanami, Kupalo, Latiaran, Loo-Wit, Mahui-Iki, Maia, Masaya, Matergabiae, Mylitta, Ocrisia, Oya, Pele, Perasia, Pheraia, Poza-Mama, Radha, Tabiti, Tu-Njami, Vesta, Yolkai Estsan.

Wasser Aige, Ailsie, Amberella, Amphitrite, Anahita, Angeyja, Anuket, Aphrodite, Ashera, Atanea, Atargatis, Avfruvva, Bentakumari, Boann, Britomartis, Cacce-Jienne, Chalchiuhtlicue, Cipactli, Dabaiba, Danae, Doris, Egeria, Fand, Fideal, Galateia, Gamsu, Ganga, Hypermnestra, Imdr, Ixchel, Julunggul, Jurate, Kandisha, Kleone, Korobona, Korrigan, Lakshmi, Liban, Limnaden, Louhi, Luonnotar, Mem Loimis, Mere-Ama, Mirjam, Mulhalmoni, Nahkeeta, Najaden, Nammu, Nanshe, Navky, Nemetona, Nereiden, Niam, Nimue, Ningyo, Niobe, Nixen, Nuliajuk, Oschun, Oto-Hime, Ran, Ranu Bai, Rusalky, Sarasvati, Sayo-Hime, Sinann, Tiamat, Toyota-Mahime, Undine, Veden Emo, Vellamo, Wodni Panny, Yamuna, Yemanja, Ymoja.

Norden Branwen, Helle, Lemkechen, Louhi, Pohjan-Akka, Uto.

Süden Hekoolas, Kou-Njami, Nechbet, Nirriti, Omphale, Rana Neida.

Osten Aja, Aluzza, Atse Estsan, Aurora, Bau, Bila, Britomartis, Changing Woman, Eos, Heket, Keca Aba, Matuta, Muireartach, Ninlil, Nish-Kan-Ru Mat, Quamaits, Ushas, Walo, Wuriupranili.

Westen Amentet, Bastet, Bo Find, Echtghe, Estsanatlehi, Hesperiden, Kadlu, Niam, Pali Kongju, Saule, Xi Wang Mu.

Frühling Anna Perenna, Butterfly Maiden, Flora, Freyja, Frigg, Gauri, Hebe, Hlin, Hrede, Hu Tu, Kono-Hana-Sakuya-Hime, Kore, Kostrubonko, Libera, Maia, Ma Gu, Nana, Oniata, Ostara, Penelope, Persephone, Rafu-Sen, Rana Neida, Renpet, Rusalky, Yaya-Zakura.

Sommer Aine, Beiwe, Ceres, Diana, Ebhlinne, Freyja, Frigg, Furrina, Inghean Bhuidhe, Kupalo, Luot-Hozjit, Ma-Emma, Olwen, Taillte.

Herbst Anieros, Annapurna, Athana Lindia, Baba Jaga, Demeter, Feronia, Fides, Idem-Huva, Inari, Latiaran, Mamapacha, Morgay, Mutter Freitag, Pomona, Rugiu Boba, Sif, Tatsuta-Hime, Zisa.

Winter Acca Larentia, Angerona, Befana, Black Annis, Bona Dea, Bronach, Cailleach, Cally Berry, Carlin, Carravogue, Colleda, Frau Holle, Louhi, Marzana, Poshjo-Akka, Rindr, Rona, Tonantzin, Wah-Kah-Nee, Zima.

Zeit Juno, Kali, Laima, Mahakala, Manat, Nortia, Renpet, Savitri, Unelanuhi.

Schicksal, Zukunft, Prophezeiung Ananke, Antevorta, Auchimalgen, Ban Naomha, Bean Nighe, Bona Dea, Buan, Camenen,

Carmenta, Cethlion, Cihuacoatl, Coventina, Debora, Dekla, Dione, Disen, Dolja, Egeria, Eva, Feithline, Fortuna, Gestinanna, Gullveig, Hathor, Hekate, Istustaya, Kassandra, Laima, Lavercam, Mamitu, Manat, Manto, Masaya, Mati, Menalippe, Meschenet, Mirjam, Moira, Moneta, Morgane, Nanshe, Nereiden, Nessa, Nisaba, Nixen, Nornen, Nortia, Nyx, Oddibjörd, Parzen, Phoebad, Port-Kuva, Pythia, Rahel, Rebekka, Renenutet, Sar-Akka, Sara, Schai, Seschat, Shauskha, Sibylle, Sirenen, Skuld, Sreca, Sudice, Tamar, Tanaquil, Telphusa, Themis, Tien-Hou, Tlazolteotl, Tyche, Vegoia, Völuspa, Walküren, Weiße Frauen.

Magie, Zauberei, Schamanismus Amaterasu, Angitia, Anuanaitu, Banba, Boann, Carman, Cerridwen, Chuginadak, Circe, Devera, Devorgilla, Eriu, Freyja, Groa, Hekate, Heket, Hildr, Himiko, Huitaca, Iokaste, Isis, Istehar, Jingo, Junkgowa-Schwestern, Kamrusepas, Kasum-Naj-Ekva, Kongsim, Kuma, Lara, Louhi, Marinette, Medea, Meroe, Morrigan, Musen, Nimue, Ninlil, Pali Kongju, Pamphile, Sigurdrifa, Sin, Skuld, Sungmo, Thorgerdr, Tlazolteotl, Uti Hiata, Uzume, Vajravaraki, Vila, Viviane, White Buffalo Woman, Wlasca, Zippora.

Glück Acca Larentia, Benten, Bixia Yüanchün, Dolja, Fama, Felicitas, Ghar-Jenti, Haltia, Nirriti, Nornen, Praxidike.

Weisheit Ceibhfhionn, Danu, Egeria, Gatamdug, Genetaska, Hokkma, Kathirat, Metis, Minerva, Samjuna, Sigurdrifa, Snotra, Tanaquil, Tao, Tara, Uma, Vashti, Vegoia, Veritas, Völuspa, Vör.

Schönheit Aega, Antiope, Aphrodite, Bebhionn, Becuma, Blodewedd, Clidna, Deirdre, Echo, Emer, Fand, Freyja, Gerdr, Guinevere, Helena, Leanan Sidhe, Lilith, Macha, Morgane, Naama, Niam, Ningyo, Nixen, Omamama, Oniata, Oona, Oschun, Parvati, Poludnica, Radha, Rafu-Sen, Rebekka, Rhiannon, Sara, Scylla, Sedna, Shauskha, Sipna, Sudice, Sunna, Venus.

Reichtum Aida-Wedo, Amberella, Anu, Benten, Bona Dea, Copia, Fulla, Ganga, Guan Yin, Gullveig, Habondia, Hada Bai, Jocebed, Kuma, Kurukulla, Lakshmi, Lan Cai-Ho, Libertas, Louhi, Maruwa, Meret, Mokosch, Nsomeka, Ops, Sara, Surabhi, Wanne Thekla.

Gelehrsamkeit, Lernen Aife, Alaghom Naom Tzentel, Brigit, Ceibhfhionn, Danu, Dou Mu, Durga, Edda, Fu Bao, Hieda no Are, Minerva, Mnasa, Mnemosyne, Musen, Nisaba, Saga, Samjuna, Sarasvati, Seschat, Urania.

Recht, Gesetz, Staatskunst Adrasteia, Aeval, Aglauriden, Ain, Ala, Arete, Belit-Seri, Berurya, Concordia, Debora, Djigonasee, Dou Mu, Egeria, Erinnyen, Genetaska, Harmonia, Ishtar, Kadi, Maat, Marcia Proba, Megäre, Metis, Nanshe, Nemesis, Oya, Praxidike, Schai, Syn, Tanaquil, Themis, Thora.

Handwerk Arachne (Weben), Athene, Brigit (Goldschmieden), Daktylen (Schmieden), Eileithyia (Spinnen), Frau Holle (Spinnen), Giane (Weben), Habetrot (Spinnen), India Rosa (Töpfern, Weben), Ishikore-Dome (Schmieden), Isis (Weben, Spinnen), Istustaya (Spinnen), Ixchebel Yax (Weben, Färben, Spinnen), Ixchel (Weben), Junkgowa-Schwestern, Kanene Ski Amai Yehi (Weben, Töpfern), Kikimora, Mami (Töpfern), Matergabiae (Kochen), Minerva, Moira (Spinnen), Naru-Kami, Neith (Weben), Numma Moiyuk, Nyapilnu, Paivatar (Spinnen), Penelope (Weben), Philomele (Weben), Potina (Weben), Rana Neida (Spinnen), Saule (Weben), Sreca (Spinnen), Sunna (Spinnen), Sweigsdunka (Weben), Tatsuta-Hime (Weben), Wakahirume (Weben), Walküren (Weben), Xi Ling Shi (Weben), Zhi Nu (Weben).

Musik Apsaras, Bastet, Canola, Cred, Grazien, Hathor, Hesperiden, Hulda, Lan Cai-Ho, Leanan Sidhe, Limnaden, Meret, Minerva, Moriath, Morrigan, Musen, Naama, Parooa, Sarasvati, Savitri, Sibilaneuman, Sirenen, Syrinx, Tahc-I, Tlitcaplitana, Urvashi, Wawalag-Schwestern, Yuki-Onne.

Künste Grazien, Hathor, Kastalia, Morgan, Musen, Numma Moiyuk, Sarasvati.

Tanz Agrat Bat Mahalat, Bastet, Eurynome,

Dichtkunst

Grazien, Hathor, Hit, Hulda, Kali, Laka, Leanan Sidhe, Limoniaden, Maya, Musen, Nereiden, Nixen, Norwan, Rusalky, Saule, Schwanenmädchen, Sibilaneuman, Themis, Urvashi, Uzume, Vila, Wawalag-Schwestern, Weiße Frauen.

Dichtkunst Brigit, Cred, Debora, Edda, Gunnlöd, Ila, Karaikkal-Asmmaiyar, Koevasi, Lavercam, Leanan Sidhe, Mirjam, Musen, Nausikaa, Saga, Sarasvati, Saule, Savitri, Telesilla.

Heilkunst, allgemein Airmed, Ajysyt, Angitia, Bebhionn, Bixia Yüanchün, Brigit, Caolainn, Carna, Coventina, Eir, Ganga, Glispa, Groa, Gula, Habetrot, Hygieia, Isis, Kamrusepas, Kongsim, Mama, Meditrina, Minerva, Mokosch, Morgane, Neith, Ninhursag, Ninti, Nirriti, Pali Kongju, Sara, Shatagat, Sitala, Sulis, Tlicaplitana, Toantzin, Tu-Njami, Vila.

Heilkunst, speziell Aibheaog (Zahnweh), Airmed (Kräuter), Angitia (Kräuter), Buschfrauen (Kräuter), Caolainn (Augen), Circe (Kräuter), Dziwozony (Kräuter), Mulhalmoni (Augen), Polydamna (Kräuter).

Bäume Ailinn (Apfelbaum), Ashera, Baalat (Haselnuß), Baukis (Linde), Carya (Walnuß), Cuvto-Ava, Daphne (Lorbeer), Dryaden, Dryope (Pappel), Embla (Holunder), Esther (Myrte), Eva (Apfelbaum), Fangge, Helena, Heliaden (Pappel), Idunn (Apfelbaum), Kono-Hana-Sakuya-Hime (Kirschbaum), Kupalo (Birke), Lotis (Lotos), Mayahuel, Meliae (Esche), Myrrha (Myrrhe), Nana, Rafu-Sen (Pflaumenbaum), Rauni (Eberesche), Renpet (Palme), Saosis (Akazie), Saule (Apfelbaum), Uti Hiata (Zeder), Venus (Zypresse), Xi Wang Mu (Pfirsichbaum), Yaya-Zakura (Kirschbaum), Zemyna (Eiche, Linde, Fichte).

Blumen Acantha, Blathnad, Blodewedd, Flora, Hebe, Klytia, Kore, Lakshmi, Limoniaden, Maria, Mehueret, Mentha (Minze), Olwen, Oniata, Persephone, Spes (Mohn), Xochiquetzal (Ringelblume).

Pflanzen, Vegetation Alakhani, Ariadne, Athana Lindia, Cocomama, Damia, Demeter, Gumshea, Haumea, Itzpapalotl, Limnaden, Mentha, Nokomis, Norwan, Ohoyo Osh Chishba, Pandora, Rana Neida, Rauni, Uttu, Venus, Wawalag-Schwestern, Zemyna.

Nahrung: Jagd Ardwinna, Artemis, Artio, Banka-Mundi, Diana, Flidais, Ja-Neba, Karpophoros, Kasum-Naj-Ekva, Luot-Hozjit, Poshjo-Akka, Pukimna, Sedna, Skogsnufvar, Thorgerdr, Uke-Mochi, Umaj, Vanths, Vila, Zana, Zonget.

Nahrung: Landwirtschaft, Gemüsebau Abuk, Ala, Anesidora, Annapurna, Ashnan, Athana Lindia, Carna, Ceres, Charila, Chicomecoatl, Cihuacoatl, Cocomama, Damia, Demeter, Emboq Shri, Eshara, Eumeniden, Hainuwele, Haumea, Hegemone, Idem-Huva, Inari, Ino, Junkgowa-Schwestern, Libera, Ma-Emma, Mamapacha, Marcia, Metaneira, Morgay, Mutter Freitag, Pandora, Pani, Perchta, Po Ino Nogar, Pomona, Quocha Mana, Rugiu Boba, Seia, Sibilaneuman, Sif, Taranga, Thorgerdr, Toyo-Uke, Uke-Mochi, Uti-Hiata, Vacuna, Venus, Zaramama, Zisa.

Nahrung: Haushalt Ajysyt, Amaltheia, Beiwe, Ho Xian-gu, Lahar, Lampetia, Luot Hozjit, Pales, Pandora, Pukimna, Vitsa-Kuva.

Nahrung: Festessen und Trinken Ashnan, Bastet, Bona Dea, Disen, Dugnai, Flora, Ganymeda, Gauri, Hathor, Hebe, Hedrun, Huitaca, Inara, Lyssa, Maeve, Mami, Mänaden, Mayahuel, Ninkasi, Potina, Sachmet, Siduri, Siris.

Berge Adrasteia, Aine, Anu, Ararat, Banba, Becuma, Cailleach, Cally Berry, Clidna, Ebhlinne, Echo, Echtghe, Gaurisankar, Hagar, Hulda, Ida, Irnini, Jörd, Kupapa, Kybele, Magog, Mamapacha, Ninhursag, Oreaden, Pahto, Poza-Mama, Rheia, Saule, Sicasica, Skadi, Sungmo, Tacoma, Tefnut, Xi Wang Mu.

Vulkane Aetna, Chuginadak, Darago, Dzalarhons, Feronia, Fuji, Loo-Wit, Masaya, Pare, Pele, Schimäre.

Fließende Gewässer: Flüsse, Ströme, Quellen Abnoba, Anuket, Arethusa, Avfruvva, Boann, Brigantia, Byblis, Cacce Jienne, Camenen, Coventina, Danae, Dryope, Egeria, Epona, Ganga, Kastalia, Korobona, Korrigan, Limnaden, Mere-Ama, Mirjam, Mnemosyne, Mylitta, Nechbet, Nixen, Oba, Ranu Bai, Rusalky, Saga, Salmakis, Sati, Sequana, Sinann, Styx, Sulis, Tacoma, Telphusa, Yamuna, Ymoja.

Stehende Gewässer: Meere, Seen, Teiche Aige, Ailsie, Amberella, Amphitrite, Anuanaitu, Aphrodite, Ashera, Atanea, Atargatis, Bentakumari, Britomartis, Ceasg, Cethlion, Charybdis, Clidna, Creiddylad, Dea Syria, Dione, Doris, Eidotheia, Eurynome, Galateia, Gamsu, Huixtocihuatl, Isis, Iuturna, Julunggul, Junkgowa-Schwestern, Jurate, Kalypso, Keto, Lakshmi, Liban, Lorop, Luaths Lurgann, Luonnotar, Mama Cocha, Mere-Ama, Morgane, Moruadh, Muireartach, Naamah, Nahkeeta, Nereiden, Niam, Nuliajuk, Numma Moiyuk, Odras, Oto-Hime, Ozeaniden, Panopeia, Pohjan-Akka, Quamaits, Ran, Scylla, Sedna, Tethys, Thetis, Tian Hou, Toyota-Mahime, Turesh, Vellamo, Walutahanga, Yemanja, Yolkai Estsan.

Wälder Ardwinna, Aricia, Artemis, Budhi Pallien, Buschfrauen, Cuvto-Ava, Dames Vertes, Dea Dia, Dhat-Badan, Dziwozony, Fangge, Flidais, Giane, Gwyllion, Gyhldeptis, Hulda, Irnini, Ivithja, Juno, Kallisto, Keca Aba, Kono-Hana-Sakuya-Hime, Kunapipi, Kupalo, Lignaco-Dex, Mardeq Avalon, Metsannetsyt, Naru-Kami, Nemetona, Ovda, Parooa, Risem-Edne, Skogsnufvar, Vila, Weiße Frauen.

Wüsten Allat, Aluzza, Ba, Dhat-Badan, Hagar, Manat, Ningal, Semiramis.

Kampf, Streit, Krieg Agasaja, Alekto, Amazonen, Anat, Andraste, Anuket, Artemis, Ate, Badb, Baduhenna, Bellona, Bilkis, Dilba, Eris, Eriu, Eshara, Hariasa, Harimella, Minerva, Morrigan, Nemain, Nike, Ranaghanti, Vacuna, Victoria, Walküren.

Frieden Athana Lindia, Concordia, Djigonasee, Fengi und Mengi, Genetaska, Guan Yin, Horen, Irene, Pax, Saga, Turan, Viriplaca.

Asketische Göttinnen Kalisha, Karaikal-Asmmaiyar, Parvati, Tai Yuan, Tara, Vajravaraki, Yaya-Zakura.

Androgyne und Hermaphroditen Armaiti, Ia, Iphis, Julunggul, Lan Cai-Ho, Mut, Omecihuatl, Salmakis, Tai Yuan.

Inzestuöse Göttinnen Akycha, Anat, Byblis, Echidna, Matronita, Nut, Quetzalpetlatl, Rebekka, Sara, Tamar, Unelanuhi.

Göttinnen und Zauberwesen, die ihre Gestalt verwandeln Aife, Aige, Blodewedd, Carravogue, Cherubim, Dechtere, Epona, Hippia, Inari, Iphis, Julunggul, Junkgowa-Schwestern, Kla, Lan Cai-Ho, Lilith, Meta, Nemesis, Pamphile, Spear-Finger, Thetis, Vajravaraki, Vila, Walküren.

Liebesgöttinnen, allgemein Branwen, Grazien, Hnoss, Ingebjörd, Kurukulla, Lofn, Oschun, Radha, Sjöfn, Var, Venus.

Liebesgöttinnen: Sexualität Absusu, Abtagigi, Achtland, Agrat Bat Mahalat, Anat, Aphrodite, Astarte, Blathnad, Flora, Freyja, Harmonia, Hathor, Ino, Isebel, Ishara, Ishtar, Kadesch, Kandisha, Kotys, Lilith, Mal, Mylitta, Myrrha, Naama, Ostara, Sheila na Gig, Tlazolteotl, Turan, Umm Attar, Vacuna, Xian Nüe.

Liebesgöttinnen: Fruchtbarkeit Allat, Anahita, Anna Perenna, Artemis, Asase Yaa, Boann, Bo Find, Deae Matres, Djanggawul-Schwestern, Epona, Eumeniden, Fortuna, Freyja, Helena, Hertha, Isong, Madder-Akka, Megäre, Niobe, Numma Moiyuk, Omamama, Po Ino Nogar, Ranu Bai, Ymoja, Zarpandit.

Liebesgöttinnen: Partnerschaft und Zuneigung Ailinn, Baukis, Cherubim, Deirdre, Edain, Eri vom goldenen Haar, Eurydike, Galateia, Halkyone, Hero, Niam, Oto-Hime, Penelope, Psyche, Pyrrha, Rebekka, Saibya, Sayo-Hime, Zippora.

Amazonen, Athletinnen, Kriegerinnen Aella, Aife, Aigiarm, Alfhildr, Aluzza, Amazonen, Anahita, Antianara, Atalante, Bia, Brünhild, Camilla, Cartimandua, Dalila, Debora, Deianeira, Ess Euchen, Esther, Galia-

Wilde und ausschweifende Frauen

na, Göndul, Hera, Hervör, Hiera, Hina, Hippo, Hippolyte, Hyrrokkin, Jingo, Judith, Kainis, Kallisto, Kyrene, Lemna, Luaths Lurgann, Lysippe, Macha, Maeve, Mami, Marpesia, Melanippe, Myrine, Nessa, Omphale, Otrere, Oya, Pantariste, Penthesilea, Pherenice, Quamaits, Sati, Scathach, Semiramis, Sigurdrifa, Taillte, Telesilla, Thalestris, Thorgerdr, Tiamat, Tomyris, Trung-Trac, Vatiaz, Veleda, Walküren, Wlasca.

Wilde und ausschweifende Frauen Achtland, Agave, Anat, Anna Perenna, Antianara, Arianrhod, Ashera, Astarte, Belit-Ilani, Bona Dea, Buschfrauen, Cocomama, Dakinis, Dziwozony, Eos, Ezile-Freda-Dahomey, Grainne, Ino, Ishtar, Kadesh, Kandisha, Kilili, Kunti, Leukippe, Lyssa, Maeve, Mänaden, Mylitta, Myrrha, Ostara, Paphos, Pele, Phyllis, Semele, Semiramis, Sphinx, Suleika, Urvashi, Ushas, Uzume, Vacuna, Wlasca, Xochiquetzal.

Unzüchtige Frauen und obszöne Witzbolde Baubo, Hit, Iambe, Kakia, Sheila na Gig, Siduri, Tlazolteotl, Uzume.

Übelwollende Frauen, Dämoninnen und Hexen Agrat Bat Mahalat, Baba Jaga, Bila, Black Annis, Broxa, Cailleach, Carman, Ceiuci, Churalin, Cihuateteo, Dakinis, Druden, Güllveig, Heidr, Jezenky, Kalwadi, Ker, Khon-Ma, Kishimogin, Kunapipi, Lamasthu, Lamia, Lilith, Mabb, Medea, Meroe, Mora, Munanna, Naama, Nasa, Navky, Orthia, Ovda, Pahto, Parooa, Poludnica, Putana, Rakshasis, Rusalky, Sirenen, Sneneik, Spear-Finger, Tlazolteotl, Vila, Vitsa-Kuva, Wahini-Hai, Weschtitze, Whaitiri.

Schlangen, Drachen, Alligatoren etc. Abuk, Aida-Wedo, Angitia, Aspelenie, Bachue, Benten, Britomartis, Campe, Carravogue, Cipactli, Coatlicue, Echidna, Eingana, Eurydike, Eurynome, Eva, Ezili-Freda-Dahomey, Gorgonen, Hekate, Heket, Het, Hit, Hydra, Ixchel, Janguli, Julunggul, Kadesh, Kadi, Kadru, Kunapipi, Lamia, Leviathan, Mafdet, Mamapacha, Manasa, Medea, Medusa, Melusine, Mertseger, Morrigan, Nasa, Ninhursag, Nisaba, Nu Gua, Pidari, Rheia, Sphinx, Tabiti, Tiamat, Toyota-Mahime, Turesh, Uto, Vanths, Walutahanga.

Säugetiere Acca Larentia (Wolf), Aige (Hirsch), Aine (Pferd, Vieh), Ajysyt (Vieh), Amaltheia (Ziege), Anat (Kuh), Anu (Katze), Artemis (Bär), Artio (Bär), Audhumla (Kuh), Bastet (Katze, Löwe), Bo Find (Kuh), Budhi Pallien (Tiger), Durga (Löwe), Epona (Pferd), Ereshkigal (Löwe), Etain (Pferd), Freyja (Eber, Katze), Hathor (Kuh, Löwe), Hekate (Hund, Pferd), Hedrun (Ziege), Henwen (Schwein), Hera (Kuh), Hippia (Pferd), Inari (Fuchs), Kallisto (Bär), Kybele (Löwe), Le-Hev-Hev (Ratte), Lyssa (Hund), Macha (Pferd), Mafdet (Katze, Mungo), Mehit (Löwe), Mehueret (Kuh), Menalippe (Pferd), Nehalennia (Hund), Neith (Kuh), Norwan (Stachelschwein), Ninsun (Kuh), Nut (Kuh), Pales (Vieh), Prithivi (Kuh) Rhea Silvia (Wölfin), Rhiannon (Pferd), Rhpisunt (Bär), Sachmet (Löwe), Samjuna (Pferd), Scylla (Hund), Sibilja (Kuh), Spako (Wolf), Surabhi (Kuh), Tefnut (Kuh, Löwe), Toeris (Flußpferd), Turrean (Hund), White Buffalo Woman (Büffel), Xi Wang Mu (Katze, Tiger), Zana (Ziege).

Vögel Aedon, Aife, Aithuia, Asteria, Badb, Barbmo-Akka, Blodewedd, Branwen, Broxa, Caer, Clidna, Corra, Dechtere, Devorgilla, Fand, Fionnuala, Frigg, Graien, Halkyone, Huitaca, Kasum-Naj-Ekva, Kilili, Liban, Macha, Marinette, Mertseger, Minerva, Morrigan, Munanna, Mut, Nantosuelta, Nechbet, Nemain, Nemesis, Pamphile, Philomele, Polykaste, Rhiannon, Schwanenmädchen, Scylla, Sirenen, Siris, Tuli, Tundra Ilona, Walküren, Weschtitze, Zonget.

Fische, Wale, Wassertiere Amphitrite, Atargatis, Avfruvva, Ban Naomha, Bentakumari, Boann, Britomartis, Ceasg, Chelone, Derketo, Hit, Keto, Liban, Lorop, Mama Cocha, Mere-Ama, Moruadh, Ningyo, Noogumee, Nuliajuk, Sedna, Thalassa.

Insekten Arachne, Biliku, Hatai Wugti, Ituana, Itzpapalotl, Kanene Ski Amai Yehi, Le-Hev-Hev, Lucina, Melissa, Nasa, Orore, Selket, Zan Nu.

Jungfrau Alfhildr, Artemis, Athene, Britomartis, Butterfly Maiden, Caer, Cavillaca, Colleda, Despoina, Eir, Eos, Fionnuala, Gefjon, Hathay, Hebe, Kore, Kallisto, Lalita, Ma Gu, Ninlil, Odras, Oniata, Ostara, Pallas, Pare, Persephone, Rafu-Sen, Renpet, Sar-Akka, Saules Meita, Scota, Sheila, Sreca, Wah-Kah-Nee, Wakahirume, Yamato-Hime no Miko, Yaya-Zakura, Yuki-Onne.

Mutter Aka, Ama, Amba, Baalat, Bau, Berut, Ceres, Damatres, Damkina, Deae Matres, Demeter, Devaki, Epona, Eva, Frigg, Genea, Hekabe, Hera, Kybele, Kydippe, Mami, Meter, Mut, Ocrisia, Oduduwa, Ops, Pandora, Papa, Parvati, Quirits, Renenutet, Sundi-Mumi, Tellus Mater, Uti Hiata, Utset und Nowutset, Vesta, Yemaja, Zaramama.

Ur-Mutter Abigail, Abuk, Acca Larentia, Ada, Amaterasu, Ammavaru, Angrboda, Anu, Apasinasee, Asase Yaa, Atabei, Atse Estsan, Awitelina Tsita, Bachue, Bestla, Bhavani, Bilha, Brigantia, Bugan, Cessair, Claudia Quinta, Dido, Dina, Disen, Don, Doris, Edda, Embla, Eva, Hagar, Hathor, Helle, Hina, Hybla, Itiba Tahuvava, Ja-Neba, Junkgowa-Schwestern, Kasum-Naj-Ekva, Kuma, Lea, Ligoapup, Luminu-Ut, Mama Ocllo, Mami, Mehueret, Meliae, Mokosch, Mu Olokukurtilisop, Mut, Nambi, Nammu, Nana Buluku, Nantosuelta, Neith, Niobe, Nu Gua, Numma Moiyuk, Omamama, Otrere, Pali Kongju, Protagenia, Pyrrha, Rahel, Rebekka, Rhpisunt, Sara, Savitri, Scota, Sela, Tamayori-Hime, Tonantzin, Vegoia.

Schöpfungsmutter, Große Göttin Aditi, Ararat, Ashera, Ataensic, Atse Estsan, Bhavani, Biliku, Cally Berry, Cerridwen, Cipactli, Coatlicue, Dabaiba, Danu, Deae Matres, Demeter, Devi, Diti, Eingana, Epona, Eriu, Eurynome, Eva, Frigg, Gaia, Ganga, Hera, Hina, Ila, Inanna, Indara, India Rosa, Ishtar, Isis, Isong, Ituana, Izanami, Kadru, Kali, Kleone, Khon-Ma, Koevasi, Korobona, Kottavi, Kuma, Kunapipi, Kurukulla, Lla-Mo, Lorop, Luonnotar, Madder-Akka, Mahakala, Mami, Mawu, Mayahuel, Mehueret, Mokosch, Neith, Nemesis, Ninhursag, Nu Gua, Obatallah, Omamama, Omecihuatl, Parvati, Pheraia, Po Ino Nogar, Quamaits, Radien-Kiedde, Rheia, Sara, Sar-Akka, Sarasvati, Sedna, Sela, Shiwanokia, Tabiti, Tanit, Tao, Tethys, Thalassa, Thetis, Tiamat, Tundra Ilona, Uti Hiata, Vut-Imi, Waramurungundji, Wari-Ma-Te-Takere, White Buffalo Woman.

Parthenogenetische Mutter, Jungfernzeugung Aditi, Arianrhod, Asase Yaa, Atabei, Ataensic, Bugan, Dechtere, Diti, Djanggawul-Schwestern, Djigonasee, Eurynome, Finchoem, Fu Bao, Gaia, Henwen, Hera, Keto, Kongsim, Ligoapup, Luminu-Ut, Maria, Mu Olokukurtilisop, Nana, Neith, Nessa, Nyx, Parvati, Poza-Mama, Shiwanokia, Tai Yuan, Thalassa, Tiamat, Wari-Ma-Te-Takere, Wawalag-Schwestern.

Beschützermutter Abeona, Adeona, Agave, Anahita, Aphrodite, Auchimalgen, Bixia Yüanchün, Cuba, Cunina, Dakini, Dea Nutrix, Djigonasee, Edusa, Ess Euchen, Europa, Fides, Fionnuala, Fylgjen, Gnowee, Guan Yin, Gula, Hlin, Intercidona, Juks-Akka, Kasum-Naj-Ekva, Kishimogin, Korobona, Kuba, Kydippe, Lasa, Makris, Mami, Matuta, Nut, Rumina, Sara, Saule, Tabiti, Taranga, Tian Hou, Toeris, Uks-Akka, Umaj.

Alte Frau Baba Jaga, Befana, Bronach, Bugady Musun, Cailleach, Cally Berry, Edda, Eileithyia, Ess Euchen, Fängge, Goga, Graien, Hathay, Haumea, Hekate, Hel, Hera, Manat, Mnasa, Muireartach, Nirriti, Nokomis, Ohoyo Osh Chishba, Pele, Poludnica, Sara, Sedna, Sheila na Gig, Sibylle, Spear-Finger, Sreca, Sudice, Völuspa, Weiße Frauen, Whaitiri, Xi Wang Mu.

Geburt, Wiedergeburt Ajysyt, Artemis, Cihuateteo, Devayani, Eileithyia, Eva, Ituana, Ixchel, Latona, Leto, Lucina, Madder-Akka, Mawu, Meng Bo Niang-Niang, Meschenet, Nagar-Saga, Neith, Ninhursag, Nona, Persephone, Saibya, Samsin Halmoni, Sar-Akka, Saule, Savitri, Scheol, Selket, Sheila na Gig, Skuld, Tu-Njami, Uks-Akka, Umaj, Vesta, Wari-Ma-Te-Takere, Ymoja, Zarpandit, Zemyna.

Geburtshelferin Adamantheia, Antevorta, Artemis, Ban-Chuideachaidh Moire, Bha-

Zyklus der Frauen, Menstruation

vani, Biddy Mannion, Bixia Yüanchün, Candelifera, Carmenta, Dekla, Egeria, Eileithyia, Haumea, Heket, Intercidona, Jocebed, Kynosura, Luaths Lurgann, Mabb, Maia, Mami, Meschenet, Mirjam, Parzen, Sar-Akka, Uks-Akka, Umaj, Uni, Vagitana.

Zyklus der Frauen, Menstruation Adamu, Jaki, Juno, Kali.

Haushalt, Herd Annapurna, Aspelenie, Athene, Cardea, Dugnai, Fornax, Ghar-Jenti, Gorgonen, Groa, Haltia, Hestia, Hlin, Kamui-Fuji, Kikimora, Matergabiae, Port-Kuva, Poza-Mama, Silkie, Tu-Njami, Uks-Akka, Vesta, Vesuna Erinia, Zhuang Mu.

Abort, Toilette No-Il Ja-Dae, Whaitiri, Zi Gu.

Tod: Kummer Achall, Aedon, Airmed, Althaia, Antigone, Banshee, Buan, Carman, Demeter, Etain, Isis, Klytämnestra, Korobona, Kyana, Lysippe, Nanna, Niobe, Polykaste.

Tod: Selbstmord Andraste, Arachne, Arria, Brünhild, Charila, Dido, Erigone, Hathay, Ia, Ixtab, Iokaste, Makaria, Metzli, Nuliajuk, Pare, Phyllis, Rusalky, Sati, Scylla, Sphinx, Tsuru.

Tod: Unterwelt Ahemait, Ala, Alekto, Ambika, Angerona, Ariadne, Asase Yaa, Atalante, Belit-Seri, Blathnad, Ceres, Clidna, Coatlicue, Erinnyen, Ereshkigal, Eva, Freyja, Hathor, Hekate, Hel, Hikuleo, Hina, Husbishag, Ishtar, Izanami, Kali, Kurukulla, Lara, Lyssa, Mahakala, Mahui-Iki, Mania, Mari-Ama, Meilichia, Mem Loimis, Meng Bo Niang-Niang, Mertseger, Mictecacihuatl, Miru, Modgud, Nantosuelta, Nephthys, Ninazu, Persephone, Pohjan-Akka, Quamaits, Rhiannon, Saosis, Satene, Sati, Sedna, Semele, Sheila na Gig, Spes, Styx, Tellus Mater, Tuchulcha, Tuonetar, Vanths, Yabme-Akka, Ami, Yuki-Onne.

Tod: Geistige Führer Amentet, Cihuateteo, Fylgjen, Harpyien, Le-Hev-Hev, Libitina, Maat, Maman Brigitte, Mania, Marzana, Matronita, Miru, Modgud, Neith, Poza-Mama, Ran, Schai, Selket, Sirenen, Sphinx, Styx, Vanths, Yabme-Akka, Yuki-Onne.

Tod: Bestrafung Aura, Ekajata, Erinnyen, Ker, Klytämnestra.

Rache Althaia, Antigone, Anuanaitu, Echenais, Elektra, Erinnyen, Furrina, Hekate, Itzpapalotl, Kainis, Klytämnestra, Lemna, Medea, Melusine, Minachiamman, Munanna, Nemesis, No-Il Ja-Dae, Pele, Philomele, Poine, Praxidike, Sita, Skadi, Suleika, Var, Walküren.

Vergewaltigte Göttinnen Akycha, Alkippe, Asteria, Austrine, Chione, Danae, Daphne, Dryope, Hera, Hina, Kainis, Kybele, Leda, Lotis, Marpessa, Menalippe, Merope, Nemesis, Nessa, Ninlil, Oreithyia, Penthesilea, Persephone, Philomele, Rheia, Saules Meita, Syrinx.

Ermordete Göttinnen Athalja, Bebhionn, Iphigenie, Meta, Sedna, Sheila, Vashti, Wakahirume, Walutahanga.

Kulturelle Zuordnung der Göttinnen

Ägyptisch

Ahemait	Maat	Nechbet	Seschat
Ama	Mafdet	Neith	Sothis
Amentet	Mehit	Nephthys	Sphinx
Anuket	Mehueret	Nut	Tanetu
Bastet	Meret	Renunet	Tefnut
Hathor	Meri	Renpet	Toeris
Heket	Mertseger	Sachmet	Uto
Het	Meschenet	Saosis	
Isis	Mut	Schai	
Kadesh	Neb-ti	Selket	

Anatolisch, Chattisch, Hethitisch, Persisch, Phrygisch

Aka	Hannahanna	Kamrusepas	Nasu
Anahita	Hebat	Kupapa	Saris
Ararat	Inara	Kybele	Shauskha
Armaiti	Istustaya	Lilwani	Spako
Halmasuit	Jaki	Myrrha	Wurusemu

Australisch, Polynesisch

Aponibolinayen	Hina	Liomarar	Rabie
Atanea	Hit	Lorop	Rona
Bila	Indara	Luminu-Ut	Satene
Bugan	Julunggul	Madalait	Tapa
Darago	Junkgowa-Schwestern	Mahui-Iki	Taranga
Djanggawul-Schwestern	Kalwadi	Matariki	Tuli
Eingana	Koevasi	Miru	Wahini-Hai
Gnowee	Kunapipi	Namaka	Walo
Goga	La'i-l'ai	Numma Moiyuk	Walutahanga
Hainuwele	Laka	Napilnu	Waramurungundji
Haumea	Le-Hev-Hev	Pani	Wari-Ma-Te-Takere
Hiiaka	Ligoapup	Papa	Wawalag-Schwestern
Hikuleo	Logoband	Pare	Whaitiri
		Pele	Wuriupranili

Kulturelle Zuordnung der Göttinnen

Baltisch

Amerella	Juras Mate	Meza Mate	Veja Mate
Aspelenie	Jurate	Perkuna Tete	Velu Mate
Austrine	Kapu Mate	Rugiu Boba	Zemes Mate
Barbelina	Laima	Saule	Zemyna
Breksta	Laumes	Saules Meita	Zleja
Dekla	Ma-Emma	Sweigsdunka	
Dugnai	Matergabiae	Valkyrine	

Chinesisch, Mongolisch

Aigiarm	Heng-O	Nü Gua	Xi Ling Shi
Altan-Telgey	Ho Xian-gu	Sao Ceng Niang	Xi Wang Mu
Ba	Hu Tu	Tai Yuan	Yu Nu
Bixia Yünchün	Kadar	Tao	Zan Nu
Dou Mu	Lan Chai-ho	Tian Hou	Zhi Nu
Feng Po-Po	Ma Gu	Tian Mu	Zi Gu
Fu Bao	Meng Bo Niang-Niang	Vatiaz	
Guan Yin		Xian Nüe	

Finnisch-ugrisch, Lappländisch, Mordwinisch

Avfruvva	Louhi	Port-Kuva	Tuonetar
Azer-Ava	Luonnotar	Poshjo-Akka	Uks-Akka
Barbmo-Akka	Luot-Hozjit	Radien-Akka	Ved-Ava
Beiwe	Madder-Akka	Radien-Kiedde	Veden-Emo
Cacce-Jienne	Mardequ Avalon	Rana Neida	Vellamo
Cuvto-Ava	Mere-Ama	Rauni	Vitsa-Kuva
Haltina	Metsannetsyt	Risem-Edne	Xatel-Ekwa
Idem-Huva	Niski-Ava	Sar-Akka	Xoli-Kaltes
Juks-Akka	Ovda	Sundi-Mundi	Yabme-Akka
Keca Aba	Paivatar	Suonetar	Zlota-Baba
Loddis-Edne	Pohjan-Akka	Tundra Ilona	

Griechisch, Kretisch-minoisch

Acantha	Alekto	Antigone	Ate
Adamantheia	Alektrona	Antiope	Athana Lindia
Adrasteia	Althaia	Aphrodite	Athene
Aedon	Amaltheia	Arachne	Atropos
Aega	Amazonen	Arete	Aura
Aella	Amphitrite	Arethusa	Autonoe
Aello	Ananke	Ariadne	Auxesia
Agave	Anaxarete	Artemis	Auxo
Aglaope	Andromeda	Artemisia	Axiocersa
Aglauriden	Anesidora	Asteria	Basilinna
Aithuia	Anierso	Asterope	Baubo
Alkippe	Antianara	Atalante	Baukis

Kulturelle Zuordnung der Göttinnen

Bia	Graien	Kassiopeia	Melpomene
Brimo	Halkyone	Kastalia	Mentha
Britomartis	Harmonia	Kelaino	Meroe
Bablis	Harpyien	Ker	Merope
Charila	Hebe	Keto	Meta
Charis, Chariten	Hegemone	Kleone	Metaneira
Charybdis	Hekabe	Klio	Meter
Cheira	Hekate	Klotho	Metis
Chelone	Helena	Klymene	Mnasa
Chione	Heliaden	Klytämnestra	Mneme
Chloe	Helle	Klytia	Mnemosyne
Circe	Hemera	Kore	Moira
Da	Hera	Kotys	Mormo
Daktylen	Hermione	Kyana	Musen
Damia	Herse	Kydippe	Mrine
Danae, Danaiden	Hesperiden	Kynosura	Najaden
Daphne	Hestia	Kypris	Nana
Deianeira	Hiera	Kyrene	Nausikaa
Deino	Himeropa	Kythereia	Nemesis
Demeter	Hippia	Lachesis	Nephele
Despoina	Hippo	Lada	Nereiden
Dione	Hippodamia	Lamia	Nike
Doris	Hippolyte	Lampado	Niobe
Dryaden	Horen	Lampetia	Nymphen
Dryope	Horephoros	Leda	Nyx
Echenais	Hydra	Lemna	Okypete
Echidna	Hygieia	Leto	Omphale
Echo	Hypermnestra	Leukippe	Oreaden
Eidotheia	Hypsipyle	Leukothea	Oreithyia
Eileithyia	Ia	Ligeia	Orthia
Eireisone	Iambe	Limnaden,	Otrere
Elektra	Ida	Limoniaden	Ozeaniden
Elpis	Ino	Litae	Pallas
Enyo	Io	Lotis	Pamphile
Eos	Iokaste	Lysippe	Panakeia
Erato	Iphigenie	Lyssa	Pandia
Erigone	Iphis	Maia	Pandora
Erinnyen	Irene	Makaria	Pandrosos
Eris	Iris	Makris	Panopiae
Eumeniden	Ismene	Mänaden	Pantariste
Eunomia	Kainis	Manto	Paphia
Euphrosyne	Kakia	Marpesia	Parthenope
Europa	Kaligo	Marpessa	Pasiphae
Euryale	Kalliope	Medea	Peisionoe
Eurydike	Kallisto	Medusa	Peitho
Eurynome	Kalypso	Meg#re	Pemphredo
Euterpe	Kampe	Meilichia	Penelope
Gaia	Karpo	Melanippe	Penthesilea
Galateia	Karpophoros	Melete	Perasia
Ganymeda	Karya	Meliae	Perse
Gorgonen	Kassandra	Melissa	Persephone

305

Kulturelle Zuordnung der Göttinnen

Phaedra	Praxidike	Semele	Thalassa
Phaethusa	Prokne	Semnai	Thalestris
Pheraia	Prokris	Sibylle	Thalia
Pherenike	Protagenia	Sirenen	Thallo
Philomele	Psyche	Sphinx	Theia
Phoibe	Pyrrha	Sthenno	Thelchtereia
Phyllis	Pythia	Styx	Themis
Pieriden	Python	Syrinx	Thetis
Plejaden	Rheia	Taygete	Thyiaden
Poine	Rhode	Teleia	Thyone
Polydamna	Rumor	Telesilla	Tisiphone
Polyhymnia	Salmakis	Telphassa	Tomyris
Polykaste	Schimäre	Telphusa	Tyche
Posidaia	Scylla	Terpsichore	Urania
Potnia	Selene	Tethys	

Indianisch-Lateinamerikanisch, Karibisch, Woodoo

Aida-Wedo	Cipactli	Ixtab	Omecihuatl
Akewa	Coatlicue	Korobona	Oschun
Alaghom Naom Tzentel	Cocomama	Kuma	Oya
	Coyolxauhqui	Mama Cocha	Quetzapetlatl
Anuanaitu	Dabaiba	Maman Brigitte	Shiwanokia
Atabei	Evaki	Mama Ocllo	Sibilaneuman
Auchimalgen	Ezili-Freda-Dahomey	Mampacha	Sicasica
Awitelin Tsita	Huitaca	Mama Quilla	Teteoinnan
Bachue	Huixtocihuatl	Marinette	Tlazolteotl
Cavillaca	India Rosa	Masaya	Tonacacihuatl
Ceiuci	Itiba Tahuvava	Mayahuel	Tonantzin
Chalchiuhtlicue	Ituana	Metzli	Tzitzimitl
Chicomecoatl	Itzpapalotl	Mictecacihuatl	Xochiquetzal
Cihuacoatl	Ichebel Yax	Mu Olokukurtilisop	Yemanja
Cihuateteo	Ixchel	Obatallah	Zaramama

Indianisch-Nordamerikanisch, Inuit

Aghyu Gugu	Gyhldeptis	Noogumee	Spear-Finger
Ailsie	Hanwi	Norwan	Tacoma
Akycha	Hatai Wugti	Nuliajuk	Tahc-i
Apasinasee	Hekooslas	Ohoyo Osh Chishba	Tlitcaplitana
Ataensic	Hulluk Miyumko	Omamama	Unelanuhi
Atse Estsan	H'Uraru	Oniata	Uti Hiata
Butterfly Maiden	Irdlirvirisissong	Pahto	Utset u. Nowutset
Changing Woman	Kadlu	Pukimna	Wah-Kah-Nee
Chuginadak	Kanene Ski Amai Yehi	Quamaits	White Buffalo Woman
Djigonasee		Quocha Mana	
Dzalarhons	Loo-Wit	Rhpisunt	Yolkai Estsan
Estsanathlehi	Mem Loimis	Rukko	
Gendenwitha	Nahkeeta	Sedna	
Glispa	Nokomis	Sneneik	

Kulturelle Zuordnung der Göttinnen

Indisch, Südostasiatisch, Tibetisch

Abhramu	Ekajata	Maya	Samjuna
Aditi	Emboq Shri	Minachiamman	Sarasvati
Alakhani	Ganga	Mindhal	Sasti
Amba	Gauri	Naina Devi	Sati
Ammavaru	Gaurisankar	Nirriti	Savitri
Annapurna	Ghar-Jenti	Pajau Tan	Shakti
Apsaras	Hada Bai	Parooa	Sita
Armaiti	Hathay	Parvati	Sitala
Banka-Mundi	Ida	Pidari	Surabhi
Bardaichila	Janguli	Po Bya Tikuh	Tara
Bentakumari	Kadru	Po Ino Nogar	Tari Pennu
Bhavani	Kali	Po Yan Dari	Trung-Trac
Bisal-Mariamna	Karaikkal-	Prakriti	Uma
Bomong	Asmmaiyar	Pritha	Urvashi
Budhi Pallien	Khon-Ma	Prithivi	Ushas
Chandi	Kottavi	Putana	Vajravaraki
Churalin	Kunti	Radha	Vak
Dakinis	Kurukulla	Rakshasis	Varuni
Devaki	Lakshmi	Ranaghanti	Vinata
Devayani	Lalita	Ranu Bai	Yami
Devi	Lla-Mo	Ratri	Yamuna
Diti	Mahakala	Rohini	Yasodha
Draupadi	Maitreyi	Rudrani	
Durga	Marici	Saibya	

Japanisch, Koreanisch, Ainu

Amaterasu	Inari	Ningyo	Tamayori-Hime
Aryong-Jong	Ishikore-Dome	Nish-Kan-Ru Mat	Tatsuta-Hime
Benten	Izanami	No-Il Ja-Dae	Toyota-Hime
Byul-Soon	Jingo	Ootonobe no Kami	Tsuru
Chup-Kamui	Kadav	Oto-Hime	Turesh
Dae-Soon	Kamui-Fuji	Pali Kongju	Uke-Mochi
Fuji	Kishimogin	Rafu-Sen	Wakahirume
Hae-Soon	Kongsim	Samsin Halmoni	Yamato-Hime no
Hiedo no Are	Kono-Hana-Sakuya-	Sayo-Hime	Miko
Himiko	Hime	Seyadatara-Hime	Yaya-Zakura
Iha-Naga	Mama	Suhijini no Kimi	Yondung Halmoni
Ikutamayori-Hime	Mulhalmoni	Sungmo	Yuki-Onne
Inaba	Naru-Kami	Tamamo no Maye	

Keltisch, Britisch, Irisch, Schottisch, Walisisch

Abnoba	Aibheaog	Aine	Arianrhod
Achall	Aife	Armed	Artia
Achtan	Aige	Andraste	Assa
Achtland	Ailinn	Anu	Badb
Aeval	Ain	Ardwinna	Banba

Kulturelle Zuordnung der Göttinnen

Ban-Chuideachaidh Moire	Cerridwen	Findabar	Muime Chriosda
Ban Naomha	Cessair	Fiongalla	Muircartach
Banshee	Cethlion	Fionnula	Munanna
Bean Nighe	Clidna	Fithir	Nantosuelta
Bebhionn	Clutoida	Flidais	Nar
Becuma	Corra	Gentle Annie	Nehalennia
Belisama	Coventina	Grainne	Nemain
Bevana	Cred	Grainne ni Malley	Nemetona
Biddy	Creiddylad	Grian	Nessa
Biddy Mannion	Dahut	Guinevere	Niam
Black Annis	Dames Vertes	Gwyllion	Nimue
Blathnad	Danu	Habetrot	Odras
Blodewedd	Deae Matres	Habondia	Olwen
Boann	Dea Nutrix	Henwen	Oona
Bo Find	Dechtere	Hrede	Ostara
Branwen	Deirdre	Inghean Bhuidhe	Rhiannon
Brigantia	Devorgilla	Korrigan	Sabrina
Brigit	Dia Griene	Latiaran	Scathach
Bronach	Don	Lavercam	Scota
Buan	Ebhlinne	Leanan Sidhe	Sequana
Caer	Echtghe	Liban	Sheila na Gig
Cailleach	Emer	Luaths Lurgann	Silkie
Cally Berry	Epona	Mabb	Sin
Canola	Eriu	Macha	Sinann
Caolainn	Eri vom goldenen Haar	Maeve	Sirona
Carlin	Ess Euchen	Magog	Taillte
Carman	Etain	Mal	Triduana
Carravogue	Ethne	Marcia Proba	Turrean
Cartimandua	Fand	Matrona	Varia
Cathubodia	Feithline	Melusine	Veleda
Ceasg	Fideal	Morgane	Verbeia
Ceibhfhionn	Finchoem	Morrigan	Viviane
		Moraudh	

Nordafrikanisch, Arabisch, Äthiopisch, Karthagisch, Phönizisch

Abuk	Bau	Dido	Mylitta
Allat	Berut	Genea	Naila
Aluzza	Bilkis	Kalisha	Sambatu
Anat	Candace	Kandisha	Tanit
Astronoe	Dea Caelestis	Lemkechen	Umm Attar
Ballat	Dhat Badan	Manat	

Nordisch, Germanisch

Alfhildr	Audhumla	Buschfrauen	Embla
Angrboda	Baduhenna	Disen	Fängge
Angeyja	Bestla	Druden	Fengi u. Mengi
Asinnen	Bil	Edda	Fjörgyn
Atla	Brünhild	Eir	Frau Holle

Kulturelle Zuordnung der Göttinnen

Freyja	Hertha	Mora	Skuld
Frigg	Hervör	Nanna	Snotra
Fulla	Hildr	Nerthus	Sunna
Fylgjen	Hlin	Nixen	Syn
Gefjon	Hlödyn	Nornen	Tamfana
Gerdr	Hnossa	Nott	Thorgerdr
Germania	Hrede	Oddibjörd	Undine
Gna	Hulda	Ostara	Urd
Göndul	Hyrrokkin	Perchta	Var
Gullveig	Idunn	Ran	Verdandi
Gunnlöd	Imdr	Rindr	Völuspa
Groa	Ingebjörd	Saga	Vör
Habondia	Ivithja	Sibilja	Walküren
Hariasa	Jarnvithja	Sif	Weiße Frauen
Harmella	Jörd	Sigurdrifa	Zisa
Hedrun	Lofn	Sjöfn	
Heidr	Mari-Ama	Skadio	
Hel	Modgud	Skogsnufvar	

Römisch, Etruskisch, Italisch

Abeona	Damatres	Leucosia	Rhea Silvia
Acca Larentia	Dea Dia	Libera	Rumina
Adeona	Decima	Libertas	Salacia
Aetna	Devera	Libitina	Segetia
Aglaia	Diana	Lignaco-Dex	Seia
Angerona	Discordia	Lucina	Sibylle
Angitia	Edusa	Luna	Sipna
Anima Mundi	Egeria	Maia	Spes
Anna Perenna	Fama	Mania	Suada
Aricia	Fauna	Matuta	Tanaquil
Arria	Felicitas	Meditrina	Tellus Mater
Aurora	Feronia	Menrva	Tuchulcha
Aventina	Fides	Minerva	Turan
Befana	Flora	Moneta	Tutilina
Bellona	Fornaux	Morta	Uni
Bona Dea	Fortuna	Nona	Vacuna
Camenen	Furrina	Nortia	Vagitana
Camilla	Gailana	Ocrisisa	Vanths
Candelifera	Ggigantia	Ops	Vegoia
Cardea	Giane	Ossipago	Venus
Carmenta	Grazien	Pales	Veritas
Carna	Hybla	Parzen	Vesta
Ceres	Intercidona	Pax	Vesuna Erinia
Claudia Quinta	Iuturna	Poine	Victoria
Cleta	Juno	Pomona	Viriplaca
Concordia	Justitia	Postvorta	Zirna
Copia	Lara	Potina	
Cuba	Lasa	Proserpina	
Cunina	Laverna	Quiritis	

Kulturelle Zuordnung der Göttinnen

Schwarzafrikanisch

Ala	Maruwa	Oba	Sabulana
Asasa Yaa	Nambi	Ochumare	Sela
Isong	Nana Buluku	Oduduwa	Yemanja
Kla	Nsomeka	Oschun	Ymoja

Semitisch

Abigail	Broxa	Ishara	Rahel
Ada	Cherubim	Istehar	Rebekka
Adat	Dalila	Jahu Anat	Sara
Agasaja	Debora	Jocebed	Schekina
Agrat Bat Mahalat	Dina	Judith	Scheol
Ama	Esther	Lea	Sheila
Anat	Eva	Leviathan	Suleika
Ardat Lili	Hagar	Lilith	Tamar
Ashera	Hanna	Matronita	Thora
Athalja	Hokkma	Mehitabel	Zippora
Berurya	Husbishag	Mirjam	
Bilha	Isebel	Naama	

Slawisch, Sibirisch, Skythisch, Thrakisch

Ajysyt	Kasum-Naj-Ekva	Mutter Freitag	Vilen
Baba Jaga	Kikomora	Navky	Vut Imi
Bendis	Kostrubonko	Ot Ana	Weschtitze
Bugady Musun	Kou-Njami	Poludnica	Wlasca
Colleda	Kupalo	Poza-Mama	Wodni Panny
Dolja u. Nedolja	Kutug-a	Rusalky	Zana
Dziwozony	Kyz-Ana	Sreca	Zima
Erce	Marzana	Sudice	Zonget
Horsel	Mati	Tabiti	
Ja-Neba	Mokosch	Tu-Njami	
Jezenky	Mou-Njami	Umaj	

Sumerisch, Akkadisch, Babylonisch, Chaldäisch, Elamitisch, Syrisch, Ugaritisch

Aa	Atargatis	Eshara	Kathirat
Absusu	Baalat	Gamlat	Ki
Abtagigi	Bau	Gamsu	Kilili
Adamu	Belit-Ilani	Gatamdug	Lahar
Aja	Belit-Seri	Gesthtinanna	Lamamu
Anat	Damkina	Gula	Lamasthu
Anatu	Dea Syria	Inanna	Lilitu
Anunit	Derketo	Irnini	Mami
Ashnan	Dilba	Ishtar	Mamitu
Astarte	Ereshkigal	Kadi	Nagar-Saga

Kulturelle Zuordnung der Göttinnen

Nammu	Ninma	Seimia	Tauthe
Nana	Ninsikilla	Semiramis	Tiamat
Nanshe	Ninsun	Shapash	Uttu
Ningal	Ninti	Sharrat Shame	Vashti
Ninhurra	Nisaba	Shatagat	Zarpandit
Ninhursag	Orore	Siduri	Zib
Ninkasi	Sala	Siris	
Ninlil	Sarbanda	Sulamith	

Dank

In den zehn Jahren seit dem Erscheinen der ersten Ausgabe dieses Lexikons ist die Gemeinschaft der Frauen, die «die Göttin» und die Göttinnen wieder für sich reklamieren, und die der Freunde, die eine solche Arbeit unterstützen, so sehr angewachsen, daß jede Danksagung nur unvollständig sein kann. Ich möchte an dieser Stelle allen danken, die durch Lektüre und Nachforschungen, durch Gedichte und Kunstwerke, durch Rituale und Aufführungen, das heißt auch durch ihren persönlichen Einsatz, dazu beigetragen haben, die vielgestaltige und vielnamige Göttin in die Welt von heute zurückzubringen. Und ich danke im voraus all jenen, die in den nächsten Jahrzehnten diese Arbeit fortsetzen werden.

Jeder, der sich mit feministischer Spiritualität beschäftigt, kommt an den Schriften von Marija Gimbutas, Merlin Stone und Mary Daly nicht vorbei. Darüber hinaus sind die Arbeiten und Verlautbarungen von Charlene Spretnak, Z Budapest, Jade River und Lynn Levy von großer Bedeutung. Bei der Fertigstellung dieser zweiten Auflage war die Hilfe von Diane Stein von unschätzbarem Wert. Die Verzeichnisse im Anhang des Buches wurden ermöglicht durch ein ganzes Team: Jean McKenzie, Margaret Arnd-Caddigan, Paula Schiller, Deborah Neidermeier, Sherry Mack, Jeanne D'Amico, Pamela Meyer und besonders M. P. McKenzie. Besonderer Dank gilt Nina Cummings vom Field Museum of Natural History, Chicago, für ihre Unterstützung bei der Suche nach Illustrationen.

Für persönliche und wissenschaftliche Unterstützung während der letzten zehn Jahre möchte ich mich bedanken bei Antiga, Barbara Bruno, Janet Baird, Jim Duran, Susan Gitlin-Emmer, Helen Farias, Renny Golden, Karen Johnson, Natalie Kusz, Joe Meeker, Mary Jo Neitz, Ray Olson, Judith Roche, Allen Schwartz, Laverne Sandler, Terri Vierick, B. J. Webb, Barbara Wallant; meinen Frauen-Zirkeln in Alaska und Chicago; der Re-Formed Congregation of the Goddess in Wisconsin; und natürlich meiner Familie, besonders Roland Wulbert.

Literaturverzeichnis

Albright, William F.: *Yahweh and the Gods of Canaan,* New York 1968.
Babb, Lawrence A.: *The Divine Hierarchy. Popular Hinduism in Central India,* New York 1975.
Bachofen, Johann J.: *Mutterrecht und Urreligion,* Stuttgart 1984 (6. erw. Auflage).
Bailey, Cyril: *Religion of Ancient Rome,* London 1970.
Bennett, Florence M.: *Religious Cults Associated with the Amazons,* New York 1967.
Bierhorst, John: *Die Mythologie der Indianer Nord-Amerikas,* München 1988.
Bloch, Raymond: *Die Etrusker,* Stuttgart 1970.
Boas, Franz: *Indianische Sagen von der nordpazifisischen Küste Amerikas,* Bonn 1992 (Neuausgabe).
ders.: *Bei den Inuit in Baffinland 1883-1884. Tagebücher und Briefe,* Berlin 1994 (Neuausgabe).
Brandon, S.G.F. (Hg.): *Dictionary of Comparative Religion,* New York 1970.
Branson, Brian: *Gods of the North,* New York 1955.
Bratton, Fred G.: *Myths and Legends of the Ancient Near East,* New York 1970.
Briggs, Katherine: *An Encyclopedia of Fairies,* New York 1967.
Brown, Cheever Mackenzie: *God as Mother,* Hartford/Vermont 1974.
Budge, E.A. Wallis: *The Gods of the Egyptians,* Bd 1, New York 1969.
Campbell, Joseph: *Die Masken Gottes,* 4 Bde., München 1991/92.
ders.: *Mythen der Menschheit,* München 1993.
Caro Baroja, Julio: *Die Hexen und ihre Welt,* Stuttgart 1967.
Clark, Ella: *Indian Legends of the Pacific Northwest,* Berkeley/Kalifornien 1953.
Covell, Alan Carter: *Ecstasy. Shamanism in Korea,* Elizabeth/New Jersey 1983.
Crawford, O.S.G.: *The Eye Goddess,* London 1957.
Crossley-Holland, Kevin: *The Norse Myths,* New York 1980.
Danielou, Alain: *Hindu Polytheism,* New York 1964.
Davidson, Hilda R. Ellis: *Scandinavian Mythology,* London 1969.
Dillon, Myles (Hg.): *Irish Sagas,* Cork 1968.
Dioszegi, V. (Hg.): *Popular Beliefs and Folklore Traditions in Siberia,* Bloomington/Indiana 1968.
ders. und Hoppal, M. (Hg.): *Shamanism in Siberia,* Budapest 1978.
Domitor, Teckla: *Hungarian Folk Beliefs,* Bloomington/Indiana 1982.
Dumezil, Georges: *Archaic Roman Religions,* Bd. 1-2, Chicago 1966.
ders.: *Gods of the Ancient Northmen,* Los Angeles 1973.
Durdin-Robertson, Lawrence: *The Goddesses of Chaldea,* Syria and Egypt, Clonelgal 1975
ders.: *The Goddesses of India, Tibet and Japan,* Clonelgal 1976.
Ellis, Hilda R.: *The Road to Hel,* New York 1968.
Emerson, Nathaniel B.: *Pele and Hiiaka. A Myth from Hawaii,* Tokio 1978.

Literaturverzeichnis

Erdoes, Richard / Ortiz, Alfonso (Hg.): *American Indian Myths and Legends,* New York 1984.
Ferguson, John: *Encyclopedia of Mysticism,* New York 1977.
ders.: *The Religions of the Roman Empire,* Ithaca/New York 1970.
Ferm, Vergilius (Hg.): *Forgotten Religions,* New York 1950.
Foreman, Carolyn Thomas: *Indian Women Chiefs,* Washington, D.C., 1954.
Frazer, Sir James George: *Der goldene Zweig,* Reinbek 1989 (rde 483).
Gimbutas, Marija: *Goddesses and Gods of Old Europe,* London 1982.
dies.: *Die Sprache der Göttin,* Frankfurt/M. 1996.
Goldenberg, Naomi: *Changing of the Gods,* Boston 1979.
Gray, L.H. (Hg.): *Myths of All Races,* 13 Bde., New York 1946.
Grimm, Jacob: *Deutsche Mythologie,* 3 Bde., Wiesbaden 1992 (Reprint der Ausgabe von 1835).
Guerber, Hélène A.: *Myths of Northern Lands,* Detroit 1970.
Gurney, O.R.: *Some Aspects of Hittite Religion,* Oxford 1977.
Guyot, Charles: *The Legend of the City of Ys,* Amherst/Massachusetts 1979.
Hackin, J. (Hg.): *Asiatic Mythology,* New York 1963.
Harrison, Jane Ellen: *Prolegomena to the Study of Greek Religion,* New York 1955 (Reprint der Ausgabe von 1903).
Herodot: *Historien,* übers. v. W. Marg, 2 Bde., München 1973-83.
Hinnells, John R.: *Persian Mythology,* London 1973.
Hoch-Smith, Judith / Spring, Anita: *Women in Ritual and Symbolic Roles,* New York 1978.
Hooke, S. H.: *Middle Eastern Mythology,* Baltimore 1963.
Idowu, E. Bolaji: *African Traditional Religion,* Maryknoll/New York 1973.
James, E.O.: *Religionen der Vorzeit,* Köln 1960.
Jochelson, W. u.a.: *Aleut Traditions,* Fairbanks/Alaska 1977.
Joyce, P.W.: *Old Celtic Romances,* New York 1962.
Jubainville, H. d'Arbois de: *The Irish Mythological Cycle and Celtic Mythology,* Dublin 1903.
Jung, C.G. / Kerényi, Karl: *Einführung in das Wesen der Mythologie,* Zürich 1951 (4. Aufl.).
Karsten, Rafael: *The Religion of the Sameks,* Leiden 1955.
Katzenellenbogen, Uriah: *The Daina,* Chicago 1935.
Kerényi, Karl: *Töchter der Sonne,* Zürich 1944.
ders.: *Die Jungfrau und Mutter der griechischen Religion,* Zürich 1952.
ders.: *Die Mysterien von Eleusis,* Zürich 1962.
ders.: *Zeus und Hera,* Leiden 1972.
ders.: *Die Mythologie der Griechen,* 2 Bde., München 1992 (dtv 30030/31)
ders.: *Antike Religion,* Stuttgart 1995.
Kinsley, David: *Indische Göttinnen,* Frankfurt/M. 1990.
Kirk, G.S.: *The Nature of Greek Myths,* Woodstock/New York 1975.
Laing, Gordon J.: *Survival of Roman Religion,* New York 1963.
Leland, Charles: *Algonquin Legends of New England,* Detroit 1968 (Reprint der Ausgabe von 1884).
Lichtheim, M.: *Ancient Egyptian Literature,* Bd. 2, Berkeley/Kalifornien 1976.
Logan, Patrick: *The Holy Wells of Ireland,* Gerrards Cross (Irland) 1980.
ders.: *The Old Gods. The Facts about Irish Fairies,* Berkeley/Kalifornien 1981.
Lönnrot, Elias: *Kalevala,* übers. v. L. u. H. Fromm, Stuttgart 1985.
Mackenzie, Donald A.: *Myths of China and Japan,* London 1923.
MacNeill, Maire: *The Festival of Lughnasa,* 2 Bde., Dublin 1982.
Marriott, Alice / Rachlin, Carol: *American Indian Mythology,* New York 1968.
McIlwraith, T.F.: *The Bella Coola Indians,* Toronto 1948.

Literaturverzeichnis

Metraux, Alfred: *Voodoo in Haiti,* New York 1959.
Moor, Edward: *The Hindu Pantheon,* Delhi 1968.
Munro, Neil G.: *Ainu. Creed and Cult,* New York 1965.
Neumann, Erich: *Die große Mutter,* Freiburg/Brsg. 1994 (10. Aufl.).
Nicholson, Irene: *Mexican and Central American Mythology,* New York 1965.
Ochs, Carol: *The Myth Behind the Sex of God,* Boston 1977.
O'Flaherty, Wendy D.: *Hindu Myths,* Baltimore 1975.
O'Heochaidh, Sean: *Fairy Legends of Donegal,* Dublin 1977.
Oinas, Felix J. / Soudakoff, Stephen (Übers.): *The Study of Russian Folklore,* Hawthorne/New York 1975.
O'Rahilly, T.F.: *Early Irish History and Mythology,* Dublin 1957.
Osborne, Harold: *South American Mythology,* London 1968.
Ovid: *Metamorphosen,* übers. v. Erich Rösch, München 1990 (dtv 2244).
Pakrasi, Mira: *Folk Tales of Assam,* Bd. 3, Delhi 1970.
Park, Yong Jum: *Traditional Tales of Old Korea,* Seoul 1974.
Parrinder, Geoffrey: *West African Religion,* London 1949.
ders.: *A Dictionary of Non-Christian Religion,* Philadelphia 1971.
Patai, Raphael: *The Hebrew Goddess,* New York 1967.
Paulson, Ivar: *The Old Estonian Folk Religion,* Bloomington/Indiana 1971.
Persson, Axel W.: *The Religion of Greece in Prehistoric Times,* Berkeley/Kalifornien 1942.
Powers, William K.: *Oglala Religion,* Lincoln/Nebraska 1975.
Ranke-Graves, Robert v.: *Griechische Mythologie. Quellen und Deutung,* Reinbek 1984 (rde 404).
ders.: *Hebräische Mythologie,* Reinbek 1986 (rde 411).
Reichard, Gladys: *Navaho Religion,* New York 1950.
Robert, J.J.M.: *The Earliest Semitic Pantheon,* Baltimore 1972.
Roheim, Geza: *Hungarian and Vogul Mythology,* Seattle/Washington 1954.
Sebeok, Thomas A. / Ingemann, Frances J.: *Studies in Cheremis,* New York 1956.
Seros, Kathleen: *Fairy Tales from Korea,* Elizabeth/New Jersey 1982.
Snorri Sturluson: *Prosa-Edda,* übers. v. A. Häny, Zürich 1991.
Sobol, Donald: *The Amazons of Greek Myth,* New York 1972.
Soupaul, Re: *Breton Folktales,* London 1971.
Spence, Lewis: *The Minor Traditions of British Mythology,* New York 1972.
Tacheva-Hitova, Margarita: *Eastern Cults in Moesia Inferior and Thracia,* Leiden 1983.
Thompson, S.: *Tales of the North American Indians,* Bloomington/Indiana 1972.
Tuville-Petre, O.G.: *Myth and Religion of the North,* New York 1964.
Uguwiyuak: *Journey to Sunrise. Myths and Legends of the Cherokee,* Claremore/Oklahoma 1977.
Vermaseren, Maarten J.: *Cybele, Attis and Related Cults,* London 1996.
Warner, Marina: *Alone of All Her Sex,* New York 1976.
Weber, Max: *Gesammelte Aufsätze zur Religionssoziologie,* 3 Bde., Tübingen 1922/23.
Wellard, James: *The Search for the Etruscans,* New York 1973.
Werblowsky, R.J. / Wigoden, Geoffrey (Hg.): *Encyclopedia of the Jewish Religion,* N.Y. 1966.
Witt, R.E.: *Isis in the Graeco-Roman World,* Ithaca/New York 1971.
Zimmer, Heinrich: *Der indische Mythos,* Frankfurt/M. 1978.
ders.: *Die indische Weltmutter,* Frankfurt/M. 1979.
ders.: *Indische Mythen und Symbole,* München 1993 (5. Aufl.).
Zimmerman, J.E.: *Dictionary of Classic Mythology,* New York 1964.
Zobarskas, Stepas: *Lithuanian Folk Tales,* Brooklyn 1958.
Zong, In-Sob (Hg.): *Folk Tales from Korea,* New York 1953.
Zuntz, Günther: *Persephone,* Oxford 1971.

Literaturverzeichnis

Wir danken der Autorin und dem Field Museum, Chicago, für das zur Verfügung gestellte Bildmaterial. Ein Teil der Abbildungen ist unter folgenden Negativnummern beim Field Museum registriert (hier in alphabetischer Reihenfolge aufgeführt):

Ala (#96453)
Artemis (#A99594)
Asase Yaa (#98087)
Bastet (#108334)
Butterfly Maiden (#93887)
Chalchiuhtlicue (#96688)
Devi (#109923)
Emboq Shri (#44448)
Goga (#98211)
Guan Yin (#86356)
Guan Yin, Begleiter (#100740)
Hathor (#108052)
Hina (#76567)
Ishtar (#A88034)
Isis (#98430)
Isong (#97009)
Ixchel (#71170)
Kla (#A99149

Kore (#A101791)
Kurukulla (#A100408)
Le-Hev-Hev (#A109628)
Lla-Mo (#39516)
Ma Gu (#35931)
Mahakala (#A86276)
Marici (#49491)
Qocha Mana (#A95952)
Rhpisunt (#109380)
Sabulana (#59082)
Sala (#97071)
Grüne Tara (#37006)
Weiße Tara (#A100399)
Taranga (#99081)
Toeris (#94968)
Turan (#110969)
Uzume (#49436)
Venus (#58619)